中国大陆、台湾、香港、澳门行政诉讼：制度、立法与案例丛书

主编　应松年

Administrative Litigation in Mainland: System, Legislation and Cases

中国大陆行政诉讼：制度、立法与案例

胡建淼　赵大光　等著

ZHEJIANG UNIVERSITY PRESS

浙江大学出版社

丛书编委会

总　　序

行政诉讼制度是一套重要的法律制度。从宪政角度看，行政诉讼是监督国家权力、保障人民权利最直接的制度保障，关系到一个国家司法救济制度的完善、人权保障程度的健全，决定着公民与国家之间格局的形成。从社会效果看，在全球化浪潮汹涌和多元文化盛行的当今时代，行政诉讼确立起一套可供操作的制度框架，能够使层出不穷的利益冲突和观念分歧消弭在这套制度框架之内，从而确保社会的稳定和进步发展。可以说，追求行政诉讼制度的完善，是现代法治进程的重要环节。

由于历史的原因，中国大陆、台湾、香港、澳门在行政诉讼文化和制度方面存在诸多差别。从历史进程上看，既有中国大陆自新中国成立尤其是改革开放以后的“推倒重来”，也有台湾地区带着国民政府制定的“六法全书”漂洋过海后的“继往开来”；从法系归属上看，既有香港地区遵循英国法律制度的“普通法系”渊源，又有台湾地区效仿德国行政法制度的“大陆法系”传统；从发展阶段上看，既有大陆在法治发展进程中从近代到现代的蹒跚学步，又有香港、台湾地区现代化法治进程基本完善，甚至面临现代化“祛魅”的后现代尴尬……带着加强对话与交流的心情，我们想要把我国大陆、台湾、香港、澳门既有的行政诉讼制度及其立法和判例的状况真实地呈现给读者（也因此，我们保留了各地在写作上的不同规范形态。由此引起阅读上的不便，敬请读者谅解），这就是本书写作的初衷所在。

值得一提的是，中国大陆、台湾、香港、澳门有着共同的文化背景，特别是澳门和台湾地区，在法律的移植和继受上与大陆几乎同根同源，他们的制度和实践对于大陆具有极其重要的参考价值。正值中国大陆《行政诉讼法》修改被提上议事日程之际，我们也非常期待本书的写作能够对中国大陆《行政诉讼法》的修改有所裨益。此外，在全球化、信息化的时代背景下，更好地了解和把握中国大陆、台湾、香港、澳门的法律制度，也是探索更好地求同存异和解决一国区际法律冲突的途径所在。

本丛书分为四部,分别阐述中国大陆、台湾、香港、澳门的行政诉讼制度。每一部又分别从制度、立法和案例三个方面对行政诉讼展开介绍。在“制度”部分,试图宽泛地结合有关行政诉讼理论的分析框架,较为全面和概括地再现中国大陆、台湾、香港、澳门既有的行政诉讼制度。在“立法”部分,收录了中国大陆、台湾、香港、澳门有关行政诉讼方面的法律法规,它对于“制度” 部分以及紧随其后的“案例”部分都是不可或缺的依据和参考资料。最后的“案例”部分,主要收录了在中国大陆、台湾、香港、澳门行政诉讼发展史上较为重要和经典的一些案例,并且对这些重要案例作了评述。可以说,真实地展现中国大陆、台湾、香港、澳门行政诉讼制度、立法和判例的客观情况,是写作中试图保持的重要特色。

本丛书由中国大陆、台湾、香港、澳门的法官、检察官和从事研究工作的学者共同写作完成,使之能兼顾学理界与实务界对行政诉讼制度的把握。我们试图使之成为一套具有下列特色的参考资料:首先,它立足“实然”,附带“应然”,相比于对原理的探讨,更注重对现有制度、立法和司法实践的归纳分析。其次,它以介绍为主,附带简要评述,注重资料的直观性和对比性。再次,它并非纯粹的资料汇编,而试图关注到立法和司法层面的实践性,动态地展现中国大陆、台湾、香港、澳门的行政诉讼制度现状。

“红日初升,其道大光;河出伏流,一泻汪洋。”希望本书能够为我国大陆、台湾、香港、澳门在行政诉讼制度方面的交流和学习提供必要的基本资料,也希望我们的努力能够抛砖引玉,吸引更多学者参与到对行政诉讼制度的探讨和关心中来。当然,尽管是老生常谈却依然不得不指出的是,由于能力所限,错误在所难免。我们怀着与同道们对话交流的心情,希望能够得到广大读者的批评和回应。

从书编委会
2010 年 6 月

目　　录

第一编　中国大陆行政诉讼制度概况

第一编

中国大陆行政诉讼制度概况

第一章　中国大陆行政诉讼制度概述

第一节　中国大陆行政诉讼制度的历史沿革

要了解中国大陆行政诉讼制度的现状，就不能避而不谈中国大陆行政诉讼制度的历史。要讨论中国大陆行政诉讼制度的历史，就不能不对近代意义上的行政法和行政诉讼法的内涵作一个恰当的定位。

如果只把行政法理解为“与行政有关的法”，那么有学者以中国古代《云梦秦简》、《唐六典》中存在政府职能部门和官吏行为规范内容为例说明中国古代也存在行政法就不足为奇了；同样，如果以单纯的形式意义上的“民告官”制度来理解行政诉讼，那么说中国古代早有行政诉讼也似乎可以接受，因为中国历史上“京控”、“告御状”等制度确实是古已有之。然而，需要说明的，下文对中国大陆有关行政法和行政诉讼制度的考察是建立在近代意义上对行政法和行政诉讼的理解之上的。换言之，直到近代社会，产生了宪法，进入宪政社会，并在赋予人民以各种自由和权利的基础上，行政法和行政诉讼制度才得以真正产生的。从这个意义上说，我国的行政诉讼制度是从民国时期才真正开始的。

一、1949 年以前中国的行政诉讼制度

（一）北洋政府时期的行政诉讼制度

尽管清末曾经提出过效仿西方、设立“行政审判院”的构想，但以规范形式开创近代意义的行政诉讼制度的，当属 1912 年南京临时政府颁布的《中华民国临时约法》，其第 10 条规定，“人民对于官吏违法损害权利之行为，有陈诉于平政院之权”；其第 49 条规定，“法院，依法律审判民事诉讼及刑事诉讼；但关于行政诉讼及其他特别诉讼，另以法律定之”。然而，尽管《中华民国临时约法》在规范上对于确立行政法院制度和行政诉讼制度具有开创性意义，但当时并没有设

置任何行政诉讼审判机构。直到 1914 年 3 月 31 日，袁世凯的北洋军阀政府以大总统教令公布了《平政院编制令》，同年 4 月 10 日颁布《纠弹令》，8 月 10 日公布《平政院处务规则》，平政院正式成立〔1〕，与大理院、审计院位于平等地位，相关的行政诉讼审判机构也才真正建立和运作。

袁世凯窃取革命政权，巩固自己的权力后，于 1914 年 5 月正式废除了《临时约法》，公布了维护个人独裁的《中华民国约法》，其第 8 条规定，“人民依法律所定，有诉愿于行政官署及陈诉于平政院之权”；其第 45 条规定，“法院依法律独立审判民事诉讼，刑事诉讼，但关于行政诉讼及其他特别诉讼，各依本法之规定行之”。同年 5 月 8 日，以教令第 68 号公布了《行政诉讼条例》，同年 6 月 8 日以教令 679 号颁布《平政院裁决执行条例》，6 月 30 日依照《约法》成立的参议院正式集会，议定行政诉讼法，并于 7 月 20 日公布实施。这在中国历史上第一次公布了行政诉讼法，自此，民国行政诉讼制度正式建制，平政院也正式开始挂牌运作。

北洋政府时期的行政诉讼制度体现出以下特点：(1)北洋政府仿照法国和日本的体制，在审理民事刑事诉讼的普通法院之外，另设立行政法院，称平政院。(2)平政院直属于大总统。在组织机构上，设院长一人，评事十五人；设置总会议，由院长和评事组成；书记处分设记录、文牍、会计、庶务四科办事；院内分置三庭，各由评事五人组织，行使审理权。(3)行政诉讼只解决行政行为是否违法的问题，“不得受理损害赔偿之诉讼”(行政诉讼法第 1 条)。(4)行政诉讼采取一审终审制，“行政诉讼经平政院裁决后，不得请求再审”(行政诉讼法第 4 条)。(5)平政院初期设立肃政庭，置肃政史，确立肃政史制度。“平政院肃政史，于人民未陈诉之事件，得依行政诉讼条例之规定，对于平政院提起行政诉讼”(平政院编制令第 8 条)，“平政院肃政史依纠弹条例，纠弹行政官吏之违反宪法行贿受贿滥用威权玩视民瘼事件”(平政院编制令第 9 条)。(6)从《平政院编制令》的规定看，民国初年所设置的平政院并非单纯的行政裁判机关，而兼具有纠弹及审理违法官员的职权。但从 1917 年撤销肃政庭、废止《纠弹令》之后至 1928 年间，平政院仅仅是单纯的行政审判机关。

在平政院设立期间，受理了不少民告官的行政诉讼案件。如今经常被提起的鲁迅先生状告教育部案件，就是诉至平政院而获得胜诉的。1920 年初发生在

---

〔1〕 “平政院”的概念产生和机构设置经过比较繁复的过程。最早出现“平政院”一词的，是宋教仁 1911 年起草的《中华民国临时政府组织法草案》，其 14 条规定，人民得诉讼于司法，求其审判。其对于行政官署违法损害权利之行为，则诉讼于平政院。该草案后来被参议院退回，但设置平政院的意见却被采纳，因此才有了《中华民国临时约法》中有关平政院的条款。

如今浙江省的钟兰亭等不服浙江省长公署禁采石岩之决定案也是民国时期有名的行政诉讼案件。根据统计，平政院在1915年至1928年间，取消行政决定率为百分之二十四，变更行政决定及处分率为百分之二十二。[2]

（二）南京国民政府时期的行政诉讼制度

1928年，国民革命军北伐，南北统一，平政院随之退出历史舞台。南京国民政府于1932年11月17日公布行政诉讼法和行政法院组织法。南京国民政府实行五权分立制，在国民代表大会下设置立法院、行政院、司法院、考试院、监察院五院，在司法院之下设置行政法院，行政法院和最高法院、司法行政部、官吏惩戒委员会同属于司法院之管辖。行政法院组织法规定："行政法院掌管全国行政诉讼审判事务"（第1条），"行政法院分设二庭或三庭，每庭置庭长一人"（第3条）。行政法院的法官称评事，行政法院组织法规定："行政法院每庭置评事五人，掌理审判事务"（第4条）。行政诉讼法规定："人民因中央或地方官署之违法处分致损害其权利，经依诉愿法提起再诉愿而不服其决定，或提起再诉愿三十日不为决定者，得向行政法院提起行政诉讼"（第1条），"提起行政诉讼得附带请求损害赔偿"（第2条），行政诉讼法采用一审终审制，"对于行政法院之裁决，不得上诉或抗告"（第3条）。至于普通得民事刑事诉讼和行政诉讼的权限争议，行政诉讼法规定由行政法院自行裁定，"行政法院关于受理诉讼之权限，以职权裁定之"（第5条），"行政法院审查诉状，认为不应提起行政诉讼或违背法定程序者，应附理由以裁定驳回之；但仅系诉状不合法定程式者，应限定期间命其补正"（第11条）。

南京国民政府时期的行政诉讼制度与北洋政府时期的行政诉讼制度比较，其异同点在于：(1)南京国民政府时期依然区分普通法院和行政法院两套体系审理不同的案件，并直接称为"行政法院"。(2)与北洋政府时期的平政院一样，均由若干名评事审理行政案件，行政诉讼采用一审终审制。(3)南京国民政府时期的行政诉讼不仅仅局限于对行政处分的合法性审查，还可以附带提起请求损害赔偿，这是一个重要的进步。(4)考虑到普通法院和行政法院的权限划分问题，南京国民政府时期的行政诉讼法规定权限争议的认定权由行政法院行使，这种规定方式虽然看到了问题所在并试图加以解决，但难免会落入自己做自己法官的窘迫境地。

---

[2] 黄源盛：《民初平政院裁决书整编与初探》，载《国家科学委员会研究期刊：人文及社会科学》2000年，十卷四期，第493页。

二、1949 年到 1979 年间的行政诉讼制度状况

尽管在北洋政府时期成立了专门审理行政案件的机构平政院，在南京国民政府时期设置行政法院，并且均颁布行政诉讼法和有关行政法院组织法的成文规范，但由于时事政治的动荡，加上当时行政诉讼制度缺乏社会基础和思想基础，平政院、行政法院以及当时的行政诉讼制度并没能在中国大陆得到持续的发展。我国新的行政诉讼法制是在社会主义宪法指导下建立起来的。

新中国成立前夕，我国公布的具有宪法性质的《中国人民政治协商会议共同纲领》第 19 条规定:“人民和人民团体有权向人民监察机关或人民司法机关控告任何国家机关和任何公务人员的违法失职行为。”但是由于缺乏程序性规定和相关制度的保障，这一控告的权利更多地停留在政治口号的层面而难以付诸实施。新中国成立后，1949 年 12 月 20 日由中央人民政府批准的《最高人民法院施行组织条例》曾规定在最高法院里面设置行政审判庭，以审理行政诉讼案件，但由于种种原因也成为一纸空文，既没有建立这个机构，更没有受理过什么行政案件。1954 年颁布的第一部《宪法》第 97 条规定，“中华人民共和国公民对于任何违法失职的国家工作人员，有向各级国家机关提出书面控告或者口头控告的权利”，明确授予公民提起行政诉讼的宪法权利。但是，从 50 年代后期开始，我国的民主与法制建设遭受毁灭性的全面破坏，根本没有建立行政诉讼制度的可能性。

三、1979 年以后中国大陆的行政诉讼制度

如前所述，从清末产生设立“行政审判院”的构想，到民国时期设立平政院采行行政诉讼，到新中国成立后短期的有立法、无制度的空白，中国大陆在探索行政诉讼制度的道路上受到了历史局限、政权更替、时局动荡和指导思想缺位等多方面因素的影响。直到党的十一届三中全会以后，才开始真正肃清方向，建设和发展有传承性的中国行政诉讼制度。从 1979 年至今，我们分几个阶段来看待我国大陆行政诉讼制度的发展。

(一)1979 年至 1989 年:行政诉讼制度的初创时期

十一届三中全会以后，邓小平同志倡导的“解放思想、实事求是”的思想路线得到了全面的贯彻执行，我国加强了民主与法制建设，推行了经济体制、政治体制和法律制度的改革和对外开放的政策，在客观条件的要求下，行政诉讼制度应运而生。

最早授予行政管理相对人提起行政诉讼的权利的是 1980 年的《中外合作经营企业所得税法》和《中外合资经营企业所得税法》。这两个法明确规定:外

国组织、外国公民对我国税务机关的行政行为不服或者纳税决定不服可以到法院提起诉讼。此后，越来越多的法律、法规作了类似的规定。

为了解决行政诉讼程序的规范问题，1982 年《中华人民共和国民事诉讼法（试行）》[3]规定，人民法院审理行政案件，适用民事诉讼法的规定，从而解放了人民法院审理行政案件的程序问题，我国的行政诉讼开始进入参照民事诉讼程序时期。1982 年《宪法》[4]第 41 条也明确规定，公民具有对任何国家机关和国家工作人员，提出批评建议、申诉控告或者检举的权利，并规定了公民要求国家赔偿的权利。从此，行政诉讼制度不仅具备程序的规范性，并且获得宪法规范的保障。1987 年规范治安行政领域的《中华人民共和国治安管理处罚条例》（以下称《治安管理处罚条例》）[5]出台，大量的治安行政诉讼案件开始涌现，当时的实践部门开始尝试设置单独的行政审判庭，试图应对不断增加的行政审判要求。

随着行政案件的增多和行政诉讼经验的积累，行政诉讼与民事诉讼的区别开始受到认同。加上行政诉讼理论研究开始逐渐起步，行政诉讼的特殊性以及国外的有关制度设置理论和经验开始传入，人们普遍感到审理行政案件难于适用民事诉讼程序，有必要制定专门的行政诉讼法。1986 年 10 月，我国成立了行政立法研究小组，并于 1987 年 7 月起草了《中华人民共和国行政诉讼法（试拟稿）》。1989 年 4 月 4 日，第七届全国人民代表大会第二次会议通过了《中华人民共和国行政诉讼法》（以下称《行政诉讼法》）[6]，该法从 1990 年 10 月 1 日起施行。行政诉讼法的颁布与施行，标志着我国的行政诉讼制度的正式确立。

在立法规范不断得到确认的同时，行政审判机构的设置和发展也开始暗自酝

---

〔3〕 1982 年 3 月 8 日第五届全国人民代表大会常务委员会第二十二次会议通过，自 1982 年 10 月 1 日起试行。自《中华人民共和国民事诉讼法》1991 年 4 月 9 日施行之日起，该法废止。

〔4〕 1982 年 12 月 4 日第五届全国人民代表大会第五次会议通过，1982 年 12 月 4 日全国人民代表大会公告公布施行，根据 1988 年 4 月 12 日第七届全国人民代表大会第一次会议通过的《中华人民共和国宪法修正案》、1993 年 3 月 29 日第八届全国人民代表大会第一次会议通过的《中华人民共和国宪法修正案》、1999 年 3 月 15 日第九届全国人民代表大会第二次会议通过的《中华人民共和国宪法修正案》和 2004 年 3 月 14 日第十届全国人民代表大会第二次会议通过的《中华人民共和国宪法修正案》修订。

〔5〕 1986 年 9 月 5 日第六届全国人民代表大会常务委员会第十七次会议通过，根据 1994 年 5 月 12 日第八届全国人民代表大会常务委员会第七次会议《关于修改〈中华人民共和国治安管理处罚条例〉的决定》修改。

〔6〕 1989 年 4 月 4 日第七届全国人民代表大会第二次会议通过，1989 年 4 月 4 日中华人民共和国主席令第 16 号公布，自 1990 年 10 月 1 日起施行。

酿。1986 年 10 月 6 日,湖北省武汉市中级人民法院成立了全国第一个中级人民法院的行政审判庭。同一天,湖南省汨罗市(原汨罗县)人民法院成立了第一个基层人民法院的行政审判庭。1988 年 10 月 4 日最高人民法院成立行政审判庭。

(二)1990 年至 1999 年:行政诉讼制度的初步发展阶段

1989 年《行政诉讼法》的颁布与施行,标志着我国行政诉讼制度的正式建立。《行政诉讼法》共分 11 章 75 条,规定了有关总则、受案范围、管辖、诉讼参加人、证据、起诉和受理、审理和判决、执行、侵权赔偿责任、涉外行政诉讼和附则的内容,初步确立了行政诉讼的规范框架。1990 年至 1999 年期间,尽管呈现高低起伏,但我国的行政诉讼制度开始了真正的发展。1990 年 9 月,最高人民法院在河南省郑州市召开了第一次全国法院行政审判工作会议。然而总体来说,90 年代初,经过具有某种意识形态倾向性的治理整顿,行政诉讼法颁布后的三年依然是行政诉讼制度发展的低谷时期,直到邓小平同志视察南方前后才有所好转。

这里非常值得一提的是,1991 年最高人民法院为了贯彻实施行政诉讼法,制定《关于贯彻执行〈中华人民共和国行政诉讼法〉若干问题的意见(试行)》(以下称《最高人民法院〈贯彻意见〉》)。由于行政诉讼法起草时行政审判的经验积累相对还比较少,条文规定相对简单,很多实务操作中的细节得不到具体指导,因此根据当时的背景和实践需要制定的《最高人民法院〈贯彻意见〉》对于贯彻实施行政诉讼法起到了积极的作用。《最高人民法院〈贯彻意见〉》共计 115 条,于 1991 年 6 月 11 日由最高人民法院审判委员会讨论通过。尽管从现在的角度看,它存在着这样或那样的问题,但是在当时的背景下它也是经过很大的努力才取得的一种成果,有些条款是具有创意的。当然,由于它的内容不可避免地受到当时背景、情况的制约,所以随着实践的推移,它逐渐不适应行政审判工作的要求。这就推进了后来《最高人民法院关于执行〈中华人民共和国行政诉讼法〉若干问题的解释》的出台。

1994 年《中华人民共和国国家赔偿法》(以下称《国家赔偿法》)[7]的颁布实施不仅实现了对 1982 年宪法有关公民请求国家赔偿权的程序性保障,并且对行政诉讼制度的发展也起到了某种激励和推动作用。之后,《中华人民共和国行政处罚法》(以下称《行政处罚法》)[8]于 1996 年制定颁布,《中华人民共和国

---

〔7〕 1994 年 5 月 12 日第八届全国人民代表大会常务委员会第七次会议通过,1994 年 5 月 12 日中华人民共和国主席令第 23 号公布,自 1995 年 1 月 1 日起施行。

〔8〕 1996 年 3 月 17 日第八届全国人民代表大会第四次会议通过,1996 年 3 月 17 日中华人民共和国主席令第 63 号公布,自 1996 年 10 月 1 日起施行。

行政监察法》(以下称《行政监察法》)[9]于1997年制定颁布,《中华人民共和国行政复议法》(以下称《行政复议法》)[10]于1999年制定颁布,它们为行政诉讼的合法性审查提供了实体和程序上的依据,再次推动了我国行政诉讼制度的发展。《行政处罚法》共8章64条,分别对总则、行政处罚的种类和设定、行政处罚的实施机关、行政处罚的管辖和适用、行政处罚的决定、行政处罚的执行、法律责任、附则等问题作出了规定。有很多行政法的法律原理和制度第一次在实定法中明确规定,例如行政行为的成立、公民的陈述辩解权利、听证制度、一事不再罚原则、行政委托制度等。《行政复议法》共7章43条,对总则、行政复议范围、行政复议申请、行政复议受理、行政复议决定、法律责任和附则的有关内容进行了规定。这一系列单行法的制定,为行政诉讼制度的发展提供了很好的规范依据,行政诉讼制度在这一阶段得到了较好的发展。

尤其值得一提的是,1996年2月,"依法治国"被明确提出。党的十五大报告第一次深刻地阐述了依法治国的涵义,把依法治国确定为党领导人民治理国家的基本方略,提出了"依法治国,建设社会主义法治国家"的历史任务。1999年3月,全国人大九届二次会议通过的宪法修正案明确写上"中华人民共和国实行依法治国,建设社会主义法治国家",正式把这一治国方略以国家根本大法的形式确定下来。在这一法制建设的大背景下,行政诉讼制度的落实和贯彻也水涨船高,迎来了发展的好时机。

(三)2000年至今:行政诉讼制度的持续发展阶段

从2000年开始,尽管有学者怀有中国大陆的行政诉讼又陷入低潮的忧虑,但总体看来,中国大陆的行政诉讼制度保持着平稳而持续的发展。这主要表现在以下几个方面:

1.《最高人民法院关于执行〈中华人民共和国行政诉讼法〉若干问题的解释》(以下称《最高人民法院〈若干解释〉》)[11]的出台标志着我国行政审判的理论和实践有了进一步的发展。随着理论的不断推进和审判实践的发展,《最高人民法院〈贯彻意见〉》已经不能完全适应行政审判工作的需要,有必要进行修改。最高法院从1997年开始着手修改原有的《最高人民法院〈贯彻意见〉》。在历时两年多的研究论证、征集各方意见的基础上,《最高人民法院〈若干解释〉》在最高法

---

[9] 1997年5月9日第八届全国人民代表大会常务委员会第二十五次会议通过,1997年5月9日中华人民共和国主席令第85号公布,自公布之日起施行。

[10] 1999年4月29日第九届全国人民代表大会常务委员会第九次会议通过,1999年4月29日中华人民共和国主席令第16号公布,自1999年10月1日起施行。

[11] 1999年11月24日最高人民法院审判委员会第1088次会议通过,2000年3月8日公布,自2000年3月10日起施行。

院审判委员会第1088次会议上讨论通过。现有的司法解释的条文虽然比过去的115条要少,但内容却更为丰富和科学。它体现出的基本指导思想和主要思路是:(1)进一步规范受案范围和受案行为,确保行政管理相对人的诉权;(2)采取有效的法律措施,确保人民法院依法独立公正地行使行政审判权;(3)合理配置行政审判权和行政诉讼权利,实现行政审判的程序公正;(4)完善行政审判方式,实现法律效果与社会效果的统一;(5)支持和保障行政机关依法行使行政职权,提高行政管理的效能;(6)进一步规范审判行为,提高行政审判工作的效率。[12]

2.《最高人民法院关于行政诉讼证据若干问题的规定》(以下称《最高人民法院〈行诉证据规则〉》)[13]进一步完善了行政诉讼的证据制度。继1989年的《行政诉讼法》、1999年《最高人民法院〈若干解释〉》对于行政诉讼证据制度的规定之后,《最高人民法院〈行诉证据规则〉》进一步细化规范了行政诉讼的有关制度。证据制度既是诉讼理论和诉讼立法上的难点问题,也是司法实践中的重点和难点问题。《最高人民法院〈行诉证据规则〉》的出台是行政审判实践的一个总结,也为未来行政诉讼证据制度的规范化操作提供了方向和依据。

3.《中华人民共和国行政许可法》(以下称《行政许可法》)[14]的颁布实施为行政许可领域的行政诉讼提供了新的实体和程序依据,有助于行政诉讼制度的发展。可以说,行政许可制度在各国的行政实务中都有体现,但单独制定行政许可法的,中国却属独一无二。《行政许可法》共分8章83条,分别对总则、行政许可的设定、行政许可的实施机关、行政许可的实施程序、行政许可的费用、监督检查、法律责任以及附则的有关内容作了规定。它在确保一些旧有制度,如听证制度的同时,引入了理论界新近倡导的信赖保护原则、公共利益和补偿原则、案卷排他原则等重要的行政法原则。

4.加入WTO为我国行政诉讼制度的发展提供新的挑战和契机。在经历了长达14年的不懈努力之后,中国终于恢复了其在世界贸易组织(WTO)中的成员国地位。2001年11月在多哈召开的世界贸易组织部长级会议批准了《中国加入世界贸易组织的议定书》(Protocol on Accession of China)和《世界贸易组织中国工作组报告》(Working Party Report on China's Accession)以及其他一系列法律文件,标志着中国加入国际贸易组织。入世对中国行政法的发展提

---

〔12〕 参见江必新著:《中国行政诉讼制度之发展——行政诉讼司法解释解读》,金城出版社2001年版,第2—24页。

〔13〕 2002年6月4日最高人民法院审判委员会第1224次会议通过,2002年7月24日公布,自2002年10月1日起施行。

〔14〕 2003年8月27日第十届全国人民代表大会常务委员会第四次会议通过,2003年8月27日中华人民共和国主席令第7号公布,自2004年7月1日起施行。

出了新的要求，促使行政诉讼制度不断发展，实现与国际接轨。最高人民法院出台了不少司法解释以应对和指导与WTO有关的行政诉讼案件，例如2002年制定实施的《最高人民法院关于审理国际贸易行政案件若干问题的规定》[15]、《最高人民法院关于审理反倾销行政案件应用法律若干问题的规定》[16]以及《最高人民法院关于审理反补贴行政案件应用法律若干问题的规定》[17]。如今，《最高人民法院关于审理知识产权案件若干问题的规定》正在起草阶段。

四、对中国大陆行政诉讼制度未来发展的展望

以上主要是从有助于推进行政诉讼制度发展的法规范角度来审视行政诉讼制度的发展。要展望中国大陆行政诉讼制度的未来发展，可以从以下几个方面展开：

从规范上看，有关行政法规范的制定实施依然是行政诉讼制度重要的推进力量。在未来的立法规划里，《行政强制法》的出台有望在对相对人权利影响重大的行政强制领域作出专门的实体和程序上的规定，正如同行政处罚法、行政许可法等单行行政法规范颁布的那样，可以促使有关行政强制行政诉讼制度的发展和完善。已经提上议事日程的《行政诉讼法》和《国家赔偿法》的修改将是行政诉讼制度领域的一次大革新，尤其在学者大力呼吁确保人权的前提下，它们的修改定会朝着确保公民权利的方向迈进。而理论界和实务界都酝酿已久、期盼不已的《行政程序法》的立法工作更是有望在行政程序领域确立里程碑式的意义，它对中国大陆行政诉讼制度发展的作用将不可小视。

从理论上看，视野日渐开放、渐趋成熟的行政法理论发展能为行政诉讼制度的发展提供理论依据和力量支撑。近几年来，理论创新行政法制观念进一步更新，行政法律关系的主体渐趋开放，行政权力运作方式的多样化，行政程序法地位的突显，权利救济方式的多样化与实效性，这些现代行政法制的理念和价值取向直接推进行政诉讼受案范围的扩大，影响到行政诉讼制度的发展。

随着理论的拓展和权利观念的普及，行政审判的实践也出现令人欣喜的现象。法院在行政审判中的理论把握和说理依据等方面进步明显。不少案件在缺乏既定法明文规定的情况下，开始援引法律原则、法学原理等进行判决，这种

[15] 2002年8月27日最高人民法院审判委员会第1239次会议通过，2002年8月27日公布，自2002年10月1日起施行。

[16] 2002年9月11日最高人民法院审判委员会第1242次会议通过，2002年11月21日公布，自2003年1月1日起施行。

[17] 2002年9月11日最高人民法院审判委员会第1242次会议通过，2002年11月21日公布，自2003年1月1日起施行。

法律解释和法律论证说理的方式，不仅反映出近年来行政审判经验的积累、行政审判法官素质的增长，而且表明我国的行政诉讼制度已经通过某种“微调”的方式，正悄无声息地通过判决发展着法律。不出意外的话，这种来自审判实践部门的可喜现象将会持续到未来的行政审判中，从而为中国大陆行政诉讼制度的发展作出贡献。

行政法发展的全球化、信息化和网络化背景促使中国大陆的行政诉讼制度不断与国际接轨。全球化进程不可避免地推动着行政法制朝着现代化方向发展。我国加入WTO，在法制统一、透明、非歧视、正当法律程序、司法审查的范围和标准等诸多方面，直接推动着具体行政法律规范的立改废和行政诉讼制度的发展。信息化和网络化的程度的提高，拓展了信息的公开化和传播速度，它不仅促动行政管理观念和行政管理方式的变革，而且拓展民众参与行政的途径和理性的权利意识的觉醒，这些都将对未来中国大陆的行政诉讼制度产生影响。

当然，在对中国大陆行政诉讼制度的未来发展持乐观态度的同时，应当看到，行政诉讼制度在中国大陆依然是一个历史相对短暂，经验相对贫乏，立法界、理论界与审判实务界的脱节现象依然较为严重的诉讼制度。正如有学者指出的那样，中国大陆的行政诉讼制度还存在诸多难点〔18〕，这一方面有利于我们缩短制度建设的进程，及时借鉴吸收先进的行政诉讼制度和理念，但另一方面也促使我们更加关注行政诉讼制度建设的本土化和实效性等问题。

第二节　中国大陆行政诉讼的立法目的和基本原则

一、中国大陆行政诉讼的立法目的

立法目的，也称立法宗旨，是一种法律精神，统治着其所管辖的所有法律规范，也是成文法解释的正当依据。行政诉讼的立法目的正是由行政诉讼法所确立的一种基本精神，它指导行政诉讼立法的规范设置，统领行政诉讼制度中的司法解释，并间接约束行政执法过程遵循立法目的的轨道，是行政诉讼法中极其重要的内容。我国《行政诉讼法》第1条就开宗明义地规定：“为保证人民法院正确、及时审理行政案件，保护公民、法人和其他组织的合法权益，维护和监督行政机关依法行使行政职权，根据宪法制定本法。”这是对我国大陆行政诉讼指导思想的最集中的表述。从该条款可见，我国行政诉讼法所确立的立法目的主要有三项：

---

〔18〕 袁曙宏：《行政诉讼五大难点》，载《人民日报》2002年1月30日。

(一)保证人民法院正确、及时审理行政案件

增进司法功能一般是诉讼法所具有的普遍目的。及时有效地解决纠纷,能够确保社会安定。在行政诉讼制度建设中,以法规范的形式对行政诉讼的各项制度和程序作出规定,一方面能够确保人民法院有效地运用这些制度,另一方面又要求人民法院严格遵循这些程序,从而保证行政诉讼的公正和效率。同时,行政诉讼法为人民法院裁判行政案件提供审查标准和判决类型,规范行政审判权的行使,确保法院正确及时地行使国家审判权。

(二)保护公民、法人和其他组织的合法权益

保障公民权利是行政诉讼立法目的的核心和精要所在,这是任何一个颁布行政诉讼法的国家都明确规定了的行政诉讼目的,也可谓是行政诉讼的终极目的。可以说,以人权保障作为行政诉讼立法目的的重心不仅体现了人民主权、人权保障理念在近现代的深入人心,而且也是行政诉讼制度自身正当性和意义所在。以“权利”制约“权力”的宪政理念,在行政诉讼法上的体现,就是通过行政诉讼为社会提供一种机制,即当行政相对人在与行政主体之间发生权益冲突后,最终可以通过一种预设的诉讼程序,获得一种与行政主体平等地对簿公堂的机会,从而达到维护自身权益的目的。就这层意义上说,寻求权利救济本身,就是人权的重要组成内容。

(三)维护和监督行政机关依法行使行政职权

对于行政诉讼究竟是应当对行政机关行使职权进行监督,还是对行政机关合法行使职权提供保障,一直是理论界有所争议的问题。从行政诉讼法的这一规定看,它的立法目的旨在统合这两个方面。有学者对这种立法目的的规定提出了质疑,尤其是针对维护行政机关依法行使行政职权,认为这是一种“不应当有的认识偏差”,“行政诉讼的立法目的应当只有一个,即为行政相对人提供一种可以实现权利救济的法律机制”,将维护行政机关依法行使职权作为立法目的是否科学“值得探讨”、“不无忧虑”。[19]

二、中国大陆行政诉讼的基本原则

行政诉讼的基本原则,是指反映行政诉讼基本特点和一般规律,贯彻于行政诉讼活动整个过程或主要过程,指导行政诉讼法律关系主体诉讼行为的重要准则。

行政诉讼的基本原则渊源何处,不同国家、不同地区根据各自法律文化和法律制度的差异有所不同,但基本不会脱离成文法规定、判例以及理论概括。

---

〔19〕 章剑生著:《行政诉讼法基本理论》,中国人事出版社 1998 年版,第 4、6 页。

虽然行政诉讼基本原则的重要性很早就获得我国大陆地区学者的认同，但是由于基本原则理论自身的不成熟性，导致学者对行政诉讼基本原则的理解不尽一致。这里介绍中国大陆行政诉讼教科书中最常见的列举方式。一般认为，我国《行政诉讼法》第一章总则部分采用列举的方式集中规定了行政诉讼的基本原则。[20] 它们包括：

(一)人民法院独立行使审判权原则

在当下的中国大陆，司法制度改革进程中的重点和难点之一，即是通过改革各级法院的机构设置、案件分工，提高法官素质和待遇等，保障司法独立，促进司法公正。法院独立行使审判权，是我国民事、刑事和行政诉讼共有的一项极为重要的原则。

(二)以事实为根据，以法律为准绳原则

人民法院审理各类行政案件要以事实为根据，以法律为准绳。为保障贯彻正义原则，法院在审理案件的过程中，应在独立审判的前提下，进一步改革证据规则，坚持证据的质证，注重直接证据和原始证据，加强对证人的保护，同时加强立法机关对法律的解释，提高法官对法律规范内容、立法目的及效力层级的理解和法律适用水平。

(三)人民法院对具体行政行为是否合法进行审查原则

这是一条非常重要的行政诉讼的基本原则，可以说是行政诉讼特有的一项原则。《行政诉讼法》第 5 条规定："人民法院审理行政案件，对具体行政行为是否合法进行审查。"这条原则确立了人民法院进行司法审查的对象和标准，它由两层含义构成：(1)人民法院在行政诉讼中的直接对象是被诉的具体行政行为。将抽象行政行为排除于当下行政诉讼的受案范围之外，一方面是受到立法当时诸多条件的限制，另一方面也是因为我国对抽象行政行为的监督和审查权主要由各级人大及其常委会或上级行政机关行使。[21] 随着行政诉讼理念和制度的

---

[20] 可以参见应松年主编：《行政诉讼法学》，中国政法大学出版社 2002 年版，第 37—43 页；胡建森主编：《行政诉讼法学》，复旦大学出版社 2003 年版，第 15—19 页(童之伟撰)；叶必丰主编：《行政法与行政诉讼法》，中国人民大学出版社 2003 年版，第 294—299 页。也有学者将这些基本原则区分为与民事、刑事诉讼共有的原则和行政诉讼法特有的原则，参见姜明安主编：《行政法与行政诉讼法》，北京大学出版社、高等教育出版社 1999 年版，第 305—308 页。

[21] 也有学者认为这条规定并没有排除行政机关对抽象行政行为的监督。行政诉讼法规定的"人民法院在审理行政案件时可以参照规章"，这里的"参照"实际上就赋予了法院一定程度上判断规章是否合法的审查监督权。参见姜明安主编：《行政法与行政诉讼法》，北京大学出版社、高等教育出版社 1999 年版，第 307 页。

发展，学界认为法院应对抽象行政行为进行审查的呼声已经越来越高，相信它一定也引起了立法机关的重视。(2)法院审查具体行政行为只审查其合法性，而不审查合理性。之所以如此规定，主要是基于司法权和行政权的相对分立以及法院和行政机关在对待合法性问题和合理性问题上的相对优势。学理上一般将合理性问题归于行政裁量权的范围，法院对之应当予以尊重，从而使司法权与行政权之间保持必要的张力。有学者认为在两种情况下，这一原则是有例外的，即《行政诉讼法》第 54 条规定的法院对滥用职权的具体行政行为可以判决撤销，对显失公正的行政处罚可以直接判决变更，这表明，法院在有限的范围内依然享有合理性审查的权力。[22]

(四)合议、回避、公开审判和两审终审原则

按照现行的行政诉讼法，我国行政诉讼实行合议原则，不存在民事诉讼有独任审判的例外。[23] 为了保证案件的公正审理，贯彻自己不做自己法官的正当程序的基础理念，行政诉讼坚持回避原则，任何可能影响案件公正审判的，当事人有权要求回避。除了涉及国家秘密、个人隐私和法律另有规定外，人民法院审理行政案件一律公开进行。两审终审也是我国行政诉讼的一个原则。

(五)当事人诉讼法律地位平等原则

这一原则由《行政诉讼法》第 7 条规定。当事人在行政诉讼中享有平等的法律地位，有平等的诉讼权利和诉讼义务。

(六)使用本民族语言文字进行诉讼原则

各民族公民都有使用本民族语言、文字进行行政诉讼的权利。在少数民族聚居或者多民族共同居住的地区，人民法院应当用当地民族通用语言、文字进行审理和发布法律文书。人民法院应当对不通晓当地民族通用语言、文字的诉讼参与人提供翻译。

(七)当事人在行政诉讼中有权进行辩论原则

这一原则由《行政诉讼法》第 9 条规定。在行政诉讼中，当事人有权针对案件事实的正误，证据的真伪，适用法律、法规的正确与否等诸方面相互进行辩论。

---

〔22〕 持这种意见的学者可以说相当普遍。但是也有学者对之提出批判，他们认为行政机关滥用权力和行政处罚显失公正，已经突破“不当”之界限，构成“违法”。所以，《行政诉讼法》第 54 条规定的这两种情况依然遵循合法性审查的原则。参见胡建淼主编：《行政诉讼法学》，高等教育出版社 2003 年版，第 19 页，引注 1。

〔23〕 排除一切独任制和简易程序的合议原则的合理性已经受到学界和实务界的质疑，该条原则有可能随着我国大陆行政诉讼法的修改而有所改变。

(八)人民检察院对行政诉讼进行法律监督的原则

根据我国《宪法》、《人民检察院组织法》和《行政诉讼法》的有关规定,人民检察院有权对行政诉讼实行法律监督。对法院已经发生法律效力的判决、裁定,发现违反法律、法规规定的,人民检察院有权按照审判监督程序提出抗诉。

值得注意的是,以上对我国行政诉讼基本原则内容的概括和分类在学术界并非众口一致,质疑和批判声也是不绝于耳。最主要的理由是认为上述对行政诉讼基本原则的认识,一是没有将行政诉讼法的基本原则与具体制度或规则予以区分,因此不具有高屋建瓴的指导意义;二是没有把行政诉讼法的基本原则与诉讼法的一些同有原则相区分,因此无法体现行政诉讼的独特性;三是简单地将法律条款作为基本原则进行论述,不能挖掘深藏在法律条款背后的法原理。〔24〕

第三节　中国大陆行政诉讼制度的主要特点

一、概　述

从上述有关中国大陆行政诉讼制度的发展历程可以看到,尽管起步比较晚,但我国行政诉讼制度的理论与实践依然获得了长足进展,从行政诉讼的基础理念到各项制度都朝着好的方向在发展。可以说,《行政诉讼法》于 1990 年 10 月 1 日的实施,大量的行政诉讼案件被法院受理,在监督行政机关依法行政方面发挥了重要的作用,为我国的经济建设和社会的全面发展提供了良好的法治环境,从而推进了我国民主法治化的进程。〔25〕

---

〔24〕 参见胡建淼主编:《行政诉讼法学》,高等教育出版社 2003 年版,第 17—18 页;章剑生著:《行政诉讼法基本理论》,中国人事出版社 1998 年版,第 22—23 页。

〔25〕 截至 2002 年 12 月,法院共受理行政案件 815239 件,审结 811022 件,审结率为 99.48%;全国法院共撤销违法具体行政行为 123804 件,占审结案件总数的 17%,变更 72464 件,占 0.89%;随着诉讼实践的不断深入,司法审查的广度和力度也在不断加强,例如,田永诉北京科技大学拒绝颁发毕业证、学位证等案件促进了行政诉讼对教育权保护的思考,乔占祥诉铁道部 2001 年春运票价上浮案在一定程度上推进了行政机关价格听证制度的规范化,公证、社会保险、建设工程投标、退伍军人就业安置、交通事故责任认定等新型案件的受理和审判,弥补了早期行政审判保护相对人合法权益范围狭窄的不足,发挥了行政诉讼的权利保障功能。上述有关数据的来源,请参见江西省高级人民法院课题组:《行政诉讼法实施问题的实证分析与思考》,载《法律适用》2004 年第 5 期。

但是，同时也应当看到，正是由于起步较晚，中国大陆行政诉讼制度在总体上存在着立法不够全面、制度依然不够完善的特点。行政诉讼法的实施也存在着很多问题，它主要表现在：(1)诉权保护不力，诉讼程序启动难。与民事、刑事案件相比，行政诉讼案件所占比例非常小，从各级信访机构收到和接待的近乎天文数字的来信来访看，公民通过行政诉讼方式表达对行政机关行为不满的比例也非常之小。这说明，行政诉讼法在诉权保护方面还存在明显不足，公民诉讼难、胜诉更难的问题依然十分突出。究其原因，行政诉讼受案范围的狭隘和模糊、起诉条件和起诉期限的规定不甚科学、原告资格限定过于严格、被告制度过于繁琐以及诉讼类型不够充分都可能是导致行政诉讼在权利保护方面依然不尽如人意的原因所在。(2)行政案件审判难，公正和效率的实现程度不甚理想。与其他审判工作相比，行政诉讼的审判受到非正常的干涉情况比较多，撤诉率、不予受理、驳回起诉、上诉改判率也很高。〔26〕造成这一状况也与我国当下的行政诉讼立法和制度不足有关，例如，合法性审查原则和司法有限变更权过于狭隘，管辖制度的规定存在一定缺陷，审理程序设计不合理、繁简不分，审理规则不甚明朗，判决形式不能满足行政诉讼类型多样性的需求等，都可能造成行政审判难以符合理想目标。(3)诉讼案件执行难，行政非诉执行操作混乱。行政诉讼案件执行难主要表现在行政机关败诉的案件中，行政机关不执行法院判决，或者拖延履行，致使法院判决如“一纸空文”的情形依然时有发生。〔27〕行政非诉执行是凭借法院来实现行政目的的手段，但它在现实中却操作混乱，表现在行政非诉执行与行政诉讼相比畸多，行政非诉执行混淆了行政权与司法权致使法院成为行政机关的执行部门，行政非诉执行所采取的形式审查的方式致使许多非法的行政行为无法得到制约，以及有时法院会消极回避行政非诉执行，致使行政非诉执行制度形同虚设。上述的种种不尽如人意之处显示了现行行政诉讼制度存在着有待改进的空间和必要性，正如有些学者一针见血地主张：现行《行政诉讼法》的修改已经到了势在必行的地步。〔28〕

下文想要揭示的中国大陆行政诉讼制度一些具体特点，正是在这种既要真实记录现有制度，又必须带着某种发展的眼光来看待之的态度下进行的。

---

〔26〕 据统计，1998年至2002年，全国各级法院一审行政案件中，撤诉案件为315600件，撤诉率高达43.35%，共裁定驳回起诉84748件，占结案总数的10.45%，共审结行政二审案件169637件，改判25867件，占15.34%。有关数据的来源，请参见江西省高级人民法院课题组：《行政诉讼法实施问题的实证分析与思考》，载《法律适用》2004年第5期。

〔27〕 宫晶珠：《政府败诉拒不执行，法院判决如同废纸》，载《法制日报》2001年4月9日。

〔28〕 章志远：《现行行政诉讼法的修改势在必行》，载《政治与法律》2003年第2期。

二、中国大陆行政诉讼制度的主要特点

(一)有关判例制度

尽管行政诉讼比较需要强调判例的作用,以符合行政执法情况千差万别和行政审判实际,但是中国大陆并不存在严格意义上的判例制度。这里的原因是多方面的,总体说来,中国大陆的行政诉讼在制度设计的总体思路上以大陆法系国家的行政诉讼制度为蓝本,行政诉讼制度确立的时间还不是很长,在审判经验和理论提升方面还不够成熟,以及判例制度所需要的判例公开和检索通道在我国还不甚明朗,都可能是我国大陆行政诉讼没能确立起判例制度的原因。

与判例制度相关联却迥然不同的一种制度建构的思路是成文法的方式。这在中国大陆的行政诉讼制度建设方面相对比较明显。我国行政诉讼的基础制度都由 1989 年颁布实施的《行政诉讼法》所确定,此外可以发现,最高人民法院就行政诉讼方面的司法解释对于我国的司法审判实践具有重大的规范作用。成文法的思维倾向还表现在我国行政审判实践中存在的请示制度。与判例制度较多地要求法官发挥司法能动性相比,请示制度最大的特点是在面对成文法不能直接适用的所谓疑难案件或者对法律条款的适用有困难时,可以申请上级法院就案件处理或法条解释作出答复,试图得到一种相对具有确定性的个案指导,其实质是一种非常曲折的成文法的思维方式。

随着全球化的深入、两大法系之间的差距不断缩小,以及对英美法律制度的借鉴学习,在我国,强调判例作用的呼声日趋高涨。近年来,虽然没有判例制度,但刊载在各种形式媒体上的案例对于行政审判的影响已经初现端倪。尤其是最高人民法院有选择性地在《最高人民法院公报》上刊登的案例以及对下级法院请示的批复和答复,都在实质意义上对各地法院的行政审判和法律适用起到了较强的指导作用。

(二)有关审判组织

中国大陆行政诉讼在审判机关方面的特点是:(1)中国大陆不存在特殊的行政法院系统,行政案件由普通法院予以审理。中国大陆普通法院系统由四级构成,分别是最高人民法院、高级人民法院、中级人民法院以及基层人民法院。(2)在各级普通法院[29]内部设立行政审判庭,审理行政案件。(3)所有案件实行两审终审制,但最高人民法院作出的第一审判决、裁定为终审判决、裁定,这是两审终审制的一个例外。

在行政诉讼审判机构方面的特点是:(1)行政审判不采用独任制,因此法官

---

[29] 与普通法院相对应的是专门人民法院,它包括铁路法院、军事法院和海事法院。

不属于审判机构。(2)行政审判机构分为合议庭和审判委员会。其中,由审判员或者由审判员和陪审员组成的合议庭是作出行政审判的最常见形式;而审判委员会是行政审判组织内部对审判工作实行集体领导的一种组成形式,就审判事务权而言,其有权对重大、疑难案件进行讨论并作出决定。

近年来,行政审判体制改革提上议事日程。为了在行政审判中消除非正常的行政干预和行政对司法潜在的不利影响,审判组织体制方面成为行政诉讼制度改进的一个重要领域。设立独立的行政法院,改革现有的两审终审制、实现三审终审制,撤销现行基层法院行政审判庭、由中级人民法院作为行政诉讼一审法院等,都表达了改革现有审判组织、提高行政诉讼审判质量的呼声。此外,另一个争议较大的问题是行政诉讼能否适用独任制审判的问题。由于现行《行政诉讼法》没有对有关简易程序和独任制审判作出规定,因此无论是理论界还是实务界,对独任制审判和简易程序的呼声都很高,认为无论从权利救济的时效性还是从诉讼成本的经济性角度考虑,都应当确立独任制审判和有关简易诉讼程序。

(三)有关起诉要件

人民法院受理一个行政诉讼,需要符合很多要件的规定,这里列举以下几个方面。

1.受案范围。受案范围是行政诉讼中的一项重要内容,解决行政诉讼受理案件的范围,在某种程度上可以说,受案范围是行政诉讼实现公民权利保障的一项重要指针。从现行制度看,我国的行政诉讼存在着受案范围较窄的特点。这也可以说是当下我国行政诉讼制度亟须改进的地方,相信也必将成为行政诉讼法修改的一个重要部分。

2.原告资格。原告资格限制较严是我国行政诉讼制度的又一个特点。根据我国行政诉讼法和有关司法解释的规定,我国行政诉讼在原告资格的认定上采用"法定权利之诉",这必然会限制部分行政相对人的起诉权利。因此,在理论界有学者提出在原告资格方面我们要从"法定权利之诉"过渡到"利益之诉",凡是受行政机关行为不利影响的人都赋予其诉讼资格,可以说反映了放宽原告资格的呼声。〔30〕

与原告资格有一定联系的是公益诉讼问题。我国现行行政诉讼法没有对公益诉讼作出任何规定,可以说,提起公益诉讼在当下的中国大陆行政诉讼中缺乏必要的规范依据。近年来,增设公益诉讼的条款、建构公益诉讼制度,在理论界的呼声尤其高涨,公益诉讼被认为是维护公共利益和公法秩序的必然要

---

〔30〕 薛刚凌、王霁霞:《论行政诉讼制度的完善与发展》,载《政法论坛》2003年第1期。

求。不少学者呼吁在我国当下公民诉权意识相对较弱、与行政机关实力较为悬殊的情况下,可以将公益诉讼的启动主体设为人民检察院。

3. 被告制度。我国的行政诉讼被告的确认实行实体责任归属的原则,这被有些学者诟病为“被告制度过于繁琐,被告很难准确确定”。[31] 其原因在于,我国行政机构的结构比较复杂,新的执法机构层出不穷,判断某些执法机构能否成为被告有时连专业人员都难以确认,更何况是非专业的行政相对人,这就给原告起诉带来困难。因此,简化被告制度亦已成为行政诉讼法修改之际的一个重要呼声。

(四)有关诉讼程序

在行政诉讼程序方面,中国大陆行政诉讼制度比较明显的特点主要体现在三个方面:

1. 在复议和诉讼的程序衔接上,我国采取复议不必然前置的原则。除了法律另有规定的情况外,对行政机关的行政行为不服的行政相对人既可以直接提起行政诉讼,也可以先行提起行政复议,对复议决定不服再提起行政诉讼。这意味着,在我国,一般情况下,行政行为人对行政复议程序有选择适用的权利。

2. 我国当下的行政诉讼不适用简易程序。在我国的三大诉讼法中,行政诉讼法是唯一没有设立简易程序的诉讼法。近年来,随着行政诉讼法的修改提上议事日程,要求设立行政诉讼简易程序的呼声也越来越高。学界和部分行政审判实务人员纷纷提出在起诉方式、受理方式、证据收集、举证期限、审理程序、独任制审判以及审理期限等方面体现简易程序对公正和效率的追求,最大限度节省司法资源,切实保障诉讼当事人的权利。

3. 我国行政诉讼过程不适用调解。我国《行政诉讼法》第 50 条规定:“人民法院审理行政案件,不适用调解。”如今,是否需要对行政诉讼程序中引入调解制度作出明确规定成为一个有争议的问题。有学者认为适用调解制度有利于及时解决争议,符合诉讼效率和司法经济的要求。但也有人对此抱有疑虑,行政诉讼程序中适用调解,有可能出现行政机关在与相对人进行协商过程中损害公共利益的情况,调解一旦纳入法律范围,可能成为被告规避败诉风险的一种手段。然而在我国的行政诉讼实践中,调解其实广泛存在。有资料显示,近年来,我国 30%左右的行政诉讼案件是以原告撤诉的方式结案,其中相当多是通过原被告双方的协商和调解。相信有关调解制度的立法规范将是行政诉讼法

---

[31] 江西省高级人民法院课题组:《行政诉讼法实施问题的实证分析与思考》,载《法律适用》2004 年第 5 期;薛刚凌、王霁霞:《论行政诉讼制度的完善与发展》,载《政法论坛》2003 年第 1 期。

修改时需要重点考虑的对象之一。

(五)其他特点

1. 中国大陆行政诉讼的主要任务,在纠纷处理与合法性审查之间更加偏重于后者。对行政行为的合法性进行审查是我国行政诉讼的一个原则,在行政审判实践中,有时纠纷解决和合法性审查两者间会有一定张力。从目前我国行政诉讼的立法和制度看,合法性审查是行政诉讼的主要任务,因此可以看到人民法院在行政案件的审理中并不以纠纷解决为唯一重点,这可以从现在不适用调解制度、原告撤诉需要人民法院批准以及人民法院具有法定证据调查权等多方面看出。

2. 诉讼不停止执行。根据我国《行政诉讼法》第 44 条规定,诉讼期间,不停止具体行政行为的执行。可以说是确立了我国行政诉讼制度上诉讼不停止执行的一项规则。《行政诉讼法》也规定了这一规则的例外情况,主要有三种情况:一是被告认为需要停止执行的;二是原告申请停止执行,人民法院认为该具体行政行为的执行会造成难以弥补的损失,并且停止执行不损害社会公共利益,裁定停止执行的;三是法律、法规规定停止执行的。

3. 司法有限变更。可以说,当下我国行政诉讼中司法对行政行为的变更权十分有限。根据现行行政诉讼法的规定,只有在行政处罚显失公正和行政赔偿决定不合理的情况下,才可以判决变更。尽管有学者提出要扩大司法变更的范围,但是在同时,我们还要考虑到司法权对行政权的必要尊重、行政效率以及行政专业性等特点的需要。

4. 诉讼类型不够充分,例如没有公益诉讼、行政附带民事诉讼等重要的诉讼形式。公益诉讼问题在上述原告资格部分已经有所论及,这里谈谈行政附带民事诉讼。现行行政诉讼法没有对行政附带民事诉讼作出任何规定,致使这种诉讼形式缺乏明确的规范依据。理论界对行政诉讼是否应当附带民事诉讼持几乎截然不同的看法。肯定者认为行政附带民事诉讼有利于节省司法资源、保持法院判决的前后一致性、保障行政相对人尤其是遭受损害的公民的权利;但有学者从缺乏明确依据、审查对象混乱以及证据制度混乱等方面反对设置行政附带民事诉讼制度。无论如何,行政附带民事诉讼制度是否应当确立已经成为行政诉讼法修改必须面对的一个重要问题。

第二章　行政诉讼的受案范围

第一节　概　述

人民法院受理行政案件的范围，又称行政诉讼受案范围或行政诉讼主管范围，是指人民法院对行政机关的哪些行政行为拥有审判权。换言之，公民、法人或者其他组织在哪些情况下，可以向人民法院控告行政机关。它是解决人民法院与其他国家机关之间处理行政争议的分工和权限的问题。

在社会生活中，行政机关的行政行为引起的行政争议大量存在，种类繁多、复杂，不可能也没有必要都诉诸人民法院通过诉讼程序解决，因此产生了人民法院与其他国家机关之间处理行政争议的分工和权限问题。确立人民法院受理行政案件的范围，对于划分人民法院与其他国家机关之间解决行政争议的职权，防止他们之间因职权不明互相推诿，便于人民群众进行诉讼，对人民法院正确、合法、及时地审理行政案件，保护公民、法人或者其他组织的合法权益，促使行政机关依法行政，都具有重要的意义。

我国现行《宪法》第 41 条规定："中华人民共和国公民对任何国家机关和国家工作人员有提出批评和建议的权利；对于任何国家机关和国家工作人员的违法失职行为，有向有关国家机关提出申诉、控告和检举的权利，但是不得捏造或者歪曲事实诬告陷害。"全国人民代表大会依据该条的规定，于 1982 年 3 月 6 日制定并通过的《中华人民共和国民事诉讼法（试行）》第 3 条第 2 款规定："法律规定由人民法院受理的行政案件，适用本法。"从此，我国各级人民法院开始依据该条的规定受理行政案件，行政案件逐年增加。从《民诉法（试行）》的规定看，法院对行政机关具体行政行为的审查，仅限于"法律规定"。法律未作规定的，一般情况下，法院不得进行审查。当然，当时很多行政案件是作为民事案件来审理的。但是，"司法审查法定"，一直作为一个重要的原则。随着我国的社会主义民主与法制的发展，1989年以来全国人民代表大会及其常委会又依据宪法的此项原则制定了《行政诉讼法》等相关的法律。

关于行政诉讼法的受案范围的立法原则，原全国人大常委会副委员长王汉斌在《关于〈中华人民共和国行政诉讼法（草案）〉的说明》（以下称《说明》）中归纳了三点。他指出："法院受理行政案件的范围，是行政诉讼法首先要解决的重要问题。对于这个问题，草案是根据以下原则规定的：第一，根据宪法和党的十三大的精神，从保障公民、法人和其他组织的合法权益出发，适当扩大人民法院现行受理行政案件的范围；第二，正确处理审判权和行政权的关系，人民法院对行政案件应当依法进行审理，但不要对行政机关在法律、法规规定范围内的行政行为进行干预，不要代替行政机关行使行政权力，以保障行政机关依法有效地进行行政管理；第三，考虑我国目前的实际情况，行政法还不完备，人民法院行政审判庭还不够健全，行政诉讼法规定'民可以告官'，有观念更新问题，有不习惯、不适应的问题，也有承受力的问题，因此对受案范围现在还不宜规定太宽，而应逐步扩大，以利于行政诉讼制度的推行。"[1]王汉斌在《说明》中所说的"适当扩大人民法院现行受理行政案件的范围"，是指适当扩大当时民事诉讼法以及其他法律规定的受案范围。《说明》中所说的"因此对受案范围现在还不宜规定太宽，而应逐步扩大，以利于行政诉讼制度的推行"，反映了立法原意的一个重要内容，即法院司法审查的范围在条件成熟的情况下，应当逐步扩大。

由于各国的国情和法律传统不同，确定行政诉讼受案范围的方式亦有不同，大体上可以概括为以下三种方式：一是概括式。即由法律或者判例概括确定一个标准，只要符合这一标准，行政相对人即可提起行政诉讼的确定受案范围的方式。二是列举式。即由单行法律或者判例分别列举法院可以受理的行政案件的范围，只有符合这些特别规定，行政相对人才可以提起行政诉讼的受案范围的方式。三是结合式。即综合概括式和列举式确定行政诉讼受案范围的方式。

《民事诉讼法（试行）》就是采取列举式的方式确定行政诉讼的受案范围。此后直至行政诉讼法实施前，各单行法律、行政法规不断列举可以提起行政诉讼的行政案件种类。列举式存在以下明显的缺陷：一是受案范围不平衡，受案范围过于狭窄，立法不经济；二是不利于行政相对人的诉权保护。由于采取列举式，行政相对人和人民法院在起诉和立案时，都需要查找有关单行法律、行政法规的有关规定，稍有疏忽，就有可能使行政相对人放弃诉权或法院不受理行

[1] 王汉斌：《关于〈中华人民共和国行政诉讼法（草案）〉说明》，载《〈中华人民共和国行政诉讼法〉讲话》，中国民主法制出版社1989年版，第18页。

政相对人的起诉。为了避免列举式存在的缺陷，我国行政诉讼法采取了结合式方式规定行政诉讼的受案范围，既有正面统一规定，又有单行法个别补充规定；既有概括式的一般规定，又有列举式的具体规定；既有肯定式的正面规定，又有否定式的排除性规定。《最高人民法院〈若干解释〉》则以正面概括和反面无例外的排除法，实质上对行政诉讼的受案范围作出正面解释。

第二节　行政诉讼的肯定范围

一、关于具体行政行为的概念问题

根据《行政诉讼法》第 2 条和第 11 条的规定，行政相对人对行政机关作出的具体行政行为不服，可以向人民法院提起行政诉讼。换言之，行政相对人对行政机关非具体行政行为的行为不服，不能提起行政诉讼。因此，有必要弄清具体行政行为的概念。

何谓具体行政行为？这是一个理论和实践上均存在争议的问题。行政诉讼法没有对此明确作出解释。行政诉讼法立法之初，最高法院在参考当时的法学教材并征求了法学界意见的基础上，《最高人民法院〈贯彻意见〉》试图通过给具体行政行为下定义的方式解决受案范围的问题。该意见在第 1 条中将具体行政行为定义为："是指国家行政机关和行政机关工作人员、法律法规授权的组织、行政机关委托的组织或者个人在行政管理活动中行使行政职权，针对特定的公民、法人或者其他组织，就特定的具体事项，作出的有关该公民、法人或者其他组织权利义务的单方面行为。"该定义在后来的实践中遭到行政法学界的强烈反对。归纳起来主要提出如下几点质疑：一是将行政机关委托的组织或者个人列入行使行政职权的主体范围，容易让人误解行政机关委托的组织或者个人也可以成为行政主体；二是行使行政职权的提法，容易让人误解为违法的行政行为，特别是无效的行政行为不是行政行为；三是单方行为的限制，明确排除了双方行政行为（如行政合同）的可诉性；四是将具体行政行为界定为"作出的……行为"，容易让人误认为行政不作为行为不具有可诉性。[2]

由于《最高人民法院〈贯彻意见〉》为具体行政行为所下的定义存在诸多缺陷，加之行政审判实践不断丰富，为了使具体行政行为的定义更为科学，最高人民法院在最初起草《最高人民法院关于执行〈中华人民共和国行政诉讼法〉若干

---

〔2〕 参见胡建森主编：《行政诉讼法学》，高等教育出版社 2003 年版，第 26 页。

问题的解释》时提出了三个方案：第一种方案是全面列举。由于全面列举难以将所有具体行政行为全部列举穷尽，故没有被采纳。第二种方案是给具体行政行为下一个定义。有学者主张，应当给具体行政行为下定义。可以表述为“公民、法人或者其他组织对行政机关及其工作人员基于行政职权作出的对其权利义务产生实际影响的行为不服，依法提起行政诉讼的，属于人民法院的受案范围”。这种方案存在两个问题：一是这种表述只规定可诉的行政机关作出的具体行政行为，没有包括行政机关的行政不作为行为；二是行政职权作出对行政相对人权利义务产生影响的行为，未必都是行政行为，更可能不是具体行政行为，而是民事行为。基于这两点，该方案亦未被采纳。〔3〕第三种方案采用排除法，即除不受理的行政行为外，其余的行政行为都具有可诉性。这种方案虽然未给具体行政行为下一个准确的定义，仍不尽如人意，但便于各级人民法院立案时掌握行政诉讼的受案范围，因此最终《最高人民法院〈若干解释〉》采纳了第三种方案。

《最高人民法院〈若干解释〉》第 1 条规定：“公民、法人或者其他组织对具有国家行政职权的机关和组织及其工作人员的行政行为不服，依法提起诉讼的，属于人民法院行政诉讼的受案范围。”“公民、法人或者其他组织对下列行为不服提起诉讼的，不属于人民法院行政诉讼的受案范围：(一)行政诉讼法第 12 条规定的行为；(二)公安、国家安全等机关依照刑事诉讼法的明确授权实施的行为；(三)调解行为以及法律规定的仲裁行为；(四)不具有强制力的行政指导行为；(五)驳回当事人对行政行为提起申诉的重复处理行为；(六)对公民、法人或者其他组织权利义务不产生实际影响的行为。”

根据《最高人民法院〈若干解释〉》第 1 条的规定，具体行政行为应当包括四个方面的内涵：一是必须具有国家行政职权的机关和组织，包括行政机关和法律、法规、规章授权的组织；二是其内容必须与行使职权有关；三是必须针对特定的事项，不能反复适用；四是必须是对公民、法人或者其他组织权利义务产生实际影响。

二、关于行政诉讼法所列举的可诉具体行政行为的界定问题

根据《行政诉讼法》第 11 条第 1 款的规定，可以提起行政诉讼的具体行政行为有以下八种：

---

〔3〕 参见甘文著：《行政诉讼法司法解释之评论》，中国法制出版社 2000 年版，第 16 页。

(一)行政处罚行为

行政处罚，是指特定的行政主体基于一般行政管理职权，对其认为违反行政法强制义务、违反行政管理秩序的行政管理相对人所实施的一种行政惩戒措施。

《行政诉讼法》第 11 条第 1 款第 1 项规定，公民、法人或者其他组织“对拘留、罚款、吊销许可证和执照、责令停产停业、没收财物等行政处罚不服的”，可以提起行政诉讼。这里的“等”属于不完全列举，它包括所有的行政处罚行为。即包括《行政处罚法》第 8 条规定的警告、罚款、没收违法所得、没收非法财物、责令停产停业、暂扣或者吊销许可证、暂扣或者吊销执照、行政拘留、法律行政法规规定的其他行政处罚。据此，公民、法人或者其他组织认为《行政诉讼法》第 11 条第 1 款未列举的其他行政处罚侵犯其合法权益的，均可以依法向人民法院提起行政诉讼。

(二)行政强制措施行为

行政强制措施，是指行政主体为实现行政管理目的，依其行政职权采取强制手段限制特定人行使某项权利或者迫使特定人履行某种义务的行为。

根据行政强制措施针对特定人作用的影响来划分，可分为两种类型：一是限制人身权的强制措施。即行政主体为实现行政管理目的，依职权限制公民人身自由的权利。如劳动教养、收容教育、强制戒毒、强制隔离、遣送出境等。二是限制财产权的强制措施。即行政主体为实现行政管理目的，依职权限制公民、法人或者其他组织对其财产行使的权利，或要求其履行有关财产方面的义务。如登记保全、查封、扣押、冻结、划拨、扣缴、抵缴等。公民、法人或者其他组织认为行政主体在实施行政强制措施时，违反法律、法规的规定，侵犯其人身权、财产权的，可以依法提起行政诉讼。

(三)侵犯法定经营自主权的行为

经营自主权，是指公民、法人或者其他组织经营办理经济事业的自己作主、不受他人支配的权利。在行政诉讼法中的经营自主权是特指法律明确规定的公民、法人或者其他组织享有的经营自主权。这里的“法律”是广义上的概念，包括全国人民代表大会及其常务委员会按照法定程序制定、颁布的具有普遍约束力的规范性文件；国务院依据法定程序制定、颁布的具有普遍约束力的规范性文件；有立法权的地方人民代表大会及其常务委员会制定、发布的具有普遍约束力的规范性文件。我国法律、法规明确规定的经营自主权的形式，具体来讲有三种：一是在法律、法规条文中明确规定的公民、法人或者其他组织享有的自主经营的权利；二是在法律、法规条文中明确授予法人或者其他组织的法定代表人的权利；三是在法律、法规条文中明确授予企业的职工代表大会、股东代表大会、股东大会、董事会的权利。

根据我国法律、法规的规定，经营自主权由三个方面的权能组成：一是人事权。即经营者对其管理人员和技术人员及工人有使用、聘任、解聘、晋升、辞退、奖惩等权利。这里需要注意的问题是，代表国家行使股东权的行政机关对国有企业的法人代表的任免，不属于国有企业的经营自主权，但行政机关对非国有企业的法人代表的任免属于侵犯企业经营自主权的行为。二是财物权。即对国家授予其经营管理的财产或者其自己管理的财产占有、使用、依法处分和收益的权利。三是组织生产经营权。即组织其人力、财物进行生产经营活动。人事权是经营管理中的核心权利，财物权是用于组织生产经营管理的物质基础，组织生产经营权是将人事权财物权结合运用取得效益的过程。只有这三项权能有机结合起来，才能构成完整的经营自主权。行政机关作出涉及这三项权能中任何一项权能的，公民、法人或者其他组织不服，均可以依法提起行政诉讼。

（四）颁发证照的行为

根据行政许可法的规定，行政许可是指行政机关根据自然人、法人或者其他组织提出的申请，经依法审查，准予其从事特定活动，认可其资格资质或者确立其特定主体资格、特定身份的行为。有关行政机关对其他机关或者机关内部人事、财务、外事等事项的审批（属于行政机关对内部行为）以及经登记确认特定民事权利义务关系、特定事实，分别依照有关法律、法规的规定办理，不适用该法（即不属于行政许可行为）。[4]《行政诉讼法》第 11 条第 1 款第 1 项将行政许可与执照并列起来，执照实质上属于行政许可中的一种，故在行政许可法实施后，没有必要再将执照单独列出。

行政许可具有以下五个特征：一是以法律对一般人禁止的行为为行政许可存在的前提条件。无“法律禁止”也就不存在须经有关行政机关批准的必要。二是行政许可是行政机关依据特定公民、法人或者其他组织的申请而作出的，没有申请就不能作出。它不同于行政机关依职权主动为行政相对人设定权利义务的行为。三是行政许可是行政机关作出的具体行政行为，一经作出即具有一定的法律效力，非经法定程序不得改变。四是行政许可是赋予特定公民、法人或者其他组织某项权利和资格的凭证，同时解除其不作为的义务。五是行政许可一般采用书面的形式。

---

〔4〕　参见《行政许可法》第 2 条、第 3 条的规定和原国务院法制办公室主任杨景宇于 2002 年 8 月 23 日在第九届全国人民代表大会常务委员会第二十九次会议上所作出的《〈中华人民共和国行政许可法（草案）〉》的说明。

公民、法人或者其他组织认为其申请行政许可符合法律、法规规定颁发的条件,主管行政机关拒绝颁发或者不予答复的可以向人民法院提起行政诉讼。这里所讲的"拒绝颁发"包括完全拒绝颁发、部分拒绝颁发、拒绝变更某项内容等。"不予答复",是指行政机关超过法律、法规及规章规定的审查期限,既不核发,也不作出拒绝核发的决定(包括不给予实质性的答复)。

(五)不履行保护人身权、财产权法定职责的行为

根据《行政诉讼法》第 11 条第 1 款第 5 项的规定,公民、法人或者其他组织申请履行保护人身权、财产权的法定职责,行政机关拒绝履行或者不予答复的,可以向人民法院提起行政诉讼。

这里所讲的"人身权",是指自然人的人身和法人或者其他组织与实体不可分离的无直接财产内容的权利。它包括公民享有的生命健康权、人身自由权、姓名权、名誉权、肖像权等;法人、其他组织享有的名称权、荣誉权、名誉权等。"财产权"是指有直接财产内容的民事权利。它包括财产所有权、债权、继承权、专利权、商标权、著作权、与财产有关的使用权与经营权、承包经营权、采矿权、相邻权等。

《行政诉讼法》第 11 条第 1 款第 5 项中规定的"法定职责",是指法律、法规明确规定行政主体在行政管理活动中负有处理这类事务的责任。这一"责任"具体来讲,就是当法律、法规规定某一行政主体处理的有关事务的情况发生时,其有权力进行处理,如果不进行处理即属于失职行为。

行政机关拒绝履行保护人身权、财产权的法定职责的情况相当复杂。常见的有,请求主管行政机关履行制止拐卖妇女、儿童,制止侵害商标、专利的行为,制止哄抢财物、流氓犯罪活动,等等。这里需要特别指出,以"主管行政机关拒绝履行或者不予答复"为由提起行政诉讼的,应当是起诉人的人身权、财产权正在或者已经受到侵犯,或者具有受到侵害现实可能性的,没有侵害现实可能性的,不能提起行政诉讼。

(六)发放抚恤金行为

抚恤金,是指军人、国家机关工作人员、参战民兵与民工等因公牺牲或者伤残和军人病故,法律、法规规定由民政部门或者其他行政管理部门对死者家属或者伤残者发给的费用。"认为行政机关没有依法发给抚恤金的具体行政行为"包含三层意思:一是必须是法律、法规规定应发给的抚恤金。没有法律、法规的规定的,不发生应发抚恤金的问题。二是必须是行政机关没有依法发给抚恤金的行为。根据有关行政法规的规定,主管行政机关发放社会保险金或者最低生活保障费和社会救济等行政给付行为,不属于发放抚恤金的行为,但对此类行为不符,可以依据《行政诉讼法》第 11 条第 1 款第 8 项的规定,依法向人民法院提起行政诉讼。三是没有依法发给抚恤金包括不发给抚恤金、少发给抚恤金和将发给抚恤金的主体弄错三种情况。

根据《行政诉讼法》第 11 条第 1 款第 6 项，公民"认为行政机关没有依法发给抚恤金的，可以向人民法院提起诉讼"的规定，可以提起行政诉讼的主体只能是发给抚恤金的对象。即现役军人、复转伤残军人、烈士家属、因公牺牲军人家属、因公伤残者、因公牺牲或者伤残者的家属等依法享有抚恤金待遇的公民；提起诉讼的理由，应当是行政机关没有依法发给其抚恤金。

（七）违法要求履行义务的行为

根据我国宪法和法律的规定，行政机关在一定范围内，可以依法要求公民、法人或者其他组织履行行政法上所确定的义务。公民、法人或者其他组织应当自觉履行，否则，行政机关可以采取行政处罚手段督促其履行或者依法采取行政强制措施迫使其履行。但是，行政机关要求公民、法人或者其他组织某项义务，必须有法律、法规依据，按照法定程序进行，在没有法律、法规依据的情况下，要求公民、法人或者其他组织履行义务，实质上是对他们的合法权益的侵犯。

所谓违法要求履行义务，是指行政机关要求公民、法人或者其他组织负担法律、法规没有规定的义务，或要求履行义务虽有法律、法规依据，但超出了法律、法规规定的标准或实施程序违法。现实生活中常见的行政机关违法要求履行义务主要表现形式有以下几种：(1)行政机关向企业事业单位征收自定的费用。如，向企业事业单位征收绿化费、治安费、职工子女入学费等。(2)行政机关向企业事业单位征调自定劳役。如，向企业事业单位征调人力进行修建道路、水利工程、学校等。(3)行政机关向农民征收不合理费用。如，乡政府向农民违法征收广播收听费、小家禽防疫费、农作物防治费等。(4)行政机关向城镇居民征收自定费用。如，城市建设费、煤气开发费、教育费等。(5)超标准征收税费。此外，还有各种名目繁多的过桥费、过路费、会议费、赞助费等。

行政诉讼法将违法要求履行义务的行为纳入行政诉讼受案范围，有利于制止行政机关及其工作人员的乱罚款、乱收费、乱摊派的行为，有利于保护公民、法人或者其他组织的合法权益，有利于规范行政机关的行政行为，协调政府和人民群众的关系，促进廉政建设。

（八）其他有关人身权、财产权的具体行政行为

根据行政诉讼法第 11 条第 1 款第 8 项的规定，公民、法人或者其他组织认为行政机关实施的侵犯其他人身权、财产权的具体行政行为，可以依法提起行政诉讼。这里所讲的"其他人身权、财产权"是指上述一至七类具体行政行为所没有涉及的人身权、财产权。它包括生命健康权、姓名权、肖像权、荣誉权、婚姻自主权、土地所有、土地使用权、专利权、商标权、版权等。

这里需要特别指出,下列几种情况均属于其他人身权、财产权的具体行政行为,可以向人民法院提起行政诉讼:

1. 行政机关就民事赔偿争议所作出的裁决。我国一些法律中授权行政机关可以运用行政手段对平等主体之间的民事赔偿争议作出的裁决。这类裁决是行政机关在行政管理活动中行使职权针对特定的人和特定的事项,单方面作出的决定,涉及被裁决人的财产权,并具有一定的强制性。所以说,这类裁决属于可诉的具体行政行为,被裁决人不服,可以依法向人民法院提起行政诉讼。但是,行政机关对民事争议调解处理,当事人事后反悔而起诉的,人民法院不能作为行政诉讼案件受理,而应作为民事诉讼案件受理。

2. 行政机关依职权作出的强制性补偿的决定。所谓"行政补偿",是指行政机关的合法行为给公民、法人或者其他组织的合法权益造成损失,依据法律、法规的规定,给予受损失人一定数量的金钱或者其他物质作为补偿。行政机关处理行政补偿的方式有两种:一种是行政机关或者建设单位与受损失人进行协商,达成补偿协议;另一种是行政机关单方面作出给予受损失人经济补偿决定,这种单方面作出的补偿决定就属于强制性补偿决定。行政相对人对前一种方式的处理,事后反悔,向人民法院提起行政诉讼的,人民法院不予受理;对后一种方式的处理决定不服,向人民法院起诉的,人民法院应依据《行政诉讼法》第11条第1款第8项的规定予以受理。

3. 人民政府或者其主管行政管理部门就有关自然资源的所有权或者使用权,或对专利纠纷、商标纠纷作出的确权决定。根据《中华人民共和国土地管理法》、《中华人民共和国矿产资源法》、《中华人民共和国专利法》、《中华人民共和国商标法》等有关法律的规定,授权人民政府或者其主管行政管理部门,对自然资源、专利、商标等权属争议问题作出处理决定,如果当事人既不起诉,也不履行的,可以依法申请人民法院强制执行。因此,人民政府或其主管行政管理部门作出的这类处理决定就属于有关其他财产权的具体行政行为,当事人不服,可以依法提起行政诉讼。

综上,凡是行政机关及其工作人员作出的有关人身权、财产权的具体行政行为,当事人不服,都可以依法向人民法院提起行政诉讼。

三、关于人身权、财产权以外的具体行政行为可诉性问题

公民、法人或者其他组织认为行政机关有关人身权、财产权的具体行政行为侵犯其合法权益的,依照《行政诉讼法》第11条第1款的规定,都可以依法向人民法院提起行政诉讼。《行政诉讼法》第11条第2款规定:"除前款规定外,

人民法院受理法律、法规规定可以提起诉讼的其他行政案件。”但是，根据我国宪法的规定，公民、法人或者其他组织除人身权、财产权外，还有游行、集会、结社、言论、出版、信仰等自由权利，劳动、休息、受教育等权利。行政主体作出的有关人身权、财产权以外的具体行政行为，也就是说，有关人身权、财产权以外的具体行政行为，只有法律、法规规定可以向人民法院提起行政诉讼的，人民法院才能受理；法律、法规没有规定可以提起行政诉讼的，人民法院不能受理。此条规定是为了适应逐步扩大行政诉讼的受案范围需要而特别制定的。行政诉讼法实施后，我国个别法律规定了当事人对有关人身权、财产权以外的受教育等其他权益的具体行政行为不服，可以向人民法院提起行政诉讼。例如，全国人民代表大会常务委员会 1991 年 9 月 4 日通过并公布的《中华人民共和国未成年人保护法》第 5 条规定：“国家保障未成年人的人身、财产和其他合法权益不受侵犯。”第 46 条规定：“未成年人的合法权益受到侵害的，被侵害人或者其监护人有权要求主管部门处理，或者依法向人民法院提起诉讼。”根据该条的规定，行政主体的具体行政行为侵害了未成年人的人身权、财产权以外的受教育等其他合法权益，可以向人民法院提起行政诉讼。又如，全国人民代表大会 1992 年 4 月 3 日通过并公布的《中华人民共和国妇女权益保护法》第 14 条规定：“国家保障妇女享有与男子平等的文化教育权利。”第 48 条规定：“妇女的合法权益受到侵害时，被侵害人有权要求有关主管部门处理，或者依法向人民法院提起诉讼。”根据该条的规定，行政主体的具体行政行为侵犯妇女享有的文化教育权利，可以依法向人民法院提起诉讼。法律、法规未规定可以起诉的有关人身权、财产权以外的具体行政行为，当当事人不服，起诉到人民法院时，人民法院不得受理。

全国人民代表大会常务委员会 1999 年 4 月 9 日通过的《行政复议法》第 6 条第 11 项规定，公民、法人或其他组织“认为行政机关的其他具体行政行为侵犯其合法权益的”，可以申请行政复议。同时，《行政复议法》第 5 条规定，“公民、法人或者其他组织对行政复议决定不服的，可以依照行政诉讼法的规定向人民法院提起行政诉讼，但是法律规定行政复议决定为最终裁决的除外。”这 1 条规定，扩大了行政诉讼保护公民权利的范围。值得注意的是，《最高人民法院〈若干解释〉》第 1 条排除条款中没有将涉及人身权、财产权以外的权利排除在可诉的行政行为之外。其主要原因是行政复议法新的规定。根据行政复议法的规定，经过行政复议的相对人的权益，都应获得司法救济。[5]

---

〔5〕 参见甘文著：《行政诉讼法司法解释之评论》，中国法制出版社 2000 年版，第 48—49 页。

第三节　行政诉讼的否定范围

《行政诉讼法》第 12 条列举了四种不属于行政诉讼受案范围的行为。《最高人民法院〈若干解释〉》第 1 条第 2 款除这四种行为外,又列举规定了五种不属于行政诉讼受案范围的行为。这些行为有些不属于具体行政行为,甚至不属于行政行为,但由于这些行为容易与可诉的具体行政行为相混淆,所以加以排除。根据《行政诉讼法》第 12 条和《最高人民法院〈若干解释〉》第 1 条第 2 款的规定,下列行为不属于行政诉讼受案范围:

一、国家行为

何谓国家行为,各国一般都未通过法律加以明确的界定,通常是采取列举的办法规定其范围。我国学者的解释则不尽一致。有人认为,国家行为是不受法院监督只受政府管辖,以国家名义作出的主权行为。有人认为,国家行为是政治行为,通常指国家主权的运用。有人认为。国家行为是国家机关根据宪法和法律的授权,代表国家,以国家名义作出的行为。[6] 在审判实践中,一些地方人为地扩大了国家行为的概念,比如,将行政机关处罚拒绝服兵役公民的行为、公安机关不颁发出国护照的行为、军事机关有关军事设施保护的行为本属于可诉的具体行政行为也都纳入国家行为的范围。

为了司法的相对统一,《最高人民法院〈若干解释〉》第 2 条专门对国家行为作出解释:“行政诉讼法第 12 条第 1 项规定的国家行为,是指国务院、中央军事委员会、国防部、外交部等根据宪法和法律的授权,以国家名义实施的有关国防和外交事务的行为,以及经宪法和法律授权的国家机关宣布紧急状态、实施戒严和总动员等行为。”对这一定义需要作以下理解:第一,实施国家行为的主体是特定的。根据我国宪法的规定能够实施国家行为的行政机关只能是国务院、国家军事委员会、国防部、外交部以及特别情况下的国务院部委、省级人民政府。第二,国家行为是一种政治行为。国家行为是以政治上的利益为目的涉及国家主权运用或者重大国家利益的行为。行政诉讼法列举了国防行为和外交行为两种。国防行为主要有对外宣战、宣布战争状态、采取军事行动、设立军事禁区等。外交行为主要有签订国际条约、与他国建立外交关系或断绝外交关

---

〔6〕 参见姜明安主编:《行政法与行政诉讼法》,北京大学出版社、高等教育出版社 1999 年版,第 317 页。

系、驱逐外国外交官员或外国记者等。根据行政诉讼法的规定，国家行为不仅限于国防行为和外交行为。例如，在面临自然灾害的时候，国家宣布紧急状态、发布总动员令，在国家动乱期间实施戒严等，均属于国家行为。第三，国家行为的后果由整体意义的国家承担。国家行为是极其严肃的行为，它的实施关系到国家的整体利益和国际声誉。国家行为的失误通常只由有关领导人承担政治责任，而政治责任的承担只能通过立法机关或者议会才能进行追究。我国政府领导人承担政治责任，不由人民法院审理，政府领导人是否称职，由其向人民代表大会及其常务委员会负政治责任。

各国法律将国家行为排除在司法审查范围之外的原因主要有三：一是国家行为是一种政治行为，它通常以国家的基本政策为依据，以国家政治形势变化为转移。有些问题涉及秘密性质的情报不宜公开，或者外交政策的决定本身是政治的，而不是司法的，包含大量复杂、微妙和不可知因素。对这种政治上的重大问题，法院很难对其合法性作出判断，也没有责任、条件和能力予以审查。二是国家行为尽管涉及公民、法人或者其他组织的权益，但更多的是涉及国家整体利益，关系国家的声誉、尊严和安全。该行为的性质通常由特定的行政机关根据宪法的授权，按照该国的宪法或者国际法或者国际惯例作出的，从其具有政治属性的意义上讲已经超出了司法审查的范围。三是对国家行为失误追究领导人的责任的权力，各国法律一般授权议会决定。我国宪法授权全国人民代表大会及其常务委员会决定。据此，我国《行政诉讼法》第 12 条第 1 项亦规定，人民法院不受理公民、法人或者其他组织对国防、外交等国家行为提起的诉讼。

二、抽象行政行为

《行政诉讼法》第 12 条第 2 项规定，人民法院不受理公民、法人或者其他组织对“行政法规、规章或者行政机关制定、发布的具有普遍约束力的决定、命令”提起的诉讼。《最高人民法院〈若干解释〉》第 3 条进一步解释：“行政诉讼法第 12 条第 2 项规定的‘具有普遍约束力的决定、命令’是指行政机关针对不特定对象发布的能够反复适用的行政规范性文件。”

抽象行政行为与具体行政行为一直是长期困扰理论界和实务界的一个难题。根据上述规定，可以从三个方面将两者区别开来：第一，从所针对的对象是不是特定的来区别。一般的行政法理论将针对的对象是特定的作为具体行政行为的特征之一。将所针对对象不是特定的作为抽象行政行为的特征之一。所谓针对特定的对象，是指行政行为针对特定的人或者特定的事项作出的。例如，某市政府作出决定，骑自行车带人罚款 50 元。因该决定是没有针对特定人或者特定的事项作出的，所以属于抽象行政行为。又如，某县政府作出一个决定，规定在三个月内拆除该县城一条旧街道，进行旧城改造。由于这条旧街道的住户是特定的，因此，该决定应为具体行政行为。第二，从是否能够反复适用来区别。具体行政行为通常针对特定的事的特定人产生效力，离开了特定的事的特定人将丧失其存在的意义。抽象行政行为通常不针对特定事项或者特定的人，而是具有普遍约束力的。因此，具体行政行为只能适用一次，而抽象行政行为可以反复适用。第三，从是否需要另一个行为介入方可执行来区别。抽象行政行为具有普遍约束力，它往往需要以另一个具体行政行为介入方可执行。而具体行政行为就是针对特定事的人作出的，因此，无须其他行为介入就可以执行。

在实践中，行政机关作出的一个法律文件有时抽象问题与具体问题同时存在。比如，某市司法局发出的通知中规定，从 2000 年 1 月 1 日起，凡是超过 70 岁的律师，不再给予律师执照注册，同时规定××律师事务所 2000 年不能注册。该通知中有关 70 岁以上的律师不能注册未针对特定事项中的人，可以反复适用，因此，属于抽象行政行为。行政相对人如果对此部分内容不服，向法院提起诉讼的，法院不应受理。但是被点名的律师事务所对不允许其注册的规定，属于针对特定事项的人作出的，只能对该所一次性适用，所以属于具体行政行为，可以依法向法院提起诉讼。

三、内部行政行为

《行政诉讼法》第 12 条第 3 项规定，人民法院不受理公民、法人或者其他组织对“行政机关对行政机关工作人员的奖惩、任免等决定”提起的行政诉讼。行政诉讼法颁布以后，学术界对该项的“等”究竟是“等内等”，还是“等外等”存在争议。为统一各地法院受理行政案件的标准，《最高人民法院〈若干解释〉》第 4 条规定：“行政诉讼法第 12 条第 3 项规定的‘行政机关对行政机关对行政机关工作人员的奖惩、任免等决定’，是指行政机关作出的涉及该行政机关公务员权利义务的决定。”该条表明这里的“等”是等内等，即将行政机关针对公务员作出基于其身份而产生的权利义务的决定，如对公务员的奖惩、任免、调动、考核、升降工资等决定，均排除在行政诉讼受案范围之外。

在司法实践中，外部行政行为和内部行政行为有时很难划分清楚。例如，某县监察局对该县土地管理局公务员，兼下属土地管理局的某公司经理孙某，作出一个行政处分决定，认定孙某在任公司经理期间有违法行为，并决定没收其违法所得 1 万元，追缴赃款 2 万元。该监察局在作出行政处分决定时，没有引用所依据的法律规范，孙某向法院提起行政诉讼。对于孙某的起诉，法院是否应当受理的问题，有两种观点：一种观点认为，监察局对孙某的处分，是其任公司经理期间的违法行为，作为监察机关，无权对孙某的经营行为作出行政处分。因此，监察局对孙某的行政处分，实质上是一个行政处罚决定，是一个外部行政行为，法院应当受理孙某的起诉。另一种观点认为，行政监察机关作为政府的一个组成部门，实施的行政处分行为，应当被认为内部行政行为。根据行政监察法的规定，行政监察机关有权对有违法行为的行政机关工作人员作出没收违法所得、追缴非法财物的行政处分决定。该县监察局对作为行政机关工作人员的孙某，作出没收和追缴的决定，是获得行政监察法授权的内部行政行为。该县监察局在作出行政处分决定时，没有引用规范性依据，只能说明该行政处分决定是一个违法的行政监察行为，并不能改变该行为作为内部行政行为的性质。如果所有违法的监察行为都可诉的话，划分内部行政行为和外部行政行为也就失去了意义。我们同意第二种观点。值得一提的是，尽管孙某的违法行为是在其任公司经理期间实施的，但监察机关是根据法律的授权将孙某作为行政机关工作人员来对待而作出行政处分，而非将孙某作为行政管理相对人来对待作出行政处分。监察机关实施的没收、追缴的行政处分决定，是《行政诉讼法》第 12 条第 3 项规定的惩罚行为。基于行政诉讼法的规定，在我国，对行政机关作出的这类处分行为，相对人只能寻求行政救济。我们认为，根据行政诉讼法的规定，作出行政处分行为的行政机关是否获得法律的明确授权，是划分内部行政行为和外部行政行为的一个重要标准。需要说明的是，这类行政处分行为往往直接涉及当事人的人身权、财产权，在有些国家，这类行为是可以提起行政诉讼的。

四、最终裁决的具体行政行为

《行政诉讼法》第 12 条第 4 项规定，人民法院不受理公民、法人或者其他组织对法律规定由行政机关最终裁决的具体行政行为。所谓最终裁决，是指法律规定由行政机关作出最终决定的行为。它具有两个明显的特征：第一，根据行政诉讼法的规定，最终裁决只能由法律规定。这里所讲的“法律”限定为狭义的法律，即全国人民代表大会及其常务委员会按照立法程序所制定和颁布的具有普遍约束力的规范性文件。它不包括国务院颁布的行政法规、有制定地方性法规权力的地方人大及其常务委员会颁布的地方性法规以及国务院有关部门发布部门规章和有制定规章的地方政府发布地方规章。第二，由行政机关依法作出的最终裁决，当事人不服，只能向作出最终裁决的机关或者上一级机关申请复议或者申诉，而不能向人民法院提起行政诉讼。

在我国行政诉讼法颁布时，我国有四部法律设定最终行政裁决。这些最终裁决又可以分为两类：一类是选择型。即当事人对行政机关的具体行政行为不服，可以向作出具体行政行为的上一级行政机关申请行政复议，需要复议决定为最终裁决；或向人民法院提起行政诉讼，提起行政诉讼后就不能再申请行政复议。《中华人民共和国公民出境入境管理法》第15条和《中华人民共和国外国人入境出境管理法》第29条都规定，当事人不服公安机关对违反出入境管理的行为所作的行政处罚决定，可以依法申请行政复议，或者依法向人民法院提起诉讼。[7] 另一类是单一型。即行政相对人不服行政机关的具体行政行为，只能申请行政复议，行政复议裁决为最终裁决，行政相对人对这类行政行为不能提起行政诉讼。行政诉讼法颁布时的《中华人民共和国商标法》第22条规定，当事人对有关初步审定予以公告的商标裁决不服的，可以申请复审，由商标评审委员会作出终局裁定。《中华人民共和国专利法》第43条第3款和第49条第3款规定，专利复审委员会对关于实用新型和外观设计的复审请求所作的决定、对宣告实用新型和外观设计专利无效的请求所作的决定为终局决定。

为了适应WTO规则的要求，在我国正式加入WTO之前，全国人大常委会于2000年8月25日修改了专利法，2001年10月27日修改了商标法，修改后的专利法和商标法均取消了有关最终裁决的规定。也就是说，在新的专利法和商标法实施后，有关原终局裁决的行为不再为最终裁决，行政相对人对这类商标、专利的具体行政行为不服，均可以依法向人民法院提起行政诉讼。

全国人民代表大会常务委员会1999年4月29日颁布的《行政复议法》第14条规定："对国务院部门或者省、自治区、直辖市人民政府的具体行政行为不服的，向作出该具体行政行为的国务院部门或者省、自治区、直辖市人民政府申请行政复议。对行政复议决定不服的，可以向人民法院提起诉讼；也可以向国务院申请行政复议，国务院作出的行政复议决定为最终裁决。"该条规定亦属于选择型最终裁决。《行政复议法》第30条第2款规定："根据国务院或者省、自治区、直辖市人民政府对行政区划的勘定、调整或者征用土地的决定，省、自治区、直辖市人民政府确认土地、矿藏、水流、森林、山岭、草原、荒地、滩涂、海域等自然资源的所有权、使用权的行政复议决定为最终裁决。"该条规定的最终裁决，就属单一型最终裁决。

---

[7] 《中华人民共和国公民出境入境管理法》第15条规定："受公安机关拘留处罚的公民对处罚不服的，在接到通知之日起十五日内，可以向上一级公安机关提出申诉，由上一级公安机关作出最后的裁决，也可以直接向当地人民法院提起诉讼。"《中华人民共和国外国人入境出境管理法》第29条第2款规定："受公安机关罚款或者拘留处罚的外国人，对处罚不服的，在接到通知之日起十五日内，可以向上一级公安机关提出申诉，由上一级公安机关作出最后的裁决，也可以直接向当地人民法院提起诉讼。"

五、刑事侦查行为

在相当一些国家，公安、国家安全等机关依职权实施的行为，均被认为是一般行政行为，并纳入司法审查的范围。但是，在我国特殊的法律背景下，公安、国家安全等机关依职权实施的行为通常被分为两类：一类是刑事侦查行为。根据我国刑事诉讼法的规定，刑事侦查行为由检察机关实施监督。另一类是行政行为。根据行政诉讼法的规定，人民法院可以通过行政诉讼对具体行政行为进行监督。我国相关法律对公安、国家安全等机关的这两类职权没有进行明确的划分，在实践中如何区分公安、国家安全等机关的刑事侦查行为和行政行为，一直是困扰行政审判实践的问题之一。

在理论上，划分公安、国家安全等机关行为性质的标准主要有：第一，行为的目的。即公安、国家安全等机关实施的行为形式上是侦查，但其目的是为了解决经济纠纷。根据这一理论，公安、国家安全等机关行为的目的是刑事侦查，即使其行为没有必要的形式，如缺乏必要的手续等，仍应视为刑事侦查行为。第二，行为的形式。如果公安、国家安全等机关采取刑事侦查措施具备完整的刑事诉讼法要求的手续，即使其行为的目的存在疑点，也应视为刑事侦查行为。但没有完整的形式侦查手续或者没有刑事侦查的手续，即使其行为目的是为了刑事侦查，也不应认定为刑事侦查行为。第三，行为机构。如果公安、国家安全等机关中非刑事侦查机构实施的行为判定为行政行为；刑事机构实施的行为判定为侦查行为。第四，法律授权。公安、国家安全等机关实施的行为是刑事诉讼法明确授权的侦查行为，判定为刑事侦查行为，没有明确授权的行为判定为行政行为。[8] 第五，行为的阶段性。刑事侦查结束后，公安、国家安全等机关继续采取刑事侦查措施的行为，判定为行政行为。我们认为，这五种标准必须综合进行判断，才能科学地区分刑事侦查行为与行政行为。

《最高人民法院〈若干解释〉》第 2 条第 2 款第 2 项规定，公民、法人或者其他组织对公安、国家安全等机关依照刑事诉讼法的明确授权实施的行为不服提起诉讼的，不属于人民法院行政诉讼的受案范围。也就是说，该项规定只采用法律授权这一标准，排除了行为目的、形式、机构、阶段等因素，只要公安、国家安全等机关实施的行为具有刑事诉讼法上的依据，均不可以对该行为提起行政诉讼。尽管采取这种单一划分的标准，比理论上的刑事侦查行为的范围要窄得多，但是其最大的优点是便于各级法院操作。但将公安、国家安全等机关假借刑事侦查之名，实为插手经济纠纷等违法行政行为排除在行政诉讼收案范围之

〔8〕 参见甘文著：《行政诉讼法司法解释之评论》，中国法制出版社 2000 年版，第22 页。

外。公安、国家安全等机关的这类行为检察机关难以监督，人民法院也无法通过行政审判进行监督，使这类行为处在无人监督的真空地带，不仅会使行政相对人的合法权益难以保护，同时将会影响政府在人民群众中的威信。为充分保障行政相对人的合法权益，促进公安、国家安全等机关依法行政，提高政府的威信，修改后的行政诉讼法应当规定，公安、国家安全等机关实施的行为符合刑事诉讼法明确授予刑事侦查行为目的、形式、机构、阶段的，不属于行政诉讼的受案范围。

值得注意的是，该项规定的"刑事诉讼法明确授权的行为"不包括刑法授权的行为。例如，《刑法》第 17 条第 4 款规定："因不满十六周岁不予刑事处罚的，责令他的家长或者监护人加以管教；必要的时候，也可以由政府收容教养。"对于政府的收容教养行为是否可诉的问题，学术界有不同意见。一种意见认为，政府针对的是被确定为犯罪的行为人，因此，其收容教养行为是刑事处罚行为。一种意见认为，尽管相对人被确定为有罪，但因其不受刑事处罚，因此，政府的收容教养行为是行政处罚行为。我们认为，根据《最高人民法院〈若干解释〉》第 2 条第 2 款第 2 项的规定，政府的收容教养行为不属于刑事诉讼法授权的行为。相对人对其不服，应当有权提起行政诉讼。未成年人的这种行为，在很多国家被视为轻微刑事犯罪行为，例如在美国，有些严重的行政违法行为，往往要被定为轻罪，只是处罚权在于法院而不再于警察机关而已。

六、行政调解行为和行政仲裁行为

《最高人民法院〈若干解释〉》第 2 条第 2 款第 3 项规定，公民、法人或者其他组织对行政调解行为以及法律规定的仲裁行为不服提起诉讼的，不属于人民法院行政诉讼的受案范围。

调解的原意是指争议当事人之外的第三人对当事人之间的纠纷进行调停、斡旋等活动。行政调解行为专指行政主体居间对平等主体之间的民事争议所进行的调解活动。行政主体进行调解活动时，必须尊重自愿原则，不得强迫当事人接受调解协议。因此，争议双方当事人在行政主体主持的调解下达成的协议，这种行为属于双方当事人之间的一种合意行为，是双方行为，故不属于具体行政行为。例如，某甲将某乙打伤，某甲请求公安机关处理。在公安机关主持调解下，某甲与某乙达成赔偿协议。某乙事后反悔，向人民法院起诉。因该赔偿协议是某甲与某乙之间的合意行为，不属于具体行政行为。因此，人民法院不能以行政案件受理该案，只能以民事案件受理该案。如果双方当事人达不成协议，行政主体作出赔偿裁决，因该裁决是行政主体单方面行为，则不属于调解行为，而是具体行政行为，当事人不服可以依法提起行政诉讼。

仲裁是法律规定的机构以中立者的身份对当事人之间的民事纠纷，依照一定的程序作出具有法律拘束力的判定的法律制度。仲裁是一种准司法行为，主要特点有仲裁机构具有相对独立性、仲裁程序由法律规定、仲裁文书具有法律效力等。仲裁涉及的范围较广，当事人对仲裁机构作出的仲裁裁决提起行政诉讼的案件也较多。最高法院曾就仲裁是否受司法审查的请示作过答复，明确了相对人对仲裁行为不服，不得提起行政诉讼。我们认为，《最高人民法院〈若干解释〉》规定了当事人对仲裁行为不得提起行政诉讼，符合仲裁具有最终效力的一般法理学原理。当然，不可诉的仲裁，应当是真正意义上的仲裁。任何超出仲裁法定权限实施的具体行政行为，都应当受到司法审查。另外，排除对仲裁的司法审查，应当以法律赋予当事人仲裁救济和司法救济选择权为前提。

七、行政指导行为

行政指导，是指行政机关就其主管的行政事项，采取建议、劝告、说服等非强制手段，取得行政相对人同意和协助，自觉为一定行为或者不为一定行为，从而实现行政目的的活动。行政指导最重要的特征是对行政相对人不具有约束力。行政相对人可以遵守，也可以不遵守。正因行政指导具有这一特征，关于行政指导的可诉性问题，不同国家、不同学者的观点各有不一。在日本，有学者认为对行政指导能否诉讼应当作具体分析，如果行政相对人意识到某种行政指导将会带来损害，却又出于某种考虑判断服从行政指导，结果果然造成损害的，不能提起诉讼。如果在行政相对人实际上不存在自由选择的情况下，行政指导具有实际上的“公权力性质”，在这种情况下，行政相对人不得不服从行政指导，由此而造成对行政相对人的损害应承认其赔偿请求。有的学者则认为，行政指导不具有强制力和约束力，是任意性的。因此，由于行政指导造成的损害是基于自己任意选择的过错而产生，作为行政诉讼的对象还存在很多问题。[9] 日本学者成田赖明认为，行政指导本身不构成行政诉讼的对象，须因被指导不服该处分为诉讼对象，并可一并对该行政指导问题进行诉讼。[10]

我国台湾地区的行政法学者普遍认为，行政指导因不具有“行政处分”的性质，故不能对其提起诉愿或者行政诉讼。[11] 我国大陆不少学者认为，行政机关不得强迫行政相对人按照行政指导的内容作为或者不作为。行政指导不会因行政相对人不接受而导致其承担不利的法律后果。因此，行政指导不具有可诉性。此种观点实际上是最高人民法院起草《最高人民法院〈若干解释〉》时所采

---

〔9〕 参见室井力主编：《日本现代行政法》，中国政法大学出版社 1995 年版，第 158 页。

〔10〕 转引方宁、朱进：《行政指导可诉性探析》，载《行政与法》2003 年第 4 期。

〔11〕 参见翁岳生编：《行政法（2000）》，中国法制出版社 2002 年版，第 915 页。

纳的观点。据此,《最高人民法院〈若干解释〉》第1条明确规定,“不具有强制力的行政指导”,不属于人民法院行政诉讼的受案范围。行政指导实际上不具有强制力,但是,由于当时行政指导在行政法学理论中是一个较新的概念,很多法院的法官,特别是基层法院的法官,对何谓行政指导不了解,该规定在行政指导前增加“不具有强制力”的定语,只是为了进一步说明行政指导的性质。此外,在司法实践中,存在行政机关以行政指导的名义实施实质上不是行政指导的具体行政行为,行政相对人对此种行政行为是可以提起行政诉讼的。这只是为了司法实践的需要,选择目前这种“不规范的表述”。〔12〕

八、重复处理行为

由于重复处理行为概念较新,不易为人理解。《最高人民法院〈若干解释〉》将重复处理行为限定为“驳回当事人对行政行为提起申诉的重复处理行为”。也就是说,只有这一类的重复处理行为不可诉。《最高人民法院〈若干解释〉》规定重复处理行为不可诉是十分必要的,这是行政诉讼起诉期限规则的重要保证。在行政诉讼实践中,经常遇到相对人超过起诉期限后对信访部门驳回申诉的决定不服提起行政诉讼的情况。

我们认为,对该项规定可以作分割理解。一是当事人不服的是行政机关作出的驳回其申诉的行为。这里的“申诉”是通用的法律术语,不包括一些法律、法规中使用属于行政复议性质的“申诉”。二是该行政行为已经生效并且当事人对申诉的事项超过起诉期限,不能提起行政诉讼。三是“驳回当事人对行政机关提起申诉的”是“重复处理行为”的定语。没有这个定语,重复处理行为将具有不确定性,很多人可能无法理解。这里需要指出的是,行政机关的申诉裁决改变原具体行政行为,属于新的具体行政行为,当事人对这类裁决不服而提起行政诉讼的,属于行政诉讼的受案范围。

九、对行政相对人的权利义务不产生实际影响的行为

《最高人民法院〈若干解释〉》第2条第2款第3项规定,对公民、法人或者其他组织的权利义务不产生实际影响的行为不服提起诉讼的,不属于人民法院行政诉讼的受案范围。该项规定,事实上是将行政行为对相对人的权利义务产生实际影响作为可诉行政行为的条件。之所以要这样规定,是因为《行政诉讼法》第41条规定,提起行政诉讼的条件之一是起诉人得有“事实根据”。这里所

---

〔12〕 参见甘文著:《行政诉讼法司法解释之评论》,中国法制出版社2002年版,第25—26页。

讲的"权利义务关系",是指行政法上的权利义务关系。它具有两层含义:一是必须是由法律设定的权利义务关系,而非是一种一般意义上的利害关系。二是能够产生直接的法律后果。也就是说,当该行为一旦生效,将会导致行政相对人在法律上的权利义务增加、减少或者无法取得某种权利,而且通过民事诉讼或者刑事诉讼的途径无法解决的。具体来讲有下列四种情况:(1)确认行政相对人的某项权利义务关系。它不仅包括由于历史遗留下或其他原因,行政主体依职权对争议的权属关系所作出的确权决定,如某县人民政府对甲村与乙村争议的土地作出的土地确权决定;而且还包括行政主体对平等主体之间的民事争议所作出的确权决定,如专利确权决定等。(2)改变行政相对人的权利义务关系。即行政主体的行为生效后,行政相对人完全或者部分丧失某种权利,承担某种义务,增加某种权利或者减少、取消某种义务,等等。例如,某卫生防疫所给予某个体工商户罚款 2000 元。该行政处罚就确定了该个体工商户承担罚款的义务。某县人民政府将原属甲村的土地征收,交由乙企业使用。甲村就丧失了对该土地的所有权,乙企业就取得了对该土地的使用权。又如,某市工商局变更 A 公司的营业范围,使 A 公司的经营范围扩大,就增加了 A 公司权利。某市税务局减去 B 公司的税款,B 公司将减少纳税的义务。(3)限制行政相对人的某项权利的行使。例如,某县工商行政管理局将某公司的货物扣押就属限制该公司对这部分财产行使财产权的行为。(4)由于负有职责的行政主体不履行某项职责,行政相对人不能获得从事某项活动的权利或者其合法权益得不到应有的保护。行政主体作出的不确定公民、法人或者其他组织权利义务的行政指导、行政委托、行政协调等行政行为,不属于行政诉讼法中的具体行政行为。值得注意的是,根据该项的规定,这里的"影响"包括行政行为对相对人权利产生的有利与不利的影响。

第四节　当前有关行政诉讼范围的若干争议问题

一、关于交通、火灾事故认定行为的可诉性问题

关于交通、火灾事故认定行为是否属于可诉的确认行为,存在不同的主张。有人主张交通事故责任认定行为属于可诉的确认行为。具体理由如下:第一,交通道路事故认定是一种行使行政管理职权的行为,是公安机关行使交通管理的职权作出的行为,非公安机关不得行使,具有排他性。第二,这种认定是根据法律规定作出的行政确认行为。交通管理法律规范规定了各种交通规则,道路

交通事故发生以后,公安机关根据交通法律、法规的规定确认事故各方的责任。该确认行为是一种适用行政法律规范的行为,因此,该行为是否合法,依法应受司法审查。第三,交通事故认定不是一般意义上的鉴定行为。一般意义上的鉴定是根据自然科学原理进行的,主要是依靠科学技术手段,而交通事故认定是依据法律法规对违法事实状况作出的认定,有些情况下可能依靠技术手段,但技术鉴定的结果本身并不是责任认定,而是公安机关认定责任事故的依据。第四,如果交通事故认定不公,不能通过司法审查救济,也会影响到司法公正。由于认定机关的排他性,该认定就必然成为该交通事故处理的唯一依据。认为认定有错误的,当事人不能要求司法审查。如果打民事官司,法院只能以认定为依据。这就可能有失公正。如果对认定赋予法院司法审查权,则多了一道程序保障,有利于交通事故有关问题的公正处理。第五,交通认定是行政行为中的一种,不属于《行政诉讼法》第 12 条以及《最高人民法院〈若干解释〉》第 1 条第 2 款对行政诉讼受案范围排除性规定所列举的行为,应当属于行政诉讼的受案范围。

另一种主张认为,公安机关作出的交通事故认定、火灾事故认定行为,是作为行政机关、人民法院作出裁决的证据材料,不属于确认行为,故不应纳入行政诉讼的受案范围。理由如下:第一,交通事故认定书、火灾事故认定书在形式上是一种行政决定,但实质上是一种技术性分析结论,它表明的是交通事故或者火灾事故当事人的违法行为与结果的原因率,是一种因果关系的认定,而不是法律责任分配的认定。如在行人负全部交通事故责任的情况下,汽车驾驶员仍需承担一定的民事责任。在一般情况下,交通事故责任认定的行为,对行政相对人的权利义务可能产生一定的实际影响。但是,这种影响并非通过法院的司法审查才可以消除。这种证明行为,主要是作为行政机关和法院处理交通事故的证据使用,在很大程度上不具有必然的约束力,对行政相对人的权利义务并不直接产生实际影响,故不属于可诉的具体行政行为。第二,在实践中,法院认定交通事故认定违法,根据行政诉讼法的规定,应当判决公安机关重新作出交通事故认定,才能有效地保护原告的合法权益。但是,由于时过境迁,交通事故现场无法恢复,相关证据不充分,这样判决,将会出现公安机关不重做违法,重做也违法的尴尬局面。因此,在实践中很难判决公安机关重新作出交通事故认定。第三,如果法院可以作为行政案件受理,当事人先提起行政诉讼,法院判决维持被诉交通事故认定并发生法律效力后,还得再提起民事诉讼,才能最终解决有关赔偿问题。如果法院撤销被诉交通事故责任认定,令被告重做。被告重新作出后,当事人仍不满意的还要再提起行政诉讼,行政诉讼官司打完后,还得再打民事诉讼,只有这样才能最终解决有关赔偿问题。采取这样的诉讼模式,无疑要给当事人增加诉累，显然是与便于老百姓诉讼的原则相悖的。如果法院作为民事案件受理，公安机关作出的认定书属于证据，法院仍要从证据的合法性、真实性和关联性对其进行审查，这种审查同样可以起到纠正错误的认定书的作用。现在存在的问题是，有些法院在审理民事案件时，不经审查一律作为定案依据，使当事人的合法权益得不到有效的保护。但不能因个别法院观念上存在问题就否定作为民事案件审理不能保护当事人合法权益的论据。第四，在现实生活中，不服认定书提起行政诉讼的原告多数是肇事一方当事人，不少人的目的是拖延其应当履行的责任。这些案件一旦起诉到法院，公安机关不管，被侵害人往往不能及时得到医疗费用，其合法权益难以及时有效地得到保护。

设计一种诉讼程序的目的应当是如何有效地、便捷地保护当事人实体上的权益。如果这种程序不能及时有效地保护当事人实体上的合法权益，必然是失败的。交通、火灾事故案件，实质上是要解决有关民事赔偿问题，按照民事诉讼程序可以及时、有效地解决有关赔偿问题，相对行政诉讼而言其效率相对较高。据此，全国人民代表大会常务委员会于2003年10月28日通过、自2004年5月1日起施行的《中华人民共和国道路交通安全法》第73条规定："公安机关交通管理部门应当根据交通事故现场勘验、检查、调查情况和有关的检验、鉴定结论，及时制作交通事故认定书，作为处理交通事故的证据。交通事故认定书应当载明交通事故的基本事实、成因和当事人的责任，并送达当事人。"第74条规定："对交通事故损害赔偿的争议，当事人可以请求公安机关交通管理部门调解，也可以直接向人民法院提起民事诉讼。""经公安机关交通管理部门调解，当事人未达成协议或者调解书生效后不履行的，当事人可以向人民法院提起民事诉讼。"根据上述规定，公安机关作出的交通、火灾事故认定书归入鉴定结论的范畴，其性质定为不可诉的证明行为。

二、关于公证行为的可诉性问题

公证是公证机关根据当事人的申请，依法定程序对某项法律事实或者法律关系的真实性和合法性予以证明的行为。司法界对公证行为的可诉性问题，一直存在两种不同观点：

一种观点认为，公证行为具有可诉性。理由有三：第一，我国公证暂行条例第3条规定"公证处是国家公证机关"，也就说明了公证机关的公权属性，具备行政行为的主体要素。第二，公证行为的国家证明性具有公定力，在很大程度上依赖国家的公权力实施公证行为，这些恰恰说明了有必要通过行政诉讼的方式解决公证行为引起的公法争议。第三，公证行为能够申请行政复议，也就说明其性质属于行政行为,当然可以提起行政诉讼。[13]

另一种观点认为,公证行为不属于行政诉讼的受案范围。主要理由有:第一,公证处是国家公证机关,它属于行政机关还是法律法规授权的组织,目前尚难以界定。第二,公证只是对当事人之间既有的权利义务关系予以证明,并没有改变当事人的权利义务关系。第三,从公证行为的效力看,除债权文书外,不具有必然的强制力,因此不能视为具体行政行为。第四,经过公证的事项在履行过程中发生纠纷,公证处可以应当事人的申请进行调解,调解不成的,当事人可以向法院起诉或者申请仲裁。公证行为的可调解性显然与具体行政行为不可调解的属性相异。第五,关于债权文书的执行问题,民事诉讼法有明确的规定,法院可以通过民事诉讼程序审查被申请执行的公证文书。第六,对公证行为可以申请行政复议,不等于对公证行为可以提起行政诉讼。行政复议法仅规定对行政复议决定不服可以依照行政诉讼法的规定提起行政诉讼,但未规定对被复议的行为可以直接提起行政诉讼。[14]

国务院1982年颁布的《公证暂行条例》规定,公证处是国家公证机关。直辖市、县(自治县)设立公证处,受司法行政机关领导。也就是说,我国按行政区域和行政级别设立的各级公证处,具有很强的行政色彩。从这个角度看,公证机关应当视为行政机关。1993年党的十四届三中全会通过的《关于建立社会主义市场经济体制若干问题的决定》中明确规定要着重发展会计师、审计师和律师事务所,公证和仲裁机构等社会中介组织。这些中介组织依法通过资格认定,依据市场规律性运行机制,承担相应的法律和经济责任,并接受政府有关部门的管理和监督。此后,各地陆续开始改革公证体制,建立了一些独立的公证人事务所。将公证人事务所归入民间组织,公证机关(公证人)通过自己的知识和能力为当事人提供法律服务,收取一定的费用。此时公证机关与当事人之间达成的这种双向合意的行为,实际上是一种社会契约行为,公证机关已不再具有国家属性,从而公证行为不具有可诉性。[15] 2000年8月10日,经国务院批准,司法部印发的《关于深化公证改革的方案》中明确规定,现有行政体制的公证处要尽快改为事业体制,改制后的公证处应成为执行国家公证职能、自主开展业务、独立承担责任、按市场规律自律机制运行的公益性、非营利的事业法人。此方案将公证机关纳入国家事业法人之列,将其介于行政机关与社会中介

---

〔13〕 参见马怀德:《行政诉讼范围研究》,载《诉讼法学研究》2002年第1期。

〔14〕 参见甘文著:《行政诉讼法司法解释之评论》,中国法制出版社2000年版,第40—41页。

〔15〕 参见邓晓霞:《对公证机关能否提起行政诉讼的思考》,载北大法律信息网2001年9月21日。

组织之间的状态下，既有体现出其需要按市场运作的社会中介组织的一些味道，但又带有一些行使公权力性质的组织的味道，引发了上述的不同观点，并直接影响了司法实践。各地法院对公证行为的可诉性问题亦做法不一，有的法院直接受理行政相对人对公证行为提起的行政诉讼，有的法院则只受理经过复议后的公证行为，并以作出复议决定的司法行政机关为被告。各国有关公证的体制亦有不同，在很多国家，公证机构往往是民间组织或者属于法院系统的司法机构。凡公证机构属于民间组织或者属于法院系统的司法机构的，公证行为是不能进入司法审查程序的。由于我国迄今为止尚未制定公证法，公证体制仍处在变动之中，因此现在很难将其定位是否属于行政诉讼的受案范围，必须在公证法正式定位后才能作出肯定或者否定的回答。全国人民代表大会常务委员会于 2005 年 8 月 28 日通过、自 2006 年 3 月 1 日起施行的《中华人民共和国公证法》第 2 条规定："公证是公证机构根据自然人、法人或者其他组织的申请，依照法定程序对民事法律行为、有法律意义的事实和文书的真实性、合法性予以证明的活动。"第 6 条规定："公证机构是依法设立，不以营利为目的，依法独立行使公证职能、承担民事责任的证明机构。"根据上述规定，公证机构属于社会中介组织，其公证行为属于一般证明性质，已不再具有国家属性。为此，该法实施后，公民、法人或者其他组织对公证机构作出的公证行为不服提起行政诉讼的，人民法院不应受理。

三、关于鉴定结论的可诉性问题

关于当事人对行政机关作出的鉴定结论不服可否提起行政诉讼的问题，在法学界和实务界存在不同的认识。

不少学者认为，行政机关或者法律法规授权的组织作出的鉴定结论，均属于可诉的行政行为。理由有两点：其一，无论是行政机关还是法律法规授权的组织作出的鉴定结论，其作出的主体是行政主体，它代表国家行使鉴定的行政职权，其结论具有法律约束力，其他机构的鉴定行为没有这个特点。其二，行政机关或者法律法规授权的组织行使鉴定职权与其他行政职权相比，有不同的特点。它的技术性、专业性较强。但是，由于公证、鉴定机关均属于法律法规授权的组织，其行为属于行政证明行为，虽然此类行为并不直接创设对行政相对人发生法律效果的权利和义务，而是对已经形成的权利和义务加以某种形式的认可，增强该行为的确定性，所以，会间接影响当事人的法律地位，应该具有可诉性。[16]

---

〔16〕 参见马怀德：《行政诉讼范围研究》，载《诉讼法学研究》2002 年第 1 期。

行政机关或者法律法规授权的组织作出的鉴定结论有两种情况:一种是外化的鉴定结论。它是指行政机关或者法律法规授权的组织所作出的鉴定结论已经向社会或者一定人群公开,并对当事人产生某种不利或者有利的后果。例如,技术监督检验检疫机关将抽检产品的鉴定结论依据产品质量法的有关规定向社会公布。当这一鉴定结论公布后,即被行政机关确定,增强该鉴定结论的确定性,对当事人的声誉等将产生一定的影响,有时比行政处罚造成的影响还大。为此,我们认为,外化的鉴定结论属于可诉的具体行政行为。当然,鉴定行为的技术性、学术性、专业性、知识性较强,不宜由法院进行事实方面的审查,而应该进行法律审查。对于违反法定程序或合法要件的鉴定行为,法院可以依法进行必要的审查,并作出相应的裁判。另一种是未外化的鉴定结论。它是指行政机关或者法律法规授权的组织所作出的鉴定结论未向社会公开,而是作为其作出具体行政行为的证据使用。未外化的鉴定结论是否对当事人的权益产生影响,取决于行政机关最终作出的有关行政行为。如果行政机关未将该鉴定结论作为行政行为认定事实的依据,对当事人的权益不会产生任何影响;如果行政机关将该鉴定结论作为其行政行为认定事实的依据,对当事人的权益才产生影响,但是这种影响是非常间接的,最终产生实际影响的是行政行为。据此,我们认为,未外化的鉴定结论不具有可诉性。

四、关于行政合同的可诉性问题

所谓行政合同,是指行政机关以实施行政管理为目的,与行政相对一方就有关事项经协商一致而达成的协议。它具有如下特征:第一,合同的当事人必须有一方是行政主体,即具有法定行政职权的行政机关或者法律法规授权的组织。第二,合同的内容是行政管理的公共事务,具有公益性。第三,超越私法以外的规则。它表现为行政主体在行政合同中具有相应的特权。这些特权包括:要求当事人亲自履行合同权、对合同具有一定的指挥权、对合同在特定的条件下有单方面的变更或者解除权、对对方当事人违反合同的制裁权等。这些特权表现为行政主体与行政相对一方在行政合同中不平等的法律地位。

各国法律基本上都规定了法院对行政合同的审判管辖权。法国的行政合同纠纷是由行政法院依行政法上的原理进行审理的。日本把行政合同纠纷称为公法上法律关系案件,适用行政案件诉讼法。在德国,公法合同或行政合同属于行政法的内容,有关行政合同的争议受行政法院管辖。英美国家,虽然形式上只有一套法院系统,但在行政合同案件中考虑适用行政法上的特别规定作出裁判。[17]

由于新中国的行政诉讼制度建立较晚，在制定行政诉讼法时行政合同的概念尚未被完全接受。民法界普遍认为，合同必须是平等主体之间的一种约定，从而否定行政合同的存在，或者将行政合同视为民事合同的一种。加之当时我国有关行政合同方面的法律规范基本上处于空白状态。由于这些原因，在实践中将很多行政合同作为一般民事合同对待，按照民事纠纷来处理。例如，国有土地使用权出让合同、粮食收购合同、公共设施承包合同等诉讼，均作为民事案件审理，适用民事诉讼规则。正因理论界对行政合同的可诉性问题研究较为薄弱，所以，《最高人民法院〈贯彻意见〉》将具体行政行为的定义界定为单方行为，实事上将行政合同排除在行政诉讼的受案范围之外。

从行政主体行政合同目的、其在合同中享有的特权以及适用的法律规范等方面看，行政合同始终存在不同于民事合同的特征。由于行政合同纠纷的原告(即行政主体相对方)在签订、执行行政合同中始终处于被管理一方的弱势地位，而不是处在平等地位，为了使其在诉讼中与被告行政主体真正处在平等的地位上，人民法院在审理行政合同纠纷案件时，应当适用行政诉讼的举证责任等规则。此外，在适用法律规范方面，应当首先适用有关行政方面法律、法规及规章的特别规定，对这些特别法律规范未规定，可以适用有关民事合同的法律规范所确定的基本原则。据此，《最高人民法院〈若干解释〉》未将单方面行为作为可诉性的具体行政行为的界定，也就意味着，行政合同纠纷属于行政诉讼的受案范围。

五、关于行政奖励行为的可诉性问题

行政奖励，是指行政主体给予对国家和社会作出贡献的公民、法人或者其他组织物质或者精神利益的具体行政行为。

行政奖励行为可以分为内部行政奖励行为和外部行政奖励行为。内部行政奖励行为，是指行政机关给予行政机关内部的行政工作人员物质和精神奖励的行为。根据《行政诉讼法》第 12 条第 3 项的规定，对内部行政奖励行为提起行政诉讼，不属于法院的受案范围。

外部行政奖励行为，是指行政机关基于行政管理的目的，奖励公民、法人或其他组织的行为。外部行政奖励行为往往是基于相对人实施了有利于行政管理的行为而实施的。

对于外部行政奖励行为的可诉性，有两种不同的观点：一种观点认为，相对

〔17〕 参见胡建淼主编：《行政诉讼法学》，高等教育出版社 2003 年版，第 45 页。

人对行政机关的奖励行为不服,应当提起民事诉讼,不能提起行政诉讼。理由是奖励行为是一种民事行为,而不是一种行政行为。行政机关的不公正奖励行为或不作为,构成对公民民事权利的侵犯,公民应当通过民事诉讼寻求救济。另一种观点认为,行政奖励行为是为了实现行政管理目的的行政行为,相对人认为行政机关的行政奖励行为侵犯其合法权益,符合行政诉讼法规定的起诉条件,法院应予受理。

外部行政奖励行为的表现方式很多。有些是根据法律法规的规定实施的,有些是根据行政机关的一个规范性文件实施的。行政相对人对行政机关根据其规范性文件所实施的奖励行为不服提起行政诉讼的,法院应否受理的问题,存在两种观点:一种观点认为,公民与行政机关之间的纠纷是一种民事纠纷,公民提起行政诉讼,不属于法院的受案范围。另一种意见认为,这种行政奖励行为是为了实现行政管理目的而实施的,对行政管理相对人没有法律上的强制力,但对行政机关具有法律上的约束力。行政奖励行为一经作出,行政机关必须遵守。行政相对人认为行政机关的行政奖励行为侵犯了其合法权益,根据《行政诉讼法》第 11 条第 8 项"认为行政机关侵犯其他人身权、财产权"的规定可以提起行政诉讼,人民法院应当受理。

我们同意后者的观点。主要理由是:第一,行政奖励是现代法治和现代行政的产物,是一种新型的管理方式。从形式上看,这种奖励行为体现为一种民事合同的关系,实质上是行政机关与行政相对人之间的一种行政管理的关系。这种奖励行为的目的是为了实现本地区的公共利益。这种行为是行政主体行使行政职权的行为。第二,这种行为的主体只能是行政机关,具有排他性。行政行为和民事行为的重要区别是,民事行为的主体不具有排他性而行政行为的主体具有排他性,行政行为只能是行政机关或法律授权的组织。第三,行政机关的文件承诺对公民实施某种行为给予奖励,而在行政相对人实施了文件规定的某种行为后又不予奖励,这种不予奖励的行为对相对人的权利义务产生极大的影响,根据《最高人民法院〈若干解释〉》第 1 条的规定,属于行政诉讼受案范围。

第三章　行政审判体制和管辖制度

第一节　行政审判体制

行政审判体制，是指一国行政诉讼所采取的体制形态。不同的法系，不同的国家，采取的行政审判体制都不尽相同。行政诉讼的管辖，是指人民法院之间受理第一审行政案件的分工和权限。就法院而言，管辖所解决的是法院内部审理行政案件的分工问题；对相对人来说，行政诉讼的管辖决定其应向哪一个人民法院起诉；对行政主体而言，行政诉讼的管辖意味着其具体行政行为应接受哪一个人民法院的司法监督。对于行政审判体制的研究一般要探讨管辖的问题，不同的行政审判体制决定了在管辖上也有很大的差异。因此，本书将这两个问题结合起来论述。

一、中国大陆的行政审判体制

中国行政诉讼体制的建立经历了一个从无到有、从虚到实、从伪到真的过程。本书拟从中国行政审判体制发展历史的角度阐述中国特色行政诉讼的嬗变路径，以期展示中国行政审判体制各阶段发展的基本脉络。

（一）清末对于行政审判体制的初步设计

《辛丑条约》的耻辱签订，蕞尔小国日本的西化强盛，迫使清王朝求变法以自强。以司法体制改革为主要内容的"清末法律改革"成为变法的重要步骤。日本在西化后成为列强的经验极大地刺激了清政府。在变法过程中，为达到"皇位永固"、"外患渐轻"、"内乱可弭"的目的，强化皇权的日本模式被清朝统治者认可。而日本则是照搬了德国的司法体制。1890 年，日本先后颁布了《法院构成法》和《行政法院法》，前者规定了民事和刑事案件的审理机关，后者则是行政审判体制的规定。[1] 1907 年，清政府也按照日本的做法，颁行了《法院编制法》，其中第 2 条规定："审判衙门掌审判民事、刑事诉讼案件，但关于军法或行政诉讼等另有法令规定者，不在此限。"1908 年，清政府决定由宪政编查馆等机构会同商讨设立行政审判院事宜。1909 年，清政府颁布《大清暂行法院编制法》，曾拟仿德日筹设"大清行政裁判院"之制。在设立何种行政审判机构时，尤其是在议定《行政审判院编制法草案》时，产生了比较大的分歧。一些官僚认为以督察院为依托，稍加改造即可设为行政审判院。他们认为，督察院已经在限制君权、纠察官邪、通达民隐方面与行政诉讼的功能相仿，是等"宝物"，焉可轻弃？[2] 持有近代法治观点的一些官员针锋相对地认为，督察院为君权专制时代的"宝物"，却是法治时代的"弃物"。督察院之设，与责任内阁、国会精神相为悖谬。因此，行政法院不得不设，督察院不得复存。清廷最后采取了督察院仍然单独存在，但是缩减编制，行政审判院另行设立的方法。在最后的《行政审判院官制草案》中，两套机构同时并存。督察院按照御史制度的方式纠察官邪、肃正纲纪，大事廷辩，小事奏弹；行政审判院则以诉讼方式受理行政案件，救济民权。《行政审判院官制草案》类似于日本《行政法院法》的内容和结构。这是中国历史上第一部关于行政诉讼的规范性文件。该草案共有 21 条。其中关于行政审判院长官与评事的设置、资格、诉讼程序等基本上抄袭日本。与日本不同的是，该草案对于受案范围的规定采纳了德国式的概括式。到 1911 年辛亥革命爆发，清王朝覆亡之前，该草案尚未公布，独立的行政审判院的设立因此夭折。

(二)南京临时政府、北洋军阀时期的行政审判体制

南京临时政府时期，国民党人宋教仁负责起草《中华民国临时政府组织法草案》。该草案曾经规定，人民得诉讼于司法，求其审判；其对于行政官署违法损害权利之行为，则诉讼于平政院。1912 年 3 月 11 日，南京临时政府公布了《中华民国临时约法》，其中第 10 条规定："人民对于官吏违法损害权利之行为，有陈诉于平政院之权。"第 49 条规定："法院依法律审判民事诉讼及刑事诉讼，但关于行政诉讼，及其他特别诉讼，另以法律定之。"这是中国第一次承认行政诉讼制度的开始。这个政权尚未制定有关行政诉讼的法律，窃国大盗袁世凯就

---

[1] 参见[日]盐野宏著：《行政法》，杨建顺译，法律出版社 1999 年版，第 17 页。

[2] 贺绍章：《督察院改废问题》，载《法政杂志》第一年第 8 期。转引自张生：《中国近代行政法院之沿革》，载《行政法学研究》2002 年第 4 期。直到如今，仍有一些学者认为御史制度起到了类似行政诉讼制度的作用。参见熊先觉著：《中国行政诉讼教程》，中国政法大学出版社 1988 年版，第 26 页。

已攫取了政权。

袁世凯就任临时大总统后，宣布沿袭清王朝的司法制度。其命令曰："现任民国法律未经议定颁布，所有从前施行之法律及新法律除与民国国体抵触各案，应失效力外，余均暂行缓用，以资遵照。"[3]以后来颁布的《中华民国暂行法院编制法》来看，基本上就是《大清法院编制法》的翻版。但是这个编制法却确立了一个原则，即行政诉讼独立原则。1914 年 3 月 31 日，北洋军阀政府公布了《平政院编制令》，5 月 1 日颁布了《中华民国约法》，5 月 18 日公布了《行政诉讼条例》，正式建立起行政诉讼制度。其中，《平政院编制令》规定了平政院的组织与职权，该编制令是中国近代第一部正式公布实施的行政审判机关组织法。同年 6 月，平政院在北京丰盛胡同开衙办公。《中华民国约法》与《中华民国临时约法》一样，以基本法的方式确认了平政院在宪法上的地位。该法第 8 条规定："人民有诉愿于行政官署，及陈诉于平政院之权。"之后，与《平政院编制令》相配套的《平政院裁决执行条例》、《平政院处务条例》也逐渐完备起来。以下说明平政院的组织和职权。

平政院直接向大总统负责，与大理院相并列。平政院院长直属于大总统，负责指挥监督全院事务。平政院内设三个行政审判庭和一个肃政厅、总会议、书记处、惩戒委员会。每个行政审判庭有五个评事，包括一名庭长。评事由平政院院长、各部总长、大理院院长和咨询机关等密荐年满三十岁有下列两项资格之一者，呈请大总统选择任命：任荐任官以上行政职三年以上有显著成绩的；任司法职两年以上著有成绩的。肃政厅设肃政史一名。肃政厅既是平政院的下属机关，同时独立行使职务，具有检察官性质。[4] 肃政厅设督政史一人，肃政史十六人。[5] 肃政史对于国务卿、各部总长有违法的行为或者对于官吏有违宪违法、行贿、受贿、滥用威权、漠视民瘼的行为，得依《纠弹法》纠弹，但是纠弹处理权归于总统。此外，得依《行政诉讼条例》以原告身份提起行政诉讼，并监视平政院裁决的执行。肃政厅于 1916 年 6 月 29 日裁撤。平政院的职权主要包括：中央或者地方最高级行政官署的违法处分，致损害人民权利经人民陈诉的；中央或者地方行政官署的违法处分，致损害人民权利，经人民依诉讼的规定诉愿至最高行政官署，不服从决定而陈诉的；人民依上举第 1 项的规定得提

[3] 《临时大总统令》，载《正宗爱国报》，1912 年 3 月 12 日。转引自李新主编：《中华民国史》，第二编第一卷（上），第 8 页。

[4] 有学者认为，肃政厅之设，有明清都察院或者御史台之遗迹存在，肃政厅之于平政院，颇似检察官与法院的关系。参见吴庚著：《行政争讼法论》，三民书局 2000 年版，第 9 页。

[5] 有学者认为，肃政史一职是仿照了元朝"肃政廉访史"制度。参见熊先觉著：《中国行政诉讼教程》，中国政法大学出版社 1988 年版，第 27 页。

起诉讼，经过陈诉限期而未陈诉者；人民依诉愿期而不愿诉愿者，肃政史均得在陈诉期限过后六十日提起诉讼，对于中央或地方行政官署违法之命令或处分，则得在六十日之内提起诉讼。行政案件的受理兼采诉讼主义和诉愿前置主义。行政案件的审理以言词主义为原则，以书面审理为例外。在案件审理过程中，非经平政院许可，不得撤诉。案件审理由五名评事组织合议庭，且合议庭中须有一人或者二人是司法官出身，合议庭庭长由平政院院长指定。平政院的职权实际上无法正常行使，处处受制于最高行政长官，在性质上仅为形式上的行政法院。平政院实为闲曹聚散之所，行政审判实际并无开展，因为“民国有势无法，少有凭借者断非由平政院所能裁判，其无势力者先自默尔，与人无竞，更不劳裁判”〔6〕。平政院从 1914 年 6 月到 1928 年 6 月审理的案件总数仅为 186 件。〔7〕

（三）南京国民政府时期的行政审判体制

1926 年 1 月，国民政府在广州颁布了《惩吏院组织法》和《惩治官吏法》，成立惩吏院。审理 1 件案件后，同年 5 月裁撤。1926 年 5 月，国民政府设立审政院掌理惩吏以及平政事项。因相关官员拒不赴任，1926 年 10 月裁撤，所理案件由监察院管辖。1928 年 10 月，国民政府颁布《司法院组织法》，规定司法院由司法行政署、司法审判署、行政审判署以及官吏惩戒委员会组成。11 月将行政审判署改为“行政法院”。1931 年 5 月，国民政府颁布《训政时期约法》，其中规定，“人民依法律有提起行政诉讼及诉愿之权”。1932 年 11 月，颁布《行政法院组织法》和《行政诉讼法》。行政法院为形式和实质意义上的法院，与最高法院、公务员惩戒委员会平级，同为司法院的组成部分。而且是第一次在立法上使用了行政法院的名称。1933 年 6 月，国民政府正式成立行政法院，为全国行政审判机关，审理官署损害人民权利的案件。行政法院设院长一人，特任，综理全院行政事务，兼任庭长、评事。同月，国民政府颁布了《行政法院处分规则》，为行政诉讼法的配套规则。

该行政诉讼法的主要内容和特点包括：诉愿前置；行政法院评事审查案件，首先审查程序，再审查实体内容；可以以行政法院的判决撤销或者变更原处分；行政法院的判决对被告有约束力，被告不得上诉或者抗告；判决的执行由行政法院呈由司法院转呈国民政府训令行之。行政法院从 1933 年到 1947 年，一共审理各类行政案件 712 件，平均每年 48 件弱。依裁判结果中是否全部驳回原告诉讼请求之比例，共计全部驳回 438 件，占已审结案件的 61.5%。由此可见

---

〔6〕 荣孟源、章伯锋主编：《近代稗海》第八辑，四川人民出版社 1987 年版，第 61 页。

〔7〕 转引自张生：《中国近代行政法院之沿革》，载《行政法学研究》2002 年第 4 期。

行政法院制度之设的实际效用之微，更谈不上保护人民的权益。此后，行政诉讼法经多次修改，为我国台湾地区现在适用。

(四)新中国的行政审判体制

新中国的行政诉讼制度主要划分为以下几个阶段。

1. 行政审判体制初步设想时期(1949—1982)

新中国行政审判体制沿袭陕甘宁边区的司法制度而来。在陕甘宁边区的司法制度中，曾有“边区政府审判委员会”之设，该会每月开会一次，其中有一项职权即为“受理行政诉讼案件”。[8] 新中国成立之后，《共同纲领》规定，人民和人民团体有权向人民监督机关或者人民司法机关控告任何国家机关或任何公务人员的违法失职行为，为建立类似行政审判体制提供了宪法性原则的依据。1949 年 12 月，中央人民政府委员会批准《最高人民法院试行组织条例》，规定在最高人民法院设置行政审判庭，为建立行政审判机关提供了法规依据。但由于当时的法院刑事审判工作任务极重，且强调监察机关的监督行政职能，行政审判庭的设立问题一拖再拖，最后竟在法院组织法中删去了关于设置行政审判庭的规定。国家对民事刑事程序尚且没有相应规定，自然谈不到行政诉讼程序的设置。一些单行性的文件对行政诉讼作出过一些规定。例如，1950 年的《土地改革法》规定，农民对区乡政府批准评定的成分有不同意见的，可向县人民法庭申请，由其判决。1950 年劳动部颁布的《关于劳动争议解决程序的规定》规定，对劳动行政机关的仲裁不服，劳动争议当事人可以提请人民法院处理。类似的规范性文件还有：1952 年政务院《关于“五反”运动中成立人民法庭的规定》，1953 年政务院《输出输入商品检验暂行条例》，1954 年《海港管理暂行条例》等。1954 年《宪法》第 97 条规定：“中华人民共和国公民对于任何违法失职的国家工作人员，有向各级国家机关提出书面控告或口头控告的权利。由于国家机关工作人员侵犯公民权利而受到损失的人，有取得赔偿的权利。”这似乎也隐含了行政诉讼的内容。但是，当时受理行政纠纷的机构一般是专门的信访机构，以致人民法院除了构成犯罪的行政违法外，一般不通过司法程序解决行政案件。1957 年下半年起，由于“左”的错误，监察机关和检察机关的“监督”职能受到错误批判。从此，所有行政纠纷除涉及党员严重违法乱纪案件由党的纪检部门处理外，均由行政机关自行处理。这一阶段，有关行政诉讼的立法基本上属于空白。仅见的例子只有 1963 年 3 月 30 日全国人民代表大会批准的《西藏自治区各级人民代表大会选举条例》，规定了选民名单的案件可以向人民法庭或者人

---

[8] 林炯如、傅绍昌、虞宝棠编著：《中华民国政治制度史》，华东师范大学出版社 1995 年版，第 357 页；程维荣著：《中国审判制度史》，上海教育出版社 2001 年版，第 250 页。

民法院提起诉讼。

2.行政审判体制建立时期(1982—1989)

1982年3月8日第五届全国人大常委会通过的《民事诉讼法(试行)》规定,法律规定由人民法院审理的行政案件,适用该法。[9]它标志着我国行政诉讼制度的正式建立。同年颁布的《宪法》第41条也为行政诉讼制度和国家赔偿制度奠定了宪法基础。1982年以后,最早在法律中规定的是海洋环境保护法。争论比较大的有两次:一次是制定海上安全交通法,另一次是制定治安管理处罚条例。尤其是后者,作出了公民不服上一级公安机关关于治安管理处罚申诉的裁决,可以向人民法院提起行政诉讼的规定。治安管理行政案件随之大量涌现,促使各级人民法院普遍设立行政审判庭。最高法院根据行政审判中出现的问题,对行政案件适用民事诉讼法的问题进行了补充和修正。1986年10月24日,最高人民法院发布了《人民法院审理治安行政案件具体应用法律的若干问题的暂行规定》,其中对治安行政案件的管辖、审判程序等方面作了规定。此后到1989年行政诉讼法颁布之时止,仅中央一级规定可以向人民法院提起行政诉讼的法律和行政法规就达到130多件。

随着行政诉讼制度的不断完善,行政审判体制的建构逐渐提上议事日程。1986年10月6日,湖北省武汉市中级人民法院成立了全国第一个中级人民法院的行政审判庭。同日,湖南省汨罗市(原汨罗县)人民法院成立了全国第一个基层人民法院行政审判庭。几乎同时,1988年10月,全国人大批准了最高法院行政审判庭庭长的任命。同年10月4日,最高人民法院成立了行政审判庭。此后,各地人民法院陆续建立了行政审判庭。截至1989年初,已有26个高级人民法院,242个中级人民法院(占中院总数的63.5%),1154个基层法院(占基层法院总数的39%)陆续设立了行政审判庭。我国行政审判体制的发展向前跨进了一大步。就行政审判人员的组织建设而言,截至2002年5月28日,全国法院行政审判庭共计3227个,行政审判人员共计11720名。

我国《行政诉讼法》第3条规定:“人民法院依法对行政案件,独立行使审判权,不受行政机关、社会团体和个人的干涉。人民法院设行政审判庭,审理行政案件。”我国现行的行政审判体制从比较法的角度来看,与两大法系的行政审判模式既有相似之处,又有很大的不同。仅从人民法院行使行政审判权这点看,我国与英美法系的行政审判模式比较相近,英美国家一般由普通司法管辖行政

[9] 1982年在起草民事诉讼法的时候,各地反映“官告民一告一个准,民告官没门”。全国人大向彭真同志反映了这一情况。彭真同志十分重视,指示这个问题要解决。根据彭真同志的指示,在总则中增加了这一条。参见顾昂然:《行政诉讼法起草情况和主要精神》,载《行政诉讼法专题讲座》,人民法院出版社1989年版,第8页。

争议。从法院单设行政审判庭以及行政审判程序来看,我国的行政审判体制又与大陆法系的行政审判模式相接近。我国目前采取的体制形式是行政审判庭的体制。这种体制的主要特点是:行政案件由统一的人民法院审理,专门人民法院不管辖行政案件。人民法院内部设立专门的行政审判庭负责审理与裁判行政案件,由人民法院行使统一的司法权力,其他司法机构不负责行政案件的审理与裁判。《最高人民法院〈若干解释〉》第 6 条第 1 款规定:“各级人民法院行政审判庭审理行政案件和审查行政机关申请执行其具体行政行为的案件。”第 2 款规定:“专门人民法院、人民法庭不审理行政案件,也不审查和执行行政机关申请执行其具体行政行为的案件。”这些规定都表明行政案件只能由普通人民法院管辖。我国行政审判体制实际上采取的是司法一元主义,这种审判体制既体现了司法审判权的统一,又使行政审判机构具有了专业性的特征,是我国审判体制长期发展的必然结果。

根据人民法院组织法的规定,中华人民共和国人民法院是国家的审判机关。中华人民共和国的审判权由下列人民法院行使:(1)地方各级人民法院;(2)军事法院等专门人民法院;(3)最高人民法院。人民法院审判案件,实行合议制。人民法院审判第一审案件,由审判员组成合议庭或者由审判员和人民陪审员组成合议庭进行。合议庭的成员应当是三人以上的单数。人民法院审判上诉和抗诉的案件,由审判员组成合议庭进行。合议庭由院长或者庭长指定审判员一人担任审判长。院长或者庭长参加审判案件的时候,自己担任审判长。各级人民法院设立审判委员会,实行民主集中制。审判委员会的任务是总结审判经验,讨论重大的或者疑难的案件和其他有关审判工作的问题。地方各级人民法院审判委员会委员,由院长提请本级人民代表大会常务委员会任免;最高人民法院审判委员会委员,由最高人民法院院长提请全国人民代表大会常务委员会任免。各级人民法院审判委员会会议由院长主持,本级人民检察院检察长可以列席。

各级人民法院的基本设置是由人民法院组织法规定的。其中,基层人民法院包括:县人民法院和市人民法院;自治县人民法院;市辖区人民法院。基层人民法院由院长一人,副院长和审判员若干人组成。中级人民法院包括:在省、自治区内按地区设立的中级人民法院;在直辖市内设立的中级人民法院;省、自治区辖市的中级人民法院;自治州的中级人民法院。中级人民法院由院长一人,副院长、庭长、副庭长和审判员若干人组成。高级人民法院包括:省高级人民法院;自治区高级人民法院;直辖市高级人民法院。高级人民法院由院长一人,副院长、庭长、副庭长和审判员若干人组成。最高人民法院是国家最高审判机关。最高人民法院监督地方各级人民法院和专门人民法院的审判工作。最高人民法院由院长一人，副院长、庭长、副庭长和审判员若干人组成。

根据人民法院组织法的规定，有选举权和被选举权的年满二十三岁的公民，可以被选举为人民法院院长，或者被任命为副院长、庭长、副庭长、审判员和助理审判员，但是被剥夺过政治权利的人除外。人民法院的审判人员必须具有法律专业知识。地方各级人民法院院长由地方各级人民代表大会选举，副院长、庭长、副庭长和审判员由地方各级人民代表大会常务委员会任免。在省内按地区设立的和在直辖市内设立的中级人民法院院长，由省、直辖市人民代表大会选举，副院长、庭长、副庭长和审判员由省、直辖市人民代表大会常务委员会任免。在民族自治地方设立的地方各级人民法院的院长，由民族自治地方各级人民代表大会选举，副院长、庭长、副庭长和审判员由民族自治地方各级人民代表大会常务委员会任免。最高人民法院院长由全国人民代表大会选举，副院长、庭长、副庭长、审判员由全国人民代表大会常务委员会任免。各级人民法院院长任期与本级人民代表大会每届任期相同。各级人民代表大会有权罢免由其选出的人民法院院长。在地方两次人民代表大会之间，如果本级人民代表大会常务委员会认为人民法院院长需要撤换，须报请上级人民法院报经上级人民代表大会常务委员会批准。各级人民法院按照需要可以设助理审判员，由本级人民法院任免。助理审判员协助审判员进行工作。助理审判员，由本院院长提出，经审判委员会通过，可以临时代行审判员职务。各级人民法院设书记员，担任审判庭的记录工作并办理有关审判的其他事项。

第二节 行政诉讼管辖

行政诉讼管辖，是指人民法院之间受理第一审行政案件的分工。行政诉讼管辖遵循的基本原则是：便于当事人参加诉讼，特别是便于作为原告的行政管理相对人参加诉讼；有利于人民法院对案件的审理、判决和执行；有利于保障行政诉讼的公正、准确；有利于人民法院之间工作量的合理分担。[10] 行政诉讼法规定管辖的意义在于，便于公民、法人或者其他组织提起诉讼，明确人民法院系统的内部分工，也便于人民法院受理案件，并接受权力机关的监督。根据《行政诉讼法》第 3 条第 2 款“人民法院设行政审判庭，审理行政案件”的规定，人民法院受理的所有的行政案件，均应当由行政审判庭审理，其他审判庭不得审理行政案件。这里所讲的“审理”包括两个方面的内容：一是对公民、法人或者其他

〔10〕 马原主编：《中国行政诉讼法教程》，人民法院出版社 1992 年版，第 63－64 页。

组织不服行政机关的具体行政行为而起诉的案件审理；二是行政机关申请执行其具体行政行为案件（即非诉执行案件）的审查。各级人民法院不得设立专门审理某类行政案件的法庭审理行政案件和审查非诉执行案件。

根据不同的标准，行政诉讼的管辖可以分成不同的种类。依据是否由法律直接规定，可以分为法定管辖和裁定管辖。法定管辖是法律明确规定第一审行政案件由哪一个法院行使管辖权。裁定管辖是由享有相应权限的法院作出裁定或决定，以明确具体管辖的法院。依据法院对行政案件的纵横管辖关系不同，可以分为级别管辖和地域管辖。依据管辖的决定方式不同，可以分为指定管辖、移送管辖和管辖权的转移。行政诉讼法规定的管辖包括法定管辖中的级别管辖和地域管辖，也包括了指定管辖、移送管辖以及管辖权的转移等。

一、级别管辖

级别管辖，是指按照法院的组织系统来划分上下级人民法院之间受理第一审案件的分工和权限。《行政诉讼法》第 13 条至第 16 条对级别管辖作了明确具体的规定。

（一）基层人民法院管辖第一审行政案件

除上级人民法院管辖的第一审行政案件外，一般来说，行政案件都由基层人民法院管辖，即大多数的行政案件由基层法院审理。在多数情况下，基层人民法院既是原告和被告所在地，又是行政争议的发生地。这样规定便于人民和行政机关参加诉讼，且便于人民法院及时公正审理行政案件。

（二）中级人民法院管辖的第一审行政案件

中级人民法院管辖下列第一审行政案件，《行政诉讼法》第 14 条对此作了具体规定：

1. 确认发明专利案件和海关处理案件。确认发明专利权的案件是指利害关系人对专利复审委员会作出的驳回复审请求的决定不服，或者是专利权被授予后，专利机关根据他人请求，宣告被授予的发明专利无效的决定不服，或者是其他请求权人对宣告维持原授予的发明专利权的决定不服，或者对专利管理机关的专利侵权处理决定不服，向人民法院提起行政诉讼的案件。

2. 对国务院各部门或者省、自治区、直辖市人民政府所作的具体行政行为提起诉讼的案件。这里的“具体行政行为”，既包括国务院各部门和省、自治区、直辖市人民政府直接作出的行政处罚决定或者其他处理决定，也包括他们所作出的变更和撤销原行政决定的复议裁决。这种具体行政行为一般都是在中级人民法院辖区内有重大影响或者复杂疑难的行政案件，不宜由基层人民法院审理。

3.本辖区内重大、复杂的案件。这里的“本辖区内重大、复杂的案件”，根据《最高人民法院〈若干解释〉》第8条的规定，有下列几种情形：第一，被告为县级以上人民政府，基层人民法院不适宜审理的案件。从审判实践中反映的情况来看，被告为县级以上人民政府的案件，主要集中在土地、林地、矿产等所有权和使用权争议案件，征用土地及其安置、补偿案件，城镇拆迁及安置、补偿案件。公民、法人或者其他组织诉县级人民政府对个人之间、个人与单位之间的土地使用权作出的裁决的案件，虽然被告是县级人民政府，但一般在当地影响不大，难度较小，绝大多数应由基层人民法院受理。公民、法人或者其他组织诉县级以上人民政府(含县级)对单位与单位之间的土地、林地、矿产所有权和使用权作出的裁决，对征用土地及其安置、补偿作出的决定，对城镇拆迁及其安置、补偿作出的决定等案件，相当一部分在当地影响较大，处理不好将直接影响当地的安定团结，受到的干扰较大，案情相当复杂。为了减少干扰，确保司法公正，妥善处理人民内部矛盾，这类案件就属于不宜基层人民法院审理的案件，应当由中级人民法院管辖。第二，社会影响重大的共同诉讼、集团诉讼案件。当事人一方或者双方为二人以上，其诉讼标的是共同的，或者诉讼标的是同一种类，人民法院认为可以合并审理并经当事人同意的，为共同诉讼。当事人一方为一个人数众多的集团的诉讼，为集团诉讼。一般的共同诉讼和集团诉讼的社会影响相对较小，不宜由中级人民法院管辖。但一些直接影响到当地社会安定、影响到重大公共利益或公众利益的共同诉讼案件，特别是集团诉讼案件，基层人民法院就难以审理。为妥善处理这类案件，社会影响重大的共同诉讼、集团诉讼案件，由中级人民法院管辖。第三，重大涉外或者涉及香港特别行政区、澳门特别行政区、台湾地区的案件。涉外行政案件是指原告、第三人是外国人、无国籍人或者外国组织的行政案件。外国人指居住在我国境内，不具有我国国籍的人。无国籍人是指不具有任何国家国籍的人或者国籍不明的人。外国组织是指具有外国国籍的组织，包括外国法人组织和非法人组织。中外合资经营企业、中外合作经营企业，以及依照我国法律在我国境内设立的外资企业均不属于外国组织。涉及港、澳、台行政案件是指原告、第三人是香港特别行政区、澳门特别行政区、台湾地区的公民或者组织。按照同等原则涉外及涉及港、澳、台的案件一般应当由基层人民法院管辖，重大案件由中级人民法院管辖。这里所讲的“重大案件”一般是指在政治上或者经济上有重大影响的行政案件。在政治上有重大影响的行政案件，主要是指当事人或者诉讼标的涉及的人和事在政治上有重大影响。如原告或者第三人在国外或者港、澳、台有重要政治影响的人物或者组织，被具体行政行为处理的事件涉及与外国或者港、澳、台的政治关系，等等。经济上有重大影响的行政案件，主要是指被具体行政行为处理的事项金额巨大或经济价值很高，或者可能给涉外及涉港、澳、台的公民和组织造成重大经济损失，或者给国家及国内公民和组织造成重大经济损失，等等。第四，其他重大、复杂案件。其他重大、复杂案件，是指上述三种情形没有包括的重大、复杂案件。这是一种具有一定弹性的规定。至于哪些案件属于“其他重大、复杂案件”，因各地区情况不同难以一一列举出来，所以赋予各地中级人民法院一定的自由裁量权，由他们根据本地区的情况灵活掌握。

（三）高级人民法院管辖本辖区内重大、复杂的第一审行政案件

高级人民法院是地方各级人民法院中的最高一级。其主要任务是：对辖区的中级人民法院和基层人民法院的审判工作进行监督和指导；审理不服中级人民法院判决和裁定的上诉案件。因此，由高级人民法院管辖的第一审行政案件不宜过多，只应是本辖区重大复杂的案件。

（四）最高人民法院管辖全国范围内重大、复杂的第一审行政案件

最高人民法院是我国的最高审判机关，其主要任务是对各级人民法院的审判工作进行监督和指导。因此，最高人民法院管辖的第一审行政案件只能是在全国范围内有重大影响或者极为复杂的行政案件，范围比较小。

二、地域管辖

地域管辖又称区域管辖，是指同级法院之间在各自辖区内受理第一审案件的分工和权限。

（一）一般地域管辖

在行政诉讼中按照最初作出具体行政行为的行政机关所在地划分案件管辖称作一般地域管辖，有时也称普遍地域管辖。《行政诉讼法》第 17 条规定：“行政案件由最初作出具体行政行为的行政机关所在地人民法院管辖，经复议的案件，复议机关改变原具体行政行为的，也可以由复议机关所在地人民法院管辖。”行政诉讼法这样规定一般地域管辖的主要原因是：便于双方当事人诉讼；便于人民法院审判；有利于人民法院均衡承担审判工作；便于法律法规的适用。以下复议决定属于“改变原具体行政行为”：(1)改变原具体行政行为所认定的主要事实和证据的。复议决定改变原具体行政行为所认定的主要事实，是指涉及法定事实要件的事实，复议决定的认定与原具体行政行为的认定不同。复议决定所认定的事实与原具体行政行为认定的事实仅表述上不同，不影响原具体行政行为所确定的权利义务的，不属于改变原具体行政行为。复议决定改变原具体行政行为的证据，主要是指以下几种情况：一是复议决定认定的主要事实和证据与原具体行政行为认定的主要事实和证据完全不同。二是复议决定认定的事实与原具体行政行为认定的事实相同,但原具体行政行为所依据的证据少,复议决定增加了许多新的证据支持其认定的事实。三是复议决定认定的事实与原具体行政行为认定的事实基本相同,原具体行政行为所依据的证据,复议决定没有采纳证据,而是依据原具体行政行为没有采纳的其他证据。(2)改变原具体行政行为所适用的规范依据且对定性产生影响的。改变原具体行政行为所适用的规范依据,是指复议决定所适用的法律、法规、规章及规章以下的规范性文件不同和具体适用的法条不同。复议决定仅仅适用的规范依据不同,但对定性不产生影响的,不属于改变原具体行政行为。(3)改变原具体行政行为处理结果的。改变原具体行政行为处理结果,是指原具体行政行为撤销、部分撤销或者变更原具体行政行为处理结果的情况。

(二)特殊地域管辖

行政诉讼的特殊地域管辖,是指法律针对特别案件所列举规定的特别管辖。《行政诉讼法》规定了两种具体情形:(1)《行政诉讼法》第 18 条规定:“对限制人身自由的行政强制措施不服提起的诉讼,由被告所在地或者原告所在地人民法院管辖。”该条规定的立法本意是为了便于原告参加诉讼,充分保护其合法权益。根据这一原则,参照民事诉讼法的有关规定。《最高人民法院〈若干解释〉》第 9 条规定,行政诉讼法第 18 条规定的“原告所在地”,包括原告户籍所在地、经常居住地和被限制人身自由地。行政机关基于同一事实既对人身又对财产实施行政处罚或者采取行政强制措施的,被限制人身自由的公民、被扣押或者没收财产的公民法人或者其他组织对上述行为均不服的,既可以向被告所在地人民法院提起行政诉讼,也可以向原告所在地人民法院提起行政诉讼,受诉人民法院可以一并管辖。所谓住所地,是指公民久住的处所,也就是公民生活和活动的基地或中心场所。在我国,公民的户籍所在地就是其住所地。所谓经常居住地,是指公民离开住所地,最后连续居住满一年以上的地方,公民在其户籍迁出后,迁入另一地区,其经常居住地仍应是其户籍所在地。所谓被限制人身自由所在地,是指被告行政机关将原告收容、拘禁、强制治疗等被限制人身自由的场所所在地。为了简化诉讼程序,提高办案效率,节省人力、物力、财力;贯彻便于人民群众诉讼,便于法院办案的原则;防止人民法院在同一问题上作出相互矛盾的判决,对行政机关基于同一事实既对人身又对财产实施行政处罚或者采取行政强制措施的,被限制人身自由的公民、被扣押或者没收财产的公民法人或者其他组织对上述行为均不服提起诉讼的,人民法院应当将两个诉讼请求合并审理。但《行政诉讼法》第 18 条未明确规定,这类案件由何地人民法院管辖。为解决这一问题,《最高人民法院〈若干解释〉》第 9 条第 2 款明确规定,被限制人身自由的公民、被扣押或者没收财产的公民法人或者其他组织既可以向被告所在地人民法院提起行政诉讼，也可以向原告所在地人民法院提起行政诉讼，受诉人民法院可以一并管辖。(2)因不动产提起的诉讼，由不动产所在地人民法院管辖。不动产系指土地(包括滩涂、草原、山岭、荒地等)及其附着物。附着物，是指自然或者人工附在土地之上或者之中的物体，如建筑物、山林、水流等。利害关系人不服行政机关有关土地及其附着物所有权或者使用权的处理决定而提起诉讼的，只能由土地或者附着物所在地人民法院管辖，其他人民法院无管辖权，利害关系人亦无选择之余地。

(三)共同地域管辖

共同地域管辖，是指在两个以上人民法院对同一案件都有管辖权的情况下，原告可以选择其中一个法院起诉。共同地域管辖是由一般地域管辖和特殊地域管辖派生的一种补充管辖方式。

三、避免管辖冲突规则

管辖冲突，是指两个以上人民法院对于同一个行政案件都认为应属自己管辖或都认为不属自己管辖而产生的冲突。为了避免此种冲突和因此冲突而影响案件的正常审理，行政诉讼法规定了下述规则：

(一)移送管辖

移送管辖，是指某个人民法院把已经受理的行政案件移送有管辖权的人民法院。行政诉讼案件移送必须具备下列条件：移送的法院已经受理了该案；移送法院发现对已受理的案件没有管辖权；接受移送的法院对该案有管辖权。移送管辖的实质是案件移送，起到纠正管辖错误的作用，而不是管辖权的移送。行政诉讼法规定同级人民法院可以移送管辖，目的是便于当事人诉讼，以及方便人民法院审判工作。

(二)指定管辖

行政诉讼中的指定管辖，是指由于特殊原因，或两个人民法院对同一案件的管辖权发生争议，由上级人民法院以裁定方式，决定案件由哪个人民法院管辖的制度。行政诉讼法分别规定了指定管辖的两种情况：第一，由于特殊原因，有管辖权的法院无法行使管辖权。主要包括：由于水灾、地震等自然灾害，战争以及意外事故致使有管辖权的人民法院无法审理；由于法律上规定的原因诸如当事人申请回避等事由。第二，因管辖权发生争议引起的指定管辖。主要的情形有：原告向两个有管辖权的人民法院提起诉讼，两个法院同时收到起诉状；行政区域变动期间发生的案件，造成几个法院都有管辖权或几个法院都不可以管辖等。

(三)移转管辖

移转管辖，是指经上级人民法院决定或同意，对第一审行政案件的管辖权，由下级人民法院移转给上级人民法院，或者由上级人民法院移转给下级人民法院。《行政诉讼法》第 23 条规定："上级人民法院有权审判下级人民法院管辖的第一审行政案件，也可以将自己管辖的第一审行政案件移交下级人民法院审判。下级人民法院对其管辖的第一审行政案件，认为需要由上级人民法院审判的，可以报请上级人民法院决定。"

四、管辖权异议

所谓管辖异议，是指当事人认为受诉人民法院对该案无管辖权，而向受诉人民法院提出的不服该法院管辖的意见或主张。《最高人民法院〈若干解释〉》第 10 条规定，当事人提出管辖异议，应当接到人民法院应诉通知之日起 10 日内以书面形式提出。对当事人提出的管辖异议，人民法院应当进行审查。异议成立的，裁定将案件移送有管辖权的人民法院；异议不成立的，裁定驳回。提出管辖异议必须具备三个条件：第一，提出的人必须是本案的当事人。第二，当事人应当在接到人民法院参加诉讼的通知之日起 10 日内提出，期限内未提出的，应当视为当事人对管辖无异议。第三，提出的形式必须是书面的，而不能是口头的。当事人提出的管辖异议，符合上述三个条件的，人民法院应先就对本案有无管辖权的问题进行审查。人民法院对管辖异议进行审查后，如果异议成立的，应当按照《行政诉讼法》第 21 条的规定，裁定将案件移送有管辖权的人民法院管辖。如果认为管辖异议不成立的，裁定驳回当事人的管辖异议申请。申请管辖异议的当事人对驳回管辖异议的裁定不服，可以在法定期限内提出上诉。逾期不提出上诉和二审人民法院裁定驳回上诉，维持原裁定的，原审人民法院应当继续本案的审理。当事人就原审人民法院有无管辖权问题提出再审的，不影响原审人民法院对案件的继续审理。

第四章　行政诉讼当事人制度

第一节　行政诉讼的原告

一、原告资格标准的变迁

法律有两个规定涉及行政诉讼的原告资格：一是《行政诉讼法》第 2 条规定："公民、法人或者其他组织认为行政机关和行政机关工作人员的具体行政行为侵犯其合法权益，有权依照本法向人民法院提起诉讼。"学者根据该规定总结出行政诉讼原告的概念，认为行政诉讼的原告是指，认为行政主体的具体行政行为侵犯了其合法权益，而向人民法院提起诉讼的个人或者组织。[1] 此概念完全取决于起诉人的主观状态，不能满足司法审查中界定原告资格的需要。二是该法第 24 条第 1 款规定："依照本法提起诉讼的公民、法人或者其他组织是原告。"此规定亦未揭示出原告资格的任何要件。1991 年《最高人民法院〈贯彻意见〉》对原告资格也没有作出进一步的解释。

尽管法律和司法解释对原告资格并无限制，但是在审判实践中，法院却并非对任何人的起诉都来者不拒。无论在行政法学界还是在行政审判实务界，大家都普遍认为，行政诉讼不应当成为"马路诉讼"，即任何人都可以提起行政诉讼，也就是说，起诉人必须符合一定的条件才能迈进行政审判的大门。但是起诉人到底符合什么条件才可以提起行政诉讼，则众说不一。各地法官在原告资格标准上存在普遍的模糊认识，给行政审判带来了一定程度的混乱。这种背景与行政诉讼开展之初各地不太理想的行政审判环境相结合，就形成了过度限制

〔1〕 姜明安主编：《行政法与行政诉讼法》，北京大学出版社、高等教育出版社 1999 年版，第 334 页。

原告资格的普遍倾向。最为典型的过度限制是把原告资格限于“行政管理相对人”，而且他们对相对人的理解非常狭窄，认为相对人仅限于“行政行为中指名道姓的那个人”。[2] 在有些地方，这种情况一直持续到 2000 年新的司法解释《最高人民法院〈若干解释〉》实施之前，像相邻权人起诉影响其通风采光的规划许可决定的案件，被拆迁人起诉拆迁许可的案件，以及其他类似案件中，法院都以起诉人不是行政管理相对人为由而否定其原告资格。这种过分保守的倾向使得司法审查保护公民合法权益的功能大大减弱，阻碍了行政诉讼制度的进一步发展。针对这种情况，最高法院于 2000 年制定新的司法解释时，对原告资格标准作出了原则规定，表现出明显的纠正上述保守倾向的意图。根据《最高人民法院〈若干解释〉》第 12 条规定，与具体行政行为有法律上利害关系的公民、法人或者其他组织，具有起诉该行为的原告资格。“法律上利害关系”虽然具有较大的不确定性，在具体案件中引起了很多争论，但是它明显要比相对人的范围大得多，可以把相对人之外的很多人和组织都纳入司法审查的保护范围。另外，在总结审判经验的基础上，《最高人民法院〈若干解释〉》第 13 条还对审判实践中经常出现的相对人之外的其他人的原告资格作出了列举式规定。根据该规定，相邻权人与涉及其相邻权的具体行政行为之间，竞争权人与涉及其竞争权的具体行政行为之间，复议程序的利害关系人或者第三人与行政复议行为之间，受害人与主管行政机关对加害人的行政处理之间，受到具体行政行为改变影响的人与改变具体行政行为的决定之间，都具有起诉有关具体行政行为的原告资格。这种列举式的规定很有意义，因为以上几种情形在过去的行政审判当中都曾经引起过争议，新的司法解释确认了这些情形下的原告资格，可以避免在今后的行政审判当中出现类似的争议，有利于保护当事人的诉权，也有利于提高审判效率。

二、行政诉讼原告资格的界定

（一）对“法律上利害关系”的理解

具有行政诉讼原告资格的人和组织远不止具体行政行为相对人和《最高人民法院〈若干解释〉》第 13 条规定的几种情形，因此，法院经常需要判断起诉人是否符合《最高人民法院〈若干解释〉》第 12 条规定的原告资格，即起诉人是否与具体行政行为有法律上的利害关系。“法律上利害关系”虽然不属于典型的不确定概念，但却具有较大的不确定性，因此在新的司法解释公布之后，仍有必要在“法律上利害关系”的理解和适用上统一尺度。最高法院行政庭在新司法

---

〔2〕 江必新：《中国行政诉讼制度之发展》，金城出版社 2001 年版，第 33 页。

解释释义当中提到，应当从以下两个方面来理解“法律上利害关系”：一是“与具体行政行为有法律上利害关系”，是指行政机关的具体行政行为对公民、法人或者其他组织的权利义务已经或将会产生实际影响。二是作为原告的相对人不一定是行政机关行政管理的直接对象。[3] 这两条虽然为各级法院适用《最高人民法院〈若干解释〉》第12条规定指明了大方向，但是在具体案件当中仍有一些属于深层次的具体问题反复出现，困扰着行政法官。比如，受教育权受到影响的人是否有原告资格？债权人是否可以起诉针对债务人的行政决定？拆迁人是否可以起诉房管部门为被拆迁人颁发房产证的行为？等等。这些问题归纳起来可以概括为利益范围的问题，即多大范围内的利益受到具体行政行为影响才属于“法律上利害关系”。行政法官往往会在这些问题上仁者见仁、智者见智。在没有统一的司法政策之前，应当允许行政法官在合理的范围内自由裁量，在类似案件的尺度方面出现一些不同也是应当容忍的，但是这种混乱状态不应无限期延续下去，因为法制统一性要求行政法官的司法标准必须是统一的，而且这种统一性应当在审查深度和广度两个维度上不断向前推进，这也是司法制度发展的基本规律。制定统一的司法标准必须考虑到司法实践的情况，回应社会对司法的需求，只有经得起实践检验的司法标准才是适当的司法标准。在总结归纳行政审判实践尤其是新的司法解释实施以来的行政审判实践的基础上，笔者认为，“法律上利害关系”中的利益标准应当从以下三个方面去把握。

1. 限于人身权和财产权范畴

起诉人主张的利益限于人身权、财产权以及与人身权、财产权密切相关的权利和利益。按照《行政诉讼法》第2条规定的字面意思，公民、法人或者其他组织只要认为具体行政行为侵犯其合法权益，即有权依法提起行政诉讼。这是否意味着当事人的任何权益都属于行政诉讼法的保护范围呢？通说认为，不能这样理解。结合法律的上下文，尤其是《行政诉讼法》第11条第1款[4]的表述，

---

[3] 最高人民法院行政庭编：《关于执行〈中华人民共和国行政诉讼法〉若干问题的解释》，中国城市出版社2000年版，第26－27页。

[4] 该款内容为：“人民法院受理公民、法人或者其他组织对下列具体行政行为不服提起的诉讼：(一)对拘留、罚款、吊销许可证和执照、责令停产停业、没收财物等行政处罚不服的；(二)对限制人身自由或者财产的查封、扣押、冻结等行政强制措施不服的；(三)认为行政机关侵犯法律规定的经营自主权的；(四)认为符合法定条件申请行政机关颁发许可证和执照，行政机关拒绝颁发或者不予答复的；(五)申请行政机关履行保护人身权、财产权的法定职责，行政机关拒绝履行或者不予答复的；(六)认为行政机关没有依法发给抚恤金的；(七)认为行政机关违法要求履行义务的；(八)认为行政机关侵犯其他人身权、财产权的。”

我们可以确信这一点。该条第 1 款先列举了七项可诉的行政行为,其中提到的当事人受到损害的权益都是人身权和财产权,该款第 8 项的兜底条款内容是“认为行政机关侵犯其他人身权、财产权的”,由此可以推知法律无意让行政审判承担保护当事人所有类型合法权益的重担,其只希望法院在人身权和财产权的范围内提供司法救济,在其他类型权利保护的问题上采取克制态度。行政审判一直采用通说,但近几年来,法院在司法政策上有扩展的趋势。不过这种扩展还是围绕人身权、财产权这个核心来进行的,其只是把具有较多人身权、财产权特征的权利,比如受教育权、劳动权等纳入了司法保护范围,而不涉及其他权利,比如政治权利领域。

2. 限于实际利益

受到影响的利益限于实际利益,而不包括预期利益。实际利益包括既得利益和直接可得利益。既得利益指当事人实际享有的利益,比如人身自由权、健康权、房屋产权等;直接可得利益指当事人虽未实际享有但有权期待的利益,比如长途客运汽车被扣押期间的营运收入。实际利益受到影响是行政诉讼原告资格的必要条件之一。预期利益是间接可得利益,指当事人可能获得而无权期待的某种利益,比如修建高速公路使毗邻建筑物和土地升值的可能性。只是预期利益受到影响的人不具有原告资格,比如政府放弃修建高速公路计划虽然使毗邻房屋产权人的升值预期落空,但他们无权就此提起行政诉讼。

3. 限于受有关法律保护的利益

受到影响的利益限于“受有关法律保护的利益”,这一点是“法律上利害关系”的核心内涵。法院为什么认为某些起诉人与具体行政行为有法律上利害关系,而另外一些起诉人则与具体行政行为没有法律上利害关系?最关键的一点就是看起诉人的受损利益是否受有关法律保护。行政行为在对当事人的利益产生影响的同时,可能会对其他人的利益产生不同程度的事实上的影响,行政机关是否对受到影响的人承担相应的行政责任,关键就看法律是否要求行政机关在作出行政决定时考虑这些人的利益。如果法律有这样的要求,那么,这些利益受到影响的人就有权对行政机关提出权利保护的要求,反之就无权对行政机关提出权利保护的要求,由此也就可以确定其是否具有起诉具体行政行为的原告资格。法律有时会在条文中明确规定行政机关作出行政决定时必须要保护当事人的某种利益,但这种情况是非常少见的。多数情况下,我们只能在法律规定背后的意图和精神当中找寻。这就意味着法官须经常借助各种法律解释方法才能确定原告资格。比如,关于城市规划的法律规范当中都有关于建筑间距的要求,但此规定并未提及要保护谁的利益,但是结合其他条款比如关于最低光照时间的条款,可以推测出此规定的目的在于保护相邻建筑的采光等权利，因此可以推知相邻权人的利益受到该条款保护。相邻权人认为相邻建筑的规划许可行为损害其采光权的，有权依法起诉。如果经过上述作业，可以确信在特定行政法律关系中，法律没有保护某种利益的意图，则主张该利益的起诉人不具有行政诉讼原告资格。比如，工商部门在对超越经营范围的企业进行处罚时，有关法律并不要求工商部门考虑该企业债权人的债权，因此债权人不具有起诉工商行政处罚决定的原告资格。

这里需要注意一点，所谓受"有关"法律保护意味着，在一种行政法律关系当中受到法律保护、行政机关必须纳入考虑事项范围的利益，在另外一种行政法律关系当中可能并不受到法律保护因而对于行政机关而言属于不相干的考虑。也就是说，起诉人同样的利益受到影响，在某些行政法律关系中可能具有原告资格，在另外一些行政法律关系当中则不具有原告资格。

(二)司法解释明确认可的原告

1.《最高人民法院〈若干解释〉》第 13 条规定的四种情形

《最高人民法院〈若干解释〉》第 13 条规定："有下列情形之一的，公民、法人或者其他组织可以依法提起行政诉讼：(一)被诉的具体行政行为涉及其相邻权或者公平竞争权的；(二)与被诉的行政复议决定有法律上利害关系或者在复议程序中被追加为第三人的；(三)要求主管行政机关依法追究加害人法律责任的；(四)与撤销或者变更具体行政行为有法律上利害关系的。"该解释性规定，对审判实践中经常遇到问题的上述四种情形下的原告资格问题作出了肯定的回答。下面一一说明。

(1)相邻权人和公平竞争权人

相邻权是一项法定民事权利，我国《民法通则》第 83 条规定："不动产的相邻各方，应当按照有利生产、方便生活、团结互助、公平合理的精神，正确处理截水、排水、通行、通风、采光等方面的相邻关系。给相邻方造成妨碍或者损失的，应当停止侵害，排除妨碍，赔偿损失。"以物的形态为标准，相邻权是一种不动产物权；以权利的是否受限制为标准，相邻权是一种限制物权。在民法上，物权受到特别的保护，有对世权、绝对权和"物权优先"等说法，而在物权当中，不动产物权又受到格外的重视。在不动产物权当中，相邻权虽然较之不动产所有权、使用权分量要略逊一筹，但也受到相当的重视，享受着对物权的基本保障。在现代社会，城市化使人口高度集中，相邻关系更加复杂；同时社会发展、经济进步又使得人们对居住生活的环境更为重视。这种情况下，对相邻权的法律保护也日益周到，不仅作为平等主体的相邻关系义务人不得侵犯相邻权人的相邻权，而且，行政机关在作出涉及相邻权的行政行为(比如城市规划、土地管理等方面的许可、处罚等行为)的时候也应当考虑到相邻权人的利益。本项规定就体现了对相邻权充分保护的社会需求。

公平竞争权的内涵和外延在法律上尚无明确界定,这里规定的公平竞争权大概的含义就是各主体根据平等竞争的原则所应当获得的利益。对公平竞争权的保护在法律规定上比较典型的是《中华人民共和国反不正当竞争法》,该法第7条规定:“政府及其所属部门不得滥用权力,限定他人购买其指定的经营者的商品,限制其他经营者正当的经营活动。”“政府及其所属部门不得滥用权力,限制外地商品进入本地市场,或者本地商品流向外地市场。”公平竞争是市场经济的核心准则,对公平竞争原则的破坏,不但会损害正当经营者的权益,而且对市场秩序会造成致命的危害。因此,无论从保护私人利益还是维护公共利益的角度考虑,都应当对于公平竞争权给予保护。无论侵害公平竞争权的是私人还是政府机关或者其他组织,均应给予受害的经营者以救济的途径。就政府机关及其部门作为侵权人的情况来说,这个救济途径就是行政诉讼。基于这个考虑,本项规定公平竞争权受到政府部门及其工作人员侵害的经营者具备原告主体资格。

(2)行政复议的利害关系人和复议程序的第三人

根据《行政诉讼法》第25条第2款规定,复议机关改变原具体行政行为的,复议机关是被告。在这种情况下,被诉具体行政行为就是复议决定,因而,根据《最高人民法院〈若干解释〉》第12条规定,与被诉复议决定有法律上利害关系的公民、法人或者其他组织就具备了原告主体资格。“复议程序中被追加为第三人”实际上是“与被诉的行政复议决定有法律上利害关系”的自然延伸,因为第三人本身就是与被诉具体行政行为有法律上利害关系的公民、法人或者其他组织,既然其在复议程序中被列为第三人,则就与被诉行政复议决定产生了法律上的利害关系。

(3)要求主管行政机关依法追究加害人法律责任的受害人

主管行政机关对于出现在其行政管理领域内的违法行为,应当予以制止并对有关责任人依法予以处理。这对于行政机关而言,既是职权又是职责。违法行为人对于行政机关作出的处理决定不服,具有起诉的原告资格,这没有疑问。值得讨论的问题是违法行为的受害人是否具有起诉的原告资格?这在过去是一个经常引起争论的问题。按照新的司法解释,受害人应当具有原告资格。首先从法律上利害关系的角度看,行政机关在行政处理当中既要考虑受害人的实体权利损害的弥补问题,也须保证受害人充分行使程序上的参与权。因此,主管行政机关对于违法行为人的加害行为处理或者不作处理,涉及受害人的实体权利和程序权利。其次,行政诉讼法的立法目的具有双重性,既保护当事人的合法权益,也监督行政机关依法行政。刚才提到的是保护当事人的合法权益。

那么从监督行政机关依法行政的角度看，加害人起诉主要侧重于避免行政机关不应作出处理决定或者作出过重的处理决定的情形。对于行政机关应对加害人作出处理决定而不作或者作出的处理决定明显畸轻的情形，加害人一般没有起诉的动因，如果不承认受害人的原告资格，则法院就等于放弃了对此种情形的监督。因此，从立法目的上考虑，也应承认受害人的原告资格。

有时违法行为人的违法行为不是针对特定人的合法权益，比如买卖黄色录像带、光盘的行为并非是侵害某个特定人的利益，而是侵害社会公益。此时公民是否具有起诉有权机关，请求其依法对违法行为作出处理的原告资格？法院对这个问题的回答一般都是否定的。在公益诉讼没有引入行政诉讼制度之前，这种状况很难改变。

(4)撤销、变更具体行政行为的利害关系人

这种情况符合原告资格的一般标准，因为行政机关撤销、变更具体行政行为的行为实际上是一个新的具体行政行为，因此与撤销、变更具体行政行为有法律上利害关系就符合《最高人民法院〈若干解释〉》第12条规定的原告资格标准。之所以对这种情况作出规定，就是因为这些当事人往往是原具体行政行为的受益人，一般不会起诉原具体行政行为，人们容易忽视他们的起诉资格。为了避免在这个问题上引起不必要的争议，新司法解释针对将给他们利益造成不利影响的撤销、变更原具体行政行为情形，明确肯定了他们的原告资格。

2.《最高人民法院〈若干解释〉》第16条规定的农村土地使用权人

在2000年之前，农村土地承包人等土地使用权人的权益保护问题一度比较突出，很多地方行政机关采用强制终止承包合同、分割承包成果等方式侵犯土地承包人的合法权益。土地承包人等土地使用权人向法院起诉的情况比较多，各地法院对于土地使用权人是否具有原告资格的问题看法不一，有些法院认为只有土地所有权人才有资格提起诉讼，土地使用权人没有起诉的资格。

在法律理论上，土地使用权原本属于土地所有权的一项权能，而非独立的法律权利，但是随着经济的发展，这项权能与所有权及其他权能产生事实上的分离，而且越来越普遍。因此，为了更好地保护人们的合法权益，定纷止争，1986年颁布的《中华人民共和国土地管理法》将农村土地使用权设定为一项独立的法律权利。据此，农村土地使用权是一项独立的法律权利，其主要有两种形式：土地承包权和宅基地使用权。行政机关处分土地使用权人使用的农村土地影响了他们的法律权利，因此按照《最高人民法院〈若干解释〉》第12条规定的一般标准，他们应当具有原告资格。为了统一司法尺度，避免不必要的争议，《最高人民法院〈若干解释〉》第16条规定："农村土地承包人等土地使用权人对行政机关处分其使用的农村集体所有土地的行为不服，可以自己的名义提起行

政诉讼。”

三、涉组织体行政案件的原告范围

由于组织体具有比较复杂的结构，其内部还存在一些低层次的主体，因此行政机关针对法人或者其他组织等组织体作出具体行政行为时，其影响往往会波及组织体内部成员，因此确定他们是否具有原告的名义和身份往往会成为一个难题。《最高人民法院〈若干解释〉》针对实践中出现的一些疑难问题，作出了比较明确的规范。下面分别予以说明。

（一）非法人组织

1. 合伙企业及其他合伙组织

《最高人民法院〈若干解释〉》第14条第1款规定：“合伙企业向人民法院提起诉讼的，应当以核准登记的字号为原告，由执行合伙企业事务的合伙人作诉讼代表人；其他合伙组织提起诉讼的，合伙人为共同原告。”按照该规定，合伙企业的原告资格得到了承认，其他合伙组织则不能具有原告名义，只有合伙人才有原告资格。之所以如此规定，主要是考虑到两者法律地位的不同。

根据《合伙企业法》第2条的规定，合伙企业指的是，依照《合伙企业法》在我国境内设立的由合伙人订立合伙协议，共同出资、合伙经营、共享收益、共担风险，并对合伙企业债务承担无限连带责任的营利性组织。依该法第8条规定，合伙企业申请设立应具备以下五个条件：(1)有两个以上的承担无限责任的合伙人；(2)合伙人之间要签订书面的合伙协议；(3)有合伙人实际缴付的出资；(4)有企业名称；(5)有经营场所和从事经营的必要条件。根据该法第25条、第26条规定，合伙人可以委托一至数名合伙人执行合伙企业的事务，执行合伙企业事务的合伙人，对外代表合伙企业，其他合伙人不再执行合伙企业事务。可见，合伙企业的组织化程度已经相当高，介于法人与一般的合伙组织之间。按照《合伙企业登记管理办法》的要求，合伙企业必须登记，通过登记，合伙企业内部分工不但在法律上是明确的，而且具有公示性，执行合伙事务的合伙人之地位与法人的法定代表人相当。因此，在行政诉讼上可以以经过核准登记合伙企业的名义即字号为原告，以执行合法企业事务的合伙人为诉讼代表人。

合伙企业之外的其他合伙组织主要指的是个人合伙与未经登记的法人之间的合伙型联营。由于个人合伙不要求合伙人之间必须要有职权分工，关于合伙的一切事务都由合伙人共同决定；法律也不要求个人合伙必须要经过登记并取得字号，因此，个人合伙一般在法律上只是一种关系的体现，而非一种组织的体现。因此，个人合伙一般要以合伙人为共同原告。个人合伙依法登记有字号的，应在法律文书中注明登记的字号。未经登记的法人之间的合伙型联营亦以出资的法人为共同原告，道理同上。

2. 其他非法人组织

除合伙企业和合伙组织外，还有很多种不具备法人资格的组织，比如无独立经费的机关、事业单位、学会、协会等。这些非法人组织的成立需要经过国家行政机关批准，其活动受到法律的规范，并且同其他法人一样须接受国家行政机关的管理和监督。当这些非法人组织与行政机关发生各种行政法律关系时，不可避免地会出现一些行政争议，此时这些非法人组织是否具有行政诉讼的原告资格？这个问题在《行政诉讼法》实施之初就已明确，从《最高人民法院〈贯彻意见〉》第 14 条规定[5]中"不具备法人资格的其他组织向人民法院提起行政诉讼"的表述就能推出承认其原告身份的隐含之意。新的司法解释仍然延续了这种表述。[6]

综上，按照现行法律规定，除了个人合伙组织外，包括合伙企业在内的其他非法人组织都可以以组织的名义提起行政诉讼。之所以有这样的区别，可能是基于两个因素的权衡：一是组织体的当事人能力。按照一般理解，依法成立的有自己的财产且有一定组织机构的组织体具有当事人能力。[7] 个人合伙是比较松散的个人联合，在组织机构上无法与其他非法人组织相比。二是行使诉权的便利。由个人合伙组织中的合伙人行使诉权不存在太大的不便，而不承认其他非法人组织的诉权，由其全体成员共同行使诉权就可能难以操作，比如有些协会成员遍及全国各地，集中起来虽然理论上是可能的，但成本必定是很高的。

(二)法　人

1. 联营企业，中外合资、合作企业

联营企业指的是法人型联营的企业，即数个企业按照联营协议确定的份额共同出资组建的按各自份额分享利润、分担风险的对外承担有限责任的营利性组织。中外合资企业也属于企业法人，企业形式为有限责任公司和股份有限公司两种。中外合作企业是中外合作者依照《中外经营合作企业法》举办的企业，其中符合中国法人条件的，可以取得中国法人的资格，不具备法人资格的，亦具备中国企业的资格。行政机关对上述企业作出具体行政行为后，这些企业有权

---

[5] 见《最高人民法院〈贯彻意见〉》第 14 条：不具备法人资格的其他组织向人民法院提起行政诉讼，由该组织的主要负责人作法定代表人，没有主要负责人时，可以由实际的负责人作法定代表人。

[6] 《最高人民法院〈若干解释〉》第 14 条第 2 款：不具备法人资格的其他组织向人民法院提起行政诉讼的，由该组织的主要负责人作诉讼代表人；没有主要负责人的，可以由推选的负责人作诉讼代表人。

[7] 张卫平主编：《民事诉讼法教程》，法律出版社 1998 年版，第 129 页。

起诉当无疑问。问题在于,这些企业的投资方是否有权起诉?这曾经是行政审判实践中的一个争论不休的问题,直到新的司法解释颁布才得以平息。《最高人民法院〈若干解释〉》第15条规定:"联营企业,中外合资、合作企业或者合作企业的联营、合资、合作各方,认为联营、合资、合作企业权益或者自己一方合法权益受具体行政行为侵害的,均可以自己的名义提起诉讼。"此规定有两点需要注意,一是企业投资方可以基于自身权益损害起诉行政机关对企业作出的具体行政行为,而不能仅以企业权益受到侵害为由提起诉讼;二是企业投资方只能以自己的名义起诉,而不能以企业的名义起诉,因为其不具有代表企业的合法资格。

2.被行政机关注销、撤销、合并、强令兼并、出售、分立或者改变企业隶属关系的非国有企业

对行政机关注销、撤销、合并、强令兼并、出售、分立或者改变企业隶属关系的行为,谁有起诉的原告资格?是否还可以用企业的名义起诉?《最高人民法院〈若干解释〉》第17条规定:"非国有企业被行政机关注销、撤销、合并、强令兼并、出售、分立或者改变企业隶属关系的,该企业或者其法定代表人可以提起诉讼。"曾经有一种观点认为,此时,企业已经不存在了,所以不应承认其原告资格。这似乎有一定道理,但不利于保护企业的合法权益。如果否认原企业的起诉资格,则只有承受其权利义务的企业或者其他民事主体才有起诉资格,而他们的利益与原企业未必一致,甚至他们本身就是行政行为的受益者,这往往会造成他们不愿起诉使原企业利益受损的情况。因此,《最高人民法院〈若干解释〉》上述规定承认了原企业的起诉资格。为了更好地保护原企业的利益,该规定还扩大了原告的范围,赋予法定代表人以自己名义起诉的资格。

需要注意两点:一是国家对国有企业和非国有企业的管理机制有很大的不同。非国有企业与行政机关之间是一种外部行政关系。国有企业与行政机关之间原本为内部行政关系,虽然从发展趋势上看,政企最终必定是完全分离,但是现在正处在变革的过程中,现实情况还是难以一概而论。因此,行政机关对国有企业作出的注销、撤销、合并、强制兼并、出售、分立或者改变企业隶属关系的行为的,不一定属于外部行政行为范畴,其性质还要视具体情况和法律规定而定,不宜在司法解释中作出统一规范,或者说作司法解释的时机尚不成熟。二是原企业和法定代表人的原告资格仅限于起诉行政机关作出的注销、撤销、合并、强制兼并、出售、分立或者改变企业隶属关系的情形,而不包含起诉其他具体行政行为的情形。

3.股份制企业

行政机关对股份制企业作出具体行政行为,企业的股东是否有权起诉,这

是个争议比较大的问题。在理论上，股东是股份制企业的投资方，前面讲过，联营企业，中外合资、合作企业的投资方是有起诉资格的，据此似乎没有理由否定股东的起诉资格，但是最高法院在制定司法解释时在这个问题上的态度是谨慎的。股份制企业与其他企业最大的不同就是股东人数的众多，大多数股东在资本中所占比重极小，承认其诉权可能带来两个问题：一是行政监管部门遭到起诉的几率将大大增加，诉讼负担的增加将造成监管效率的下降；二是企业意志可能遭到小股东的干扰和左右，损害整个企业或者多数股东的利益。两相权衡，最高法院最终未在这个问题上明确表态，实际上等于否定了股东的原告资格。不过，需要注意一点，如果股东具有独立于企业的权利主张，其可以依法或者依照企业章程提起行政诉讼。[8]

一般来说，股份制企业的诉讼活动应当由法定代表人决定，并由法定代表人以企业的名义起诉，但是法定代表人拒绝起诉可能损害企业利益时，谁还有权起诉？我们认为，股份制企业的决策部门应当有权决定起诉。决策部门有三个：一是股东大会，其为企业权力机构，作出的决议在企业内部具有最高权威。二是股东代表大会，其决议如果与股东大会决议不抵触，也具有较高权威。三是董事会，其为股份制企业的执行机构，执行股东大会的决议。这三个机构作出的意思表示都可以代表股份制企业的意志，因此，《最高人民法院〈若干解释〉》第 18 条规定："股份制企业的股东大会、股东代表大会、董事会等认为行政机关作出的具体行政行为侵犯企业经营自主权的，可以企业名义提起诉讼。"

四、原告资格的转移

原告资格在以下两种情况下发生转移：

(一)有权起诉的公民死亡

《行政诉讼法》第 24 条第 2 款规定："有权提起诉讼的公民死亡，其近亲属可以提起诉讼。"公民起诉具体行政行为的目的主要是为了维护自己的人身和财产方面的合法权益，人身方面的合法权益主张也常常具有财产内容，比如对人身自由、健康权的损害的司法救济最终将体现为财产内容的赔偿，公民死亡后，这些财产权益都是可以继承的。因此，公民的法定继承人就与具体行政行为产生了法律上利害关系，所以公民死亡，并不意味着诉权的终结，只能意味着诉权的转移，即诉权由公民转移到其法定继承人，而法定继承人限于其近亲属。根据《最高人民法院〈若干解释〉》第 11 条第 1 款规定，近亲属包括配偶、父母、

---

[8] 最高人民法院行政审判庭编：《关于执行〈中华人民共和国行政诉讼法〉若干问题的解释》，中国城市出版社 2000 年版，第 35 页。

子女、兄弟姐妹、祖父母、外祖父母、孙子女、外孙子女和其他具有抚养、赡养关系的亲属。

(二)有权起诉的法人或者其他组织终止

《行政诉讼法》第 24 条第 3 款规定:"有权提起诉讼的法人或者其他组织终止,承受其权利的法人或者其他组织可以提起诉讼。"这里需要注意两点:一是终止意味着权利能力和行为能力的丧失,仅仅丧失行为能力的法人或者其他组织仍然有原告资格,此时不发生原告资格的转移。比如企业被吊销营业执照或者被行政机关撤销时,其无权从事经营活动,但仍然有资格享受企业的权利并承受义务和责任,亦有提起行政诉讼的原告资格。二是企业或者其他组织对于行政机关使其终止的行政处理决定,有权提起行政诉讼。

五、诉讼代表人

诉讼代表人有两种情况:一是在集团诉讼中作为原告方代表参加诉讼的人;二是代表不具备法人资格的其他组织参加诉讼的人。前者本身是原告中的一员,后者则不具有原告身份,而是原告单位的负责人。

(一)集团诉讼的代表人

《行政诉讼法》第 14 条第 3 款规定:"同案原告为 5 人以上,应当推选 1 至 5 名诉讼代表人参加诉讼;在指定期间内未选定的,人民法院可以依职权指定。"

在原告为多人或人数巨大的情况下,允许众多的原告出庭诉讼,则当事人和法院都将付出大量的时间、精力和金钱。如果事先归纳原告的诉讼主张和理由,其中相当多的付出本来是可以节省的。为了提高审判效率,避免各方面不必要的消耗,有必要在众多原告之中选拔出有能力真实表达所有原告意志的人作为代表参加诉讼。这就是上述规定出台的主要理由。根据该规定,诉讼代表人的产生要基于众多原告的合意,原告可以自行推选 1 至 5 名诉讼代表人,至于具体数额,原告可以在限额之内自行确定。如果原告达不成合意,则法院可以在原告之中指定 1 至 5 名诉讼代表人参加诉讼,具体数额由法院根据实际情况决定。

(二)非法人组织的诉讼代表人

司法解释将非法人组织的诉讼代表人区分为以下两种情况:

1.合伙企业的诉讼代表人

《最高人民法院〈若干解释〉》第 14 条第 1 款规定:"合伙企业向人民法院提起诉讼的,应当以核准登记的字号为原告,由执行合伙企业事务的合伙人作诉讼代表人。"

2. 其他非法人组织的诉讼代表人

《最高人民法院〈若干解释〉》第14条第2款规定:“不具备法人资格的其他组织向人民法院提起诉讼的,由该组织的主要负责人作诉讼代表人,没有主要负责人的,可以由推选的负责人作诉讼代表人。”

第二节 行政诉讼的被告

行政诉讼的被告,是指其实施的具体行政行为被作为原告的个人或者组织指控侵犯其行政法上的合法权益,而由人民法院通知其应诉的行政主体。[9]本节的主要问题有三:一是被告的基本条件;二是被告的确定;三是被告的变更和追加。

一、行政诉讼被告的基本条件

行政诉讼被告常遭质疑的问题是,适格被告范围比较狭窄,很多管理社会公共事务的组织都被排除在外,比如足球协会在行业自律监管方面行使着类似行政许可和行政处罚等多种权力,对足球俱乐部的生存和球员的职业生涯有着巨大的影响,却因不具有适格被告身份而免于司法审查。这种状况主要是因为我们在立法选择上将行政诉讼被告之确定与传统的行政主体理论直接画了等号,也就是说行政诉讼被告限于行政主体,只有行政主体才有可能成为行政诉讼的被告,这是一个基本条件。据此,行政诉讼的被告只能有两种基本形态:一是行政机关;二是法律、法规授权的组织。

(一)行政机关

行政机关,是指依宪法或者组织法的规定而设置的行使国家行政职权的国家机关。[10] 行政机关具有以下三个基本特点:第一,国家机关。与代表某些群体利益的政党、社团不同,它是由国家设置,代表国家行使职能的机关。第二,行使行政职权。在国家权力内部分工的角度观察,由于行政机关行使的是执行法律,管理国家内政、外交等各项事务,而使其与立法机关和司法机关区别开来。第三,依宪法或者组织法设立。这一点使得行政机关与法律、法规授权的

---

〔9〕 姜明安主编:《行政法与行政诉讼法》,北京大学出版社、高等教育出版社1999年版,第337页。

〔10〕 姜明安主编:《行政法与行政诉讼法》,北京大学出版社、高等教育出版社1999年版,第92页。

组织区别开来。

(二)法律、法规授权的组织

法律、法规授权的组织,是指依具体法律、法规授权而行使特定行政职能的非国家机关组织。[11] 其具有以下三个基本特点:第一,原本为民事主体。这些组织在未获得法律、法规授权之前属于民事主体,可以分为以下五类:一是经有关行政机关批准成立的各种社会团体,比如工会、共青团、妇联、残联、律师协会等;二是事业单位,比如公立学校、卫生防疫站等;三是国有企业,比如全国烟草总公司、国家林业投资公司等;四是基层群众性自治组织,比如村委会、居委会等;五是技术检验、鉴定机构。第二,行使特定行政职能。所谓"特定"是指法律、法规授权的事项非常具体,而不像行政机关那样具有比较广泛的行政职能。第三,权力来源是行政管理方面的法律、法规,而非组织法。

二、行政诉讼被告的确定

由于行政机关运转程序和组织结构方面一些复杂因素的存在,比如复议制度、公务委托、内部审批、临时机构、内设机构、派出机构,等等,使得确定行政诉讼被告的难度增加,因此有必要在这方面做一些梳理和归纳工作,以便于实务运用和公众了解。

(一)基本标准:谁作出了具体行政行为

按照权责一致原则,任何行政主体都应自己承担行使权力所带来的不利后果,因此,原告起诉具体行政行为时都应当以作出该行为的行政主体为被告。具体有以下三种情况:

1. 以作出具体行政行为的行政机关为被告

《行政诉讼法》第 25 条第 1 款规定:"公民、法人或者其他组织直接向人民法院提起诉讼的,作出具体行政行为的行政机关是被告。"

2. 以作出具体行政行为的法律、法规授权的组织为被告

法律、法规授权的组织具有独立承担行政责任的能力,这一点与行政机关并无不同,因此其可以作为行政诉讼的适格被告。《行政诉讼法》第 25 条第 4 款规定:"由法律、法规授权的组织所作的具体行政行为,该组织是被告。"

3. 以共同作出具体行政行为的行政机关为共同被告

《行政诉讼法》第 25 条第 3 款规定:"两个以上行政机关作出同一具体行政行为的,共同作出具体行政行为的行政机关是共同被告。"

---

[11] 姜明安主编:《行政法与行政诉讼法》,北京大学出版社、高等教育出版社 1999 年版,第 110 页。

(二)行政复议

行政复议是与行政诉讼相互衔接的两种法律制度。在两者衔接的过程中，确定被告是比较重要的问题。

1.行政复议机关作出行政复议决定

行政复议机关作出何种行政复议决定对行政诉讼被告的确定有着直接的影响。行政复议决定有两种可能的结果：一是维持原具体行政行为；二是改变原具体行政行为。《行政诉讼法》第25条第2款规定："经复议的案件，复议机关决定维持原具体行政行为的，作出原具体行政行为的行政机关是被告；复议机关改变原具体行政行为的，复议机关是被告。"复议决定维持原具体行政行为后，当事人的起诉应以原具体行政行为为标的。按照《行政诉讼法》第25条第1款规定的一般原则，此时应以作出具体行政行为的行政机关为被告。复议决定改变原具体行政行为后，复议决定取代了原具体行政行为，当事人只有起诉复议决定才有实际意义。按照《行政诉讼法》第25条第1款规定的一般原则，此时应以作出行政复议机关为被告。

2.行政复议机关不作复议决定

行政复议与法院的裁判活动有很多类似之处，具有一定的司法性，但是从根本上讲，它还属于行政行为范畴。据此，行政复议机关作出的行政复议决定就属于具体行政行为，而其在法定期间内不作复议决定就属于行政不作为。对行政复议决定不服的案件中确定被告的问题如前所述，现在的问题是，对行政复议机关不作为不服的案件中，如何确定被告？我们认为，当事人对行政复议机关的不作为不服，准备起诉时，必须在以下两种诉的标的中选择其一：是诉原具体行政行为还是诉请复议机关履行作出复议决定的法定职责。如果是前者，则按照《行政诉讼法》第25条第1款规定的一般原则，应以作出原具体行政行为的行政机关为被告；如果是后者，则应以复议机关为被告。基于以上考虑，《最高人民法院〈若干解释〉》第22条规定："复议机关在法定期间内不作复议决定，当事人对原具体行政行为不服提起诉讼的，应当以作出原具体行政行为的行政机关为被告；当事人对复议机关不作为不服提起诉讼的，应当以复议机关为被告。"需要注意一点，由于行政复议审查原具体行政行为的合法性，不能与诉原具体行政行为的行政诉讼案件并存，因此当事人只能在诉原具体行政行为和诉复议不作为两种诉讼中选择其一，而不能同时起诉。相应地，其只能在作出原具体行政行为的行政机关和复议机关中选择一个作为被告。

法律、法规规定行政复议前置时，前述规定是否仍然适用？对这个问题，法律和司法解释没有作出明确规定，但是从《最高人民法院〈若干解释〉》有关规定中可以推出肯定的答案。首先，《最高人民法院〈若干解释〉》第22条并未设定前提,应当理解为法律是否规定行政复议前置,不影响该规定的适用。其次,行政复议机关不作为似乎可以理解为案件未经过复议程序,如果法律规定行政复议为行政诉讼必经程序,当事人直接诉原具体行政行为似乎存在障碍,但是《最高人民法院〈若干解释〉》第 33 条已经排除了这个障碍。该规定的内容为:“复议机关不受理复议申请或者在法定期限内不作出复议决定,公民、法人或者其他组织不服,依法向人民法院提起诉讼的,人民法院应当依法受理。”既然当事人可以直接起诉原具体行政行为,则按照《行政诉讼法》第 25 条第 1 款的一般规定,作出原具体行政行为的行政机关是被告。

(三)行政委托

1. 一般规定:以委托的行政机关为被告

《行政诉讼法》第 25 条第 4 款规定:“由行政机关委托的组织所作的具体行政行为,委托的行政机关是被告。”

2. 行政机关委托的组织包括行政机关

有一种观点认为,行政机关委托的组织不是行政机关,也不是其他国家机关,它们的职能不是行使行政职能或其他国家职能,而是从事其他非国家职能性质的活动。[12] 据此,接受其他行政机关委托的行政机关不属于《行政诉讼法》第 25 条规定的“行政机关委托的组织”。我们认为,这种观点的影响范围仅限于学理,在司法实践上并未采纳。早在 1991 年,最高法院就在给广西高院的一个司法批复[13]中表达了相反的观点。在该批复中,最高法院认为,接受林业厅委托对违反林业管理行为人作出行政处罚的县公安局派出所属于由行政机关委托的组织。2000 年实施的新司法解释在这个问题上作出了适用范围更大的规范。《最高人民法院〈若干解释〉》第 21 条规定:“行政机关在没有法律、法规或规章规定的情况下,授权其内设机构、派出机构或者其他组织行使行政职权的,应当视为委托。当事人不服提起诉讼的,应当以该行政机关为被告。”

3. 存在的问题

现行法律对于行政委托制度没有作出系统规范,委托机关和接受委托的组织应当具备什么条件?哪些事项可以委托?哪些事项绝对不可以委托?委托不合法造成的后果由谁承担?超出委托范围行政的责任由谁承担?等等。这

---

[12] 姜明安主编:《行政法与行政诉讼法》,北京大学出版社、高等教育出版社 1999 年版,第 115 页。

[13] 见 1991 年 9 月 16 日《最高人民法院对广西壮族自治区高级人民法院〈关于覃正龙等四人不服来宾县公安局维都林场派出所林业行政处罚一案管辖问题的请求报告〉的复函》。

些问题如何回答，不但直接影响着被告如何确定的问题，也涉及合法性审查的问题，因为委托关系是否合法也属于合法性审查的范围。由于行政委托法律制度的不完善，使得法院面临审查标准缺失的困难。

（四）内部审批

按照行政系统内层级分工的原则，一般的行政事务可以由下级行政机关全权处理，直接对外作出具体行政行为；有些比较重要的行政事务则不能完全由下级行政机关自己作主，其在作出具体行政行为之前必须报上级行政机关审批。那么，当事人对经批准的具体行政行为不服提起诉讼的，应当以谁为被告？目前对此有三种不同观点：一是以作出具体行政行为的机关为被告；二是以批准机关为被告；三是以作出具体行政行为和批准行为的机关为共同被告。[14]三种观点都是在具体行政行为与批准行为何者占据主导地位方面寻找各自的理由的。观点一的主要理由是，相对于具体行政行为而言，从实体上看，批准行为是一种补充性的行政行为，从程序上看，批准行为往往是具体行政行为产生过程中的一个内部程序上的行为。批准行为不影响具体行政行为的性质，只不过在条件和程序上对具体行政行为加以制约，以保证具体行政行为的合法性和正当性。应当以作出具体行政行为的机关为被告。观点二的主要理由是，批准行为决定着具体行政行为的效力，如果没有批准行为，则具体行政行为就不能够生效，因此，该具体行政行为应当被视为批准机关的行为，因此，应当以批准机关为被告。观点三的理由是，具体行政行为实际上是下级机关与批准机关的共同意思表示，因此，两个机关都应当是被告。

笔者认为，三种观点各有其道理，实践中三种情况也都是存在的，这也恰恰说明每种观点都有其片面性。归纳三种观点背后的共同因素，可以找到意思表示这个要素，即具体行政行为是谁的意思表示，谁就是被告。具体行政行为是要式行为，其法律文书上须有作出机关的署名，而署谁的名就可以认为该具体行政行为是谁的意思表示。很明显，以署名作为确定被告的标准具有更大的涵盖性，可以统合以上三种观点。因此，新的司法解释采纳了署名之标准，《最高人民法院〈若干解释〉》第 19 条规定："当事人不服经上级行政机关批准的具体行政行为，向人民法院提起行政诉讼的，应当以在对外发生法律效力的文书上署名的机关为被告。"

（五）行政机关内部组织

行政机关内部往往有各种各样的内部组织，它们有时会以自己而非行政机

---

〔14〕 张步洪、王万华编著：《行政诉讼法律解释与判例述评》，中国法制出版社 2000 年版，第 222 页。

关的名义对外作出具体行政行为。如果具体行政行为被诉，以谁为被告？下面分别介绍。

1. 行政机关组建的机构

行政机关组建的机构，是指非依组织法设立，而是行政机关为开展或加强某些领域行政管理之需要，自行设立的具有某些行政管理职权但不具有独立承担法律责任能力的机构。比如地方政府设立的房地产开发工作领导小组办公室、"扫黄打非"办公室、机构改革领导小组办公室等。这些机构都是非常设性的临时机构。从形式上看，行政机关组建的机构没有获得法律、法规和规章的授权，其地位与接受行政机关委托的组织类似；从实质上看，其又不具备独自承担法律责任的能力。鉴于此，行政机关组建的机构不可能成为行政诉讼的适格被告。新的司法解释在这个问题上的态度是明确的，《最高人民法院〈若干解释〉》第 20 条规定："行政机关组建并赋予行政管理职能但不具有承担法律责任能力的机构，以自己的名义作出具体行政行为，当事人不服提起诉讼的，应当以组建该机构的行政机关为被告。"如果多个行政机关共同组建一个机构，当事人对该机构作出的行政行为不服提起行政诉讼的，以谁为被告？我们认为，该行政行为应视为由多个行政机关共同作出的，按照《行政诉讼法》第 25 条第 3 款的规定，应由多个行政机关作共同被告。

2. 内设机构和派出机构

行政机关的内设机构，是指行政机关根据组织法或依职权设立的不具有独立行政主体资格的机构。比如政府办公厅(室)、行政管理部门的内部科室等。行政机关的派出机构，是指行政机关为了更有效地开展工作，而向本辖区某些地方派出的管理机构。派出机构不同于派出机关，组织法承认派出机关的行政主体地位。在我国，派出机关包括省级、市区级及县级政府派出的地区行署、街道办事处、区公所等，这些行政机关的职权内容和管辖范围相当于一级地方政府，具有独立的行政主体地位。而像公安派出所、工商派出所等派出机构则不是独立的行政主体。内设机构和派出机构作出的具体行政行为被诉，以谁为被告？根据新的司法解释，这要视两种机构是否有法律、法规或者规章授权而定。

(1)法律、法规和规章没有授权

《最高人民法院〈若干解释〉》第 20 条第 2 款规定："行政机关的内设机构或者派出机构在没有法律、法规或者规章授权的情况下，以自己的名义作出具体行政行为，当事人不服提起诉讼的，应当以该行政机关为被告。"之所以如此规定，是因为内设机构和派出机构本不是行政机关，又不属于《行政诉讼法》第 25 条规定的"法律、法规授权的组织"，不具备被告资格的基本条件。

(2)有法律、法规或者规章的授权

《最高人民法院〈若干解释〉》第 20 条第 3 款规定:“法律、法规或者规章授权行使行政职权的行政机关内设机构、派出机构或者其他组织,超出法定授权范围实施行政行为,当事人不服提起诉讼的,应当以实施该行为的机构或者组织为被告。”之所以如此规定,是因为内设机构和派出机构属于《行政诉讼法》第 25 条规定的“法律、法规授权的组织”,具备成为行政诉讼被告的基本条件。行政机关超出授权范围作出行政行为被诉,应当以该行政机关为被告。同理,法律、法规或者规章授权的内设机构、派出机构或者其他组织超出授权的范围作出的行政行为被诉,亦应以该机构为被告。

以上规定有一处很容易遭到质疑,就是被告基本条件在文字上较《行政诉讼法》第 25 条规定有所放宽,1991 年的《最高人民法院〈贯彻意见〉》第 18 条将被告基本条件定位在“法律、法规对派出机构有授权”,与《行政诉讼法》第 25 条的表述是一致的,而《最高人民法院〈若干解释〉》第 20 条第 2、3 款规定则将起诉条件进一步放宽到规章授权,这是否符合法律意旨?有人认为这已突破《行政诉讼法》第 25 条规定的界限,而且承认了规章授权的合法性。司法解释制定者认为,不能这样看。[15] 首先,《行政诉讼法》对于规章授权的情况未作规定,并不意味着规章授权的组织就不能作被告,司法解释可以根据实际情况填补法律空白。其次,规章的制定者都是高级别的行政机关,如果不承认规章授权组织的被告资格,则只能由规章制定机关作被告。这一方面会加大当事人的心理负担,也会增加规章制定机关的诉讼负担,也不利于法院审理,因此从方便当事人和诉讼经济原则考虑,也应承认规章授权组织的被告资格。第三,行政执法主体与行政诉讼主体是两个不同概念,承认规章授权组织为被告,不等于承认其为合法的行政执法主体。法院在审理中还要审查规章授权条款的可适用性。

(六)被告资格的转移

行政机关虽然具有一定的稳定性,但并非一成不变。其可以依法成立,也可以被依法撤销。如果行政机关被撤销,其作出的具体行政行为被诉的,应当以谁为被告?《行政诉讼法》第 25 条第 5 款规定:“行政机关被撤销的,继续行使其职权的行政机关是被告。”本款规定可以在两种情况下适用:一是行政机关作出具体行政行为之后,原告提起诉讼之前,该行政机关被撤销;二是行政诉讼中,该行政机关被撤销。在第一种情况下,当事人起诉应当以继续行使职权的行政机关为被告。在第二种情况下,应当由法院直接更换被告。

法律和司法解释未涉及下面的问题:如果行政机关被撤销,其行政职权亦

---

〔15〕 江必新:《中国行政诉讼制度之发展》,金城出版社 2001 年版,第 74 页。

同时被废止,没有继续行使行政职权的行政机关,由谁来做被告?虽然这个问题在实践中极少出现,但是从行政法治建设乃至政治体制改革发展趋势看,行政管制的范围和方式必然要作比较大的调整,有些方面可能要加强,但有些方面肯定要收缩。比如《行政许可法》第 13 条规定:"本法第十二条所列事项[16],通过下列方式能够予以规范的,可以不设行政许可:(一)公民、法人或者其他组织能够自主决定的;(二)市场竞争机制能够有效调节的;(三)行业组织或者中介机构能够自律管理的;(四)行政机关采用事后监督等其他行政管理方式能够解决的。"据此,有些行政许可职权可能会在今后某个时候被废止,出现前述被告选择问题的几率也就越来越大。所以,这个问题是值得我们认真对待的。有的学者提出,可以参照《国家赔偿法》第 7 条第 5 款关于"赔偿义务机关被撤销的,继续行使其职权的行政机关为赔偿义务机关;没有继续行使其职权的行政机关的,撤销该赔偿义务机关的行政机关为赔偿义务机关"之规定的精神,以作出撤销行政机关决定的行政机关为被告。[17] 笔者认为上述观点合乎法律解释规则,可作为法院的法理依据。

三、行政诉讼被告的变更和追加

如前所述,被告的确定并不是一个简单问题,由于原告方认识的局限性,有时会出现被诉的行政主体不适格或者遗漏部分适格被告的情况,对此法院如何操作?早在 1991 年,司法解释就已对这个问题作出规定。《最高人民法院〈贯彻意见〉》第 17 条规定:"人民法院在第一审程序中,征得原告的同意后,可以依职权追加或者变更被告。应当变更被告,而原告不同意变更的,裁定驳回起诉。"在制定新的司法解释时,制定者们认为该条规定有两个问题:一是变更和追加被告属于原告方的权利范围,应当视其意思而定,而该规定在表述上职权主义色彩较重。二是未明确规定原告不同意追加被告如何处理。鉴于此,《最高人民法院〈若干解释〉》第 23 条规定:"原告所起诉的被告不适格,人民法院应当告知原告变更被告;原告不同意变更的,裁定驳回起诉。""应当追加被告而原告不同意追加的,人民法院应当通知其以第三人的身份参加诉讼。"

(一)被告的变更

按照《最高人民法院〈若干解释〉》第 23 条第 1 款规定,被告的变更有以下三项主要内容:

---

〔16〕 该条所列事项为可以设定行政许可的事项。

〔17〕 姜明安主编:《行政法与行政诉讼法》,北京大学出版社、高等教育出版社 1999 年版,第 339—340 页。

1. 前提条件:被告不适格

原告所起诉的被告不符合行政诉讼法关于适格被告的规定,或者不符合被告基本条件的规定,既不是行政机关,也不是法律、法规授权的组织;或者不符合确定被告的具体规则。注意一点:原告起诉的被告为两个以上的,两个以上的被告都不属于适格被告。否则就不存在变更被告的问题,而应当追加被告。

2. 是否变更被告由原告决定

起诉谁,这是原告方的权利,不应由法院依职权决定。也就是说,法院不应强迫原告方起诉自己不愿意起诉的对象。

如果原告方同意变更被告,法院就应直接通知变更后的被告参加诉讼。如果原告方不同意变更,则诉讼没有适格被告,此时原告方的起诉不符合《行政诉讼法》第 41 条第 2 项关于起诉应当“有明确的被告”之规定,诉讼无法进行下去。根据《最高人民法院〈若干解释〉》第 23 条第 1 款的规定,法院应当作出驳回起诉的裁定。注意一点:该规定适用于案件受理之后的阶段,所以法院作出的是驳回起诉裁定。如果在立案审查阶段发现被告不适格,且如果原告不同意变更的,则法院如何处理? 司法解释虽未涉及,但实践中没有出现太多的问题,法院一般都会作出不予受理的裁定。这无疑是正确的。

3. 法院有提供诉讼指导的义务

所谓诉讼指导,体现为法院告知原告变更被告的规定,体现了法律对原告诉权的保护。有一个尺度把握的问题需要注意:法院应当告知到什么程度? 有的法院只是简单告知原告被告不适格,是否就算达到了要求? 我们认为,答案是否定的。首先,按照便民原则和诉讼经济原则,法院应当尽量给予原告方明确的指示和告知,以免在这个问题上浪费过多的时间、精力和金钱。其次,在辨别谁是适格被告的问题上,法院比原告方更有能力。

(二)被告的追加

根据《最高人民法院〈若干解释〉》第 23 条第 2 款规定,追加被告有以下两项内容需要注意:

1. 前提条件:遗漏部分适格被告

与变更被告的前提条件不同,追加被告以遗漏部分适格被告为前提。也就是说,原告起诉的被告当中有适格被告,但只是部分适格被告。

2. 原告方不同意追加如何处理

与变更被告一样,是否追加被告也取决于原告方的同意。现在的问题是,如果原告方不同意追加被告,法院怎么办? 对这个问题的处理与变更被告不同,按照《最高人民法院〈若干解释〉》第 23 条第 2 款的规定,法院应当通知该适格被告以第三人的身份参加诉讼。之所以如此,主要是因为原告起诉的被告中有适格被告,不追加被遗漏的部分适格被告并不影响案件的审理。因此,法院在这种情况下并不作出驳回起诉的裁定,而是将遗漏的被告列为第三人。

还有一点需要注意:法院在追加被告的问题上有指导义务,即告知原告遗漏了被告,并询问其是否追加的义务。

第三节 行政诉讼中的其他参加人

一、行政诉讼第三人

(一)类 型

《行政诉讼法》第 27 条规定:"同提起诉讼的具体行政行为有利害关系的其他公民、法人或者其他组织,可以作为第三人申请参加诉讼,或者由人民法院通知参加诉讼。"根据该规定,行政诉讼第三人具有以下三个特征:第一,与被诉具体行政行为有利害关系。第二,是原告和被告之外的个人或者组织。第三,参加诉讼的方式有依申请参加诉讼或者由人民法院通知其参加诉讼。总结司法实践,以下几种情形都属于行政诉讼第三人:

1.未起诉的原告资格人

1991 年《最高人民法院〈贯彻意见〉》第 22 条规定:"行政机关就同一违法事实处罚了两个以上共同违法的人,其中一部分人对处罚决定不服,向人民法院起诉的,人民法院发现没有起诉的其他被处罚人与被诉具体行政行为有法律上的利害关系,应当通知他们作为第三人参加诉讼。"在随后的行政审判实践中,法院确认了未起诉的行政裁决当事人等具体行政行为利害关系人的第三人身份。最高法院在制定新的司法解释时终于认识到,该条解释的原则可以适用于所有具体行政行为。因此《最高人民法院〈若干解释〉》第 24 条规定:"行政机关就同一具体行政行为涉及两个以上利害关系人,其中一部分利害关系人对具体行政行为不服提起诉讼,人民法院应当通知没有起诉的其他利害关系人作为第三人参加诉讼。"

2.与行政机关共同作出行政行为但非适格被告的组织

法律和司法解释上未对这个问题作出明确规定,根据法院的通常理解,公民、法人或者其他组织对行政机关与非适格被告组织共同署名作出的处理决定不服,向人民法院提起行政诉讼的,应以作出决定的行政机关为被告。非适格被告组织不能作共同被告,故人民法院应当通知其作为第三人参加诉讼。

3.原告不同意追加的适格被告

按照《最高人民法院〈若干解释〉》第 23 条第 2 款规定,应当追加被告,而原告不同意追加的，人民法院应当通知其以第三人的身份参加诉讼。

4. 其他第三人

以上三种情形未必全面，行政诉讼第三人可能还有其他情形，有待在实务和学理上作进一步的归纳总结。

（二）诉讼权利

法律未就第三人诉讼权利作出明确规定，司法解释规定了第三人的两项诉讼权利：一是提出诉讼请求的权利；二是提出上诉的权利。

1. 提出诉讼请求的权利

早在1991年，司法解释就确认了这项权利的存在。《最高人民法院〈贯彻意见〉》第23条规定："第三人有权提出与本案有关的诉讼请求。"新的司法解释保留了该规定[18]。第三人有权提出的诉讼请求可以在以下两项内容中选择其一：一是可以要求维持具体行政行为。二是可以要求撤销或变更具体行政行为。

2. 提出上诉的权利

1991年的《最高人民法院〈贯彻意见〉》第23条规定："对人民法院的一审判决不服，有权提出上诉。"新的司法解释保留了该规定[19]。需要注意一点，该规定只提到可以对判决提出上诉，而未提到是否可以对裁定提出上诉。我们认为，这是一个无意识的小疏漏，不可以就此作反对解释。第三人对行政裁定不服的，有权提出上诉。

法律和司法解释之所以只规定以上两种诉讼权利，是因为这些权利的重要性比较大，而不意味行政诉讼第三人只有这两项权利。行政诉讼第三人系案件的一方当事人，依法享有当事人具有的诉讼权利。参照民事诉讼的有关规定，第三人除享有前述权利外，还享有多项诉讼权利，比如委托代理人参加诉讼的权利，申请回避的权利，举证的权利，等等。

二、诉讼代理人

按照通说[20]，诉讼代理是指诉讼法为了维护当事人的合法权益，保证诉讼正常进行而设置的一种法律制度。诉讼代理人是指依法律规定，或由法院指

---

〔18〕《最高人民法院〈若干解释〉》第24条第2款规定："第三人有权提出与本案有关的诉讼主张，对人民法院的一审判决不服，有权提出上诉。"

〔19〕《最高人民法院〈若干解释〉》第24条第2款规定："第三人有权提出与本案有关的诉讼主张，对人民法院的一审判决不服，有权提出上诉。"

〔20〕姜明安主编：《行政法与行政诉讼法》，北京大学出版社、高等教育出版社1999年版，第342页。

定，或受当事人委托，以当事人的名义，在代理权限内为当事人进行诉讼活动，但其诉讼法律后果由当事人承受的人。

（一）法定代理人和指定代理人

《行政诉讼法》第 28 条规定："没有诉讼行为能力的公民，由其法定代理人代为诉讼。法定代理人互相推诿代理责任的，由人民法院指定其中一人代为诉讼。"根据该规定，我们将法定代理人和指定代理人的概念概括如下。

1. 法定代理人

法定代理系依照法律规定直接产生的代理。法定代理人，是指根据法律规定代理无诉讼行为能力或者限制民事行为能力的当事人或第三人并以其名义进行行政诉讼活动的人。其具有以下特征：

第一，被代理人限于无行为能力人或限制行为能力人。被代理人恢复诉讼行为能力将导致法定代理权的终止。

第二，法定代理人的代理权不是基于当事人的委托，而是依照法律规定直接产生。按照《中华人民共和国民法通则》第 14 条的规定，无民事行为能力人、限制民事行为能力人的监护人是他们当然的法定代理人。至于监护人的范围，则见于《民法通则》第 16 条规定[21]。

第三，法定代理人在行政诉讼中的权利义务范围与其所代理的当事人权利范围一致。

第四，法定代理人所实施的诉讼行为的法律后果，由被代理当事人承担。

2. 指定代理人

指定代理人，是指被人民法院指定代理当事人进行诉讼活动的人。其具有以下特征：

第一，被代理人限于无行为能力或者限制行为能力人。被代理人恢复诉讼行为能力将导致法定代理权的终止。

---

〔21〕《民法通则》第 16 条：未成年人的父母是未成年人的监护人。未成年人的父母已经死亡或者没有监护能力的，由下列人员中有监护能力的人担任监护人：

（一）祖父母、外祖父母；

（二）兄、姐；

（三）关系密切的其他亲属、朋友愿意承担监护责任，经未成年人的父、母的所在单位或者未成年人住所地的居民委员会、村民委员会同意的。

对监护人有争议的，由未成年人的父、母的所在单位或者未成年人住所地的居民委员会、村民委员会在近亲属中指定。对指定不服，提起诉讼的，由人民法院裁定。

没有第 1 款、第 2 款规定的监护人的，由未成年人的父、母的所在单位或者未成年人住所地的居民委员会、村民委员会或者民政部门担任监护人。

第二,出现以下两种情况之一的,发生指定代理:一是对没有诉讼行为能力的人,没有法定代理人;二是法定代理人之间相互推诿代理责任。

第三,指定代理人的代理权与法定代理人基本相同,但在处分当事人实体权利时须接受人民法院更严格的监督,人民法院有权解除指定代理人的代理权。

(二)委托代理人

委托代理人,是指受当事人或法定代理人委托而代为参加诉讼的人。

1.法律、司法解释对委托代理的基本要求

(1)人数限制

《行政诉讼法》第 29 条第 1 款规定:"当事人、法定代理人,可以委托一至二人代为诉讼。"该款规定对人数的限制主要是考虑审判效率和避免当事人承担过重的诉讼负担。

(2)委托代理人的范围

《行政诉讼法》第 29 条第 2 款规定:"律师、社会团体、提起诉讼的近亲属或者所在单位推荐的人,以及经人民法院许可的其他公民,可以受委托为诉讼代理人。"根据该款规定,委托代理人可以在以下范围内产生:第一,律师。依照律师法的规定,律师是为社会提供法律服务的法律工作者,行政诉讼的当事人及其法定代理人可以聘请律师代理诉讼活动。第二,社会团体。比如,残疾人可以委托残疾人联合会代理行政诉讼活动。第三,近亲属。根据《最高人民法院〈若干解释〉》第 11 条,近亲属包括配偶、父母、子女、兄弟姐妹、祖父母、外祖父母、孙子女、外孙子女和其他具有抚养、赡养关系的亲属。如果当事人因被限制人身自由而不能提起行政诉讼的,其近亲属可以依其口头或者书面委托以当事人的名义提起诉讼。

(3)委托代理人须提交授权委托书

《最高人民法院〈若干解释〉》第 25 条规定:"当事人委托诉讼代理人,应向人民法院提交由委托人签名或盖章的授权委托书。委托书应当载明委托事项和具体权限。公民在特殊情况下无法书面委托的,也可以口头委托。口头委托的,人民法院应当核实并记录在卷;被诉机关或其他有义务协助的机关拒绝人民法院向被限制人身自由的公民核实的,视为委托成立。当事人解除或者变更委托的,应当书面报告人民法院,由人民法院通知其他当事人。"

2.委托代理人调查取证权利及其限制

《行政诉讼法》第 30 条规定:"代理诉讼的律师,可以依照规定查阅本案有关材料,可以向有关组织和公民调查和收集证据。对涉及国家秘密和个人隐私的材料,应当依照法律规定保密。""经人民法院许可,当事人和其他诉讼代理人可以查阅本案庭审材料,但涉及国家秘密和个人隐私的除外。”从该规定内容看,律师与其他委托代理人在调查取证权上有所不同。

(1)律师

《行政诉讼法》第30条赋予律师的调查取证权比其他委托代理人的权利更大。具体有以下两项权利:一是向有关组织和公民调查和收集证据的权利;二是阅卷的权利。

对律师调查取证权的限制主要有以下三方面:一是通过调查收集的证据中有涉及国家秘密和个人隐私材料的,具有保密义务;二是无权查看法院案卷材料中涉及国家秘密和个人隐私的内容;三是被告方代理律师受到《行政诉讼法》第33条关于“在诉讼过程中,被告不得自行向原告和证人收集证据”之规定的限制。代理诉讼的律师可以依照有关规定查阅本案有关材料。

(2)其他委托代理人

根据《行政诉讼法》第30条第2款规定,律师之外的其他诉讼代理人可以查阅本案庭审材料,但涉及国家秘密和个人隐私的除外。

第五章　行政诉讼的证据与法律适用制度

第一节　行政诉讼的证据

一、行政诉讼证据概述

（一）行政诉讼证据的概念

《行政诉讼法》第31条规定："证据有以下几种：（一）书证；（二）物证；（三）视听资料；（四）证人证言；（五）当事人的陈述；（六）鉴定结论；（七）勘验笔录、现场笔录。以上证据经法庭审查属实，才能作为定案的根据。"行政诉讼法没有对行政诉讼证据的概念作出规定。根据理论界和实务界的共识，行政诉讼证据是指行政诉讼法律关系主体用来证明行政案件真实情况的材料。

（二）行政诉讼证据的特征

1. 行政诉讼证据的关联性、合法性和真实性

行政诉讼证据既具有一般证据的特征，又有其自身的特征。要使证据用以证明案件真实情况，证据必须具备以下特征：

（1）证据必须与案件待证事实之间具有关联性

证据的关联性，是指证据与待证事实之间具有某种法律上或者事实上的联系，用以证明待证事实的可能性。证据所证明的事实必须是案件的事实，证据与案件事实之间存在内在的逻辑上的联系，证据材料与案件事实之间具有证明关系，排除不具有关联性的证据材料，以准确认定案件事实。证据的关联性与证据的证明力是两个不同层次的概念，具有证据关联性的证据未必能够具有证

据的证明力，具有关联性的证据只是具备证明案件事实的可能性。[1]

(2)证据必须具有合法性

证据的合法性，是指证据的来源、内容、形式以及取得证据的方式和程序必须符合法律的规定。证据是否符合法定形式，证据的取得是否符合法律、法规、司法解释和规章的要求，是否有影响证据效力的其他违法情形，决定证据是否具有合法性。如果行政机关严重违背法定程序收集证据材料，该证据则不具有合法性。例如，行政机关在作出具体行政行为后或者在诉讼程序中自行收集的证据，行政机关以利诱、欺诈、胁迫、暴力等不正当手段获取的证据材料等，属于不具有合法性的证据材料，不能作为行政诉讼的证据。

(3)证据必须具有真实性

证据的真实性，是指证据所记载和反映的情况必须是客观真实的。证据的真实性是证据获得证据能力的客观要求，其对证据内容和证据形式的要求都必须具有客观真实性，以客观事物为基础，而不能主观臆断或者猜测。必须对证据形成的原因，发现证据时的客观环境，证据是否为原件、原物，复制件、复制品与原件、原物是否相符，提供证据的人或者证人与当事人是否具有利害关系，是否有影响证据真实性的其他因素等进行审查和甄别，以确定证据的真实性。

人民法院对行政诉讼法规定的七种证据形式，应当审查证据的关联性、合法性和真实性，针对证据有无证明效力以及证明效力的大小，进行认证。任何证据经法庭审查属实，才能作为定案的根据。这也是行政诉讼证据与可定案证据的区别。

2. 行政诉讼证据与民事证据、刑事证据的区别

根据行政诉讼法的规定，行政诉讼证据相对于一般证据而言，具有其他民事证据和刑事证据所没有的特征，主要具有以下几个特点：

(1)行政诉讼证据的证明对象为被诉行政行为的合法性

《行政诉讼法》第5条规定："人民法院审理行政案件，对具体行政行为是否合法进行审查。"行政诉讼的证明对象是与被诉行政行为合法性有关的待证事实。被告应当提供证明被诉行政行为合法的证据，原告以及第三人应当提供被诉行政行为违法的证据，法院根据原被告提供的证据以及依职权或者依申请调取的证据，依据法律规定对被诉行政行为合法性作出判断。民事诉讼的证明对象主要是原被告双方当事人所主张的事实，包括法律事实和相关的证据事实；

---

[1] 根据《最高人民法院〈行诉证据规定〉》第54条的规定："法庭应当对经过庭审质证的证据和无需质证的证据进行逐一审查和对全部证据综合审查，遵循法官职业道德，运用逻辑推理和生活经验，进行全面、客观和公正的分析判断，确定证据材料与案件事实之间的证明关系，排除不具有关联性的证据材料，准确认定案件事实。"

刑事诉讼证据的证明对象主要是被告人的行为是否构成犯罪,与行政诉讼证据的证明对象被诉行政行为的合法性有很大的不同。

(2)行政诉讼证据主要是在行政程序中形成的证据

行政诉讼中的证据大多是行政程序中形成的证据。行政机关在作出具体行政行为时,根据先取证、后裁决的原则,本应在行政程序过程中收集到支持其行为合法性的证据材料,即"案卷主义"的证据规则。法院审查被诉行政行为的合法性事实上是对被诉行政行为在行政程序中收集的证据进行合法性审查,从某种意义上讲属于复审或者上诉审。

(3)被告对作出的具体行政行为负举证责任

《行政诉讼法》第32条规定:"被告对作出的具体行政行为负有举证责任,应当提供作出该具体行政行为的证据和所依据的规范性文件。"行政诉讼证据依据的是谁作出具体行政行为谁举证的原则,由被告承担基本的举证责任。民事诉讼证据依据的是谁主张谁举证的原则;刑事诉讼举证责任主要由国家公诉机关承担。

二、行政诉讼举证责任分配和举证期限

行政诉讼举证责任,是指当事人根据法律规定对特定的事实提供相关的证据加以证明的责任,若不能提供证据,将在诉讼中承担不利的法律后果。《行政诉讼法》第32条关于"被告对作出的具体行政行为负有举证责任,应当提供作出该具体行政行为的证据和所依据的规范性文件"的规定,是行政诉讼举证责任分配的基本原则,是行政诉讼证据规则区别于民事诉讼"谁主张,谁举证"证据规则原则的核心。在行政法律关系中,原告和被告处于不平等地位,他们之间是一种管理和被管理的关系。行政法律关系的产生是基于行政机关的单方面行为。行政机关作出某种具体行政行为,一要有事实根据,二要有法律、法规等规范性文件为依据。因此,在行政诉讼中,被告不仅要提供作出具体行政行为的事实根据和法律、法规等规范性文件的依据,而且应对提供的材料加以证明。被告提供的证据如果不足以证明其行政行为是合法时,则承担相应的败诉责任。

行政诉讼的举证期限,是指负有举证责任的当事人,应当在法律规定和法院指定的期限内提出证明其主张的相应证据,逾期不举证,则承担证据失效的不利法律后果。《行政诉讼法》第43条关于"被告应当在收到起诉状副本之日起十日内向人民法院提交作出具体行政行为的有关材料,并提出答辩状"的规定,明确规定了被告的举证期限为收到起诉状副本之日起10日内。

行政诉讼举证责任和举证期限的规定主要源于《行政诉讼法》第32条和第

43 条的规定,由于其条文的原则性,对许多悬而未决的问题未予规定,从而在理论界和实务界引起许多争论。

(一)对被告举证责任和举证期限的界定

《最高人民法院〈行诉证据规定〉》对被告的举证责任和举证期限较之《行政诉讼法》和《最高人民法院〈若干解释〉》作了进一步明确规定,“根据行政诉讼法第 32 条和第 43 条的规定,被告对作出的具体行政行为负有举证责任,应当在收到起诉状副本之日起十日内,提供据以作出被诉具体行政行为的全部证据和所依据的规范性文件。被告不提供或者无正当事由逾期提供证据的,视为被诉具体行政行为没有相应的证据。被告因不可抗力或者客观上不能控制的其他正当事由,不能在前款规定的期限内提供证据的,应当在收到起诉状副本之日起十日内向人民法院提出延期提供证据的书面申请。人民法院准许延期提供的,被告应当在正当事由消除后十日内提供证据。逾期提供的,视为被诉具体行政行为没有相应的证据。”

1.被告对作出的具体行政行为负有举证责任

从行政行为的分类和模式中分析,以其是否改变现有的法律状态为划分标准,行政行为可以分为作为和不作为。被告应当对其作为承担举证责任,但对不作为是否承担举证责任,法律、法规和司法解释没有规定。如果行政机关在行政法律关系中未作任何改变现有法律状态(权利义务关系)的行为,让其在不作为的案件中承担原告何时申请作为的举证责任,不符合行政诉讼法的规定,也不符合“谁主张、谁举证”的证据原则。

2.被告应当在收到起诉状副本之日起十日内提供据以作出具体行政行为的全部证据

《行政诉讼法》第 43 条规定“被告应当在收到起诉状副本之日起十日内向人民法院提交作出具体行政行为的有关材料”,未规定例外情形。《最高人民法院〈若干解释〉》第 26 条第 2 款规定“被告应当在收到起诉状副本之日起 10 日内提交答辩状,并提供作出具体行政行为时的证据、依据;被告不提供或者无正当理由逾期提供的,应当认为该具体行政行为没有证据、依据”,明确了被告不举证或者超过举证期限举证的不利法律后果——证据失权的法律后果,以充分体现证据适时提出主义。特别是《最高人民法院〈若干解释〉》为被告逾期举证设置了一种例外的前提“正当理由”,即如果被告有正当理由逾期提供证据的不视为该具体行政行为没有证据、依据。未规定有“正当事由”举证的时限。

《最高人民法院〈行诉证据规定〉》在承继前述规定的基础上将被告逾期举证必须有“正当事由”修正为“不可抗力或者客观上不能控制的其他正当事由”,且必须在收到起诉状副本之日起 10 日内,向人民法院提交延期提供证据的书面申请，而不能是口头申请；再次举证的期限为正当事由消除后10日内提供证据；逾期举证，将承担该具体行政行为没有相应证据的不利后果；被告申请延期举证，不能次数过多，以免产生迟延诉讼的效果。对被告申请延期举证体现从严掌握的精神。

3.被告应当提供据以作出具体行政行为所依据的规范性文件

从证据学理论讲，作为依据的规范性文件不属于证据。从《行政诉讼法》和《最高人民法院〈若干解释〉》的规定，被告提供作出具体行政行为所依据的规范性文件又是必需的。《最高人民法院〈行诉证据规定〉》将被告不提供证据和不提供所依据的规范性文件的法律后果作了严格的区分。通过对“被告不提供或者无正当事由逾期提供证据的，视为被诉具体行政行为没有相应的证据”的规定，说明作为法律依据的规范性文件，没有纳入行政诉讼证据范畴。由此可以得出：当规范性文件作为被诉具体行政行为的法律依据适用时，则不具有证据的意义，因为被告在法庭中有权提供所有有利于证明被诉具体行政行为合法性的法律依据，作为被诉具体行政行为的法律依据适用的规范性文件，不属于行政诉讼的证据，无需按照证据规则的要求，相反，应当遵循法律适用规则的要求。但是当规范性文件作为书证使用用以证明被诉具体行政行为合法性时，则属于证据范畴，适用证据规则的要求。

4.被告可以在特定情形下补充证据

一般情况下，行政机关的具体行政行为主要是基于调查的事实、收集的证据而作出的，即先取证，后裁决。有些原告、第三人在行政程序中，因各种原因不提出申辩的理由或者相关的证据，被告有可能因此收集不到相关的证据。但原告、第三人却在行政诉讼中提出在行政程序中没有提出的反驳理由或者证据，这将使行政机关无以应对。《最高人民法院〈行诉证据规定〉》在规定了被告举证责任和举证期限的一般情况后，也规定了被告在特定情形下可以补充证据的情况。即“原告或者第三人提出其在行政程序中没有提出的反驳理由或者证据的，经人民法院准许，被告可以在第一审程序中补充相应的证据”。给予被告基于原告、第三人提出其在行政程序中没有提出的反驳理由或者证据而补充相应证据的机会，以有助于程序公正的实现。

被告补充证据的前提条件必须是原告、第三人提出其在行政程序中没有提出的反驳理由或证据；是否允许被告补充相应的证据，必须经人民法院准许；被告补充的证据必须在第一审程序中提交；被告补充的证据必须是原告、第三人在行政程序中没有提出的反驳理由或证据的相应证据。其实质并不是赋予行政机关补充证据的权力，而是限制行政机关补充证据的权力。同时，也是限制法院允许被告补充证据的范围。

5.被告及其诉讼代理人不得自行向原告和证人收集证据

行政机关作出具体行政行为的程序应当是先有确凿的证据、客观的事实，然后才能作出具体行政行为。如果先决定、后取证，尤其是再补充主要的证据，是不符合依法行政的原则的。在诉讼过程中，人民法院审查的是行政机关在诉讼前作出的具体行政行为所依据的事实是否确凿，适用法律、法规是否正确，因此《行政诉讼法》第33条规定“在诉讼过程中，被告不得自行向原告和证人收集证据”。其本意是对行政机关收集证据作出限制性规定，以促使行政机关依法行政，更好地保护公民和组织的合法权益。

虽然《行政诉讼法》第33条明确规定了被告在诉讼过程中不得自行向原告和证人收集证据，但是在审判实践中，经常出现被告的诉讼代理人在诉讼过程中自行向原告和证人收集证据的现象，违背了行政机关应当依法行政的原则。因为被告的诉讼代理人是基于被告的委托，代被告进行诉讼活动的人；受委托人的权利不能大于委托人的权利，这是委托制度的基本原理。既然被告不得自行向原告和证人收集证据，作为其诉讼代理人也不得自行向原告和证人收集证据。故《最高人民法院〈行诉证据规定〉》第3条规定：“根据行政诉讼法第三十三条的规定，在诉讼过程中，被告及其诉讼代理人不得自行向原告和证人收集证据。”

(二)对原告举证责任和举证期限的界定

《行政诉讼法》虽然明确规定被告对作出的具体行政行为负有举证责任，应当提供作出该具体行政行为的证据和所依据的规范性文件，但是该规定并不排除原告在特定情况下承担举证责任的情形，正如《最高人民法院〈若干解释〉》第27条规定：“原告对下列事项承担举证责任：(一)证明起诉符合法定条件，但被告认为原告起诉超过起诉期限的除外；(二)在起诉被告不作为的案件中，证明其提出申请的事实；(三)在一并提起的行政赔偿诉讼中，证明因受被诉行为侵害而造成损失的事实；(四)其他应当由原告承担举证责任的事项。”《最高人民法院〈行诉证据规定〉》在此基础上以四个条文进一步明确了原告的举证责任和举证期限。

1.原告特定情形下的初步证明责任

原告在特定的情况下应履行一定的证明责任，与被告负举证责任是有区别的。在提起诉讼时证明起诉符合法定条件、在起诉被告不作为的案件中证明其在行政程序中曾经提出申请的证据材料等，由原告履行证明责任是必要的。行政诉讼的证据与被告行政机关证明被诉具体行政行为的证据不是同一个概念，除了证明被诉具体行政行为的证据由被告行政机关承担外，有些应当由原告提供的证据也是行政诉讼证据的一种。

提起诉讼应当具备一定的条件。例如，行政机关的具体行政行为侵犯其合法权益的事实根据，具体的诉讼请求，明确的被告以及属于人民法院受案范围和受诉人民法院管辖等证据材料。是否具备起诉条件，由提起诉讼的原告提供初步证明；是否符合起诉条件的要求，由人民法院审查决定。《最高人民法院〈行诉证据规定〉》关于“公民、法人或者其他组织向人民法院起诉时，应当提供其符合起诉条件的相应的证据材料”的规定，是原告提供其符合起诉条件的初步证明责任，而不是严格证明责任。如果被告认为原告起诉超过法定期限的，则应当由被告承担举证责任。因为行政机关在作出涉及他人权益的具体行政行为时，有责任告知相对人享有诉权和起诉期限，法律要求完整的具体行政行为应包括具体行政行为的内容、时间及相对人的诉权和起诉期限。《最高人民法院〈行诉证据规定〉》第4条明确规定：“公民、法人或者其他组织向人民法院起诉时，应当提供其符合起诉条件的相应的证据材料。”“被告认为原告起诉超过法定期限的，由被告承担举证责任。”

行政行为根据不同的标准可以作不同的分类，其中行政行为以其启动是否需要相对人申请为标准可以分为依职权的行政行为和依申请的行政行为。依申请的行政行为的启动必须以行政相对人的申请为前提条件，行政相对人不提出申请，行政主体即不能实施相应的行为。《最高人民法院〈行诉证据规定〉》规定：“在起诉被告不作为的案件中，原告应当提供其在行政程序中曾经提出申请的证据材料。”其实质主要是针对起诉不作为案件中依申请的行政行为而规定的。因为依申请的行政行为必须以行政相对人的申请为前提条件，如果行政相对人不提出申请，行政主体即不能实施相应的行为，也就不存在作为问题。对之需要注意以下几点：一是在起诉被告不作为的案件中，原告应当提供其在行政程序中曾经提出申请的证据材料。二是免除原告举证责任的情形：被告应当依职权主动履行法定职责的；被告依申请的行政行为，原告因被告受理申请的登记制度不完备等正当事由不能提供相关证据材料并能够作出合理说明的。三为原告履行证明责任的范围，应当从严掌握，如果出现举证责任不明确的情形，可通过请示由最高人民法院依法加以解释，不宜随意要求原告履行证明责任。

在行政赔偿诉讼中，原告应当对被诉具体行政行为造成损害的事实提供证据。行政赔偿诉讼是一种独立的特殊诉讼形式，它是人民法院根据赔偿请求人的诉讼请求，依照行政诉讼程序和国家赔偿的基本制度和原则裁判争议的活动。在起诉条件、审理形式、适用程序以及证据规则等方面都有其自身特点。我国行政诉讼法和国家赔偿法对行政赔偿诉讼的证据规则没有专门的规定，最高人民法院《关于审理行政赔偿案件若干问题的规定》仅有一条关于“原告在行政赔偿诉讼中对自己的主张承担举证责任。被告有权提供不予赔偿或者减少赔偿数额方面的证据”的规定(第32条)。从证据规则看,行政赔偿诉讼不完全采取“被告负举证责任”的原则,而是参照民事诉讼规则,要求行政赔偿请求人对其主张进行举证。如果赔偿请求人认为行政机关或者行政机关工作人员行使职权的行为侵犯了其合法权益,造成损害事实,则对损害事实提供相应的证据。所谓损害事实,即实际上已经发生或者一定会发生的损害结果,如违法致公民身体残废,是已经发生的损害,而因致残失去劳动能力,不能取得的劳动收入是一定会发生的损害事实。该损害事实的证据,则应由赔偿请求人举证,以对抗被告不予赔偿或者减少赔偿数额方面的证据。因此,在行政赔偿诉讼中,原告应当对被诉具体行政行为造成损害的事实提供证据。

2.原告或者第三人应当在举证期限内举证

原告对特定事实承担举证责任,也应当遵循举证期限制度,以实现公平诉讼,提高诉讼效益。如果原告或者第三人可以随时提出证据,特别是随时提出其在行政程序中没有提出的反驳理由或者证据的,经人民法院准许,被告可以在第一审程序中补充相应的证据,证据随时提出主义势必使行政诉讼的审理陷入举证—审理—举证—审理这种可逆性循环审理过程中。为此,通过设置举证期限,为双方当事人创设进行诉讼行为的平等机会,防止诉讼中的证据突袭,以实现诉讼过程上的平等,也在一定程度上排除法院主动调查取证行为,达到降低诉讼成本、提高诉讼效率的目的。《行政诉讼法》和《最高人民法院〈若干解释〉》均未对原告的举证期限作出规定,《最高人民法院〈行诉证据规定〉》规定:“原告或者第三人应当在开庭审理前或者人民法院指定的交换证据之日提供证据。因正当事由申请延期提供证据的,经人民法院准许,可以在法庭调查中提供。逾期提供证据的,视为放弃举证权利。原告或者第三人在第一审程序中无正当事由未提供而在第二审程序中提供的证据,人民法院不予接纳。”

原告举证期限制度包括四项内容:一是举证期限的期间性质。举证期限采取法定期间兼指定期间相结合的方式。即原告或者第三人应当在开庭审理前或者人民法院指定的交换证据之日提供证据。二是举证期限的终点。即原告或者第三人向人民法院提出证据的最后期限。这是举证期限最关键的问题,它直接关系到当事人诉讼权利的行使,关系到举证期限的制度价值能否实现。原告或者第三人应当在开庭审理前或者人民法院指定的交换证据之日提供证据。当然,原告或者第三人因正当事由申请延期提供证据的,应当在法庭调查中提供。因为举证期限制度的功能之一就是防止突然袭击,如果允许原告或者第三人在法庭辩论结束前可随时提出证据,往往会使对方当事人丧失进行充分辩论的机会。所以原告或者第三人举证时限的终点,应当为开庭审理前或者人民法院指定的交换证据之日提供证据，除非有正当事由申请延期提供证据，但也应当在法庭调查中提供。三是举证期限届满的法律后果。举证期限系对当事人行为意义上的举证责任在期间上的限制，无论该举证期限是法定期限还是指定期限，均具有法律效力，而其法律拘束力最重要的部分即在于失权效果。即逾期提供证据的，视为放弃举证权利。四是逾期举证必须有正当事由。对于因正当事由逾期举证的，经人民法院准许，可以延期到法庭调查中提供。对当事人故意不按时举证，则不论其后提出的证据对案件产生多大的影响，人民法院一律不予采纳，即原告或者第三人在第一审程序中无正当理由未提供而在第二审程序中提供的证据，人民法院不予接纳。五是延期提供证据的正当事由，一般是指原告或者第三人确因客观上的实际障碍而未能提供有关的证据，诸如当事人由于不可抗力或意外事件的原因而不能在举证期限内提交证据，由于第三方的原因，使得当事人不能在举证期限内提交证据，其他因证据收集上的实际障碍而使得当事人不能在举证期限内提交证据的情况等。对于确因客观事由不能按期提供证据的，应该由原告或者第三人提出申请，且应对客观障碍的实际存在提出证据加以证明。

3.原告提供证明被诉行政行为违法性的证据不成立，并不免除被告对被诉行政行为合法性的举证责任

原告可以提供证明被诉具体行政行为违法的证据。原告提供的证据不成立的，不免除被告对被诉具体行政行为合法性的举证责任。其实质在于举证责任法律后果的承担问题。举证责任的基本含义包括两个方面：一是指由谁提供证据证明案件事实，即举证责任的承担；二是指当不能提供证据证明案件时法律后果由谁承担。行政诉讼法对举证责任的分配体现在第 32 条“被告对作出的具体行政行为负有举证责任，应当提供作出该具体行政行为的证据和所依据的规范性文件”。该条的规定仅仅是明确了被告对作出的具体行政行为负有举证责任，而事实上具体行政行为的分类多种多样，有作为的行政行为和不作为的行政行为，有依申请的行政行为和依职权的行政行为，有授益行政行为和负担行政行为等，但是无论何种情形的具体行政行为，对于被诉具体行政行为合法性的证明责任均由被告承担则是行政诉讼法特有的原则。

需要注意以下几点：一为原告“可以”提供证明被诉具体行政行为不合法的证据，而不是原告“应当”或者“必须”提供证明被诉具体行政行为不合法的证据；二为即使原告提供证明被诉具体行政行为违法的证据不能成立，亦不能免除被告对被诉具体行政行为合法性的举证责任；三为对被诉具体行政行为合法性举证责任恒定为被告。明确体现行政诉讼法举证责任分配原则的特有规定，也是与民事诉讼举证责任分配原则的区别所在。

(三)第三人提供证据证明被诉行政行为合法性问题

被告不提供或者无正当理由逾期提供行政行为的证据、依据的,视为行政行为没有证据、依据。但是,撤销该行政行为将给第三人或者公共利益造成重大损害的,第三人可向人民法院提供证据证明行政行为合法的证据、依据,用以证明行政行为合法性的证据和依据是否采纳的问题。

在审判实务中一般有三种情形:一是第三人提供的证据是被告在作出具体行政行为时已经采纳的证据,因丢失或其他原因未能向法院提供;二是第三人提供的证据是被告在作出具体行政行为时未曾收集的证据;三是第三人提供的证据是被告怠以举证责任或者被告考虑了不相关因素,故意不举证。对于第一种情形法院应予采纳,因为该证据是行政机关在行政程序中已经采纳的证据,只是由于法律上规定的"正当事由"不能向法院提供,而第三人向法院提供了,应当认为该证据是证明被诉具体行政行为合法性的证据。对于第二种情形法院不予采纳,因为该证据不属于被告在作出具体行政行为时已经收集的证据,故第三人提供的证据不能作为证明被诉具体行政行为合法性的证据使用。第三种情形最为复杂,倘若是授益性行政行为,例如行政许可行为,对被许可人有利,也可能对利害关系人或者公共利益不利,如果利害关系人提起行政诉讼,作为许可机关的被告考虑到利害关系人的利益甚至不当利益,故意在诉讼中怠以举证,以使该许可行为没有证据或者依据,使其处于被撤销的境地。诉讼中的第三人被许可人当然可以提供证据以证明被诉行为的合法性,以维持行政许可行为,保护自己的合法权益。此种情形的证据法院应予采纳。但是,第三人提供的证据应当是被诉许可行为在行政程序中就已存在的证据。

三、调取和保全证据

人民法院有权要求当事人提供或者补充证据;人民法院有权向有关行政机关以及其他组织、公民调取证据。在当事人提供的证据尚不足以证明案件真实情况时,人民法院有权要求当事人提供或者补充证据;人民法院向当事人以外的行政机关以及其他组织和公民调取证据时,上述单位和个人有义务提供所掌握的材料。人民法院在调取证据时,力求全面客观,至于证据有无证明力的问题,可以在审查判断证据时再加以研究。《行政诉讼法》第 34 条赋予了人民法院调查取证的权力,但是,在立法上并没有明确行使这一权力的法定情形。

(一)限制法院依职权主动调取证据的权力

1.法院有权向有关行政机关以及其他组织、公民调取证据

行政诉讼证据规则的核心是当事人举证,法院依职权调取证据为辅,突出法院中立地位,体现举证责任与法律后果的直接联系。行政诉讼法的立法本意

应为限制法院依职权调取证据的权力，法院“有权”调取证据，而不是“必须”调取证据，即使在特定情形下法院也是“可以”依职权主动调取证据，而不是“必须”调取证据。

2. 涉及国家利益、公共利益或者他人合法权益的事实认定，法院可以依职权调取证据

法院在审理行政案件中，经常会遇到某些涉及国家利益、公共利益或者他人合法权益的事实认定，但原告、被告均未向法院提供证据。例如，某规划局批准建设一座20层的大楼，附近居民认为该规划批准行为严重影响其采光权，对规划局规划许可行为提起行政诉讼。原被告仅对是否影响采光权进行举证，法院在审理中发现该大楼地下有贯通整个城市的煤气管道，涉及公共利益。据此，法院可以要求当事人提供或者补充证据，也可以依职权向当事人以外的行政机关以及其他组织和公民调取证据。如果调取的证据证明该大楼地下确有城市的主要煤气管道，根据城市规划法关于“任何单位和个人不得压占地下管线进行建设”的规定，该规划许可行为侵犯公共利益，违反法律规定，依法应予以撤销。

3. 涉及依职权追加当事人、中止诉讼、终结诉讼、回避等程序性事项的，法院可以依职权调取证据

法院可以依职权调取证据事项，限制为涉及程序性的事项以及该事项与实体争议不具有直接关系。如果法院不依职权调取证据，行政诉讼程序难以继续。例如，一方当事人提出回避申请，需要法院进一步查证，否则将影响案件的公正审理。对之，法院应当依职权调取证据。

在需要中止诉讼的情形出现时，如原告死亡，须等待其近亲属表明是否参加诉讼的；原告丧失诉讼行为能力，尚未确定法定代理人的；作为一方当事人的行政机关、法人或者其他组织终止，尚未确定权利义务承受人的；一方当事人因不可抗力的事由不能参加诉讼的；案件涉及法律适用问题，需要送请有权机关作出解释或者确认的等，一般不需要法院依职权调取证据。只有在涉及国家利益、公共利益或者他人合法权益的时候，在当事人举证不能的时候，法院才需要依职权调取证据。同理，涉及终结诉讼的条件，法院也应当适用相似的调取证据的程序。

(二)限制法院依申请调取证据的权力

1. 通常情况下，法院只能根据原告或者第三人的申请调取证据，而不能根据被告的申请调取证据

原告或者第三人申请法院调取证据，必须是其不能自行收集证据，但能够提供确切线索的情形。例如，由国家有关部门保存而须由人民法院调取的证据

材料;涉及国家秘密、商业秘密、个人隐私的证据材料;确因客观原因不能自行收集的其他证据材料。被告申请法院调取证据,应当仅限于行政机关在行政程序中无法收集的证据的原件或者原物等,法院依被告申请调取的证据只限于印证行政机关原有证据的真实性。

2. 法院不得为证明被诉行政行为的合法性,调取被告在作出具体行政行为时未收集的证据

一般情况下,被告在行政程序中已经收集的证据,不会再申请法院调取证据,只有在被告缺乏证据或者无法收集证据时,才会申请法院调取证据。法院依被告申请调取证据的目的,不得为证明被诉行政行为的合法性;如果不是基于证明被诉行政行为合法性问题,法院仍可以视情调取被告在作出具体行政行为时未收集的证据。

3. 法院依申请或者依据职权调取的证据证明被诉行政行为合法性的问题

第三人申请法院调取证据时,法院调取证据的目的仍不得为证明被诉具体行政行为的合法性而调取被告在作出具体行政行为时未收集的证据。如果第三人的利益与被告的利益是一致的,第三人申请调取的证据有可能证明被诉具体行政行为的合法性,法院不得调取。但是,第三人申请调取的证据,是被告在行政程序中已经收集的证据,只是被告在诉讼中未按举证期限举证或者怠于举证等,法院可以调取该证据。第三人申请调取证据的关键是,该证据是否在行政程序中就已经收集。

4. 当事人申请法院调取证据的期限、形式和内容

当事人申请人民法院调取证据的,应当在举证期限内提交调取证据申请书。《最高人民法院〈行诉证据规定〉》规定了原告和第三人的举证时限与被告的举证时限不同。通常情况下,被告的举证时限是收到起诉状副本之日起10日内提交所有的证据和依据;原告和第三人的举证时限为应当在开庭审理前或者人民法院指定的交换证据之日提供证据。且被告、原告、第三人的举证期限本身也不是固定的,原告、第三人的举证期限可以延长到二审中提供,而被告的举证期限也可因正当事由而延期。例如,在行政许可案件中,行政机关对行政许可申请进行审查,发现行政许可事项直接关系他人重大利益的,应当告知该利害关系人;涉及不特定的多数人或者公共利益的,行政机关则须公告告知利害关系人。由此就带来了诉讼中第三人举证时限的复杂性。《最高人民法院〈行诉证据规定〉》没有规定统一的举证期限,而是规定当事人应当在举证期限内提交调取证据申请书。

当事人申请法院调取证据,必须提交调取证据书面申请。调取证据书面申请书应当写明:证据持有人的姓名、住址等基本情况;拟调取证据的内容;申请

调取证据的原因及其要证明的案件事实。

(三)保全证据的规则

《行政诉讼法》第36条规定:"在证据可能灭失或者以后难以取得的情况下,诉讼参加人可以向人民法院申请保全证据,人民法院也可以主动采取保全措施。"根据行政诉讼法的规定,保全证据的前提条件:某一证据必须是与案件事实有关联性并有灭失的可能;某一证据有难以取得的可能。法院既可以依诉讼参加人的申请采取保全证据措施,也可以主动采取保全措施。

1. 申请证据保全的期限

当事人向人民法院申请保全证据的,应当在举证期限届满前以书面形式提出,并说明证据的名称和地点、保全的内容和范围、申请保全的理由等事项。当事人申请保全证据和调取证据均应在举证期限内提出,以利于当事人及时充分举证。申请证据保全的期限不存在中止、中断和延长的问题,如果当事人超过举证期限届满日,将丧失申请保全证据的权利。但是,该举证期限也有因不可抗力或正当事由而申请延长的情形,相应的申请证据保全也应有延长情形。

2. 申请证据保全的担保

当事人申请保全证据的,法院可以要求其提供相应的担保。《行政诉讼法》没有对当事人申请保全证据是否提供担保作出规定,《最高人民法院〈若干解释〉》第92条对具体行政行为确定的权利人申请财产保全措施的,应当提供相应的财产担保,对行政机关申请财产保全则无需提供担保作出了规定。[2]《最高人民法院〈行诉证据规定〉》明确规定作为行政诉讼当事人的行政机关申请法院保全证据的,法院也可以要求其提供相应的担保。因为,在审判实践中,不乏法院接受行政机关的申请采取财产保全或者证据保全措施而造成损害的实例。行政机关与公民、法人或者其他组织享有平等的权利,也应当履行平等的义务,法院也可以要求行政机关提供相应的担保。

法院保全证据的,可以根据具体情况,采取查封、扣押、拍照、录音、录像、复制、鉴定、勘验、制作询问笔录等保全措施。因此,当事人申请证据保全的措施,法院并非一定要其提供担保,而要根据担保的必要性予以决定。

3. 诉前证据保全

行政诉讼法和民事诉讼法均未对诉前证据保全作出规定。诉前证据保全,是指在起诉之前有关权利义务的证据有可能灭失或者难以取得,利害关系人为

---

〔2〕《最高人民法院〈若干解释〉》第92条规定:"行政机关或者具体行政行为确定的权利人申请人民法院强制执行前,有充分理由认为被执行人可能逃避执行的,可以申请人民法院采取财产保全措施。后者申请强制执行的,应当提供相应的财产担保。"

避免其合法权益受到难以弥补的损害,在起诉前申请法院对有关证据采取保全措施。其与诉讼中证据保全的区别在于:诉前保全的申请只能由利害关系人提出,证据保全原则上由当事人提出;诉前保全的条件严于诉讼中的证据保全;诉前保全一般要提供担保,诉讼中的证据保全要视担保的必要性而定。

因此,法律、司法解释规定诉前保全证据,依照诉讼中证据保全的有关规定办理,其条件一般要严于诉讼中的证据保全。

四、证据质证规则

(一)未经庭审质证的证据,不能作为定案的依据

《行政诉讼法》第31条第2款规定:"以上证据经法庭审查属实,才能作为定案的根据。"《最高人民法院〈若干解释〉》第31条第1款规定:"未经法庭质证的证据不能作为人民法院裁判的根据。"《最高人民法院〈行诉证据规定〉》第35条第1款规定:"证据应当在法庭上出示,并经庭审质证。未经庭审质证的证据,不能作为定案的根据。"任何定案根据都必须经过法庭质证,都必须遵循质证规则。质证的目的在于确定证据是否可以作为定案的根据,质证一方面要审查证据是否具有证明能力,即证据应具有的关联性、合法性和真实性;另一方面要审查证据的证明力,即证据对案件事实证明作用的有无和证明程度的大小。

1. 庭前证据交换规则中的自认规则

对于案情比较复杂或者证据数量较多的案件,人民法院可以组织当事人在开庭前向对方出示或者交换证据,并将交换证据的情况记录在卷。《最高人民法院〈行诉证据规定〉》关于"当事人在庭前证据交换过程中没有争议并记录在卷的证据,经审判人员在庭审中说明后,可以作为认定案件事实的依据"的规定,对于庭前证据交换中的自认行为予以确认。对于没有争议符合自认规则的,可以作为定案根据。尽管庭前证据交换制度不是庭审中的必经程序,但庭前证据交换中的证据也应与正式庭审程序中的证据予以同等的重视。

2. 被告无正当理由拒不到庭的证据质证问题

经合法传唤,因被告无正当理由拒不到庭而需要依法缺席判决的,被告提供的证据不能作为定案的依据,但当事人在庭前交换证据中没有争议的证据除外。被告对作出的具体行政行为承担举证责任,质证主要围绕被告提供的证据进行,如果被告不出庭,其提供的证据就不能在法庭上出示,质证也就无法进行。任何未经质证的证据都不得作为定案依据,故被告无正当理由拒不出庭,其提供的证据不得作为定案根据;被告无正当理由拒不到庭的,可以缺席判决。

3. 涉及国家秘密、商业秘密和个人隐私等证据的质证

涉及国家秘密、商业秘密和个人隐私或者法律规定的其他应当保密的证

据，不得在开庭时公开质证。涉密证据可以采取不公开开庭的方式质证。因为，涉密证据不得在开庭时公开质证是法律目的的内在要求，涉密证据对国家安全、公共利益、个人和其他组织的合法权益有重大价值，应当受到法律保护。涉密证据不公开开庭质证也属于质证的一种特殊方式，当事人可以向法庭提出说明，由法庭予以确认。

（二）完善证人证言制度，体现直接言词主义

《最高人民法院〈行诉证据规定〉》中的质证规则倡导直接言词主义，体现正当程序原则和透明度原则，以多个条文规定完善了证人证言制度。

1. 凡是知道案件事实的人，都有出庭作证的义务

出庭作证是证人对国家应尽的义务，凡是知道案件事实的人，都有出庭作证的义务。只有法定情形，经过法院准许，当事人可以提交书面证言。例如，当事人在行政程序或者庭前证据交换中对证人证言无异议的；证人因年迈体弱或者行动不便无法出庭的；证人因路途遥远、交通不便无法出庭的；证人因自然灾害等不可抗力或者其他意外事件无法出庭的；证人因其他特殊原因确实无法出庭的。

证人必须能正确表达意志，否则不具备证人资格。申请证人出庭作证，应当在举证期限届满前提出，并经法院许可。证人应当陈述其亲历的具体事实，证人根据其经历所作的判断、推测或者评论，不能作为定案的根据。确立传闻证据或意见证据的排除规则。证人作伪证的，人民法院应当依照《行政诉讼法》第 49 条关于“指使、贿买、胁迫他人作伪证或者威胁、阻止证人作证的”的规定，根据情节轻重，予以训诫、责令具结悔过或者处以 1000 元以下的罚款、15 日以下的拘留；构成犯罪的，依法追究刑事责任。

2. 行政执法人员作为证人出庭作证

行政诉讼是对被诉具体行政行为的合法性进行审查，被告行政机关对其具体行政行为的法律依据、事实根据、法定程序、执法主体资格等负有举证责任，而出庭应诉的往往是行政机关的负责人或者法制部门甚至委托代理人，对执法机关执法过程的具体情况不是很清楚，对当事人的质询难以明确回答。为此，有必要规定行政执法人员作为证人出庭作证，以有助于法庭审查具体行政行为的合法性，查明案件事实的真相。

原告或者第三人要求相关行政执法人员作为证人出庭作证的条件：(1)对现场笔录的合法性或者真实性有异议的；(2)对扣押财产的品种或者数量有异议的；(3)对检验的物品取样或者保管有异议的；(4)对行政执法人员的身份的合法性有异议的；(5)需要出庭作证的其他情形。

3. 专业人员出庭说明

随着现代科技的发展，法官和当事人会遇到各种各样的与行政行为有关的

专门性问题,涉及技术标准、技术规范,而这些专门性问题并不为法官和当事人所专长,在法庭质证的过程中无法对这些专门性问题及相应的证据进行充分的质证,法官也难以形成对证据的正确判断。因此,对被诉具体行政行为涉及的专门性问题,当事人可以向法庭申请由专业人员出庭进行说明,法庭也可以通知专业人员出庭说明。必要时,法庭可以组织专业人员进行对质。当事人对出庭的专业人员是否具备相应专业知识、学历、资历等专业资格等有异议的,可以进行询问。由法庭决定其是否可以作为专业人员出庭。专业人员可以对鉴定人进行询问。

当事人申请专业人员出庭或者法庭通知专业人员出庭,在庭审过程中可以就案件的专门性问题进行说明和接受询问或者对质,可以帮助当事人、其他诉讼参与人和法庭对这些问题作出正确理解。经法庭准许,当事人各自聘请的专业人员可以就案件的专门性问题进行必要的对质,也可以对鉴定人员进行询问。因此,建立专业人员出庭说明制度,可以弥补当事人专门知识的不足,有利于法官对证据作出正确判断。

行政执法人员作为证人出庭作证,专业人员出庭说明制度,都体现直接言词主义,是对证人证言制度的完善。行政执法人员作为证人出庭作证,专业人员出庭说明,只是证人证言的特殊形式,其也应遵循证人证言规则。

五、证据的认证规则

认证即证据的审核认定,是指审理案件的法官根据法定程序,遵照法定的规则,对经过质证或者不需要质证的证据材料的关联性、真实性和合法性进行审查判断,以确定证据的可采力和证明力。

(一)案卷外证据的排除规则

案卷外证据的排除规则在我国有一个逐步发展的过程。《行政诉讼法》规定,在诉讼过程中,被告不得自行向原告和证人收集证据。《最高人民法院〈若干解释〉》发展为:被告及其诉讼代理人在作出具体行政行为后自行收集的证据,不能作为认定被诉具体行政行为合法的依据;复议机关在复议过程中收集和补充的证据,不能作为人民法院维持原具体行政行为的根据。《最高人民法院〈行诉证据规定〉》又进一步明确为:下列证据不能作为认定被诉具体行政行为合法的依据:(1)被告及其诉讼代理人在作出具体行政行为后或者在诉讼程序中自行收集的证据;(2)被告在行政程序中非法剥夺公民、法人或者其他组织依法享有的陈述、申辩或者听证权利所采用的证据;(3)原告或者第三人在诉讼程序中提供的、被告在行政程序中未作为具体行政行为依据的证据。

行政诉讼是对被诉具体行政行为合法性的审查,受复查证据规则的限制,是对行政程序证据进行复查。被告作出具体行政行为，应当先取证、后裁决，这是行政程序法的通则。为此被告及其诉讼代理人不能在作出具体行政行为以后或者在诉讼过程中再自行收集证据，否则，其收集证据的行为本身就证明该行政行为是先裁决后取证，违背依法行政的基本要求。行政程序证据和诉讼程序证据有区别，行政程序证据是否经过正当程序，是否赋予行政管理相对人陈述申辩权和听证权，对原告或者第三人在诉讼程序中提供的被告在行政程序中未作为具体行政行为依据的证据，其提供的证据不能作为认定被诉具体行政行为的合法性的证据，但可以作为对其本身有利的证据。其强调的是被告行政机关应当遵循先取证后裁决的基本原则。行政许可机关作为定案证据的前提条件是，案卷已经记载的，并经过当事人口头或者书面申辩或者质证的证据。凡不符合该条件的证据，一律不得作为定案的根据。遵循案卷外证据的排除的规则。

(二)证据的关联性、合法性和真实性(三性)规则

证据的关联性，是指证据与待证案件事实之间是否具有内在的联系，能否对待证案件事实起到证明作用。证据只有对待证案件事实起到证明作用才有关联性，否则不具有关联性。证据关联性是证据认证中的第一步，首先审查证据与待证案件事实之间有无证明关系，排除无证明关系的证据材料。对证据关联性的认证方法为：法庭应当对经过庭审质证的证据和无需质证的证据进行逐一审查和对全部证据综合审查，遵循法官职业道德，运用逻辑推理和生活经验，进行全面、客观和公正的分析判断，确定证据材料与案件事实之间的证明关系，排除不具有关联性的证据材料，准确认定案件事实。一是排除过程，排除与待证案件事实无关联性及不符合行政诉讼法律要求的证据材料的过程；二是确认过程，对与待证案件事实有关联性、符合行政诉讼法律要求、能够反映案件真实情况的证据材料进行确认，使之成为诉讼证据。排除确认关联性的关键在于行政诉讼证据与待证案件事实的关联性，即被诉具体行政行为合法性问题的联系，与当事人争议事实的联系。在此需要注意排除品格证据和过去行为证据，这些证据不能作为定案的证据使用，但如果法律、法规或者规章将行为人的品格和过去行为作为处理时必须考虑的因素，则另当别论。

在证据与待证案件事实之间具有关联性的前提下，就需要注意证据关联性与合法性的统一问题。行政诉讼中，对案件事实有证明作用的证据材料不一定都具有合法性。法庭应当根据案件的具体情况，从以下方面审查证据的合法性：一是证据是否符合法定形式；二是证据的取得是否符合法律、法规、司法解释和规章的要求；三是是否有影响证据效力的其他违法情形。证据是否符合法定形式，根据《行政诉讼法》第 31 条关于行政诉讼的证据有书证、物证、视听资料、证人证言、当事人陈述、鉴定结论、勘验笔录和现场笔录等七种,如果法律、法规、规章、司法解释对其形式有特殊要求,如行政许可申请书的格式文本、行政许可决定书、行政许可机关受理或者不予受理行政许可申请,均应出具加盖行政机关专用印章和注明日期的书面凭证等;又如行政机关收集的证人证言,必须写明调查时间、地点,并由调查人和被调查人签名;鉴定结论要求写明鉴定人员的姓名、职称,所依据的材料、分析过程,参加鉴定的鉴定人签名并加盖鉴定机关印章等;法庭则须查清该证据是否符合法定形式要件,反之,则不能作为定案的根据。证据的取得应当符合法律、法规、司法解释和规章的要求,否则,不得作为定案根据。

证据的证明能力一般与证据的关联性和证据的合法性联系在一起;证据的证明效力一般与证据的真实性和证据的证明价值联系在一起。但是,证据的真实性不能与证据的关联性截然分开,证据的真实性一般以证据关联性为基础,证据与案件待证事实没有关系,不可能对相关案件待证事实具有证明力。法庭审查证据的真实性,一般从五个方面进行审查:一是证据形成的原因;二是发现证据时的客观环境;三是证据是否为原件、原物,复制件、复制品与原件、原物是否相符;四是提供证据的人或者证人与当事人是否具有利害关系;五是影响证据真实性的其他因素。证据真实性是证据材料所反映的案件事实是否与客观事实一致。真实的证据能够再现案件事实,法律真实达到客观真实。人民法院裁判行政案件,应当以证据证明的案件事实为依据。

任何证据都必须同时具备关联性、合法性和真实性,并经法定程序,符合法定形式,符合法律规定方可作为定案根据。

(三)非法证据的排除规则

以违反法律禁止性规定或者侵犯他人合法权益的方法取得的证据属于非法证据,不能作为认定案件事实的依据。非法证据的标准:一是违反法律禁止性规定,二是侵犯他人合法权益,二者为选择关系,只要具备一个条件即构成非法证据。这是行政程序合法性原则和证据合法性所要求的。

(四)定案证据的排除规则

严重违反法定程序收集的证据材料不能作为定案证据。违反法定程序收集的证据是否一律不得作为定案依据,理论界和实务界争议较大,最终基于立法机关设定收集证据程序的目的是为了保证执法机关所取得证据的真实性,保护相对人合法权益不受侵害。如果执法人员执法过程中未出示证件、实地检查记录上没有被检查人员的签名等轻微违法,并不影响证据所反映事实的真实,没有侵害相对人的合法权益,且该证据与案件事实具有关联性,在此情况下,如果排除轻微违法收集的证据,判决撤销被诉具体行政行为,而被告重新启动行政程序，再次取证的结果仍然是同样的内容，则社会成本太大。为此，只有严重违反法定程序收集的证据材料才不得作为定案依据。

以偷拍、偷录、窃听等手段获取侵害他人合法权益的证据材料，以利诱、欺诈、胁迫、暴力等不正当手段获取的证据材料，当事人无正当理由超出举证期限提供的证据材料，在中华人民共和国领域以外或者在港、澳、台地区形成的未办理法定证明手续的证据材料，当事人无正当理由拒不提供原件、原物，又无其他证据印证，且对方当事人不予认可的证据的复制件或者复制品，被当事人或者其他人进行技术处理而无法辨别真伪的证据材料，不能正确表达意志的证人提供的证言，不具备合法性和真实性的其他证据材料，不能作为定案依据。

（五）最佳证据规则

最佳证据规则，是指数个证据对同一事实都有证明力，不同的证据证明了相反的事实主张，对此则以制定规则方式明确规定各有关证据证明力大小的规则。证明同一事实的数个证据，其证明效力一般可以按照下列情形分别认定：

1. 国家机关以及其他职能部门依职权制作的公文文书优于其他书证。国家机关及其他职能部门依职权作出的命令、决定、通告、指示、信函、证明文书等称为公文文书。公文文书依照法定职权、按照法定程序行使国家公权力，具有法定的权威性和较强的规范性，较之私文书具有较高的证明案件事实的真实性。在此，需要注意的是公文文书应当是行使行政职权的按照法定程序作出的已经生效的行政文书，而不是其他的如民事行为等。如果当事人对公文所证明的事实有异议应当提出反证，以足以推翻该公文认定的事实。否则，法庭将推定该公文文书所证明的事实是真实的。

2. 鉴定结论、现场笔录、勘验笔录、档案材料以及经过公证或者登记的书证优于其他书证、视听资料和证人证言。鉴定结论，是指鉴定人接受委托或聘请，运用专门知识和技能对案件中的专门性问题进行分析、判断后作出的结论性书面意见。如环保部门对大气污染的检测结论，药品监督部门对药品质量的检验证书等。现场笔录，是指行政机关工作人员在现场当场实施行政处罚或其他处理决定所做的现场情况的笔录。如酒后驾车造成严重交通事故的司机被交警当场扣留驾驶证，交警当时对违规情况做的笔录，并由司机或者其他旁证人签名。勘验笔录，是指专门机关依法对案件有关的现场、物品等进行勘验、检验时所做的客观记载。勘验笔录是保持原始证据的一种证据形式。档案材料，是指国家机关或者国家档案管理部门保管、收藏、记载的历史文字，物件资料。经过公证或者登记的书证，是指经过国家公证机关依法登记证明真实性、合法性的文字资料。公证或登记属于国家证明行为，也是一种法律行为，具有证据的真实性和合法性。

鉴定结论、现场笔录、勘验笔录、档案材料以及经过公证或者登记的书证优于其他书证、视听资料和证人证言,是因为其出具、制作、保管、登记主体具有特殊性及专业性等特点来确定证据证明力优势的依据。

3.原件、原物优于复制件、复制品。书证,是指以文字、符号所记录或表示的,以证明待证事实的文书,如证明、行政处理决定书等。物证,是指用物品的外形、特征、质量等说明待证事实的一部分或全部的物品,如达不到国家质量标准的药品等。书证是在诉讼开始之前形成的,是争议事实的记载或写照,具有较强的真实性;物证具有较轻的稳定性。但随着高科技的发展,复印拼接、计算机合成等手段,伪造、变造、仿造证据的复制件、复制品较为容易。因此,书证的原件、物证的原物的证明效力优于复制件、复制品。

4.法定鉴定部门的鉴定结论优于其他鉴定部门的鉴定结论。鉴定部门分法定鉴定部门和非法定鉴定部门。法定鉴定部门,是指法律、法规和规章直接规定对某一项专门问题有权鉴定的部门,如医疗事故鉴定部门和交通事故鉴定部门等。因法定鉴定部门具有专门的鉴定资格人员,鉴定程序规范、鉴定职权法定、鉴定结论较为可靠,且法定鉴定人具有独立的诉讼参与人地位,故法定鉴定部门的鉴定结论一般优于其他鉴定部门的结论。

5.法庭主持勘验所制作的勘验笔录优于其他部门主持勘验所制作的勘验笔录。

6.原始证据优于传来证据。原始证据,是指直接来源于案件事实资料,也称第一手资料。传来证据,是指经过转述、传抄、复制等过程间接来源于案件事实的资料。原始证据直接来源于案件事实,其真实性较高,较之传来证据当优先使用。但该规则并不完全排除在原始证据不足的情况下,利用多个传来证据确认案件事实的例外。

7.其他证人证言优于与当事人有亲属关系或者其他亲密关系的证人提供的对该当事人有利的证言。

8.出庭作证的证人证言优于未出庭作证的证人证言。

9.数个种类不同、内容一致的证据优于一个孤立的证据。

(六)自认规则

一方当事人就对方当事人主张对其不利事实予以承认的明确表示,称为自认。行政证据规则中的自认需具备一定的条件:(1)自认必须发生在诉讼过程中,诉讼外的自认不属于自认规则中的自认。(2)自认的表示必须是明确的承认,不包括默示的承认。(3)自认的内容与对方当事人于己不利的陈述事实一致,不一致不属于自认。(4)代理人的承认与当事人的承认具有同等效力,除非代理人的代理权限有特别规定。(5)自认可以有条件地被推翻,在有相反证据足以推翻的情况下，自认可以被推翻。例如，自认是在受到威胁胁迫的情况下作出，或者自认是在存在重大误解的情况下作出等。(6)即使当事人及其代理人已经自认，但并不能免除当事人的举证责任。如对法律另有规定不可自认的情形，涉及国家利益、公共利益、他人重大利益的自认情形，法院负有依职权确认的情形等，自认则不能发生证据效力，也不能免除举证责任。《最高人民法院〈行诉证据规定〉》第65条规定："在庭审中一方当事人或者其代理人在代理权限范围内对另一方当事人陈述的案件事实明确表示认可的，人民法院可以对该事实予以认定。但有相反证据足以推翻的除外。"第66条规定："在行政赔偿诉讼中，人民法院主持调解时当事人为达成调解协议而对案件事实的认可，不得在其后的诉讼中作为对其不利的证据。"第67条规定："在不受外力影响的情况下，一方当事人提供的证据，对方当事人明确表示认可的，可以认定该证据的证明效力；对方当事人予以否认，但不能提供充分的证据进行反驳的，可以综合全案情况审查认定该证据的证明效力。"

（七）司法认知规则

法院对于众所周知的事情，无须当事人的证明，而把它认为真实，作为判决的根据，称为司法认知。"众所周知的事情不用证明"，这是西方诉讼程序中的一句古老的格言，其存在可以追溯到早期的罗马法和宗教法。美国在其联邦证据规则201(b)款中规定："司法认知的事实必须是没有合理怀疑的事实，这个事实可以是：(1)审判法院管辖区内众所周知的事情；(2)根据正确性不能合理怀疑的渊源而容易正确地确定的事实。"所谓众所周知，不是说每个人都必须知道，只要一般人都已知道即符合标准。可以合理怀疑的事实，不能成为司法认知的对象。法院可以主动采取司法认知，也可以根据当事人的请求采取司法认知，当事人怀疑司法认知的正确性时，可以提出反证。[3]

对下列事实可以适用司法认知规则直接认定：(1)众所周知的事实；(2)自然规律及定理；(3)按照法律规定推定的事实；(4)已经依法证明的事实；(5)根据日常生活经验法则推定的事实。前述(1)、(3)、(4)、(5)项，当事人有相反证据足以推翻的除外。值得研究的是，当事人有相反证据足以推翻的除外的规定，其实质是对司法认知的限制和当事人的保障。司法认知是对证明程序的例外规则，而"当事人有相反证据足以推翻的除外"是对司法认知规则的例外规定，对于案件中核心问题的司法性事实的认知应有证明程序；认知的事实必须具有显著而周知的性质；认知的事实及其根据必须明白指出；当事人对司法认知具有反驳的权利，有权提出反证，其结果为转移举证责任。

---

〔3〕 参阅王名扬著：《美国行政法》，中国法制出版社1994年版，第494页。

(八)妨碍举证的推定规则

妨碍举证的推定规则,是指根据已知事实或者日常生活经验法则,推论与之相关的诉讼中需要证明的另一事实是否存在的一种证明规则。《最高人民法院〈行诉证据规定〉》第69条关于“原告确有证据证明被告持有的证据对原告有利,被告无正当理由拒不提供的,可以推定原告的主张成立”的规定,就属于事实推定的一种形式。其适用的条件为:原告提出被告有对原告有利的证据;被告拒绝提供,且无正当理由;推定的根据是法律规定、已知事实、日常生活经验法则;法庭可以依职权适用推定,认定原告主张成立。其目的是规范被告依法履行举证责任,防止隐匿或者销毁证据。

当事人的举证责任的分担,有时受到推定规则的影响,推定是根据法律的规则,由某种事实的存在而推定另外一种事实的存在。作为出发点的事实称为基本事实,被推定存在的事实称为推定的事实,只要基本事实存在,就假定被推定的事实存在。推定的法律效果是转移举证责任。

(九)补强证据规则

补强证据规则是指,某些证据不能单独作为认定案件事实的根据,只有结合其他证据补强证明力的情况下,才能作为定案的证据使用。最初补强证据出现在刑事诉讼中,如《刑事诉讼法》第46条关于“只有被告人供述,没有其他证据的,不能认定被告人有罪和处以刑罚”的规定,就是刑事诉讼中的补强证据规则。最高人民法院的《关于民事经济审判方式改革问题的若干规定》将刑事诉讼中的补强概念引进民事诉讼中。行政诉讼证据规则与民事诉讼证据规则有相通之处,行政诉讼也应有补强证据规则。为此,《最高人民法院〈行诉证据规定〉》第71条规定了下列证据不能单独作为定案依据:

1. 未成年人所作的与其年龄与智力状况不相适应的证言;
2. 与一方当事人有亲属关系或者其他密切关系的证人所作的对该当事人有利的证言,或者与一方当事人有不利关系的证人所作的对该当事人不利的证言;
3. 应当出庭作证而无正当理由不出庭作证的证人证言;
4. 难以识别是否经过修改的视听资料;
5. 无法与原件、原物核对的复制件或者复制品;
6. 经一方当事人或者他人改动,对方当事人不予认可的证据材料;
7. 其他不能单独作为定案依据的证据材料。

第二节　行政诉讼的法律适用

一、行政诉讼法律适用的概念和特征

（一）行政诉讼法律适用的概念

行政诉讼法律适用，是指人民法院在审理行政案件，审查具体行政行为合法性的过程中，具体应用法律规则作出裁判的活动。[4]

（二）行政诉讼法律适用的特点

行政诉讼的法律适用具有如下特点：[5]

1. 法律适用主体的特定性。行政诉讼法律适用的主体是法院，行政机关是行政执法活动中的法律适用主体，法院是行政诉讼活动中的法律适用主体。这是行政诉讼法律适用不同于行政机关在行政执法活动中的法律适用。

2. 法律适用性质的监督性。行政诉讼法律适用是法院对行政机关法律适用的审查，具有法律适用的复查监督性质，以维护法制的统一。

3. 法律适用形式的多样性。行政诉讼法律适用形式既有法律"依据"的形式，依据法律、行政法规、地方性法规、自治条例和单行条例；又有规章"参照"的形式，参照国务院部门规章和地方政府规章。

4. 法律适用范围的广泛性。行政诉讼法律适用范围不仅包括行政实体性的法律规范，而且还包括行政程序性的法律规范；不仅包括统一的行政复议法、行政处罚法等，而且还包括各个单行的部门法。

5. 法律适用的选择权。行政诉讼虽然无权审查法律规范，但对法律规范的冲突有选择适用权；对规章之间的冲突，有部分司法审查权。

6. 法律适用效力的终局性。行政诉讼的法律适用是对法律、法规的最终适用，具有最终的法律效力。其法律效力不仅高于行政执法机关的法律适用，而且也高于行政复议机关的法律适用。

二、行政审判的法律依据

行政诉讼是对具体行政行为是否合法进行审查，在查明案件事实的基础

---

〔4〕 姜明安主编：《行政法与行政诉讼法》，北京大学出版社 1999 年版，第 368 页。

〔5〕 主要参考姜明安主编：《行政法与行政诉讼法》，北京大学出版社 1999 年版，第 369 页。

上，以法律为准绳。《行政诉讼法》第 52 条和 53 条规定了行政诉讼的法律依据。《立法法》施行以后有关法律适用规则发生了很大变化，在法律适用中经常会遇到识别法律依据的问题。

根据《行政诉讼法》关于"人民法院审理行政案件，以法律和行政法规、地方性法规为依据。地方性法规适用于本行政区域内发生的行政案件。人民法院审理民族自治地方的行政案件，并以该民族自治地方的自治条例和单行条例为依据"的规定和"人民法院审理行政案件，参照国务院部、委根据法律和国务院的行政法规、决定、命令制定、发布的规章以及省、自治区、直辖市和省、自治区的人民政府所在地的市和经国务院批准的较大的市的人民政府根据法律和国务院的行政法规制定、发布的规章。人民法院认为地方人民政府制定发布的规章与国务院部、委制定、发布的规章不一致的，以及国务院部、委制定、发布的规章之间不一致的，由最高人民法院提请国务院作出解释或者裁决"的规定，特别是《立法法》的有关规定，人民法院审理行政案件，依据法律、行政法规、地方性法规、自治条例和单行条例，参照规章。在参照规章时，应当对规章的规定是否合法有效进行判断，对于合法有效的规章应当适用。

根据立法法、行政法规制定程序条例和规章制定程序条例关于法律、行政法规和规章的解释的规定，全国人大常委会的法律解释，国务院或国务院授权的部门公布的行政法规解释，人民法院作为审理行政案件的法律依据；规章制定机关作出的与规章具有同等效力的规章解释，人民法院审理行政案件时参照适用。

行政诉讼中识别法律依据问题，需要注意以下几个问题：

(一)宪法是法院审判工作中的根本法律依据〔6〕

宪法作为国家的根本大法，毋庸置疑，当属法院审判工作中的根本依据。法院适用的法律、法规、规章、法律解释必须符合宪法；对不符合宪法规定的法律、法规、规章、法律解释，法院不得适用；对没有具体法律可以适用的，法院应直接适用宪法。因为，法院无权适用与宪法相抵触的法律、法规、规章和司法解释。但法院有适用法律的选择判断权，法院适用法律的过程也是法院阐释法律的过程，阐明法律的意义是法院的职权。这是司法权的固有权力，也是世界各国通行的做法。

(二)行政法规的确认

行政法规是国务院根据宪法和法律，为执行法律的规定和宪法所规定的国务院行政管理职权的事项，依照法定程序制定的各类规范性文件。行政法规的

---

〔6〕 杨临萍著：《行政许可法与司法审查》，人民法院出版社 2004 年版，第 142 页。

法律效力仅次于法律，在全国范围内具有普遍的约束力。考虑新中国成立后我国立法程序的历史沿革，现行有效的行政法规一般有以下三种类型：〔7〕

1. 国务院制定并公布的行政法规。

2. 立法法施行以前，按照当时有效的行政法规制定程序，经国务院批准、由国务院部门公布的行政法规。但在立法法施行以后，经国务院批准、由国务院部门公布的规范性文件，不再属于行政法规。例如，1996 年 6 月 15 日经国务院批准，1996 年 7 月 9 日由外经贸部第 2 号令公布的《外商投资企业清算办法》，即属于“部颁法规性文件”，其法律位阶以立法法实施之日为界。

3. 在清理行政法规时由国务院确认的其他行政法规。

在识别行政法规依据时，行政审判还经常涉及国务院颁布的行政法规以外的规范性文件，或者经国务院领导批准、由国务院办公厅颁布的文件，审判实务中称为“法规性文件”。〔8〕 对其法律位阶或者法律效力的识别，通说认为：立法法施行以前，经国务院批准、由国务院办公厅公布的规范性文件视为“准行政法规”；但在立法法施行以后，经国务院批准、由国务院办公厅公布的规范性文件，不再视为行政法规，它不能设定法规不允许设定的行为规范，但其有特殊的地位。

（三）规章的参照

1.《行政诉讼法》为什么要规定人民法院审理行政案件可以参照规章而不

---

〔7〕 最高人民法院《关于审理行政案件适用法律规范问题的座谈会纪要》（法〔2004〕96 号，2004 年 5 月 18 日）。

〔8〕 例如，1988 年施行的《中华人民共和国水法》第 34 条规定：“对城市中直接从地下取水的单位，征收水资源费；其他直接从地下或者江湖、湖泊取水的，可以由省、自治区、直辖市人民政府决定征收水资源费。水费和水资源费的征收办法，由国务院规定。”但国务院至今未制定水费和水资源费的征收办法。各地根据地方情况制定了一些征收办法，征收一些单位的水资源费，对中央直属水电厂的发电用水和火电厂的循环冷却水是否应当征收水资源费引起行政争议。1995 年 4 月 25 日经国务院领导批准，由国务院办公厅下发《关于征收水资源费有关问题的通知》规定，在国务院发布水资源费征收和使用办法前，水资源费的征收工作暂按省、自治区、直辖市的规定执行。但是，对中央直属水电厂和火电厂的循环冷却水暂不征收水资源费。国办发〔1995〕27 号文件属于“法规性文件”，其法律效力，在立法法施行前审判实务界虽未将其视为行政法规，但相当于“准行政法规”的地位。在立法法施行以后，其法律效力无疑受到质疑。特别是 2002 年 10 月 1 日施行新的水法，新水法第 48 条再次规定“实施取水许可制度和征收管理水资源费的具体办法，由国务院规定”。目前，国务院尚未制定该办法，对中央直属水电厂的发电用水和火电厂的循环冷却水是否应当征收水资源费问题再次引起行政争议。国办发〔1995〕27 号文件法律效力和法律位阶问题再次成为争论焦点。国务院应尽快制定实施取水许可制度和征收管理水资源费的具体办法。

规定规章作为依据?

行政诉讼法制定之初,对规章是否可以作为法院审理行政案件的依据存在不同意见,有的认为可以作为依据,行政机关的许多具体行政行为是依照规章的规定作出的,对规章的效力和作用应当肯定;否则,不利于保障行政机关行使职权,但对规章与法律、法规的效力应当区别。有的认为不可以作为依据,规章制定程序不规范,权限不明,规章之间不一致,法院对其效力难以确认,只能以法律、行政法规和地方性法规为依据。“我们考虑,宪法和有关法律规定国务院各部委和省、市人民政府有权依法制定规章,行政机关有权依据规章行使职权。但是,规章与法律、法规的地位和效力完全不同,有的规章还存在一些问题。因此,草案规定法院在审理行政案件时,参照规章的规定时考虑了上述两种不同的意见,对符合法律、行政法规规定的规章,法院要参照审理,对不符合或不完全符合法律、行政法规原则精神的规章,法院可以有灵活处理的余地。”[9]

法院审理行政案件参照规章的具体含义:[10]

(1)法院认为行政机关根据规章作出的具体行政行为合法,应当确认其效力,判决维持具体行政行为,这是对规章的肯定。

(2)对不符合法律、行政法规的规章,不予适用。

(3)规章的效力低于法律、行政法规,规章与法律、行政法规不一致的,应当适用法律、行政法规。地方性规章的效力低于地方性法规,地方性规章与地方性法规相冲突的,应当适用地方性法规。

2.《立法法》对参照规章的新规定。

(1)2000年7月1日实施的立法法明确将规章纳入法的范畴,其总则第2条规定:“国务院部门规章和地方政府规章的制定、修改和废止,依照本法的有关规定执行。”从而结束了立法法制定之初何为“法”的大讨论。

(2)规章包括地方政府规章和国务院部门规章。当地方性法规与国务院部门规章对同一事项规定不一致,不能确定适用时,由国务院提出意见。澄清了行政诉讼法规定的法律、行政法规、地方性法规为依据,规章为参照时,地方性法规的效力高于规章的效力问题。

(3)法院对规章的规定是否合法有效进行判断,判断的标准为:规章是否超越权限;下位法违反上位法规定的;规章之间对同一事项的规定不一致,经裁决应当改变或者撤销一方规定的;规章的规定被认为不适当,应当予以改变或者撤销的;违背法定程序的。

---

〔9〕 全国人大常委会副委员长、法制工作委员会主任王汉斌:《关于〈中华人民共和国行政诉讼法〉(草案)的说明》,1989年3月28日在第七届全国人民代表大会第二次会议上。

〔10〕 胡康生主编:《行政诉讼法释义》,北京师范学院出版社1989年版,第88页。

(四)其他规范性文件的地位[11]

行政审判实践中，经常涉及有关部门为指导法律执行或者实施行政措施而作出的具体应用解释和制定的其他规范性文件。主要是：国务院部门以及省、市、自治区和较大的市的人民政府或其主管部门对于具体应用法律、法规或规章作出的解释；县级以上人民政府及其主管部门制定发布的具有普遍约束力的决定、命令或其他规范性文件。行政机关往往将这些具体应用解释和其他规范性文件作为具体行政行为的直接依据。

1. 规范性文件和具体应用解释可以是具体行政行为的直接依据，但对法院不具有法律规范意义上的约束力[12]。这些具体应用解释和规范性文件不是正式的法律渊源，对人民法院不具有法律规范意义上的约束力。也不同于参照适用，参照有其特定的法律含义。根据行政管理体制，它可以是行政执法机关执法依据。

2. 法院对规范性文件审查判断的标准为合法、有效并合理、适当。《最高人民法院〈若干解释〉》规定，人民法院审理行政案件，适用最高人民法院司法解释的，应当在裁判文书中援引。人民法院审理行政案件，可以在裁判文书中引用合法有效的规章及其他规范性文件。司法解释在裁判文书中的定位为"应当"援引，规章及规范性文件在裁判文书中的定位为"可以"引用。法院经审查认为被诉具体行政行为依据的具体应用解释和其他规范性文件合法、有效并合理、适当的，在认定被诉具体行政行为合法性时应承认其效力；法院可以在裁判理由中对具体应用解释和其他规范性文件是否合法、有效并合理、适当进行评述。

三、法律规范冲突规则

(一)法律规范冲突的不同情形

我国实行统一的多层次的立法体制，根据宪法和立法法的规定，法律规范冲突的不同情形主要分：上下位法之间的冲突，即不同位阶法律规范之间的冲突。例如，行政法规与法律之间冲突，地方性法规与行政法规之间冲突等。同位法之间的冲突，即同一位阶法律规范之间的冲突。例如，法律与法律之间冲突，法规与法规之间冲突等。特别法与普通法之间冲突以及新法与旧法之间的冲突。

---

[11] 最高人民法院《关于审理行政案件适用法律规范问题的座谈会纪要》的通知，2004年5月18日。

[12] 孔祥俊著：《法律规范冲突的选择适用与漏洞填补》，人民法院出版社2004年版，第507页。

调整同一对象的两个或者两个以上的法律规范因规定不同的法律后果而产生冲突的，一般情况下应当按照立法法规定的上位法优于下位法、后法优于前法以及特别法优于一般法等法律适用规则，判断和选择所应适用的法律规范。依据宪法和立法法的规定，人民法院有选择适用法律的权力，遵循法律适用规则，有权不适用与宪法和上位法不相一致的法律规范。我国法院虽然没有违宪审查权，但人民法院有选择适用法律的权力，以确保在行政审判中法制的统一实施。

冲突规范所涉及的事项比较重大，有关机关对是否存在冲突有不同意见。应当优先适用的法律规范的合法有效性尚有疑问或者按照法律适用规则不能确定如何适用时，依据立法法及行政诉讼法的规定，可以由最高人民法院送请有权机关作出解释或者裁决。按照宪法以及立法法的规定，最高人民法院享有三大权力：向全国人大及其常委会提出法律案的权力；向全国人大常委会提出法律解释的要求；认为行政法规、地方性法规、自治条例和单行条例同宪法或者法律相抵触的，可以向全国人大常委会书面提出进行审查的要求。对法律规范冲突问题，行使法定职权，确保法制统一。

（二）下位法不符合上位法的判断和适用

1. 下位法与上位法不一致并不必然导致抵触。法律是一种阐释性的概念，并非法律中的每一条文都是没有缺陷或漏洞的，因此法律规范之间的不一致或者抵触是客观存在的。法院在选择适用法律的过程中会遇到的问题是法律规范之间的不一致或抵触问题。不一致和抵触的关系可以概括为：不一致不一定是抵触；抵触一定是不一致。不一致的范围要大于抵触。关于抵触，学界和实务界的认识不尽一致，但在两点上取得共识：一是宪法、法律、行政法规已有明确规定的，地方性法规不得作出相反或者不一致的规定；二是地方性法规不得超越法定权限，未经授权对属于中央专属立法权限的事宜作出规范。

需要注意的问题：不一致并不必然导致抵触。例如，在法律规定的原则和范围内，下位法作一些具体规定、分解或补充，将法律规定的原则具体化，增强可操作性；在法律设定行政机关职责范围内进一步强化义务性规定，在法律设定行政相对人权利方面进一步强化权利性规定等，这些不一致均不属于抵触。

2. 下位法与上位法不一致，但下位法与上上位法相一致的问题。一般而言，法律规范的位阶秩序是明确的，当下位法与上位法相抵触时，原则上应当遵循上位法优于下位法的规则。但下位法尽管与上位法不一致，却与上上位法相一致，法院就不能简单适用上位法优于下位法的规则，而应视具体情况选择适用与上上位法相一致的法律规范。

3. 法律适用中的效力优先原则和适用优先原则在法源位阶理论中，有效力优先原则与适用优先原则。前者是指高位阶法律规范的效力优于低位阶法律规范，低位阶法律规范抵触高位阶法律规范无效；后者是指适用法律机关适用法律规范时，应优先适用低位阶法律规范，不得径行适用高位阶法律规范，除非缺乏适当的低位阶法律规范可资适用。因此，倘若系争法律问题已有相关低位阶法律规范加以规范，法官即应适用该法律规范，不可舍弃内容具体的低位阶法律规范，反而援引内容抽象的高位阶法律规范，否则即有违立法者负有宪法之委托将宪法规定具体化、细节化和实现化的合宪性任务。[13]

4.下位法不符合上位法的情形。人民法院审查依据下位法作出的具体行政行为的合法性，应当同时判断下位法是否符合上位法。下位法不符合上位法规定的，应当依据上位法认定具体行政行为的合法性。从审判实践看，下位法不符合上位法的常见情形有：

下位法缩小上位法规定的权利主体范围，或者违反上位法立法目的、扩大上位法规定的权利主体范围；下位法限制或者剥夺上位法规定的权利，或者违反上位法立法目的、扩大上位法规定的权利范围；下位法扩大行政主体或其职权范围；下位法延长上位法规定的履行法定职责期限；下位法以参照、准用等方式扩大或者限缩上位法规定的义务或者义务主体的范围、性质或者条件；下位法增设或者限缩违反上位法规定的适用条件；下位法扩大或者限缩上位法规定的给予行政处罚的行为、种类和幅度的范围；下位法改变上位法已规定的违法行为的性质；下位法超出上位法规定的强制措施的适用范围、种类和方式，以及增设或者限缩其适用条件；法规、规章或者其他规范文件设定不符合行政许可法规定的行政许可，或者增设违反上位法的行政许可条件；其他相抵触的情形。[14]

5.授权规定应优先适用。上位法授权下位法作出特别规定的，下位法在授权范围内作出特别规定的，应当优先适用授权规定。

（三）同位法或者准同位法冲突的选择适用

地方性法规与部门规章、部门规章与地方政府规章以及部门规章之间对同一事项的规定不一致，立法法对之没有作出选择适用的规则。《行政诉讼法》规定地方性法规效力高于规章，但立法法施行以后，改变了该格局，其第 86 条第 2 款关于“地方性法规与部门规章之间对同一事项的规定不一致，不能确定如何适用时，由国务院提出意见；国务院认为应当适用部门规章的，应当决定在该地方适用地方性法规；认为应当适用部门规章的，应当提请全国人民代表大会常务委员会裁

---

〔13〕 翁岳生编：《行政法》，中国法制出版社 2002 年版，第 167 页。

〔14〕 最高人民法院《关于审理行政案件适用法律规范问题的座谈会纪要》(〔2004〕96号，2004 年 5 月 18 日)。

决”的规定,将地方性法规与部门规章视为准同位法的法律地位。

在行政审判实践中,人民法院根据立法法法律适用规则的一般精神,按照下列规则进行选择适用。

1. 授权规定优先适用。上位法授权下位法作出特别规定的,下位法在授权范围内作出的特别规定,应当优先适用。例如,法律或者行政法规授权部门规章作出实施性规定的,其规定优先适用;地方性法规根据法律或者行政法规的授权,根据本行政区域的实际情况作出的具体规定,应当优先适用;法律或者行政法规授权部门规章作出实施性规定的,其规定优先适用;地方政府规章根据法律或者行政法规的授权,根据本行政区域的实际情况作出的具体规定,应当优先适用。

2. 法定职权范围内的事项优先适用。根据宪法和立法法对中央与地方立法职权划分,根据国务院组织法和地方组织法对国务院各部门以及地方政府职权划分,在各自职权范围内规定的事项优先适用。例如,尚未制定法律、行政法规的,部门规章对于国务院决定、命令授权的事项,或者对于中央宏观调控的事项、需要全国统一的市场活动规则及对外贸易和外商投资等需要全国统一规定的事项作出的规定,应当优先适用;地方性法规对属于地方性事务的事项作出的规定,应当优先适用;尚未制定法律、行政法规的,地方性法规根据本行政区域的具体情况,对需要全国统一规定以外的事项作出的规定,应当优先适用;尚未制定法律、行政法规的,部门规章对于国务院决定、命令授权的事项,或者对属于中央宏观调控的事项、需要全国统一的市场活动规则及对外贸易和外商投资等事项作出的规定,应当优先适用;地方政府规章对属于本行政区域的具体行政管理事项作出的规定,应当优先适用;适用与上位法不相抵触的部门规章规定,与上位法均不抵触的,优先适用根据专属职权制定的规章规定;两个以上的国务院部门就涉及其职权范围的事项联合制定的规章规定,优先于其中一个部门单独作出的规定等。

3. 不能确定如何适用的,应当中止行政案件的审理,逐级上报最高人民法院按照立法法第 86 条第 1 款第 2 项的规定送请有权机关处理或者裁决。

4. 国务院部门或者省、自治区、直辖市人民政府制定的其他规范性文件对相同事项的规定不一致的,参照上列精神处理。[15]

(四)特别规定与一般规定的选择适用

1. 立法法仅对同位法之间特别规定与一般规定、新的规定与旧的规定的选

---

〔15〕 最高人民法院《关于审理行政案件适用法律规范问题的座谈会纪要》(法〔2004〕96号,2004 年 5 月 18 日)。

择适用关系作出规定，而对新的一般规定与旧的特别规定的选择适用关系未作出规定。《立法法》第 83 条关于“同一机关制定的法律、行政法规、地方性法规、自治条例和单行条例、规章，特别规定与一般规定不一致的，适用特别规定；新的规定与旧的规定不一致的，适用新的规定”的规定，确立了同位法之间特别规定优于一般规定，新的规定优于旧的规定的法律适用规则。但对同位法之间新的一般规定与旧的特别规定之间的选择适用关系没有作出规定，仅是规定同位法之间对同一事项的新的一般规定与旧的特别规定不一致，不能确定如何适用时，由有权机关裁决。

从审判实践看，法律之间、行政法规之间或者地方性法规之间对同一事项的新的一般规定与旧的特别规定不一致的，人民法院原则上按照下列情形适用：新的一般规定允许旧的特别规定继续适用的，适用旧的特别规定；新的一般规定废止旧的特别规定的，适用新的一般规定。不能确定新的一般规定是否允许旧的规定继续适用的，人民法院应当中止行政案件的审理，属于法律的，逐级上报最高人民法院送请全国人民代表大会常务委员会裁决；属于行政法规的，逐级上报最高人民法院送请国务院裁决；属于地方性法规的，由高级人民法院送请制定机关裁决。〔16〕

2. 总则优于分则还是分则优于总则。同位法中特别规定优于一般规定，在同一法律文本中是“总则优于分则”还是“分则优于总则”。在法律适用规则中，有一种观点认为“总则优于分则”。事实上，“总则优于分则”的规则与“特别法优于普通法”的规定正好相反。“特别法优于普通法”是同一机关制定的规范性文件适用中的一个原则。一般情况下，同一机关制定的法律文件是有机地相互联系的，不会出现不一致的情况。但是由于不同的法律文件调整的社会关系不同，法律文件制定的时间先后不同，再加之一些立法技术、立法语言等原因，同一机关制定的法律文件不一致的现象是客观存在或者是客观需要的。例如合同法，与海上运输合同、铁路运输合同、航空运输合同相对应的海商法、铁路法、航空法，对合同法来说，都是特别法与一般法的关系，如果与合同法的规定不一致，应当优先适用海商法、铁路法、航空法。为此，法律专门设定了“特别法优于普通法”这一规则。同理，在法律适用规则进一步细化过程中，亦应当遵循“特别法优于普通法”的规则，遵循“特别规定优于一般规定”的规则。例如，《行政诉讼法》总则第 2 条规定：“公民、法人或者其他组织认为行政机关和行政机关工作人员的具体行政行为侵犯其合法权益，有权依照本法向人民法院提起诉

---

〔16〕 最高人民法院《关于审理行政案件适用法律规范问题的座谈会纪要》(法〔2004〕96 号，2004 年 5 月 18 日)。

讼。"该法第六章第41条又进一步规定:"提起诉讼应当符合下列条件:(一)原告是认为具体行政行为侵犯其合法权益的公民、法人或者其他组织;(二)有明确的被告;(三)有具体的诉讼请求和事实根据;(四)属于人民法院受案范围和受诉人民法院管辖。"此时,关于行政诉讼诉权的规定,分则第41条的规定就优于总则第2条的规定。因此,人民法院在适用法律规范的过程中需要注意进一步细化的规则,诸如特别规定优于一般规定、分则优于总则、一般列举规定优于概括规定、具体规定优于抽象规定、紧急规范优于一般规范、外部效力的规范优于内部效力的规范、列举规定优于概括规定的规则等。

四、关于新旧法律规范的适用规则

(一)实体从旧程序从新原则

行政相对人的行为发生在新法施行以前,具体行政行为作出在新法施行以后,法院审查具体行政行为的合法性,遵循实体从旧、程序从新原则。但该原则也有例外,实体从新从优原则、实体从新从轻原则以及程序从旧原则的问题。

实体从旧原则基于法律不溯及既往的要求,亦即规定人民权利义务之发生、变动、丧失等实体法规,于行为后有变动,除法令另有规定,应适用行为时法,以保护人民既得权益。至于程序法规,无关人民权利义务得丧变动,纯为规定处理作业程序,为期迅速妥适,是以适用新法。[17] 故称实体从旧,程序从新。

(二)实体从优从新

一般情形应当遵循实体从旧程序从新的原则,但实体从旧也有四种例外情形(实体从新):当法律、法规或规章对新旧法的衔接适用另有规定的,应按其规定适用;当适用新法对行政相对人合法权益更为有利的,适用从新从优原则;当适用新法旧法均属于违法,但适用新法对行政相对人处罚较轻,适用从新兼从轻原则;按照具体行政行为的性质应当适用新法的实体规定。

(三)程序从旧

一般情形应当遵循实体从旧程序从新的原则,但也有程序从新的例外情形(程序从旧)。例如,当行政许可申请受理以后,行政许可决定作出前,有关法律规范发生变更的,被诉行政行为的合法性,在程序上应当适用变更后的法律规范;但如果变更前的法律规范对行政相对人更为有利,变更后法律规范未废止或禁止该项许可,适用变更前的法律规范不会对公共利益或国家利益、他人利益造成损害的,同时具备前述条件,就可以适用变更前的法律规范。

---

[17] 翁岳生编:《行政法》,中国法制出版社2002年版,第217页。

第六章　行政诉讼审理与判决

第一节　行政诉讼第一审程序

一、不予受理和驳回起诉裁定的条件

在行政诉讼实践中一直存在着一个难以克服的问题，即有些法院经常不受理一些应该受理的行政案件。最主要的原因当然是某些法院迫于行政机关的压力而不敢公正司法。但从行政诉讼法的有关规定看，在立法上也存在问题。《行政诉讼法》除了在第41条中规定了提起诉讼的四个条件外，还在其他多处规定了起诉的条件，并在第42条规定了有关不予受理裁定的内容。我们认为，从理论上讲，所有的案件只有经过法院审查之后，才能判断该案件是否应当受理。当前有的法院对于当事人的起诉，随意作出裁定不予受理，或者既不下裁定，又不受理，致使很多当事人告状无门。

鉴于行政诉讼法既有的规定，《最高人民法院〈若干解释〉》将裁定不予受理的条件与驳回起诉的条件作了合而为一的规定。法院对于已经受理但不符合启动司法审查程序条件的案件裁定驳回起诉。从该条规定的逻辑上讲，法院受理了不符合条件的行政案件，并不构成违法，因为，之后法院还可以驳回起诉。从这一角度分析，可以理解为放宽了对法院受理行政案件的不必要限制。《最高人民法院〈若干解释〉》第44条规定："有下列情形之一的，应当裁定不予受理；已经受理的，裁定驳回起诉：(一)请求事项不属于行政审判权限范围的；(二)起诉人无原告诉讼主体资格的；(三)起诉人错列被告且拒绝变更的；(四)法律规定必须由法定或者指定代理人、代表人为诉讼行为，未由法定或者指定代理人、代表人为诉讼行为的；(五)由诉讼代理人代为起诉，其代理不符合法定要求的；(六)起诉超过法定期限且无正当理由的；(七)法律、法规规定行政复议

为提起诉讼必经程序而未申请复议的;(八)起诉人重复起诉的;(九)已撤回起诉,无正当理由再行起诉的;(十)诉讼标的为生效判决的效力所羁束的;(十一)起诉不具备其他法定要件的。""前款所列情形可以补正或者更正的,人民法院应当指定期间责令补正或者更正;在指定期间已经补正或者更正的,应当依法受理。"

该条第1款第1项规定的不属于行政审判权限范围的请求事项,主要是指不属于行政诉讼受案范围的起诉事项。例如,应当由民事审判庭审理的民事案件,应当由仲裁机构仲裁的案件等。我们认为,法院在对这类案件裁定不予受理或者驳回起诉的时候应当告知当事人救济的途径。

该条第1款第2项规定的起诉人无原告诉讼主体资格的情况有:起诉人是适格原告的下属机构,起诉人不是具体行政行为的直接对象且与被诉具体行政行为不具有利害关系等。

该条第1款第3项规定的起诉人错列被告的情形,主要是指应列甲机关为被告而列了乙机关为被告的情形。在这种情况下,法院同样有义务告知起诉人变更被告。如果被告拒绝变更,法院可以裁定不予受理或者裁定驳回起诉。

该条第1款第4项的规定,主要是指有些起诉人不具有诉讼行为能力,根据法律规定必须由法定代理人代为诉讼的情形。该条中所指的"为诉讼行为",我们认为,应当仅指法院审理过程中的诉讼行为。在行政诉讼中,若一个未成年人起诉某行政机关,法院应当先受理。法院不应当由于起诉人不具有民事行为能力,而剥夺其起诉权。在诉讼过程中,法院应当要求其法定代理人参加诉讼,若无法定代理人,在必要的时候应当指定代理人参加诉讼。

该条第1款第5项规定代理不符合法定要求的情形。

该条第1款第6项规定,起诉超过起诉期限但不能提出正当理由的,法院应当裁定不予受理或者裁定驳回起诉。通常情况下,法院裁定驳回起诉,是基于被告提供了原告超过起诉期限的证据。

该条第1款第7项规定,法律、法规规定应当先经过行政复议而未经过复议的行政案件,法院不应当受理。

该条第1款第8项规定的起诉人重复起诉,可以作两个方面的理解:一是起诉人已经向法院提起行政诉讼,法院受理后,该起诉人再次向法院起诉。二是起诉人在撤诉后,或者经法院裁判后,以同一事实和理由再次向法院起诉。对此,法院应当裁定不予受理或者驳回起诉。关于这方面的内容,《最高人民法院〈若干解释〉》在该条第1款的第9项中作了规定。因此,该条第1款第8项的规定,主要是针对第一种情形。根据《最高人民法院〈若干解释〉》的规定,当事人重复起诉的,法院应当裁定不予受理或者驳回起诉。

该条第 1 款第 10 项，是有关法院生效判决对诉讼标的即具体行政行为的合法性的拘束力问题的规定。根据该条规定，被诉具体行政行为在其他生效行政、刑事、民事判决书中已被确认，相对人就不能提起行政诉讼。对于相对人的起诉，法院应当裁定不予受理或者驳回起诉。例如，甲认为某行政机关颁发房屋产权证给乙的行为，侵犯了其合法权益，向法院提起行政诉讼。但该行政机关颁发房屋产权证给乙的具体行政行为，在被该法院针对另一个行政案件的判决中得到维持。根据《最高人民法院〈若干解释〉》第 44 条第 1 款第 10 项的规定，法院对甲提起的行政诉讼，应当裁定不予受理。

该条第 1 款第 10 项规定的“诉讼标的为生效判决的效力所羁束”，既指为生效判决内容所羁束，也包括为生效判决的认定所羁束。当然在司法实践中，主要的问题是后者。我国审判机构的设置，既不同于普通法系的国家，也不同于欧洲大陆法系的国家，而是吸收了它们的特点，在同一的普通法院中设置不同的审判庭，但审判庭的裁判又是以法院的名义作出的。因此，从司法裁判的主体上看，无论是何种形式作出的裁判，都应当被视为法院作出裁判，具有约束力。因此，从理论上讲，法院的一个审判庭作出的生效裁判对本院其他审判庭有约束力。相对人对生效裁判所认定的具体行政行为不服，提起行政诉讼，法院不应当受理。

上述论及的是诉讼标的为同一法院生效裁判所羁束的问题。对于不同法院所作的判决，则应当作不同的处理。这是《最高人民法院〈若干解释〉》未涉及的问题。从该项规定的文字表述上理解，生效判决包括所有法院的生效判决。我们认为，诉讼标的为上级法院生效裁判效力所羁束的，对于当事人的起诉，法院不应当受理。但诉讼标的为下级法院生效裁判所羁束的，上级法院则应当有权受理。这在法院司法权等级理论上是可以得到支持的。至于诉讼标的为其他非上下级关系的其他法院生效裁判所羁束的，法院亦可以受理。可能产生的不同判决，可以由共同上级法院处理。最后，需要指出的是，该项所述“为生效判决的效力所羁束的”，应当理解为“为生效裁判的效力所羁束的”。因为，裁定也可能对具体行政行为的合法性作出认定，而且其效力与判决是相同的。

该条第 1 款第 11 项是一个兜底条款，也就是说，当事人的起诉除了符合该条所列的条件外，还应当具备法律、法规规定的其他条件。该条第 2 款是有关补正或者更正起诉书的规定。补正与更正在内容上是不同的。补正，是指当事人对起诉书中欠缺的内容作补充。更正，是指当事人对起诉书中的错误作更改。由于需要补正或者更正的内容，因具体案件各异，很难规定一个统一的补正期间。该款规定的指定期间应当理解为合理的指定期限。例如，法院在收到起诉状后,认为存在缺陷,指定当事人在一个小时内补正,在一般情况下,这可以被视为指定了一个不合理的期间。根据该款的规定,当事人在指定期间内已经补正或者更正的,法院应当依法受理。该款还包含了这样的内容,即当事人在指定的期间内不补正或者更正的,法院不予受理,但当事人由于不可抗力等事由无法在指定期间内补正的除外。

二、合并审理的条件

法院对某些案件进行合并审理,最主要的目的是为了诉讼经济。当然追求诉讼成本最低化要以保证程序公正为前提。《最高人民法院〈若干解释〉》对合并审理的条件基本上未作改变,但在文字上作了修改,并增加了一项兜底条款。《最高人民法院〈若干解释〉》第 46 条规定:"有下列情形之一的,人民法院可以决定合并审理:(一)两个以上行政机关分别依据不同的法律、法规对同一事实作出具体行政行为,公民、法人或者其他组织不服向同一人民法院起诉的;(二)行政机关就同一事实对若干公民、法人或者其他组织分别作出具体行政行为,公民、法人或者其他组织不服分别向同一人民法院起诉的;(三)在诉讼过程中,被告对原告作出新的具体行政行为,原告不服向同一人民法院起诉的;(四)人民法院认为可以合并审理的其他情形。"

该条第 1 项规定的合并审理有三个条件:一是被诉具体行政行为是两个以上行政机关分别依据不同的法律、法规作出的。二是被诉具体行政是基于同一事实作出的。三是相对人向同一法院提起行政诉讼。

该条第 2 项与第 1 项规定的合并审理的条件主要有两点不同:一是第 2 项规定的被诉具体行政行为的主体可以是一个,而第 1 项规定的行政主体是两个以上。二是第 2 项规定的相对人是两个以上,而第 1 项规定的相对人是一个。第 2 项规定的"若干个公民、法人或者其他组织",一般情况下是指与具体行政行为有利害关系的人

该条第 3 项规定的情形,可以分为两种:一种情形是,在诉讼过程中,被告在未改变被诉具体行政行为的情况下,重新作出具体行政行为。另一种情形是,在诉讼过程中,被告撤销或者变更了原来的具体行政行为,原告坚持诉原来的具体行政行为,并对被撤销或者变更的具体行政行为不服,向同一法院提起诉讼的。对这两种情形,法院可以合并审理。

在上述情形下,法院可以合并审理,也可以不合并审理。在司法实践中,完全可能存在可以合并审理的其他情形。只要符合诉讼程序的公正性原则,法院在必要的时候可以合并审理其他案件。因此,第 4 项的兜底条款是十分必要的。

三、财产保全和先予执行

关于财产保全和先予执行的问题,《最高人民法院〈若干解释〉》第 48 条规定:“人民法院对于因一方当事人的行为或者其他原因,可能使具体行政行为或者人民法院生效裁判不能或者难以执行的案件,可以根据对方当事人的申请作出财产保全的裁定;当事人没有提出申请的,人民法院在必要时也可以依法采取财产保全措施。”“人民法院审理起诉行政机关没有依法发给抚恤金、社会保险金、最低生活保障费等案件,可以根据原告的申请,依法书面裁定先予执行。”“当事人对财产保全或者先予执行的裁定不服的,可以申请复议。复议期间不停止裁定的执行。”

根据该条第 1 款的规定,法院采取财产保全措施的条件是,具体行政行为或者法院的生效判决不能或者难以执行。启动财产保全程序的方式有两个:一是当事人的申请;二是法院主动采取财产保全措施。

赋予法院有限制的采取财产保全措施的权力的主要理由是:第一,在有的情况下,法院不采取财产保全措施,将导致公共利益的重大损失。在这种情况下,即使当事人不申请财产保全,法院也应当主动采取财产保全措施。第二,尽管民事诉讼一般仅涉及民事主体的权益问题,但民事诉讼法规定了法院主动采取财产保全措施的权力。行政诉讼一般均涉及公共利益,更加应当赋予法院主动采取财产保全措施的权力。

《最高人民法院〈若干解释〉》第 48 条第 2 款是有关先予执行的规定。《行政诉讼法》第 11 条第 1 款第 6 项规定相对人认为行政机关没有依法发给抚恤金的,可以向法院提起行政诉讼。但行政诉讼法未规定对抚恤金案件可以先予执行。随着我国社会保障法律体系的不断完善,有关社会保险金、最低生活保障费的行政案件不断出现,而这类案件往往涉及相对人基本生活条件的问题。因此,有必要对这类案件是否可以先予执行的问题作出规定。我们认为,《最高人民法院〈若干解释〉》第 48 条第 2 款的规定,扩大先予执行案件的范围,对于充分及时保护当事人的合法权益十分重要,同时,也符合行政诉讼法的有关规定。

我们认为,该条规定包含了法院可以受理相对人诉行政机关没有依法发给社会保险金、最低生活保障费的行政案件。尽管《行政诉讼法》第 11 条第 6 项未规定相对人的这一诉权,但《最高人民法院〈若干解释〉》的规定符合《行政诉讼法》第 1 款第 8 项的规定。《若干解释》对此作了明确,有利于法院的实际操作。关于公民获得社会福利是否属于公民权利的问题,在世界宪法史上也有一个发展的过程。在第二次世界大战之前,社会福利在宪法理论中往往被视为是国家对于公民的一种恩赐。获得福利,不被视为公民的一项权利。是否给予公民福利,完全由国家决定,公民无权要求国家给予其福利。20世纪六七十年代,随着西方国家社会经济的高速发展,福利制度逐步完善,福利成为公民的一项基本权利。公民对行政机关不合法的福利政策和行为,可以诉诸法院,寻求救济。有关福利问题的诉讼制度的健全与否同一国的人权状况有着非常密切的关系。因此,我们认为,《最高人民法院〈若干解释〉》的规定,不但对于完善我国的社会保障体系具有重要的价值,而且对于保障人权也有十分重要的意义。

四、行政案件的判决方式

根据《行政诉讼法》的规定,各级人民法院设立行政审判庭审理行政案件,以各级人民法院的名义对各类案件作出裁判。人民法院在行政诉讼的各个不同阶段,对各种不同事项,包括实体的或程序的事项,作出具有确定力、拘束力和执行力的裁判。这些裁判,根据诉讼不同阶段中相应处理事项的不同性质,采取不同的形式:判决、裁定或决定。判决是人民法院审理行政案件,根据事实和法律,就行政案件的实体问题所作出的处理决定。〔1〕 裁定是人民法院在审理行政案件过程中,根据事实和法律,就诉讼中的程序性问题所作的处理决定。〔2〕 决定是法院就其诉讼程序中的特殊问题所作的处理决定。〔3〕 例如,在诉讼开始阶段,人民法院确定不受理原告的起诉,停止被诉具体行政行为的执行等,采用裁定的形式;人民法院确定管辖权转移和指定管辖,采用决定的形式。在第一审阶段,人民法院准许原告撤诉,采用裁定形式;人民法院通过审

〔1〕 根据我国行政诉讼法和最高法院司法解释的规定,行政判决主要有:维持判决、撤销判决、履行判决、变更判决、确认判决和驳回诉讼请求判决等六种形式。

〔2〕 根据行政诉讼法和最高法院司法解释的规定,行政裁定主要适用于以下事项:(1)不予受理;(2)驳回起诉;(3)管辖异议;(4)终结诉讼;(5)中止诉讼;(6)移送或者指定管辖;(7)诉讼期间停止具体行政行为的执行或者驳回停止执行的申请;(8)财产保全;(9)先予执行;(10)准许或者不准许撤诉;(11)补正裁判文书中的笔误;(12)中止或者终结执行;(13)提审、指令再审或者发回重审;(14)准许或者不准许执行行政机关的具体行政行为;(15)其他需要裁定的事项。对第1、2、3项裁定,当事人可以上诉。

〔3〕 根据行政诉讼法和最高法院司法解释的规定,决定适用于以下事项:回避,对妨害诉讼的行为人采取强制措施,移送管辖,指定管辖,诉讼期限的延长,诉讼费用的减免等。

理，对具体行政行为合法性作出评价，并对案件作出处理，采用判决形式。[4]在第二审阶段，人民法院通过审理，确定维持原判，采用判决形式；确定撤销原判、发回重审，采用裁定的形式。

人民法院审理行政案件，除有特殊情况，经高级人民法院或最高人民法院批准延长期限外，必须自立案之日起三个月内作出一审判决。根据《行政诉讼法》第54条的规定，一审判决包括维持判决、撤销判决、履行判决、变更判决四种形式。《最高人民法院〈若干解释〉》对行政判决方式进行了补充，增加了确认判决、驳回诉讼请求判决两种方式。[5]

---

〔4〕 在中国行政诉讼法理论和实践中，行政行为被划分为具体行政行为和抽象行政行为。人民法院审理行政案件对具体行政行为的合法性作出判断，不能受理公民、法人或者其他组织对抽象行政行为不服提起的行政诉讼。

关于何为可诉的具体行政行为的问题，最高人民法院在司法解释中作了界定。《最高人民法院〈若干解释〉》第1条规定："公民、法人或者其他组织对具有国家行政职权的机关和组织及其工作人员的行政行为不服，依法提起诉讼的，属于人民法院行政诉讼的受案范围。

公民、法人或者其他组织对下列行为不服提起诉讼的，不属于人民法院行政诉讼的受案范围：(一)行政诉讼法第十二条规定的行为；(二)公安、国家安全等机关依照刑事诉讼法的明确授权实施的行为；(三)调解行为以及法律规定的仲裁行为；(四)不具有强制力的行政指导行为；(五)驳回当事人对行政行为提起申诉的重复处理行为；(六)对公民、法人或者其他组织权利义务不产生实际影响的行为。"

关于何为抽象行政行为的问题，《最高人民法院〈若干解释〉》第3条规定："行政诉讼法第12条第2项规定的'具有普遍约束力的决定、命令'，是指行政机关针对不特定对象发布的能反复适用的行政规范性文件。"

〔5〕 《最高人民法院〈若干解释〉》第56条规定："有下列情形之一的，人民法院应当判决驳回原告的诉讼请求：(一)起诉被告不作为理由不能成立的；(二)被诉具体行政行为合法但存在合理性问题的；(三)被诉具体行政行为合法，但因法律、政策变化需要变更或者废止的；(四)其他应当判决驳回诉讼请求的情形。"

第57条规定："人民法院认为被诉具体行政行为合法，但不适宜判决维持或者驳回诉讼请求的，可以作出确认其合法或者有效的判决。有下列情况之一的，人民法院应当作出确认被诉具体行政行为违法或者无效的判决：(一)被告不履行法定职责，但判决责令其履行法定职责已无实际意义的；(二) 被诉具体行政行为违法，但不具有可撤销内容的；(三)被诉具体行政行为依法不成立或者无效的。"

第58条规定："被诉具体行政行为违法，但撤销该具体行政行为将会给国家利益或者公共利益造成重大损失的，人民法院应当作出确认被诉具体行政行为违法的判决，并责令被诉行政机关采取相应的补救措施；造成损害的，依法判决承担赔偿责任。"

第59条规定："根据行政诉讼法第五十四条第(二)项规定判决撤销违法的被诉具体行政行为，将会给国家利益、公共利益或者他人合法权益造成损失的，人民法院在判决撤销的同时，可以分别采取以下方式处理：(一)判决被告重新作出具体行政行为；(二)责令被诉行政机关采取相应的补救措施；(三)向被告和有关机关提出司法建议；(四)发现违法犯罪行为的，建议有权机关依法处理。"

(一)维持判决

维持判决，是指人民法院经过对具体行政行为的审查，认定相应具体行政行为证据确凿，适用法律、法规正确，符合法定程序，从而作出否定原告对相应具体行政行为的指控，维持被诉具体行政行为的判决。根据《行政诉讼法》第 54 条的规定，人民法院作出维持判决，至少应当具备三个条件：(1)被诉具体行政行为证据确凿。所谓证据确凿，是指实施具体行政行为的证据确实、可靠，对于待证事实具有证明力。作为维持判决基本根据的证据必须达到四个方面的要求：一是案件的事实均有相应的证据证明。二是各项证据均真实、可靠。三是各项证据对所证事实有证明力。四是各项证据相互协调一致，对整个案件事实构成完整的证明。(2)适用法律、法规正确。至少应当包括以下内容：一是具体行政行为内容，必须在法律、法规赋予该机关的权限范围之内。二是具体行政行为必须符合法律的目的、原则和精神。三是具体行政行为所适用的法律规范必须是对能够适用于本案法律关系的法律规范。(3)符合法定程序。这主要是指行政机关实施具体行政行为是根据法律、法规规定的方式、形式、手续、步骤、时限进行，符合具体行政行为的法定规程。具体要求包括：一是符合法定形式。法律、法规规定相应具体行政行为要采取某种方式，如会议讨论决定、复议决定、行政裁决等，具体行政行为必须采用相应的方式，而不能以其他方式来替代。二是符合法定形式。法律、法规规定相应的具体行政行为要采取某种形式，如，文书、证书、文件等，除法律有特别规定外，具体行政行为不能以其他如口头等形式替代。三是符合法定手续。法律、法规规定相应具体行政行为的实施要履行某种手续，如通知、送达、听取意见、许可等，具体行政行为不能忽略这些手续或者以其他手续替代。四是符合法定步骤。法律、法规规定相应具体行政行为的实施要采取一定的步骤，如行政强制执行要采取审查、决定、告知、执行等步骤，具体行政行为违反这些步骤，则构成违反法定程序。五是符合法定时限。法律、法规规定了相应具体行政行为实施的一定时限，如治安管理处罚法规定，公安机关传唤违反治安管理的人进行询问查证，时间最长不得超过 24 小时，具体行政行为超过 24 小时，则构成程序违法。

根据《行政诉讼法》第 54 条的规定，除了上述三个条件外，如果被诉具体行政行为超越职权或者滥用职权，也不能被判决维持，而应当判决撤销。

(二)撤销判决

撤销判决，是指人民法院经过对具体行政行为的审查，认定相应具体行政行为违法，作出满足原告请求，撤销被告作出的具体行政行为的判决。根据行政诉讼法的规定，撤销判决有三种形式，即判决全部撤销、判决部分撤销、判决撤销并责令被告重新作出具体行政行为。撤销判决的条件主要有：

1. 主要证据不足。行政机关实施具体行政行为缺乏必要的证据证明其行为认定的事实，即构成主要证据不足。行政机关实施一定的具体行政行为必须基于一定的事实根据。行政机关认定相应的事实除了必不可少的主要证据之外，通常还会有一些次要证据，缺少次要证据一般不影响行政机关对基本案件事实的认定；但缺少主要证据，则使行政机关认定案件事实缺乏事实基础，法院将判决撤销该具体行政行为。

2. 适用法律、法规错误。从总体上讲，行政机关在作出具体行政行为时，适用了不应该适用的法律、法规，或者没有适用相应的法律、法规，即构成适用法律、法规错误。从形式上看，适用法律、法规错误表现为，本应适用这一个法律、法规，而适用了另外的法律、法规，本应适用法律、法规中的这一个条文而适用了另外的条文。从实质上讲，适用法律、法规错误，除了某些技术上的错误以外，通常表现为行政机关对事实的定性错误，对法律、法规适用范围或效力的把握错误，对法律、法规的原意、本质含义或法律精神理解、解释的错误，或者有意片面适用法律、法规规范等。

3. 违反法定程序。违反法定程序是指行政机关实施具体行政行为违反法律、法规规定的方式、形式、手续、步骤、时限等，未遵循法定规程而任意行为。这些方式、形式、手续、步骤、时限等，有的是法律、法规明确规定的，有的是法律、法规没有明确规定的。法律、法规规定了的即为法定程序，行政行为必须遵循，违反了即构成违反法定程序。当然，从效率的角度看，行政行为违反法定程序未给相对人实体权利造成损害的，人民法院可以不判决撤销。但从促进行政机关依法行政，特别是依法定程序实施行政行为的角度看，即使违反法定程序的行政行为没有给相对人实体权利造成损害，人民法院仍应判决撤销。

4. 超越职权。指行政机关行使了法律、法规没有赋予的权力，对不属于其职权范围内的人和事进行了处理，或者逾越了法律、法规所设定的必要的限度。

5. 滥用职权。指行政机关作出的具体行政行为虽然在其权限范围以内，但行政机关不正当地行使职权，不符合法律授予这种职权的目的。认定滥用职权，一般应当考虑主观和客观因素或者条件。主观方面一般应当有违反法律规定的目的的情形；客观方面一般有很不合理、显失公正或极不正当的情形。

撤销判决有三种具体形式：判决全部撤销、判决部分撤销、判决撤销并责成被告重新作出具体行政行为。这三种不同的撤销判决分别适用于具有不同情形的具体行政行为。判决全部撤销适用于整个具体行政行为违法的情形；或者整个具体行政行为既有违法的因素，也有合法的因素，但相应具体行政行为是不可分的，且行为的基本内容是违法的情形。判决部分撤销（部分维持）适用于具体行政行为部分合法、部分违法，且相应行为是可分的情形。判决撤销的同时判决被告重新作出具体行政行为适用于具体行政行为违法，但被相应具体行政行为违法处理的问题需要重新得到处理的情形。

（三）履行判决

履行判决，是指人民法院对行政案件经过审理，认定被告具有不履行或拖延履行法定职责的情形，作出责成被告在一定期限内履行法定职责的判决。履行判决在性质上属于给付判决的一种，是确定当事人之间存在行政法律关系的前提下，判令负有义务的当事人履行一定义务的判决。根据我国行政诉讼法的规定，适用履行判决必须具备以下几个条件：(1)有关当事人已向行政主管机关提出了合法申请，要求行政机关作出一定的行政行为，并且这种申请符合法律规定的条件与形式。(2)被告对相对人依法负有履行职责的义务。即依存在的行政法律关系，作为被告的行政机关有依法行使职权，对作为原告的相对人负有作出他所需求的具体行政行为的义务。(3)被告具有不履行或者拖延履行法定职责的行为，而不履行或拖延履行没有合法的理由，或者没有法律上所认可、规定的理由。(4)行政机关履行职责仍有实际意义。从履行判决内容上看，法院可以根据情况决定是否指明行政机关作出具体的肯定或者否定的行为。一般情况下，法院只原则要求行政机关依法履行法定职责。在特定的条件下，法院从保护相对人合法权益的角度考虑，也可以明确指明行政机关履行的内容和期限。[6] 由于这涉及司法权与行政权的界限问题，法院应在保持自律的前提下，充分保护相对人的合法权益。

（四）变更判决

变更判决，是指人民法院经审理认为被诉行政处罚决定显失公正，从而改变行政处罚结果的判决形式。法院作出变更判决要符合两个条件：一是具体行政行为系行政处罚行为，对非处罚的具体行政行为，法院不能直接变更；二是行政处罚有显失公正的情况。在审判实践中，主要包括以下几种情形：一是畸轻畸重，指行政机关对相对人的行政处罚虽在法定种类和法定幅度之内，但相对于相对人的违法行为及其情节来说，明显地显现出过轻或者过重。二是同样情况不同对待，不同情况同样对待。三是反复无常，指行政机关对同样的违法行为，缺乏标准，随意处罚。不管是否有恶意，均导致显失公正。

（五）确认判决

行政诉讼法对确认判决没有作明确的规定，但最高法院的司法解释对此作

---

〔6〕《最高人民法院〈若干解释〉》第 60 条第 2 款规定："人民法院判决被告履行法定职责，应当指定履行的期限，因情况特殊难以确定期限的除外。"

了规定，确认判决可以适用于以下情形：(1)被诉具体行政行为属于事实行为，事实行为由于不具有法律效力，因而不具有可撤销的内容。在事实行为违法的情况下，只能以确认判决确认违法，不能适用撤销判决。(2)被诉行政行为依法不成立或者无效的。这两类行为在法律上不具有法律效力，不能适用撤销判决，只能适用确认判决。(3)被诉行政行为违法，但撤销该行政行为后将会给公共利益带来重大损失。被诉行政行为违法，依法应当撤销，但考虑到重大公共利益，可以以确认判决确认违法，在造成原告损失的情况下，可判决被告承担相应的赔偿责任。(4)被告未履行作为义务，但判决其履行作为义务已无实际意义。在这种情况下，应当判决确认被告不作为违法，造成损害的，依法判决其承担赔偿责任。(5)行政合同是否有效。当事人请求确认行政合同有效或者无效，法院可以作出确认判决。(6)确认特定的法律关系是否存在。如原告请求确认其与某行政机关之间存在托管关系，在这种情况下，只能作出确认判决。

(六)驳回诉讼请求判决

驳回诉讼请求判决是对被诉行政行为的间接肯定。这种判决方式，不仅在多数情况下与维持判决具有同等效力和意义，而且具有维持判决所不能替代的功能和作用。我国行政诉讼法没有明确规定驳回诉讼请求的判决方式，最高法院的司法解释规定了这种判决方式。这种判决方式主要适用于以下情形：(1)被诉行政行为完全合法，在这种情况下，可以采用维持判决，也可以采用驳回诉讼请求判决。(2)起诉被告不履行法定职责的理由不能成立，在这种情况下，只能适用驳回诉讼请求判决。(3)被诉行政行为合法，但存在适当性的问题，应当适用驳回诉讼请求判决，有利于被告纠正不适当的行政行为。(4)被诉行政行为合法，但因情况变化需要变更或废止而不宜判决维持的。

我国实行两审终审制，二审判决是终审判决。人民法院审理上诉案件，除有特殊情况经高级人民法院或者最高人民法院批准延长审限外，必须自收到上诉状之日起 2 个月内作出二审判决。根据行政诉讼法的规定，二审判决主要有两种形式：维持判决和改判。[7] 维持判决，是指二审法院通过对上诉案件的审理，确认一审判决认定事实清楚，适用法律、法规正确，符合法定程序，从而作出的驳回上诉人的上诉，维持一审判决的判决。根据行政诉讼法的规定，适用维

---

〔7〕《行政诉讼法》第 61 条规定，“人民法院审理上诉案件，按照下列情形，分别处理：(一)原判决认定事实清楚，适用法律、法规正确的，判决驳回上诉，维持原判；(二)原判决认定事实清楚，但适用法律、法规错误的，依法改判；(三)原判决认定事实不清，证据不足，或者由于违反法定程序可能影响案件正确判决的，裁定撤销原判，发回原审人民法院重审，也可以查清事实后改判。当事人对重审案件的判决、裁定，可以上诉。”

持判决必须同时具备三个条件:一是原判决认定事实清楚;二是原判决适用法律、法规正确;三是符合法定程序。改判适用于一审判决适用法律、法规错误,但认定事实清楚的情形。二审判决改变所适用的法律、法规,取代一审判决。二审法院改判时,在撤销一审判决的同时,应当对被诉行政行为作出判决。

第二节　行政诉讼第二审程序

一、上　诉

两审终审是我国诉讼制度的一个重要特点。行政诉讼也采用两审终审制。根据行政诉讼法的规定,当事人不服人民法院第一审判决的,有权在判决书送达之日起15日内向上一级人民法院提起上诉。当事人不服人民法院第一审裁定的,有权在裁定书送达之日起10日内向上一级人民法院提起上诉。逾期不提起上诉的,人民法院的第一审判决或者裁定发生法律效力。我国行政诉讼的上诉制度主要有两个方面的特点:第一,当事人的上诉期限因裁判的内容不同而有所不同。当事人不服一审判决的,上诉的期限是15日;当事人不服一审裁定的,上诉的期限是10日。第二,人民法院的第一审判决或者裁定作出后,不是当然地发生法律效力,只有在当事人逾期不提起上诉的情况下,才发生法律效力。也就是说,当事人在法定期限内提起上诉的,第一审裁判不发生法律效力。在行政诉讼中,需要注意以下几个上诉程序的问题:

(一)关于二审审限的问题

根据《行政诉讼法》的规定,人民法院审理上诉案件,应当在收到上诉状之日起两个月内作出终审判决。有特殊情况需要延长的,由高级人民法院批准;高级人民法院审理上诉案件需要延长的,由最高人民法院批准。行政诉讼法规定了延长审限的问题,但未对何为审限以及如何计算等问题作出规定。《最高人民法院〈若干解释〉》第64条对此作了规定:“行政诉讼法第五十七条、第六十条规定的审限,是指从立案之日起至裁判宣告之日止的期间。鉴定、处理管辖争议或者异议以及中止诉讼的时间不计算在内。”

(二)关于上诉人及其他当事人在二审中的称谓问题

《最高人民法院〈若干解释〉》第65条试图解决这些问题。该条规定:“第一审人民法院作出判决和裁定后,当事人均提起上诉的,上诉各方均为上诉人。”“诉讼当事人中的一部分人提出上诉,没有提出上诉的对方当事人为被上诉人,其他当事人依原审诉讼地位列明。”根据该条第1款的规定,一审当事人均上诉的，双方当事人均为上诉人。一般情况下，一方当事人提起上诉的话，对方当事人为被上诉人。若双方当事人都上诉的话，双方当事人既是上诉人又是被上诉人。由于不能将当事人同时列为上诉人和被上诉人，于是作了这样的规定。

第二审中当事人的称谓是一个较为复杂的技术性问题，理解和熟悉这一内容，有助于参与行政诉讼的实践。我们认为，在诉讼当事人的一部分人提出上诉的情况下，被上诉人必须符合两个条件：一是该当事人是上诉人指向的对方当事人，与上诉人的利益不一致或者相反。二是该当事人没有提起上诉。除了上诉人和被上诉人以外，其他当事人按照原审的诉讼地位列明。例如，一审中共有三方当事人，原告、被告和第三人。一审法院作出裁判后，原告和被告均没有提起上诉，但与原审被告利益一致的第三人不服提起上诉。在二审中，原审第三人应当列为上诉人。与上诉人利益不一致的原审原告则应当列为被上诉人，而与上诉人利益一致当事人按原审的地位列为“原审被告”。

（三）关于上诉状、答辩状送达问题

第一，当事人提出上诉，应当按照其他当事人或者诉讼代表人的人数，提出上诉状副本。其他当事人指除上诉方当事人以外的当事人，包括对方当事人以及未上诉的原审第三人等。诉讼代表人这个概念可以作多种理解，可以是法人或者其他组织的法定代表人，也可以是集团诉讼中的诉讼代表人。

第二，对方当事人应当在收到上诉状副本之日起 10 内提出答辩状。对方当事人以外的其他当事人可以在庭审结束前提出陈述意见。

第三，原审法院应当在收到答辩状之日起 5 日内将副本送达当事人。《最高人民法院〈若干解释〉》第 66 条规定，当事人提出上诉，法院应当将上诉状副本送达包括对方当事人在内的其他当事人。因此，对方当事人提出的答辩状应当送达包括上诉人在内的其他当事人。否则，除上诉人和对方当事人以外的其他当事人只接到上诉状，而不能接到答辩状。其他当事人只了解上诉人的上诉理由，而不了解对方当事人的答辩理由，这在程序上是不公平的。

第四，一般情况下，当事人应当向原审法院提出上诉状、答辩状。从《最高人民法院〈若干解释〉》的规定看，当事人主要应当通过原审法院提出上诉。审判实践中，当事人提出上诉一般通过原审法院提交上诉状。我们认为，《最高人民法院〈若干解释〉》没有规定当事人可以直接向上一级法院提出上诉，不等于当事人不能直接向上一级法院提出上诉状。

二、审　理

（一）二审中的几个程序性问题

根据行政诉讼法和《最高人民法院〈若干解释〉》的规定，相对人对法院作出

的不予受理、驳回起诉的裁定不服，可以依法向上一级法院提出上诉。若二审法院认为一审法院的裁定正确，应当作出维持一审裁定的裁定。问题是，若二审法院认为一审法院裁定错误，在撤销一审裁定的同时，应该如何对原告的起诉进行处理。《最高人民法院〈若干解释〉》第 68 条规定："第二审人民法院经审理认为原审人民法院不予受理或者驳回起诉的裁定确有错误，且起诉符合法定条件的，应当裁定撤销原审人民法院的裁定，指令原审人民法院依法立案受理或者继续审理。"

《最高人民法院〈若干解释〉》该条规定主要有三个方面的内容：

第一，二审法院认为一审不予受理或者驳回起诉的裁定确有错误，是指令原审法院立案受理或者继续审理的重要条件。若二审法院不认为一审法院的裁定错误，即使二审法院认为原告的起诉符合条件，法院也不应当裁定撤销原审法院的裁定。这种情形主要出现在法律规范在二审期间发生变化的条件下。

第二，原告的起诉必须符合起诉条件，法院方可指令原审法院立案受理或者继续审理。审判实践中可能出现这样的情况：一审法院的裁定在程序上不合法，但当事人的起诉不符合法定条件。笔者认为，在这种情况下，二审法院可以撤销原裁定，同时，裁定不予受理或者驳回起诉。

第三，在一审裁定错误，当事人起诉符合法定条件的情况下，法院在裁定撤销原审法院裁定的同时，应当指令原审法院立案受理或者继续审理。《最高人民法院〈若干解释〉》未对只满足前述两个条件中的一个条件的情况下，法院应当如何处理的问题作出规定。我们认为，法院可以根据情况，采取以下两种措施：原审裁定程序违法，当事人起诉不符合法定条件的，裁定撤销原审法院裁定，同时，裁定不予受理或者驳回起诉；原审裁定合法，当事人起诉符合法定条件的，裁定确认原审法院裁定合法，同时裁定原审法院立案受理或者继续审理。

《最高人民法院〈若干解释〉》第 69 条对发回重审案件的合议庭组成问题作了规定，该条规定："第二审人民法院裁定发回原审人民法院重新审理的行政案件，原审人民法院应当另行组成合议庭进行审理。"该条的规定与《最高人民法院〈贯彻意见〉》第 78 条的规定一样。这种规定，在有些基层法院很难做到。但是作为一个要求还是很有必要的。1991 年前发布的《最高人民法院〈贯彻意见〉》都对此作了规定，《最高人民法院〈若干解释〉》似乎没有理由不要这一条规定。

关于二审判决的内容问题。《最高人民法院〈若干解释〉》第 70 条规定："第二审人民法院审理上诉案件，需要改变原审判决的，应当同时对被诉具体行政行为作出判决。"从该条的规定中，可以得出这样的结论：二审法院在判决维持一审判决时，无需对被诉具体行政行为作出判决。

(二)遗漏诉讼请求的问题

关于二审法院如何处理原审判决遗漏诉讼请求的问题,《最高人民法院〈若干解释〉》第71条作了详细的规定,主要有以下几个方面的内容:

第一,原审法院遗漏必须参加诉讼的当事人或者诉讼请求的,二审法院应当裁定撤销原审判决,发回原审法院重审。所谓"必须参加诉讼的当事人",主要是指与诉讼标的有利害关系的行政机关、公民、法人或者其他组织。一般情况下,当事人都是必须参加诉讼的,法院应当通知其参加诉讼。当然当事人可以拒绝参加诉讼,并承担可能因不参加诉讼而带来的不利后果。但在有的情况下,有些当事人的利益完全被另外的诉讼当事人所吸收,法院可以通知其参加诉讼,也可以不通知其参加诉讼。例如,某行政机关对某联营企业作出一个具体行政行为,该联营企业不服提起行政诉讼。法院可以通知联营企业各方作为原告参加诉讼,也可以不通知其参加诉讼。因为,联营企业的各方利益完全被联营企业所吸收。

第二,原审判决遗漏行政赔偿诉讼请求的,二审法院经审查认为依法不应当予以赔偿的,应当判决驳回行政赔偿请求。所谓遗漏诉讼请求,是指当事人在诉讼过程中提出了诉讼请求,而法院的判决内容没有涉及当事人的诉讼请求。

第三,原审判决遗漏赔偿诉讼请求,二审法院经审查认为,行政机关应当赔偿当事人损失的,应当确认被诉具体行政行为违法,并就赔偿问题进行调解;调解不成的,则应当就赔偿部分发回重审。对此,有的学者提出不同看法,认为有关行政赔偿调解程序通常应当在一审程序中进行。尽管一审调解和二审调解程序是相同的,但一审调解和二审调解在合议庭组成人员上是有区别的,一审和二审法官的不同可能导致调解结果的不同。两个相同的案件,调解结果可能不相同。在诉讼程序上对相同条件的当事人区别对待同样是诉讼程序上的不平等。就如两个同样的案件,一个在基层法院审理,另一个在最高法院审理,这两个相同案件所耗费的社会资源截然不同。

我们认为,上述观点不无道理。但这是一种只顾诉讼程序公平,而不顾诉讼效率的观点。《最高人民法院〈若干解释〉》之所以规定二审法院直接调解行政赔偿部分的纠纷,主要是出于诉讼经济的考虑。二审法院直接进行调解,有利于尽快解决纠纷。调解与裁判不同。调解结果尽管与主持调解的法官有一定的关系。但调解结论主要是基于当事人的合意而产生的。从理论上讲,主持调解的法官无权决定调解结论。另外,《最高人民法院〈若干解释〉》该条第3款规定了"调解不成的,应当就行政赔偿部分发回重审"。衡量诉讼效率与诉讼程序形式上的公平,《最高人民法院〈若干解释〉》的规定是应当受到支持的。

第四，当事人在二审期间提出行政赔偿诉讼请求的，二审法院可以进行调解。

三、裁　判

根据行政诉讼法的规定，一般情况下，人民法院审理上诉案件，应当在收到上诉状之日起两个月内作出二审裁判。《行政诉讼法》第61条规定："人民法院审理上诉案件，按照下列情形，分别处理：（一）原判决认定事实清楚，适用法律、法规正确的，判决驳回上诉，维持原判；（二）原判决认定事实清楚，但适用法律、法规错误的，依法改判；（三）原判决认定事实不清，证据不足，或者由于违反法定程序可能影响案件正确判决的，裁定撤销原判，发回原审人民法院重审，也可以在查清事实后改判。当事人对重审案件的判决、裁定，可以上诉。"

根据行政诉讼法的规定，二审法院的裁判主要有三种形式：维持判决、改判和发回重审。

（一）维持判决

维持判决，是指二审法院认为原判决认定事实清楚，适用法律、法规正确，作出驳回上诉，维持一审判决的判决。简而言之，二审法院认为一审判决从事实认定到适用法律、法规均正确的，应当作出维持一审的判决。《行政诉讼法》第61条只规定二审法院可以作出维持一审的判决，没有涉及一审裁定事实清楚，适用法律、法规正确的，二审法院应当如何裁判的问题。我们认为，这是行政诉讼法的一个缺陷。在行政诉讼实践中，二审法院认为一审裁定事实清楚，适用法律、法规正确的，应当作出维持一审裁定的裁定。因此，《行政诉讼法》第61条第1项的规定，不但适用于维持一审判决，还适用于维持一审裁定。

（二）改　判

改判，是指二审法院作出改变原判决内容的判决。构成改判条件的主要有两种情形：一是原判决认定事实清楚，但适用法律、法规错误，法院可以直接改判；二是原判决认定事实不清，证据不足，或者由于违反法定程序可能影响案件正确判决的，法院可以在查清事实后改判，可以改变一审法院的判决内容。改判一般只适用于判决，不适用于裁定。行政诉讼实践中经常会遇到，一审判决认定事实清楚，适用法律、法规错误，但一审判决的结论是正确的案件。对于这样的案件，二审法院无法直接援引《行政诉讼法》第61条的规定作出判决。对此，在行政诉讼实践中有两种做法：一种做法是，二审法院作出撤销一审判决的判决，同时，作出一个与一审判决结论相同的判决。另一种做法是，二审法院作出维持一审判决的判决，但在判决书中说明一审判决存在错误。我们认为，一审适用法律、法规错误作出的判决，尽管其结论与适用法律、法规正确作出的判决是一样的，但仍然是一个错误的判决。二审法院还是应当撤销一审判决，重新作出一个新的判决。这种判决从理论上讲，不属于《行政诉讼法》第61条第2项规定的情形。但由于行政诉讼有关判决方式的缺陷，与这种判决最接近的规定是《行政诉讼法》第61条第2项的规定。

(三)发回重审

发回重审，是指二审法院不直接对案件作出判决，而是把案卷退回一审法院，由一审法院重新审理。满足《行政诉讼法》第61条第3项规定中的一个条件，即构成发回重审的条件，一是原判决认定事实不清，证据不足；二是原判决违反法定程序可能影响案件正确判决。从行政诉讼法的有关规定看，发回重审的判决只适用于发回原判决。在行政诉讼实践中，如果一审裁定有《行政诉讼法》第61条第3项规定的问题的，二审法院也可以发回重审。需要说明的是，当事人对重审案件的判决、裁定，可以上诉。

第三节　行政诉讼审判监督程序

一、提起审判监督程序的条件

《行政诉讼法》第63条规定了提起再审程序的条件。该条规定："人民法院院长对本院已经发生法律效力的判决、裁定，发现违反法律、法规规定认为需要再审的，应当提交审判委员会决定是否再审。上级人民法院对下级人民法院已经发生法律效力的判决、裁定，发现违反法律、法规规定的，有权提审或者指令下级人民法院再审。"该条规定了本院院长或者上级法院认为已经发生法律效力的裁判违反法律、法规规定的，可以提起审判监督程序。在行政审判实践中，经常遇到如何理解《行政诉讼法》该条中"违反法律、法规规定"的问题。对此《最高人民法院〈若干解释〉》第72条规定："有下列情形之一的，属于行政诉讼法第六十三条规定的'违反法律、法规规定'：(一)原判决、裁定认定的事实主要证据不足；(二)原判决、裁定适用法律、法规确有错误；(三)违反法定程序，可能影响案件正确裁判；(四)其他违反法律、法规的情形。"

该条第1项规定的"事实"，主要指法院在裁判中认定被告作出具体行政行为的事实，而不是指具体行政行为针对的相对人的行为事实。法院在审查被诉具体行政行为是否合法时，关注的核心应当是，被告如何认定相对人的行为性质并作出相应的具体行政行为的事实。"主要证据不足"这一概念，源于《行政诉讼法》第54条的规定，只是两者指向的对象不一样。

该条第2项规定的"适用法律、法规确有错误"，同样指的是裁判中适用法律、法规错误，而不是被告作出具体行政行为适用法律、法规错误。这一点，似乎比较好理解。对此，有的学者提出这样的问题：法院或者行政机关事实上适用了某个法律条文，但在法律文书中没有引用，是否构成“适用法律、法规确有错误”。我们认为，对行政机关和法院的要求应当有所区别。由于目前法律对行政机关作出具体行政行为的载体（通常为行政法律文书）没有统一的要求，如果行政机关作出的具体行政行为，事实上适用了合法的法律规范，只是在法律文书中未予引用，则可以视为程序上的瑕疵，不认为是适用法律、法规错误。当然这一观点，仅仅是基于目前我国法治条件所作的判断，与严格的法治原则是相冲突的。对于法院裁判的要求则不同。法院作出的裁判不引用相关的法律规范，即使实体上是正确的，也应当视为适用法律、法规错误。因为，在中国目前的法治条件下，对法院作这样的要求并不过分。

该条第 3 项规定，争议比较大。有的学者认为，只要法院的审理与裁判行为违反法定程序，就应当视为违反法律、法规规定，不应以是否影响案件正确裁判为前提。况且，行政诉讼法规定，法院对违反法定程序的被诉具体行政行为应当撤销，为什么还要允许法院违反法定程序。我们认为，《行政诉讼法》第 54 条规定的“违反法定程序”，并不排斥行政机关对程序瑕疵可以补正。我们不能从字面上机械理解这个问题。我们认为，在很多情况下，法院审理案件违反法定程序，是否可能影响案件的正确裁判，是很难判断的。在此款中，还不如引入行政法的术语“程序上的瑕疵”更为合适。该项可以表述为，“违反法定程序，但存在程序上瑕疵的除外”。

二、申请再审的期限和检察机关的地位

再审程序的引起，往往是基于当事人的申诉。行政诉讼法未对当事人申诉的期限作限制。在审判实践中，当事人的申诉一般不受时间限制。《最高人民法院〈若干解释〉》第 73 条对此作了限制。该条规定：“当事人申请再审，应当在判决、裁定发生法律效力后 2 年内提出。”“当事人对已经发生法律效力的行政赔偿调解书，提出证据证明调解违反自愿原则或者调解协议的内容违反法律规定的，可以在 2 年内申请再审。”

该条第 1 款借鉴《民事诉讼法》第 182 条的规定，两者内容完全相同。

该条第 2 款是有关当事人对调解书申请再审的期限的规定。根据该款的规定，当事人对已经发生法律效力的行政赔偿调解书提出再审申请，应当具备两个条件：一是证明调解违反自愿原则；二是证明调解协议的内容违反法律规定。否则，即使在调解书发生法律效力的 2 年内，也不能申请再审。作此规定，主要是基于行政赔偿的调解是各方当事人自愿协商形成的，当事人提出再审，

实际上相当于对自愿达成的协议的反悔。因此，原则上不允许当事人对行政赔偿调解书提出再审申请。

关于法院在接到当事人的再审申请后，应当如何进行审查和处理的问题。《最高人民法院〈若干解释〉》第 74 条规定："人民法院接到当事人的再审申请后，经审查，符合再审条件的，应当立案并及时通知各方当事人；不符合再审条件的，予以驳回。"审判实践中，法院驳回当事人再审申请往往采用通知的形式。

关于检察机关提出抗诉的问题，《最高人民法院〈若干解释〉》第 75 条规定："对人民检察院按照审判监督程序提出抗诉的案件，人民法院应当再审。""人民法院开庭审理抗诉案件时，应当通知人民检察院派员出庭。"

《最高人民法院〈若干解释〉》对检察院提出抗诉作上述规定，主要依据有两个：一是《行政诉讼法》第 10 条规定，"人民检察院有权对行政诉讼实行法律监督"。二是《行政诉讼法》第 64 条规定，"人民检察院对人民法院已经发生法律效力的判决、裁定，发现违反法律、法规规定的，有权按照审判监督程序提出抗诉"。

从理论上讲，我们反对检察院在行政诉讼中拥有抗诉权。检察院行使抗诉权与行政诉讼的基本理论是相冲突的。但基于行政诉讼法已经规定了检察机关的抗诉权，我们还是有必要讨论一下检察机关如何行使抗诉权的问题。根据《最高人民法院〈若干解释〉》的规定，只要检察院提出抗诉，法院就应当进行再审，这一规定与民事诉讼法的规定基本相同。《最高人民法院〈若干解释〉》该条第 2 款的规定与《民事诉讼法》第 190 条的规定在文字表述上略有不同。《民事诉讼法》规定的是"人民检察院提出抗诉的案件，人民法院再审时，应当通知人民检察院派员出席法庭"。而《最高人民法院〈若干解释〉》规定的是"派员出庭"。"出庭"与"出席法庭"文字上的含义不同。"出庭"往往指的是当事人到法庭参加诉讼。而"出席法庭"可以作两种理解：一种理解是，检察院派员作为当事人之一参加诉讼；一种理解是，检察院派员在法庭旁听席上就座。在行政审判实践中，检察院参加诉讼会带来很多问题。一是，检察院是否可以收集证据，检察机关参与收集证据是否可能免除行政机关的举证责任。例如，在庭审的过程中，行政机关不能对其作出的具体行政行为举证，法院应当判决行政机关败诉，而检察机关却可能举出证明行政机关具体行政行为合法的证据。二是，检察机关提出抗诉往往是基于当事人的申诉，检察机关在诉讼过程中一般站在一方当事人的角度发表诉讼意见，这对于对方当事人而言显然是不公平的。三是，检察机关发表抗诉词后，其他当事人可能会发表反驳意见。法庭若不允许检察机关答辩，将可能使检察机关的抗诉失去意义；若允许检察机关答辩，将导致诉讼当事人关系的混乱。因此，总的来说，检察机关参加诉讼是一件非常尴尬的事情。有的法院反映，连检察员在法庭上的位置摆设都成问题。之所以出现这些问题，主要是因为，检察院的抗诉行为与其职责自相矛盾。检察院是国家的公诉机关。在刑事诉讼中，检察院代表国家行使对罪犯的追诉权。而在行政诉讼中，法院对被诉具体行政行为的合法性进行审查，由认为自身合法权益被行政机关的具体行政行为侵害的公民、法人或者其他组织提起行政诉讼，并参加诉讼。法律没有必要赋予检察机关提出抗诉的权力。因此，我们认为，在行政诉讼法已经赋予检察机关抗诉权的情况下，应当尽量限制检察机关在行政诉讼过程中的活动范围。一般情况下，在检察机关发表抗诉词之后，法庭应当让其退出审判区，不宜让其参加法庭的调查和辩论。

三、再审裁判的效力及相关程序性问题

（一）再审裁判的效力

法院通过审判监督程序所作的裁判的效力，依再审案件的性质不同而有所区别。《最高人民法院〈若干解释〉》第 76 条规定："人民法院按照审判监督程序再审的案件，发生法律效力的判决、裁定是由第一审人民法院作出的，按照第一审程序审理，所作的判决、裁定，当事人可以上诉；发生法律效力的判决、裁定是由第二审人民法院作出的，按照第二审程序审理，所作的判决、裁定是发生法律效力的判决、裁定；上级人民法院按照审判监督程序提审的，按照第二审程序审理，所作的判决、裁定是发生法律效力的判决、裁定。""人民法院审理再审案件，应当另行组成合议庭。"

《最高人民法院〈若干解释〉》该条的规定源于《民事诉讼法》第 186 条的规定。该条第 1 款规定包含三个方面的内容：

法院按照审判监督程序再审案件，是针对第一审法院作出的生效裁判的，再审时，应当按照第一审程序审理，当事人对法院通过再审程序所作的裁判不服，可以提出上诉。

法院按照审判监督程序再审案件，是针对第二审法院作出的生效裁判的，再审时，应当按照第二审程序审理，作出的裁判为生效裁判，当事人不服，不得提出上诉。

上级法院认为下级法院的生效裁判错误，按照审判监督程序提审的，应当按照第二审程序进行审理，无论针对的是第一审法院还是第二审法院作出的生效裁判，上级法院通过再审作出的裁判为生效裁判，当事人不服，不得提出上诉。

（二）审判监督的相关程序性问题

《最高人民法院〈若干解释〉》还对审判监督的其他相关程序性问题作了规定。《最高人民法院〈若干解释〉》第 77 条规定："按照审判监督程序决定再审的案件，应当裁定中止原判决的执行；裁定由院长署名，加盖人民法院印章。""上

级人民法院决定提审或者指令下级人民法院再审的，应当作出裁定，裁定应当写明中止原判决的执行；情况紧急的，可以将中止执行的裁定口头通知负责执行的人民法院或者作出生效判决、裁定的人民法院，但应当在口头通知后10日内发出裁定书。”

该条第1款规定，主要是为了解决法院决定再审时，应当裁定中止原判决的执行的问题。

该条第2款规定，主要是为了解决上级法院决定提审或者指令下级法院再审时，应当作出裁定，并且裁定中应当明确中止原判决执行的问题。另外第2款还规定了法院在紧急情况下，可以以口头的方式通知负责执行的法院或者作出原裁判的法院停止执行。该款规定，为法院因情况紧急需要停止执行，而又无法及时作出裁定，以口头形式通知停止执行，提供了法律依据。该款同时规定，该法院应当在口头通知后10日内发出裁定书。我们认为，这一期限的规定，似乎太宽松了。法院既然要提起再审程序，而且发出了停止执行的通知，应当尽快发出裁定书。

关于法院再审中如何对原错误裁判作出处理的问题，《最高人民法院〈若干解释〉》第78条作了规定：“人民法院审理再审案件，认为原生效判决、裁定确有错误，在撤销原生效判决或者裁定的同时，可以对生效判决、裁定的内容作出相应裁判，也可以裁定撤销生效判决或者裁定，发回作出生效判决、裁定的人民法院重新审判。”

该条规定了法院在审理再审案件时，认为原生效判决、裁定确有错误的情况下，应当撤销原生效判决或者裁定。同时，法院可以作出两种处理：一是直接对原生效裁判的裁判对象作出相应的裁判。例如，对原审被诉具体行政行为的合法性作出判决，对原审原告提起的行政诉讼裁定予以受理等。二是法院认为案件事实不清，可以发回作生效裁判的法院重新审理和裁判。对于该条规定，学者们的分歧不大。《最高人民法院〈若干解释〉》的规定为再审法院提供了两种处理方式，符合行政审判实践的基本状况。但《最高人民法院〈若干解释〉》没有规定，何种情况下法院可以直接作出裁判，何种情况下法院应当发回重审。我们认为，对此不宜规定一个具体的标准，而应当视情况而定。通常情况下，若原审裁判的错误只是法律问题的，再审法院可以直接作出裁判。在原审裁判的错误涉及事实问题，再审法院难以对相关的事实问题进行明确的认定，以及原审存在程序性的问题可能影响案件正确裁判的情况下，再审法院应当将案件发回作出生效判决、裁定的法院重审。

关于法院在二审或者再审程序中，认为原审法案受理、不予受理或者驳回起诉错误，应当如何处理的问题，《最高人民法院〈若干解释〉》第79条规定：“人民法院审理二审案件和再审案件,对原审法院受理、不予受理或者驳回起诉错误的,应当分别情况作如下处理:(一)第一审人民法院作出实体判决后,第二审人民法院认为不应当受理的,在撤销第一审人民法院判决的同时,可以发回重审,也可以径行驳回起诉;(二)第二审人民法院维持第一审人民法院不予受理裁定错误的,再审法院应当撤销第一审、第二审人民法院裁定,指令第一审人民法院受理;(三)第二审人民法院维持第一审人民法院驳回起诉裁定错误的,再审法院应当撤销第一审、第二审人民法院裁定,指令第一审人民法院审理。"

根据该条第 1 项的规定,第二审法院认为第一审法院不应当受理行政案件的,应当撤销第一审法院的判决,同时可以将案件发回第一审法院重审,也可以直接作出驳回起诉的裁定。我们认为,有关一审法院是否存在受理错误的问题,二审法院一般能够作出正确的判断,在二审法院有充分的理由认为一审法院受理案件错误的情况下,二审法院应当直接裁定驳回原告的起诉。若二审法院认为有必要让第一审法院继续通过审查确定是否应当受理,则应当发回一审法院重审。但我们认为,基于诉讼经济的考虑,更多的情况下,二审法院应当直接作出驳回起诉的裁定。

根据该条第 2 项的规定,再审法院认为第一审、第二审法院作出的不予受理的裁定错误,应当撤销这两审的裁定,指令第一审法院受理。此项之所以规定再审法院应当指令第一审法院受理,是为了保护当事人的上诉权。我们认为,该项的规定存在一个问题,即第一审法院根据再审法院的指令,受理当事人的起诉后,可能作出驳回起诉的裁定;而当事人为了寻求司法救济,可能再次上诉,并且又可能因为上诉失败,而第二次寻求审判监督程序的救济。因此,在一般情况下,再审法院应当指令第一审法院审理。只有在极个别的情况下,也就是说,只有当事人的诉权还存在疑点,而且第一审、第二审法院不予受理的裁定又是错误的情况下,再审法院才应当指令第一审法院受理。

根据该条第 3 项的规定,再审法院认为第一审、第二审法院驳回起诉的裁定错误,应当撤销第一审、第二审裁定,并指令第一审法院审理。此款规定"指令第一审法院审理",是因为在这种情况下,不存在是否应当受理的问题。我们认为,在审判实践中,该项的内容与第 2 项的内容基本相同。

关于原审法院违反法定程序,再审法院应当裁定发回作出生效裁判的法院重审的情形,《最高人民法院〈若干解释〉》第 80 条规定:"人民法院审理再审案件,发现生效裁判有下列情形之一的,应当裁定发回作出生效判决、裁定的人民法院重新审理:(一)审理本案的审判人员、书记员应当回避而未回避的;(二)依法应当开庭审理而未经开庭即作出判决的;(三)未经合法传唤当事人而缺席判决的;(四)遗漏必须参加诉讼的当事人的;(五)对与本案有关的诉讼请求未予裁判的;(六)其他违反法定程序可能影响案件正确裁判的。”

该条第 1 项的规定包括两种应当回避而没有回避的情形:一是当事人提出回避申请,相关人员应当回避而没有回避;二是当事人没有提出回避申请,相关人员应当回避而没有回避。《最高人民法院〈若干解释〉》有关回避问题的严格规定,与最高法院一再强调的维护司法公正的指导思想是相统一的。

该条第 2 项规定适用于一审和二审。一审案件在没有涉及国家机密以及个人隐私的情况下,一般均应当开庭审理。根据《最高人民法院〈若干解释〉》第 67 条第 2 款的规定,当事人对原审人民法院认定事实有争议的,或者第二审人民法院认为原审人民法院认定事实不清楚的,第二审人民法院应当开庭审理。

该条第 3 项、第 4 项、第 5 项规定的情形,均构成违反行政诉讼的重要法定程序。法院审理案件违反这些重要的法定程序,再审法院应当裁定发回重审。该条第 6 项的规定是一个兜底条款。该项规定有两个层次的含义:一是原审法院违反法定程序;二是对案件的正确裁判可能产生不利影响。需要说明的是,第 6 项的规定不影响第 1 项至第 5 项规定的规范作用,也就是说,法院违反了该条第 1 项至第 5 项的规定,即使不影响案件的正确裁判,再审法院同样应当发回重审。

关于再审案件应当如何遵循审限的问题,《最高人民法院〈若干解释〉》第 81 条规定:“再审案件按照第一审程序审理的,适用行政诉讼法第 57 条规定的审理期限。”“再审案件按照第二审程序审理的,适用行政诉讼法第 60 条规定的审理期限。”这是一条提示性的规定。

关于延长审限的问题,《最高人民法院〈若干解释〉》第 82 条规定:“基层人民法院申请延长审理期限,应当直接报请高级人民法院批准,同时报中级人民法院备案。”《行政诉讼法》第 57 条和第 60 条仅规定基层法院审理行政案件,有特殊情况需要延长审限的,由高级人民法院批准,但未规定是先报中级法院再由中级法院报高级法院批准,还是直接报高级法院批准等具体程序。《最高人民法院〈若干解释〉》第 82 条规定明确了这个问题,基层法院申请延长审限应当直接报高级法院批准,同时还需报中级人民法院备案。

第四节　行政诉讼执行程序

《行政诉讼法》第八章关于执行的内容一共只有两条:第 65 条和第 66 条。《行政诉讼法》第 65 条规定,当事人必须履行法院发生法律效力的判决、裁定。第 66 条规定,行政机关在一定的条件下,可以向法院申请强制执行。这两条内容规定得相当原则。《最高人民法院〈若干解释〉》有关执行的规定主要可以分为两大部分:一部分规定生效裁判文书的执行问题;另一部分规定具体行政行为的执行问题。这种区分是基于行政诉讼法的相关规定。

一、行政判决的执行

根据我国法律的规定,行政判决的执行权力主要在人民法院。人民法院对已生效的行政案件的法律文书,在义务人逾期不履行时,依法可以采取强制措施,使生效法律文书得以实现。中国行政判决的执行具有以下几个方面的特点:一是执行组织主要是人民法院,但在一定条件下也可以是行政机关。根据行政诉讼法的有关规定,行政相对人拒绝履行判决的,行政机关可以申请法院强制执行,自己有强制执行权的,也可以依法强制执行。[8] 被执行人为行政机关,执行组织只能是人民法院,公民、法人或者其他组织不能成为执行组织。二是强制执行的根据是已经生效的法律文书,包括行政判决书、行政裁定书、行政赔偿调解书、行政决定书等。三是行政判决的执行具有强制性。法院可以采取罚款、查封、变卖、划拨、扣押等强制措施,强制被执行人履行行政判决所确定的义务。四是行政判决的义务人自动履行裁判文书所确定的义务,执行程序就无需启动。行政判决的执行程序,只有在义务人逾期拒不履行的条件下才启动。

人民法院要启动执行程序,运用强制权力,促使行政判决确定的义务人履行义务,应当具备以下几个方面的条件:第一,行政判决中具有可执行的内容。如给付财产或实施特定的作为义务。有些裁判确定给义务人的是不作为义务,如法院判决要求被告停止侵害行为,而在判决之后,被告立即停止了侵害行为,则该判决没有可执行的内容。第二,被执行人有能力履行而拒不履行。被执行人不履行行政判决的义务,在客观上分为有能力履行和无能力履行两种。只有在被执行人在客观上有能力履行,而主观上拒不履行时,法院才能对其实施强制执行。第三,当事人在法定保护期限内提出申请。根据最高法院司法解释的规定,申请人是公民的,申请执行生效判决的期限为 1 年,申请人是行政机关、法人或者其他组织的是半年。[9] 当事人逾期提出申请的,法院一般不能行使

---

[8] 《行政诉讼法》第 65 条第 2 款规定:“公民、法人或者其他组织拒绝履行判决、裁定的,行政机关可以向第一审人民法院申请强制执行,或者依法强制执行。”

[9] 《最高人民法院〈若干解释〉》第 84 条规定:“申请人是公民的,申请执行生效的行政判决书、行政裁定书、行政赔偿判决书和行政赔偿调解书的期限为 1 年,申请人是行政机关、法人或者其他组织的为 180 日。申请执行的期限从法律文书规定的履行期间最后一日起计算;法律文书中没有规定履行期限的,从该法律文书送达当事人之日起计算。逾期申请的,除有正当理由外,人民法院不予受理。”

强制执行的权力。

(一)防范判决无法执行的风险的措施

为了防止生效行政判决无法得到执行,最高法院司法解释对财产保全、先予执行的问题专门作出规定。[10] 人民法院采取财产保全措施的条件是,具体行政行为或者法院的生效判决不能或者难以执行。启动财产保全程序的方式有两个:一是当事人的申请;二是法院主动采取财产保全措施。

根据司法解释的规定,人民法院有主动采取强制措施的权力。理由主要有:第一,在有的情况下,法院不采取财产保全措施,将导致公共利益的重大损失。在这种情况下,即使当事人不申请财产保全,法院也应当主动采取财产保全措施。第二,尽管民事诉讼一般仅涉及民事主体的权益问题,但民事诉讼法规定了法院主动采取财产保全措施的权力。行政诉讼一般均涉及公共利益,法院同样应当具有主动采取财产保全措施的权力。但法院采取财产保全措施,应遵循当事人申请为主、主动采取措施为例外的原则,以维护法院的中立地位和形象。

关于先予执行的问题,《行政诉讼法》第 11 条第 1 款第 6 项规定相对人认为行政机关没有依法发给抚恤金的,可以向法院提起行政诉讼。但行政诉讼法未规定对抚恤金案件可以先予执行。随着我国社会保障法律体系的不断完善,有关社会保险金、最低生活保障费的行政案件不断出现。而这类案件往往涉及相对人基本生活条件的问题。因此,有必要对这类案件是否可以先予执行的问题作规定。最高法院司法解释扩大先予执行案件的范围,对于充分及时保护当事人的合法权益十分重要,同时,也符合行政诉讼法的有关规定。

(二)鼓励执行或防止不执行的制度

根据我国行政诉讼法和最高法院司法解释的规定,当事人自动履行行政判决的,则不再进入强制执行程序。由于强制执行必然造成行政判决义务人承担更大的法律责任,因此,从某种意义上讲,这种制度安排本身带有鼓励行政判决义务人自动履行义务的内涵。为防止行政判决得不到执行,法院可以采用协助执行、移交执行和执行回转的方式,使行政判决得到有效执行。

---

〔10〕 最高人民法院《关于执行〈中华人民共和国行政诉讼法〉若干问题的解释》第 48 条规定:"人民法院对于因一方当事人的行为或者其他原因,可能使具体行政行为或者人民法院生效裁判不能或者难以执行的案件,可以根据对方当事人的申请作出财产保全的裁定;当事人没有提出申请的,人民法院在必要时也可以依法采取财产保全措施。""人民法院审理起诉行政机关没有依法发给抚恤金、社会保险金、最低生活保障费等案件,可以根据原告的申请,依法书面裁定先予执行。""当事人对财产保全或者先予执行的裁定不服的,可以申请复议。复议期间不停止裁定的执行。"

协助执行，是指法院和当事人以外的组织和个人协助法院执行行政判决。协助执行人要与执行有关部门和执行案件发生实质性的联系，并参与执行程序。如掌握被执行标的物并协助执行该标的的银行、信用社或者工作单位等，有义务协助执行有关财产。行政判决涉及物件或者票证的，掌握这些物件或者票证的单位或者个人有义务按通知交出这些物件和票证。行政判决涉及财产的手续登记或变更的，这些主管登记的机关或者部门有义务协助法院执行手续登记或者变更。

我国的再执行制度也是防止行政判决不执行的一项重要制度。再执行，是指原执行尚未完成，但在程序上被终结后，由于新的事由出现，须对原来已终结的执行再予以执行。主要的情形有：一是发现新的情况。如原认定被执行人生活困难，无履行能力，从而终结执行，后发现被终结执行人有财产可履行义务的。二是因受到威胁，使申请执行人撤销申请而终结的执行，事后申请提出，如理由正当应予再执行。

（三）对不执行的制裁

对不执行行政判决的行政机关的制裁，主要规定在《行政诉讼法》第 65 条。根据该条规定，人民法院对拒绝履行行政判决、裁定的行政机关，可以采取以下强制执行措施：(1)对应当归还的罚款或者应当给付的赔偿金，通知银行从该行政机关的账户内划拨。(2)在规定期限内不履行的，从期满之日起，对该行政机关按日处 50 元至 100 元的罚款。(3)向该行政机关的上一级行政机关或者监察、人事机关提出司法建议。接受司法建议的机关，根据有关规定进行处理，并将处理结果告知人民法院。(4)拒不履行法院判决、裁定，情节严重构成犯罪的，依法追究主管人员和直接责任人员的刑事责任。此外，人民法院还可以参照《民事诉讼法》第 102 条的规定[11]，对主要负责人或者直接责任人员予以罚款处罚，以促进行政机关执行人民法院的裁判。最高法院司法解释对此问题作了限制，只规定了可以罚款，没有规定可以使用拘留，即只能对行政机关的主要负责人或者直接责任人予以罚款。

对公民、法人或者其他组织不执行法院判决的制裁措施主要有：(1)冻结、划拨被执行人的存款；(2)扣留、提取被执行人的存款；(3)查封、扣押、冻结、拍

〔11〕《中华人民共和国民事诉讼法》第 102 条规定："诉讼参与人或者其他人有下列行为之一的，人民法院可以根据情节轻重予以罚款、拘留；构成犯罪的，依法追究刑事责任：……(六)拒不履行人民法院已经发生法律效力的判决、裁定的。人民法院对有前款规定的行为之一的单位，可以对其主要负责人或者直接责任人员予以罚款、拘留；构成犯罪的，依法追究刑事责任。"

卖、变卖被执行人的财产;(4)强制执行被执行人迁出房屋、拆除违章建筑、退出土地等。

二、具体行政行为的执行

(一)关于申请执行的条件问题

《最高人民法院〈若干解释〉》第86条规定:“行政机关根据行政诉讼法第66条的规定申请执行其具体行政行为,应当具备以下条件:(一)具体行政行为依法可以由人民法院执行;(二)具体行政行为已经生效并具有可执行内容;(三)申请人是作出该具体行政行为的行政机关或者法律、法规、规章授权的组织;(四)被申请人是该具体行政行为所确定的义务人;(五)被申请人在具体行政行为确定的期限内或者行政机关另行指定的期限内未履行义务;(六)申请人在法定期限内提出申请;(七)被申请执行的行政案件属于受理申请执行的人民法院管辖。”“人民法院对符合条件的申请,应当立案受理,并通知申请人;对不符合条件的申请,应当裁定不予受理。”

该条规定的申请条件可以作如下理解:

第一,被申请执行的具体行政行为,根据法律的规定可以由人民法院执行。也就是说,有的具体行政行为,如行政机关有强制执行权,而法律、法规未规定可以申请法院强制执行的具体行政行为,行政机关不得申请法院强制执行。关于行政机关终局裁决的具体行政行为的执行问题。我们认为,如果法律、法规对行政机关终局裁决的具体行政行为是否有权执行未规定,法院可以受理行政机关的申请。法律规定的仲裁行为,同样不受司法审查,但仲裁裁决却由法院执行。行政机关终局裁决的行为,同样可以由法院执行,只要法律没有赋予行政机关强制执行权。否则,这类具体行政行为可能因为无法得到执行而失去意义。当然,对于终局裁决的审查是否采用不同的标准,可以考虑。我们认为,为了尊重法律赋予行政机关的最终裁决权,鉴于行政管理的专业性,应当在对执行申请的审查中,采用审查执行仲裁裁决的标准,不采用对一般具体行政行为的审查标准。这是一个值得进一步探讨的问题。

关于可以申请法院强制执行的具体行政行为的类别,《最高人民法院〈若干解释〉》第87条规定:“法律、法规没有赋予行政机关强制执行权的,行政机关申请人民法院强制执行的,人民法院应当依法受理。”“法律、法规规定既可以由行政机关依法强制执行,也可以申请人民法院强制执行,行政机关申请人民法院强制执行的,人民法院可以依法受理。”

关于法律、法规规定由行政机关强制执行的具体行政行为,法院能否执行的问题,《最高人民法院〈若干解释〉》未作规定。我们认为,从理论上讲,可以由行政机关强制执行的具体行政行为,应当由行政机关执行,但行政诉讼法对此未作明确规定。从《行政诉讼法》第 65 条和第 66 条的表述中,得不出在行政机关有执行权的情况下,若法律、法规规定行政机关可以申请法院执行,法院就应当无条件受理的结论。我们认为,在行政机关有强制执行权的情况下,若法律、法规规定行政机关可以申请法院强制执行,《最高人民法院〈若干解释〉》应该规定,行政机关先行执行。若执行有困难,方可申请法院强制执行。这样对于促进行政机关依法履行职责有积极意义。而根据《最高人民法院〈若干解释〉》的规定,行政机关一般情况下不会主动执行,而会直接向法院申请执行。

第二,被申请执行的具体行政行为应当已经生效并具有可执行的内容。例如,需要经过上级行政机关批准方可生效的行为,未经批准即被申请强制执行,法院不应受理。例如,吊销许可证等具体行政行为,便是不具有强制执行内容的具体行政行为。我们认为,这一项规定有一个技术性的问题。“可执行”的内容,应当理解为“可以强制执行的内容”。因为,这两个概念具有本质的区别。从理论上讲,任何生效的具体行政行为都具有可执行的内容,但不一定具有可以强制执行的内容。行政机关吊销许可证的执行内容,就是义务人应当停止使用许可证进行经营活动。若继续使用,行政机关可以对其采取进一步的强制措施,如给予行政处罚的,但行政机关无法对吊销许可证本身进行强制执行。

第三,申请人是具体行政行为的主体,包括行政机关和法律、法规、规章授权的组织。根据《最高人民法院〈若干解释〉》第 90 条的规定,申请主体还包括具体行政行为的权利人。

第四,被申请人是具体行政行为确定的义务人,强制执行不应当包括义务人以外的第三方。

第五,被申请人在法定期限内未履行义务。这可以分为两种情况:一是被申请人在具体行政行为确定的期限内未履行义务;二是被申请人在行政机关另行指定的期限内未履行义务。后一种情况规定,主要是因为有些具体行政行为在作出之时未作履行期限的规定,而对此另作规定或者另行通知,法院不能由于具体行政行为未规定履行期限而不承认具体行政行为的效力,拒绝受理这类案件。

第六,申请人在法定期限内提出申请。此项规定的法定期限,是指《最高人民法院〈若干解释〉》第 88 条和第 90 条规定的期限。第 88 条规定:“行政机关申请人民法院强制执行其具体行政行为,应当自被执行人的法定起诉期限届满之日起 180 日内提出。逾期申请的,除有正当理由外,人民法院不予受理。”规定申请执行期限的目的,是为了促使行政机关及时申请,保证行政效率。

第七,申请人应当向有管辖权的法院申请执行。

《最高人民法院〈若干解释〉》第 86 条第 2 款，主要解决法院不受理执行申请应当采用的形式的问题。《最高人民法院〈若干解释〉》中用的是“应当裁定不予受理”的表述。这不是一个简单的用语问题，而是充分强调了法院应当对被申请执行的具体行政行为进行审查。

(二)关于审查的权力与标准问题

对于法院是否有权审查行政机关申请执行的具体行政行为，一直有两种不同的观点。一种观点认为，法院有权进行审查，主要理由是，《行政诉讼法》第 1 条确定的立法宗旨是，保护公民、法人和其他组织的合法权益，维护和监督行政机关依法行使行政职权;《行政诉讼法》第 5 条确立了法院审理行政案件对具体行政行为是否合法进行审查的原则。另一种观点认为，行政诉讼法对这个问题没有作明确的规定，仅规定行政机关可以向法院申请强制执行，而未规定法院在执行之前是否可以对其进行合法性的审查，因此，法院只有执行的职责而无审查的权力。《最高人民法院〈若干解释〉》第 93 条明确规定了法院的审查权力:“人民法院受理行政机关申请执行其具体行政行为的案件后，应当在 30 日内由行政审判庭组成合议庭对具体行政行为的合法性进行审查，并就是否准予强制执行作出裁定;需要采取强制执行措施的，由本院负责强制执行非诉行政行为的机构执行。”

此条的核心内容是，法院应当“对具体行政行为的合法性进行审查”。其重要意义是，明确了法院对具体行政行为合法性审查原则的适用范围，更加符合行政诉讼法的立法精神。

在明确了法院应当对被申请执行的具体行政行为进行审查的问题后，需要进一步明确的是审查的标准问题。有的学者认为，对非诉行政案件的审查，应当采用《行政诉讼法》第 54 条确立的标准。有的学者认为，《行政诉讼法》第 54 条的标准过于严格。对已经生效且相对人对其丧失诉权的具体行政行为的审查标准，不应当与诉讼中对具体行政行为的审查标准一样。如果这样，行政诉讼法中关于起诉期限的规定，也就失去意义了。这种规定，不利于行政机关积极行政。

我们认为，对被申请执行的具体行政行为的司法审查，与行政诉讼中的司法审查，所适用的程序应当有较大区别。在这种司法程序中，相对人对被申请的具体行政行为已经丧失诉权，没有设定双方当事人对抗辩论的程序，法院仅通过对行政机关申请执行时提供的材料进行审查，来判断具体行政行为的合法性。因此，在很多情况下，法院无法对被申请执行的具体行政行为作出准确的判断。鉴于程序的限制与合法性审查之间存在的矛盾，只有采取“卷面无错误”的标准，才是切合实际的，并且不会影响行政机关的行政效率。也就是说，法院对被申请执行的具体行政行为的合法性审查,仅限于行政机关提供的相关材料。若审查后,没有发现具体行政行为违法的,则应当裁定予以执行。《最高人民法院〈若干解释〉》第96条有关审查标准的规定基本上采用了"卷面无错误"的标准:"被申请执行的具体行政行为有下列情形之一的,人民法院应当裁定不准予执行:(一)明显缺乏事实根据的;(二)明显缺乏法律依据的;(三)其他明显违法并损害被执行人合法权益的。"

根据该条的规定,被申请执行的具体行政行为若存在三个问题之一的,法院应当裁定不予执行:一是被申请执行的具体行政行为对相对人违法的行为事实的认定不清。从行政机关提供的相关证据中,明显看不出相对人违法行为事实的,法院不应当执行。二是被申请执行的具体行政行为明显适用法律、法规错误,明显违反法定程序,明显超越职权和滥用职权。三是其他明显违法并损害被执行人合法权益的情形。关于该条第3项是否应当包括"行政处罚显失公正"的问题,有的学者点认为,应当包括行政处罚显失公正,因为《行政诉讼法》第54条规定了行政处罚显失公正,构成法院撤销的条件。另一种观点认为,此项规定不应当包括行政处罚显失公正的内容。因为,行政处罚显示公正是指行政机关在法定的处罚幅度内的处罚明显不公正,属于不合理的范畴。

我们同意前者的观点,尽管在理论上,对于行政处罚显失公正是否构成违法有两种不同的理解。但我国行政诉讼法确立了法院对具体行政行为合法性进行审查的原则。《行政诉讼法》第54条规定的"显失公正",是法院进行合法性审查的标准之一。因此,对行政处罚是否显失公正的审查,是一种合法性审查。第95条的规定包括了行政处罚显失公正的情形。

第五节　行政赔偿诉讼

《行政诉讼法》和《国家赔偿法》中规定,公民、法人或者其他组织的合法权益受到行政机关及其工作人员行使行政职权的行为侵犯造成损害的,有权请求赔偿。因此,人民法院在审理行政案件中,如果原告提出行政赔偿诉讼的,人民法院不仅应当审查被诉具体行政行为的合法性,而且还应当审查有关行政赔偿的问题。

一、行政赔偿诉讼的内容和顺序

(一)行政赔偿诉讼的内容

从人民法院审查的角度看,行政赔偿诉讼主要内容包括:原告是否具有行政赔偿请求人的资格和超过赔偿时效，被告是否是适格的赔偿义务机关，请求赔偿的行为是否属于行政赔偿的范围等问题。在查清这些事实后，根据国家赔偿法规定确定是否赔偿和赔偿的方式及其数额。

(二)行政赔偿诉讼的顺序

按照提出行政赔偿请求的方式来划分，行政侵权赔偿案件可分为一并提出的方式和单独提出的方式两类。因这两类案件在审查的内容上有所不同，所以审理的顺序亦有所不同。

1.一并提出的方式

所谓一并提出的方式，是指行政相对人在请求人民法院撤销或者变更具体行政行为的同时，要求行政机关对其所造成的损害进行赔偿。行政相对人一并提出的，提出行政赔偿可以在行政诉讼时一并提出；也可以在提出行政诉讼过程中提出。要求行政赔偿可以是具体行政行为所造成的损害；也可以是行政机关在作出具体行政行为的过程中，其他违法行使职权的行为所造成的损害。对一并提出的，人民法院应当分别立案。“分别立案”，是指对一并提起两个诉讼请求的案件，应当按照年度、审级、一案一号的原则单独立案，并形成独立卷宗；如果法院审查，认为可以合并审理的案件，应当将已经单独立案的两个案件退回立案登记处销案，并对需要合并审理的两个案件作为一案重新立案编号。法院根据具体情况可以合并审理，也可以单独审理。无论是合并审理，还是单独审理，人民法院均应当先审查被诉具体行政行为的合法性问题，在基本查清有关具体行政行为合法性后或者作出判决后，再审查其他行使职权的行为是否违法，最后审查有关行政赔偿的问题。

2.单独提出的方式

所谓单独提出的方式，是指在行政机关及其工作人员行使职权的行为已被确认为违法，或行政机关拒绝确认其或者其工作人员非具体行政行为的其他行使职权的行为的合法性的情况下，行政相对人仅就赔偿问题向人民法院提出诉讼请求的案件。

被确认为行使职权的行为违法主要有以下三种形式：一是主管行政机关或者人民法院的处理决定或者判决撤销或者部分撤销或者变更具体行政行为，或确认具体行政行为违法；二是主管行政机关或者人民法院的裁决或者判决维持了行政机关的具体行政行为，但确认其工作人员实施的其他行使职权行为违法；三是行政机关的处理决定认定行政机关及其工作人员在执行职务中实施了其他违法行为。对已被确认为行使职权的行为违法的侵权赔偿案件，人民法院不对行政机关及其工作人员行使职权的行为是否合法的问题进行审查，只审查有关行政赔偿的问题。

行政机关拒绝确认行使职权行为违法的情形有两种：一种是行政相对人请求行政机关确认行政机关及其工作人员其他行使职权的行为违法，行政机关作出决定认为不存在违法的问题；另一种是行政机关收到行政相对人请求确认行政机关及其工作人员其他行使职权的行为违法，接到申请的行政机关在两个月内，不给予答复的。人民法院应当先对行政机关及其工作人员其他行使职权的行为是否合法进行审查，经审查若确认行政机关及其工作人员行使职权的行为合法，对有关行政赔偿的问题也就没有必要再进行审查；若确认为违法，再对有关行政赔偿的问题进行审查。

二、行政赔偿诉讼的调解程序

《行政诉讼法》第 67 条明确规定，行政赔偿诉讼可以适用调解。这是行政赔偿诉讼与行政诉讼的重要区别之一。之所以这样规定，是因为赔偿诉讼的原告有权放弃或处分自己的赔偿请求，被告有一定的自由裁量的余地，适用调解有利于及时解决行政赔偿争议，尽快地稳定行政法律关系。但调解不是人民法院审理行政赔偿案件的必经程序，人民法院必须在征得双方当事人同意调解的前提下，才能进行调解。一方当事人不同意调解的，人民法院不能适用调解。当事人同意调解，但在人民法院主持调解中，达不成协议的，人民法院应当及时判决，不能久拖不决。人民法院调解必须坚持在查明事实、分清是非的基础上进行，绝不能采取不分是非的和稀泥的方式进行。因原告有处分自己赔偿请求的权利，被告是代表国家给予赔偿，不能违背国家的有关规定，所以人民法院对原告同意低于法律规定的赔偿标准达成的协议应当允许；对高于法律规定的赔偿标准达成的协议不能允许。

三、行政赔偿请求人的资格

行政赔偿请求人，是指行政机关及其工作人员违法行使行政职权行为侵害了合法权益，依据法律规定具有向行政机关请求赔偿权利的公民、法人和其他组织。

根据《国家赔偿法》第 6 条的规定，行政赔偿请求人应具备以下三个条件：

第一，请求人合法权益受到行政机关及其工作人员违法行使职权的行为的侵害并造成实际损害后果。

第二，以自己的名义提出行政赔偿请求。向有关机关请求行政赔偿的公民、法人或者其他组织只能以自己的名义提出，以其他人的名义提起行政赔偿请求的人，不是行政赔偿请求人，而是行政赔偿请求人的委托代理人。

第三，受行政赔偿义务机关或者人民法院就行政赔偿问题所作出的裁决、判决的约束。

人民法院如果在立案审查时，发现原告超过法定赔偿期限，提起行政赔偿诉讼的，应当裁定不予受理行政赔偿；如果在受理后发现的，应当裁定驳回行政赔偿起诉。

四、行政赔偿的适格主体

赔偿主体在国家赔偿法中，是指国家，即由国家承担赔偿责任。国家是一个抽象的实体，为行使管理国家事务的公共权力，需要设立有关各类、各级国家机关代替其行使各类公共权力。这些国家机关行使公共权力的过程中发生侵犯公民、法人和其他组织合法权益的违法行为，原则上由国家承担赔偿责任。然而，正由于国家是一个抽象的实体，其赔偿责任就应有一个具体的国家机关代替其承担赔偿义务。因此，赔偿义务机关实际上是代行国家承担具体赔偿责任的机关。行政机关及其工作人员违法行使行政职权的行为并造成实际损害结果的，应由谁来作为行政赔偿义务机关呢？

《国家赔偿法》第 7 条、第 8 条明确规定了六种不同情况下的行政赔偿义务机关。其中前一种为在一般情况下的行政赔偿义务机关，后五种为在特殊情况下的行政赔偿义务机关。

（一）在一般情况下的行政赔偿义务机关

《国家赔偿法》第 7 条第 1 款规定："行政机关及其工作人员行使行政职权侵犯公民、法人和其他组织的合法权益造成损害的，该行政机关为赔偿义务机关。"根据该款的规定，在一般情况下，行政机关及其工作人员在行政管理活动中，违法行使行政职权的行为，造成公民、法人或者其他组织合法权益损害结果的，由该行政机关作为赔偿义务机关。应当指出，人民法院对行政机关依据《行政诉讼法》第 66 条的规定申请人民法院强制执行的具体行政行为的案件，只对申请执行的具体行政行为形式要件进行审查，不对其合法性进行全面审查。这类案件的具体行政行为由于据以执行的根据错误而发生行政赔偿的，造成侵害结果的发生责任是申请执行的行政机关，而不是人民法院。所以行政机关赔偿义务机关应当是申请强制执行的行政机关，而不应是人民法院。

（二）在特殊情况下的行政赔偿义务机关

行政机关及其工作人员在特殊情况下，违法行使行政职权的行为，造成公民、法人或者其他组织合法权益损害结果的，法律规定这一承担赔偿责任的行政机关，称之为特殊行政赔偿义务机关。具体有以下五种：

1. 致害行为是两个以上行政机关共同所为的行政赔偿义务机关

根据《国家赔偿法》第 7 条第 2 款的规定，两个以上行政机关共同行使行政职权时，侵犯公民、法人或者其他组织的合法权益造成损害的，共同行使行政职权的行政机关为共同赔偿义务机关。

2.致害主体为法律、法规授权的非行政机关的组织的赔偿义务机关

根据《国家赔偿法》第7条第3款的规定，法律、法规授权的组织在行使授予的行政权力时侵犯公民、法人或者其他组织的合法权益造成损害的，被授权的组织为赔偿义务机关。这里所讲的"授权"，是专指法律、法规明确将某项行政职权直接授予某类组织行使。如果该组织实施的侵权行为与法律、法规的授权无关，国家不承担该侵权行为的赔偿责任，受害人应当根据民法通则的规定向该组织请求民事赔偿。

3.致害主体为行政机关委托的组织或者个人的赔偿义务机关

根据《国家赔偿法》第7条第4款的规定，受行政机关委托的组织或者个人行使受委托的行政权力时侵犯公民、法人和其他组织的合法权益造成损害的，委托的行政机关为赔偿义务机关。之所以这样规定，是因为接受委托人行为是根据委托人的要求并以委托的行政机关的名义作出的，该行为所产生的法律后果亦应由委托的行政机关承担，因此委托的行政机关应当是该类侵权行为的赔偿义务机关。这里需要注意两个问题：一是不管行政机关的委托是否合法，都应以委托的行政机关为赔偿义务机关；二是受委托的组织或个人实施的侵害行为与委托的职权无关，国家不承担赔偿责任，由此引起的赔偿责任应当由该组织或个人承担。

4.赔偿义务机关被撤销的情况下的赔偿义务机关的确定

根据《国家赔偿法》第7条第5款的规定，赔偿义务机关被撤销的，继续行使其职权的行政机关为赔偿义务机关；没有继续行使其职权的行政机关的，撤销该赔偿义务机关的行政机关为赔偿义务机关。

5.经过复议的行政侵权行为的赔偿义务机关

根据《国家赔偿法》第8条的规定，经过复议机关复议的，最初造成侵权行为的行政机关为赔偿义务机关，但复议机关加重损害的，复议机关对加重的部分履行行政赔偿义务。如果原告只对最初造成侵权行为的行政机关提起行政赔偿诉讼，没有对复议机关提起赔偿诉讼，可以免除复议机关的赔偿责任。如果只对复议机关提出赔偿，没有对最初行政机关提出行政赔偿，可以免除最初行政机关的赔偿责任。

只有具备赔偿义务机关资格的，才能作为行政赔偿诉讼的被告。反之，则不能成为行政赔偿诉讼的被告。人民法院经审理发现原告提起行政赔偿诉讼的被告错误，可以征得原告的同意后变更被告，原告拒绝变更的，应当驳回其赔偿诉讼请求。

五、行政侵权赔偿责任

行政侵权赔偿责任，是指行政机关及其工作人员的执行行政职务的行为违法，并给公民、法人或者其他组织的合法权益造成损害，由行政机关承担以金钱赔偿为主要方式的法律责任。

行政侵权责任是行政赔偿的前提，是人民法院审理行政赔偿案件的主要内容。根据《国家赔偿法》的规定，行政侵权赔偿责任由以下五个要件构成：

（一）侵权的主体必须是行政机关及其工作人员

行政赔偿是解决行政机关及其工作人员违法行使行政职权行为的赔偿问题。因此，只有在侵权主体是行政机关及其工作人员的前提下，才可能引起行政赔偿。非行政机关以外的权力机关、审判机关、检察机关、企事业单位、人民团体、普通公民等所实施的行为不可能引起行政赔偿。这里所讲的"行政机关"，应作广义上的理解，它不仅包括行政机关本身，而且还包括法律法规授权的组织、行政机关委托的组织。"行政机关工作人员"不仅包括在行政机关担负与该机关职权有直接关系的一定职务的人员，也包括行政机关行使职权而委托、聘用的人员。也就是说，并不是行政机关所有的工作人员实施的侵权行为，行政机关都要承担行政赔偿责任；也并不是行政机关不在编的人员实施的侵权行为，行政机关一律都不承担赔偿责任。不负有管理国家行政事务职务的人员，如清洁工等实施的侵权行为，行政机关不承担赔偿责任。行政机关不在编但受行政机关委托、聘用的人员在实施受委托的职权时发生的行为，也有产生行政机关承担赔偿责任的可能性。

（二）侵权行为必须是在行使行政职权中发生的行为

行使行政职权的行为应当理解为管理国家公共事务的职权。也就是说，只有在侵权行为是在行使管理国家公共事务职权过程中发生的，或与行使管理国家公共行政事务职权有直接关系的情况下，受害人才能依照国家赔偿法请求行政赔偿。行政机关及其工作人员与行使职权无关的个人行为，给他人的合法权益造成损害的，受害人不能根据国家赔偿法的规定请求赔偿，只能根据民事法律规范的规定，向该工作人员个人请求民事赔偿。应当指出。并不是行政机关及其工作人员实施的所有行使管理国家公共事务职权的行为造成损害的，受害人均可以请求行政赔偿。同时，还必须是在国家赔偿法规定的范围内的侵权行为，才能请求行政赔偿。

（三）致害行为必须是违法的

行政机关及其工作人员行使行政职权的行为必须是违法的，才有可能产生行政赔偿;合法行使行政职权的行为造成损害的,行政机关不承担行政赔偿责任,而是根据有关法律、法规的规定,给予受损害人一定的补偿。也就是说,行政机关及其工作人员行使职权的行为违法,是构成行政侵权赔偿责任不可缺少的要件之一。这里所讲的"违法",不仅包括具体行政行为主要证据不足、适用法律法规错误、违反法定程序、超越职权、滥用职权、不履行法定职权等六种形式,而且还包括行政机关及其工作人员非具体行政行为的行使职权的行为。如在行政管理活动中,违反有关法律、法规的规定,损害行政相对人人身权、财产权等。

(四)必须存在法定的损害事实

行政侵权责任是以金钱赔偿为主要形式的行政法律责任,所以,损害事实的存在是其必不可少的构成要件。否则,赔偿便无从谈起。这里所讲的"法定的损害事实"包含以下两个方面的内容:第一,被损害的利益必须是合法权益。公民、法人和其他组织的合法权益国家应当予以保护,非法权益本身就不是其应当享有的权益,故国家不应当给予保护。因此,行政机关及其工作人员违法行使行政职权的行为造成公民、法人或者其他组织合法权益损害的,国家才有可能承担行政赔偿责任;如果受到损害的是不法利益、不当得利等不受法律保护的权益,国家不承担行政赔偿责任。第二,被损害的利益只限于生命健康权和实际财产权。行政赔偿所支付的赔偿金都是纳税人所缴纳的税款。因此,在确定国家赔偿的范围时既要考虑保障受损害的公民、法人或者其他组织的合法权益,同时也要考虑到纳税人缴纳的税款有效使用的问题。从我国的实际情况考虑,国家赔偿法将国家赔偿的范围确定在"生命健康权"和"实际财产权"的范围之内,对名誉权、名称权、难以直接用金钱计算的权益的损害原则上不予以赔偿。

(五)违法的行使职权的行为与损害事实存在法律上的因果关系

违法的行使职权的行为与损害事实之间存在因果关系也是构成行政侵权赔偿责任的要件之一。这里所讲的"因果关系",是指违法的行使职权的行为与损害的事实之间存在必然的内在的联系。违法的行使职权的行为发生在前,并且是必然决定损害结果的发生。在审查分析"因果关系"时,要防止把一般的先后关系当作因果关系。尽管,原因与结果之间存在先后顺序的问题,但有先后顺序的事务并不一定都是因果关系。违法的行使职权的行为在前,同时必然会造成某种损害结果发生的,应当认定为存在着因果关系;若仅违法的行使职权的行为在前,但结果可能是多样的,并不一定必然会造成某种损害结果发生的,不能认定为存在着因果关系。

行政侵权赔偿责任的五个构成要件相互联系,密不可分,缺少其中任何一个要件的，均不构成行政侵权赔偿责任。

六、行政赔偿范围

根据我国的法律规定，并不是行政机关所有的违法行使职权的行为，都构成行政侵权责任。构成行政侵权责任的行使职权的行为，必须是在国家赔偿法规定的行政赔偿范围内，国家承担行政赔偿的侵权行为。

所谓行政赔偿范围，是指行政机关及其工作人员在行政管理活动中，行使哪些行政职权的行为，给公民、法人或者其他组织的哪些合法权益造成损害的，应由行政机关承担赔偿责任；哪些行使行政职权的行为，可以免于承担赔偿责任。

（一）国家承担行政赔偿责任的行为

根据《国家赔偿法》第 3 条和第 4 条的规定，行政机关及其工作人员行使职权时，有下列侵犯人身权、财产权情形之一的，受害人有取得赔偿的权利：

1. 违法行政拘留或者采取限制公民人身自由的行政强制措施

行政拘留是指公安机关、安全机关对违反治安、安全行政法律规范，不构成刑事犯罪的行为人，在短期内限制其人身自由的一种制裁。限制公民人身自由的行政强制措施，指行政机关及其工作人员为实现行政管理目的，依职权采取强制手段限制特定的公民人身自由的行为。如劳动教养、收容教育、扣留走私嫌疑人、强制隔离治疗、强制戒毒等等。行政机关及其工作人员实施的行政拘留和限制公民人身自由行政强制措施，必须符合有关法律、法规规定，凡是违反法律、法规的规定，均属于违法行政职权的行为。由此给行政相对人人身自由造成的损害，行政机关应当承担赔偿责任。

2. 非法拘禁或者其他方法非法剥夺公民人身自由

非法拘禁，是指行政机关及其工作人员在行政管理活动中，采取非法手段剥夺特定的公民的人身自由的行为。其他方式非法剥夺公民人身自由的行为，是指行政机关及其工作人员在行政管理活动中，在没有法律、法规依据的情况下，以非法拘禁以外的强制方法限制公民自由活动的行为，如违法不准参加某些社会活动、不准离开一定地区、外出必须经批准，等等，则是非法剥夺公民人身自由的行为。以上两种非法剥夺公民人身自由的行为，使公民人身自由权受到损害的，行政机关亦应承担赔偿责任。

3. 以殴打等暴力行为或者唆使他人以殴打等暴力行为造成公民身体伤害或者死亡

所谓暴力行为，是指行政机关工作人员在行政管理活动中，故意对某公民实施殴打、捆绑、吊打等暴力行为。所谓唆使他人实施暴力行为，是指行政机关工作人员在行政管理活动中,以授意、劝说、怂恿、利诱、威胁或者其他方法教唆他人对某公民实施暴力行为。值得注意的是,行政机关工作人员在行政管理活动中,实施暴力行为或者唆使他人实施暴力行为,并不一定都要行政机关承担赔偿责任,只有在同时造成公民身体伤害或者死亡的,才承担赔偿责任。

4.违法使用武器、警戒造成公民身体伤害或者死亡

这里所讲的武器和警戒包括:枪支、警棍、警笛、手铐、警绳和其他批准列装的武器和警戒。行政机关工作人员违法使用武器、警戒的行为有三种:一是法律、法规没有授权使用武器、警戒的行政机关工作人员擅自使用武器、警戒;二是在法律、法规规定可以使用武器、警戒的情形没有发生的情况下,使用武器、警戒;三是违反法律、法规规定的要求使用武器、警戒。行政机关工作人员在执行公务时,违法使用武器、警戒;并造成公民人身伤害或者死亡的,行政机关应承担赔偿责任。

5.造成公民身体伤害或者死亡的其他违法行为

造成公民身体伤害或者死亡的其他违法行为,是指排除上述四类违法行使行政职权的行为以外,行政机关及其工作人员在行政管理活动中,造成公民身体伤害或者死亡结果发生的违法行使行政职权的行为。它包括,行政机关及其工作人员对某公民进行威胁、恐吓,不给饭吃、不让穿衣、不许睡觉,有病不让治疗,噪音干扰,等等。

6.违法实施有关财产方面的行政处罚

有关财产方面的行政处罚,是指行政主体对违反行政管理法律规范的公民、法人或者其他组织,给予的经济上的制裁。如罚款、吊销许可证和执照、暂停被许可的活动、没收违法所得、限期整顿、限期治理,等等。行政机关违法实施有关财产方面的行政处罚,并给行政相对人合法财产权造成损害的,受害人均有权取得国家赔偿。

7.违法对财产实施的行政强制措施

限制财产权的行政强制措施,是指行政主体为实现行政管理目的,依行政职权限制公民、法人或者其他组织对其财产权的行使,或要求其履行有关财产方面的义务。如查封、扣押、冻结、划拨、扣缴、抵缴,等等。行政机关违反法律、法规的规定实施的有关财产的行政强制措施,给行政相对人合法财产造成损害的,应当承担行政赔偿责任。

8.违法征收财产、摊派费用

征收财产是指行政主体依照法律、法规的规定,向公民、法人或者其他组织收取金钱,或将其财物收归国有。如征收税款、征收规费、征用土地、征收物品,等等。行政机关违法征收财产,给公民、法人或者其他组织合法权益造成损害

的，应承担赔偿责任。摊派费用，是指行政机关及其工作人员在法律、法规规定以外，以任何方式要求公民、法人或者其他组织提供财力、物力和人力的行为。行政机关在没有法律、法规依据的情况下，要求公民、法人或者其他组织履行义务，实质上是对他们的合法财产权的一种侵犯，由此给他们造成的损失理所当然地应予以赔偿。

9. 造成财产损害的其他违法行为

除上述三种侵害财产权违法行使行政职权行为以外，行政机关及其工作人员在行政管理活动中，违法行使职权的行为，给公民、法人或者其他组织合法财产权造成损害的行为，称为造成财产损害的其他违法行为。它包括，行政机关及其工作人员强制企业合并、联营、分立，非法强迫转让商标权、专利权、著作权，等等。

（二）国家不承担赔偿责任的情形

根据《国家赔偿法》第 5 条的规定，属于下列三种情形之一的，行政机关不承担赔偿责任：

1. 行政机关工作人员与行使职权无关的个人行为

行政机关工作人员行使职权的行为应具备三个要件：(1)行为的主体必须是行政机关工作人员及行政机关委托行使行政职权的公民或者委托的组织的工作人员和法律、法规授权的组织的工作人员；(2)实施的行为必须以行政机关或者法律、法规授权的组织的名义实施；(3)实施的行为必须是由行政机关或者法律、法规授权的组织授予其行使该项行政职权的行为，并在其工作时间内进行的。行政机关工作人员实施行政紧急处置职权，不受工作时间限制。行政机关工作人员的行为缺少这三个要件中的任何一个，均不属于行使行政职权的行为，而是属于与行使职权的行为无关的个人行为。据此，这类行为给公民、法人或者其他组织合法权益造成损害的，应由其个人承担，国家不承担赔偿责任。

2. 因公民、法人或者其他组织自己的行为致使损害发生的

行政机关及其工作人员在行政管理活动中，因违法行使行政职权的行为给公民、法人或者其他组织合法人身权、财产权造成损害的，行政机关承担赔偿责任，是国家赔偿法中的一项基本原则。公民、法人或者其他组织自己的行为所造成的损害，因不是违法行使职权的行为所造成的，故国家不能承担赔偿责任。

适用这一原则，在实践中，应注意以下几个问题：(1)因行政机关对违法行为人的行政处罚畸重，致使行政相对人合法权益受到损害的，因加重处罚部分的损害完全是由行政机关造成的，被处罚人的过错只是违反法律规范的过错，所以行政机关应承担加重处罚部分给予违法行为人合法人身权、财产权造成损害的赔偿责任。(2)行政机关及其工作人员因违法行使行政职权的行为给公

民、法人或者其他组织的合法权益造成损害，但受害人对该项损害结果也有过错的，应适当减轻或者免除国家赔偿责任。例如，因受害人隐瞒重要证据而致使行政机关作出错误的具体行政行为。受害人应对隐瞒重要证据的行为承担责任，行政机关及其工作人员应对没有认真查清事实承担责任。双方均有过错，故应按照各自责任的大小分担责任。(3)行政机关及其工作人员因违法行使行政职权的行为，给公民、法人或者其他组织合法权益造成损害，虽然被损害人没有过错，但是在损害发生后，被损害人故意或者过失怠于依法规定的方式进行补救或者寻求救济。对于因此而造成的损害，国家不承担赔偿责任。具体来讲有两种：一是行政相对人因行政机关及其工作人员违法行使行政职权的行为受到损害，应当及时采取措施防止损失扩大，而没有采取措施致使损失扩大，行政相对人无权就扩大损失部分要求赔偿。二是受害人在法律规定的请求赔偿时效内未提出行政赔偿请求，从而丧失了请求赔偿的权利。(4)因第三人的过错造成损害的，国家不承担赔偿责任。(5)行政机关及其工作人员违法行使职权的行为造成公民、法人或者其他组织合法权益损害，又因第三人的行为导致损害的扩大，对扩大部分，行政机关不承担赔偿责任。

3. *法律规定的其他情形*

法律规定的其他情形，是指除以上两种情形以外，我国法律明确规定的国家不承担赔偿责任的其他情形。这里所讲的“法律”应作狭义理解，是特指全国人民代表大会及其常务委员会依照法定程序制定、通过和颁布的具有普遍约束力的规范性文件。它不包括行政法规、地方性法规及行政规章。换言之，行政法规、地方性法规和行政规章不能规定国家不承担赔偿责任的其他情形。

七、行政赔偿方式和数额确认

人民法院经审理认定原告具有赔偿请求人的资格及未超过赔偿时效、被告是适格的赔偿义务机关和请求赔偿的行为应当承担行政侵权赔偿责任的，如果双方当事人同意调解的，审判人员可以在国家赔偿法规定的赔偿方式、赔偿标准内进行调解；一方或者双方当事人不同意调解或者调解达不成协议的，人民法院应当依法确定赔偿方式、赔偿数额。

(一)行政赔偿的方式

《国家赔偿法》第25条规定：“国家赔偿以支付赔偿金为主要方式。能够返还财产或者恢复原状的，予以返还财产或者恢复原状。”由此可见，我国的行政赔偿方式以金钱赔偿为主，以返还财产和恢复原状为辅。

金钱赔偿，是指在计算受害人所受损害的程度后，以货币支付的形式给予受害人相应的赔偿。适用金钱赔偿方式一般是以不能返还财产或者恢复原状为前提的。具体适用以下几种情况:(1)侵犯公民人身自由权和生命健康权;(2)侵犯公民、法人或者其他组织的财产权,被侵害的财产已经灭失,或虽然存在但已被损坏,恢复原状已不可能或者困难极大;(3)返还原物或者恢复原状与法律、法规的规定相抵触。

返还财产,是指在确认赔偿义务机关及其工作人员对受害人的财产造成损害后,由赔偿义务机关将有关财产还给享有所有权的受害人。原物存在的一般均应返还原物,但有以下两种特殊情况,不宜适用返还原物赔偿方式,而宜适用金钱赔偿方式:(1)返还原物所需费用比金钱赔偿还高或者非常困难的。如原物已运往外地,运回费用很高,原物的下落需要查找,等等。(2)返还原物将会影响公务活动和公共利益的。如行政机关非法征用的土地已修建成公路,返还原土地将直接影响到公共利益,等等。

恢复原状,是指赔偿义务机关按照受害人的愿望和要求使被损害的物品恢复损害发生前的原本状态。违法行使职权的行为,如被非法追缴、没收、征收、执行等损害的财产是特定物的,如果原物存在已被损坏,若能修复的,赔偿的方式一般应当是恢复原状;如果原物无法修复的,应当以金钱方式予以赔偿。

根据《国家赔偿法》第30条的规定,行政机关违法拘留、违法采取限制人身自由的强制措施、非法拘禁以及其他方式非法剥夺公民人身自由的行为,并造成受害人名誉权、荣誉权损害的,行政机关除应当予以金钱赔偿外,还应当在侵权行为影响的范围内,为受害人消除影响、恢复名誉、赔礼道歉。

(二)赔偿的标准

1.侵犯人身权的赔偿标准

根据《国家赔偿法》第26条和第27条的规定,对行政机关及其工作人员行使职权行为侵犯公民人身权的赔偿金标准是:

(1)侵犯公民人身自由权的赔偿,应按照公民丧失人身自由的天数给予公民赔偿。每日的赔偿金按照上年度职工日平均工资计算。国家上年度职工平均工资数额,应当以职工年平均工资除以法定工作日数的方法计算,年平均工资以国家统计局公布的数字为准。对于全国范围内的赔偿采取统一标准,不因地区工资的差异或者等级工资差异而有所不同。

(2)侵犯公民生命健康权的,赔偿金按照下列规定计算:①造成身体伤害的,应当支付医疗费(医疗费包括医药费、交通费、营养费、护理费、住院费等),以及赔偿因误工减少的收入。减少的收入每日的赔偿金按照国家上年度职工日平均工资计算,最高为国家上年度职工日平均工资的5倍。②造成部分或者全部丧失劳动能力的,应当支付医疗费,以及残疾赔偿金,残疾赔偿金根据丧失劳动能力的程度确定。部分丧失劳动能力的最高额为国家上年度职工年平均工资的10倍，全部丧失劳动能力的为国家上年度职工年平均工资的20倍。造成全部丧失劳动能力的，对其抚养的无劳动能力的人，还应当支付生活费。③造成死亡的，应当支付死亡赔偿金、丧葬费，总额为国家上年度职工年平均工资的20倍。对死者生前抚养的无劳动能力的人，还应当支付生活费。第②、③项规定的生活费的发放标准参照当地民政部门有关生活救济的规定办理。被抚养的人是未成年人的，生活费给付至18周岁止；其他无劳动能力的人，生活费给付至死亡时止。

2. 侵犯财产权的赔偿标准

根据《国家赔偿法》第27条的规定，侵犯公民、法人或者其他组织的财产权造成损害的，按照以下规定处理：

(1)处罚款、罚金、追缴、没收财产或者违反国家规定征收财物、摊派费用的，返还财产。

(2)查封、扣押、冻结财产的，解除对财产的查封、扣押、冻结，造成财产损坏或者灭失的，按照损坏程度或者灭失的财产，给付相应的赔偿金。

(3)应当返还的财产损坏的，能够恢复原状的恢复原状，不能恢复原状的，按照损害程度给付相应的赔偿金。

(4)应当返还的财产灭失的，给付相应的赔偿金。“相应的赔偿金”一般以灭失财产所值的价款为标准。

(5)财产已经拍卖的，给付拍卖所得的价款。这里所讲的“拍卖”，是指依照法定程序进行的拍卖所得的价款，或经合法评估机构依法评估后变卖价款。未经合法拍卖或者评估而强行变卖的，当事人有异议，并提供证据证明被拍卖物品的价格，经审查，该证据可以作为定案的依据，可按照被告处理时市场价格，结合新旧程度进行评估，以评估价格作为判决赔偿的数额。

(6)吊销许可证和执照，责令停产停业的，赔偿停产停业期间的经常性费用开支。“经常性费用开支”包括企业、个体户生产或者营业用房的房租、税金、水电费、仓储费、职工工资等，并且仅限于行为是“吊销证照和责令停产停业的”，目前不宜扩大理解。

(7)对财产权造成其他损害的，按照直接损失给予赔偿，间接损失不予赔偿。

第七章　行政诉讼中的期间、送达和费用

第一节　行政诉讼中的期间

为了保障行政诉讼程序公平、有序、高效地运行，确保当事人享有的诉讼权利，实现行政诉讼的目的，行政诉讼法在各章相应部分规定了各种期间，对法院、当事人和其他诉讼参与人实施和完成诉讼行为提出了时间上的要求。

一、期间的概念和意义

（一）期间的概念

行政诉讼中的期间，是指法院、当事人和其他诉讼参与人各自实施或完成行政诉讼行为所必须遵守的期限，是行政诉讼法在时间方面所设置的一种诉讼保障制度。广义的诉讼期间包括期日和期限两种；狭义的诉讼期间仅指期限。

在行政诉讼中，无论是法院的审判行为，还是当事人和其他诉讼参与人的诉讼行为，都必须遵守一定的时间要求，否则便不发生相应的法律效力。

（二）期间的意义

期间在行政诉讼中具有重要的意义，主要表现为：

1. 有力地促使诉讼法律关系的主体在一定的时间内完成诉讼行为，保证行政纠纷得到及时的解决。诉讼期间的规定，意味着一切诉讼行为的实施和完成都必须遵循一定的时间要求，这既可以促使法院适时进行审判活动，防止诉讼拖延，又可以促使当事人和其他诉讼参与人按时参加诉讼活动，及时行使诉讼权利和履行诉讼义务，同时还可以使各诉讼法律关系主体的诉讼行为协调、有序地进行，从而有利于提高诉讼效率，使行政纠纷得到及时、顺利的解决。

2. 有利于保护当事人和其他诉讼参与人的合法权益。一方面，诉讼期间的规定可以保证行政纠纷得到及时解决，从而使当事人及其他诉讼参与人的合法

权益及时得到保护。另一方面,诉讼期间的规定也意味着对当事人及其他诉讼参与人实施和完成诉讼行为提供了时间上的保证,使他们能够在合理的、可预期的时间内,充分利用一切诉讼手段,最大限度地维护自己的合法权益。

3. 有利于维护诉讼活动的严肃性和法律的权威性。诉讼活动是一种严肃的活动,它必须严格遵循行政诉讼法所规定的一系列原则、规则和制度。诉讼期间的规定,意味着对法院、当事人和其他诉讼参与人的诉讼活动提出了时间上的要求,一定的诉讼行为如果不能在一期间内完成,便不发生相应的法律效力。

正因为行政诉讼期间有着如此重要的意义,行政诉讼的期间成为行政诉讼法的有机组成部分,行政诉讼的每一个环节都有规定。

二、期间的种类

行政诉讼中的期间可以按不同的标准,作不同的分类。

(一)法定期间和指定期间

这是以期间是由法律直接规定还是由人民法院指定为标准所进行的划分。

法定期间,是指由法律明文规定的诉讼期间。法律将人民法院、当事人及其他诉讼参与人进行某项诉讼行为的时间规定在相关法律条文中,只有在法律规定的期间内完成该行为才具有法律效力。如《行政诉讼法》第 38 条规定:“公民、法人或者其他组织向行政机关申请复议的,复议机关应当在收到申请书之日起两个月内作出决定。法律、法规另有规定的除外。申请人不服复议决定的,可以在收到复议决定书之日起十五日内向人民法院提起诉讼。复议机关逾期不作决定的,申请人可以在复议期满之日起十五日内向人民法院提起诉讼。法律另有规定的除外。”这里关于复议机关作出复议决定的期限规定和申请人不服复议决定提起行政诉讼的期限规定便是法定期间。其他如第 39 条关于行政相对人直接起诉的期限,第 43 条关于立案审查的期限、被告答辩的期限,第 57 条关于一审的审理期限,第 58 条关于上诉的期限等。法定期间通常因某种法定事实的发生而开始,它原则上为不变期间,除法律另有规定的情况外,无论是法院还是当事人和其他诉讼参与人,都无权加以变更。

指定期间,是指人民法院根据案件的具体情况,以职权指定完成某项诉讼行为的期间。指定期间是相对于法定期间而言的,也可以说是法定期间的补充。如法院在诉讼中指定当事人补正诉状的期间、指定交换证据的期间、指定补充证据的期间、指定被执行人履行生效判决所确定的义务的期间、指定缴纳案件受理费的期间等。具体如《最高人民法院〈若干解释〉》第 60 条规定:“人民法院判决被告重新作出具体行政行为,如不及时重新作出具体行政行为,将会给国家利益、公共利益或者当事人利益造成损失的，可以限定重新作出具体行政行为的期限。人民法院判决被告履行法定职责，应当指定履行的期限，因情况特殊难以确定期限的除外。”指定期间主要是考虑到诉讼活动纷繁复杂，法律不可能对所有的诉讼行为都一一规定，而只能由法官在诉讼中根据案件的具体情况灵活加以确定。所以，指定期间与法定期间略有不同的是它具有一定程度的可变更性。倘若当事人或其他诉讼参与人遇有特殊情况，不能在指定的期间内完成规定的诉讼行为，当事人或其他诉讼参与人可以申请延长。人民法院根据实际情况，指定期间和变更指定期间，根源于法院的裁量权，但这并不意味着法院可以任意指定期间。期间的指定应长短适当，应充分维护诉讼参与人的程序利益，并兼顾诉讼效率。指定期间因特殊情况变更后，必须将变更的理由和变更后的时间，及时书面通知当事人和其他诉讼参与人，以保证诉讼的顺利进行。

（二）不变期间和可变期间

这是以期间可否随意变动为标准所作的划分。

不变期间，是指一经法律规定，非有法律规定的情形，任何人不得予以变更的期间。例如上诉期间、申请再审的期间等。对于不变期间，无论当事人、其他诉讼参与人还是法院，都无权予以延长或缩短。

可变期间，是指期间经法律规定或法院指定后，因情况发生了变化，在规定或指定的期间内完成某种诉讼行为有困难，法院根据当事人的申请或以职权变更原定的期间。例如，法院指定开庭的日期后，必须到庭的当事人有正当理由而不能到庭的，法院可以决定延期开庭审理。

法定期间、指定期间与不变期间、可变期间并不是一一对应的关系。一般来说，所有的指定期间是可变期间，但并不是所有的法定期间都是不变期间。只能说大多数法定期间是不变期间。如《行政诉讼法》第 57 条规定：“人民法院应当在立案之日起三个月内作出第一审判决。有特殊情况需要延长的，由高级人民法院批准，高级人民法院审理第一审案件需要延长的，由最高人民法院批准。”这里规定的一审期限“三个月”是法定期间，但可以在得到高级人民法院批准时，予以延长。那么，这一法定期间就是一个可变的法定期间。

三、期间的计算

诉讼期间如何计算，1989 年制定的行政诉讼法并没有作具体的规定。1991 年最高人民法院《关于贯彻执行〈中华人民共和国行政诉讼法〉若干问题的意见（试行）》（以下称《意见》）第 102 条、第 103 条规定：“行政诉讼期间，从开始之日的次日起计算；期间不是以月的第一天起计算时，1 个月为 30 日。期间的最后一天是星期日或者其他法定休假日,可以依次顺延。期间不包括在途时间。"另外,《意见》第 114 条还规定:"人民法院审理行政案件,除依照行政诉讼法的规定外,对本规定没有规定的,可以参照民事诉讼的有关规定。"

2000 年《最高人民法院〈若干解释〉》没有保留《意见》第 102 条和第 103 条关于行政诉讼期间的计算方法所作的具体规定,但第 64 条规定:"行政诉讼法第 57 条、第 60 条规定的审限,是指从立案之日起至裁判宣告之日止的期间。鉴定、处理管辖争议或者异议以及中止诉讼的时间不计算在内。"此外,第 97 条还是保留了《意见》第 114 条的规定:"人民法院审理行政案件,除依照行政诉讼法和本解释外,可以参照民事诉讼的有关规定。"因此,在《意见》被废止后,关于行政诉讼期间的计算方法,除了应该按照《最高人民法院〈若干解释〉》第 43 条、第 64 条的规定计算外,其他的应根据第 97 条的规定,参照民事诉讼的计算方法执行。

根据上述法律规定,期限的计算主要包括计算单位、始期和终期三个部分。

(一)计算单位

行政诉讼期限以时、日、月、年为计算单位。至于某种诉讼行为具体适用哪种计算单位,取决于《行政诉讼法》及《最高人民法院〈若干解释〉》的规定或人民法院的决定。人民法院决定计算单位的事项,其计算单位要符合该类事项的性质要求。

(二)始期的计算

一般情况下,期限以时、日为计算单位的,其开始的时和日不计算在期限内,应从开始时、日的次时、日起算;期限以月、年为计算单位的,其起算以日为标准。如果期限是法定期限,而且法律另有规定,则按照法律的特别规定计算。如《行政诉讼法》第 58 条规定:"当事人不服人民法院第一审判决的,有权在判决书送达之日起十五日内向上一级人民法院提起上诉。当事人不服人民法院第一审裁定的,有权在裁定书送达之日起十日内向上一级人民法院提起上诉。逾期不提起上诉的,人民法院的第一审判决或者裁定发生法律效力。"在这里,上诉期限是从人民法院的第一审判决书、裁定书送达之日起计算。如果期限是指定期限,则取决于人民法院的指定。

(三)终期的计算

终期,即期限届满的时间。期限届满的最后一日是节假日的,以节假日后的第一日为期限届满的日期。节假日应包括国家规定的节假日和国家统一调整的节假日。如期限届满的最后一日为 10 月 1 日,那么 10 月 8 日才是期限届满之日。因为 10 月 l 日至 10 月 7 日为节假日。如果期限届满最后一日为星期六的，则期限届满之日为下星期一。

期限不包括诉讼文书的在途时间，因此，计算终期应扣除诉讼文书在寄送时路途上所花费的时间。诉讼文书在期满前交邮的，不算过期，并以邮件的邮戳为准。

期限也不包括中止的时间。如在行政诉讼中，案件涉及法律适用问题，需要送请有权机关作出解释或者确认的，会发生诉讼中止，中止的时间不能计算在审理的期限内。不管人民法院几日后收到上诉状，都视为当事人是在上诉期间提起了上诉。

四、期间的耽误与补救

(一)期间的耽误

期间的耽误，是指当事人或其他诉讼参与人在法定或指定的期间内，没有完成应为的诉讼行为。期间耽误的法律后果一般是丧失了再为该诉讼行为的权利。例如，一审判决书送达后，当时人未在法定期间内提起上诉的，则丧失上诉权，判决即发生法律效力。

当事人因主观上的故意或过失而未在一定期间内完成应为的诉讼行为的，当然应当由其承担丧失某种诉讼权利的不利后果。但是，在实际生活中，有些期间的耽误并不是由当事人主观上的故意或者过失造成的，而是因为出现了不为当事人主观意志所支配的客观事由。在这种情形下，为充分地保护当事人的合法权益，就有必要给予当事人一定的补救程序和措施，行政诉讼法因此而制定了期间的补救制度。

(二)期间的补救

期间的补救，是指当事人、诉讼代理人因故不能在法定或指定的期间内完成应为的诉讼行为时，依法采取的顺延措施。相关的法律规定有:《行政诉讼法》第 40 条规定:“公民、法人或者其他组织因不可抗力或者其他特殊情况耽误法定期限的，在障碍消除后的十日内，可以申请延长期限，由人民法院决定。”另外《最高人民法院〈若干解释〉》第 43 条规定:“由于不属于起诉人自身的原因超过起诉期限的，被耽误的时间不计算在起诉期间内。因人身自由受到限制而不能提起诉讼的，被限制人身自由的时间不计算在起诉期间内。”2002 年《最高人民法院〈行诉证据规定〉》规定了有关举证期间的救济制度。《行诉证据规定》第 1 条规定:“根据行政诉讼法第 32 条和第 43 条的规定，被告对作出的具体行政行为负有举证责任，应当在收到起诉状副本之日起十日内，提供据以作出被诉具体行政行为的全部证据和所依据的规范性文件。被告不提供或者无正当理由逾期提供证据的，视为被诉具体行政行为没有相应的证据。被告因不可抗力或者客观上不能控制的其他正当事由，不能在前款规定的期限内提供证据的，应当在收到起诉状副本之日起十日内向人民法院提出延期提供证据的书面申请。人民法院准许延期提供的，被告应当在正当事由消除后十日内提供证据。逾期提供的，视为被诉具体行政行为没有相应的证据。”第7条规定：“原告或者第三人应当在开庭审理前或者人民法院指定的交换证据之日提供证据。因正当事由申请延期提供证据的，经人民法院准许，可以在法庭调查中提供。逾期提供证据的，视为放弃举证权利。”

上述规定中的不可抗力，一般指当事人不能预见、不能避免并不能克服的客观情况，如突然发生了地震、水灾或者战争等。所谓其他特殊情况或者其他正当事由，是指除不可抗力以外的不应归责于当事人的客观情况，如当事人突然患重病，无法在规定的诉讼期间内完成某项应为的诉讼行为等。

期限的顺延是对因正当理由而造成期间耽误的补救。当事人在期间耽误后申请顺延期间的，必须在障碍消除后的10日内以书面形式向法院提出申请，这10日为不变期间，逾期丧失申请顺延的权利。法院经审查准许顺延期限的，具体顺延期限的长短，因法定期间和指定期间而有所不同。对法定期间的顺延，一般是将实际耽误的期间补足。例如，当事人不服一审判决的上诉期间为15日，在上诉期开始后第10日，当事人当地发生地震，当事人无法递交上诉状。又经过15日，道路交通才恢复正常。当事人在障碍消除10日内申请顺延，法院经审查同意顺延的期间应该是5日，以补足15日的上诉期间。如果被耽误的是指定期间，其顺延的期限的长短，由法院根据具体情况而定。

五、期　日

所谓期日，是指人民法院与当事人及其他诉讼参与人会合进行诉讼行为的日期。如决定某月某日为开庭审理某个行政案件的日期，在这一日，人民法院、当事人和其他诉讼参与人都必须进行诉讼活动。根据法院和诉讼参与人在期日中进行的诉讼行为不同，可将期日分为准备程序期日、调查证据期日、调解期日和宣判期日等。期日与期间的区别是：

第一，期间是指从某一期日起到另一期日止所经过的时间阶段，是对时间所作的动态观察；期日则是指不可分或视为不可分的特定时间，是对时间所作的静态观察。

第二，期日是人民法院和诉讼参与人会合在一起为诉讼行为的时间；期间是诉讼参与人或人民法院单独为某种诉讼行为的期限。

第三，期间有法定期间和指定期间之分；而期日则只有指定期日一种。

第四，期间有始期，也有终期；而期日只有始期，不规定终止时间。

第二节　行政诉讼中的送达

一、送达的概念和特征

（一）送达的概念

行政诉讼中的送达，是指法院按照法定程序和方式，将诉讼文书送交当事人或其他诉讼参与人的行为。在理论上，人们往往把法院指派送达诉讼文书的人，称为送达人。接受法院诉讼文书，并受送达的法律效力约束的人，称为受送达人。

（二）送达的特征

送达作为一种带有强制性的诉讼行为，具有以下特征：

1.送达的主体只能是人民法院，法院实施送达行为的对象只能是当事人及其他诉讼参与人。当事人及其他诉讼参与人相互之间递交诉讼文书或者向法院递交诉讼文书，以及法院之间递交诉讼文书的行为，都不能称为送达，不适用行政诉讼法关于送达的规定。

2.送达是一种在诉讼程序中发生的特定诉讼行为。法院在诉讼外的因其他公务活动而向公民、法人或其他组织送交某种文书的行为，不能称为送达，不能使用行政诉讼法中关于送达的规定。法院在诉讼中的行为也是多种多样的，送达只是其中一种特定的行为。

3.送达的内容必须是法律文书和诉讼文书。如判决书、裁定书、调解书、决定书、起诉状副本、答辩状副本、传票、通知书等。

4.送达必须按照法定程序和法定方式进行。行政诉讼法和民事诉讼法对送达程序和方式有相应的规定，人民法院实施送达行为必须依照规定办理。违反法律规定的送达不能产生法律效力。

二、送达的方式

《行政诉讼法》并没有就送达的具体程序和方法作具体的规定。依据《最高人民法院〈若干解释〉》第97条关于“人民法院审理行政案件，除依照行政诉讼法和本解释外，可以参照民事诉讼的有关规定”的规定，行政诉讼的送达应当依据《民事诉讼法》及最高人民法院《关于适用〈中华人民共和国民事诉讼法〉若干问题的意见》的相关规定执行。

根据《民事诉讼法》的规定，人民法院送达的方式有以下六种：

(一)直接送达

直接送达,是指法院派专人将诉讼文书直接交给受送达人。诉讼文书的送达以直接送达为原则,凡能够直接送达的,都应该采用直接送达的方式。对此,《民事诉讼法》第78条规定:“送达诉讼文书,应当直接送交受送达人。受送达人是公民的,本人不在交给他的同住成年家属签收;受送达人是法人或者其他组织的,应当由法人的法定代表人、其他组织的主要负责人或者该法人、组织负责收件的人签收;受送达人有诉讼代理人的,可以送交其代理人签收;受送达人已向人民法院指定代收人的,送交代收人签收。受送达人的同住成年家属,法人或者其他组织的负责收件的人,诉讼代理人或者代收人在送达回证上签收的日期为送达日期。”

采用直接送达方式应注意以下几点:(1)直接送达应由法院指派本院的工作人员进行,而不得委托他人代为送达。(2)直接送达应以将诉讼文书直接交给受送达人本人为原则。(3)送达行政赔偿调解书时,如果当事人拒收的,视为调解协议不成立。因此,调解协议不宜由别人代收,而应送交当事人本人,以便准确判断当事人的真实意思。但当事人本人因故不能签收的,可由其指定的代收人签收。

(二)留置送达

留置送达,是指在受送达人或其同住成年家属无理拒收诉讼文书时,送达人依法将诉讼文书放置在受送达人的住所并产生送达的法律效力的送达方式。《民事诉讼法》第79条规定:“受送达人或者他的同住成年家属拒绝接收诉讼文书的,送达人应当邀请有关基层组织或者所在单位的代表到场,说明情况,在送达回证上记明拒收事由和日期,由送达人、见证人签名或者盖章,把诉讼文书留在受送达人的住所,即视为送达。”如果有关基层组织或者所在单位的代表及其他见证人也不愿在送达回证上签字的,最高人民法院《关于适用〈中华人民共和国民事诉讼法〉若干问题的意见》第82条规定:“由送达人在送达回证上记明情况,把送达文书留在受送达人住所,即视为送达。”

须注意的是,法院在送达行政赔偿调解书时,如果当事人拒绝签收,说明他对调解书已经反悔,法院对该案应依法进行判决,而不能以留置送达的方式将调解书留在受送达人的住所。此外,根据《关于适用〈民事诉讼法〉若干问题的意见》第83条的规定,受送达人指定诉讼代理人代收的,向诉讼代理人送达时,适用留置送达。

(三)委托送达

委托送达,是指负责审理该行政案件的人民法院直接送达诉讼文书有困难时，依法委托其他人民法院代为送达。委托送达与直接送达有同等法律效力。负责审理该行政案件的人民法院称为委托法院，接受送达任务的法院称为受托法院。

对此，《关于适用〈民事诉讼法〉若干问题的意见》第86条的规定："委托其他人民法院代为送达的，委托法院应当出具委托函，并附需要送达的诉讼文书和送达回证，以受送达人在送达回证上签收的日期为送达日期。"

（四）邮寄送达

邮寄送达，是指人民法院将所送达的诉讼文书通过邮局用挂号信寄给受送达人的方式。实践中采用邮寄送达的情况是，受送达人驻地离法院路途较远，直接送达有困难。

关于邮寄送达，《关于适用〈民事诉讼法〉若干问题的意见》第85条规定："邮寄送达，应当附有送达回证。挂号信回执上注明的收件日期与送达回证上注明的收件日期不一致的，或者送达回证没有寄回的，以挂号信回执上注明的收件日期为送达日期。"

（五）转交送达

转交送达，是指法院将诉讼文书送交受送达人所在单位代收后，再由该单位转交给受送达人的送达方式。转交送达适用于受送达人身份比较特殊，不宜或不便采用直接送达的情况。根据《民事诉讼法》第81条和第82条的规定，转交送达具体适用于下列三种情况：(1)受送达人是军人的，通过其所在部队团以上单位的政治机关转交。(2)受送达人是被监禁的，通过其所在监所或者劳动改造单位转交。(3)受送达人是被劳动教养的，通过其所在劳动教养单位转交。

代为转交的机关、单位收到诉讼文书后，应当立即转交受送达人。转交送达的送达日期以受送达人在送达回证上的签收日期为准，而不以转交机关、单位签收为准。

（六）公告送达

公告送达，是指法院以张贴公告、登报等办法将诉讼文书公之于众，经过法定的期间，法律上即视为送达的送达方式。《民事诉讼法》第84条规定公告送达适用的情形有，受送达人下落不明，或者用本节规定的其他方式无法送达的两种。公告送达的期限为60日，自发出公告之日起，经过60日，即视为送达。公告送达，应当在案卷中记明原因和经过。

关于公告的方式、内容和应注意的事项，《关于适用〈民事诉讼法〉若干问题的意见》第88条、第89条作了规定：公告送达，可以在法院的公告栏、受送达人原住所地张贴公告，也可以在报纸上刊登公告；对公告送达方式有特殊要求的，应按要求的方式进行公告。公告送达起诉状或上诉状副本的,应说明起诉或上诉要点,受送达人答辩期限及逾期不答辩的法律后果;公告送达传票的,应说明出庭地点、时间及逾期不出庭的法律后果;公告送达判决书、裁定书的,应说明裁判主要内容,属于一审的,还应说明上诉权利、上诉期限和上诉的人民法院。

三、送达的效力

送达的效力,是指诉讼文书送达后所产生的法律后果。送达文书产生的法律后果主要表现在以下两个方面。

(一)程序上的效力

程序上的效力是指诉讼文书送达后所产生的诉讼程序上的法律后果。如《最高人民法院〈若干解释〉》第 26 条规定:“被告应当在收到起诉状副本之日起 10 日内提交答辩状,并提供作出具体行政行为时的证据、依据;被告不提供或者无正当理由逾期提供的,应当认定该具体行政行为没有证据、依据。”诉讼文书一经送达,诉讼期间就开始起算。再如,传唤当事人出庭的传票送达后,当事人有义务出庭进行诉讼活动。如果原告无正当理由拒不到庭的,法院可以按撤诉处理;如果被告无正当理由拒不到庭的,法院可以缺席判决。

(二)实体上的效力

实体上的效力,是指诉讼文书送达后所产生的实体权利义务方面的法律后果。具有给付内容判决书、调解书送达后,义务人即应在规定的期限内履行义务,逾期不履行义务的,权利人可以根据判决书或者调解书申请强制执行。如果具体行政行为被确认为无效或者被撤销,该具体行政行为不再对行政相对人及原告具有拘束力。

第三节　行政诉讼中的费用

一、行政诉讼费用的概念及主要法律依据

行政诉讼费用,是指当事人进行行政诉讼活动,应当向人民法院交纳的各种费用。1982 年制定的《民事诉讼法(试行)》第 3 条第 2 款规定“法律规定由人民法院审理的行政案件,适用本法规定”。这是有关行政诉讼费用的最早、最直接的法律渊源。伴随这一立法,最高人民法院于 1982 年制定了《人民法院诉讼收费办法(试行)》。1989 年 4 月,行政诉讼法制定,该法第 74 条对行政诉讼费用作了原则性规定,即:“人民法院审理行政案件,应当收取诉讼费用。诉讼费

用由败诉方承担，双方都有责任的由双方分担。收取诉讼费用的具体办法另行规定。”1989 年 6 月，最高人民法院根据民事诉讼法和行政诉讼法的规定制定了新的《人民法院诉讼收费办法》，使行政诉讼收费制度进一步具体化。1999 年，最高人民法院制定了《〈人民法院诉讼收费办法〉补充规定》，2002 年，最高人民法院制定的《行诉证据规定》特别就调查证据所支出的费用承担作了补充规定。2007 年，国务院颁发了《诉讼费用交纳办法》（以下简称《办法》）。《办法》成为目前最基本的行政诉讼费用的法律依据。

二、行政诉讼费用的收费范围

我国行政诉讼费用主要包括案件受理费、申请费和其他代收费用。

（一）案件受理费

案件受理费，是指人民法院决定受理行政案件时，当事人按照规定向人民法院交纳的费用。从性质上看，案件受理费在一定意义上具有税收的性质，它取之于当事人，用之于当事人。因此，有的国家将这种费用称为规费，有的国家称为诉讼税。按照《办法》的规定，受理费包括第一审案件受理费、第二审案件受理费以及部分再审案件依法需要交纳的案件受理费。

（二）申请费

申请费，是指当事人申请人民法院执行法律文书，申请人民法院采取证据保全措施等时，按规定交纳的费用。《办法》规定，当事人依法向人民法院申请下列事项，应当交纳申请费：

1. 申请执行人民法院发生法律效力的判决、裁定、调解书，仲裁机构依法作出的裁决和调解书，公证机构依法赋予强制执行效力的债权文书；
2. 申请保全措施；
3. 申请支付令；
4. 申请公示催告；
5. 申请撤销仲裁裁决或者认定仲裁协议效力；
6. 申请破产；
7. 申请海事强制令、共同海损理算、设立海事赔偿责任限制基金、海事债权登记、船舶优先权催告；
8. 申请承认和执行外国法院判决、裁定和国外仲裁机构裁决。

（三）其他代收费用

其他代收费用，是指在诉讼过程中实际支出的应由当事人负担的各种费用，但这笔费用不属于人民法院。人民法院只是代为收取。代收费用主要为证人、鉴定人、翻译人员、理算人员在人民法院指定日期出庭发生的交通费、住宿费、生活费和误工补贴。《办法》同时规定,诉讼过程中因鉴定、公告、勘验、翻译、评估、拍卖、变卖、仓储、保管、运输、船舶监管等发生的依法应当由当事人负担的费用,人民法院根据谁主张、谁负担的原则,决定由当事人直接支付给有关机构或者单位,人民法院不得代收代付。人民法院依照《民事诉讼法》第 11 条第 3 款规定提供当地民族通用语言、文字翻译的,不收取费用。

三、诉讼费用的收费标准

所谓诉讼费用的收费标准,是指针对案件的不同类型所确定的诉讼费用收取数额。

(一)案件受理费的收费标准

《办法》规定,行政案件的受理费按下列标准交纳:

1. 商标、专利、海事行政案件每件交纳 100 元;

2. 其他行政案件每件交纳 50 元。

另外,当事人提出案件管辖权异议,异议不成立的,每件交纳 50 元至 100 元。

(二)申请费的收费标准

1. 依法向人民法院申请执行人民法院发生法律效力的判决、裁定、调解书,仲裁机构依法作出的裁决和调解书,公证机关依法赋予强制执行效力的债权文书,申请承认和执行外国法院判决、裁定以及国外仲裁机构裁决的,按照下列标准交纳:

(1)没有执行金额或者价额的,每件交纳 50 元至 500 元。

(2)执行金额或者价额不超过 1 万元的,每件交纳 50 元;超过 1 万元至 50 万元的部分,按照 1.5%交纳;超过 50 万元至 500 万元的部分,按照 1%交纳;超过 500 万元至 1000 万元的部分,按照 0.5%交纳;超过 1000 万元的部分,按照 0.1%交纳。

(3)符合民事诉讼法第 55 条第 4 款规定,未参加登记的权利人向人民法院提起诉讼的,按照本项规定的标准交纳申请费,不再交纳案件受理费。

2. 申请保全措施的,根据实际保全的财产数额按照下列标准交纳:

财产数额不超过 1000 元或者不涉及财产数额的,每件交纳 30 元;超过 1000 元至 10 万元的部分,按照 1%交纳;超过 10 万元的部分,按照 0.5%交纳。但是,当事人申请保全措施交纳的费用最多不超过 5000 元。

另外,《办法》规定,适用简易程序审理的案件减半交纳案件受理费。

四、诉讼费用的交纳与退还

（一）诉讼费用的预交

1. 案件受理费的预交。案件受理费，由原告、有独立请求权的第三人、上诉人预交。原告自接到人民法院交纳诉讼费用通知次日起 7 日内交纳案件受理费。上诉案件的诉讼费用，由上诉人向人民法院提交上诉状时预交。双方当事人都提出上诉的，由上诉的双方当事人分别预交。上诉人在上诉期内未预交诉讼费用的，人民法院应当通知其在 7 日内预交。

预交确有困难的，可提出司法救助。当事人逾期不交纳诉讼费用又未提出司法救助申请，或者申请司法救助未获批准，在人民法院指定期限内仍未交纳诉讼费用的，由人民法院依照有关规定处理。

2. 申请费的预交。申请费由申请人在提出申请时或者在人民法院指定的期限内预交。

3. 其他诉讼费用的预交。勘验费、鉴定费、证人的误工补贴费等其他诉讼费用，由人民法院根据案件具体情况决定预交的方式。

（二）诉讼费用的退还

《办法》规定，两种情形下，人民法院应退还已缴纳的诉讼费用：

1. 第二审人民法院决定将案件发回重审的，应退还上诉人已交纳的第二审案件受理费。

2. 第一审人民法院裁定不予受理或者驳回起诉的，应当退还当事人已交纳的案件受理费；当事人对第一审人民法院不予受理、驳回起诉的裁定提起上诉，第二审人民法院维持第一审人民法院作出的裁定的，第一审人民法院应当退还当事人已交纳的案件受理费。

但在以下两种情形下，人民法院不退还已缴纳的费用：

1. 中止诉讼、中止执行的案件，已交纳的案件受理费、申请费不予退还。中止诉讼、中止执行的原因消除，恢复诉讼、执行的，不再交纳案件受理费、申请费。

2. 依照《民事诉讼法》第 137 条规定终结诉讼的案件，已交纳的案件受理费不予退还。

五、诉讼费用的负担

案件的诉讼费用按下列原则负担：

1. 由败诉人负担。败诉人负担诉讼费用，是世界各国普遍采用的一项原则。《办法》第 29 条规定，诉讼费用由败诉方负担，胜诉方自愿承担的除外。

2.按比例负担。《办法》第29条规定:部分胜诉、部分败诉的,人民法院根据案件的具体情况决定当事人各自负担的诉讼费用数额。共同诉讼当事人败诉的,人民法院根据其对诉讼标的的利害关系,决定当事人各自负担的诉讼费用数额。

3.被告负担。《办法》第34条第2款规定:行政案件的被告改变或者撤销具体行政行为,原告申请撤诉,人民法院裁定准许的,案件受理费由被告负担。

4.协商负担。《办法》第31条规定:经人民法院调解达成协议的案件,诉讼费用的负担,由双方协商解决;协商不成的,由人民法院决定。同时规定,执行中当事人达成和解协议的,申请费的负担由双方当事人协商解决;协商不成的,由人民法院决定。

5.自行负担。由于当事人不正当的诉讼行为所支出的费用,不论实施不正当行为的当事人诉讼结束后是否败诉,都由该当事人负担。所谓不正当的诉讼行为,是指严重影响诉讼程序正常进行,并给其他诉讼参与人造成经济损失的行为。如《办法》第40条规定:当事人因自身原因未能在举证期限内举证,在二审或者再审期间提出新的证据致使诉讼费用增加的,增加的诉讼费用由该当事人负担。

6.申请人负担。这一原则适用于当事人依法申请复制本案有关材料和法律文书的,其所需要的实际成本费应由申请人负担。对此《办法》第11条第2款作了明确规定。

根据《办法》第43条的规定,当事人不得单独就人民法院关于诉讼费用的决定提出上诉。但是,当事人单独对人民法院关于诉讼费用的决定有异议的,可以向作出决定的人民法院院长申请复核。人民法院的复核决定应当自收到当事人申请之日起15日内作出。当事人对人民法院决定诉讼费用的计算有异议的,可以向作出决定的人民法院请求复核。计算确有错误的,作出决定的人民法院应当予以更正。

六、司法救助

司法救助,是指对缴纳诉讼费用有困难的当事人所给予的经济照顾。《办法》第44条规定:“当事人交纳诉讼费用确有困难的,可以依照本办法向人民法院申请缓交、减交或者免交诉讼费用的司法救助。诉讼费用的免交只适用于自然人。”

(一)申请免交诉讼费用的条件

有下列情形之一的,可以申请免交诉讼费用,人民法院应当准予免交诉讼费用:

1.残疾人无固定生活来源的；

2.追索赡养费、扶养费、抚育费、抚恤金的；

3.最低生活保障对象、农村特困定期救济对象、农村五保供养对象或者领取失业保险金人员，无其他收入的；

4.因见义勇为或者为保护社会公共利益致使自身合法权益受到损害，本人或者其近亲属请求赔偿或者补偿的；

5.确实需要免交的其他情形。

(二)申请减交诉讼费用的条件

有下列情形之一的，申请人可以申请减交诉讼费用，人民法院应当准予减交诉讼费用：

1.因自然灾害等不可抗力造成生活困难，正在接受社会救济，或者家庭生产经营难以为继的；

2.属于国家规定的优抚、安置对象的；

3.社会福利机构和救助管理站；

4.确实需要减交的其他情形。

《办法》同时规定，人民法院准予减交诉讼费用的，减交比例不得低于30%。

(三)申请缓交诉讼费用的条件

当事人有下列情形之一，可以申请缓交诉讼费用，人民法院应当准予缓交诉讼费用：

1.追索社会保险金、经济补偿金的；

2.海上事故、交通事故、医疗事故、工伤事故、产品质量事故或者其他人身伤害事故的受害人请求赔偿的；

3.正在接受有关部门法律援助的；

4.确实需要缓交的其他情形。

当事人申请司法救助，应当在起诉或者上诉时提交书面申请、足以证明其确有经济困难的证明材料以及其他相关证明材料。因生活困难申请免交、减交诉讼费用的，还应当提供本人及其家庭经济状况符合当地民政、劳动保障等部门规定的公民经济困难标准的证明。人民法院对当事人的司法救助申请不予批准的，应当向当事人书面说明理由。人民法院对一方当事人提供司法救助，对方当事人败诉的，诉讼费用由对方当事人负担；对方当事人胜诉的，可以视申请司法救助的当事人的经济状况决定其减交、免交诉讼费用。

第二编

中国大陆有关行政诉讼的法律法规

中华人民共和国行政诉讼法

（1989 年 4 月 4 日第七届全国人民代表大会第二次会议通过
1989 年 4 月 4 日中华中华人民共和国主席令第 16 号公布
1990 年 10 月 1 日起施行）

第一章　总　则

第一条　为保证人民法院正确、及时审理行政案件，保护公民、法人和其他组织的合法权益，维护和监督行政机关依法行使行政职权，根据宪法制定本法。

第二条　公民、法人或者其他组织认为行政机关和行政机关工作人员的具体行政行为侵犯其合法权益，有权依照本法向人民法院提起诉讼。

第三条　人民法院依法对行政案件独立行使审判权，不受行政机关、社会团体和个人的干涉。

人民法院设行政审判庭，审理行政案件。

第四条　人民法院审理行政案件，以事实为根据，以法律为准绳。

第五条　人民法院审理行政案件，对具体行政行为是否合法进行审查。

第六条　人民法院审理行政案件，依法实行合议、回避、公开审判和两审终审制度。

第七条　当事人在行政诉讼中的法律地位平等。

第八条　各民族公民都有用本民族语言、文字进行行政诉讼的权利。

在少数民族聚居或者多民族共同居住的地区，人民法院应当用当地民族通用的语言、文字进行审理和发布法律文书。

人民法院应当对不通晓当地民族通用的语言、文字的诉讼参与人提供翻译。

第九条　当事人在行政诉讼中有权进行辩论。

第十条　人民检察院有权对行政诉讼实行法律监督。

第二章　受案范围

第十一条　人民法院受理公民、法人和其他组织对下列具体行政行为不服

提起的诉讼:

(一)对拘留、罚款、吊销许可证和执照、责令停产停业、没收财物等行政处罚不服的;

(二)对限制人身自由或者对财产的查封、扣押、冻结等行政强制措施不服的;

(三)认为行政机关侵犯法律规定的经营自主权的;

(四)认为符合法定条件申请行政机关颁发许可证和执照,行政机关拒绝颁发或者不予答复的;

(五)申请行政机关履行保护人身权、财产权的法定职责,行政机关拒绝履行或者不予答复的;

(六)认为行政机关没有依法发给抚恤金的;

(七)认为行政机关违法要求履行义务的;

(八)认为行政机关侵犯其他人身权、财产权的。

除前款规定外,人民法院受理法律、法规规定可以提起诉讼的其他行政案件。

第十二条 人民法院不受理公民、法人或者其他组织对下列事项提起的诉讼:

(一)国防、外交等国家行为;

(二)行政法规、规章或者行政机关制定、发布的具有普遍约束力的决定、命令;

(三)行政机关对行政机关工作人员的奖惩、任免等决定;

(四)法律规定由行政机关最终裁决的具体行政行为。

第三章 管 辖

第十三条 基层人民法院管辖第一审行政案件。

第十四条 中级人民法院管辖下列第一审行政案件:

(一)确认发明专利权的案件、海关处理的案件;

(二)对国务院各部门或者省、自治区、直辖市人民政府所作的具体行政行为提起诉讼的案件;

(三)本辖区内重大、复杂的案件。

第十五条 高级人民法院管辖本辖区内重大、复杂的第一审行政案件。

第十六条 最高人民法院管辖全国范围内重大、复杂的第一审行政案件。

第十七条 行政案件由最初作出具体行政行为的行政机关所在地人民法院管辖。经复议的案件,复议机关改变原具体行政行为的,也可以由复议机关所在地人民法院管辖。

第十八条 对限制人身自由的行政强制措施不服提起的诉讼，由被告所在地或者原告所在地人民法院管辖。

第十九条 因不动产提起的行政诉讼，由不动产所在地人民法院管辖。

第二十条 两个以上人民法院都有管辖权的案件，原告可以选择其中一个人民法院提起诉讼。原告向两个以上有管辖权的人民法院提起诉讼的，由最先收到起诉状的人民法院管辖。

第二十一条 人民法院发现受理的案件不属于自己管辖时，应当移送有管辖权的人民法院。受移送的人民法院不得自行移送。

第二十二条 有管辖权的人民法院由于特殊原因不能行使管辖权的，由上级人民法院指定管辖。

人民法院对管辖权发生争议，由争议双方协商解决。协商不成的，报它们的共同上级人民法院指定管辖。

第二十三条 上级人民法院有权审判下级人民法院管辖的第一审行政案件，也可以把自己管辖的第一审行政案件移交下级人民法院审判。

下级人民法院对其管辖的第一审行政案件，认为需要由上级人民法院审判的，可以报请上级人民法院决定。

第四章 诉讼参加人

第二十四条 依照本法提起诉讼的公民、法人或者其他组织是原告。

有权提起诉讼的公民死亡，其近亲属可以提起诉讼。

有权提起诉讼的法人或者其他组织终止，承受其权利的法人或者其他组织可以提起诉讼。

第二十五条 公民、法人或者其他组织直接向人民法院提起诉讼的，作出具体行政行为的行政机关是被告。

经复议的案件，复议机关决定维持原具体行政行为的，作出原具体行政行为的行政机关是被告；复议机关改变原具体行政行为的，复议机关是被告。

两个以上行政机关作出同一具体行政行为的，共同作出具体行政行为的行政机关是共同被告。

由法律、法规授权的组织所作的具体行政行为，该组织是被告。由行政机关委托的组织所作的具体行政行为，委托的行政机关是被告。

行政机关被撤销的，继续行使其职权的行政机关是被告。

第二十六条 当事人一方或双方为二人以上，因同一具体行政行为发生的行政案件，或者因同样的具体行政行为发生的行政案件，人民法院认为可以合并审理的,为共同诉讼。

第二十七条 同提起诉讼的具体行政行为有利害关系的其他公民、法人或者其他组织,可以作为第三人申请参加诉讼,或者由人民法院通知参加诉讼。

第二十八条 没有诉讼行为能力的公民,由其法定代理人代为诉讼。法定代理人互相推诿代理责任的,由人民法院指定其中一人代为诉讼。

第二十九条 当事人、法定代理人,可以委托一至二人代为诉讼。

律师、社会团体、提起诉讼的公民的近亲属或者所在单位推荐的人,以及经人民法院许可的其他公民,可以受委托为诉讼代理人。

第三十条 代理诉讼的律师,可以依照规定查阅本案有关材料,可以向有关组织和公民调查和收集证据。对涉及国家秘密和个人隐私的材料,应当依照法律规定保密。

经人民法院许可,当事人和其他诉讼代理人可以查阅本案庭审材料,但涉及国家秘密和个人隐私的除外。

第五章 证 据

第三十一条 证据有以下几种:

(一)书证;

(二)物证;

(三)视听资料;

(四)证人证言;

(五)当事人的陈述;

(六)鉴定结论;

(七)勘验笔录、现场笔录。

以上证据经法庭审查属实,才能作为定案的根据。

第三十二条 被告对作出的具体行政行为负有举证责任,应当提供作出该具体行政行为的证据和所依据的规范性文件。

第三十三条 在诉讼过程中,被告不得自行向原告和证人收集证据。

第三十四条 人民法院有权要求当事人提供或者补充证据。

人民法院有权向有关行政机关以及其他组织、公民调取证据。

第三十五条 在诉讼过程中,人民法院认为对专门性问题需要鉴定的,应当交由法定鉴定部门鉴定;没有法定鉴定部门的,由人民法院指定的鉴定部门鉴定。

第三十六条 在证据可能灭失或者以后难以取得的情况下,诉讼参加人可以向人民法院申请保全证据,人民法院也可以主动采取保全措施。

第六章　起诉和受理

第三十七条　对属于人民法院受案范围的行政案件，公民、法人或者其他组织可以先向上一级行政机关或者法律、法规规定的行政机关申请复议，对复议不服的，再向人民法院提起诉讼；也可以直接向人民法院提起诉讼。

法律、法规规定应当先向行政机关申请复议，对复议不服再向人民法院提起诉讼的，依照法律、法规的规定。

第三十八条　公民、法人或者其他组织向行政机关申请复议的，复议机关应当收到申请书之日起两个月内作出决定。法律、法规另有规定的除外。

申请人不服复议决定的，可以在收到复议决定书之日起十五日内向人民法院提起诉讼。复议机关逾期不作决定的，申请人可以在复议期满之日起十五日内向人民法院提起诉讼。法律另有规定的除外。

第三十九条　公民、法人或者其他组织直接向人民法院提起诉讼的，应当在知道作出具体行政行为之日起三个月内提出。法律另有规定的除外。

第四十条　公民、法人或者其他组织因不可抗力或者其他特殊情况耽误法定期限的，在障碍消除后的十日内，可以申请延长期限，由人民法院决定。

第四十一条　提起诉讼应当符合下列条件：

（一）原告是认为具体行政行为侵犯其合法权益的公民、法人或者其他组织；

（二）有明确的被告；

（三）有具体的诉讼请求和事实根据；

（四）属于人民法院受案范围和受诉人民法院管辖。

第四十二条　人民法院接到起诉状，经审查，应当在七日内立案或者作出裁定不予受理。原告对裁定不服的，可以提起上诉。

第七章　审理和判决

第四十三条　人民法院应当在立案之日起五日内，将起诉状副本发送被告。被告应当在收到起诉状副本之日起十日内向人民法院提交作出具体行政行为的有关材料，并提出答辩状。人民法院应当在收到答辩状之日起五日内，将答辩状副本发送原告。

被告不提出答辩状的，不影响人民法院审理。

第四十四条　诉讼期间，不停止具体行政行为的执行。但有下列情形之一的，停止具体行政行为的执行：

（一）被告认为需要停止执行的；

（二）原告申请停止执行，人民法院认为该具体行政行为的执行会造成难以弥补的损失，并且停止执行不损害社会公共利益，裁定停止执行的；

（三）法律、法规规定停止执行的。

第四十五条　人民法院公开审理行政案件，但涉及国家秘密、个人隐私和法律另有规定的除外。

第四十六条　人民法院审理行政案件，由审判员组成合议庭，或者由审判员、陪审员组成合议庭。合议庭的成员，应当是三人以上的单数。

第四十七条　当事人认为审判人员与本案有利害关系或者有其他关系可能影响公正审判，有权申请审判人员回避。

审判人员认为自己与本案有利害关系或者有其他关系，应当申请回避。

前两款规定，适用于书记员、翻译人员、鉴定人、勘验人。

院长担任审判长时的回避，由审判委员会决定；审判人员的回避，由院长决定；

其他人员的回避，由审判长决定。当事人对决定不服的，可以申请复议。

第四十八条　经人民法院两次合法传唤，原告无正当理由拒不到庭的，视为申请撤诉；被告无正当理由拒不到庭的，可以缺席判决。

第四十九条　诉讼参与人或者其他人有下列行为之一的，人民法院可以根据情节轻重，予以训诫、责令具结悔过或者处一千元以下的罚款、十五日以下的拘留；构成犯罪的，依法追究刑事责任：

（一）有义务协助执行的人，对人民法院的协助执行通知书，无故推拖、拒绝或者妨碍执行的；

（二）伪造、隐藏、毁灭证据的；

（三）指使、贿买、胁迫他人作伪证或者威胁、阻止证人作证的；

（四）隐藏、转移、变卖、毁损已被查封、扣押、冻结的财产的；

（五）以暴力、威胁或者其他方法阻碍人民法院工作人员执行职务或者扰乱人民法院工作秩序的；

（六）对人民法院工作人员、诉讼参与人、协助执行人侮辱、诽谤、诬陷、殴打或者打击报复的。

罚款、拘留须经人民法院院长批准。当事人对决定不服的，可以申请复议。

第五十条　人民法院审理行政案件，不适用调解。

第五十一条　人民法院对行政案件宣告判决或者裁定前，原告申请撤诉的，或者被告改变其所作的具体行政行为，原告同意并申请撤诉的，是否准许，由人民法院裁定。

第五十二条　人民法院审理行政案件，以法律和行政法规、地方性法规为依据。地方性法规适用于本行政区域内发生的行政案件。

人民法院审理民族自治地方的行政案件，并以该民族自治地方的自治条例和单行条例为依据。

第五十三条　人民法院审理行政案件，参照国务院部、委根据法律和国务院的行政法规、决定、命令制定、发布的规章以及省、自治区、直辖市和省、自治区的人民政府所在地的市和经国务院批准的较大的市的人民政府根据法律和国务院的行政法规制定、发布的规章。

人民法院认为地方人民政府制定、发布的规章与国务院部、委制定、发布的规章不一致的，以及国务院部、委制定、发布的规章之间不一致的，由最高人民法院送请国务院作出解释或者裁决。

第五十四条　人民法院经过审理，根据不同情况，分别作出以下判决：

（一）具体行政行为证据确凿，适用法律、法规正确，符合法定程序的，判决维持。

（二）具体行政行为有下列情形之一的，判决撤销或者部分撤销，并可以判决被告重新作出具体行政行为：

1.主要证据不足的；

2.适用法律、法规错误的；

3.违反法定程序的；

4.超越职权的；

5.滥用职权的。

（三）被告不履行或者拖延履行法定职责的，判决其在一定期限内履行。

（四）行政处罚显失公正的，可以判决变更。

第五十五条　人民法院判决被告重新作出具体行政行为的，被告不得以同一的事实和理由作出与原具体行政行为基本相同的具体行政行为。

第五十六条　人民法院在审理行政案件中，认为行政机关的主管人员、直接责任人员违反政纪的，应当将有关材料移送该行政机关或者其上一级行政机关或者监察、人事机关；认为有犯罪行为的，应当将有关材料移送公安、检察机关。

第五十七条　人民法院应当在立案之日起三个月内作出第一审判决。有特殊情况需要延长的，由高级人民法院批准，高级人民法院审理第一审案件需要延长的，由最高人民法院批准。

第五十八条　当事人不服人民法院第一审判决的，有权在判决书送达之日起十五日内向上一级人民法院提起上诉。当事人不服人民法院第一审裁定的，有权在裁定书送达之日起十日内向上一级人民法院提起上诉。逾期不提起上诉的，人民法院的第一审判决或者裁定发生法律效力。

第五十九条 人民法院对上诉案件，认为事实清楚的，可以实行书面审理。

第六十条 人民法院审理上诉案件，应当在收到上诉状之日起两个月内作出终审判决。有特殊情况需要延长的，由高级人民法院批准，高级人民法院审理上诉案件需要延长的，由最高人民法院批准。

第六十一条 人民法院审理上诉案件，按照下列情形，分别处理：

（一）原判决认定事实清楚，适用法律、法规正确的，判决驳回上诉，维持原判；

（二）原判决认定事实清楚，但是适用法律、法规错误的，依法改判；

（三）原判决认定事实不清，证据不足，或者由于违反法定程序可能影响案件正确判决的，裁定撤销原判，发回原审人民法院重审，也可以查清事实后改判。当事人对重审案件的判决、裁定，可以上诉。

第六十二条 当事人对已经发生法律效力的判决、裁定，认为确有错误的，可以向原审人民法院或者上一级人民法院提出申诉，但判决、裁定不停止执行。

第六十三条 人民法院院长对本院已经发生法律效力的判决、裁定，发现违反法律、法规规定认为需要再审的，应当提交审判委员会决定是否再审。

上级人民法院对下级人民法院已经发生法律效力的判决、裁定，发现违反法律、法规规定的，有权提审或者指令下级人民法院再审。

第六十四条 人民检察院对人民法院已经发生法律效力的判决、裁定，发现违反法律、法规规定的，有权按照审判监督程序提出抗诉。

第八章　执　行

第六十五条 当事人必须履行人民法院发生法律效力的判决、裁定。

公民、法人或者其他组织拒绝履行判决、裁定的，行政机关可以向第一审人民法院申请强制执行，或者依法强制执行。

行政机关拒绝履行判决、裁定的，第一审人民法院可以采取以下措施：

（一）对应当归还的罚款或者应当给付的赔偿金，通知银行从该行政机关的账户内划拨；

（二）在规定期限内不执行的，从期满之日起，对该行政机关按日处五十元至一百元的罚款；

（三）向该行政机关的上一级行政机关或者监察、人事机关提出司法建议。接受司法建议的机关，根据有关规定进行处理，并将处理情况告知人民法院；

（四）拒不执行判决、裁定，情节严重构成犯罪的，依法追究主管人员和直接责任人员的刑事责任。

第六十六条　公民、法人或者其他组织对具体行政行为在法定期间不提起诉讼又不履行的，行政机关可以申请人民法院强制执行，或者依法强制执行。

第九章　侵权赔偿责任

第六十七条　公民、法人或者其他组织的合法权益受到行政机关或者行政机关工作人员作出的具体行政行为侵犯造成损害的，有权请求赔偿。

公民、法人或者其他组织单独就损害赔偿提出请求，应当先由行政机关解决。对行政机关的处理不服，可以向人民法院提起诉讼。

赔偿诉讼可以适用调解。

第六十八条　行政机关或者行政机关工作人员作出的具体行政行为侵犯公民、法人或者其他组织的合法权益造成损害的，由该行政机关或者该行政机关工作人员所在的行政机关负责赔偿。

行政机关赔偿损失后，应当责令有故意或者重大过失的行政机关工作人员承担部分或者全部赔偿费用。

第六十九条　赔偿费用，从各级财政列支。各级人民政府可以责令有责任的行政机关支付部分或者全部赔偿费用。具体办法由国务院规定。

第十章　涉外行政诉讼

第七十条　外国人、无国籍人、外国组织在中华人民共和国进行行政诉讼，适用本法。法律另有规定的除外。

第七十一条　外国人、无国籍人、外国组织在中华人民共和国进行行政诉讼，同中华人民共和国公民、组织有同等的诉讼权利和义务。

外国法院对中华人民共和国公民、组织的行政诉讼权利加以限制的，人民法院对该国公民、组织的行政诉讼权利，实行对等原则。

第七十二条　中华人民共和国缔结或者参加的国际条约同本法有不同规定的，适用该国际条约的规定。中华人民共和国声明保留的条款除外。

第七十三条　外国人、无国籍人、外国组织在中华人民共和国进行行政诉讼，委托律师代理诉讼的，应当委托中华人民共和国律师机构的律师。

第十一章　附　则

第七十四条　人民法院审理行政案件，应当收取诉讼费用。诉讼费用由败诉方承担，双方都有责任的由双方分担。收取诉讼费用的具体办法另行规定。

第七十五条　本法自 1990 年 10 月 1 日起施行。

最高人民法院关于执行《中华人民共和国行政诉讼法》若干问题的解释

(1999 年 11 月 24 日最高人民法院审判委员会第 1088 次会议通过
2000 年 3 月 8 日公布　自 2000 年 3 月 10 日起实行)
法释〔2000〕8 号

为正确理解和适用《中华人民共和国行政诉讼法》(以下称行政诉讼法),现结合行政审判工作实际,对执行行政诉讼法的若干问题作出如下解释:

一、受案范围

第一条　公民、法人或者其他组织对具有国家行政职权的机关和组织及其工作人员的行政行为不服,依法提起诉讼的,属于人民法院行政诉讼的受案范围。

公民、法人或者其他组织对下列行为不服提起诉讼的,不属于人民法院行政诉讼的受案范围:

(一)行政诉讼法第十二条规定的行为;

(二)公安、国家安全等机关依照刑事诉讼法的明确授权实施的行为;

(三)调解行为以及法律规定的仲裁行为;

(四)不具有强制力的行政指导行为;

(五)驳回当事人对行政行为提起申诉的重复处理行为;

(六)对公民、法人或者其他组织权利义务不产生实际影响的行为。

第二条　行政诉讼法第十二条第(一)项规定的国家行为,是指国务院、中央军事委员会、国防部、外交部等根据宪法和法律的授权,以国家的名义实施的有关国防和外交事务的行为,以及经宪法和法律授权的国家机关宣布紧急状态、实施戒严和总动员等行为。

第三条　行政诉讼法第十二条第(二)项规定的"具有普遍约束力的决定、命令",是指行政机关针对不特定对象发布的能反复适用的行政规范性文件。

第四条　行政诉讼法第十二条第(三)项规定的"对行政机关工作人员的奖

惩、任免等决定”，是指行政机关作出的涉及该行政机关公务员权利义务的决定。

第五条　行政诉讼法第十二条第(四)项规定的“法律规定由行政机关最终裁决的具体行政行为”中的“法律”，是指全国人民代表大会及其常务委员会制定、通过的规范性文件。

二、管　辖

第六条　各级人民法院行政审判庭审理行政案件和审查行政机关申请执行其具体行政行为的案件。

专门人民法院、人民法庭不审理行政案件，也不审查和执行行政机关申请执行其具体行政行为的案件。

第七条　复议决定有下列情形之一的，属于行政诉讼法规定的“改变原具体行政行为”：

(一)改变原具体行政行为所认定的主要事实和证据的；

(二)改变原具体行政行为所适用的规范依据且对定性产生影响的；

(三)撤销、部分撤销或者变更原具体行政行为处理结果的。

第八条　有下列情形之一的，属于行政诉讼法第十四条第(三)项规定的“本辖区内重大、复杂的案件”：

(一)被告为县级以上人民政府，且基层人民法院不适宜审理的案件；

(二)社会影响重大的共同诉讼、集团诉讼案件；

(三)重大涉外或者涉及香港特别行政区、澳门特别行政区、台湾地区的案件；

(四)其他重大、复杂案件。

第九条　行政诉讼法第十八条规定的“原告所在地”，包括原告的户籍所在地、经常居住地和被限制人身自由地。

行政机关基于同一事实既对人身又对财产实施行政处罚或者采取行政强制措施的，被限制人身自由的公民、被扣押或者没收财产的公民、法人或者其他组织对上述行为均不服的，既可以向被告所在地人民法院提起诉讼，也可以向原告所在地人民法院提起诉讼，受诉人民法院可一并管辖。

第十条　当事人提出管辖异议，应当在接到人民法院应诉通知之日起10日内以书面形式提出。

对当事人提出的管辖异议，人民法院应当进行审查。异议成立的，裁定将案件移送有管辖权的人民法院；异议不成立的，裁定驳回。

三、诉讼参加人

第十一条 行政诉讼法第二十四条规定的“近亲属”,包括配偶、父母、子女、兄弟姐妹、祖父母、外祖父母、孙子女、外孙子女和其他具有扶养、赡养关系的亲属。

公民因被限制人身自由而不能提起诉讼的,其近亲属可以依其口头或者书面委托以该公民的名义提起诉讼。

第十二条 与具体行政行为有法律上利害关系的公民、法人或者其他组织对该行为不服的,可以依法提起行政诉讼。

第十三条 有下列情形之一的,公民、法人或者其他组织可以依法提起行政诉讼:

(一)被诉的具体行政行为涉及其相邻权或者公平竞争权的;

(二)与被诉的行政复议决定有法律上利害关系或者在复议程序中被追加为第三人的;

(三)要求主管行政机关依法追究加害人法律责任的;

(四)与撤销或者变更具体行政行为有法律上利害关系的。

第十四条 合伙企业向人民法院提起诉讼的,应当以核准登记的字号为原告,由执行合伙企业事务的合伙人作诉讼代表人;其他合伙组织提起诉讼的,合伙人为共同原告。

不具备法人资格的其他组织向人民法院提起诉讼的,由该组织的主要负责人作诉讼代表人;没有主要负责人的,可以由推选的负责人作诉讼代表人。

同案原告为5人以上,应当推选1至5名诉讼代表人参加诉讼;在指定期限内未选定的,人民法院可以依职权指定。

第十五条 联营企业、中外合资或者合作企业的联营、合资、合作各方,认为联营、合资、合作企业权益或者自己一方合法权益受具体行政行为侵害的,均可以自己的名义提起诉讼。

第十六条 农村土地承包人等土地使用权人对行政机关处分其使用的农村集体所有土地的行为不服,可以自己的名义提起诉讼。

第十七条 非国有企业被行政机关注销、撤销、合并、强令兼并、出售、分立或者改变企业隶属关系的,该企业或者其法定代表人可以提起诉讼。

第十八条 股份制企业的股东大会、股东代表大会、董事会等认为行政机关作出的具体行政行为侵犯企业经营自主权的,可以企业名义提起诉讼。

第十九条 当事人不服经上级行政机关批准的具体行政行为,向人民法院提起诉讼的,应当以在对外发生法律效力的文书上署名的机关为被告。

第二十条　行政机关组建并赋予行政管理职能但不具有独立承担法律责任能力的机构，以自己的名义作出具体行政行为，当事人不服提起诉讼的，应当以组建该机构的行政机关为被告。

行政机关的内设机构或者派出机构在没有法律、法规或者规章授权的情况下，以自己的名义作出具体行政行为，当事人不服提起诉讼的，应当以该行政机关为被告。

法律、法规或者规章授权行使行政职权的行政机关内设机构、派出机构或者其他组织，超出法定授权范围实施行政行为，当事人不服提起诉讼的，应当以实施该行为的机构或者组织为被告。

第二十一条　行政机关在没有法律、法规或者规章规定的情况下，授权其内设机构、派出机构或者其他组织行使行政职权的，应当视为委托。当事人不服提起诉讼的，应当以该行政机关为被告。

第二十二条　复议机关在法定期间内不作复议决定，当事人对原具体行政行为不服提起诉讼的，应当以作出原具体行政行为的行政机关为被告；当事人对复议机关不作为不服提起诉讼的，应当以复议机关为被告。

第二十三条　原告所起诉的被告不适格，人民法院应当告知原告变更被告；原告不同意变更的，裁定驳回起诉。

应当追加被告而原告不同意追加的，人民法院应当通知其以第三人的身份参加诉讼。

第二十四条　行政机关的同一具体行政行为涉及两个以上利害关系人，其中一部分利害关系人对具体行政行为不服提起诉讼，人民法院应当通知没有起诉的其他利害关系人作为第三人参加诉讼。

第三人有权提出与本案有关的诉讼主张，对人民法院的一审判决不服，有权提起上诉。

第二十五条　当事人委托诉讼代理人，应当向人民法院提交由委托人签名或者盖章的授权委托书。委托书应当载明委托事项和具体权限。公民在特殊情况下无法书面委托的，也可以口头委托。口头委托的，人民法院应当核实并记录在卷；被诉机关或者其他有义务协助的机关拒绝人民法院向被限制人身自由的公民核实的，视为委托成立。当事人解除或者变更委托的，应当书面报告人民法院，由人民法院通知其他当事人。

四、证　据

第二十六条　在行政诉讼中，被告对其作出的具体行政行为承担举证责任。

被告应当在收到起诉状副本之日起 10 日内提交答辩状,并提供作出具体行政行为时的证据、依据;被告不提供或者无正当理由逾期提供的,应当认定该具体行政行为没有证据、依据。

第二十七条 原告对下列事项承担举证责任:

(一)证明起诉符合法定条件,但被告认为原告起诉超过起诉期限的除外;

(二)在起诉被告不作为的案件中,证明其提出申请的事实;

(三)在一并提起的行政赔偿诉讼中,证明因受被诉行为侵害而造成损失的事实;

(四)其他应当由原告承担举证责任的事项。

第二十八条 有下列情形之一的,被告经人民法院准许可以补充相关的证据:

(一)被告在作出具体行政行为时已经收集证据,但因不可抗力等正当事由不能提供的;

(二)原告或者第三人在诉讼过程中,提出了其在被告实施行政行为过程中没有提出的反驳理由或者证据的。

第二十九条 有下列情形之一的,人民法院有权调取证据:

(一)原告或者第三人及其诉讼代理人提供了证据线索,但无法自行收集而申请人民法院调取的;

(二)当事人应当提供而无法提供原件或者原物的。

第三十条 下列证据不能作为认定被诉具体行政行为合法的根据:

(一)被告及其诉讼代理人在作出具体行政行为后自行收集的证据;

(二)被告严重违反法定程序收集的其他证据。

第三十一条 未经法庭质证的证据不能作为人民法院裁判的根据。

复议机关在复议过程中收集和补充的证据,不能作为人民法院维持原具体行政行为的根据。

被告在二审过程中向法庭提交在一审过程中没有提交的证据,不能作为二审法院撤销或者变更一审裁判的根据。

五、起诉与受理

第三十二条 人民法院应当组成合议庭对原告的起诉进行审查。符合起诉条件的,应当在 7 日内立案;不符合起诉条件的,应当在 7 日内裁定不予受理。

7 日内不能决定是否受理的,应当先予受理;受理后经审查不符合起诉条件的,裁定驳回起诉。

受诉人民法院在7日内既不立案，又不作出裁定的，起诉人可以向上一级人民法院申诉或者起诉。上一级人民法院认为符合受理条件的，应予受理；受理后可以移交或者指定下级人民法院审理，也可以自行审理。

前三款规定的期限，从受诉人民法院收到起诉状之日起计算；因起诉状内容欠缺而责令原告补正的，从人民法院收到补正材料之日起计算。

第三十三条 法律、法规规定应当先申请复议，公民、法人或者其他组织未申请复议直接提起诉讼的，人民法院不予受理。

复议机关不受理复议申请或者在法定期限内不作出复议决定，公民、法人或者其他组织不服，依法向人民法院提起诉讼的，人民法院应当依法受理。

第三十四条 法律、法规未规定行政复议为提起行政诉讼必经程序，公民、法人或者其他组织既提起诉讼又申请行政复议的，由先受理的机关管辖；同时受理的，由公民、法人或者其他组织选择。公民、法人或者其他组织已经申请行政复议，在法定复议期间内又向人民法院提起诉讼的，人民法院不予受理。

第三十五条 法律、法规未规定行政复议为提起行政诉讼必经程序，公民、法人或者其他组织向复议机关申请行政复议后，又经复议机关同意撤回复议申请，在法定起诉期限内对原具体行政行为提起诉讼的，人民法院应当依法受理。

第三十六条 人民法院裁定准许原告撤诉后，原告以同一事实和理由重新起诉的，人民法院不予受理。

准予撤诉的裁定确有错误，原告申请再审的，人民法院应当通过审判监督程序撤销原准予撤诉的裁定，重新对案件进行审理。

第三十七条 原告或者上诉人未按规定的期限预交案件受理费，又不提出缓交、减交、免交申请，或者提出申请未获批准的，按自动撤诉处理。在按撤诉处理后，原告或者上诉人在法定期限内再次起诉或者上诉，并依法解决诉讼费预交问题的，人民法院应予受理。

第三十八条 人民法院判决撤销行政机关的具体行政行为后，公民、法人或者其他组织对行政机关重新作出的具体行政行为不服向人民法院起诉的，人民法院应当依法受理。

第三十九条 公民、法人或者其他组织申请行政机关履行法定职责，行政机关在接到申请之日起60日内不履行的，公民、法人或者其他组织向人民法院提起诉讼，人民法院应当依法受理。法律、法规、规章和其他规范性文件对行政机关履行职责的期限另有规定的，从其规定。

公民、法人或者其他组织在紧急情况下请求行政机关履行保护其人身权、财产权的法定职责，行政机关不履行的，起诉期间不受前款规定的限制。

第四十条 行政机关作出具体行政行为时，没有制作或者没有送达法律文书,公民、法人或者其他组织不服向人民法院起诉的,只要能证明具体行政行为存在,人民法院应当依法受理。

第四十一条 行政机关作出具体行政行为时,未告知公民、法人或者其他组织诉权或者起诉期限的,起诉期限从公民、法人或者其他组织知道或者应当知道诉权或者起诉期限之日起计算,但从知道或者应当知道具体行政行为内容之日起最长不得超过2年。

复议决定未告知公民、法人或者其他组织诉权或者法定起诉期限的,适用前款规定。

第四十二条 公民、法人或者其他组织不知道行政机关作出的具体行政行为内容的,其起诉期限从知道或者应当知道该具体行政行为内容之日起计算。对涉及不动产的具体行政行为从作出之日起超过20年、其他具体行政行为从作出之日起超过5年提起诉讼的,人民法院不予受理。

第四十三条 由于不属于起诉人自身的原因超过起诉期限的,被耽误的时间不计算在起诉期间内。因人身自由受到限制而不能提起诉讼的,被限制人身自由的时间不计算在起诉期间内。

六、审理与判决

第四十四条 有下列情形之一的,应当裁定不予受理;已经受理的,裁定驳回起诉:

(一)请求事项不属于行政审判权限范围的;

(二)起诉人无原告诉讼主体资格的;

(三)起诉人错列被告且拒绝变更的;

(四)法律规定必须由法定或者指定代理人、代表人为诉讼行为,未由法定或者指定代理人、代表人为诉讼行为的;

(五)由诉讼代理人代为起诉,其代理不符合法定要求的;

(六)起诉超过法定期限且无正当理由的;

(七)法律、法规规定行政复议为提起诉讼必经程序而未申请复议的;

(八)起诉人重复起诉的;

(九)已撤回起诉,无正当理由再行起诉的;

(十)诉讼标的为生效判决的效力所羁束的;

(十一)起诉不具备其他法定要件的。

前款所列情形可以补正或者更正的,人民法院应当指定期间责令补正或者更正;在指定期间已经补正或者更正的,应当依法受理。

第四十五条 起诉状副本送达被告后,原告提出新的诉讼请求的,人民法院不予准许，但有正当理由的除外。

第四十六条　有下列情形之一的，人民法院可以决定合并审理：

（一）两个以上行政机关分别依据不同的法律、法规对同一事实作出具体行政行为，公民、法人或者其他组织不服向同一人民法院起诉的；

（二）行政机关就同一事实对若干公民、法人或者其他组织分别作出具体行政行为，公民、法人或者其他组织不服分别向同一人民法院起诉的；

（三）在诉讼过程中，被告对原告作出新的具体行政行为，原告不服向同一人民法院起诉的；

（四）人民法院认为可以合并审理的其他情形。

第四十七条　当事人申请回避，应当说明理由，在案件开始审理时提出；回避事由在案件开始审理后知道的，应当在法庭辩论终结前提出。

被申请回避的人员，在人民法院作出是否回避的决定前，应当暂停参与本案的工作，但案件需要采取紧急措施的除外。

对当事人提出的回避申请，人民法院应当在 3 日内以口头或者书面形式作出决定。

申请人对驳回回避申请决定不服的，可以向作出决定的人民法院申请复议一次。复议期间，被申请回避的人员不停止参与本案的工作。对申请人的复议申请，人民法院应当在 3 日内作出复议决定，并通知复议申请人。

第四十八条　人民法院对于因一方当事人的行为或者其他原因，可能使具体行政行为或者人民法院生效裁判不能或者难以执行的案件，可以根据对方当事人的申请作出财产保全的裁定；当事人没有提出申请的，人民法院在必要时也可以依法采取财产保全措施。

人民法院审理起诉行政机关没有依法发给抚恤金、社会保险金、最低生活保障费等案件，可以根据原告的申请，依法书面裁定先予执行。

当事人对财产保全或者先予执行的裁定不服的，可以申请复议。复议期间不停止裁定的执行。

第四十九条　原告或者上诉人经合法传唤，无正当理由拒不到庭或者未经法庭许可中途退庭的，可以按撤诉处理。

原告或者上诉人申请撤诉，人民法院裁定不予准许的，原告或者上诉人经合法传唤无正当理由拒不到庭，或者未经法庭许可而中途退庭的，人民法院可以缺席判决。

第三人经合法传唤无正当理由拒不到庭，或者未经法庭许可中途退庭的，不影响案件的审理。

第五十条　被告在一审期间改变被诉具体行政行为的，应当书面告知人民法院。

原告或者第三人对改变后的行为不服提起诉讼的，人民法院应当就改变后的具体行政行为进行审理。

被告改变原具体行政行为，原告不撤诉，人民法院经审查认为原具体行政行为违法的，应当作出确认其违法的判决；认为原具体行政行为合法的，应当判决驳回原告的诉讼请求。

原告起诉被告不作为，在诉讼中被告作出具体行政行为，原告不撤诉的，参照上述规定处理。

第五十一条 在诉讼过程中，有下列情形之一的，中止诉讼：

（一）原告死亡，须等待其近亲属表明是否参加诉讼的；

（二）原告丧失诉讼行为能力，尚未确定法定代理人的；

（三）作为一方当事人的行政机关、法人或者其他组织终止，尚未确定权利义务承受人的；

（四）一方当事人因不可抗力的事由不能参加诉讼的；

（五）案件涉及法律适用问题，需要送请有权机关作出解释或者确认的；

（六）案件的审判须以相关民事、刑事或者其他行政案件的审理结果为依据，而相关案件尚未审结的；

（七）其他应当中止诉讼的情形。

中止诉讼的原因消除后，恢复诉讼。

第五十二条 在诉讼过程中，有下列情形之一的，终结诉讼：

（一）原告死亡，没有近亲属或者近亲属放弃诉讼权利的；

（二）作为原告的法人或者其他组织终止后，其权利义务的承受人放弃诉讼权利的。

因本解释第五十一条第一款第（一）、（二）、（三）项原因中止诉讼满 90 日仍无人继续诉讼的，裁定终结诉讼，但有特殊情况的除外。

第五十三条 复议决定维持原具体行政行为的，人民法院判决撤销原具体行政行为，复议决定自然无效。

复议决定改变原具体行政行为错误，人民法院判决撤销复议决定时，应当责令复议机关重新作出复议决定。

第五十四条 人民法院判决被告重新作出具体行政行为，被告重新作出的具体行政行为与原具体行政行为的结果相同，但主要事实或者主要理由有改变的，不属于行政诉讼法第五十五条规定的情形。

人民法院以违反法定程序为由，判决撤销被诉具体行政行为的，行政机关重新作出具体行政行为不受行政诉讼法第五十五条规定的限制。

行政机关以同一事实和理由重新作出与原具体行政行为基本相同的具体行政行为，人民法院应当根据行政诉讼法第五十四条第（二）项、第五十五条的规定判决撤销或者部分撤销，并根据行政诉讼法第六十五条第三款的规定处理。

第五十五条　人民法院审理行政案件不得加重对原告的处罚，但利害关系人同为原告的除外。

人民法院审理行政案件不得对行政机关未予处罚的人直接给予行政处罚。

第五十六条　有下列情形之一的，人民法院应当判决驳回原告的诉讼请求：

（一）起诉被告不作为理由不能成立的；

（二）被诉具体行政行为合法但存在合理性问题的；

（三）被诉具体行政行为合法，但因法律、政策变化需要变更或者废止的；

（四）其他应当判决驳回诉讼请求的情形。

第五十七条　人民法院认为被诉具体行政行为合法，但不适宜判决维持或者驳回诉讼请求的，可以作出确认其合法或者有效的判决。

有下列情形之一的，人民法院应当作出确认被诉具体行政行为违法或者无效的判决：

（一）被告不履行法定职责，但判决责令其履行法定职责已无实际意义的；

（二）被诉具体行政行为违法，但不具有可撤销内容的；

（三）被诉具体行政行为依法不成立或者无效的。

第五十八条　被诉具体行政行为违法，但撤销该具体行政行为将会给国家利益或者公共利益造成重大损失的，人民法院应当作出确认被诉具体行政行为违法的判决，并责令被诉行政机关采取相应的补救措施；造成损害的，依法判决承担赔偿责任。

第五十九条　根据行政诉讼法第五十四条第（二）项规定判决撤销违法的被诉具体行政行为，将会给国家利益、公共利益或者他人合法权益造成损失的，人民法院在判决撤销的同时，可以分别采取以下方式处理：

（一）判决被告重新作出具体行政行为；

（二）责令被诉行政机关采取相应的补救措施；

（三）向被告和有关机关提出司法建议；

（四）发现违法犯罪行为的，建议有权机关依法处理。

第六十条　人民法院判决被告重新作出具体行政行为，如不及时重新作出具体行政行为，将会给国家利益、公共利益或者当事人利益造成损失的，可以限定重新作出具体行政行为的期限。

人民法院判决被告履行法定职责，应当指定履行的期限，因情况特殊难于确定期限的除外。

第六十一条 被告对平等主体之间民事争议所作的裁决违法，民事争议当事人要求人民法院一并解决相关民事争议的，人民法院可以一并审理。

第六十二条 人民法院审理行政案件，适用最高人民法院司法解释的，应当在裁判文书中援引。

人民法院审理行政案件，可以在裁判文书中引用合法有效的规章及其他规范性文件。

第六十三条 裁定适用于下列范围：

（一）不予受理；

（二）驳回起诉；

（三）管辖异议；

（四）终结诉讼；

（五）中止诉讼；

（六）移送或者指定管辖；

（七）诉讼期间停止具体行政行为的执行或者驳回停止执行的申请；

（八）财产保全；

（九）先予执行；

（十）准许或者不准许撤诉；

（十一）补正裁判文书中的笔误；

（十二）中止或者终结执行；

（十三）提审、指令再审或者发回重审；

（十四）准许或者不准许执行行政机关的具体行政行为；

（十五）其他需要裁定的事项。

对第（一）、（二）、（三）项裁定，当事人可以上诉。

第六十四条 行政诉讼法第五十七条、第六十条规定的审限，是指从立案之日起至裁判宣告之日止的期间。鉴定、处理管辖争议或者异议以及中止诉讼的时间不计算在内。

第六十五条 第一审人民法院作出判决和裁定后，当事人均提起上诉的，上诉各方均为上诉人。

诉讼当事人中的一部分人提出上诉，没有提出上诉的对方当事人为被上诉人，其他当事人依原审诉讼地位列明。

第六十六条 当事人提出上诉，应当按照其他当事人或者诉讼代表人的人数提出上诉状副本。

原审人民法院收到上诉状，应当在5日内将上诉状副本送达其他当事人，对方当事人应当在收到上诉状副本之日起10日内提出答辩状。

原审人民法院应当在收到答辩状之日起5日内将副本送达当事人。

原审人民法院收到上诉状、答辩状，应当在5日内连同全部案卷和证据，报送第二审人民法院。已经预收诉讼费用的，一并报送。

第六十七条　第二审人民法院审理上诉案件，应当对原审人民法院的裁判和被诉具体行政行为是否合法进行全面审查。

当事人对原审人民法院认定的事实有争议的，或者第二审人民法院认为原审人民法院认定事实不清楚的，第二审人民法院应当开庭审理。

第六十八条　第二审人民法院经审理认为原审人民法院不予受理或者驳回起诉的裁定确有错误，且起诉符合法定条件的，应当裁定撤销原审人民法院的裁定，指令原审人民法院依法立案受理或者继续审理。

第六十九条　第二审人民法院裁定发回原审人民法院重新审理的行政案件，原审人民法院应当另行组成合议庭进行审理。

第七十条　第二审人民法院审理上诉案件，需要改变原审判决的，应当同时对被诉具体行政行为作出判决。

第七十一条　原审判决遗漏了必须参加诉讼的当事人或者诉讼请求的，第二审人民法院应当裁定撤销原审判决，发回重审。

原审判决遗漏行政赔偿请求，第二审人民法院经审查认为依法不应当予以赔偿的，应当判决驳回行政赔偿请求。

原审判决遗漏行政赔偿请求，第二审人民法院经审理认为依法应当予以赔偿的，在确认被诉具体行政行为违法的同时，可以就行政赔偿问题进行调解；调解不成的，应当就行政赔偿部分发回重审。

当事人在第二审期间提出行政赔偿请求的，第二审人民法院可以进行调解；调解不成的，应当告知当事人另行起诉。

第七十二条　有下列情形之一的，属于行政诉讼法第六十三条规定的“违反法律、法规规定”：

（一）原判决、裁定认定的事实主要证据不足；

（二）原判决、裁定适用法律、法规确有错误；

（三）违反法定程序，可能影响案件正确裁判；

（四）其他违反法律、法规的情形。

第七十三条　当事人申请再审，应当在判决、裁定发生法律效力后2年内提出。

当事人对已经发生法律效力的行政赔偿调解书，提出证据证明调解违反自愿原则或者调解协议的内容违反法律规定的，可以在2年内申请再审。

第七十四条 人民法院接到当事人的再审申请后，经审查，符合再审条件的，应当立案并及时通知各方当事人；不符合再审条件的，予以驳回。

第七十五条 对人民检察院按照审判监督程序提出抗诉的案件，人民法院应当再审。

人民法院开庭审理抗诉案件时，应当通知人民检察院派员出庭。

第七十六条 人民法院按照审判监督程序再审的案件，发生法律效力的判决、裁定是由第一审人民法院作出的，按照第一审程序审理，所作的判决、裁定，当事人可以上诉；发生法律效力的判决、裁定是由第二审人民法院作出的，按照第二审程序审理，所作的判决、裁定是发生法律效力的判决、裁定；上级人民法院按照审判监督程序提审的，按照第二审程序审理，所作的判决、裁定是发生法律效力的判决、裁定。

人民法院审理再审案件，应当另行组成合议庭。

第七十七条 按照审判监督程序决定再审的案件，应当裁定中止原判决的执行；裁定由院长署名，加盖人民法院印章。

上级人民法院决定提审或者指令下级人民法院再审的，应当作出裁定，裁定应当写明中止原判决的执行；情况紧急的，可以将中止执行的裁定口头通知负责执行的人民法院或者作出生效判决、裁定的人民法院，但应当在口头通知后10日内发出裁定书。

第七十八条 人民法院审理再审案件，认为原生效判决、裁定确有错误，在撤销原生效判决或者裁定的同时，可以对生效判决、裁定的内容作出相应裁判，也可以裁定撤销生效判决或者裁定，发回作出生效判决、裁定的人民法院重新审判。

第七十九条 人民法院审理二审案件和再审案件，对原审法院受理、不予受理或者驳回起诉错误的，应当分别情况作如下处理：

（一）第一审人民法院作出实体判决后，第二审人民法院认为不应当受理的，在撤销第一审人民法院判决的同时，可以发回重审，也可以迳行驳回起诉；

（二）第二审人民法院维持第一审人民法院不予受理裁定错误的，再审法院应当撤销第一审、第二审人民法院裁定，指令第一审人民法院受理；

（三）第二审人民法院维持第一审人民法院驳回起诉裁定错误的，再审法院应当撤销第一审、第二审人民法院裁定，指令第一审人民法院审理。

第八十条 人民法院审理再审案件，发现生效裁判有下列情形之一的，应当裁定发回作出生效判决、裁定的人民法院重新审理：

（一）审理本案的审判人员、书记员应当回避而未回避的；

（二）依法应当开庭审理而未经开庭即作出判决的；

（三）未经合法传唤当事人而缺席判决的；

（四）遗漏必须参加诉讼的当事人的；

（五）对与本案有关的诉讼请求未予裁判的；

（六）其他违反法定程序可能影响案件正确裁判的。

第八十一条　再审案件按照第一审程序审理的，适用行政诉讼法第五十七条规定的审理期限。

再审案件按照第二审程序审理的，适用行政诉讼法第六十条规定的审理期限。

第八十二条　基层人民法院申请延长审理期限，应当直接报请高级人民法院批准，同时报中级人民法院备案。

七、执　行

第八十三条　对发生法律效力的行政判决书、行政裁定书、行政赔偿判决书和行政赔偿调解书，负有义务的一方当事人拒绝履行的，对方当事人可以依法申请人民法院强制执行。

第八十四条　申请人是公民的，申请执行生效的行政判决书、行政裁定书、行政赔偿判决书和行政赔偿调解书的期限为 1 年，申请人是行政机关、法人或者其他组织的为 180 日。

申请执行的期限从法律文书规定的履行期间最后一日起计算；法律文书中没有规定履行期限的，从该法律文书送达当事人之日起计算。

逾期申请的，除有正当理由外，人民法院不予受理。

第八十五条　发生法律效力的行政判决书、行政裁定书、行政赔偿判决书和行政赔偿调解书，由第一审人民法院执行。

第一审人民法院认为情况特殊需要由第二审人民法院执行的，可以报请第二审人民法院执行；第二审人民法院可以决定由其执行，也可以决定由第一审人民法院执行。

第八十六条　行政机关根据行政诉讼法第六十六条的规定申请执行其具体行政行为，应当具备以下条件：

（一）具体行政行为依法可以由人民法院执行；

（二）具体行政行为已经生效并具有可执行内容；

（三）申请人是作出该具体行政行为的行政机关或者法律、法规、规章授权的组织；

（四）被申请人是该具体行政行为所确定的义务人；

（五）被申请人在具体行政行为确定的期限内或者行政机关另行指定的期限内未履行义务；

（六）申请人在法定期限内提出申请；

（七）被申请执行的行政案件属于受理申请执行的人民法院管辖。

人民法院对符合条件的申请，应当立案受理，并通知申请人；对不符合条件的申请，应当裁定不予受理。

第八十七条 法律、法规没有赋予行政机关强制执行权，行政机关申请人民法院强制执行的，人民法院应当依法受理。

法律、法规规定既可以由行政机关依法强制执行，也可以申请人民法院强制执行，行政机关申请人民法院强制执行的，人民法院可以依法受理。

第八十八条 行政机关申请人民法院强制执行其具体行政行为，应当自被执行人的法定起诉期限届满之日起 180 日内提出。逾期申请的，除有正当理由外，人民法院不予受理。

第八十九条 行政机关申请人民法院强制执行其具体行政行为，由申请人所在地的基层人民法院受理；执行对象为不动产的，由不动产所在地的基层人民法院受理。

基层人民法院认为执行确有困难的，可以报请上级人民法院执行；上级人民法院可以决定由其执行，也可以决定由下级人民法院执行。

第九十条 行政机关根据法律的授权对平等主体之间民事争议作出裁决后，当事人在法定期限内不起诉又不履行，作出裁决的行政机关在申请执行的期限内未申请人民法院强制执行的，生效具体行政行为确定的权利人或者其继承人、权利承受人在 90 日内可以申请人民法院强制执行。

享有权利的公民、法人或者其他组织申请人民法院强制执行具体行政行为，参照行政机关申请人民法院强制执行具体行政行为的规定。

第九十一条 行政机关申请人民法院强制执行其具体行政行为，应当提交申请执行书、据以执行的行政法律文书、证明该具体行政行为合法的材料和被执行人财产状况以及其他必须提交的材料。

享有权利的公民、法人或者其他组织申请人民法院强制执行的，人民法院应当向作出裁决的行政机关调取有关材料。

第九十二条 行政机关或者具体行政行为确定的权利人申请人民法院强制执行前，有充分理由认为被执行人可能逃避执行的，可以申请人民法院采取财产保全措施。后者申请强制执行的，应当提供相应的财产担保。

第九十三条 人民法院受理行政机关申请执行其具体行政行为的案件后，应当在 30 日内由行政审判庭组成合议庭对具体行政行为的合法性进行审查，并就是否准予强制执行作出裁定；需要采取强制执行措施的，由本院负责强制执行非诉行政行为的机构执行。

第九十四条　在诉讼过程中，被告或者具体行政行为确定的权利人申请人民法院强制执行被诉具体行政行为，人民法院不予执行，但不及时执行可能给国家利益、公共利益或者他人合法权益造成不可弥补的损失的，人民法院可以先予执行。后者申请强制执行的，应当提供相应的财产担保。

第九十五条　被申请执行的具体行政行为有下列情形之一的，人民法院应当裁定不准予执行：

（一）明显缺乏事实根据的；

（二）明显缺乏法律依据的；

（三）其他明显违法并损害被执行人合法权益的。

第九十六条　行政机关拒绝履行人民法院生效判决、裁定的，人民法院可以依照行政诉讼法第六十五条第三款的规定处理，并可以参照民事诉讼法第一百零二条的有关规定，对主要负责人或者直接责任人员予以罚款处罚。

八、其　他

第九十七条　人民法院审理行政案件，除依照行政诉讼法和本解释外，可以参照民事诉讼的有关规定。

第九十八条　本解释自发布之日起施行，最高人民法院《关于贯彻执行〈中华人民共和国行政诉讼法〉若干问题的意见（试行）》同时废止；最高人民法院以前所作的司法解释以及与有关机关联合发布的规范性文件，凡与本解释不一致的，按本解释执行。

最高人民法院关于行政诉讼证据若干问题的规定

（2002年6月4日最高人民法院审判委员会第1224次会议通过
2002年7月24日公布　自2002年10月1日起施行）
法释〔2002〕21号

为准确认定案件事实，公正、及时地审理行政案件，根据《中华人民共和国行政诉讼法》（以下称行政诉讼法）等有关法律规定，结合行政审判实际，制定本规定。

一、举证责任分配和举证期限

第一条　根据行政诉讼法第三十二条和第四十三条的规定，被告对作出的具体行政行为负有举证责任，应当在收到起诉状副本之日起十日内，提供据以作出被诉具体行政行为的全部证据和所依据的规范性文件。被告不提供或者无正当理由逾期提供证据的，视为被诉具体行政行为没有相应的证据。

被告因不可抗力或者客观上不能控制的其他正当事由，不能在前款规定的期限内提供证据的，应当在收到起诉状副本之日起十日内向人民法院提出延期提供证据的书面申请。人民法院准许延期提供的，被告应当在正当事由消除后十日内提供证据。逾期提供的，视为被诉具体行政行为没有相应的证据。

第二条　原告或者第三人提出其在行政程序中没有提出的反驳理由或者证据的，经人民法院准许，被告可以在第一审程序中补充相应的证据。

第三条　根据行政诉讼法第三十三条的规定，在诉讼过程中，被告及其诉讼代理人不得自行向原告和证人收集证据。

第四条　公民、法人或者其他组织向人民法院起诉时，应当提供其符合起诉条件的相应的证据材料。

在起诉被告不作为的案件中，原告应当提供其在行政程序中曾经提出申请的证据材料。但有下列情形的除外：

（一）被告应当依职权主动履行法定职责的；

（二）原告因被告受理申请的登记制度不完备等正当事由不能提供相关证据材料并能够作出合理说明的。

被告认为原告起诉超过法定期限的，由被告承担举证责任。

第五条　在行政赔偿诉讼中，原告应当对被诉具体行政行为造成损害的事实提供证据。

第六条　原告可以提供证明被诉具体行政行为违法的证据。原告提供的证据不成立的，不免除被告对被诉具体行政行为合法性的举证责任。

第七条　原告或者第三人应当在开庭审理前或者人民法院指定的交换证据之日提供证据。因正当事由申请延期提供证据的，经人民法院准许，可以在法庭调查中提供。逾期提供证据的，视为放弃举证权利。

原告或者第三人在第一审程序中无正当事由未提供而在第二审程序中提供的证据，人民法院不予接纳。

第八条　人民法院向当事人送达受理案件通知书或者应诉通知书时，应当告知其举证范围、举证期限和逾期提供证据的法律后果，并告知因正当事由不能按期提供证据时应当提出延期提供证据的申请。

第九条　根据行政诉讼法第三十四条第一款的规定，人民法院有权要求当事人提供或者补充证据。

对当事人无争议，但涉及国家利益、公共利益或者他人合法权益的事实，人民法院可以责令当事人提供或者补充有关证据。

二、提供证据的要求

第十条　根据行政诉讼法第三十一条第一款第(一)项的规定，当事人向人民法院提供书证的，应当符合下列要求：

(一)提供书证的原件，原本、正本和副本均属于书证的原件。提供原件确有困难的，可以提供与原件核对无误的复印件、照片、节录本；

(二)提供由有关部门保管的书证原件的复制件、影印件或者抄录件的，应当注明出处，经该部门核对无异后加盖其印章；

(三)提供报表、图纸、会计账册、专业技术资料、科技文献等书证的，应当附有说明材料；

(四)被告提供的被诉具体行政行为所依据的询问、陈述、谈话类笔录，应当有行政执法人员、被询问人、陈述人、谈话人签名或者盖章。

法律、法规、司法解释和规章对书证的制作形式另有规定的，从其规定。

第十一条　根据行政诉讼法第三十一条第一款第(二)项的规定，当事人向人民法院提供物证的，应当符合下列要求：

(一)提供原物。提供原物确有困难的，可以提供与原物核对无误的复制件或者证明该物证的照片、录像等其他证据；

（二）原物为数量较多的种类物的，提供其中的一部分。

第十二条 根据行政诉讼法第三十一条第一款第（三）项的规定，当事人向人民法院提供计算机数据或者录音、录像等视听资料的，应当符合下列要求：

（一）提供有关资料的原始载体。提供原始载体确有困难的，可以提供复制件；

（二）注明制作方法、制作时间、制作人和证明对象等；

（三）声音资料应当附有该声音内容的文字记录。

第十三条 根据行政诉讼法第三十一条第一款第（四）项的规定，当事人向人民法院提供证人证言的，应当符合下列要求：

（一）写明证人的姓名、年龄、性别、职业、住址等基本情况；

（二）有证人的签名，不能签名的，应当以盖章等方式证明；

（三）注明出具日期；

（四）附有居民身份证复印件等证明证人身份的文件。

第十四条 根据行政诉讼法第三十一条第一款第（六）项的规定，被告向人民法院提供的在行政程序中采用的鉴定结论，应当载明委托人和委托鉴定的事项、向鉴定部门提交的相关材料、鉴定的依据和使用的科学技术手段、鉴定部门和鉴定人鉴定资格的说明，并应有鉴定人的签名和鉴定部门的盖章。通过分析获得的鉴定结论，应当说明分析过程。

第十五条 根据行政诉讼法第三十一条第一款第（七）项的规定，被告向人民法院提供的现场笔录，应当载明时间、地点和事件等内容，并由执法人员和当事人签名。当事人拒绝签名或者不能签名的，应当注明原因。有其他人在现场的，可由其他人签名。

法律、法规和规章对现场笔录的制作形式另有规定的，从其规定。

第十六条 当事人向人民法院提供的在中华人民共和国领域外形成的证据，应当说明来源，经所在国公证机关证明，并经中华人民共和国驻该国使领馆认证，或者履行中华人民共和国与证据所在国订立的有关条约中规定的证明手续。

当事人提供的在中华人民共和国香港特别行政区、澳门特别行政区和台湾地区内形成的证据，应当具有按照有关规定办理的证明手续。

第十七条 当事人向人民法院提供外文书证或者外国语视听资料的，应当附有由具有翻译资质的机构翻译的或者其他翻译准确的中文译本，由翻译机构盖章或者翻译人员签名。

第十八条 证据涉及国家秘密、商业秘密或者个人隐私的，提供人应当作出明确标注，并向法庭说明，法庭予以审查确认。

第十九条 当事人应当对其提交的证据材料分类编号，对证据材料的来源、证明对象和内容作简要说明，签名或者盖章，注明提交日期。

第二十条 人民法院收到当事人提交的证据材料，应当出具收据，注明证据的名称、份数、页数、件数、种类等以及收到的时间，由经办人员签名或者盖章。

第二十一条 对于案情比较复杂或者证据数量较多的案件，人民法院可以组织当事人在开庭前向对方出示或者交换证据，并将交换证据的情况记录在卷。

三、调取和保全证据

第二十二条 根据行政诉讼法第三十四条第二款的规定，有下列情形之一的，人民法院有权向有关行政机关以及其他组织、公民调取证据：

（一）涉及国家利益、公共利益或者他人合法权益的事实认定的；

（二）涉及依职权追加当事人、中止诉讼、终结诉讼、回避等程序性事项的。

第二十三条 原告或者第三人不能自行收集，但能够提供确切线索的，可以申请人民法院调取下列证据材料：

（一）由国家有关部门保存而须由人民法院调取的证据材料；

（二）涉及国家秘密、商业秘密、个人隐私的证据材料；

（三）确因客观原因不能自行收集的其他证据材料。

人民法院不得为证明被诉具体行政行为的合法性，调取被告在作出具体行政行为时未收集的证据。

第二十四条 当事人申请人民法院调取证据的，应当在举证期限内提交调取证据申请书。

调取证据申请书应当写明下列内容：

（一）证据持有人的姓名或者名称、住址等基本情况；

（二）拟调取证据的内容；

（三）申请调取证据的原因及其要证明的案件事实。

第二十五条 人民法院对当事人调取证据的申请，经审查符合调取证据条件的，应当及时决定调取；不符合调取证据条件的，应当向当事人或者其诉讼代理人送达通知书，说明不准许调取的理由。当事人及其诉讼代理人可以在收到通知书之日起三日内向受理申请的人民法院书面申请复议一次。人民法院应当在收到复议申请之日起五日内作出答复。

人民法院根据当事人申请，经调取未能取得相应证据的，应当告知申请人并说明原因。

第二十六条 人民法院需要调取的证据在异地的,可以书面委托证据所在地人民法院调取。受托人民法院应当在收到委托书后,按照委托要求及时完成调取证据工作,送交委托人民法院。受托人民法院不能完成委托内容的,应当告知委托的人民法院并说明原因。

第二十七条 当事人根据行政诉讼法第三十六条的规定向人民法院申请保全证据的,应当在举证期限届满前以书面形式提出,并说明证据的名称和地点、保全的内容和范围、申请保全的理由等事项。

当事人申请保全证据的,人民法院可以要求其提供相应的担保。

法律、司法解释规定诉前保全证据的,依照其规定办理。

第二十八条 人民法院依照行政诉讼法第三十六条规定保全证据的,可以根据具体情况,采取查封、扣押、拍照、录音、录像、复制、鉴定、勘验、制作询问笔录等保全措施。

人民法院保全证据时,可以要求当事人或者其诉讼代理人到场。

第二十九条 原告或者第三人有证据或者有正当理由表明被告据以认定案件事实的鉴定结论可能有错误,在举证期限内书面申请重新鉴定的,人民法院应予准许。

第三十条 当事人对人民法院委托的鉴定部门作出的鉴定结论有异议申请重新鉴定,提出证据证明存在下列情形之一的,人民法院应予准许:

(一)鉴定部门或者鉴定人不具有相应的鉴定资格的;

(二)鉴定程序严重违法的;

(三)鉴定结论明显依据不足的;

(四)经过质证不能作为证据使用的其他情形。

对有缺陷的鉴定结论,可以通过补充鉴定、重新质证或者补充质证等方式解决。

第三十一条 对需要鉴定的事项负有举证责任的当事人,在举证期限内无正当理由不提出鉴定申请、不预交鉴定费用或者拒不提供相关材料,致使对案件争议的事实无法通过鉴定结论予以认定的,应当对该事实承担举证不能的法律后果。

第三十二条 人民法院对委托或者指定的鉴定部门出具的鉴定书,应当审查是否具有下列内容:

(一)鉴定的内容;

(二)鉴定时提交的相关材料;

(三)鉴定的依据和使用的科学技术手段;

(四)鉴定的过程;

（五）明确的鉴定结论；

（六）鉴定部门和鉴定人鉴定资格的说明；

（七）鉴定人及鉴定部门签名盖章。

前款内容欠缺或者鉴定结论不明确的，人民法院可以要求鉴定部门予以说明、补充鉴定或者重新鉴定。

第三十三条　人民法院可以依当事人申请或者依职权勘验现场。

勘验现场时，勘验人必须出示人民法院的证件，并邀请当地基层组织或者当事人所在单位派人参加。当事人或其成年亲属应当到场，拒不到场的，不影响勘验的进行，但应当在勘验笔录中说明情况。

第三十四条　审判人员应当制作勘验笔录，记载勘验的时间、地点、勘验人、在场人、勘验的经过和结果，由勘验人、当事人、在场人签名。

勘验现场时绘制的现场图，应当注明绘制的时间、方位、绘制人姓名和身份等内容。

当事人对勘验结论有异议的，可以在举证期限内申请重新勘验，是否准许由人民法院决定。

四、证据的对质辨认和核实

第三十五条　证据应当在法庭上出示，并经庭审质证。未经庭审质证的证据，不能作为定案的依据。

当事人在庭前证据交换过程中没有争议并记录在卷的证据，经审判人员在庭审中说明后，可以作为认定案件事实的依据。

第三十六条　经合法传唤，因被告无正当理由拒不到庭而需要依法缺席判决的，被告提供的证据不能作为定案的依据，但当事人在庭前交换证据中没有争议的证据除外。

第三十七条　涉及国家秘密、商业秘密和个人隐私或者法律规定的其他应当保密的证据，不得在开庭时公开质证。

第三十八条　当事人申请人民法院调取的证据，由申请调取证据的当事人在庭审中出示，并由当事人质证。

人民法院依职权调取的证据，由法庭出示，并可就调取该证据的情况进行说明，听取当事人意见。

第三十九条　当事人应当围绕证据的关联性、合法性和真实性，针对证据有无证明效力以及证明效力大小，进行质证。

经法庭准许，当事人及其代理人可以就证据问题相互发问，也可以向证人、鉴定人或者勘验人发问。

当事人及其代理人相互发问，或者向证人、鉴定人、勘验人发问时，发问的内容应当与案件事实有关联，不得采用引诱、威胁、侮辱等语言或者方式。

第四十条 对书证、物证和视听资料进行质证时，当事人应当出示证据的原件或者原物。但有下列情况之一的除外：

（一）出示原件或者原物确有困难并经法庭准许可以出示复制件或者复制品；

（二）原件或者原物已不存在，可以出示证明复制件、复制品与原件、原物一致的其他证据。

视听资料应当当庭播放或者显示，并由当事人进行质证。

第四十一条 凡是知道案件事实的人，都有出庭作证的义务。有下列情形之一的，经人民法院准许，当事人可以提交书面证言：

（一）当事人在行政程序或者庭前证据交换中对证人证言无异议的；

（二）证人因年迈体弱或者行动不便无法出庭的；

（三）证人因路途遥远、交通不便无法出庭的；

（四）证人因自然灾害等不可抗力或者其他意外事件无法出庭的；

（五）证人因其他特殊原因确实无法出庭的。

第四十二条 不能正确表达意志的人不能作证。

根据当事人申请，人民法院可以就证人能否正确表达意志进行审查或者交由有关部门鉴定。必要时，人民法院也可以依职权交由有关部门鉴定。

第四十三条 当事人申请证人出庭作证的，应当在举证期限届满前提出，并经人民法院许可。人民法院准许证人出庭作证的，应当在开庭审理前通知证人出庭作证。

当事人在庭审过程中要求证人出庭作证的，法庭可以根据审理案件的具体情况，决定是否准许以及是否延期审理。

第四十四条 有下列情形之一，原告或者第三人可以要求相关行政执法人员作为证人出庭作证：

（一）对现场笔录的合法性或者真实性有异议的；

（二）对扣押财产的品种或者数量有异议的；

（三）对检验的物品取样或者保管有异议的；

（四）对行政执法人员的身份的合法性有异议的；

（五）需要出庭作证的其他情形。

第四十五条 证人出庭作证时，应当出示证明其身份的证件。法庭应当告知其诚实作证的法律义务和作伪证的法律责任。

出庭作证的证人不得旁听案件的审理。法庭询问证人时，其他证人不得在场，但组织证人对质的除外。

第四十六条　证人应当陈述其亲历的具体事实。证人根据其经历所作的判断、推测或者评论，不能作为定案的依据。

第四十七条　当事人要求鉴定人出庭接受询问的，鉴定人应当出庭。鉴定人因正当事由不能出庭的，经法庭准许，可以不出庭，由当事人对其书面鉴定结论进行质证。

鉴定人不能出庭的正当事由，参照本规定第四十一条的规定。

对于出庭接受询问的鉴定人，法庭应当核实其身份、与当事人及案件的关系，并告知鉴定人如实说明鉴定情况的法律义务和故意作虚假说明的法律责任。

第四十八条　对被诉具体行政行为涉及的专门性问题，当事人可以向法庭申请由专业人员出庭进行说明，法庭也可以通知专业人员出庭说明。必要时，法庭可以组织专业人员进行对质。

当事人对出庭的专业人员是否具备相应专业知识、学历、资历等专业资格等有异议的，可以进行询问。由法庭决定其是否可以作为专业人员出庭。

专业人员可以对鉴定人进行询问。

第四十九条　法庭在质证过程中，对与案件没有关联的证据材料，应予排除并说明理由。

法庭在质证过程中，准许当事人补充证据的，对补充的证据仍应进行质证。

法庭对经过庭审质证的证据，除确有必要外，一般不再进行质证。

第五十条　在第二审程序中，对当事人依法提供的新的证据，法庭应当进行质证；当事人对第一审认定的证据仍有争议的，法庭也应当进行质证。

第五十一条　按照审判监督程序审理的案件，对当事人依法提供的新的证据，法庭应当进行质证；因原判决、裁定认定事实的证据不足而提起再审所涉及的主要证据，法庭也应当进行质证。

第五十二条　本规定第五十条和第五十一条中的“新的证据”是指以下证据：

（一）在一审程序中应当准予延期提供而未获准许的证据；

（二）当事人在一审程序中依法申请调取而未获准许或者未取得，人民法院在第二审程序中调取的证据；

（三）原告或者第三人提供的在举证期限届满后发现的证据。

五、证据的审核认定

第五十三条　人民法院裁判行政案件，应当以证据证明的案件事实为依据。

第五十四条 法庭应当对经过庭审质证的证据和无需质证的证据进行逐一审查和对全部证据综合审查,遵循法官职业道德,运用逻辑推理和生活经验,进行全面、客观和公正地分析判断,确定证据材料与案件事实之间的证明关系,排除不具有关联性的证据材料,准确认定案件事实。

第五十五条 法庭应当根据案件的具体情况,从以下方面审查证据的合法性:

(一)证据是否符合法定形式;

(二)证据的取得是否符合法律、法规、司法解释和规章的要求;

(三)是否有影响证据效力的其他违法情形。

第五十六条 法庭应当根据案件的具体情况,从以下方面审查证据的真实性:

(一)证据形成的原因;

(二)发现证据时的客观环境;

(三)证据是否为原件、原物,复制件、复制品与原件、原物是否相符;

(四)提供证据的人或者证人与当事人是否具有利害关系;

(五)影响证据真实性的其他因素。

第五十七条 下列证据材料不能作为定案依据:

(一)严重违反法定程序收集的证据材料;

(二)以偷拍、偷录、窃听等手段获取侵害他人合法权益的证据材料;

(三)以利诱、欺诈、胁迫、暴力等不正当手段获取的证据材料;

(四)当事人无正当事由超出举证期限提供的证据材料;

(五)在中华人民共和国领域以外或者在中华人民共和国香港特别行政区、澳门特别行政区和台湾地区形成的未办理法定证明手续的证据材料;

(六)当事人无正当理由拒不提供原件、原物,又无其他证据印证,且对方当事人不予认可的证据的复制件或者复制品;

(七)被当事人或者他人进行技术处理而无法辨明真伪的证据材料;

(八)不能正确表达意志的证人提供的证言;

(九)不具备合法性和真实性的其他证据材料。

第五十八条 以违反法律禁止性规定或者侵犯他人合法权益的方法取得的证据,不能作为认定案件事实的依据。

第五十九条 被告在行政程序中依照法定程序要求原告提供证据,原告依法应当提供而拒不提供,在诉讼程序中提供的证据,人民法院一般不予采纳。

第六十条 下列证据不能作为认定被诉具体行政行为合法的依据:

（一）被告及其诉讼代理人在作出具体行政行为后或者在诉讼程序中自行收集的证据；

（二）被告在行政程序中非法剥夺公民、法人或者其他组织依法享有的陈述、申辩或者听证权利所采用的证据；

（三）原告或者第三人在诉讼程序中提供的、被告在行政程序中未作为具体行政行为依据的证据。

第六十一条　复议机关在复议程序中收集和补充的证据，或者作出原具体行政行为的行政机关在复议程序中未向复议机关提交的证据，不能作为人民法院认定原具体行政行为合法的依据。

第六十二条　对被告在行政程序中采纳的鉴定结论，原告或者第三人提出证据证明有下列情形之一的，人民法院不予采纳：

（一）鉴定人不具备鉴定资格；

（二）鉴定程序严重违法；

（三）鉴定结论错误、不明确或者内容不完整。

第六十三条　证明同一事实的数个证据，其证明效力一般可以按照下列情形分别认定：

（一）国家机关以及其他职能部门依职权制作的公文文书优于其他书证；

（二）鉴定结论、现场笔录、勘验笔录、档案材料以及经过公证或者登记的书证优于其他书证、视听资料和证人证言；

（三）原件、原物优于复制件、复制品；

（四）法定鉴定部门的鉴定结论优于其他鉴定部门的鉴定结论；

（五）法庭主持勘验所制作的勘验笔录优于其他部门主持勘验所制作的勘验笔录；

（六）原始证据优于传来证据；

（七）其他证人证言优于与当事人有亲属关系或者其他密切关系的证人提供的对该当事人有利的证言；

（八）出庭作证的证人证言优于未出庭作证的证人证言；

（九）数个种类不同、内容一致的证据优于一个孤立的证据。

第六十四条　以有形载体固定或者显示的电子数据交换、电子邮件以及其他数据资料，其制作情况和真实性经对方当事人确认，或者以公证等其他有效方式予以证明的，与原件具有同等的证明效力。

第六十五条　在庭审中一方当事人或者其代理人在代理权限范围内对另一方当事人陈述的案件事实明确表示认可的，人民法院可以对该事实予以认定。但有相反证据足以推翻的除外。

第六十六条 在行政赔偿诉讼中，人民法院主持调解时当事人为达成调解协议而对案件事实的认可，不得在其后的诉讼中作为对其不利的证据。

第六十七条 在不受外力影响的情况下，一方当事人提供的证据，对方当事人明确表示认可的，可以认定该证据的证明效力；对方当事人予以否认，但不能提供充分的证据进行反驳的，可以综合全案情况审查认定该证据的证明效力。

第六十八条 下列事实法庭可以直接认定：

(一)众所周知的事实；

(二)自然规律及定理；

(三)按照法律规定推定的事实；

(四)已经依法证明的事实；

(五)根据日常生活经验法则推定的事实。

前款(一)、(三)、(四)、(五)项，当事人有相反证据足以推翻的除外。

第六十九条 原告确有证据证明被告持有的证据对原告有利，被告无正当事由拒不提供的，可以推定原告的主张成立。

第七十条 生效的人民法院裁判文书或者仲裁机构裁决文书确认的事实，可以作为定案依据。但是如果发现裁判文书或者裁决文书认定的事实有重大问题的，应当中止诉讼，通过法定程序予以纠正后恢复诉讼。

第七十一条 下列证据不能单独作为定案依据：

(一)未成年人所作的与其年龄和智力状况不相适应的证言；

(二)与一方当事人有亲属关系或者其他密切关系的证人所作的对该当事人有利的证言，或者与一方当事人有不利关系的证人所作的对该当事人不利的证言；

(三)应当出庭作证而无正当理由不出庭作证的证人证言；

(四)难以识别是否经过修改的视听资料；

(五)无法与原件、原物核对的复制件或者复制品；

(六)经一方当事人或者他人改动，对方当事人不予认可的证据材料；

(七)其他不能单独作为定案依据的证据材料。

第七十二条 庭审中经过质证的证据，能够当庭认定的，应当当庭认定；不能当庭认定的，应当在合议庭合议时认定。

人民法院应当在裁判文书中阐明证据是否采纳的理由。

第七十三条 法庭发现当庭认定的证据有误，可以按照下列方式纠正：

(一)庭审结束前发现错误的，应当重新进行认定；

(二)庭审结束后宣判前发现错误的，在裁判文书中予以更正并说明理由，也可以再次开庭予以认定；

（三）有新的证据材料可能推翻已认定的证据的，应当再次开庭予以认定。

六、附　则

第七十四条　证人、鉴定人及其近亲属的人身和财产安全受法律保护。

人民法院应当对证人、鉴定人的住址和联系方式予以保密。

第七十五条　证人、鉴定人因出庭作证或者接受询问而支出的合理费用，由提供证人、鉴定人的一方当事人先行支付，由败诉一方当事人承担。

第七十六条　证人、鉴定人作伪证的，依照行政诉讼法第四十九条第一款第（二）项的规定追究其法律责任。

第七十七条　诉讼参与人或者其他人有对审判人员或者证人、鉴定人、勘验人及其近亲属实施威胁、侮辱、殴打、骚扰或者打击报复等妨碍行政诉讼行为的，依照行政诉讼法第四十九条第一款第（三）项、第（五）项或者第（六）项的规定追究其法律责任。

第七十八条　对应当协助调取证据的单位和个人，无正当理由拒不履行协助义务的，依照行政诉讼法第四十九条第一款第（五）项的规定追究其法律责任。

第七十九条　本院以前有关行政诉讼的司法解释与本规定不一致的，以本规定为准。

第八十条　本规定自2002年10月1日起施行。2002年10月1日尚未审结的一审、二审和再审行政案件不适用本规定。

本规定施行前已经审结的行政案件，当事人以违反本规定为由申请再审的，人民法院不予支持。

本规定施行后按照审判监督程序决定再审的行政案件，适用本规定。

最高人民法院关于审理国际贸易行政案件若干问题的规定

（2002年8月27日最高人民法院审判委员会第1239次会议通过
2002年8月27日公布　自2002年10月1日起施行）
法释〔2002〕27号

为依法公正及时地审理国际贸易行政案件，根据《中华人民共和国行政诉讼法》（以下称行政诉讼法）、《中华人民共和国立法法》（以下称立法法）以及其他有关法律的规定，制定本规定。

第一条　下列案件属于本规定所称国际贸易行政案件：

（一）有关国际货物贸易的行政案件；

（二）有关国际服务贸易的行政案件；

（三）与国际贸易有关的知识产权行政案件；

（四）其他国际贸易行政案件。

第二条　人民法院行政审判庭依法审理国际贸易行政案件。

第三条　自然人、法人或者其他组织认为中华人民共和国具有国家行政职权的机关和组织及其工作人员（以下统称行政机关）有关国际贸易的具体行政行为侵犯其合法权益的，可以依照行政诉讼法以及其他有关法律、法规的规定，向人民法院提起行政诉讼。

第四条　当事人的行为发生在新法生效之前，行政机关在新法生效之后对该行为作出行政处理决定的，当事人可以依照新法的规定提起行政诉讼。

第五条　第一审国际贸易行政案件由具有管辖权的中级以上人民法院管辖。

第六条　人民法院审理国际贸易行政案件，应当依照行政诉讼法，并根据案件具体情况，从以下方面对被诉具体行政行为进行合法性审查：

（一）主要证据是否确实、充分；

（二）适用法律、法规是否正确；

（三）是否违反法定程序；

（四）是否超越职权；

（五）是否滥用职权；

(六)行政处罚是否显失公正;

(七)是否不履行或者拖延履行法定职责。

第七条　根据行政诉讼法第五十二条第一款及立法法第六十三条第一款和第二款规定,人民法院审理国际贸易行政案件,应当依据中华人民共和国法律、行政法规以及地方立法机关在法定立法权限范围内制定的有关或者影响国际贸易的地方性法规。地方性法规适用于本行政区域内发生的国际贸易行政案件。

第八条　根据行政诉讼法第五十三条第一款及立法法第七十一条、第七十二条和第七十三条规定,人民法院审理国际贸易行政案件,参照国务院部门根据法律和国务院的行政法规、决定、命令,在本部门权限范围内制定的有关或者影响国际贸易的部门规章,以及省、自治区,直辖市和省、自治区的人民政府所在地的市、经济特区所在地的市、国务院批准的较大的市的人民政府根据法律、行政法规和地方性法规制定的有关或者影响国际贸易的地方政府规章。

第九条　人民法院审理国际贸易行政案件所适用的法律、行政法规的具体条文存在两种以上的合理解释,其中有一种解释与中华人民共和国缔结或者参加的国际条约的有关规定相一致的,应当选择与国际条约的有关规定相一致的解释,但中华人民共和国声明保留的条款除外。

第十条　外国人、无国籍人、外国组织在中华人民共和国进行国际贸易行政诉讼,同中华人民共和国公民、组织有同等的诉讼权利和义务,但有行政诉讼法第七十一条第二款规定的情形的,适用对等原则。

第十一条　涉及香港特别行政区、澳门特别行政区和台湾地区当事人的国际贸易行政案件,参照本规定处理。

第十二条　本规定自 2002 年 10 月 1 日起施行。

最高人民法院关于审理反倾销行政案件应用法律若干问题的规定

（2002年9月11日最高人民法院审判委员会第1242次会议通过
2002年11月21日公布　自2003年1月1日起施行）
法释〔2002〕35号

为依法公正地审理反倾销行政案件，根据《中华人民共和国行政诉讼法》及其他有关法律的规定，制定本规定。

第一条　人民法院依法受理对下列反倾销行政行为提起的行政诉讼：

（一）有关倾销及倾销幅度、损害及损害程度的终裁决定；

（二）有关是否征收反倾销税的决定以及追溯征收、退税、对新出口经营者征税的决定；

（三）有关保留、修改或者取消反倾销税以及价格承诺的复审决定；

（四）依照法律、行政法规规定可以起诉的其他反倾销行政行为。

第二条　与反倾销行政行为具有法律上利害关系的个人或者组织为利害关系人，可以依照行政诉讼法及其他有关法律、行政法规的规定，向人民法院提起行政诉讼。

前款所称利害关系人，是指向国务院主管部门提出反倾销调查书面申请的申请人，有关出口经营者和进口经营者及其他具有法律上利害关系的自然人、法人或者其他组织。

第三条　反倾销行政案件的被告，应当是作出相应被诉反倾销行政行为的国务院主管部门。

第四条　与被诉反倾销行政行为具有法律上利害关系的其他国务院主管部门，可以作为第三人参加诉讼。

第五条　第一审反倾销行政案件由下列人民法院管辖：

（一）被告所在地高级人民法院指定的中级人民法院；

（二）被告所在地高级人民法院。

第六条　人民法院依照行政诉讼法及其他有关反倾销的法律、行政法规，参照国务院部门规章，对被诉反倾销行政行为的事实问题和法律问题，进行合法性审查。

第七条　被告对其作出的被诉反倾销行政行为负举证责任，应当提供作出反倾销行政行为的证据和所依据的规范性文件。

人民法院依据被告的案卷记录审查被诉反倾销行政行为的合法性。被告在作出被诉反倾销行政行为时没有记入案卷的事实材料，不能作为认定该行为合法的根据。

第八条　原告对其主张的事实有责任提供证据。经人民法院依照法定程序审查，原告提供的证据具有关联性、合法性和真实性的，可以作为定案的根据。

被告在反倾销行政调查程序中依照法定程序要求原告提供证据，原告无正当理由拒不提供、不如实提供或者以其他方式严重妨碍调查，而在诉讼程序中提供的证据，人民法院不予采纳。

第九条　在反倾销行政调查程序中，利害关系人无正当理由拒不提供证据、不如实提供证据或者以其他方式严重妨碍调查的，国务院主管部门根据能够获得的证据得出的事实结论，可以认定为证据充分。

第十条　人民法院审理反倾销行政案件，根据不同情况，分别作出以下判决：

（一）被诉反倾销行政行为证据确凿，适用法律、行政法规正确，符合法定程序的，判决维持；

（二）被诉反倾销行政行为有下列情形之一的，判决撤销或者部分撤销，并可以判决被告重新作出反倾销行政行为：

1. 主要证据不足的；

2. 适用法律、行政法规错误的；

3. 违反法定程序的；

4. 超越职权的；

5. 滥用职权的。

（三）依照法律或者司法解释规定作出的其他判决。

第十一条　人民法院审理反倾销行政案件，可以参照有关涉外民事诉讼程序的规定。

第十二条　本规定自2003年1月1日起实施。

最高人民法院关于审理反补贴行政案件应用法律若干问题的规定

(2002年9月11日最高人民法院审判委员会第1242次会议通过
2002年11月21日公布　自2003年1月1日起施行)
法释〔2002〕36号

为依法公正地审理反补贴行政案件,根据《中华人民共和国行政诉讼法》及其他有关法律的规定,制定本规定。

第一条　人民法院依法受理对下列反补贴行政行为提起的行政诉讼:

(一)有关补贴及补贴金额、损害及损害程度的终裁决定;

(二)有关是否征收反补贴税以及追溯征收的决定;

(三)有关保留、修改或者取消反补贴税以及承诺的复审决定;

(四)依照法律、行政法规规定可以起诉的其他反补贴行政行为。

第二条　与反补贴行政行为具有法律上利害关系的个人或者组织为利害关系人,可以依照行政诉讼法及其他有关法律、行政法规的规定,向人民法院提起行政诉讼。

前款所称利害关系人,是指向国务院主管机关提出反补贴调查书面申请的申请人,有关出口经营者和进口经营者及其他具有法律上利害关系的自然人、法人或者其他组织。

第三条　反补贴行政案件的被告,应当是作出相应被诉反补贴行政行为的国务院主管部门。

第四条　与被诉反补贴行政行为具有法律上利害关系的其他国务院主管部门,可以作为第三人参加诉讼。

第五条　第一审反补贴行政案件由下列人民法院管辖:

(一)被告所在地高级人民法院指定的中级人民法院;

(二)被告所在地高级人民法院。

第六条　人民法院依照行政诉讼法及其他有关反补贴的法律、行政法规,参照国务院部门规章,对被诉反补贴行政行为的事实问题和法律问题,进行合法性审查。

第七条　被告对其作出的被诉反补贴行政行为负举证责任,应当提供作出反补贴行政行为的证据和所依据的规范性文件。

人民法院依据被告的案卷记录审查被诉反补贴行政行为的合法性。被告在作出被诉反补贴行政行为时没有记入案卷的事实材料，不能作为认定该行为合法的根据。

第八条 原告对其主张的事实有责任提供证据。经人民法院依照法定程序审查，原告提供的证据具有关联性、合法性和真实性的，可以作为定案的根据。

被告在反补贴行政调查程序中依照法定程序要求原告提供证据，原告无正当理由拒不提供、不如实提供或者以其他方式严重妨碍调查，而在诉讼程序中提供的证据，人民法院不予采纳。

第九条 在反补贴行政调查程序中，利害关系人无正当理由拒不提供证据、不如实提供证据或者以其他方式严重妨碍调查的，国务院主管部门根据能够获得的证据得出的事实结论，可以认定为证据充分。

第十条 人民法院审理反补贴行政案件，根据不同情况，分别作出以下判决：

（一）被诉反补贴行政行为证据确凿，适用法律、行政法规正确，符合法定程序的，判决维持；

（二）被诉反补贴行政行为有下列情形之一的，判决撤销或者部分撤销，并可以判决被告重新作出反补贴行政行为：

1. 主要证据不足的；

2. 适用法律、行政法规错误的；

3. 违反法定程序的；

4. 超越职权的；

5. 滥用职权的。

（三）依照法律或者司法解释规定作出的其他判决。

第十一条 人民法院审理反补贴行政案件，可以参照有关涉外民事诉讼程序的规定。

第十二条 本规定自2003年1月1日起实施。

最高人民法院关于审理行政赔偿案件若干问题的规定

(1997年4月29日公布　自1997年4月29日起施行)

法发〔1997〕10号

为正确审理行政赔偿案件,根据《中华人民共和国国家赔偿法》和《中华人民共和国行政诉讼法》的规定,对审理行政赔偿案件的若干问题作以下规定:

一、受案范围

第一条　《中华人民共和国国家赔偿法》第三条、第四条规定的其他违法行为,包括具体行政行为和与行政机关及其工作人员行使行政职权有关的,给公民、法人或者其他组织造成损害的,违反行政职责的行为。

第二条　赔偿请求人对行政机关确认具体行政行为违法但又决定不予赔偿,或者对确定的赔偿数额有异议提起行政赔偿诉讼的,人民法院应予受理。

第三条　赔偿请求人认为行政机关及其工作人员实施了国家赔偿法第三条第(三)、(四)、(五)项和第四条第(四)项规定的非具体行政行为的行为侵犯其人身权、财产权并造成损失,赔偿义务机关拒不确认致害行为违法,赔偿请求人可直接向人民法院提起行政赔偿诉讼。

第四条　公民、法人或者其他组织在提起行政诉讼的同时一并提出行政赔偿请求的,人民法院应一并受理。

赔偿请求人单独提起行政赔偿诉讼,须以赔偿义务机关先行处理为前提。赔偿请求人对赔偿义务机关确定的赔偿数额有异议或者赔偿义务机关逾期不予赔偿,赔偿请求人有权向人民法院提起行政赔偿诉讼。

第五条　法律规定由行政机关最终裁决的具体行政行为,被作出最终裁决的行政机关确认违法,赔偿请求人以赔偿义务机关应当赔偿而不予赔偿或逾期不予赔偿或者对赔偿数额有异议提起行政赔偿诉讼,人民法院应依法受理。

第六条　公民、法人或者其他组织以国防、外交等国家行为或者行政机关制定发布行政法规、规章或者具有普遍约束力的决定、命令侵犯其合法权益造成损害为由,向人民法院提起行政赔偿诉讼的,人民法院不予受理。

二、管　辖

第七条　公民、法人或者其他组织在提起行政赔偿诉讼的同时一并提出行政赔偿请求的，人民法院依照行政诉讼法第十七条、第十八条、第二十条的规定管辖。

第八条　赔偿请求人提起行政赔偿诉讼的请求涉及不动产的，由不动产所在地的人民法院管辖。

第九条　单独提起的行政赔偿诉讼案件由被告住所地的基层人民法院管辖。

中级人民法院管辖下列第一审行政赔偿案件：

(1)被告为海关、专利管理机关的；

(2)被告为国务院各部门或者省、自治区、直辖市人民政府的；

(3)本辖区内其他重大影响和复杂的行政赔偿案件。

高级人民法院管辖本辖区内有重大影响和复杂的第一审行政赔偿案件。

最高人民法院管辖全国范围内有重大影响和复杂的第一审行政赔偿案件。

第十条　赔偿请求人因同一事实对两个以上行政机关提起行政诉讼的，可以向其中任何一个行政机关住所地的人民法院提起。赔偿请求人向两个以上有管辖权的人民法院提起行政赔偿诉讼的，由最先收到起诉状的人民法院管辖。

第十一条　公民对限制人身自由的行政强制措施不服，或者对行政赔偿机关基于同一事实对同一当事人作出限制人身自由和对财产采取强制措施的具体行政行为不服，在提起行政诉讼的同时一并提出行政赔偿请求的，由受理该行政案件的人民法院管辖；单独提起行政赔偿诉讼的，由被告住所地或原告住所地或不动产所在地的人民法院管辖。

第十二条　人民法院发现受理的案件不属于自己管辖，应当移送有管辖权的人民法院；受移送的人民法院不得再行移送。

第十三条　人民法院对管辖权发生争议的，由争议双方协商解决，协商不成的，报请他们的共同上级人民法院指定管辖。如双方为跨省、自治区、直辖市的人民法院，高级人民法院协商不成的，由最高人民法院及时指定管辖。

依前款规定报请上级人民法院指定管辖时，应当逐级进行。

三、诉讼当事人

第十四条　与行政赔偿案件处理结果有法律上的利害关系的其他公民、法人或者其他组织有权作为第三人参加行政赔偿诉讼。

第十五条 受害的公民死亡，其继承人和其他有抚养关系的亲属以及死者生前抚养的无劳动能力的人有权提起行政赔偿诉讼。

第十六条 企业法人或者其他组织被行政机关撤销、变更、兼并、注销，认为经营自主权受到侵害，依法提起行政赔偿诉讼，原企业法人或其他组织，或者对其享有权利的法人或其他组织均具有原告资格。

第十七条 两个以上行政机关共同侵权，赔偿请求人对其中一个或者数个侵权机关提起行政赔偿诉讼，若诉讼请求系可分之诉，被诉的一个或者数个侵权机关被告；若诉讼请求系不可分之诉，由人民法院依法追加其他侵权机关为共同被告。

第十八条 复议机关的复议决定加重损害的，赔偿请求人只对作出原决定的行政机关提起行政赔偿诉讼，作出原决定的行政机关为被告；赔偿请求人只对复议机关提起行政赔偿诉讼的，复议机关为被告。

第十九条 行政机关依据行政诉讼第六十六条的规定申请人民法院强制执行具体行政行为，由于据以强制执行的根据错误而发生行政赔偿诉讼的，申请强制执行的行政机关为被告。

第二十条 人民法院审理行政赔偿案件，需要变更被告而原告不同意变更的，裁定驳回起诉。

四、起诉与受理

第二十一条 赔偿请求人单独提起行政赔偿诉讼，应当符合下列条件：

(1)原告具有请求资格；

(2)有明确的被告；

(3)有具体的赔偿请求和受损害的事实根据；

(4)加害行为为具体行政行为的，该行为已被确认为违法；

(5)赔偿义务机关已先行处理或超过法定期限不予处理；

(6)属于人民法院行政赔偿诉讼的受案范围和受诉人民法院管辖；

(7)符合法律规定的起诉期限。

第二十二条 赔偿请求人单独提起行政赔偿诉讼，可以在向赔偿义务机关递交赔偿申请后的两个月届满之日起三个月内提出。

第二十三条 公民、法人或者其他组织在提起行政诉讼的同时一并提出行政赔偿请求的，其起诉期限按照行政诉讼起诉期限的规定执行。

行政案件的原告可以在提起行政诉讼后至人民法院一审庭审结束前，提出行政赔偿请求。

第二十四条 赔偿义务机关作出赔偿决定时，未告知赔偿请求人的诉权或者起诉期限，致使赔偿请求人逾期向人民法院起诉的，其起诉期限从赔偿请求人实际知道诉权或者起诉期限时计算，但逾期的期间自赔偿请求人收到赔偿决定之日起不得超过一年。

第二十五条 受害的公民死亡，其继承人和有抚养关系的人提起行政赔偿诉讼，应当提供该公民死亡的证明及赔偿请求人与死亡公民之间的关系证明。

第二十六条 当事人先后被采取限制人身自由的行政强制措施和刑事拘留等强制措施，因强制措施被确认为违法而请求赔偿的，人民法院按其行为性质分别适用行政赔偿程序和刑事赔偿程序立案受理。

第二十七条 人民法院接到原告单独提起的行政赔偿起诉状，应当进行审查，并在七日内立案或者作出不予受理的裁定。

人民法院接到行政赔偿起诉状后，在七日内不能确定可否受理的，应当先予受理。审理中发现不符合受理条件的，裁定驳回起诉。

当事人对不予受理或者驳回起诉的裁定不服的，可以在裁定书送达之日起十日内向上一级人民法院提起上诉。

五、审理和判决

第二十八条 当事人在提起行政诉讼的同时一并提出行政赔偿请求，或者因具体行政行为和与行使行政职权有关的其他行为侵权造成损害一并提出行政赔偿请求的，人民法院应当分别立案，根据具体情况可以合并审理，也可以单独审理。

第二十九条 人民法院审理行政赔偿案件，就当事人之间的行政赔偿争议进行审理与裁判。

第三十条 人民法院审理行政赔偿案件在坚持合法、自愿的前提下，可以就赔偿范围、赔偿方式和赔偿数额进行调解。调解成立的，应当制作行政赔偿调解书。

第三十一条 被告在一审判决前同原告达成赔偿协议，原告申请撤诉的，人民法院应当依法予以审查并裁定是否准许。

第三十二条 原告在行政赔偿诉讼中对自己的主张承担举证责任。被告有权提供不予赔偿或者减少赔偿数额方面的证据。

第三十三条 被告的具体行政行为违法但尚未对原告合法权益造成损害的，或者原告的请求没有事实根据或法律根据的，人民法院应当判决驳回原告的赔偿请求。

第三十四条 人民法院对赔偿请求人未经确认程序而直接提起行政赔偿诉讼的案件，在判决时应当对赔偿义务机关致害行为是否违法予以确认。

第三十五条 人民法院对单独提起行政赔偿案件作出判决的法律文书的名称为行政赔偿判决书、行政赔偿裁定书或者行政赔偿调解书。

六、执行与期间

第三十六条 发生法律效力的行政赔偿判决、裁定或调解协议,当事人必须履行。一方拒绝履行的,对方当事人可以向第一审人民法院申请执行。

申请执行的期限,申请人是公民的为一年,申请人是法人或者其他组织的为六个月。

第三十七条 单独受理的第一审行政赔偿案件的审理期限为三个月,第二审为两个月;一并受理行政赔偿请求案件的审理期限与该行政案件的审理期限相同。如因特殊情况不能按期结案,需要延长审限的,应按照行政诉讼法的有关规定报请批准。

七、其　他

第三十八条 人民法院审理行政赔偿案件,除依照国家赔偿法行政赔偿程序的规定外,对本规定没有规定的,在不与国家赔偿法相抵触的情况下,可以适用行政诉讼的有关规定。

第三十九条 赔偿请求人要求人民法院确认致害行为违法涉及的鉴定、勘验、审计等费用,由申请人预付,最后由败诉方承担。

第四十条 最高人民法院以前所作的有关司法解释与本规定不一致的,按本规定执行。

第三编

行政诉讼经典案例评述

1 对李洪非法占用土地强制执行案

【提领】

本案是一起地方土地行政管理机关申请法院强制执行其行政命令的行政强制执行案。被执行人李洪没有得到土地管理机关批准，擅自在自己承包的耕地上建筑房屋，土地管理机关作出了"立即停工，3 日内拆除违法建筑，恢复耕地"的行政决定，由于李洪既不在法定期限内起诉也不履行该决定，行政机关遂请求法院予以强制执行。1987 年，中国大陆尚未颁布《行政诉讼法》。在制定《行政诉讼法》之前，法院审理、执行行政案件适用的是 1982 年制定的《中华人民共和国民事诉讼法(试行)》。这一案件主要反映了当时对于行政决定强制执行的制度，另外就本案所涉行政行为究竟是行政处罚还是行政命令也值得探讨。

【案情】

申请执行人：云南省昆明市西山区城乡建设环境保护局。

被执行人：李洪，男，云南省昆明市西山区团结办事处龙潭乡大河村农民。

1986 年 12 月，李洪未经土地管理部门批准在其承包的 1 分 9 厘秧田上建私房。动工后，群众和村干部劝告、制止，李洪不予理睬。乡政府责令李洪在 3 天内拆除违法建筑，李洪依然不予理会并说："房子我要继续盖，限你们 3 天把我抓起来！"办事处的领导人对李洪进行教育，但李洪不听劝阻，强行完成 72.39 平方米的地基工程。办事处报请区城乡建设环境保护局处理。该局领导亲自到大河村，向李洪进行土地管理法的宣传教育，劝其自动拆除违法建筑。李洪不仅不听，还无理地说："你们抓我去劳改，我也要盖！"

西山区城乡建设环境保护局根据《中华人民共和国土地管理法》(以下称《土地管理法》)第 45 条关于"农村居民未经批准或者采取欺骗手段骗取批准，

非法占用土地建住宅的,限期拆除或者没收在非法占用的土地上新建的房屋"的规定,于 1987 年 1 月 10 日作出行政处罚决定:"李洪未经批准,擅自在承包的秧田上建盖房屋是非法的,必须立即停工,自接到处理决定之日起 3 日内拆除违法建筑,恢复耕地。"同时,根据《土地管理法》第 52 条的规定,告知当事人"对行政处罚决定不服的,可以在接到处罚决定通知之日起 30 日内,向人民法院起诉;期满不起诉又不履行的,由作出处罚决定的机关申请人民法院强制执行"。

李洪在接到西山区城乡建设环境保护局处罚决定期限届满后,既不向人民法院起诉,又不履行处罚决定。西山区城乡建设环境保护局为认真执行《土地管理法》,根据《土地管理法》第 52 条的规定,于 1987 年 2 月 3 日,向云南省昆明市西山区人民法院申请强制执行。

【审判】

西山区人民法院审查了西山区城乡建设环境保护局的申请,认为该局对被执行人李洪的处罚决定是正确的。依照《中华人民共和国民事诉讼法(试行)》(以下称《民事诉讼法(试行)》)第 177 条第 1 款的规定,于 1987 年 2 月 27 日由院长签发公告,限李洪自公告公布之日起 3 日内拆除在秧田上的违法建筑,恢复耕地;限期内李洪如不自觉拆除违法建筑,恢复耕地,则由人民法院强制拆除,执行费用由李洪承担。

公告期限届满,被执行人李洪毫无悔改表示。3 月 2 日,西山区人民法院依照《民事诉讼法(试行)》第 177 条第 2 款的规定,请团结办事处、公安派出所等基层组织派人参加,协同执行员强制执行。在强制执行前,执行员再次对李洪进行了法制教育。被执行人李洪慑于法律的威严,同意自动拆除违法建筑,当日下午,李洪全部拆除了已建好的房屋地基。

【评述】

中国大陆在 1986 年制定了《中华人民共和国土地管理法》,确立了国家对土地的管理制度:"国务院土地管理部门主管全国土地的统一管理工作。县级以上地方人民政府土地管理部门主管本行政区域内土地的统一管理工作,机构设置由省、自治区、直辖市根据实际情况确定。乡级人民政府负责本行政区域内的土地管理工作。"同时也确立了建设用地的审批制度并规定:农村村民住宅用地,经乡(镇)人民政府审核,由县级人民政府批准;其中涉及占用农用地的,还应当办理农用地转用审批手续。本案所涉及的当事人李洪,未经土地管理部门批准在其承包的秧田上建造私房,显然违反了《土地管理法》的规定,属于违法行为。

针对李洪的违法建筑行为，申请人西山区城乡建设环境保护局根据《土地管理法》第45条关于“农村居民未经批准或者采取欺骗手段骗取批准，非法占用土地建住宅的，限期拆除或者没收在非法占用的土地上新建的房屋”的规定，于1987年1月10日作出行政处罚决定：“李洪未经批准，擅自在承包的秧田上建盖房屋是非法的，必须立即停工，自接到处理决定之日起3日内拆除违法建筑，恢复耕地。”那么，“限期拆除，恢复耕地”的这一行政行为，是不是属于行政处罚呢？我们认为从行政决定的内容看，它更符合行政命令的属性。所谓行政处罚，是指行政主体为达到对违法者予以惩戒，促使其以后不再犯，有效实施行政管理，维护公共利益和社会秩序，保护公民、法人或其他组织的合法权益的目的，依法对行政相对人违反行政法律规范尚未构成犯罪的行为，给予人身的、财产的、名誉的及其他形式的法律制裁的行政行为；而行政命令是行政主体以职权作出的要求行政相对人为某种行为或者不为某种行为的行政决定。两者之间的根本区别在于是否对行政相对人具有惩罚性。分析《土地管理法》第45条“农村居民未经批准或者采取欺骗手段骗取批准，非法占用土地建住宅的，限期拆除或者没收在非法占用的土地上新建的房屋”的规定，其中“没收在非法占用的土地上新建的房屋”具有惩罚的性质，因为“没收”将导致行政相对人先有财产的减少；但“限期拆除在非法占用的土地上新建的房屋”并不具有惩罚的性质，不过是要求行政相对人停止违法行为、恢复原状而已。虽然说，恢复原状也在实际上给行政相对人造成了损失，但这一损失不是因行政行为本身所追求的目的。所以，在本案中，行政机关云南省昆明市西山区城乡建设环境保护局将其行为定性为行政处罚并不准确。

行政主体的行政决定作出后，即具有一定的法律效力。对于行政决定的执行在大陆有两种方式：一种是由行政机关自己执行；一种是由行政机关申请人民法院执行。根据《土地管理法》第52条关于“对行政处罚决定不服的，可以在接到处罚决定通知之日起30日内，向人民法院起诉；期满不起诉又不履行的，由作出处罚决定的机关申请人民法院强制执行”的规定，本案属于行政机关申请人民法院强制执行其行政决定的一类。在申请人作出行政决定后的法定期限内，行政相对人李洪既不起诉又不履行行政决定的情况下，申请人民法院予以强制执行是符合法律规定的。

行政诉讼与民事诉讼有其相近之处，一般说来，行政诉讼是从民事诉讼中分离出来的。本案发生在1987年，《行政诉讼法》还没有制定。根据1982年制定的《民事诉讼法（试行）》第3条第2款的规定，人民法院审理行政案件适用民事诉讼程序。本案就是当时诉讼制度的一个反映。1989年，中国大陆制定了现行的《行政诉讼法》，但内容简略，对诉讼过程中的一些程序性问题，如期间、送达、开庭步骤、集团诉讼等依然未作规定，因而在审理行政案件过程中，依然有诸多方面参照现行《民事诉讼法》的有关规定。

（本案例的“案情”和“审判”部分选自《中华人民共和国最高人民法院公报》（以下称《最高人民法院公报》），1987 年第 3 期；“提领”和“评述”部分由作者根据有关法律与学理进行阐述，不代表司法机关的意见）

（杨登峰　撰）

2 区成不服九龙海关行政处罚决定案

【提领】

本案是一起因当事人不服海关行政处罚而提起复议，并对维持原处罚决定的复议决定不服而提起诉讼的案件。本案发生于 20 世纪 80 年代末期，其案情收录于《最高人民法院公报》1989 年第 1 期，对我国行政诉讼制度的建立与发展具有一定的指引作用。

【案情】

原告：区成，男，69 岁，现住香港九龙观塘祥和苑和健阁 29 楼 4 室。

被告：中华人民共和国九龙海关。

法定代表人：刘文杰，九龙海关关长。

委托代理人：周伟航、李国，均为九龙海关干部。

区成于 1987 年 12 月 4 日经罗湖海关入境时，未带任何玉石器用品。12 月 6 日，区成携带玉石器 317 件，放在行李中，未向海关申报，经罗湖口岸“绿色通道”(即无申报物品通道)出境，通过行李机时被查获。经广东省文物管理部门鉴定，区成所带玉石器中，有玉龙带钩 1 件，属清初文物，禁止出境；玉带钩、白玉猴各 1 件，属清末文物范畴；其余 314 件，属现代各式特种玉石工艺品。这些玉石器，估价总值人民币 9580 元。

1988 年 2 月 27 日，罗湖海关作出处罚决定，认定区成违反了《中华人民共和国海关法》第 29 条第 1 款关于“进出境物品的所有人应当向海关如实申报，并接受海关查验”的规定。根据《中华人民共和国海关法行政处罚实施细则》第 3 条第 2 项的规定，区成经过设立海关的地点，以藏匿、伪装、瞒报的手法，逃避海关监管，携带国家禁止出境的物品，走“绿色通道”出境，而且携带物品的数量和价值，大大超过国家关于《来往港澳的旅客免税和征税物品限量表》规定的限量,属走私行为。依照《海关法行政处罚实施细则》第 5 条第 2 项的规定,决定给区成以没收所携带玉石器的处罚。

区成不服罗湖海关的处罚决定,于 1988 年 3 月 3 日向九龙海关申请复议。九龙海关复议认为,罗湖海关对区成的处罚决定是适当的,其申请复议的理由不能成立,决定维持原处罚决定。区成不服九龙海关的复议决定,以他所携带的玉石器都是工艺品,不是出土文物,也不是翡翠玉石,而是用山石刻制的工艺品,应当准予出境,罗湖海关没收这些物品不当为由,于 1988 年 7 月 1 日,向深圳市中级人民法院起诉,要求维护他的合法权益,退还被没收的原物。

【审判】

深圳市中级人民法院审理认为:原告区成出境去香港时,携带的是国家禁止出境的文物和国家有数量限制出境的特种玉石工艺品,不是用山石刻制的工艺品,且混放于行李中,未向海关申报,在选走“绿色通道”时被查获,其行为违反了《海关法》第 29 第 1 款和第 48 条的规定,属走私行为。被告九龙海关依照《海关法行政处罚实施细则》第 3 条第 2 项和第 5 条第 2 项的规定,作出没收原告携带的玉石器的复议决定,是正确的。综上,该院于 1988 年 11 月 15 日判决:

维持九龙海关作出的没收原告区成玉石器的复议决定。

本案诉讼费港币 200 元,由原告负担。

【评述】

本案案情较为简单,引人注意的是案件中被告的选择问题。

我国《海关法》第 53 条规定:“当事人对海关的处罚决定不服的,可以自收到处罚通知书之日起三十日内,海关无法通知的,自海关的处罚决定公告之日起三十日内,向作出处罚决定的海关或者上一级海关申请复议;对复议决定仍然不服的,可以自收到复议决定书之日起三十日内向人民法院起诉。当事人也可以自收到处罚通知书之日或者自海关的处罚决定公告之日起三十日内,直接向人民法院起诉。当事人逾期不履行海关处罚决定又不申请复议或者向人民法院起诉的,作出处罚决定的海关可以将其保证金没收或者将其被扣留的货物、物品、运输工具变价抵缴,也可以申请人民法院强制执行。”《海关法行政处罚实施细则》第 26 条第 2 款规定:“当事人对海关的处罚决定不服的,可以自处罚通知书送达之日三十日内,向作出处罚决定的海关或者上一级海关书面申请复议;有关海关应当在收到复议申请书后的九十日内作出复议决定,并制发复议决定书送达当事人。当事人对复议决定仍然不服的,可以自复议决定书送达之日起三十日内，向人民法院起诉。"可见，当事人对海关行政处罚决定不服的，有两种救济途径：(1)依法提起复议，对复议决定不服，还可以依法提起诉讼；(2)直接向人民法院提起诉讼。

本案中，原告区成不服罗湖海关的处罚决定，于 1988 年 3 月 3 日向九龙海关申请复议。九龙海关复议认为，罗湖海关对区成的处罚决定是适当的，决定维持原处罚决定。原告不服九龙海关的复议决定，于 1988 年 7 月 1 日，向深圳市中级人民法院起诉，要求维护他的合法权益，退还被没收的原物。在"对复议决定仍然不服的，可以自收到复议决定书之日起三十日内向人民法院起诉"的情形下，是以原处罚机关还是以复议机关为被告？对此，《海关法》以及《海关法行政处罚实施细则》都没有规定。因此，本案原告以复议机关九龙海为被告而提起诉讼是完全可以的。

值得注意的是，随着诉讼实践的发展，随后制定并施行的《行政诉讼法》则区分不同情况作了具体规定。《行政诉讼法》第 25 条第 2 款规定："经复议的案件，复议机关决定维持原具体行政行为的，作出原具体行政行为的行政机关是被告；复议机关改变原具体行政行为的，复议机关是被告。"

（本案例的"案情"和"审判"部分选自《最高人民法院公报》1989 年第 1 期；"提领"和"评述"部分由作者根据有关法律与学理进行阐述，不代表司法机关的意见）

（高春燕　撰）

3 支国祥不服税务行政处罚案

【提领】

本案是一起因税务机关与企业实际生产者之间对认定纳税义务人存在争议,生产人拒绝缴纳税金,税务机关因此对其进行行政处罚,生产人不服向法院提起诉讼的行政案件。本案经过两审。一审法院认为原告作为企业的实际生产者属于纳税义务人,判决维持复议决定,驳回原告起诉。二审法院则认为,被告认定原告为纳税义务人有误,判决撤销一审判决,同时撤销被告行政处罚决定,并赔偿原告经济损失。本案终审判决于 1988 年作出,收录于《最高人民法院公报》,对我国的司法审判实践具有判例指引的作用。

【案情】

上诉人(原审原告):支国祥,男,56 岁,河南省泌阳县尚店乡农民。

委托代理人:张平安、陈靖祥,河南省驻马店地区经济律师事务所律师。

被上诉人(原审被告):河南省驻马店地区税务局。

法定代表人:孙定方,驻马店地区税务局局长。

委托代理人:杨明新,河南泌阳县税务局副股长。

委托代理人:毕献星,南阳地区律师事务所律师。

1984 年,河南省泌阳县象河乡农民付新村承包该乡一座 16 门砖瓦窑场(系乡办集体所有制企业),并与乡人民政府签订承包经营合同:乡政府为甲方,付新村为乙方;甲方将砖瓦窑场发包给乙方,并提供场房场地、制砖机械;乙方负责经营管理,承担企业应缴纳的税金,向甲方上缴承包金额 5500 元;承包期一年,自 1984 年 1 月起至当年 12 月底止。付新村承包后,又以发包方的身份,与尚店乡农民支国祥签订了制砖技术承包合同。合同规定:付新村为甲方,支国祥为乙方;承包期限一年;甲方提供场房、机构等设备和投资,乙方为甲方生产成品砖 200 万块,每块出售价按 0.05 元计算,甲方每块提取 0.015 元(含上缴税金、购置架子车和覆盖物），乙方分取 0.035 元（含购置柴油、煤等燃料、工人工资、工具修理费用）。乙方生产低于 200 万块，甲方按每块提取 0.018 元，低于 150 万块，甲方按每块提取 0.02 元。乙方生产超过 200 万块，甲方对超产部分每块提取 0.012 元等。合同生效后，支国祥即进行生产。合同履行了 8 个月，支国祥生产成品砖 68 万块，折合人民币 3.4 万元，其中支国祥领取了 3200 元，其余由甲方收存。

1984 年 11 月，象河乡税务所通知支国祥缴纳制砖产品税。支国祥申明合同规定由甲方负担税金。但是，税务所认为税款应由支国祥缴纳，坚持向其征收，为此发生争议。因支国祥坚持税金应由甲方缴纳，税务所便派人要将支国祥生产的砖拉去 6 万块以物折抵税款，因受工人阻拦未拉出。税务所当即宣布冻结支国祥生产的砖，待缴了税款后再卖。1986 年 8 月 7 日，泌阳县税务局作出书面处罚决定：(1)支国祥是机砖生产者，是纳税义务人，应当依法缴纳产品税 3400 元；(2)支国祥未按规定办理税务登记，处以罚款 500 元。支国祥对该决定不服，向上一级税务机关申请复议。驻马店地区税务局复议后，仍认为支国祥属纳税义务人。支国祥对驻马店地区税务局复议决定不服，向泌阳县人民法院起诉。

【审判】

泌阳县人民法院认为：原告支国祥承包象河砖瓦窑场后，招雇工人，组织生产，是生产者，根据《中华人民共和国产品税条例（草案）》（以下称《产品税条例（草案）》）第 1 条、第 2 条之规定，原告是纳税义务人，应当纳税，判决维持河南省驻马店地区税务局的复议决定，驳回原告起诉。

支国祥不服泌阳县人民法院判决，向驻马店地区中级人民法院提起上诉。诉称：其与甲方签订的合同中规定，为甲方生产成品砖 200 万块，按比例提取酬金。砖瓦场承包人付新村行使对企业的计划生产、经营管理权，负担企业一切税金。因此，税务机关认定纳税义务人有误。由于税务机关违法行使权力，使其与甲方的合同不能履行，造成经济损失，应予赔偿。一审判决认定事实有误，要求撤销。

驻马店地区中级人民法院审理认为：《产品税条例（草案）》第 1 条规定的纳税人包括自然人和法人。象河乡砖瓦窑场属集体所有制性质的乡镇企业。该企业实行承包后，明确规定由承包人负担税金。后来，承包人虽将制砖生产指标又转包给支国祥，但合同中仍言明由砖瓦窑场的承包人负担税金。支国祥在制砖期间，承包人付新村对窑场的产品销售、财务收支等行使生产经营管理权，故 1984 年砖瓦窑场的产品税应由该企业缴纳，原审判决认定支国祥为纳税义务人，是错误的。由于税务机关错误认定纳税人，并采取了冻结售砖、停止生产的措施，致使支国祥遭受一定的经济损失。据此，驻马店地区中级人民法院根据《中华人民共和国民法通则》第 121 条和《中华人民共和国民事诉讼法（试行）》第 151 条第 1 款第 2 项的规定，判决撤销泌阳县人民法院〔1988〕泌法行字第 01 号判决，撤销驻马店地区税务局对支国祥的处理决定，驻马店地区税务局赔偿支国祥的经济损失 1000 元。

【评述】

本案发生在《中华人民共和国行政诉讼法》颁布之前，案情较为简单，涉及争议问题主要有两个：

一是纳税义务人的认定。

对于行政机关在行政执法中是否对法律作出了正确的适用，属于法院的审查范围。根据 1984 年国务院发布的《产品税条例（草案）》第 1 条："在中华人民共和国境内从事生产和进口本条例规定应税产品的单位和个人，为产品税的纳税义务人。"本案中，从事生产的单位是象河乡砖瓦窑场，其税金的缴纳涉及三方：乡政府、承包人付新村和本案原告支国祥。乡政府为象河乡砖瓦窑场的所有者代表，付新村与支国祥因合同而与企业发生关系。其中，付新村与乡政府签订的实际上是企业租赁经营合同，出租方将企业租赁给承租方经营，承租方向出租方交付租金，双方按照租赁合同的规定履行权利义务。按照双方的约定，由付新村承担企业的税金，因此付新村为该企业的纳税义务人。而本案原告支国祥与付新村签订的是制砖承包合同，此合同并未改变仍由付新村行使企业的经营管理权的事实，而且该合同约定由付新村承担税金，支国祥并不是该企业的纳税义务人。基于此，税务部门认定纳税义务人有误，并据此作出处罚决定是错误的，二审法院依法撤销原判，并撤销复议决定和处罚决定是正确的。

二是原告支国祥是否可以获得赔偿。

在《中华人民共和国国家赔偿法》颁布实施前，法院据以作出赔偿判决的法律依据为《中华人民共和国民法通则》第 121 条："国家机关或者国家机关工作人员在执行职务中，侵犯公民、法人的合法权益，应当承担民事责任。"本案中，税务部门错误认定原告支国祥为纳税义务人并冻结其生产的砖块，致使其不能顺利生产、销售砖块，造成一定的经济损失，因此二审人民法院依法判决赔偿，认定事实清楚，适用法律正确，并无不当。

（本案例的"案情"和"审判"部分选自《最高人民法院公报》1989 年第 2 期；"提领"和"评述"部分由作者根据有关法律与学理进行阐述，不代表司法机关的意见）

（骆梅英　撰）

4 郑太发不服土地管理行政处罚案

【提领】

本案是一起相对人违法侵占耕地用以建房，被行政部门科以行政处罚，从而提起行政诉讼的典型案例。由于本案中行政相对人违法事实明显，行政主体据此作出的行政处罚合法，因而两审的法院都作出了相对人败诉的判决。

【案情】

原告：郑太发，男，35 岁，四川省长寿县云台乡利民村农民。

委托代理人：郑金堂，长寿县律师事务所特邀律师。

被告：四川省长寿县城乡建设委员会。

法定代理人：冉开祥，长寿县城乡建设委员会主任。

委托代理人：陈志和，长寿县律师事务所律师。

委托代理人：李晓蓉，长寿县律师事务所兼职律师工作者。

原告郑太发全家 5 口人，原在云台乡利民村四组，有砖木结构瓦房 74 平方米。1987 年 3 月，郑太发以“兄弟两家人口增多，无法居住，将原房转让给兄郑和清使用”为由，申请在自己承包的耕地上占地 180 平方米，建造 4 间一楼一底住房。村组签字后，报云台乡政府。乡政府因郑太发申请所占的地段，不是农房建设规划点，没有同意。郑太发既未经土地管理部门审核批准，又未领取建房许可证，便擅自在承包耕地上兴建住房。在建房过程中，乡政府工作人员多次到现场进行制止，郑太发不予理睬。之后，乡政府工作人员在制止中收缴了部分施工工具，乡政府并于 1987 年 10 月 15 日向郑太发发出了《违章建筑通知书》，限令其在 10 天内自行拆除已建工程还耕。对此，郑太发非但不听，反而强行加紧施工，于 1987 年 11 月，建成砖混结构、具有前后 4 个阳台、外观装饰全部马赛克的两楼一底 5 间共计 464.1 平方米住房，占耕地 227.2 平方米。对此，云台乡政府于 1987 年 12 月 20 日向长寿县城乡建设委员会写了《关于对郑太发强行占用良田熟地建房的处理报告》。长寿县城乡建设委员会经过调查核实，认为郑太发擅自在耕地上建房，违反了《中华人民共和国土地管理法》第 38 条第 1 款关于农村居民建住宅“使用耕地的，经乡级人民政府审核后，报县级人民政府批准”的规定，于 1988 年 9 月 2 日作出郑太发拆除在耕地上修建的房屋的处罚决定。郑太发不服，以“我建房是经群众讨论通过的”为由，向长寿县人民法院提起诉讼。

【审判】

长寿县人民法院依法立案后，经审理认为：郑太发在耕地上建房，依法本应根据《四川省土地管理实施办法》第 21 条关于农村居民修建住宅，事先应由本人提出申请，乡人民政府同意，村镇规划部门许可，土地管理部门审核，报县级人民政府批准。但是，郑太发在没有经县人民政府批准和取得建房许可证的情况下，非法在耕地上建造住宅。在施工期间，虽经乡政府有关人员多次前往劝阻制止，并发出《违章建筑通知书》，限其将正在兴建的房屋拆除还耕，但郑太发强行继续施工，将房建成，其行为违反了《土地管理法》第 38 条第 1 款的规定，长寿县城乡建设委员会的处罚决定是正确的。依照《土地管理法》第 45 条关于“农村居民未经批准或者采取欺骗手段骗取批准，非法占用土地建住宅的，责令退还非法占用的土地，限期拆除或者没收在非法占用的土地上新建的房屋”的规定，于 1988 年 11 月 27 日判决：维持长寿县城乡建设委员会作出的拆除郑太发在非法占用的耕地上修建的住房的处罚决定。

郑太发不服长寿县人民法院的判决，以“乡政府工作人员曾口头表态同意建房”为由，向重庆市中级人民法院提出上诉。该院经审理认为：原审人民法院对郑太发不服土地管理行政处罚一案，认定事实清楚，证据充分，适用法律正确，程序合法。乡政府工作人员虽口头同意建房，但郑太发在没有取得有权批准机关批准和建房许可证的情况下，动工兴建住宅，是违反土地管理法的，其上诉理由不能成立。据此，该院于 1989 年 1 月 10 日依照《中华人民共和国民事诉讼法（试行）》第 151 条第 1 款第 1 项的规定，判决：驳回上诉，维持原判。

【评述】

本案的案情并不复杂，争论的焦点是四川省长寿县城乡建设委员会作出的拆除郑太发修建房屋的行政处罚是否合法的问题。这一问题需要展开的两个层次是，郑太发修建房屋的行为是否合法，以及长寿县城乡建设委员会是否有权作出行政处罚的行为。

行政处罚针对的是那些违反行政管理秩序而尚未构成犯罪的行为，那么，本案原告郑太发修建房屋的行为是否合法呢？为了保护耕地，《中华人民共和国土地管理法》规定了较为严格的侵占耕地修建房屋的条件和审批程序。根据《土地管理法》第 28 条的规定，农村居民建住宅，应当使用原有的宅基地和村内空闲地。使用耕地的，经乡级人民政府审批后，报县级人民政府批准；使用原有的宅基地、村内空闲地和其他土地的，由乡级人民政府批准。农村居民建住宅使用土地，不得超过省、自治区、直辖市规定的标准。出卖、出租住房后再申请宅基地的，不予批准。该条款的立法意图是，农村居民修建房屋，以尽量不占用耕地为原则，不得已必须占用耕地用以建房的，必须提出申请，首先经乡级人民政府核准后再由县级人民政府批准。只有经县级人民政府审查并予以批准，申请人才能完成合法手续，在耕地上修建房屋。否则，其修建行为即为违法，所修建的房屋为违法建筑。在本案中，郑太发申请报告在乡政府审核时就未被通过，更别说是县级人民政府了。因此，其修建房屋的行为系未经批准的行为，是违法行为。

关于长寿县城乡建设委员会是否具备作出行政处罚行为的权力，这里涉及的是行政处罚的主体资格问题。根据《土地管理法》第 5 条规定，国务院土地管理部门主管全国土地的统一管理工作。县级以上的地方人民政府土地管理部门主管本行政区域内的土地的统一管理工作，机构设置由省、自治区、直辖市根据实际情况决定。《四川省土地管理实施办法》第 3 条规定，县级以上地方人民政府土地管理部门，按照国家土地管理法和本办法的规定，主管本行政区域内土地的统一管理工作，负责国家土地管理法和本办法实施的组织和监督。第 45 条规定，本办法规定的没收、拆除、罚款等行政处罚，由县级以上人民政府土地管理部门依法决定。本案中，城乡建设委员会为县级以上地方人民政府土地管理部门，有权依法作出行政处罚。

对于原告郑太发提出控诉的两个理由，第一，“经群众讨论通过”的理由，在本案中并不能成为证明建房行为合法性的理由；第二，“乡政府工作人员曾口头表达过同意建房”，在本案中也并不具备法律效力，实践中需要甄别行政主体的意思表示和作为工作人员个人的意见或者倾向。本案中，乡政府在郑太发违法修建房屋时曾多次派人制止，并发出《违章建筑通知书》，就明确表明了乡政府的态度。更何况如上所述，即使是乡政府本身也不具备审核的最终决定权，因此，重庆市中级人民法院认为郑太发在未取得批准，未获得建房许可证的前提下修建房屋乃违法行为，依法作出“驳回上诉，维持原判”的终审判决是正确的。

（本案例的“案情”和“审判”部分选自《最高人民法院公报》1989 年第 2 期；“提领”和“评述”部分由作者根据有关法律与学理并参考郑刚主编《最高人民法院公报案例评析——国家赔偿·行政·执行卷》（中国民主与法制出版社 2004 年版）一书进行阐述，不代表司法机关的意见）

（蒋红珍　撰）

5 上海环球生物工程公司诉上海市徐汇区卫生局、上海市徐汇区工商行政管理局药品管理行政处罚案

【提领】

这是一起药品管理行政处罚案件。上诉人在未取得药品生产企业许可证的情况下擅自生产“人α-干扰素”，并且在该药未取得批准号和试制号的情况下，批量销售并用于治疗。两被告共同以该行为违反《药品管理法》的有关规定为由对上诉人作出行政处罚。起诉后，一审法院认为被告上海市徐汇区卫生局享有行政管理权，其行政处罚决定合法，判决维持；但同时认为被告上海市徐汇区工商行政管理局，非药品监督部门，不具备实施处罚的主体资格，属越权行政，判决撤销其在该行政处罚决定中的处罚主体资格。上诉人不服一审判决，但提起上诉后，又主动撤诉。引人注意的是，本案既是一份维持判决，又是一个撤销判决；撤销的不是所诉的行政行为，而是共同行政一方的主体资格。

【案情】

上诉人(原审原告)：上海环球生物工程公司。

法定代表人：吕宋章，上海环球生物工程公司总经理。

委托代理人：张晋衡，上海环球生物工程公司清理整顿小组副组长。

委托代理人：朱洪超，上海市联合律师事务所律师。

被上诉人(原审被告)：上海市徐汇区卫生局。

法定代表人：翁佩玲，上海市徐汇区卫生局代局长。

委托代理人：陆晓平，上海市徐汇区卫生局干部。

委托代理人：武延年，上海市徐汇区律师事务所律师。

被上诉人(原审被告)：上海市徐汇区工商行政管理局。

法定代表人：李健玉，上海市徐汇区工商行政管理局局长。

委托代理人：赵珂，上海市徐汇区工商行政管理局局长助理。

上诉人上海环球生物工程公司不服上海市徐汇区人民法院的行政判决，向上海市中级人民法院提出上诉。该院依法组成合议庭，经审理查明：

上诉人与江苏省宜兴市和桥医院于1985年9月18日、1986年12月11日两次签订了联合试制“人α-干扰素”合同。合同规定：上诉人提供试生产“人α-干扰素”的全部技术资料，培训操作人员，提供产品标志，承担产品质量检查和销售；和桥医院提供场地、资金、产品原材料；盈利分成为：上诉人55%，和桥医院45%。1987年初开始试生产。1988年2月25日被无锡市卫生局责令停产。试生产期间，共生产“人α-干扰素”23777瓶。1988年4月，被上诉人上海市徐汇区卫生局在徐汇区中心医院药制科发现该科存放有无批准文号的“人α-干扰素”。经查，该药系上诉人与和桥医院在未取得药品生产企业许可证的情况下擅自生产的，而且在该药既未取得批准号又未取得试制号的情况下，进行批量销售、治疗使用，直接注射人体。截至查获时，上诉人以每瓶10元的价格销售自产的“人α-干素”23716瓶，共获利237160元，剩余61瓶被查扣。其中上诉人分得利润51353.04元。被上诉人上海市徐汇区卫生局认为，上诉人与和桥医院在未获得许可证的情况下，擅自生产“人α-干扰素”的行为，违反了《中华人民共和国药品管理法》的有关规定，于1989年2月24日以上海市徐汇区卫生局、上海市徐汇区工商行政管理局的名义，对上诉人作出处罚决定（和桥医院已另行处理）：责令上诉人停止生产“人α-干扰素”；没收已查获的“人α-干扰素”61瓶，由卫生行政机关监督销毁；没收非法所得51353.04元；罚款356655元。上诉人对处罚决定不服，向上海市徐汇区人民法院提出起诉。

上诉人诉称：其与和桥医院联合试生产的“人α-干扰素”仅作为临床试用，没有进入流通领域，并且准备在试制成功后再申请许可证，并非是未经批准非法生产，请求撤销对上诉人作出的行政处罚决定。

被上诉人答辩称：上诉人与和桥医院均无药品生产企业许可证、药品生产批准文号和试制号，擅自生产“人α-干扰素”，并直接用于人体，违反了《中华人民共和国药品管理法》的规定，应予处罚。根据《中华人民共和国药品管理法实施办法》第51条关于未取得药品生产企业许可证、药品经营企业许可证而生产、经营药品的，卫生行政部门除责令其立即停产、停业外，没收全部药品和违法所得，并根据情节，处以其生产、经营药品正品价格的5倍以下的罚款的规定，对上诉人处以罚金是正确的，其作出的处罚决定应予维持。

一审法院在审理中，上诉人又提出“人α-干扰素”生产地在江苏宜兴市，被上诉人无管辖权。

被上诉人上海市徐汇区卫生局辩称：上诉人销售药品的行为发生在上海市徐汇区，按照行政区划及行政管理的权限，有权对上诉人的行为实施监督。被上诉人上海市徐汇区工商行政管理局辩称，上诉人除违反《中华人民共和国药品管理法》外，还违反了其他有关行政法规的规定，有权对上诉人进行查处。

【审判】

一审法院认为：上诉人与和桥医院在《药品管理法》颁布实施后，未经卫生行政部门审核批准，擅自生产“人 α-干扰素”，违反了《药品管理法》第 4 条关于开办药品生产企业必须经审核批准的规定，其行为是违法的。上诉人将未取得批准文号生产的“人 α-干扰素”批量销售，违反了《药品管理法》第 33 条关于禁止销售未取得批准文号生产的药品的规定，其生产、销售的“人 α-干扰素”依法按假药处理。被上诉人上海市徐汇区卫生局作为药品监督管理部门，依照《药品管理法》第 45 条第 1 款的规定，对该案有管辖权；依照《药品管理法》第 50 条关于“生产、销售假药的，没收假药和违法所得，处以罚款”的规定和该法第 52 条关于未取得药品生产企业许可证生产药品、经营药品的，责令停产，没收全部药品和违法所得，可以并处罚款的规定，对上诉人作出的处罚决定，事实清楚，证据确实，适用法律正确，处罚恰当。上诉人请求撤销被上诉人作出的处罚决定的理由不能成立。被上诉人上海市徐汇区工商行政管理局，非药品监督部门，不具备实施处罚的主体资格，在对上诉人行使处罚时，违背了《药品管理法》第 45 条第 1 款关于卫生行政部门行使药品监督权的规定，属越权行政，上诉人的起诉理由是正确的，但不影响行政处罚的正确性。据此判决：维持被上诉人上海市徐汇区卫生局的行政处罚决定中对上诉人处以责令停产；没收非法所得 51353.04 元；罚款 356655 元；对已查扣的 61 瓶“人 α-干扰素”监督销毁的部分。撤销被上诉人上海市徐汇区工商行政管理局在该行政处罚决定中的处罚主体资格。

上诉人对一审判决不服，向上海市中级人民法院提出上诉。上诉期间，上诉人通过学习《药品管理法》和有关药品管理方面的法规、规章，认识到擅自生产、销售“人 α-干扰素”的行为违反了法律规定，表示接受监督机关的处罚，于 1989 年 11 月 5 日向上海市中级人民法院申请撤诉。二审法院根据《中华人民共和国民事诉讼法（试行）》第 3 条第 2 款、第 114 条关于宣判前，原告申请撤诉的，是否准许，由人民法院裁定的规定，经审查，该院于 1989 年 11 月 13 日裁定准予上诉人撤回上诉，按一审判决执行。

【评述】

1984 年制定的《药品管理法》第 4 条规定：开办药品生产企业必须由所在省、自治区、直辖市药品生产经营主管部门审查同意，经所在省、自治区、直辖市卫生行政部门审核批准,并发给《药品生产企业许可证》;第 22 条规定:生产新药,必须经国务院卫生行政部门批准,并发给批准文号。本案上海环球生物工程公司与和桥医院于 1985 年 9 月 18 日、1986 年 12 月 11 日两次签订联合试制"人 α-干扰素"的合同,后又在未取得药品生产企业许可证的情况下擅自生产,而且在该药既未取得批准号又未取得试制号的情况下,进行批量销售、治疗使用,直接注射人体。显然,这些行为是违法的。

《药品管理法》第 33 条规定:未取得批准文号生产药品的,按生产、销售假药处理。第 50 条规定:生产、销售假药的,没收假药和违法所得,处以罚款,并可以责令该单位停产、停业整顿或者吊销《药品生产企业许可证》、《药品经营企业许可证》、《制剂许可证》。《中华人民共和国药品管理法实施办法》第 51 条规定:未取得药品生产企业许可证、药品经营企业许可证而生产、经营药品的,卫生行政部门除责令其立即停产、停业外,没收全部药品和违法所得,并根据情节,处以其生产、经营药品正品价格的 5 倍以下的罚款。按照上述规定,本案被上诉人作出的"责令上诉人停止生产'人 α-干扰素';没收已查获的'人 α-干扰素'61 瓶,由卫生行政机关监督销毁;没收非法所得 51353.04 元;罚款 356655 元"的行政处罚决定符合法律规定。

但衡量行政行为合法的标准并不仅仅是行政决定的内容是否合法,根据《行政诉讼法》第 54 条规定,判断行政决定是否合法,还必须判断行政主体是否超越职权,是否滥用职权。本案涉及的行政决定由上海市徐汇区卫生局和上海市徐汇区工商行政管理局两个行政主体作出。1989 年制定的《中华人民共和国药品管理法实施办法》第 4 条规定:县以上地方各级卫生行政部门的药政机构主管所辖行政区的药品监督管理工作,其主要职责是,执行《药品管理法》和《药品管理法实施办法》,审批新药、核发药品的批准文号,对药品的生产、经营、使用进行监督。所以,上海市徐汇区卫生局对上海环球生物工程公司违反《药品管理法》的行为进行处罚是其职权范围内的事情。但被上诉人上海市徐汇区工商行政管理局,非药品监督部门,不具备实施处罚的主体资格,它在本案中以自己的名义实施处罚的行为,就属于越权的行为。

这样一来,本案所诉的就是一个合法主体和一个非法主体共同实施的合法的行政行为。对这种行为如何判决就值得思考。《行政诉讼法》规定了五种判决形式,其中维持判决适用于法院经过审理,认定被诉行政行为证据确凿,适用法律、法规正确,符合法定程序的情形。撤销判决适用于法院经过审查作出否定被诉具体行政行为的情形,主要包括:(1)主要证据不足的;(2)适用法律、法规错误的;(3)违反法定程序的;(4)超越职权的;(5)滥用职权的。被上诉人上海市徐汇区卫生局实施的行政处罚行为,符合《行政诉讼法》的规定,判决维持没有问题。但被上诉人上海市徐汇区工商行政管理局越权实施的行政处罚行为，根据上述规定就应当予以撤销。然而，该行政处罚行为是共同行政行为，不可能既维持又撤销。面对这一矛盾，本案一审法院作出了"撤销被上诉人上海市徐汇区工商行政管理局在该行政处罚决定中的处罚主体资格"的"撤销判决"。但这一判决是不恰当的，撤销判决所撤销的应当是所诉的行政行为，行政主体的资格何以撤销呢？

在1989年，一审法院作出如此判决是不得已而为之，因为当时法律尚没有就此类问题作出具体规定，也没有相关的司法解释。直到1999年，最高人民法院制定的《若干解释》增加了两种判决形式：确认判决和驳回原告诉讼请求的判决。确认判决是指人民法院通过对行政行为的审查，确认相应行为合法或者违法。一般说来，此种判决适用于不宜判决维持、判决撤销或判决驳回诉讼请求的行政争议案件。具体可包括：(1)被告不履行法定职责，但判决责令其履行法定职责已无实际意义的；(2)被诉具体行政行为违法，但不具有可撤销内容的；(3)被诉具体行政行为依法不成立或者无效的。按此规定，本案判决就应该适用确认判决，确认被上诉人海市徐汇区工商行政管理局在共同处罚行为中因越权而违法。

（本案例的"案情"和"审判"部分选自《最高人民法院公报》1989年第4期；"提领"和"评述"部分由作者根据有关法律与学理进行阐述，不代表司法机关的意见）

（杨登峰　撰）

6 台湾“光大二号”轮船长蔡增雄不服拱北海关行政处罚上诉案

【提领】

拱北海关以“光大二号”轮船长蔡增雄没有合法证明而运载大量外国香烟进入我国内海为由，对其作出行政处罚决定。蔡增雄不服，依法提起诉讼。法院作出维持判决之后，蔡增雄提起上诉。二审法院认为其上诉理由不能成立，判决驳回上诉、维持原判。本案终审判决于1989年作出，其案情收录于《最高人民法院公报》1990年第1期，对我国行政诉讼制度的建立和发展具有一定的指引作用。

【案情】

上诉人：蔡增雄，男，52岁，江苏省南京市人，台湾“光大二号”货轮船长。住台湾省高雄市登山街90巷11号。

委托代理人：叶青、叶乃夫，广东南粤律师事务所律师。

被上诉人：中华人民共和国拱北海关。

法定代表人：杨俊声，拱北海关关长。

委托代理人：徐作朴，拱北海关高级关务监督。

委托代理人：罗平隆，珠海市律师事务所律师。

1989年3月3日凌晨，拱北海关缉私艇在位于我国内海东经114°35′45″，北纬22°10′50″，即珠海市担杆岛附近海域，查获截停“光大二号”货轮。该轮的载重量为3000吨，船上有船员31人，船舱内装有废铁500吨，瓷土500吨，甲板上堆放有用塑料袋加封特别包装的“555”、“健牌”等外国产香烟4760箱(23.8万条)。随船携带的载货清单只列明船上所载废铁、瓷土的数量，对4760箱香烟没有记载。1989年3月11日，拱北海关依照《中华人民共和国海关法》和《中华人民共和国海关法行政处罚实施细则》的规定，认定蔡增雄没有合法证明，运载大量外国香烟进入内海,其行为属走私。故对其作出处罚决定:(1)对在扣的走私香烟4760箱,予以没收;(2)对“光大二号”轮的全体船员、船只和所载瓷土、废铁予以放行。

蔡增雄对拱北海关的处罚决定不服,向广东省珠海市中级人民法院提起诉讼。珠海市中级人民法院经公开审理认为,原告驾驶的“光大二号”轮,在我国内海运载大量香烟,没有合法证明,依照《海关法》的规定,应以走私论处。拱北海关所作的处罚决定,证据确凿,处罚有据,程序合法。1989年8月17日判决维持拱北海关的行政处罚决定,驳回原告的诉讼请求。

蔡增雄不服珠海市中级人民法院的判决,向广东省高级人民法院提起上诉。

上诉人蔡增雄诉称,一审认定“光大二号”轮被海关缉私艇截停的地点,并非在中华人民共和国内海水域,所运载的香烟有合法证明,请求撤销原审判决和撤销拱北海关的处罚决定;判令被上诉人负担本案一、二审的诉讼费用和上诉人为诉讼所付出的律师费和其他有关费用。

被上诉人拱北海关答辩称,海关查获“光大二号”轮的地点是在我国内海水域,此有上诉人亲笔定位的海图为证;“光大二号”轮装载大量外国香烟,没有任何合法证明,请求维持原处罚决定和一审判决。

【审判】

广东省高级人民法院认为:被上诉人拱北海关查获“光大二号”轮的地点,是在我国内海水域。上诉人蔡增雄签字的拱北海关缉私艇测定截停方位的图纸、笔录,“光大二号”轮被截停时蔡增雄亲自用铅笔在海图上标明的截停地点和时间,均证明该轮是在我内海水域东经114°35′45″、北纬22°10′50″的海域被查获。上诉人称“光大二号”轮运载的大量外国香烟,有“香港政府出口许可证”一节,经查这只能证明所运载的香烟是香港允许出口的,不能证明该轮装载运输合法。“光大二号”轮的载货清单上根本没有运载香烟的记录。依照《海关法》第49条第1款第2项规定,在内海、领海运输、收购、贩卖国家限制进出口的货物、物品,数额较大,没有合法证明的,根据该法实施细则第4条第2项的规定,按走私行为论处,海关有权没收走私货物。上诉人蔡增雄的上诉理由不能成立,原审判决认定事实清楚,适用法律正确。据此,1989年12月15日,广东省高级人民法院判决:驳回上诉人蔡增雄的上诉请求,维持原审判决。

【评述】

本案情节较为简单,主要涉及以下两个争议问题:

一是对被上诉人认为上诉人所运载的香烟无合法证明的理解。

上诉人对其货轮上所运载的香烟有无海上货物运输的合法证明，是本案事实认定的关键所在。所谓合法证明，是指当事人所持有的真实的，并且与实际运输、收购、贩卖的有关货物及物品相符，足以证明合法性的有效运输及商品单据、文件等证明材料。通常表现为离港许可证、货物装仓单、提货单、载货清单、运输合同等形式。

在本案中，上诉人称“光大二号”轮所运载的大量外国香烟，有“香港政府出口许可证”，但这只能证明其所运载的香烟是香港允许出口的，不能证明该轮装载运输合法。并且，“光大二号”轮的载货清单上根本没有运载香烟的记录，而只列明所载废铁、瓷土的数量。因此，被上诉人认为上诉人所运载的香烟无合法证明的认定是正确的。

二是海关查获“光大二号”轮的地点是否在我国内海水域。

从我国《海关法》以及《海关法行政处罚实施细则》的有关规定来看，海关查获“光大二号”轮的地点是否在我国内海或领海水域，直接关系到本案上诉人行为的定性问题，并进而影响到海关是否有权对其作出行政处罚。上诉人蔡增雄签字的拱北海关缉私艇测定截停方位的图纸、笔录，“光大二号”轮被截停时蔡增雄亲自用铅笔在海图上标明的截停地点和时间，均证明该轮是在我内海水域东经 114°35′45″、北纬 22°10′50″的海域被查获。

综上所述，二审法院判决驳回上诉、维持原判是正确的。

（本案例的“案情”和“审判”部分选自《最高人民法院公报》1990 年第 1 期；“提领”和“评述”部分由作者根据有关法律与学理进行阐述，不代表司法机关的意见）

（高春燕　撰）

7 桐梓县农资公司诉桐梓县技术监督局行政处罚抗诉案

【提领】

本案是一起因工商部门和质量监督部门对相对人所售货物进行检查，工商部门鉴定为合格，后又被质量监督部门鉴定为伪劣商品，并对其进行行政处罚，相对人不服向法院提起诉讼的一例行政案件。本案经一审、二审程序，然后又经过两次再审程序，由再审法院纠正一、二审法院判决中适用法律不当部分，并作出变更行政处罚判决。本案终审判决于 1995 年作出，收录于《最高人民法院公报》，对我国的司法审判实践具有判例指引的作用。

【案情】

抗诉机关：最高人民检察院。

原审上诉人(一审被告)：贵州省桐梓县技术监督局(原名桐梓县标准计量局)。

法定代表人：蔡永华，该局局长。

原审被上诉人(一审原告)：贵州省桐梓县农资公司。

法定代表人：王飞跃，该公司经理。

原审被上诉人桐梓县农资公司(简称农资公司)于 1989 年 10 月依合同从湖北省黄梅县沙岭化工厂购进复混肥 360 吨，其中第三批到货 180 吨(实到 179.85 吨)。生产单位随该批复混肥仅出具了一张盖有“仅对化验样品负责”字样的检验报告单。该单上注明取样袋数为 20 袋，没有批次和吨数，也没有检验人员的签名。因该批复混肥在销售过程中，有人反映质量有问题。农资公司即取样送贵阳红岩化工厂检测，结论为，总养分含 12.6%(按国家标准，总养分≥25%)。1989 年 10 月，桐梓县工商行政管理局得知情况后，查封了农资公司库存的 50 吨复混肥。10 月 20 日，工商行政管理局、农资公司和黄梅县沙岭化工厂共同对查封的复混肥抽样，参加抽样的人员均没有取得市场商品监督员的资格证，抽样后也没有填写抽样联单。抽样后送遵义地区产品质量监督检验所检测，该所出具的“仅对来样负责”的产品质量检验报告单的样品检测结果为总养分 25.50%。10 月 25 日，工商行政管理局出具书面通知，确认该批复混肥符合部颁标准，通知农资公司继续销售。

11 月 18 日，原审上诉人桐梓县技术监督局（以下称技术监督局）根据举报，派质量检查员到农资公司仓库对尚未销售的 28.35 吨复混肥进行抽样，并送遵义地区产品质量监督检验所检测，检测结果总养分为 7.3%。技术监督局遂口头通知农资公司停止销售该批复混肥。农资公司为此询问工商行政管理局，该局坚持原检测通知有效。于是，农资公司将剩余的 28.35 吨复混肥全部调往该县花秋供销社销售。因技术监督局与工商行政管理局对复混肥检测结果不一致，桐梓县严厉惩处经销伪劣商品责任者工作领导小组于 1990 年 1 月 20 日召集技术监督局、工商行政管理局等单位研究决定，对该批剩余的复混肥重新抽样检测，并确定以此次检测结果为处理依据。1990 年 1 月 22 日，桐梓县严厉惩处经销伪劣商品责任者工作领导小组、技术监督局、工商行政管理局、农资公司、花秋供销社等单位联合对农资公司调往花秋供销社的该批复混肥尚未销售的 6.72 吨进行了抽样，并将样品送贵州省无机化工产品质量监督检验站检验，检验结果总养分为 7.13%，结论为劣质复混肥。技术监督局遂根据国务院《关于严禁打击在商品中掺杂使假的通知》第 2 条、《工业产品质量责任条例》第 24 条、《贵州省产品商品质量奖励处罚暂行条例》第 15 条的规定，于 1990 年 4 月 28 日作出桐标计质〔1990〕7 号行政处罚决定：(1)对农资公司已调拨销售 151.5 吨劣质复混肥的非法收入 49651.97 元予以没收，并按非法收入的 20%罚款 9930.39 元，合并执行罚没款 59582.36 元；(2)对调往花秋供销社的 28.35 吨劣质复混肥必须重新依质论价，挂牌销售；(3)检测费 450 元由农资公司承担。农资公司不服该处罚决定，于 1990 年 5 月 10 日向桐梓县人民法院提起诉讼。

【审判】

桐梓县人民法院经审理于 1990 年 8 月 29 日作出〔1990〕桐法行字第 4 号行政判决：(1)撤销技术监督局所作出的没收农资公司经销的 151.5 吨复混肥非法所得和罚款的决定；(2)维持技术监督局所作的依质论价，挂牌销售 28.35 吨劣质复混肥决定；(3)抽样送检的检测费由农资公司负担。技术监督局不服桐梓县人民法院的判决，向遵义地区中级人民法院提出上诉。遵义地区中级人民法院经审理，于 1990 年 12 月 13 日作出〔1990〕行上字第 66 号行政判决：维持一审判决中的第 2 项和第 3 项；撤销第 1 项改判为，没收农资公司调拨销售的 151.5 吨劣质复混肥的非法收入 49651.97 元，并处以该非法收入的 15%的罚款。贵州省人民检察院就第二审判决于1991年7月5日向贵州省高级人民法院提出抗诉。贵州省高级人民法院经再审审理,于1992年6月16日作出〔1992〕行监字第2号行政判决。该行政判决认定,技术监督局确认已销售的151.5吨复混肥与被抽查检测为劣质的复混肥是同一批次产品,证据是充分的。农资公司作为产品经销单位在进货时,没有对产品质量进行验收,违反了《工业产品治理责任条例》第14条的规定,以致销售了劣质复混肥,应当受到处罚。技术监督局依照《工业产品质量责任条例》第25条的规定,对其进行查处是合法的;遵义地区中级人民法院第二审判决给予支持是正确的,但引用国家关于复混肥料专业标准的内容没有根据,应予纠正;技术监督局在桐梓县工商行政管理局(以下称工商行政管理局)行使职权中未能查出农资公司经销的该批复混肥为劣质商品,并允许其继续销售的情况下,查出农资公司经销的该批复混肥不符合国家标准并作出处罚决定,不属于重复处理;农资公司在被查处过程中态度较好,可以免除罚款。据此,判决:(1)维持二审法院支持技术监督局没收农资公司经销劣质复混肥的非法收入49651.97元,对已调往花秋供销社的28.35吨劣质复混肥依质论价挂牌销售和农资公司应负担抽样送检费的判决;(2)撤销技术监督局对农资公司的罚款决定。

最高人民检察院对贵州省高级人民法院〔1992〕行监字第2号行政判决提出抗诉,其理由是:再审判决确认农资公司经销的180吨复混肥均为劣质商品没有充分的证据;认定技术监督局的后一次处理不属于重复处理依据不足;适用法律错误;程序违反了有关法律规定。

最高人民法院审理后认为,贵州省高级人民法院对该案所作的再审判决,认定的事实清楚,证据充分,适用法律、法规正确,程序合法。其理由是:

第一,关于180吨复混肥的质量问题。《工业产品质量责任条例》第7条、第9条、第14条和国务院转发的国家技术监督局《关于严厉惩处经销伪劣商品责任者意见的通知》第3条规定:不合格的产品不准出厂和销售。经销复混肥必须有检验合格证。检验合格证上应注明生产厂名称、产品名称、批号、产品质量、生产日期及标准号,并须检验人员签名,加盖检验机关公章。经销无检验合格证的商品,视为伪劣商品。原审被上诉人农资公司购进的第三批180吨复混肥,只有一张盖有"仅对化验样品负责"字样的检验报告单,且未注明批号、吨数,也没有检验负责人的签字,属无效检验合格单,因此,该批复混肥应视为无检验合格证的劣质产品。不仅如此,该批复混肥经多次检验均不合格。农资公司在工商行政管理局检验前,自己曾送复混肥到贵阳红岩化工厂检测,结果为不合格。之后,技术监督局的检验结果和最后一次联合抽样检验,认定该批复混肥均不合格。另外,该批复混肥的生产厂——黄梅县沙岭化工厂因长期生产劣质复混肥，已于 1990 年 4 月倒闭。以上说明，再审判决确认农资公司经销的 180 吨复混肥为劣质产品的证据是充分的。

第二，关于技术监督局的后一次处理是否重复的问题。根据《工业产品质量责任条例》及有关文件规定，对倒卖骗卖劣质商品的行为，工商行政管理部门和技术监督机关均有权处理，但不得重复查处。但是，国务院《关于贯彻〈工业产品质量责任条例〉原则分工意见》中规定，在生产流通领域中，有关产品质量责任问题，应由技术监督机关负责处理。经查，工商行政管理局组织的抽样和检测，参加人员没有取得市场监督员的资格；进行抽样的人员不知道抽样公式，抽样后没有填写抽样联单；该次检验报告上盖有“仅对来样负责”的字样，不符合法定抽检程序。尽管这次检测结论为合格，但只能证明来样是合格的，不能证明库存的 50 吨复混肥是合格的，故不能作为该案的定案依据。技术监督局与工商行政管理局的检测结论不一致，后经桐梓县严厉惩处经销伪劣商品责任者领导小组召集技术监督局、工商行政管理局等单位协调，确定以重新抽样检测的结论作为处理该批复混肥质量问题的依据。贵州省高级人民法院依据此次鉴定结论及其他有关证据，认定技术监督局对 180 吨复混肥以劣质复混肥进行处理是正确的，不是重复处理。该院再审判决并无不当。

第三，关于审判判决适用法律、法规问题。《工业产品质量责任条例》第 24 条规定，生产、经销企业违反本条例规定，生产、经销掺假产品、冒牌产品，以“处理品”冒充合格产品，没有产品检验合格证的产品等违法行为的，应给予行政处罚。农资公司经销的该批复混肥，没有合格的检验合格证，并经法定鉴定部门检测结果确认该批复混肥为劣质肥。再审判决认定技术监督局依照该条例第 24 条的规定，作出的处罚决定，适用法律、法规正确，不存在适用法律、法规错误的问题。

第四，关于再审判决在程序上是否违法问题。《行政诉讼法》第 32 条规定：被告对作出的具体行政行为负有举证责任，应当提供作出该具体行政行为的证据和所依据的规范性文件。技术监督局在一审时已向法院提供了《中华人民共和国专业标准复混肥 ZBG－21002－87》规范性文件和对此文件的解释意见，但是在其处罚决定中并未引用，而是作为阐述处罚决定正确的理由，不属作出处罚决定的主要证据和依据，也未影响案件的定性和处理。二审判决书中引用了上述文件，实属不当。对此，再审判决已予纠正，故再审判决不存在违反法定程序的问题。

据此，最高人民法院于 1995 年 9 月 21 日判决：最高人民检察院的抗诉理由不能成立，维持贵州省高级人民法院〔1992〕行监字第 2 号行政判决。

【评述】

本案涉及行政处罚方面的问题,主要的法律问题是行政处罚重复处理、检验鉴定程序、再审程序等问题。

一是否属于行政处罚重复处理。本案中,对于农资公司该批复混肥的处理,先后有工商行政管理局和技术监督局作出了两个完全不同的行政决定。虽然根据《工商产品质量责任条例》及有关文件规定,对于倒卖骗卖劣质商品的行为,工商行政部门和技术监督部门均有权处理,但是国务院《关于贯彻〈工业产品质量责任条例〉原则分工意见》则进一步明确:在生产流通领域中,有关产品质量责任问题,应由技术监督机关负责处理。本案中,由于工商行政管理局组织的抽样和检测不符合法定程序,参与人员没有取得市场监督员资格,不清楚抽样检测程序,虽然最后检测结果为合格,但只能证明送检样品合格。因此实际上工商行政管理局对该起事件的处理存在失职行为,其结果并不能影响该批复混肥本身存在质量问题的事实。从证据角度,没有法定程序的抽样检测结果,应不具有证明效力。后技术监督局经举报再次进行检测,鉴定为不合格商品并作出处罚。由于两次处理不是建立在检测结果一致的基础上,因此技术监督局对该批复混肥的处理不构成重复处理。

二是再审程序的适用问题。再审程序是一种纠错程序,应当对一、二审程序认定的事实和适用的法律进行审查。如果发现错误,应当予以纠正。本案中,二审法院引用技术监督局提供的《中华人民共和国专业标准复混肥 ZBG - 210022 - 87》规范和对文件的解释意见,但由于该规范和文件并没有被技术监督局在行政处罚程序予以引用,因此适用这些文件,显然属于适用法律不当。再审法院予以纠正,符合再审程序的要求。

(本案例的“案情”和“审判”部分选自《最高人民法院公报》1995 年第 4 期;“提领”和“评述”部分由作者根据有关法律与学理进行阐述,不代表司法机关的意见)

(骆梅英　撰)

8 梁宝富不服治安行政处罚复议决定案

【提领】

本案起因是一件民间纠纷引起的打架斗殴。公安机关据此对加害人作出行政处罚决定，加害人提起行政复议，于是原处罚决定被复议机关撤销，被害人不服，诉至法院。由于复议机关撤销原处罚决定并不具备合法性，因此复议决定被一审法院撤销。二审维持了一审判决。

【案情】

原告：梁宝富，男，35 岁，安徽省桐城县双铺乡大桥村农民。

委托代理人：占双庆，安徽省桐城县律师事务所律师。

委托代理人：梁桂生，原告之兄。

被告：安徽省安庆市公安局。

法定代表人：谭守疆，局长。

委托代理人：张正国、查振庆，安庆市公安局干部。

第三人：汪春生，男，26 岁，安徽省桐城县双铺乡长春村农民。

委托代理人；孙伯鸣，安徽省桐城县律师事务所律师。

1990 年 10 月 9 日，原告的侄女与第三人的堂弟汪某结婚。次日，原告与其兄到汪某家做客。饭后闲谈中，原告之兄讲到第三人之弟昨天为抬嫁妆，将原告亲戚的自行车胎划破。第三人之弟听到后，与坐在身边的原告争辩，因话不投机，双方拉扯起来。第三人汪春生见后，不分青红皂白，即用手中的碗向原告梁宝富头上砸去，致梁宝富血流满面。原告之兄等人将原告抬到卫生院治疗。经诊断，原告头顶部局部软组织肿胀，有 7 处不规则撕裂伤口，被缝合 5 针。10 月 12 日，原告向公安部门报案，要求依法处理。第三人于 10 月 13 日向公安部门投书，承认错误，表示愿意接受调解。桐城县公安局根据治安管理处罚条例第 22 条第 1 项关于“殴打他人造成轻微伤害的，处 15 日以下拘留”的规定，第 8 条关于“违反治安管理造成的损失或者伤害,由违反治安管理的人赔偿损失或者担负医疗费”的规定,于11月30日对第三人汪春生分别作出治安拘留7天的处罚裁决和赔偿梁宝富医疗费等损失共601.47元的处理决定。第三人汪春生不服桐城县公安局的处罚裁决和处理决定,于12月5日向安庆市公安局提出复议申请。被告安庆市公安局根据《治安管理处罚条例》第4条、第5条、第16条第2项的规定,以民间纠纷应坚持调解为主的原则和汪春生已有认错悔改表现为由,于12月18日作出撤销桐城县公安局对汪春生治安拘留7天的复议决定。原告梁宝富于1991年2月4日收到被告的复议决定书后,于2月7日提起行政诉讼。

【审判】

桐城县人民法院认为:第三人汪春生在其弟与原告梁宝富发生口角、拉扯时,不但不予劝阻,反而用碗砸原告的头部,给原告造成轻微伤害。对汪春生的违法行为,桐城县公安局的处理是正确的。但是,被告在没有新的事实与证据的情况下,仅以民间纠纷以调解为主和汪春生有认错悔改表现为由,撤销了桐城县公安局对汪春生的处罚裁决,依照《中华人民共和国行政诉讼法》第54条第1款第2项的规定,是适用法律有错误。据此,桐城县人民法院于1991年3月25日判决:撤销安庆市公安局〔1990〕第50号治安处罚复议决定,限在本判决生效后10日内重新作出具体行政行为。案件受理费30元,由安庆市公安局负担。

第一审判决后,被告安庆市公安局和第三人汪春生均不服判决,向安徽省安庆市中级人民法院提出上诉。被告的上诉理由是:(1)人民法院审理治安行政案件,只应就公安机关的后一次裁决(即复议决定)是否合法进行审查。第一审法院对桐城县公安局的裁决都进行了审查,是超越职权,适用法律不当。(2)根据《治安管理处罚条例》第4条、第5条、第16条第2项的规定,考虑第三人汪春生事后认错悔改的表现,上诉人撤销桐城县公安局对汪春生的处罚裁决是合法的。请求撤销第一审判决。第三人汪春生的上诉理由是:第一审判决对部分事实认定有误,请予查明并作出公正判决。

安庆市中级人民法院审理该案后,发现安庆市公安局是1990年12月18日作出复议决定的,而梁宝富是1991年2月7日才向桐城县人民法院提起诉讼。为了查明梁宝富的起诉是否符合《治安管理处罚条例》第39条“不服上一级公安机关裁决的,可以在接到通知后五日内向当地人民法院提起诉讼”的规定,经调查,据桐城县公安局法制科证明,安庆市公安局1990年12月18日作出复议决定后,正值梁宝富有事外出。1991年2月4日,梁宝富回到桐城县才收到复议决定书,2月7日即向法院提起诉讼,符合上述规定。

安庆市中级人民法院还查明:上诉人汪春生殴打被上诉人梁宝富的事情发

生后，经公安派出所和县公安局多次调解，由于双方各执己见，未达成协议。桐城县公安局于1990年11月30日对汪春生作出治安处罚裁决和赔偿梁宝富损失的处理决定；汪春生向安庆市公安局提出复议申请时，要求撤销桐城县公安局的处罚裁决和处理决定，而安庆市公安局在复议决定书中，只撤销了处罚裁决，对要求撤销处理决定的请求未予答复。

安庆市中级人民法院认为：

第一，根据行政诉讼法的规定，人民法院审理复议机关改变原具体行政行为的案件，应就复议决定是否合法进行审查，是指人民法院判决的结果，只能是维持或者撤销复议决定，对原裁决不能作出维持或撤销的处理。但这并不意味人民法院在审查复议决定时，对原裁决认定的事实和适用法律不能进行审查。因为，行政机关的原裁决是复议决定的前提，人民法院只有查明原裁决的全部情况，才能判断复议决定是否正确。如果审判涉及原裁决即属超越职权和适用法律错误，则难以保护公民、法人和其他组织的合法权益，维护和监督行政机关依法行使行政职权。该案第一审判决在查明案件事实后，依法撤销复议机关的复议决定，这种做法既没有超越职权，也不违背法律。

第二，汪春生用碗砸破梁宝富头部的事实，当事人均无异议。汪春生的行为具有一定的社会危害性，违反了《治安管理处罚条例》第22条第1项的规定，属于侵犯他人人身权利的行为。治安管理处罚条例第4条规定，公安机关在处理治安行政案件时，要坚持教育与处罚相结合的原则。第5条规定，对于因民间纠纷引起的打架斗殴，情节轻微的，公安机关可以调解处理。桐城县公安局在处理汪春生殴打梁宝富一案时，并非没有调解，而是在经多方多次调解未能达成协议的情况下，才作出裁决和处理决定的。《治安管理处罚条例》第16条第2项规定，对违反治安管理的人有主动承认错误及时改正情形的，可以从轻或者免予处罚。汪春生在纠纷发生后，虽能主动承认错误，但未及时改正；即使及时改正了错误，公安机关对其违法行为也只能“从轻或免予处罚”，不能不处罚。上诉人安庆市公安局援引上述规定，对桐城县公安局的处理裁决予以撤销，再未作出其他任何处罚决定，属于适用法律错误。

第三，上诉人安庆市公安局在复议决定中，只答复了汪春生要求撤销处罚裁决的请求，而对要求撤销处理决定的请求未置可否。这种无视公民申诉权的行为，不符合法律的规定。

综上所述，第一审判决限令上诉人重新作出具体行政行为，并无不当。上诉人安庆市公安局的上诉理由不能成立。

上诉人汪春生对其殴打致伤梁宝富的基本事实没有异议，却在没有证据的情况下，指出第一审判决认定的非本案基本事实有误，并以此要求重新判决，其上诉理由也不能成立。

安庆市中级人民法院认为，第一审判决认定事实清楚，证据确实，适用法律正确，审判程序合法。依照《行政诉讼法》第61条第1项的规定，于1991年6月14日作出判决：

驳回上诉人安庆市公安局、汪春生的上诉，维持第一审判决。

【评述】

本案主要是关于安庆市公安局的复议决定是否合法的问题，涉及的主要法律问题是行政诉讼当事人、法院审查的范围、行政诉讼的起诉期限等问题。

由于我国的行政诉讼并不以复议作为必要前置程序，因此根据行政诉讼是否经过复议阶段，行政诉讼的被告可能会有所不同。如果是直接起诉到法院，没有经过复议，那么作出具体行政行为的行政主体是被告。如果已经经过行政复议程序再提起诉讼的，那么行政诉讼被告的确定可以区分为两种情况：一是复议机关维持原具体行政行为的，根据行政诉讼法的规定，作出具体行政行为的行政主体是被告；二是复议机关改变原具体行政行为的，复议机关为被告。根据《最高人民法院关于执行〈中华人民共和国行政诉讼法〉若干问题的解释》第7条的规定，属于行政诉讼法规定的“改变原具体行政行为”的情形包括：(1)改变原具体行政行为所认定的主要事实和证据的；(2)改变原具体行政行为所适用的规范依据且对定性产生影响的；(3)撤销、部分撤销或者变更原具体行政行为处理结果的。本案中作为复议机关的安庆市公安局撤销桐城县公安局作出的处罚决定，系改变了原具体行政行为。因此，原告应以安庆市公安局为被告提起诉讼。

本案的一审原告同时也是民事侵权中的受害人，他针对复议决定提起行政诉讼是符合有关规定的。根据《最高人民法院关于执行〈中华人民共和国行政诉讼法〉若干问题的解释》第13条的规定，与被诉的行政复议决定有法律上利害关系的公民、法人或者其他组织可以依法提起行政诉讼。同时，根据《行政诉讼法》第27条的规定，同提起诉讼的具体行政行为有利害关系的其他公民、法人或者其他组织，可以作为第三人申请参加诉讼，或者由人民法院通知参加诉讼。本案中，行政处罚的被处罚人汪春生因与被诉具体行政行为有利害关系，依法可以作为第三人参加一审诉讼。至于本案二审中的当事人，可以参考《最高人民法院关于执行〈中华人民共和国行政诉讼法〉若干问题的解释》第65条的有关规定。

关于人民法院对经过复议的案件的审查范围也是本案涉及的重要法律问题之一。根据行政诉讼法的规定，人民法院审理复议机关改变原具体行政行为的案件，应就复议决定是否合法进行审查。它是指，人民法院经审理后应该是针对复议决定作出维持或者撤销的判决，但这并不意味着，人民法院的审查范围仅限于复议机关作出的复议决定。没有原具体行政行为认定的事实、证据、适用依据、程序、内容等作为前提，是无法判断复议决定是否合法的。因此，人民法院对经复议的案件的审查范围不仅包括被诉的复议决定，也包括原具体行政行为。本案中，上诉人安庆市公安局的上诉理由之一是人民法院审理经过复议的治安行政案件，却对原具体行政行为进行了审查，是超越职权，适用法律不当。通过上面的分析可以看出，这一理由是不能成立的。

本案涉及的另一个法律问题是有关行政诉讼的起诉期限问题。诉讼法的一般原理是，起诉超过法定期限，当事人将因起诉时效届满而丧失诉权。《行政诉讼法》第 38 条第 2 款规定："申请人不服复议决定的，可以在收到复议决定书之日起 15 日内向人民法院提起诉讼。复议机关逾期不作决定的，申请人可以在复议期满之日起 15 日内向人民法院提起诉讼。法律另有规定的除外。"理论上把其他法律没有作另外规定的诉讼期限称为一般期限，把其他法律作出另外规定的诉讼期限称为特殊期限。本案属于治安行政案件，受到《治安管理处罚条例》的约束。该条例是全国人大常委会制定并通过，属于《行政诉讼法》第 38 条第 2 款所称的"法律"。该条例第 39 条规定，"不服上一级公安机关裁决的，可以自接到通知后 5 日内向当地人民法院提起诉讼"。因此，本案当事人梁宝富行使诉权的期限是 5 天。但本案中，安庆市公安局于 1990 年 12 月 18 日作出复议决定后，正值梁宝富有事外出，1991 年 2 月 4 日，梁宝富回到桐城县才收到复议决定书，2 月 7 日即向法院起诉。依照《行政诉讼法》第 40 条的规定，公民、法人或者其他组织因不可抗力或者其他特殊情况耽误法定期限的，在障碍消除后的 10 日内，可以申请延长期限。由人民法院决定。因此，本案中梁宝富并没丧失诉权。

此外，安庆市公安局撤销原处罚决定所据称的理由之一，民事纠纷可以调解处理并且当事人认罪态度良好。根据《治安管理处罚条例》第 5 条规定，对于因民间纠纷引起的打架斗殴，情节轻微的，公安机关可以调解处理。但本案的事实是，公安机关不是没有试图调解处理，而是在经多方多次调解未果的情况下，才作出裁决的。并且汪春生在纠纷发生后，虽能主动承认错误，但未及时改正。因此，安庆市中级人民法院经审理后认为上诉人安庆市公安局和汪春生的上诉理由不能成立，原审判决认定事实清楚，适用法律正确，据此作出维持一审判决的判决，是正确的。

（本案例的"案情"和"审判"部分选自《最高人民法院公报》1991 年第 3 期；"提领"和"评述"部分由作者根据有关法律与学理并参考郑刚主编《最高人民法院公报案例评析——国家赔偿·行政·执行卷》（中国民主与法制出版社 2004 年版）一书进行阐述，不代表司法机关的意见）

（蒋红珍　撰）

9 陈迎春诉离石县公安局收容审查决定案

【提领】

这是一起针对收容审查决定提起的行政诉讼案件。被告山西省离石县公安局以原告陈迎春为一份匿名打印件的重大作案嫌疑人为由,决定对其收容审查。解除收容审查后,原告提起行政诉讼。一审法院审理后判决:一、撤销被告作出的收容审查决定;二、判令被告赔偿因收容审查给原告造成的损失。对一审判决,当事人双方均未提出上诉。1996 年随着《刑事诉讼法》的修改,收容审查制度被废除,通过本案可对这一制度有所了解。

【案情】

原告:陈迎春,女,18 岁,山西省吕梁地区工业局打字员。

委托代理人:段希平、李云清,山西省太原市第三律师事务所律师。

被告:山西省离石县公安局。

法定代表人:张兴华,代局长。

委托代理人:张全生、高占奎,山西省离石县公安局干部。

原告陈迎春因不服山西省离石县公安局的收容审查决定,向山西省离石县人民法院提起诉讼。

原告陈迎春诉称:被告离石县公安局于 1991 年 3 月 11 日开始对原告非法收容审查 24 天,严重侵犯了原告的人身权利及其他合法权益,给原告造成精神痛苦和经济损失。请求法院依法撤销被告的收容审查决定,判令被告公开向原告赔礼道歉,恢复名誉,消除影响,并赔偿原告因此而遭受的误工、医疗等经济损失。

被告离石县公安局辩称:原告陈迎春是被告所侦查的一起诽谤案的涉案人,因此,被告以结伙作案嫌疑人为由决定对原告收容审查。这个决定既有事实根据，又符合国务院国发〔1980〕56 号文件的规定，因而是合法的，法院应当予以维持。

离石县人民法院受理该案后，被告离石县公安局认识到对原告陈迎春作出的收容审查决定确有错误，于 1991 年 6 月 11 日(离石县人民法院决定开庭审理的前一天)作出撤销对陈迎春收容审查的决定。原告收到此决定后，仍坚持原来的起诉。

离石县人民法院审理查明：1991 年 3 月 10 日，被告离石县公安局在侦查一起案件中，以原告陈迎春为一份匿名打印件的重大作案嫌疑人为由，决定对其收容审查。3 月 11 日上午 9 时许，原告在吕梁地区工业局打字室上班时，被告所属工作人员身着便服，未出示任何法律手续，将原告诱离工作岗位后，强行押至离石县信义派出所，让原告在一张传唤证上签名。3 月 12 日，被告又让原告在 3 月 10 日填写的《收容审查通知书》上签名。3 月 14 日下午 6 时许，被告才将《对被收容审查人家属通知书》送达原告的父亲。在收容审查期间，被告所属工作人员就匿名打印件是谁打印一事，多次讯问原告，原告均予以否认，并提出此件并非自己使用的打字机打印的几点辩解理由。3 月 30 日，被告以“暂时审查不清，有待进一步调查”为由，决定对原告解除收容审查。此决定于 4 月 3 日向原告宣布。

原告陈迎春被解除收容审查后，因感胸闷、心慌、恶心而住院治疗，诊断为“神经官能症”。医生建议：避免精神刺激，继续治疗。

上述事实，除被告的举证外，均有证人证言、当事人陈述等为证。

【审判】

离石县人民法院认为：国务院国发〔1980〕56 号文件《关于将强制劳动和收容审查两项措施统一于劳动教养的通知》第 2 条规定：“对于有轻微违法犯罪行为又不讲真实姓名、住址，来历不明的人，或者有轻微违法犯罪行为又有流窜作案、多次作案、结伙作案嫌疑需收容查清罪行的人，送劳动教养场所专门编队进行审查。”本案原告陈迎春没有轻微违法犯罪行为，而且既不是不讲真实姓名、住址，来历不明的人，也不是有流窜作案、多次作案、结伙作案嫌疑需收审查清罪行的人，不属收容审查的对象。被告离石县公安局以重大作案嫌疑为由，决定对原告予以收容审查，不符合国务院的规定。依照《行政诉讼法》第 54 条第 2 项第 2 目的规定，被告的行政行为属适用法律、法规错误。

被告对原告的收容审查，在执行程序上也是违法的。3 月 10 日，被告已决定对原告收容审查，并填写了《收容审查通知书》，可是在执行时不向原告出示，出示的却是公安机关让违反治安管理的人在指定时间到指定场所接受讯问的

"传唤证"。被告的上述行政行为,依照《行政诉讼法》第 54 条第 2 项第 3 目的规定,是违反法定程序的。

由于被告的违法行政行为,侵犯了原告的合法权益,并造成一定损害,依照《行政诉讼法》第 68 条第 1 款的规定,被告应当承担赔偿责任。据此,离石县人民法院于 1991 年 6 月 16 日判决:

一、撤销被告离石县公安局 1991 年 3 月 10 日对原告陈迎春作出的收容审查决定。

二、被告离石县公安局赔偿原告陈迎春在被收容审查期间的误工损失和解除收容审查后的医药费、营养费、住院费、陪住费等共计 4913 元。

诉讼费 100 元由被告离石县公安局负担。

第一审宣判后,当事人双方均未提出上诉,并已按判决执行。

【评述】

一、关于收容审查制度

1961 年以来,经党中央、国务院批准,各地公安机关对有轻微违法犯罪和流窜作案嫌疑的人采取强制劳动或收容审查的措施,收容审查制度开始实施。1980 年国务院下发了《关于将强制劳动和收容审查两项措施统一于劳动教养的通知》,决定将强制劳动和收容审查两项措施统一于劳动教养。同时,通知具体规定了收容审查的范围:有轻微违法犯罪行为又不讲真实姓名、住址,来历不明的人,或者有轻微违法犯罪行为又有流窜作案、多次作案、结伙作案嫌疑需收容查清罪行的人。1992 年公安部在其《关于对收容审查范围问题的批复》中将其解释为:"'一个前提,四种对象',即在有轻微违法犯罪行为的前提下,包括四种对象:(1)不讲真实姓名、住址,来历不明的人;(2)有流窜作案嫌疑的人;(3)有多次作案嫌疑的人;(4)有结伙作案嫌疑的人。"

关于收容审查的性质,1985 年 7 月 31 日公安部在《关于严格控制使用收容审查手段的通知》中作了这样的界定:"收容审查是党中央、国务院批准的公安机关用来对付流窜犯罪分子和流窜作案嫌疑分子的重要手段。它是对那些在刑事拘留时限内无法查清主要罪行和取得必要证据的嫌疑人所采取的强制性行政审查措施。"因此,学理上我们可以将其归属为行政强制措施。

正如公安部在《关于严格控制使用收容审查手段的通知》中指出的,收容审查制度曾经对维护社会秩序起过一些积极作用,但实践中,"不少地方收容审查对象的范围偏宽,把一些本应采取治安拘留、刑事拘留或依法逮捕的人犯,为了图省事,减少办理法律手续的麻烦,也予以收容审查;加之收审时间一般偏长,以致形成以收审代替侦查、代替刑罚的不良现象。"而且这一问题长期没有得到很好的解决，公民的权利屡屡因此而遭受侵害。正因为如此，这一制度长期受到法学界的批评。1996 年，《刑事诉讼法》修改，放宽了拘留、逮捕等强制措施的适用条件，将收容审查并入到了刑事强制措施，这一制度得以废除。

二、本案涉及的两个问题

一是对原告采取收容审查措施，适用法律是否正确。

正如 1992 年公安部在其《关于对收容审查范围问题的批复》中对收容审查适用范围的解释，被收容审查的对象必须有轻微违法犯罪行为，而且这种轻微违法犯罪行为必须是有充分的证据证实的，不是怀疑、猜测或者推测，这是采取收容审查措施的前提。在具备这一前提的情况下，如果行政相对人还具有(1)不讲真实姓名、住址，来历不明的人；(2)有流窜作案嫌疑的人；(3)有多次作案嫌疑的人；(4)有结伙作案嫌疑的人等四种情况中的一种，方才可以收容审查。

本案中，陈迎春是否为一份匿名打印件的打印人，山西省离石县公安局仅仅是一种怀疑，并没有充分的证据证明。所以，适用收容审查措施的"前提"就不存在。另外，即便是有证据证明陈迎春打印了该匿名打印件，她也不符合适用收容审查的"四个条件"中的任何一个，她的身份是清楚的，也不属于流窜作案、多次作案、结伙作案的嫌疑人。因此，对陈迎春适用收容审查措施，适用法律是错误的。

二是对原告采取收容审查措施的过程中，程序有无违法之处。

公安部《关于严格控制使用收容审查手段的通知》(1985 年 7 月 31 日)第 2 条规定："收容审查必须经县级以上公安机关的党组、党委批准。对被收容审查人员，必须在收容后二十四小时以内进行询问。除有碍审查或者无法通知的情形以外，应当把收容的原因和处所在二十四小时以内通知被收容人的家属或他的所在单位。如果发现不应收容的，必须立即解除收容审查。"

本案中，3 月 10 日，被告已决定对原告收容审查，并填写了《收容审查通知书》，可是在执行时不向原告出示，出示的却是公安机关让违反治安管理的人在指定时间到指定场所接受讯问的"传唤证"。3 月 12 日，被告让原告在 3 月 10 日填写的《收容审查通知书》上签名。3 月 14 日下午 6 时许，被告才将《对被收容审查人家属通知书》送达原告的父亲。

加以比照，本案中，可以认定被告的行政行为违反了公安部《关于严格控制使用收容审查手段的通知》的规定。

由于被告的行政决定适用法律错误，也违反了程序性法律规定，所以应当予以撤销。

三、关于法院作出的撤销判决

值得注意的是，在原告起诉后，被告认识到了其行政行为的错误，并于开庭前一天撤销了该行政决定。在这种情况下,行政诉讼的对象已经不复存在。一审法院判决撤销被告离石县公安局对原告陈迎春作出的收容审查决定就有点不妥。因此,在原告坚持其诉讼请求的情况下如何判决,就成为一个需要斟酌的问题。最高人民法院《关于贯彻执行〈中华人民共和国行政诉讼法〉若干问题的意见(试行)》第62条仅仅规定:被告行政机关在第一审程序中,改变其所作的具体行政行为,如果原告申请撤诉未获准许,或者原告不申请撤诉的,人民法院应继续审理被诉的原具体行政行为。但继续审理后如何判决,《行政诉讼法》和最高人民法院《若干问题的意见(试行)》均没有明确。直到1999年,最高人民法院制定的《若干解释》第57条才规定,被诉具体行政行为违法,但不具有可撤销内容的,人民法院应当作出确认被诉具体行政行为违法或者无效的判决。可见本案当时的判决也是不得已而为之。

(本案例的"案情"和"审判"部分选自《最高人民法院公报》1992年第2期;"提领"和"评述"部分由作者根据有关法律与学理进行阐述,不代表司法机关的意见)

(杨登峰　撰)

10 上海远洋运输公司不服宁波卫生检疫所国境卫生检疫行政处罚决定案

【提领】

本案是一起因国境卫生检疫机关对停留在国境口岸的入境、出境交通工具的卫生状况实施卫生监督而引发的行政案件。本案经过两审。一审法院认为，被告宁波卫生检疫所在出、入境卫生检疫时，要求船方办理健康证书签发手续，是依法行使卫生检疫职权，却两次遭到原告船长的拒绝。故被告对原告所属“抚顺城”轮作出罚款人民币 4900 元的处罚决定是合法的，应予维持。二审法院认为，原审判决认定事实清楚，适用法律正确，诉讼程序合法，维持宁波卫生检疫所的行政处罚决定是正确的。本案终审判决于 1992 年作出，其案情收录于《最高人民法院公报》1992 年第 3 期。

【案情】

原告：上海远洋运输公司。

法定代表人：李克麟，经理。

被告：宁波卫生检疫所。

法定代表人：洪昌华，副所长。

1991 年 6 月 15 日，上海远洋运输公司所属“抚顺城”轮由日本抵达宁波镇海装卸区。同日，宁波卫生检疫所在镇海港区对该轮实施入境检疫。检疫时，发现该轮大厨顾勇康、二厨冯国强、服务员刘波均未持有由卫生检疫机关签发的健康证书，遂即要求船方办理换证签发手续，但船长以 3 名从业人员所持由交通部颁发的海员健康证书是有效的为由，拒绝办理换证签发手续。同月 18 日，宁波卫生检疫所在北仑港区对“抚顺城”轮进行出境检疫时，又发现该轮大厨顾勇康、二厨冯国强、服务员刘波仍未持有由卫生检疫机关签发的健康证书。为此，宁波卫生检疫所再次要求船方办理换证签发手续，但船长以“根据上级通知执行办理”为由,再次予以拒绝。之后,该轮这 3 名从业人员随船出境。同月 24 日,宁波卫生检疫所根据《中华人民共和国国境卫生检疫法实施细则》第 109 条第 3 项、第 110 条第 1 款的规定,决定对上海远洋运输公司所属“抚顺城”轮罚款人民币 4900 元。上海远洋运输公司不服宁波卫生检疫所的处罚决定,于同年 7 月 15 日向中华人民共和国卫生检疫总所提出复议申请。卫生检疫总所根据《国境卫生检疫法实施细则》第 107 条第 3 项、第 109 条第 3 项、第 110 条的规定,于 9 月 11 日作出维持宁波卫生检疫所对原告罚款 4900 元的复议决定。上海远洋运输公司不服卫生检疫总所的复议决定,于同年 10 月 10 日向浙江省宁波市海曙区人民法院提起行政诉讼。

原告上海远洋公司诉称,被告宁波卫生检疫所以原告所属“抚顺城”轮上 3 名食品、饮用水从业人员未持有卫生检疫机关签发的健康证书,在出、入境检疫时,经卫生检疫机关指出并要求办理换证签发手续,船长不同意换证,抵制卫生监督为由,作出罚款人民币 4900 元的决定,既有悖于事实,也无法律依据。请求法院撤销被告的处罚决定。

被告宁波卫生检疫所辩称,原告的“抚顺城”轮上 3 名食品、饮用水从业人员未持有卫生检疫机关签发的健康证书,应办理换证签发手续,但船长两次予以拒绝,系违法行为。根据《国境卫生检疫法实施细则》第 109 条、第 110 条的规定,对原告所属“抚顺城”轮作出罚款 4900 元的决定,是合法的,法院应当维持。

【审判】

浙江省宁波市海曙区人民法院受理后,鉴于该案在宁波市影响较大,依照《行政诉讼法》第 23 条第 2 款的规定,报请宁波市中级人民法院审理。宁波市中级人民法院决定审理该案。

宁波市中级人民法院审理认为:根据《国境卫生检疫法实施细则》第 107 条第 3 项关于“入境、出境交通工具上的食品、饮用水从业人员应当持有卫生检疫机关签发的健康证书”的规定,原告上海远洋运输公司“抚顺城”轮大厨顾勇康、二厨冯国强、服务员刘波系入境、出境交通工具上的食品、饮用水从业人员,应当持有卫生检疫机关签发的健康证书。但是,顾勇康、冯国强、刘波只持交通部颁发的经上海远洋医院体检出具的海员健康证书,不符合卫生检疫实施细则的有关规定。被告在出、入境卫生检疫时,要求船方办理健康证书签发手续,是依法行使卫生检疫职权,却两次遭到原告船长的拒绝。故被告对原告所属“抚顺城”轮作出罚款人民币 4900 元的处罚决定是合法的。

据此,宁波市中级人民法院于 1992 年 1 月 11 日判决:维持被告宁波卫生检疫所对原告所属“抚顺城”轮的行政处罚决定。

第一审判决后，原告上海远洋运输公司不服，以第一审判决歪曲有关事实真相、适用法律不当等为由，向浙江省高级人民法院提出上诉，请求撤销第一审判决和行政处罚决定。被上诉人宁波卫生检疫所辩称，原判认定事实清楚，适用法律正确，请求法院维持第一审判决。

浙江省高级人民法院认为：上诉人上海远洋运输公司所属“抚顺城”轮大厨顾勇康、二厨冯国强、服务员刘波等3名食品、饮用水从业人员未持有卫生检疫机关签发的健康证书，在出、入境检疫时，经卫生检疫机关指出并要求办理换证签发手续时，船长两次予以拒绝，抵制卫生监督，其行为违反了《中华人民共和国国境卫生检疫法》及其实施细则的有关规定，依法应予处罚。被上诉人宁波卫生检疫所作出的行政处罚决定于法有据。原审判决认定事实清楚，适用法律正确，诉讼程序合法，维持宁波卫生检疫所的行政处罚决定是正确的。上海远洋运输公司的上诉理由不能成立。据此，该院依照《行政诉讼法》第61条第1项的规定，于1992年5月4日判决：驳回上诉人上海远洋运输公司的上诉，维持第一审判决。

【评述】

从学理上来看，本案主要涉及行政机关的裁量权问题，以及行政诉讼的合法性审查原则。

在现代社会，除了立法语言的局限以及为了保障个案正义等因素之外，希望通过法律对行政权的行使作出事无巨细的规定是不现实、不必要的。因此，法律大量使用开放性规范来进行规制，这就使得行政裁量权广泛存在于行政活动的各个环节之中，行政主体在执法时往往拥有一定的判断空间。在法律规定中，这种裁量权通常表现为“可以”、“或者”等用语。本案中，《国境卫生检疫法实施细则》第110条第1款规定的“具有本细则第一百零九条所列第(一)至第(五)项行为的，处以警告或者一百元以上五千元以下的罚款”便是此例。

当然，这种裁量权的行使，除不可超越的法定范围外，内部还要受法律目的的约束。因此，并非绝对自由。从我国《行政诉讼法》第54条第2项的规定来看，法院有权撤销滥用职权的行政行为。这里的“滥用职权”主要是指行政机关滥用裁量权。而根据该条第4项的规定，法院可以直接判决变更显失公正的行政处罚。这里的“显失公正”，主要也是就行政机关行使裁量权的行为而言的。

另一方面，根据我国《行政诉讼法》的规定，在行政诉讼中，法院原则上只能审查具体行政行为的合法性，即主要从以下几个方面对被诉具体行政行为进行审查：行政机关是否具有作出该行政行为的法定职权，是否滥用职权；据以作出具体行政行为的事实根据和法律依据是否确实充分、合法有效;具体行政行为的作出是否遵循法定程序,以及是否存在不履行或者拖延履行法定职责的情形。而如果具体行政行为符合法定范围与法律目的,只是存在更为适当的处理方式,则主要属于行政机关行使裁量权的问题。对于这种具体行政行为的合理性问题,法院原则上不能审查。

实施国境卫生检疫是防止传染病由国外传入或者由国内传出、保护人体健康的一项重要举措。我国《国境卫生检疫法》第 18 条规定:“国境卫生检疫机关根据国家规定的卫生标准,对国境口岸的卫生状况和停留在国境口岸的入境、出境的交通工具的卫生状况实施卫生监督:……(三)监督从事食品、饮用水供应的从业人员的健康状况,检查其健康证明书;……”《国境卫生检疫法实施细则》第 107 条第 3 项规定:“国境口岸内涉外的宾馆和入境、出境交通工具上的食品、饮用水从业人员应当持有卫生检疫机关签发的健康证书。该证书自签发之日起十二个月内有效。”第 109 条规定:“《国境卫生检疫法》和本细则所规定的应当受行政处罚的行为是指:……(三)拒绝接受检疫或者抵制卫生监督,拒不接受卫生处理的;……”第 110 条第 1 款规定:“具有本细则第一百零九条所列第(一)至第(五)项行为的,处以警告或者一百元以上五千元以下的罚款。”

在本案中,被告宁波卫生检疫所在出、入境卫生检疫时,两次要求船方办理健康证书签发手续,是依法行使卫生检疫职权,却都遭到原告船长的拒绝。从《国境卫生检疫法》及其实施细则的相关规定来看,被告可以对原告进行处罚。并且,这种处罚的具体种类及幅度为“警告或者一百元以上五千元以下的罚款”。因此,被告对原告所属“抚顺城”轮作出罚款人民币 4900 元的处罚决定是在其裁量权范围之内的,是合法的。一、二审法院的判决也是正确的。

(本案例的“案情”和“审判”部分选自《最高人民法院公报》1992 年第 3 期;“提领”和“评述”部分由作者根据有关法律与学理进行阐述,不代表司法机关的意见)

(高春燕　撰)

11 谢培新诉永和乡人民政府违法要求履行义务案

【提领】

本案是一起农民因不服乡人民政府要求超额承担费用和劳务，违法收取社会、生产性服务费用的行为而向法院提起诉讼的行政案件。审理法院认为乡人民政府的收费及摊派行为属于适用法规错误，超越职权和滥用职权，依法判决撤销乡人民政府发出的负担通知中的不合法部分，同时赔偿损失。本案终审判决于1992年作出，收录于《最高人民法院公报》，对我国的司法审判实践具有判例指引的作用。

【案情】

原告：谢培新，男，42岁，四川省乐至县永和乡泉水村农民。

委托代理人：杨树梁，四川省乐至县龙门乡民办教师。

被告：四川省乐至县永和乡人民政府。

法定代表人：黄可悦，乡长。

委托代理人：杨道军、文廷志，四川省乐至县宝林区法律服务所干部。

原告谢培新全家5口人，其中劳动力2人。经乐至县农业主管部门审定，1991年永和乡人均纯收入378元。1992年5月，原告接到两张负担通知单。一张是盖有乐至县永和乡农业承包合同管理委员会公章的农民负担通知单，载明：集体提留费中，公积金18.90元，公益金9.40元，管理费27元；统筹费中，教育附加费29.85元，其他9项21.11元。以上共计106.26元，原告人均负担21.25元。义务工、劳动积累工按划地人口折资18.88元。另一张是由被告授权认可并统一印制盖有永和乡泉水村村民委员会公章的1992年农民负担农业税、社会生产性服务收费通知单，载明：农业税42.15元，广播建网等10项社会、生产性服务费85.80元。其中广播建网、广播收听、敬老院筹资、林业育苗防虫、小家禽防疫、农作物防治等费用,由被告及被告所属部门收取;蚕桑育苗修枝嫁接、林场还债、安装广播等费用,由泉水村收取。原告已交各种费用120元。《农民承担费用和劳务管理条例》(简称《国务院条例》)和《四川省农民负担管理条例》(简称《四川省条例》)规定农民每年向农村集体经济组织上交集体提留和统筹费的总额,以乡(镇)为单位计算,不得超过上一年农民人均纯收入的5%。以此为标准,原告1992年人均应负担18.90元,共计负担94.50元。根据原告收到的两张负担通知单所列费用,除农业税42.15元是原告应履行的法定义务外,还要上交各种费用192.06元,人均负担38.41元,占上一年人均纯收入的10%,超过国家规定的农民承担费用的1倍。

原告谢培新不服,向乐至县人民法院提起诉讼,诉称:被告永和乡人民政府违反《国务院条例》和《四川省条例》的规定,通知原告家庭人均承担各种费用33.45元,超过国家规定的标准。除此之外,被告还向原告违法摊派生产、服务性服务费17.16元。请求法院撤销被告发出的不合理负担通知,并承担原告因诉讼的误工、案件受理费等。

被告永和乡人民政府答辩称:原告诉被告违反有关规定,硬性向原告人均摊派生产、公益性服务费用的提法不妥。被告按照乐至县政府安排的1992年农民负担文件,提请永和乡人民代表大会审议通过,并再三要求有关部门对农民的各种生产、公益性服务,由各服务部门与受益户签订合同后收费,服务后按实际受益情况结算。原告所诉各项费用也不例外,并有书证可查。

【审判】

乐至县人民法院审理认为:被告永和乡人民政府向原告谢培新提取的村提留费、乡统筹费和社会生产性服务费,超过谢培新全家应负担费用的1倍,违反了《国务院条例》和《四川省条例》规定的取之有度、总额控制、定项限额的原则,具有任意性和随意性。有的项目,如敬老院筹资、广播建网、安装费用等分别属公益金和统筹费的重复提取。生产性服务和公益性服务费用的收取,不是依自愿、互利、谁受益谁负担的规定依法行政,而是强行摊派。甚至分属林场的债务也摊派给原告负担。《国务院条例》和《四川省条例》均规定农民每年负担的义务工和劳动积累工以劳动力计算,被告则按原告全家人口承担,是不合法的。被告的行政行为属于《中华人民共和国行政诉讼法》第54条第2项第2、4、5目规定的适用法规错误,超越职权和滥用职权,其答辩理由不能成立。依照《行政诉讼法》第68条第1款的规定,被告作出的具体行政行为,侵害了原告的合法权益,造成一定损害,应负赔偿责任。据此,乐至县人民法院判决:撤销被告永和乡人民政府对原告谢培新作出的1992年农民负担通知中的超额部分,重新确定谢培新应承担的费用和劳务；撤销被告永和乡人民政府授权认可的泉水村村民委员会对原告谢培新作出的 1992 年社会、生产性服务收费通知中的不合法部分，对该项费用的收取，被告应责成服务方与收益方根据实际服务和受益情况，确定合理的项目和数额；被告永和乡人民政府赔偿原告谢培新因诉讼而误工等损失 30 元。

【评述】

本案涉及被告永和乡人民政府违法要求履行义务的行为，主要争议点是永和乡人民政府的行政性收费行为的合法性问题。

首先是被告永和乡人民政府收费行为的法律依据问题，根据《国务院条例》和《四川省条例》的规定，农民每年向农村集体经济组织上交集体提留和统筹费的总额，以乡（镇）为单位，不得超过上一年农民人均纯收入的 5%，而被告依照乐至县政府 1992 年农民负担文件收取的各项费用达到了 10%。据此分析，乐至县政府 1992 年的农民负担文件与上述条例存在抵触，被告据此进行行政性收费，属于适用法律、法规错误。

其次，永和乡人民政府授权认可并统一印制盖有永和乡泉水村村民委员会公章的农民负担通知单，属于超越职权。永和乡人民政府本身并没有权力授权村民委员会进行收费，并且，根据法律、法规、规章对行政性收费主体的规定，村民委员会可以在符合一定条件下接受委托进行收费，但村委会本身并不能成为行政性收费的主体。因此，被告的授权行为属于越权行为。

最后，永和乡人民政府违反《国务院条例》和《四川省条例》关于“农民每年负担的义务工和劳动积累工以劳动力计算”的规定，而是按照原告全家人口进行计算，属于滥用职权。另外，被告的重复收费，不按照自愿、互利、谁受益谁负担的原则收费而是强行摊派等行为都构成了滥用职权。

基于此，乐至县人民法院判决撤销行政性收费中的不合理负担部分，并要求被告赔偿原告因诉讼造成的损失，认定事实清楚，适用法律正确。

（本案例的“案情”和“审判”部分选自《最高人民法院公报》1993 年第 1 期；“提领”和“评述”部分由作者根据有关法律与学理并参考郑刚主编《最高人民法院公报案例评析——国家赔偿·行政·执行卷》（中国民主与法制出版社 2004 年版）一书进行阐述，不代表司法机关的意见）

（骆梅英　撰）

12 任建国诉吕梁行政公署劳动教养管理委员会劳动教养复查决定案

【提领】

本案是一起对劳动教养决定提起的行政诉讼案件。被告山西省吕梁行政公署劳动教养管理委员会认为原告任建国实施暴力，阻碍矿长执行职务，遂依据山西省人民政府《关于保护企业厂长、经理依法执行职务的规定》第 8 条第 2 项的规定决定对原告实行劳动教养。原告起诉后，一、二审法院认为，被诉行政行为所依据的山西省人民政府《关于保护企业厂长、经理依法执行职务的规定》是地方政府规章，与上位法相抵触，不能适用，被诉行政行为适用法律错误，遂判决撤销该行政行为。本案是关于地方政府规章之适用的典型案例，有助于了解大陆行政诉讼的法律适用制度。

【案情】

原告：任建国，男，29 岁，山西省孝义市高阳煤矿司机。

被告：山西省吕梁行政公署劳动教养管理委员会。

法定代表人：花德荣，主任。

原告任建国不服山西省吕梁行政公署劳动教养管理委员会作出的对其维持劳动教养一年的复查决定，向山西省离石县人民法院提起行政诉讼。

原告任建国诉称：原告与矿长张福保发生纠纷后，被告偏听偏信，夸大事实，对原告作出劳动教养一年的决定。原告不属于劳动教养的对象，被告的决定于法无据。为了给人以依法办案的印象，被告在决定中只是称“根据国务院劳动教养的有关规定”，没有引用规定的具体条文。原告依法向被告申请复查后，被告无法正面回答原告提出的问题，仅以“原决定事实清楚，定性准确，处罚适当”的空话搪塞，又依职权作出维持原决定的复查决定。原告请求人民法院撤销被告的这一具体行政行为。

被告吕梁行政公署劳动教养管理委员会辩称：原告任建国实施暴力，阻碍矿长张福保执行职务的事实是清楚的，根据《山西省人民政府关于保护企业厂长、经理依法执行职务的规定》第 8 条第 2 项："以暴力、威胁方法阻碍厂长、经理依法执行职务，尚不够刑事处罚的，可实行劳动教养。"被告决定对原告实行劳动教养，并依照国务院有关劳动教养的程序规定办理了劳动教养手续。因此被告的具体行政行为适用法律正确，程序合法，应当维持。

离石县人民法院经审理查明：1992 年 7 月 15 日下午，原告任建国到高阳煤矿矿长张福保的办公室，见张福保正与本矿一干部谈话。任建国让该干部先出去一下，他要与张福保谈分房一事。张福保对任建国说：你先出去，我们正研究工作。任建国不出去，张福保便上前往外推任建国。这时任建国就拽住张福保的领口来回推拉，并抓其头发。经他人劝阻，平息了事端。被告根据上述事实，以任建军不听劝阻，实施暴力推拉矿长，阻碍矿长执行职务，影响了企业生产的正常进行为由，于 1992 年 8 月 28 日根据国务院劳动教养有关规定和《山西省人民政府关于保护企业厂长、经理依法执行职务的规定》第 8 条第 2 项决定对任建国劳动教养一年。任建国不服，依法于 9 月 9 日向被告申请复查。被告于 9 月 28 日以原决定事实清楚、定性准确、处罚适当为由，维持原劳动教养决定。任建国对复查决定仍不服，遂提起诉讼。

【审判】

离石县人民法院认为：《行政诉讼法》第 52 条第 1 款规定："人民法院审理行政案件，以法律和行政法规、地方性法规为依据。"能作为审理劳动教养行政案件依据的行政法规有：1957 年 8 月 3 日国务院公布的《关于劳动教养的问题的规定》，1979 年 11 月 29 日国务院公布的《关于劳动教养的补充规定》，1982 年 1 月 21 日经国务院转发、公安部发布的《劳动教养试行办法》。这 3 个法规对劳动教养的适用对象、审批和管理办法都作了详尽的规定，但都没有授权地方人民政府另定执行措施的规定。这 3 个法规中规定的适用劳动教养的对象很明确，根本没有《山西省人民政府关于保护企业厂长、经理依法执行职务的规定》第 8 条第 2 项"以暴力、威胁方法阻碍厂长、经理依法执行职务，尚不够刑事处罚的，可实行劳动教养"的规定。因此对山西省人民政府规章中的这一条只能作这样的理解：只有法规规定的劳动教养对象兼有以暴力、威胁方法阻碍厂长、经理依法执行职务的行为，尚不够刑事处罚时，才可对其实行劳动教养。否则，不能单独依规章对其实行劳动教养。

原告任建国不听劝阻，并以推拉、抓头发等手段对待张福保，是一种侵犯张福保人身权利的违法行为。但是这种违法行为不属于我国劳动教养法规调整的对象,对其实行劳动教养不符合法规的规定。被告在决定对任建国劳动教养时,由于无法引用劳动教养法规适用对象的具体规定,因此,笼统地表述为依据国务院关于劳动教养的有关规定和《山西省人民政府关于保护企业厂长、经理依法执行职务的规定》第 8 条第 2 项,并在任建国提起申请复查时,不能有理有据地予以辩驳,即作出"事实清楚,定性准确、处罚适当,维持原决定"的复查决定,不仅适用法律不当,而且无视公民行使正当的申诉权利,是错误的。据此,离石县人民法院依照《行政诉讼法》第 54 条第 2 项的规定,于 1992 年 12 月 5 日判决:撤销被告山西省吕梁行政公署劳动教养管理委员会作出的维持对原告任建国劳动教养一年的复查决定和原对任建国劳动教养一年的决定。诉讼费 100 元,由被告负担。

第一审宣判后,被告山西省吕梁行署劳动教养管理委员会不服,以"人民法院审理行政案件应当参照地方规章"为由,向山西省吕梁地区中级人民法院提出上诉。

山西省吕梁地区中级人民法院经审理认为:《行政诉讼法》第 53 条规定:"人民法院审理行政案件,参照国务院部、委根据法律和国务院的行政法规、决定、命令制定、发布的规章以及省、自治区、直辖市和省、自治区的人民政府所在地的市和经国务院批准的较大的市的人民政府根据法律和国务院的行政法规制定、发布的规章。"这里所指的可以参照的规章,是指那些根据法律和国务院的行政法规制定的规章。对于那些不是根据法律和行政法规制定的规章,或者其内容与法律和行政法规相抵触的规章,则不在人民法院参照之列。国务院有关劳动教养的行政法规中,对劳动教养的适用对象已有明确的规定,《山西省人民政府关于保护企业厂长、经理依法执行职务的规定》第 8 条第 2 项,把劳动教养的适用范围作了扩大的规定。对于这样的规章,人民法院只在符合行政法规规定的范围内参照适用,即行政法规规定的劳动教养适用对象有以暴力、威胁方法阻碍厂长、经理依法执行职务的行为时,可对其实行劳动教养。如果不属于劳动教养适用对象,则不能仅参照规章对其适用劳动教养。对于法律和行政法规中的实体与程序规定,都应当全面、准确无误地适用,才是依法办案。如果仅适用程序规定而不适用实体规定,或者仅适用实体规定而不适用程序规定,都不是依法办案。原审以适用法律错误为由,判决撤销上诉人山西省吕梁行署劳动教养管理委员会对被上诉人任建国作出的劳动教养一年的决定,是正确的。上诉人以"人民法院审理行政案件应当参照地方规章"的上诉理由,不予采纳。据此,山西省吕梁地区中级人民法院依照《行政诉讼法》第 61 条第 1 项的规定,于 1993 年 1 月 6 日判决:驳回上诉,维持原判。第二审诉讼费 100 元,由上诉人负担。

【评述】

本案的事实是清楚的，争议的焦点是原告的行为是否属于劳动教养的范围，对其实行劳动教养是否合法。

被告的行政决定依据的是山西省人民政府《关于保护企业厂长、经理依法执行职务的规定》第 8 条第 2 项关于“以暴力、威胁方法阻碍厂长、经理依法执行职务，尚不够刑事处罚的，可实行劳动教养”的规定。依照此规定，原告的行为符合劳动教养的条件，被告对原告实行劳动教养，适用法律是正确的。但是山西省人民政府的《关于保护企业厂长、经理依法执行职务的规定》属于地方政府规章。根据《行政诉讼法》第 53 条的规定，人民法院审理行政案件只是“参照”地方政府规章，而不是“依据”地方政府规章。所谓参照，是指当地方政府规章与上位法律、法规相符合时，人民法院可以将其作为判决的依据；当其与上位法律、法规相抵触时，人民法院则应当拒绝适用。这就意味着人民法院在审理行政案件时，应当对案件所涉及的规章进行合法性审查。由此，要判断原告的行为是否属于劳动教养的适用范围，对其实行劳动教养是否合法，就必须判断山西省人民政府的《关于保护企业厂长、经理依法执行职务的规定》是否与上位法律规定相抵触。

劳动教养制度最早起源于 1957 年 8 月 3 日国务院公布实施的《关于劳动教养问题的决定》。《关于劳动教养问题的决定》规定的劳动教养对象是：(1)不务正业，有流氓行为或者有不追究刑事责任的盗窃、诈骗等行为，违反治安管理，屡教不改的；(2)罪行轻微，不追究刑事责任的反革命分子、反社会主义的反动分子，受到机关、团体、企业、学校等单位的开除处分，无生活出路的；(3)机关、团体、企业、学校等单位内，有劳动力，但长期拒绝劳动或者破坏纪律、妨害公共秩序，受到开除处分，无生活出路的；(4)不服从工作的分配和就业转业的安置，或者不接受从事劳动生产的劝导，不断地无理取闹、妨害公务、屡教不改的。1979 年 11 月 29 日国务院又公布施行了《关于劳动教养的补充规定》，但该补充规定没有就劳动教养的适用范围重新规定；1982 年 1 月 21 日国务院转发公安部制定的《劳动教养试行办法》，该办法定义“劳动教养是对被劳动教养的人实行强制性教育改造的行政措施，是处理人民内部矛盾的一种方法”。《劳动教养试行办法》第 10 条规定对以下六类人员可强制劳动教养：(1)罪行轻微、不够刑事处分的反革命分子，反党反社会主义分子；(2)结伙杀人、抢劫、强奸、放火等犯罪团伙中，不够刑事处分的；(3)有流氓、卖淫、盗窃、诈骗等违法犯罪行为，屡教不改，不够刑事处分的；(4)聚众斗殴、寻衅滋事、煽动闹事等扰乱社会治安，不够刑事处分的；(5)有工作岗位，长期拒绝劳动，破坏劳动纪律，而又不断无理取闹，扰乱生产秩序、工作秩序、教学科研秩序和生活秩序，妨碍公务，不听劝告和制止的；(6)教唆他人违法犯罪，不够刑事处分的。

将山西省人民政府《关于保护企业厂长、经理依法执行职务的规定》第8条第2项的规定与上述法律规定加以比照，就会发现该规定扩大了劳动教养的适用范围，从而与上位法律规定相抵触。一审法院的解释——只有法规规定的劳动教养对象兼有以暴力、威胁方法阻碍厂长、经理依法执行职务的行为，尚不够刑事处罚时，才可对其实行劳动教养。否则，不能单独依规章对其实行劳动教养——是正确的。

基于以上分析，一、二审法院拒绝适用山西省人民政府的地方规章，而以上位法律规定为依据，以适用法律错误为由判决撤销该劳动教养决定是正确的。如此判决不但维护了法律体系的统一性，而且也较好地保护了公民的合法权利。

（本案例的“案情”和“审判”部分选自《最高人民法院公报》1993年第3期；“提领”和“评述”部分由作者根据有关法律与学理进行阐述，不代表司法机关的意见）

（杨登峰　撰）

13 香港昆利发展有限公司、晶泽有限公司诉湛江海关行政处罚决定案

【提领】

本案是一起因为海上运输货物缺乏合法证明，被海关界定为走私行为，并以承运人为对象人进行行政处罚，从而货物所有人作为原告提起诉讼的行政案件。本案经过两审。一审法院确认本案中货物所有人的原告资格，以海关的处罚决定事实不清、证据不足为由，判决撤销行政处罚决定。二审法院则认定，海关的行政处罚决定合法，作出撤销一审判决、维持行政处罚决定的判决。本案终审判决于1993年作出，收录于《最高人民法院公报》，对我国的司法审判实践具有判例指引的作用。

【案情】

原告：香港昆利发展有限公司。

法定代表人：陈均康，经理。

委托代理人：何培华，中国国际贸易促进会广东省分会法律部律师。

委托代理人：应松年，中国政法大学教授。

原告：香港晶泽有限公司。

法定代表人：关承国，董事长。

委托代理人：何培华，中国国际贸易促进会广东省分会法律部律师。

委托代理人：陈国勋，该公司董事兼经理。

被告：中华人民共和国湛江海关。

法定代表人：李松昆，关长。

委托代理人：方宁，广东对外经济律师事务所律师。

委托代理人：刘国柱，湛江海关干部。

第三人：陈大陆，越南义静省海河运输公司“蓝江04号”轮船长。

委托代理人:田文昌,北京市第六律师事务所律师。

第三人:香港宗进国际发展有限公司。

法定代表人:陈启华,经理。

委托代理人:何培华,中国国际贸易促进会广东省分会法律部律师。

第三人陈大陆于1991年7月14日驾驶“蓝江04号”轮在我国领海(东经109°58′,北纬20°25′)运输“三菱”牌空调机1216台、“乐声”牌空调机70台、“卡西欧”中英文打字机2台、“爱华”牌激光视盘放像机10台、对讲机10台、“佳能”复印机126台、“粒粒橙”饮料5988箱、14寸彩色显示器230台、“健伍”音响2台等我国限制进口的货物,被被告中华人民共和国湛江海关(以下称湛江海关)查获。1991年8月12日,被告湛江海关作出〔1991〕湛关查字第76号处罚通知书,认定陈大陆运输的以上货物无合法证明,以运往越南海防为名,实际准备运往我国广西北海和广西钦州沙井交货,其行为已构成《中华人民共和国海关法》(以下称《海关法》)第49条第2款和《中华人民共和国海关法行政处罚实施细则》(以下称《实施细则》)第4条第2项规定的走私。根据《实施细则》第5条第1款第2项的规定,决定全部没收上述走私物品。

原告香港昆利发展有限公司(以下称昆利公司)、香港晶泽有限公司(以下称晶泽公司)不服中华人民共和国湛江海关(以下称湛江海关)的行政处罚决定,以其是被没收财物的所有权人,向广东省湛江市中级人民法院提起诉讼。原告和第三人认为被告湛江海关认定“蓝江04号”轮运输的货物无合法证明,构成走私是错误的。法院应撤销〔1991〕湛关查第76号行政处罚通知书,责令被告退还全部货物,赔偿所造成的全部损失。

被告辩称:根据其向法院提供的7个方面的证据足以证明陈大陆所运的这批货物的目的地是广西北海、钦州,而不是越南海防。根据《海关法》第49条第2款和《实施细则》第4条第2项规定,在我国内海、领海运输、收购、贩卖国家限制进出口的货物、物品,没有合法证明的按走私行为论处。《实施细则》第5条第1款第2项规定,走私国家限制进出口的货物、物品,没收走私货物、物品和违法所得,可以并处走私货物、物品等值以下的罚款。被告认为所作的处罚决定于法有据,而且是恰当的。

此外,被告提出原告与被诉具体行政行为没有法律上的利害关系,不具有起诉的资格。海关总署〔1989〕署调字第500号文件,对《海关法》中所讲的“合法证明”解释为,是指当事人所持有的真实的并且与实际运输、收购、贩卖的有关货物及物品的事实相符的,足以证明其合法性的有效的运输及商业单据、文件等证明材料。其中,(1)“当事人”是指“运输工具的负责人、押运人及货主”;(2)“所持有的”是特指证明材料与货物、物品的实际情况以及启运港、指运港、行驶路线等有关行为，三者完全相符，各项记载完全吻合。本案原告昆利公司和晶泽公司不是被诉具体行政行为所指向的当事人，向法院提交的证明材料又不是当事人在被查扣当时向海关呈验的证明，因此不具备原告资格，无权提起诉讼。法院应当驳回原告的起诉。

【审判】

湛江市中级人民法院认为：被告湛江海关认为第三人陈大陆在我国领海运输这批货物无合法证明，有悖事实；认定以运往越南海防为名，实际运往广西北海和广西钦州沙井交货，无事实依据；认定陈大陆的行为已构成《海关法》第 49 条第 2 款和《实施细则》第 4 条第 2 项的走私，证据不足。被告湛江海关所提供的证据不能否定原告及第三人香港宗进国际发展有限公司（以下称宗进公司）持有货物的合法性，也不能否定第三人陈大陆运输这批货物途经我国琼州海峡的合法性。原告昆利公司和晶泽公司持有提单，提单是货物所有权的有效凭证，原告认为被告湛江海关的具体行政行为侵犯了原告的所有权，依照《中华人民共和国行政诉讼法》第 2 条的规定，有权向人民法院提起诉讼。被告湛江海关提出原告与被诉具体行政行为没有直接的法律关系，与事实不符，请求无理，予以驳回。据此，该院依据《行政诉讼法》第 54 条第 2 项的规定，判决撤销被告湛江海关〔1991〕湛关查字第 76 号处罚通知书；该通知书所没收的货物全部退还给原告和第三人宗进公司。

湛江海关不服湛江市中级人民法院的判决，向广东省高级人民法院提出上诉。诉称：上诉人在一审中已举出充分证据证明该处罚决定所认定的事实。第一审判决认定，上诉人作出的处罚决定通知书“认定陈大陆运输的这批货物名为运往越南海防，实际运往广西北海、钦州，无合法证明”依据的证据不足；判决认定处罚通知书适用《实施细则》第 5 条第 1 款第 2 项的规定是属适用法律、法规错误，有悖事实。上诉人所作的处罚决定适用的法律、法规是正确的。请求二审法院撤销一审判决，维持其作出的处罚决定。

广东省高级人民法院经审理认为：上诉人湛江海关在一审中所提供的有关证据均符合合法证据的条件，具有证明力。被上诉人认为上诉人湛江海关用威逼方法取得询问笔录，没有提出具体证据，经本院查核也没有发现威逼现象。因此这些询问笔录，均属合法取得的证据，具有证明效力。上述证据互相印证，充分证明陈大陆运输的这批货物是前往广西北海、钦州交货。“蓝江 04 号”轮随船的三份正本提单、一份载货清单、二份装运单，有的没有任何人的签名和任何单位盖章，有的只有单方的签名和盖章，不具有合法的证明效力，其中三份正本提单均与原本单证不相符，不是真实、有效的单证。被上诉人昆利公司、晶泽公司和宗进公司起诉时提交的售货合同等单证，与随船持有的单证不相符，因此也不具有证明效力。综上，上诉人湛江海关根据检查“蓝江 04 号”轮时，该船对所载货物未提交出合法证明的事实，依法作出处罚决定，认定事实清楚，证据确凿、充分，适用法律、法规正确，程序合法，应当予以维持。一审判决认定事实有错误，应当改判。据此，广东省高级人民法院依照《中华人民共和国海关法》第 49 条第 2 款及《实施细则》第 4 条第 2 项、第 5 条第 1 款第 2 项和《行政诉讼法》第 54 条第 1 项、第 61 条第 3 项的规定，于 1993 年 9 月 1 日判决撤销一审判决，维持湛江海关〔1991〕湛关查字第 76 号处罚通知书。

【评述】

本案情节较为简单，涉及争议问题主要有以下两个：

一是香港昆利发展有限公司、晶泽有限公司是否具有原告主体资格。

本案中，被告湛江海关提出，由于原告香港昆利发展有限公司、晶泽有限公司并不是被诉具体行政行为的对象人，与被诉具体行政行为没有法律上的利害关系，因此不具有起诉资格。这就涉及具体行政行为非直接对象人的其他主体能否具有原告资格的问题。

一般而言，在海事运输的法律领域，往往会涉及以下几个法律关系：货物买卖双方的买卖合同关系，托运人和承运人的运输合同关系，以及收货人以提单作为依据对承运人具有的请求给付特定货物的权利关系。其中，提单是货物所有权有效法律凭证。在本案中，原告方香港昆利发展有限公司、晶泽有限公司持有提单，因此可以确定原告是本案所涉货物的所有权人。

具体行政行为一般都有确定的对象人，但这并不意味着，对象人是仅有的、会因为具体行政行为受到利益影响的人。行政法学理论上确立行政相对人的概念，将行政法律关系主体的一方从直接的对象人扩大到其他利益受影响的人，正是基于行政法控制权力、保障权利的本质要求。这点从我国现有的行政诉讼法规范上也可以获得印证。《行政诉讼法》第 2 条规定：“公民、法人或者其他组织认为行政机关和行政机关工作人员的具体行政行为侵犯其合法权益，有权依照本法向人民法院提起诉讼。”因此，根据《行政诉讼法》第 2 条、第 10 条对受案范围的规定以及第 41 条有关起诉条件的规定，香港昆利发展有限公司、晶泽有限公司的起诉符合法律规定的受案范围和起诉条件，具备原告主体资格。一审法院和二审法院对原告的起诉予以立案受理是正确的。

二是对被告认为原告无合法证明如何理解和确认。

原告有无海上货物运输的合法证明，这是本案事实认定的关键。所谓合法证明，是指当事人所持有的真实的，并且与实际运输、收购、贩卖的有关货物及物品相符，足以证明合法性的有效运输及商品单据、文件等证明材料。“所持有的”，是指当事人当时携带并向海关呈验的各种证明材料，不包括事后补交的证明材料。如离港许可证、货物装仓单、提货单、运货单、运输合同、汇款方式证明或收据等，且上述单证都必须有有关单位的签名或盖章。

本案中，“蓝江 04 号”轮随船的三份正本提单、一份载货清单、二份装运单，有的没有任何人的签名和任何单位盖章，有的只有单方的签名和盖章，不具有合法的证明效力，其中三份正本提单均与原本单证不相符，不是真实、有效的单证。而被告（二审上诉人）湛江海关提供的租船合同、附加协议、船方 7 月 8 日给康宁公司的函件、康宁公司的代表人 7 月 10 日签署有保证意见、写明具体经纬度交货地点的函，均有陈大陆、黎大周签名和画押；一封已发出的电报稿及停泊期间尚未发出的两封电报稿，有电报员郑文明、胡春安签名和画押；三张海图标明的香港至广西北海的航线上有阮文木的签字和画押，均符合合法证据的条件，具有证明力。提交的询问船员笔录，是依照办案程序取得的，每份笔录都记录了询问时间、地点等，配备了翻译人员，被询问人核对笔录属实后，才在中越文笔录上签字画押。因此，这些询问笔录，均属合法取得的证据，具有证明效力。

对此，二审法院认定一审法院认定事实有误予以改判，对行政处罚予以维持的判决是正确的。

（本案例的“案情”和“审判”部分选自《最高人民法院公报》1994 年第 1 期；“提领”和“评述”部分由作者根据有关法律与学理并参考郑刚主编《最高人民法院公报案例评析——国家赔偿·行政·执行卷》（中国民主与法制出版社 2004 年版）一书进行阐述，不代表司法机关的意见）

（蒋红珍　撰）

14 贵州省电子联合康乐公司不服贵阳市城市规划局拆除违法建筑行政处理决定案

【提领】

贵州省电子联合康乐公司在未取得建设工程规划许可证的情况下动工修建永久性建筑物，贵州省贵阳市城市规划局对此作出限期拆除的处理决定。贵州省电子联合康乐公司不服，向贵州省城乡建设环境保护厅申请复议。在贵州省城乡建设保护厅作出维持贵阳市城市规划局的违法建筑拆除决定后，贵州省电子联合康乐公司提起行政诉讼。本案经过两审。一审法院判决维持贵阳市城市规划局作出的违法建筑拆除决定。二审期间，上诉人(一审原告)贵州省电子联合康乐公司申请撤回上诉，二审法院依法作出裁定：准许上诉人贵州省电子联合康乐公司撤回上诉；双方当事人按贵阳市中级人民法院的一审判决执行。本案收录于《最高人民法院公报》1994 年第 3 期。

【案情】

原告：贵州省电子联合康乐公司。

法定代表人：陈德忠，总经理。

委托代理人：赵永康、高煜明，贵州省行政经济法律服务中心干部。

被告：贵州省贵阳市城市规划局。

法定代表人：马文峰，局长。

委托代理人：章根香、申马季，贵阳市第三律师事务所律师。

1992 年 8 月初，贵州省电子联合康乐公司欲在贵阳市主干道瑞金北路南端西侧修建一幢儿童乐园大楼，向贵阳市城市管理委员会和云岩区城市管理委员会提出申请。市、区辅导员们城市管理委员会分别签署了“原则同意，请规划局给予支持，审定方案，办理手续”的意见。贵州省电子联合康乐公司将修建计划报送贵阳市城市规划局审批。贵州省电子联合康乐公司在贵阳市城市规划局尚未审批，没有取得建设工程规划许可证的情况下，于 8 月 23 日擅自动工修建儿童乐园大楼。同年 12 月 9 日，贵阳市城市规划局和市、区城市管理委员会的有关负责人到施工现场，责令贵州省电子联合康乐公司立即停工，并写出书面检查。贵州省电子联合康乐公司于当日向贵阳市城市规划局作出书面检查，表示愿意停止施工，接受处理。但是，贵州省电子联合康乐公司并未停止施工。

1993 年 2 月 20 日，贵阳市城市规划局根据《中华人民共和国城市规划法》第 32 条、第 40 条，《贵州省关于〈中华人民共和国城市规划法〉实施办法》第 23 条、第 24 条的规定，作出违法建筑拆除决定书，限令贵州省电子联合康乐公司在 1993 年 3 月 7 日前自行拆除未完工的违法修建的儿童乐园大楼。贵州省电子联合康乐公司不服，向贵州省城乡建设环境保护厅申请复议。贵州省城乡建设保护厅于 1993 年 4 月 7 日作出维持贵阳市城市规划局的违法建筑拆除决定。在复议期间，贵州省电子联合康乐公司仍继续施工，致使建筑面积为 1730 平方米的六层大楼主体工程基本完工。

贵州省电子联合康乐公司不服贵州省贵阳市城市规划局作出的对其违法建筑拆除的决定，向贵阳市中级人民法院提起行政诉讼。

原告贵州省电子联合康乐公司诉称：被告贵阳市城市规划局作出的令原告限期拆除违法建筑决定所依据的事实不清，适用法律、法规错误。原告新建的儿童乐园大楼曾经贵阳市城市管理委员会同意，且报送给被告审批。该工程虽然修建手续不全，但不属于严重违反城市规划。请求法院撤销被告的限期拆除房屋决定。庭审中，原告又提出变更被告的拆除决定为罚款、保留房屋的诉讼请求。

被告贵阳市城市规划局未提出答辩。

【审判】

贵阳市中级人民法院认为：原告新建儿童乐园大楼虽经城市管理部门原则同意，并向被告申请办理有关建设规划手续，但在尚未取得建设工程规划许可证的情况下即动工修建，违反了《城市规划法》第 32 条“建设单位或者个人在取得建设工程规划许可证件和其他有关批准文件后，方可申请办理开工手续”的规定，属违法建筑。贵阳市城市规划局据此作出限期拆除违法建筑的处罚决定并无不当。鉴于该违法建筑位于贵阳市区主干道一侧，属城市规划区的重要地区，未经规划部门批准即擅自动工修建永久性建筑物，其行为本身就严重影响了该区域的整体规划，且原告在被告制止及作出处罚决定后仍继续施工，依照《贵州省关于〈中华人民共和国城市规划法〉实施办法》和《贵阳市城市建设规划管理办法》的规定，属从重处罚情节，故原告以该建筑物不属严重影响城市规划的情节为由,请求变更被告的拆除大楼的决定为罚款、保留房屋的意见不予支持。依照《行政诉讼法》第 54 条第 1 项的规定,该院于 1993 年 5 月 21 日判决:维持贵阳市城市规划局作出的违法建筑拆除决定。

第一审宣判后,原告贵州省电子联合康乐公司不服,以“原判认定的事实不清,适用法律有错误”为由,向贵州省高级人民法院提出上诉,请求撤销原判,改判为罚款、保留房屋,并补办修建手续。被告贵阳市城市规划局提出答辩认为,第一审判决认定事实清楚,适用法律、法规正确,符合法定程序,应依法维持。

贵州省高级人民法院在二审期间,1993 年 10 月 20 日,上诉人贵州省电子联合康乐公司主动提出:“服从和执行贵阳市中级人民法院的一审判决,申请撤回上诉。”贵州省高级人民法院经审查认为,上诉人无证修建儿童乐园大楼属严重违法建筑的事实存在,被上诉人作出拆除该违法房屋建筑的处罚决定合法。上诉人自愿申请撤回上诉,依照《行政诉讼法》第 51 条的规定,于 1993 年 11 月 1 日作出裁定:准许上诉人贵州省电子联合康乐公司撤回上诉。双方当事人按贵阳市中级人民法院的一审判决执行。

【评述】

本案主要涉及以下两个争议问题:第一,贵阳市城市规划局作出的限期拆除违法建筑的处理决定,是行政处罚还是行政命令?第二,贵阳市城市规划局作出的限期拆除违法建筑的处理决定是否违反了行政法上的比例原则?

就第一个问题而言,一种意见认为,该拆除决定是一种行政处罚。因为原告贵州省电子联合康乐公司在未取得建设工程规划许可证的情况下动工修建永久性建筑物,违反了《城市规划法》的规定,因而属于违法建筑。对此,被告贵阳市城市规划局责令原告限期拆除,属于行政处罚的一种。另一种意见则认为,责令限期拆除违法建筑不是对违法行为人的惩戒,不是科以新的义务,而只是纠正违法,恢复原状。因此,被告贵阳市城市规划局责令原告限期拆除的处理决定属于行政命令而不是行政处罚。我们倾向于后一种观点。

对第二个问题,也主要有两种不同的看法。一种意见认为,原告贵州省电子联合康乐公司新建儿童乐园大楼虽经城市管理部门原则同意,并向被告申请办理有关建设规划手续,但在尚未取得建设工程规划许可证的情况下即动工修建,违反了《城市规划法》第 32 条“建设单位或者个人在取得建设工程规划许可证件和其他有关批准文件后,方可申请办理开工手续”的规定,属于违法建筑。并且,该违法建筑位于贵阳市区主干道一侧,属城市规划区的重要地区,未经规划部门批准即擅自动工修建永久性建筑物,其行为本身就严重影响了该区域的整体规划,且原告在被告制止及作出处理决定后仍继续施工,依照《贵州省关于

〈中华人民共和国城市规划法〉实施办法》和《贵阳市城市建设规划管理办法》的规定，属从重处罚情节。因此，被告贵阳市城市规划局据此作出限期拆除违法建筑的处理决定并无不当，没有违反行政法上的比例原则。另一种意见认为，比例原则的基本要义是，行政机关在作出具体行政行为时，应当兼顾行政目标的实现与保护相对人的权益。因此，就本案而言，尽管这种拆除违法建筑的处理决定符合法律规定，但如果考虑到该违法建筑（建筑面积为1730平方米的六层大楼主体工程）早在复议期间，就已基本完工，考虑到成本效益的分析，那么，就可能存在商榷的余地了。我们赞同前一种观点。

（本案例的"案情"和"审判"部分选自《最高人民法院公报》1994年第3期；"提领"和"评述"部分由作者根据有关法律与学理并参考姜明安、李洪雷主编《行政法与行政诉讼法教学案例》（法律出版社2004年版）一书进行阐述，不代表司法机关的意见）

（高春燕　撰）

15 张晓华不服磐安县公安局限制人身自由、扣押财产行政案

【提领】

本案是一起因当事人之间的经济合同纠纷，其中一方被公安部门界定为构成合同诈骗，并对其作出限制人身自由、扣押财产的决定，该当事人因此不服，向法院提起诉讼的行政案件。法院审理认为，公安部门作出的限制人身自由、扣押财产的决定属于具体行政行为而非刑事侦查行为，公安部门以刑事侦查为由介入民事主体之间的经济纠纷，属于超越职权，据此判决撤销限制人身自由、扣押财产的决定，责令被告返还财产并赔偿原告损失。本案终审判决于1993年作出，收录于《最高人民法院公报》，对我国的司法审判实践具有判例指引的作用。

【案情】

原告：张晓华，男，1959年8月28日出生，个体工商户。住浙江省义乌市稠城镇莹波路8号。

委托代理人：吴小伟，义乌市律师事务所律师。

被告：浙江省磐安县公安局。

法定代表人：陈以东，局长。

委托代理人：陆阿明，磐安县律师事务所律师。

1987年11月28日，原告张晓华开办的东阳市湖溪晓华煤块粉碎厂与磐安县燃料公司签订了加工煤粉协议书。协议约定：磐安县燃料公司每月向晓华煤块粉碎厂提供500吨原煤，每期到货后半年，向该厂收取货款；煤单价为每吨40.82元；合同期为一年半；合同期间，磐安县燃料公司向该厂收取管理费2万元。合同签订后，双方依约履行。1988年10月，张晓华将煤块粉碎厂转让给义乌市稠城镇东风村，改名为：义乌市东风燃料煤粉厂。此后，张晓华与东风村居

民委员会签订了东风燃料煤粉厂承包合同，张晓华仍为该企业的法定代表人。1989年4月，磐安县燃料公司提出将原煤单价提高到每吨60元，张晓华不允，双方发生争议，致部分货款未能结清。1992年12月24日，磐安县公安局派员到义乌，以义乌市城中派出所调查暂住人口为名，将张晓华骗出家门，强行将其拉上警车，押送到磐安县安文派出所。当晚10时许，磐安县公安局向张晓华出示拘传证，令其签字。张晓华签上“陈局长说我诈骗，我不签”字样。同年12月28日，磐安县公安局将事先写好的张晓华欠磐安县燃料公司煤款382560.14元的字条，令张晓华签字后，即派员到义乌市，强行拉走张晓华承包厂里的原煤2031.38吨。1993年1月4日，磐安县公安局又令张晓华签署了尚欠磐安县燃料公司8357元现金的欠条后，将其取保释放。张晓华不服，向义务市人民法院提起诉讼，诉称：磐安县公安局违法干预经济纠纷，超越职权，关押原告的行为于法无据，请求撤销磐安县公安局限制人身自由、扣押财产的具体行政行为，返还财产并赔偿经济损失1万元（包括误工费损失1200元，厂内围墙被毁损失2000元及精神损害赔偿费等）。原告向法院提交的证据有：张晓华与磐安县燃料公司的协议书原件，与义乌市东风村民委员会签订的东风燃料煤粉厂承包合同、营业执照、拘传证复印件、被扣原煤收据、结账单据、字据欠条及其他书证、证人证言等。

被告磐安县公安局辩称：原告张晓华利用合同实施诈骗，已构成犯罪。被告实施刑事侦查并未越权，拘传张晓华合法；被告行为不属具体行政行为，请求驳回原告起诉。被告没有提供张晓华构成诈骗犯罪的嫌疑证据和当地检察院撤销逮捕通知书。只提交了磐安县燃料公司报案报告、刑事案件受理登记表、拘传通知书、提请批捕书、批准逮捕决定书。

【审判】

义乌市人民法院审理认为：张晓华与磐安县燃料公司的纠纷属经济合同纠纷，不属诈骗犯罪，事实清楚，证据确实、充分。公安部《关于公安机关不得非法越权干预经济纠纷案件处理的通知》第1条指出：“工作中，要注意划清经济犯罪与经济纠纷的界限，决不能把经济纠纷当作诈骗等经济犯罪来处理。一时难以划清的，要慎重从事，经过请示报告，研究清楚后再依法恰当处理，切不可轻易采取限制人身自由的强制措施，以致造成被动和难以挽回的后果。”该通知第2条指出：“对经济纠纷问题，应由有关企事业及其行政主管部门、仲裁机关和人民法院依法处理，公安机关不要去干预，更不允许以查处诈骗等经济犯罪为名，以收审、扣押人质等非法手段去插手经济纠纷问题。”磐安县公安局不顾公安部的通知精神，越权干预经济纠纷，以刑事侦查为名，限制原告张晓华的人身自由,扣押其财产,侵犯了张晓华人身权利和合法权益,属《中华人民共和国行政诉讼法》第54条第2项第4目规定"超越职权"的行为。张晓华的合法权益由于受到行政机关作出的具体行政行为的侵犯造成损害,依照《行政诉讼法》第67条第1款的规定,其提出赔偿请求,应予支持。据此,法院判决:撤销磐安县公安局1992年12月24日对原告张晓华实施的限制人身自由和1992年12月28日扣押财产的具体行政行为;磐安县公安局返还张晓华原煤2031.38吨的价款人民币374243元;磐安县公安局赔偿张晓华误工损失费人民币600元。

一审宣判后,被告磐安县公安局不服,以"其实施的行为系刑事侦查行为,不属具体行政行为,义乌市人民法院立案受理错误"为由,向金华市中级人民法院提起上诉,请求二审法院撤销原判。

金华市中级人民法院审理认为:张晓华与磐安县燃料公司签有联营煤块粉碎加工协议,后因双方为原煤提价问题产生矛盾,致使协议终止履行。张晓华尚欠燃料公司部分货款属实,应当通过正当程序解决。但上诉人磐安县公安局以刑事侦查为名将被上诉人张晓华强行关押12天,侵犯了其人身权。嗣后,又强行拉走被上诉人的原煤,给磐安县燃料公司抵作货款,其行为属具体行政行为,应予撤销,并赔偿给张晓华造成的损失。据此,判决驳回上诉人磐安县公安局的上诉,维持原判。

【评述】

本案涉及的主要争议问题是公安部门实施的具体行政行为与刑事司法行为之间的界限。

司法实践中,区分刑事司法行为与具体行政行为,应综合案件性质、实施的行为是否符合刑事诉讼法所规定的构成要件、公安部门实施该行为的目的、举证等因素判定。由于公安机关承担着刑事侦查和治安管理的双重职责,两种行为容易出现模糊地带,因此对两种行为的区分直接关系到公民合法权益的保护、行政诉讼的受案范围以及对公安机关权力行使的监督等。从本案双方提交的证据等综合判定,原告张晓华开办的煤块粉碎厂与磐安县燃料公司签订了加工煤粉协议书。合同签订后,双方依约履行。后来张晓华因与磐安县燃料公司提高煤价没有达成协议,双方产生争议,致使部分货款未能结清。这种争议属于一般民事主体之间因合同履行产生的经济纠纷,与以非法占有为目的的诈骗犯罪存在根本的不同,民事纠纷应当按照正当的协商、仲裁、民事诉讼等程序解决,将其定性为诈骗犯罪显属不当。磐安县公安局以刑事侦查为由介入民事主体之间的经济纠纷,属于滥用职权,其所实施的限制人身自由、扣押财产行为属于违法的具体行政行为，应当对原告造成的人身与财产损害承担赔偿责任。

基于此，一、二审法院认定事实清楚，使用法律正确，判决合法得当。

（本案例的“案情”和“审判”部分选自《最高人民法院公报》1994 年第 4 期；“提领”和“评述”部分由作者根据有关法律与学理并参考郑刚主编《最高人民法院公报案例评析——国家赔偿·行政·执行卷》（中国民主与法制出版社 2004 年版）一书进行阐述，不代表司法机关的意见）

（骆梅英　撰）

16 刘本元不服蒲江县乡镇企业管理局侵犯财产权、经营自主权处理决定行政纠纷案

【提领】

本案是一起私营企业主状告行政机关侵犯经营自主权和财产权的案例。可以说在一段时间内，由于现实中层出不穷的企业形式缺乏法律规范的明确规定，行政机关侵犯企业尤其是私营企业的现象比较突出。本案例可以说是一个较为典型的、法院对行政机关侵犯企业经营自主权进行司法审查的案例。行政机关超越职权干涉企业内部的人事和财产权以及引起的国家赔偿问题都在本案的判决中得到了体现。

【案情】

上诉人(原审原告):刘本元，男，51岁，四川省成都蒲江小蘖碱厂及原成都市朝阳印刷厂、成都鹤山矿泉饮料厂厂长。

委托代理人:吴川渝，成都市大众律师事务所律师。

委托代理人:阎小川，成都市大众律师事务所律师。

被上诉人(原审被告):四川省蒲江县乡镇企业管理局。

法定代表人:周尚武，局长。

委托代理人:徐成尧，蒲江县律师事务所律师。

1983年5月，上诉人刘本元出资24000元，黎某和安某各出资8000元，合伙开办蒲江县寿安小蘖碱厂。蒲江县工商行政管理局颁发的营业执照上记载的经济性质为“集体(专业户联办)”。同年底，黎某、安某退出合伙，该厂便由刘本元独资经营。1984年10月8日，刘本元与蒲江县农机局签订了《转让房产协议书》，蒲江县农机局以29000元将其原农机校房产2403平方米转让给蒲江县寿安小蘖碱厂。1991年4月，刘本元领取了《国有土地使用证》和《成都市建设用地许可证》。

1984年12月22日，上诉人刘本元向蒲江县科学技术委员会申请筹建成都市朝阳印刷厂，该委批复同意并决定该厂归其领导。1985年4月15日，蒲江县工商行政管理局发给成都市朝阳印刷厂营业执照，称该企业经济性质为“集体”。刘本元为解决印刷厂的用水问题，自行投资在厂区内打了两口深约80米的机井。刘本元在使用中发现其中一口井的水质好，经四川省地质矿产局鉴定为偏硅酸饮用天然矿泉水。1986年12月6日，刘本元经蒲江县科学技术委员会同意，以印刷厂名义与成都饮料厂联办成都鹤山矿泉饮料厂，并领取了营业执照，该营业执照记载，其经济性质为“全民与集体联营”。一年后，双方终止了联营，饮料厂便由刘本元经营。在换发营业执照时，将饮料厂的经济性质变更为“集体”。1987年9月28日，蒲江县乡镇企业管理局发出蒲乡企〔1987〕23号文，将成都市朝阳印刷厂、成都鹤山矿泉饮料厂归口为该局管理。

1989年，蒲江县工商行政管理局根据国家工商行政管理局关于对个体、私营企业领有集体营业执照进行清理的通知规定，曾要求上诉人刘本元将其企业的经济性质变更为私营。刘本元于1990年6月向该局提出变更企业性质的申请，因蒲江县乡镇企业管理局不同意，致使变更企业性质未果。1991年8月，刘本元以成都鹤山矿泉饮料厂的名义，经蒲江县地矿办公室和乡镇企业管理局同意，向四川省地质矿产局申请办理矿泉水开采许可证。同月30日，蒲江县人民政府去函省地矿局请求暂缓办理采矿许可证。

1992年1月7日，蒲江县乡镇企业管理局作出了任免决定：任命邓某为成都鹤山矿泉饮料厂和成都市朝阳印刷厂厂长；免去上诉人刘本元成都鹤山矿泉饮料厂和成都市朝阳印刷厂厂长职务。同时该局还查封了成都蒲江小蘖碱厂、成都鹤山矿泉饮料厂、成都市朝阳印刷厂和价值约10万元的库存物品。新任命的厂长指使有关人员将成都鹤山矿泉饮料厂成都门市部的2个冷藏柜、9个铝合金货架、4部传呼机拿走。上述行为致使刘本元1991年10月与泰国国际开发有限公司总经理、泰国建成企业公司董事长吴某等签订的合资经营项目夭折，并无法履行蒲江县人民法院法经〔1991〕字第35号、第40号民事调解书所确认的1992年归还的借款和利息。为此，刘本元向成都市中级人民法院提起行政诉讼。

成都市中级人民法院于1992年6月10日委托四川省工商行政管理局对本案3个企业的经济性质进行核定。该局以川工商函〔1992〕176号文核定3个企业的性质为私营企业。

【审判】

成都市中级人民法院认为：原告刘本元开办的3个企业的性质名为集体实

为私营企业,被告作出的任免决定和查封财产的行政行为超越了职权,属违法行为。被告的违法行政行为给刘本元造成了一定的经济损失,但鉴于企业尚在生产,财物并未灭失,故被告应当返还财物,并补偿刘本元免职期间的经济损失。据此,该院依照《中华人民共和国行政诉讼法》第 54 条第 2 项第 1、4 目的规定,于 1993 年 10 月 28 日作出判决:(1)撤销被告蒲江县乡镇企业管理局蒲乡企函〔1992〕1 号任免决定。(2)撤销被告查封成都蒲江小蘖碱厂、成都市朝阳印刷厂、成都鹤山矿泉饮料厂财产的具体行政行为。(3)由被告返还原告鹤山矿泉饮料厂所有的 2 个冷藏柜、9 个铝合金货架和 4 部传呼机。(4)由被告补偿原告被免职期间的经济损失 2 万元。(5)原告的其他诉讼请求不予支持。

第一审宣判后,原告刘本元向四川高级人民法院提出上诉,理由是:本案 3 个企业系上诉人开办,请求二审法院确认归其私人所有,以维护其合法的财产所有权和经营自主权;一审法院判决补偿上诉人经济损失 2 万元,不足以弥补被上诉人给其造成的实际损失,要求赔偿经济损失 100 万元,并返还财产。被上诉人蒲江县乡镇企业管理局仍以本案 3 个企业是工商局登记为集体企业,主管部门有权对其实施管理为由,予以抗辩。

四川省高级人民法院审理认为:成都蒲江小蘖碱厂、成都市朝阳印刷厂和成都鹤山矿泉饮料厂的建厂资金均是上诉人刘本元个人投资,其分配形式、经营管理实际上是按私营企业进行的,根据《中华人民共和国私营企业暂行条例》第 7 条第 1 款关于"独资企业是指一人投资经营的企业"的规定,上述 3 个企业应为私营企业,企业财产属刘本元所有。被上诉人蒲江县乡镇企业管理局作出的免去刘本元厂长职务和任命他人为厂长的决定,以及查封企业财产的行为,是于法无据的超越职权的具体行政行为。这一行为致使刘本元失去了对其财产的实际控制,又使其无法组织企业的生产经营,侵犯了刘本元的财产所有权和私营企业经营自主权。故对被上诉人的行为属违法的具体行政行为,应予撤销。一审判决撤销被上诉人的任免决定和查封行为是正确的,应予维持。

被上诉人蒲江县乡镇企业管理局实施的具体行政行为,实质上剥夺了刘本元对企业财产的占有、使用、收益和处分的权利,以及组织生产经营的权利,并造成了实际损害,侵犯了上诉人刘本元的合法权益,被上诉人应当承担赔偿责任。审理中,刘本元向四川省高级人民法院表示,考虑到被上诉人蒲江县乡镇企业管理局的困难,自愿放弃部分赔偿请求,只要求返还财产,赔偿本人和骆素琼、刘洪伟、刘伟、常宝强等人的工资收入损失,以及因不能履行蒲江县人民法院民事调解书确认归还的借款和利息所产生的 1992 年和 1993 年两年的利息损失。四川省高级人民法院认为,上诉人刘本元的上述赔偿请求,理由成立,应予支持。一审判决认定被上诉人的行为给刘本元造成一定经济损失,但未判令其承担赔偿责任，仅判决被上诉人补偿刘本元被免职期间的经济损失 2 万元不当，应予撤销。据此，该院于 1994 年 1 月 26 日依照《中华人民共和国行政诉讼法》第 61 条第 2 项和第 67 条第 1 款、第 3 款的规定，判决如下：

一、维持四川省成都市中级人民法院〔1992〕成行初字第 1 号行政判决第一、二项，即撤销蒲江县乡镇企业管理局 1992 年 1 月 7 日作出的蒲乡企函〔1992〕1 号任免决定和查封成都蒲江小蘖碱厂、成都市朝阳印刷厂和成都鹤山矿泉饮料厂财产的具体行政行为。

二、撤销四川省成都市中级人民法院〔1992〕成行初字第 1 号行政判决第三、四、五项。

三、由被上诉人蒲江县乡镇企业管理局返还属上诉人刘本元所有的成都蒲江小蘖碱厂、成都市朝阳印刷厂和成都鹤山矿泉饮料厂的财产，将上述 3 企业交由刘本元经营管理，并归还属上诉人刘本元所有的成都鹤山矿泉饮料厂成都门市部的 2 个冷藏柜、9 个铝合金货架和 4 部传呼机。

四、由被上诉人蒲江县乡镇企业管理局赔偿上诉人刘本元等人工资收入损失 39600 元和未履行蒲江县人民法院〔1991〕经字第 35 号、第 40 号民事调解书中所确认 1992 年应归还的借款及利息所产生的 1992 年 1 月 8 日起至本判决生效之日止的利息（含复利、罚息等）损失，具体数额以贷款单位结算为准。

五、以上三、四项，在判决生效后 15 日内履行完毕。

案件一、二审诉讼费各 15500 元，其他诉讼活动费各 1500 元，共计 34000 元，由被上诉人蒲江县乡镇企业管理局负担。

【评述】

本案涉及的关键问题是浦江县乡镇企业局的行为是否构成侵犯企业财产权和经营自主权，涉及主要的法律问题是刘本元筹建的 3 家企业的性质、乡镇企业局是否存在超越职权、造成的损失是否适用赔偿等问题。

确定刘本元筹建的 3 家企业的性质是解决本案的一个前提条件。首先是浦江县寿安小蘖碱厂。该厂当初由刘本元与另外两人合伙出资设立，尽管浦江县工商局颁发的营业执照记载的性质是“集体”（专业户联办），实际上就是个人合伙企业。后来，另外两人退资后，应该就是个人独资企业性质。其次是朝阳印刷厂。虽然浦江县科学技术委员会批准刘本元筹建的朝阳印刷厂归其领导，但这实际上是一种行业管理关系，而不是企业隶属关系。再看成都鹤山矿泉饮料厂，虽然当初联营时属于“全民与集体”联营，但后来双方终止联营，而由刘本元独资经营。此时该企业的性质，由“全民与集体”联营变更为名为集体实为私营的性质。从整个案件来看，成都浦江小蘖碱厂、成都鹤山矿泉饮料厂以及成都朝阳印刷厂投资者均为刘本元本人，经营管理者以及最终承担法律责任的也是刘本元本人。因此，这 3 家企业名为集体，实为私营。这点，从四川省工商性质管理局对 3 家企业核定的性质也可以确定。

既然本案 3 家企业性质为私营企业，浦江县乡镇企业局作出的任免决定以及查封本案 3 家企业的库存商品实际上就是超越职权，侵犯了 3 家企业的经营自主权和财产权。根据《行政诉讼法》的规定，公民、法人或其他组织认为行政机关具体行政行为侵犯法律规定的经营自主权的，有权提起行政诉讼。所谓企业的经营自主权也就是企业依照有关法律规定，对自身的机构、人员、财产、原材料供应、生产、销售等各个方面的事务进行自主管理经营的权利。该条款规定的行政机关侵犯企业的经营自主权，既可能是全民企业、集体企业，也可能是私营企业。本案中，刘本元筹建的 3 家私营企业，其在经营活动中对其财产享有完全的处分权和收益权，在不违反国家法律情况下，任何机关或个人都不能干涉其经营管理活动。而浦江县乡镇企业局实施的任免 3 家私营企业厂长，并查封 3 家企业库存商品行为实际上剥夺了刘本元对企业人事、财产的有关权利，并造成了实际损害，侵犯了刘本元的合法权益。

浦江县乡镇企业局的行为已经违法，对该行为对刘本元造成的损失，应承担赔偿责任。根据《国家赔偿法》的规定，国家机关和国家机关工作人员违法行使职权侵犯公民、法人或其他组织的合法权益造成损害的，受害人有依照本法取得国家赔偿的权利。这里的损失，指的是直接损失而不包括间接损失。赔偿有别于补偿，后者一般针对行政机关及其工作人员在执行职务过程中，其合法行为给自然人、法人或其他组织的合法权益造成损失的，它的数额要远远低于赔偿数额。本案中，一审法院仅要求浦江县乡镇企业局补偿刘本元经济损失 2 万元，是混淆了补偿与赔偿的区别，而没有看到包括刘本元在内的职工工资收入损失、应归还的借款利息等直接损失。因此，二审法院要求浦江县乡镇企业局承担赔偿责任，是合法适当的。

（本案例的“案情”和“审判”部分选自《最高人民法院公报》1994 年第 2 期；“提领”和“评述”部分由作者根据有关法律与学理进行阐述，不代表司法机关的意见）

（蒋红珍　撰）

17 黄梅县振华建材物资总公司不服黄石市公安局行政强制措施上诉案

【提领】

本案是一起因公安机关非法干预经济纠纷引起的行政诉讼案件。上诉人(原审被告)湖北省黄石市公安局以张卖席涉嫌诈骗被收容审查,需进行刑事侦查为名,对被上诉人(原审原告)的合法财产强制扣押。原审原告起诉后,一审法院判决:(1)撤销被告扣押原告钢材的行为;(2)被告赔偿原告扣押钢材所造成的损失;(3)被告赔偿原告被扣钢材贷款利息。上诉后,最高人民法院作为二审法院维持了一审判决。本案两审法院对公安局扣押行为性质的认定,涉及刑事侦查措施与行政强制措施的划分,对我们了解中国大陆行政行为理论和行政诉讼受案范围都有一定的启发。

【案情】

上诉人(原审被告):湖北省黄石市公安局。

法定代表人:赵志飞,局长。

委托代理人:徐海深,黄石市公安局法制科科长。

委托代理人:晏学文,黄石市公安局公安指挥中心办公室副主任。

被上诉人(原审原告):湖北省黄梅县振华建材物资总公司。

法定代表人:桂林枫,总经理。

上诉人黄石市公安局因不服湖北省高级人民法院〔1994〕鄂行初字第 4 号行政判决,向最高人民法院提起上诉。

原审法院在审理黄梅县振华建材物资总公司(以下称黄梅县振华公司)诉黄石市公安局违法扣押财产一案所作的行政判决中认定,被上诉人黄梅振华公司利用银行贷款所购钢材属该企业合法财产,上诉人黄石市公安局在所扣钢材所有权关系明确,有关证据足以证明与其所称犯罪嫌疑人无关的情况下,对被上诉人合法财产强制扣押的行为违法;上诉人在扣押钢材期间,向被上诉人施加压力,并在其办公地点主持被上诉人与无经济合同关系的浙江省瑞安市生产资料服务公司(以下称瑞安生资公司)签订违背被上诉人真实意愿的合同,强迫被上诉人用其合法财产偿还他人所欠债务,侵犯了被上诉人的财产所有权,应当承担由此产生的赔偿责任。根据《中华人民共和国行政诉讼法》第 54 条第 2 项第 5 目、第 67 条第 1 款之规定作出判决:(一)撤销被告黄石市公安局 1993 年 4 月 15 日扣押原告黄梅振华公司 133.38 吨钢材的行为;(二)被告向原告赔偿扣钢材损失 357.371 元,其他损失 5100 元;(三)被告向原告赔偿被扣钢材贷款利息。

黄石市公安局对一审判决不服提起上诉,主要理由是:扣押钢材的行为是公安机关办理诈骗犯罪案件采取的刑事侦查措施,不属人民法院行政诉讼受案范围。被上诉人答辩称:黄石市公安局扣的钢材与其所谓犯罪嫌疑人无关,其目的不是为了查清犯罪事实,而是为了“搞点钱作为办案经费”;一审判决公正,应予维持。

最高人民法院经审理查明:被上诉人黄梅振华公司于 1993 年 4 月初,与黄梅县工商联建安公司签订钢材订货合同,合同约定被上诉人于 1993 年 4 月 24 日前向黄梅工商联建安公司提供钢材 200 吨。同年 4 月 5 日,被上诉人从信用社贷款 74 万元,4 月 12 日在鄂州市购买钢材 193.27 吨,分装两船停泊在鄂州市熊家沟码头待运。当日下午 3 时许,上诉人黄石市公安局刑侦支队工作人员,到码头将正在办理结算手续的被上诉人所聘副总经理张卖席带走,并口头通知码头管理部门两船钢材不得离港。被上诉人法定代表人桂林枫闻讯后,即与监督该项贷款使用情况的信贷员赶到黄石市,并于 4 月 13 日从上诉人处得知:张卖席在原任黄梅县建材供销公司经理期间,在与瑞安生资公司等单位的经济活动中,拖欠货款,涉嫌诈骗被收容审查,其经办的上述钢材被扣押。桂林枫当即向上诉人表明:黄梅振华公司成立于 1992 年 11 月,张卖席 1993 年 2 月才受聘于本公司,其与瑞安生资公司等单位发生业务往来时,本公司尚未成立;被扣钢材是本公司贷款所购,与张卖席被控行为无关。随后,又向上诉人出示了银行贷款凭证及购买钢材发票等有关证明材料,请求放行被扣钢材。上诉人未予理睬,并于 1993 年 4 月 15 日出具“扣押物品清单”,将两船中大船的全部钢材 133.38 吨运至黄石市继续扣押。被上诉人多次请求解除扣押,上诉人未予解除。此间,张卖席之妻为了使丈夫能够被解除收容审查,筹款 10 万元送交上诉人,上诉人提出要交 40 万元。上诉人拟就地处理钢材未成,又多次动员瑞安生资公司买下所扣钢材,以抵偿张卖席欠款,并迫使被上诉人将钢材卖给瑞安生资公司,为张卖席还债。

1993年4月29日，上诉人通知瑞安生资公司到其办公室与被上诉人签订合同，在瑞安生资公司与张卖席之间欠款账目尚不清楚的情况下，主持并参与双方"订货合同"的签订，并在合同鉴证单位处盖章。钢材价格、运费承担及汇款数额等亦由上诉人确定。同年5月12日，瑞安生资公司将24万元汇到上诉人账户，当日上诉人将张卖席解除收容审查。5月20日，上诉人未通知被上诉人到场过磅，即将所扣钢材交付瑞安生资公司。此后，被上诉人多次向上诉人索要货款，上诉人先后三次退给被上诉人13.3万元。其余款项仍留在上诉人处，其中部分款项已被其使用。

【审判】

最高人民法院认为：上诉人黄石市公安局以张卖席涉嫌诈骗被收容审查，需进行刑事侦查为名，扣押了被上诉人黄梅振华公司所购钢材，其行为无论从事实上或者法律上，均不属于《刑事诉讼法》所规定的侦查措施。上诉人在对张卖席收容审查的同时，以同一事实和理由扣押被上诉人财产，被上诉人对扣押财产不服依法提起行政诉讼，符合《行政诉讼法》第11条第1款第2项规定的受案范围。上诉人明知所扣钢材既非赃物，亦非可用以证明所称嫌疑人有罪或无罪的证据，而是被上诉人的合法财产，与其所办案件无关，却继续扣押，拒不返还，并一手操纵被上诉人与无任何经济关系的瑞安生资公司签订经济合同，用被上诉人合法财产为他人还债，违反了《刑事诉讼法》第87条关于"对于扣押的物品、文件、邮件、电报，经查明确实与案件无关的，应当迅速退还原主或者原邮电机关"和公安部《关于公安机关不得非法越权干预经济纠纷案件处理的通知》第2条"对经济纠纷问题，应由有关企事业及其行政主管部门、仲裁机关和人民法院依法处理，公安机关不要去干预，更不允许以查处诈骗等经济犯罪为名，以收审、扣押人质等非法手段去插手经济纠纷问题"的规定；由此给被上诉人造成的经济损失，应当由上诉人依照《行政诉讼法》第67条第1款的规定，承担赔偿责任。

原判认定事实清楚，证据充分，适用法律正确；上诉人上诉理由不能成立。依照《行政诉讼法》第61条第1项之规定，判决如下：

驳回上诉，维持原判。

一审诉讼费12714元、二审诉讼费12714元，均由上诉人黄石市公安局承担。

【评述】

本案争议的焦点是，上诉人黄石市公安局以张卖席涉嫌诈骗被收容审查，需进行刑事侦查为名,扣押了被上诉人黄梅振华公司所购钢材,其行为是否属于刑事诉讼法所规定的侦查措施,是否属于行政诉讼的受案范围。

根据我国大陆刑事诉讼法的规定,侦查是指公安机关、人民检察院在办理刑事案件的过程中,为证实犯罪和查获犯罪人而依法采取的专门调查工作和有关强制性措施。首先,侦查是一种诉讼活动,具有严格的法律性质。它只适用于同犯罪作斗争,不能用于民事案件和行政案件,更不能用于其他方面。如果滥用侦查权,势必造成社会的混乱,侵犯公民的人身权利、财产权利、民主权利和其他权利。侦查活动内容就包括法律规定的专门调查工作和有关强制性措施。另外,侦查也是一种调查,但它不同于一般的调查,而是侦查机关针对犯罪事实,为揭露和证实犯罪,查获犯罪人所进行的一系列专门调查工作。侦查措施主要有讯问犯罪嫌疑人,询问证人,询问被害人,勘验、检查,搜查,扣押物证、书证等。

正是由于侦查行为是一种特殊的诉讼行为,我国行政诉讼法将这一行为排除在行政诉讼的受案范围之外。行政诉讼的受案范围,又称"法院的主管范围",是指法院受理并审理行政案件的范围。这一范围,从法院与行政机关的关系而言,是法院对行政机关的哪些行为拥有司法审查权;从公民、法人或者其他组织的角度而言,是对行政机关的哪些行为不服时可以向法院起诉,以寻求司法救济。我国《行政诉讼法》第 2 条对受案范围作了概括性规定:"公民、法人或者其他组织认为行政机关和行政机关工作人员的具体行政行为侵犯其合法权益的,有权依照本法向人民法院提起诉讼。"这里明确了行政诉讼的对象必须是具体行政行为,不属于具体行政行为的其他行为自然不属于行政诉讼的范围。公安机关的侦查行为不属于行政诉讼范围,就是因为这种不属于具体行政行为,而属于司法机关作出的一种诉讼行为。对此,最高人民法院在 2000 年制定的《若干解释》第 1 条中作了明确规定:公安、国家安全等机关依照刑事诉讼法的明确授权实施的行为,不属于人民法院行政诉讼的受案范围。

但本案被告实施的行为是否属于其自己辩称的侦查行为呢?

如果被告的行为可以看作是一种"侦查行为"的话,对照刑事诉讼法规定的侦察措施种类,只能将其归属为"扣押物证"。而根据刑事诉讼法学的解释,扣押物证是指侦查机关依法强制扣留某人或者某单位所持有的与案件有关的物品的一种侦查行为。扣押的物品虽然未必一定是犯罪嫌疑人的,但一定是与案件有关的。对于扣押的物品,经查明确实与案件无关的,《刑事诉讼法》第 87 条规定,应当在 3 日内解除扣押,退还原主。本案被上诉人在一审中提供的大量证据证明,所扣钢材既非赃物,亦非可用以证明所称嫌疑人有罪或无罪的证据,而是被上诉人的合法财产,与其所办案件无关。但上诉人却继续扣押,拒不返还，并一手操纵被上诉人与无任何经济关系的瑞安生资公司签订经济合同，用被上诉人合法财产为他人还债。超期扣押和强制他人签订合同的行为，显然已不属于侦查行为，而应当认定为非法的行政强制措施。依据《行政诉讼法》第11条的规定，不服行政强制措施的，属于行政诉讼的范围。

导致本案认定困难的原因在于，我国大陆的公安机关具有双重属性。当按照《刑事诉讼法》的规定实施侦查行为时，它是司法机关，其侦查行为属于刑事诉讼行为。当按照其他行政法律规定实施社会治安管理行为时，它是维护社会治安的行政机关，其管理行为属于行政行为，其合法性应接受司法机关的审查。另外，强制扣押，既是刑事侦查所采取的措施，也是行政强制所采取的措施。

（本案例的"案情"和"审判"部分选自《最高人民法院公报》1996年第1期；"提领"和"评述"部分由作者根据有关法律与学理进行阐述，不代表司法机关的意见）

（杨登峰　撰）

18 汤晋诉当涂县劳动局不履行保护人身权、财产权法定职责案

【提领】

本案是一起原告因被告不履行其保护人身权、财产权法定职责而提起的行政案件。法院审理之后,作出"责成被告当涂县劳动局依法对当涂县建材公司遵守劳动法律、法规的情况进行监督检查,并在两个月内对原告汤晋本人作出书面答复"的判决。本案收录于《最高人民法院公报》1996 年第 4 期,对我国行政诉讼实践起到一定的指引作用。

【案情】

原告:汤晋,男,36 岁,安徽省当涂县建材公司职工。

被告:安徽省当涂县劳动局。

法定代表人:管其才,局长。

汤晋写了一份反映其所在的工作单位——当涂县建材公司违反劳动法律、法规,滥用职权,停发及乱扣其经济收入,要求当涂县劳动局依法调查处理的申请,于 1996 年 1 月 1 日寄交当涂县劳动局。1 月 4 日,当涂县劳动局局长管其才在此信上批示:"将此文转交物资局处理。"事后,既未对申请信中所反映的问题进行监督检查,也未给汤晋本人作出答复。

汤晋以安徽省当涂县劳动局不履行保护人身权、财产权的法定职责为由,向当涂县人民法院提起行政诉讼。

原告汤晋诉称:原告向当涂县劳动局递交书面申请,请求劳动局履行保护劳动者合法权益的法定职责,要求劳动局给予答复。但是,两个多月过去了,劳动局对原告的申请不予答复。请求责令劳动局履行其法定职责。

被告当涂县劳动局辩称:被告已将原告的申请作为人民来信转交当涂县物资局处理,依法履行了自己的法定职责。原告的起诉不能成立。

【审判】

当涂县人民法院认为:《中华人民共和国劳动法》第 88 条第 2 款规定:“任何组织和个人对于违反劳动法律、法规的行为有权检举和控告。”原告汤晋认为建材公司违反劳动法律、法规,侵害了自己的合法权益,写信要求查处,是行使公民的正当权利。《劳动法》第 9 条第 2 款规定:“县级以上地方人民政府劳动行政部门主管本行政区域内的劳动工作。”被告当涂县劳动局是当涂县行政区域内劳动工作的主管部门,汤晋就劳动工作方面的问题向其投诉,是适当的。《劳动法》第 85 条规定:“县级以上各级人民政府劳动行政部门依法对用人单位遵守劳动法律、法规的情况进行监督检查,对违反劳动法律、法规的行为有权制止,并责令改正。”第 86 条规定了劳动行政部门执行监督检查公务的权力,第十二章规定了劳动行政部门对用人单位违反劳动法律、法规的行为进行处理的各种权限。这些规定说明,当涂县劳动局有责任、也有权力对用人单位遵守劳动法律、法规的情况进行监督、检查和处理。《劳动法》第 87 条规定:“县级以上各级人民政府有关部门在各自职责范围内,对用人单位遵守劳动法律、法规的情况进行监督。”物资局是人民政府的一个部门,对其主管的建材公司遵守劳动法律、法规的情况有权进行监督,但是无权对违法行为进行处理。当涂县劳动局把要求查处违法行为的来信批转无处理权的物资局去处理,自己既不履行监督检查的职责,也不向物资局了解监督的结果,并且不给来信人答复,不能认为其已履行了法定职责。如果允许行政机关对自己主管业务范围内收到的公民来信,只要批出后就可了事,就可以认为履行了职责,再不必检查、落实和给来信人作出答复,那么,法律赋予公民的检举、控告权利就会形同虚设。当涂县劳动局已经履行了法定职责的辩解理由,不能成立。据此,当涂县人民法院依照《行政诉讼法》第 54 条第 3 项的规定,于 1996 年 4 月 23 日判决:

责成被告当涂县劳动局依法对当涂县建材公司遵守劳动法律、法规的情况进行监督检查,并在两个月内对原告汤晋本人作出书面答复。

案件受理费 100 元,其他诉讼费用 200 元,由被告当涂县劳动局承担。

宣判后,原告、被告均未提出上诉,判决已发生法律效力。

【评述】

本案的主要争点在于,原告汤晋认为,原告向当涂县劳动局递交书面申请,请求劳动局履行保护劳动者合法权益的法定职责,要求劳动局给予答复。但是,两个多月过去了,劳动局对原告的申请不予答复,即未履行其法定职责。对此,被告当涂县劳动局则认为,被告已将原告的申请作为人民来信转交当涂县物资局处理,依法履行了自己的法定职责。简言之,被告安徽省当涂县劳动局是否已经履行其法定职责?而这一问题实际上涉及行政法学上的作为行政行为与不作为行政行为的分类理论。

一般认为,作为行政行为,是指行政主体积极改变现有法律状态的行政行为,如行政征收行为、行政许可行为等。不作为行政行为,是指行政主体消极维持现有法律状态的行为,往往表现为不履行法定职责的行政行为,如对相对人的请求不予答复等。这一区分的意义主要在于,可以从行为方式上认识行政行为的存在,即使行政主体什么都不做,也可能形成具有法律意义的行为,进而也有可能成为司法审查的对象。值得注意的是,当我们区分行政作为违法与行政不作为违法时应该用法定(作为或不作为)义务标准,即:行政不作为违法是行政主体不履行(包括不正确履行)行政作为义务的情形。

在本案中,被告当涂县劳动局没有依法履行其法定职责,是一种行政不作为违法的表现。

首先,汤晋有权就劳动工作方面的问题向当涂县劳动局投诉。《劳动法》第88条第2款规定:"任何组织和个人对于违反劳动法律、法规的行为有权检举和控告。"原告汤晋认为建材公司违反劳动法律、法规,侵害了自己的合法权益,写信要求查处,是行使公民的正当权利。《劳动法》第9条第2款规定:"县级以上地方人民政府劳动行政部门主管本行政区域内的劳动工作。"被告当涂县劳动局是当涂县行政区域内劳动工作的主管部门,汤晋就劳动工作方面的问题向其投诉,是适当的。

其次,根据法律规定,被告当涂县劳动局负有履行保护原告汤晋的劳动者人身权、财产权的法定作为义务(即法定职责)。《劳动法》第85条规定:"县级以上各级人民政府劳动行政部门依法对用人单位遵守劳动法律、法规的情况进行监督检查,对违反劳动法律、法规的行为有权制止,并责令改正。"第86条规定了劳动行政部门执行监督检查公务的权力,第十二章规定了劳动行政部门对用人单位违反劳动法律、法规的行为进行处理的各种权限。这些规定说明,当涂县劳动局有责任也有权力对用人单位遵守劳动法律、法规的情况进行监督、检查和处理。

再次,被告当涂县劳动局在收到原告的书面申请之后,将其批转给不具有处理权力的县物资局,而且在批转之后不再检查、落实监督情况,也不给原告答复。这种行为并没有改变现有的法律状态,而是对现有法律状态的消极维持,应当属于不作为行政行为。《劳动法》第87条规定:"县级以上各级人民政府有关部门在各自职责范围内,对用人单位遵守劳动法律、法规的情况进行监督。"尽管县物资局是人民政府的一个部门,对其主管的建材公司遵守劳动法律、法规的情况有权进行监督，但是无权对违法行为进行处理。被告当涂县劳动局把要求查处违法行为的来信批转无处理权的物资局去处理，自己既不履行监督检查的职责，也不向物资局了解监督的结果，并且不给来信人答复。因此，不能认为其已履行了法定职责。

因此，被告当涂县劳动局的行为是一种行政不作为违法，法院“责成被告当涂县劳动局依法对当涂县建材公司遵守劳动法律、法规的情况进行监督检查，并在两个月内对原告汤晋本人作出书面答复”的判决是正确的。

（本案例的“案情”和“审判”部分选自《最高人民法院公报》1996年第4期；“提领”和“评述”部分由作者根据有关法律与学理并参考姜明安、李洪雷主编《行政法与行政诉讼法教学案例》（法律出版社2004年版）一书进行阐述，不代表司法机关的意见）

（高春燕　撰）

19 平山县劳动就业管理局不服税务行政处理决定案

【提领】

本案是一起当事人因不服税务行政处罚而向法院提起诉讼的一例行政案件。审理法院认为税务机关作出行政处罚未遵守行政处罚法所规定的正当程序,依法判决撤销该处罚决定。本案终审判决于 1997 年作出,收录于《最高人民法院公报》,对我国的司法审判实践具有判例指引的作用。

【案情】

原告:河北省平山县劳动就业管理局。

法定代表人:王学亮,局长。

委托代理人:赵五庆,平山县劳动就业管理局副局长。

委托代理人:张利勇,平山县英汇律师事务所律师。

被告:河北省平山县地方税务局。

法定代表人:康景忠,局长。

委托代理人:张英城,平山县地方税务局副局长。

委托代理人:冀永远,平山县晨阳律师事务所律师。

原告河北省平山县劳动就业管理局(原平山县劳动服务公司,以下称就业局)是承担着部分政府行政职能的就业管理机构。从 1994 年 1 月至 1996 年 10 月,该局收取劳务管理费、劳务服务费、县内临时工管理服务费、临时工培训费和劳务市场收入等共计 578698.40 元。1996 年 11 月 29 日,被告河北省平山县地方税务局(以下称地税局)向就业局发出限期申报纳税通知书,12 月 2 日和 7 日又两次发出限期交纳税款 31394.71 元的通知,就业局均未按期履行。12 月 13 日,地税局依据《中华人民共和国税收征收管理法》第 46 条关于"从事生产、经营的纳税人、扣缴义务人在规定期限内不缴或者少缴应纳或者应解缴的税款，经税务机关责令限期缴纳，逾期仍未缴纳的，税务机关除依照本法第 27 条的规定采取强制措施追缴其不缴或者少缴的税款外，可以处以不缴或者少缴的税款五倍以下的罚款”的规定，以平地税字第 1 号税务处理决定，对就业局作出处以应缴未缴的营业税、城建税、教育费附加 31394.71 元的 3 倍罚款计 94184.13 元，限于 12 月 18 日前入库。就业局不服，向平山县人民法院提起行政诉讼，诉称：就业局是承担政府行政职能的就业管理机构，收费属于行政经费预算外的资金，因此本局不是纳税义务人。被告令本局纳税，在遭到拒绝后又以行政处理决定对本局罚款。该处理决定适用法律错误，程序违法，请求人民法院予以撤销。

被告则辩称：原告虽然是承担着部分政府行政职能的就业管理机构，但是属于自收自支的事业单位，应当依法纳税。原告未及时纳税，应当受到处罚。人民法院应当维持本局的行政处理决定。

【审判】

平山县人民法院审理认为：第八届全国人民代表大会第四次会议通过的《中华人民共和国行政处罚法》已于 1996 年 10 月 1 日起施行。被告地税局作为县级以上人民政府的税务行政管理机关，有权对在自己管辖范围内发现的税务违法行为进行处罚，但是这种处罚必须依照行政处罚法的规定进行。行政机关在作出行政处罚决定前，应当依照《行政处罚法》第 31 条规定，将作出行政处罚决定的事实、理由及法律依据告知当事人，并告知当事人依法享有陈述和申辩、申请行政复议和提起行政诉讼的权利；依照行政处罚法第 36 条的规定，收集有关证据，依照第 37 条的规定，制作调查笔录。这些工作，地税局都没有做。《行政处罚法》第 42 条规定，作出数额较大的罚款处罚决定之前，应当告知当事人有要求听证的权利。关于多少为数额较大，国家税务总局在《税务行政处罚听证程序实施办法(试行)》中作出对法人或者组织罚款 1 万元以上为数额较大的界定。这个实施办法已经于 1996 年 10 月 1 日起施行，地税局在对就业局作出处理决定 30 日以后才收到文件。在该办法下达前，法律虽然没有明确数额较大的界限，但是也没有明确 9 万余元的罚款不属于数额较大，地税局认为实施办法下达得晚，该处理决定不适用《行政处罚法》第 42 条有关听证程序规定的辩解，不予支持。依照《行政处罚法》第 41 条的规定，地税局违背该法规定的程序作出的行政处罚，不能成立。依照《行政诉讼法》第 54 条第 2 项的规定，该决定应予撤销。就业局诉称自己不是纳税义务人，向其征税是错误的；地税局辩称原告属于纳税义务人，应当依法纳税，是行政执法实体方面的争议。已经查明，该行政处理决定从程序上违法，依法应予撤销，法院无需再就行政执法实体方面的争议继续审理。据此,平山县人民法院于 1997 年 3 月 12 日判决:撤销河北省平山县地方税务局 1996 年 12 月 13 日所作的平地税罚字第 1 号税务处理决定。

【评述】

本案主要涉及的法律问题是《行政处罚法》所规定处罚程序的适用问题。

本案的判决正是在《行政处罚法》颁布施行不久作出的。为了防止行政机关滥用处罚权,《行政处罚法》对处罚的正当程序作出了充分的规定。该法第 31 条规定了行政处罚告知程序,相对人有权了解处罚的事实、理由和依据,并享有陈述、申辩权和救济权。第 37 条明确行政处罚"必须全面、客观、公正地调查,收集有关证据",并且在第 42 条对听证程序作出了具体的规定。上述这些,是程序合法性原则的具体体现,是行政机关实施行政处罚行为过程中必须遵守的法定程序。本案中,被告地税局作出处罚决定没有履行告知义务,也没有在处罚实施前进行必要的调查和证据收集工作,没有制作调查笔录,因此被告地税局未遵守《行政处罚法》第 31 条、第 36 条和第 37 条所规定的程序。法院以行政处罚违反法定程序为由予以撤销,认定事实清楚,适用法律正确,判决得当。

(本案例的"案情"和"审判"部分选自《最高人民法院公报》1997 年第 2 期;"提领"和"评述"部分由作者根据有关法律与学理进行阐述,不代表司法机关的意见)

(骆梅英　撰)

20 福建省水电勘测设计研究院不服省地矿厅行政处罚案

【提领】

本案涉及自然资源的调整依据问题。由于地方性法规中一个违背上位法的规定,将地热错误定位为水资源并由此确定错误的行政主管部门,致使当合法的行政主管部门依据合法规定对相对人作出行政处罚时,行政相对人不服提起了行政诉讼。作为依法行政重要理念的法律保留原则和法律优位原则都在本案中得到较好的体现。

【案情】

原告:福建省水利水电勘测设计研究院。

法定代表人:徐在民,院长。

委托代理人:黄冰光,福建省水利水电勘测设计研究院干部。

委托代理人:游劝荣,福建省第二律师事务所律师。

被告:福建省地质矿产厅。

法定代表人:毕振纲,厅长。

委托代理人:宋伯钟,福建省地质矿产厅干部。

委托代理人:杨鹏,福建省第二律师事务所律师。

第三人:福建省福州市城乡建设委员会。

法定代表人:林新国,主任。

委托代理人:林金荣,福建省地热管理处干部。

委托代理人:周耿东,福建省第二律师事务所律师。

原告设计院拥有用于开采地下热水的地热井两口。1994 年 5 月 4 日,被告地矿厅在向知情人进行调查,掌握了基本证据后,对设计院发出了闽地矿监〔1994〕第 17 号《关于开采地热必须依法办理采矿许可证的通知》,要求设计院携带有关资料到该厅办理有关地热井的采矿登记手续。同年7月18日,地矿厅又以无证开采地热为由向设计院发出闽地矿监〔1994〕第81号《限期办理采矿许可证通知书》,限其于接到通知之日起3日内,向地矿厅申请办理采矿登记手续,并告知其逾期将依法进行处理。设计院对上述通知均未履行。地矿厅于1994年7月27日向设计院发出第3号《违反矿产资源法规行政处罚决定书》,以设计院"无采矿许可证开采地热","在限定期限内未办理采矿登记、领取采矿许可证",违反了采矿登记办法第2条的规定为由,依照该办法第27条第1项的规定,决定对设计院处以人民币5000元的罚款。该处罚决定通过邮寄送达。

原告诉称:(1)《中华人民共和国矿产资源法实施细则》(以下称《实施细则》)第44条规定:"地下水资源具有水资源和矿产资源的双重属性。地下水资源的勘查,适用《矿产资源法》和本细则;地下水资源的开发、利用、保护和管理,适用《水法》和有关的行政法规。"地下温泉属于水资源。对于原告开发、利用地下温泉的行为,应当依照《中华人民共和国水法》(以下称《水法》)的规定,并根据《福州市地下热水(温泉)管理办法》(以下称《地下热水管理办法》),由第三人予以调整。被告对不由自己主管的事务进行管理,其具体行政行为超越职权。(2)《中华人民共和国矿产资源法》(以下称《矿产资源法》)第45条规定,依照这个法律进行的行政处罚,应当由市、县人民政府决定。被告不顾管辖权限对原告处罚,其具体行政行为超越职权。(3)原告没有矿山,也没有从事过开采矿产资源的活动,不属于《全民所有制矿山企业采矿登记管理暂行办法》(以下称《采矿登记办法》)的适用范围。被告根据这个规定对原告进行处罚,是适用法律错误。(4)被告在处罚前未调查取证,处罚后也未将处罚决定书直接送交原告,违反了法定的行政处罚程序。请求法院撤销被告的行政处罚决定。

被告辩称:地热是能源矿产,应当由《矿产资源法》、《实施细则》和《采矿登记办法》调整。原告作为全民所有制事业单位,必须依法取得采矿权后才能采矿。被告依据《采矿登记办法》将原告作为行政管理相对人进行行政管理,是合法的。被告对原告两次发出通知后,原告仍不履行通知规定的义务,是违法行为,应当进行处罚。被告的行政处罚适用法规正确,程序并无不妥。法院应当依法维持该行政处罚决定。

第三人称:按照《地下热水管理办法》的规定,福州市地下热水的保护、开发和利用,应当由第三人进行管理。同意原告对被告的辩护诉讼请求。

福州市中级人民法院经审理查明:原告设计院拥有用于开采地下热水的地热井两口。1994年5月4日,被告地矿厅在向知情人进行调查,掌握了基本证据后,对设计院发出了闽地矿监〔1994〕第17号《关于开采地热必须依法办理采矿许可证的通知》,要求设计院携带有关资料到该厅办理有关地热井的采矿登记手续。同年7月18日，地矿厅又以无证开采地热为由向设计院发出闽地矿监〔1994〕第81号《限期办理采矿许可证通知书》，限其于接到通知之日起3日内，向地矿厅申请办理采矿登记手续，并告知其逾期将依法进行处理。设计院对上述通知均未履行。地矿厅于1994年7月27日向设计院发出第3号《违反矿产资源法规行政处罚决定书》，以设计院"无采矿许可证开采地热"，"在限定期限内未办理采矿登记、领取采矿许可证"，违反了《采矿登记办法》第2条的规定为由，依照该办法第27条第1项的规定，决定对设计院处以人民币5000元的罚款。该处罚决定通过邮寄送达。

【审判】

据查明，福州市中心地区地下热水可开采利用的范围约5平方公里，平均取水温度为72℃，可开采量9800立方米/日。

福州市中级人民法院认为，本案当事人争议的问题归纳起来是：温度为72℃的地下热水是地热还是地下水？它属于矿产资源还是水资源？它应当由《矿产资源法》调整还是由《水法》调整？它应当由哪一个行政管理部门主管？应当由哪一级行政管理机关管辖？如果被告地矿厅有权管辖，其具体行政行为是否符合法定程序？

国务院根据矿产资源法制定并发布，1994年3月27日起施行的《实施细则》第2条规定："矿产资源是指由地质作用形成的，具有利用价值的，呈固态、液态、气态的自然资源。矿产资源的矿种和分类见本细则所附《矿产资源分类细目》。"所附的细目一能源矿产中，列有地热；细目四水气矿产中，列有地下水。由此可见，地热与地下水是两个不同的概念。国家技术监督局在1989年8月29日发布，1990年6月1日起实施的GB11615－89号国家标准《地热资源地质勘查规范》中规定，地热资源是指在我国当前技术经济条件下，地壳内可供开发利用的地热能、地热流体及其有用组分。该标准将地热资源按温度分为高温地热资源、中温地热资源和低温地热资源三类。其中低温地热资源里，又将小于90℃大于或等于25℃的地热分为热水、温热水、温水三项。本案涉及的地下热水平均温度为72℃，是地热，不是地下水。《实施细则》第44条是对地下水资源的勘查、开发、利用、保护和管理作出的规定，与本案无关。

全国人大常委会于1986年3月19日颁布并于1986年10月1日起施行（已于1996年8月29日修正）的《矿产资源法》第3条规定："矿产资源属于国家所有……开采矿产资源，必须依法申请取得采矿权。"第9条第2款规定："省、自治区、直辖市人民政府地质矿产主管部门主管本行政区域内矿产资源勘查、开采的监督管理工作。"法律已经明确，地热作为矿产资源，必须依法取得采矿权后才能开采。勘查、开采地热的监督管理工作,在省一级行政区域内,是由省地质矿产行政部门主管的。《矿产资源法》第 39 条规定:"违反本法规定,未取得采矿许可证擅自采矿的,……责令停止开采、赔偿损失,没收采出的矿产品和违法所得,可以并处罚款。"1987 年 4 月 29 日国务院根据矿产资源法发布的《采矿登记办法》第 27 条第 1 项、第 2 项规定,对于"开办矿山企业,未办理采矿登记手续擅自开工的","正在建设或者正在生产的矿山企业,从本办法发布之日起满一年无正当理由不申请办理采矿登记手续的",可以给予警告、罚款、通知银行停止拨款等处罚。本案原告设计院作为全民所有制的事业单位,没有依法取得采矿权而开采地热,是违法的,应当依法进行处罚。

1991 年 7 月 19 日起施行的《地下热水管理办法》,是福建省第七届人民代表大会常务委员会第二十二次会议批准的地方性法规。其中第 5 条规定:"市水行政主管部门是地下水资源的主管部门,负责对温泉的统一规划和协调,对温泉的保护工作进行指导。福州市城市建设行政主管部门是温泉开发利用的主管部门(以下称温泉主管部门),负责温泉的保护和开发利用的统一管理工作。"第 27 条规定:"本办法规定的行政处罚,由市温泉主管部门决定。"这个规定没有根据国家标准把温泉按照温度的不同区分出地热和地下水,以致将部分地热归入地下水中,由此给这部分地热确定的行政主管部门与法律、行政法规的规定不符。本案第三人城建委据此地方性法规认为自己对这部分地热有行政管理权,是不适当的。

《采矿登记办法》第 27 条的行政处罚,规定由登记管理机关给予。该办法第 3 条第 3 款规定的登记管理机关,是省、自治区、直辖市人民政府地质矿产主管部门。被告地矿厅根据采矿登记办法的规定,以自己作为实施具体行政行为的主体,对设计院的违法行为进行处罚,并无不当。地矿厅的具体行政行为发生于 1994 年,评判该具体行政行为是否符合法定程序,应当以行为时的法律为准。地矿厅已经对设计院的违法事实调查取证,又向其发出《关于开采地热必须依法办理采矿许可证的通知》和《限期办理采矿许可证通知书》等两个通知。由于设计院对这两个通知均未履行,才依照《采矿登记办法》第 27 条第 1 项的规定决定对设计院处以人民币 5000 元的罚款。此决定通过邮寄送达当事人。地矿厅的上述具体行政行为认定事实清楚,适用法律法规正确,处罚适当,程序合法,应当维持。据此,福州市中级人民法院于 1997 年 4 月 30 日判决:

维持被告福建省地质矿产厅第 3 号《违反矿产资源法规行政处罚决定书》。

本案诉讼费 500 元,由原告福建省水利水电勘测设计研究院负担。

宣判后,原告、被告及第三人均未提出上诉,判决已发生法律效力。

【评述】

本案争议的主要问题是地矿厅是否有权对设计院的行为进行行政处罚。本案中这个问题的解决需要从两个层面来分析：一是职权法定；二是法律优位。

职权法定是依法行政的重要内容，指的是我国各行政机关的职权，包括中央政府及其所属部门和地方各级政府的职权，都必须有合法有效的依据，行政机关必须在规定的职权范围内活动，非经合法有效的授权，不能行使某项职权，否则就是超越职权。合法有效的依据，在狭义上，就是指法律；在广义上，合法有效的依据可能是法律，也可以是法规，甚至是规章。我们一般从广义上来理解合法有效的依据。

本案中，原告设计院因没有向地矿厅申请办理有关地热井的采矿登记手续而开采地热，受到了地矿厅的罚款处分，从而引起行政诉讼。法院归纳了当事人争议的若干问题，其中，温度为72℃的地下热水资源是地热还是地下水？它属于矿产资源还是水资源？它应当由矿产资源法调整还是由水法调整？它应当由哪一个行政管理部门主管？应当由哪一级行政管理机关管辖？这些问题都是围绕职权法定原则提出来的。

《中华人民共和国矿产资源法实施细则》第44条规定，地下水资源具有水资源和矿产资源的双重属性。地下水资源的勘查，适用矿产资源法和本细则；地下水资源的开发、利用、保护和管理，适用水法和有关的行政法规。但是，该细则的第2条以及该细则所附的细目又规定，温度为72℃的地下热水是地热，不是地下水，因此它不属于第44条规范的对象，也就不能适用水法，而应当适用有关矿产资源管理的有关规范。因此，本案应当根据我国有关矿产资源管理的相关规范来审查行政机关所作行政行为的合法性。

法律优位同样是依法行政的一个重要内容。法律优位是说法律规范在效力上是有阶位的。上位阶的法律规范的效力高于下位阶的法律规范的效力。凡是上位阶的法律规范对某一事项已经作出了规定，下位阶的法律规范不得与之相抵触，凡是抵触的，以上位阶为准；在上位阶的法律规范对某一事项无规定时，下位阶的法律规范作了规定的情况下，一旦上位阶的法律规范对该事项作出了规定，下位阶的法律规范必须服从。

在本案中，1991年7月19日开始施行的福建省人大常委会通过的地方法规《福州市地下热水(温泉)管理办法》第5条规定："市水行政主管部门是地下水资源的主管部门，负责对温泉的同意规划和协调，对温泉的保护工作进行指导。"该条第2款规定："福州市城市建设行政主管部门是温泉开发利用的主管部门(以下称市温泉主管部门)，负责温泉的保护和开发利用的同意管理工作。"

根据该地方性法规的规定，地下温泉，包括温度为72℃的地下热水资源被视为地下水资源。非常明显，作为地方性法规的《福州市地下热水（温泉）管理办法》的上述规定与行政法规《中华人民共和国和矿产资源法实施细则》的有关规定不一致。解决这个问题，就必须正确理解行政法规的阶位问题。

基于法律优位原则，根据宪法和立法法的规定，行政法规属于上位阶的法律规范，地方性法规是下位阶的法律规范，在地方性法规的规定与行政法规的规定不一致的情况下，应当服从行政法规的规定。因此，法院在判决理由中明确指出，本案的地方性法规"没有根据国家标准把温泉按照温度的不同区分出地热和地下水，以致将部分地热归入地下水，由此给这部分地热确定的行政主管部门与法律、行政法规的规定不符"，"第三人城建委据此地方性法规认为自己对这部分地热有行政管理权，是不适当的"。

本案除涉及上述主要法律问题外，还涉及行政处罚的程序是否正当的问题。法院认为，被告地矿厅对原告设计院作出行政处罚的决定发生在1994年，因此，评判地矿厅的具体行政行为是否遵守了法定程序，应当以当时的法律为准。地矿厅作出处罚行为，遵守了先取证后裁决的原则，并两次向设计院发出通知，要求设计院依法办理采矿许可证，但是设计院均未给予履行。而邮寄送达的方式也是法律所允许的送达方式。在此情况下，地矿厅作出处罚决定，程序正当。

综上，福州市中级人民法院对本案的审理是正确的。

（本案例的"案情"和"审判"部分选自《最高人民法院公报》1998年第1期；"提领"和"评述"部分由作者根据有关法律与学理并参考郑刚主编《最高人民法院公报案例评析——国家赔偿·行政·执行卷》（中国民主与法制出版社2004年版）一书进行阐述，不代表司法机关的意见）

（蒋红珍　撰）

21 宿海燕诉海口市劳动教养管理委员会劳动教养决定案

【提领】

本案是一起针对劳动教养决定提起的行政诉讼案件。1997 年 3 月 14 日，被告海口市劳动教养委员会作出的〔1997〕海劳教字第 130 号决定书认定：原告宿海燕以债务纠纷为由，于 1997 年 2 月 16 日从四川来海口，纠集他人对受害人王国平、王伟平实施伤害行为，并抢走一些财物，决定对宿海燕劳动教养 3 年。原告起诉后，一审法院以行政行为适用法律不明确、认定事实的主要证据不足为由，判决撤销该劳动教养决定。被告不服提起上诉，二审法院维持了一审判决。本案对我们的启示是，行政行为必须以查清案件事实为基础，而且适用法律必须正确。

【案情】

原告：宿海燕，女，1952 年 6 月 21 日出生，四川省自贡市自流井区人。

被告：海南省海口市劳动教养管理委员会。

法定代表人：张海国，该委员会主任。

原告宿海燕不服被告海南省海口市劳动教养管理委员会对其作出的劳动教养决定，向海南省海口市新华区人民法院提起行政诉讼。

原告诉称：原告此次来海南，只是想与王国平就双方之间的债权债务说清楚，看看有没有了结的可能。原告没有纠集他人到王的住所，更没有指使他人将王国平、王伟平兄弟砍伤和抢走其财务。被告以原告参与伤害王氏兄弟为由，决定对原告劳动教养 3 年，认定的事实不清，证据不足。请求撤销被告的劳动教养决定。

被告辩称：根据原告宿海燕参与伤害王国平、王伟平兄弟的事实，依法决定对其劳动教养 3 年，认定的事实是清楚的，证据是确凿的，适用法律正确且程序合法。法院应当予以维持。

海口市新华区人民法院经审理查明:

原告宿海燕和被害人王国平曾经在广西北海市合作开办一美食城,涉案人王斌是当时的美食城办公室主任。后王国平未经宿海燕同意,私自将双方的合作项目转让给他人,自己来海口开办公司。涉案人邱光富、王先养原是王国平在海口市开办的公司中的职工,后二人均以工资入股该公司。自邱光富、王先养入股后,王国平的公司再未给二人发过工资。

1997年2月16日,原告宿海燕、其子李山和王斌从四川成都同机飞到海口市以后,就与邱光富、王先养一同到海口市机场东路翠竹园别墅13A－D座(王国平的公司住所地)找王国平。当晚11时许,王国平、王伟平兄弟回到公司。双方在谈论债权债务时发生冲突,继而相互纠缠殴打。在纠缠过程中,李山、王斌、邱光富、王先养用菜刀砍、用手脚打王国平、王伟平,致二王轻伤。宿海燕在一旁发现王国平、王伟平受伤后,将其送往海南医院秀英留医部诊治,并帮其交付了入院费用,后在守护病人时被派出所抓走。

1997年3月14日,被告海口市劳动教养委员会以〔1997〕海劳教字第130号决定书认定:原告宿海燕以债务纠纷为由,于1997年2月16日从四川来海口,纠集李山、王斌等5人于当晚11时许到王国平的住所守候,用砍刀和手脚将王国平、王伟平兄弟砍、打至轻伤,并抢走一些财物。宿海燕有纠集伤害他人的行为,根据国务院《关于劳动教养问题的决定》及其《补充规定》的规定,决定对宿海燕劳动教养3年。

【审判】

海口市新华区人民法院认为:在王国平、王伟平兄弟被砍、打成轻伤的事件中,在场的5个人,究竟是原告宿海燕纠集其他人,还是其他人纠集宿海燕;究竟是谁先动手打人的,都有谁动了手,尚未查清。宿海燕多次说过其并未叫人打王氏兄弟,也不承认自己动手打人。被告劳动教养委员会仅凭被害人王国平、王伟平的陈述,在没有其他旁证材料的情况下认定是宿海燕纠集伤害他人,显属事实不清、主要证据不足。况且劳动教养决定中只提到适用国务院《关于劳动教养问题的决定》及其《补充规定》,没有指出适用的具体条款,是适用法律不当。为此,海口市新华区人民法院依照《行政诉讼法》第54条第2项第1目、第2目的规定,于1998年4月23日判决:

撤销被告海口市劳动教养管理委员会〔1997〕海劳教字第130号对原告宿海燕劳动教养3年的决定。

一审宣判后,被告海口市劳动教养管理委员会不服,以一审判决忽略了这一事件的前因后果中所存在的客观的、必然的联系，否认了原告宿海燕的行为在整个事件中的客观存在，从而导致判决错误为由，向海口市中级人民法院提起上诉。

被上诉人宿海燕辩称：一审判决认定事实和适用法律正确，判决公正，应当维持。

海口市中级人民法院经审理认为：被上诉人宿海燕和其他 4 人在同王国平、王伟平谈论合伙经商的债权债务时发生冲突，李山、王斌、邱光富、王先养在与王国平、王伟平相互斗殴中，造成王国平、王伟平轻伤。由于没有旁证材料证明此次事件是宿海燕纠集所为，其后果应由参与斗殴的李山、王斌等人承担。上诉人海口市劳动教养管理委员会在只有王国平、王伟平的陈述而没有其他证据互相印证的情况下，仅凭宿海燕与王国平之间过去有感情上的纠葛和经济上的纷争，宿海燕是案发当天从四川飞赴海口，当晚又在现场等事实，就推断宿海燕必有纠集并伤害他人的行为，从而作出对宿海燕劳动教养 3 年的决定，是错误的，应予撤销。一审认定事实清楚，适用法律正确，应予维持。上诉人的上诉理由不能成立，不予采纳。据此，海口市中级人民法院依照《行政诉讼法》第 61 条第 1 项的规定，于 1998 年 7 月 21 日判决：

驳回上诉，维持原判。

【评述】

一、关于劳动教养制度

劳动教养最早起源于 1957 年 8 月 3 日国务院公布实施的《关于劳动教养问题的决定》。该决定规定的劳动教养对象是：(1)不务正业，有流氓行为或者有不追究刑事责任的盗窃、诈骗等行为，违反治安管理，屡教不改的；(2)罪行轻微，不追究刑事责任的反革命分子、反社会主义的反动分子，受到机关、团体、企业、学校等单位的开除处分，无生活出路的；(3)机关、团体、企业、学校等单位内，有劳动力，但长期拒绝劳动或者破坏纪律、妨害公共秩序，受到开除处分，无生活出路的；(4)不服从工作的分配和就业转业的安置，或者不接受从事劳动生产的劝导，不断地无理取闹、妨害公务、屡教不改的。1979 年 11 月 29 日国务院公布施行的《关于劳动教养的补充规定》，首次规定：(1)劳动教养收容大中城市需要劳动教养的人。对于需要实行劳动教养的人，由省、自治区、直辖市和大中城市劳动教养管理委员会审查批准。(2)劳动教养的期限为一年至三年。必要时得延长一年。节日、星期日休息。《补充规定》没有就劳动教养的适用范围重新规定。1982 年 1 月 21 日国务院转发公安部制定的《劳动教养试行办法》。《劳动教养试行办法》将劳动教养界定为一种行政措施，即："劳动教养是对被劳动教养的人实行强制性教育改造的行政措施，是处理人民内部矛盾的一种方法。"对劳动教养的对象作了一些修改，规定为：(1)罪行轻微、不够刑事处分的反革命分子、反党反社会主义分子；(2)结伙杀人、抢劫、强奸、放火等犯罪团伙中，不够刑事处分的；(3)有流氓、卖淫、盗窃、诈骗等违法犯罪行为，屡教不改，不够刑事处分的；(4)聚众斗殴、寻衅滋事、煽动闹事等扰乱社会治安，不够刑事处分的；(5)有工作岗位，长期拒绝劳动，破坏劳动纪律，而又不断无理取闹，扰乱生产秩序、工作秩序、教学科研秩序和生活秩序，妨碍公务，不听劝告和制止的；(6)教唆他人违法犯罪，不够刑事处分的。另外，第 12 条还就劳动教养的程序作了明确规定：对需要劳动教养的人，承办单位必须查清事实，征求本人所在单位或街道组织的意见，报请劳动教养管理委员会审查批准，作出劳动教养的决定，向本人和家属宣布决定劳动教养的根据和期限。被劳动教养的人在劳动教养通知书上签名。被决定劳动教养的人，对主要事实不服的，由审批机关组织复查。经复查后，不够劳动教养条件的，应撤销劳动教养；经复查事实确凿，本人还不服的，则应坚持收容劳动教养。上述法律规定，构建了我国劳动教养制度的基本框架。

与劳动教养制度相类似的收容审查、收容遣送制度，已经相继废除。目前，国内学者对劳动教养制度的合宪性不断提出质疑，呼吁废除这一制度，以更好地保护公民的基本权利。《中华人民共和国立法法》第 8 条规定："对公民政治权利的剥夺，限制人身自由的强制措施和处罚，只能制定法律。"《中华人民共和国行政处罚法》第 9 条规定："限制人身自由的行政处罚，只能由法律设定。"第 10 条规定："行政法规可以设定除限制人身自由以外的行政处罚。"而现在支撑整个劳动教养制度的仅是公安部制定的《劳动教养试行办法》，全国人大并未制定这方面的法律，劳动教养的有关规定只能属于行政规章，却限制和剥夺人身自由。《行政处罚法》的处罚种类中也不包括劳动教养；最严厉的行政处罚是行政拘留，拘留期限不得超过 15 天，而属于行政措施的劳动教养却可限制和剥夺公民人身自由长达 1～3 年，甚至可延期为 4 年。可见，劳动教养的根本错误在于僭越了原属于国家立法机关才有的立法权，从而直接侵犯了宪法所保障的公民人身自由权利。

二、关于事实认定与法律适用

劳动教养，虽然是一种特殊的"强制性教育改造的行政措施"，但作为一种行政强制措施，其同其他行政行为一样，必须符合《行政诉讼法》第 54 条"证据确凿，适用法律、法规正确，符合法定程序"的规定。1982 年 1 月 21 日国务院转发公安部制定的《劳动教养试行办法》第 12 条也规定："对需要劳动教养的人，承办单位必须查清事实。"

本案中，被告认定“原告以债务纠纷为由，于 1997 年 2 月 16 日从四川来海口，纠集李山、王斌等 5 人于当晚 11 时许到王国平的住所守候，用砍刀和手脚将王国平、王伟平兄弟砍、打至轻伤，并抢走一些财物，有纠集伤害他人的行为”。但除了受害人的陈述外，其他人对受害人实施殴打行为是否为原告指使，原告有没有殴打受害人，在原告一再否认的情况下，被告并没有任何其他证据加以证明。一审法院认为被告认定事实的“主要证据不足”是正确的。

另外，根据《行政诉讼法》第 54 条的规定，适用法律正确与否是评价行政行为是否合法的标准之一。这就要求行政行为在其行政决定中必须明确其适用的具体的法律条文。只有这样，司法机关才能对其正确与否进行准确的判断，行政行为也才更具有说理性、规范性和严肃性。而在本案中，被告作出的劳动教养决定只提到适用国务院《关于劳动教养问题的决定》及其《补充规定》，没有指出适用的具体条款。一审法院在判决书中指出被告适用法律不当，对于促进行政行为的说理性、规范性、严肃性有积极作用。

（本案例的“案情”和“审判”部分选自《最高人民法院公报》2000 年第 3 期；“提领”和“评述”部分由作者根据有关法律与学理进行阐述，不代表司法机关的意见）

（杨登峰　撰）

22 溆浦县中医院诉溆浦县邮电局不履行法定职责案

【提领】

本案是一起因原告湖南省溆浦县中医院认为被告湖南省溆浦县邮电局不履行“120”急救电话开通职责而提起的行政案件。本案经过两审。一审法院认为,被告县邮电局是企业单位,不具有通讯管理的行政职能,没有给原告县中医院开通“120”急救电话的法定义务,故判决驳回县中医院的诉讼请求。二审法院则认为,被上诉人(一审被告)县邮电局在行使行政管理职权时,应视为《行政诉讼法》第 25 条第 4 款所指的“由法律、法规授权的组织”,在接到上诉人(一审原告)县中医院的申请后拒不开通“120”急救电话,是不履行职责的错误行政行为,故判决撤销一审判决,并要求被上诉人(一审被告)县邮电局限期履行法定职责。本案收录于《最高人民法院公报》2000 年第 1 期,对我国行政诉讼实践具有一定的指引作用。

【案情】

原告:湖南省溆浦县中医院。

法定代表人:李启军,院长。

委托代理人:张平,溆浦县司法局桥江司法所所长。

被告:湖南省溆浦县邮电局。

法定代表人:贺继良,局长。

委托代理人:李启洪,溆浦县邮电局干部。

委托代理人:张琪,湖南鹤洲律师事务所律师。

湖南省卫生厅、省邮电局〔1997〕15 号《关于规范全省“120”医疗急救专用电话管理的通知》(以下称 15 号文件)规定医疗机构申请开办急救中心、开通“120”急救专用电话(以下称“120”急救电话)的程序是:经当地卫生行政部门指定并提交书面报告，由地、市卫生行政部门审核批准后，到当地邮电部门办理“120”急救电话开通手续。1997年8月15日，湖南省卫生厅确认湖南省溆浦县中医院（以下称县中医院）是一所功能较全、急诊科已达标的二级甲等综合医院，具备设置急救中心的条件。同年12月8日，溆浦县卫生局指定县中医院开办急救中心，开通“120”急救电话。同日，县中医院向湖南省溆浦县邮电局（以下称县邮电局）提交了《关于开通“120”急救专用电话的报告》，并经县长和主管副县长批示同意。同年12月13日，县邮电局为县中医院安装了“120”急救电话，并在《市内电话装拆移换机及改名过户工作单》上写明：12月16日安装完毕。但是，该电话一直未开通。1998年7月20日，县邮电局为没有经过卫生行政主管部门指定和审批的溆浦县人民医院开通了“120”急救电话。7月24日，县中医院向怀化市卫生局提出《关于请求设置“120”医疗急救专用电话的报告》。7月25日，该报告得到市卫生局批准。7月27日，县中医院再次书面请求县邮电局开通“120”急救电话，县邮电局仍拒不开通。

县中医院认为县邮电局不履行“120”急救电话开通职责，向湖南省溆浦县人民法院提起行政诉讼。

原告诉称：原告根据上级文件的规定和主管部门批准，向被告申请开通“120”急救电话，被告拒不作为，致使原告购置的急救车辆和其他设施至今不能正常运转，损失惨重。请求判令被告立即履行开通“120”急救电话的职责，并赔偿原告的经济损失8万元。

被告辩称：湖南省卫生厅、省邮电局15号文件规定，邮电与卫生行政部门对开通“120”急救电话有确定权。原告申请“120”急救电话，不符合15号文件的规定。“120”急救电话属于全社会，不属于原告。根据15号文件的规定，被告对溆浦县开通“120”急救电话承担义务，但是不承担对某一医院开通“120”急救电话的义务。事实上，被告已经开通了溆浦县的“120”急救电话，不存在不履行义务的问题。邮电局是公用企业，不是行政机关，不具备行政诉讼中的被告资格，也没有法规授权给县邮电局行使行政职权。被告对原告未作出任何具体行政行为，原告无从提起行政诉讼。原告如果认为是湖南省邮电局委托被告作出具体行政行为的，那么本案的被告应该是湖南省邮电局，而不是溆浦县邮电局。原告的诉讼请求不符合《行政诉讼法》的规定，法院应予驳回。

【审判】

溆浦县人民法院认为：被告县邮电局是企业单位，不具有通讯管理的行政职能，没有给原告县中医院开通“120”急救电话的法定义务，县中医院的诉讼请求不能成立。据此，溆浦县人民法院于1998年9月9日判决：驳回县中医院的诉讼请求。诉讼费 1700 元,由县中医院负担。

第一审宣判后,县中医院不服,以县邮电局对开通"120"急救电话负有行政上的职责,上诉人的诉讼请求依据充分、程序合法为由提起上诉,请求二审撤销原判,判令被上诉人县邮电局履行给县中医院开通"120"急救电话的职责,赔偿县中医院因"120"急救电话未开通而造成的损失,并承担本案诉讼费用。

怀化市中级人民法院经审理认为:

长期以来,我国对邮电部门实行政企合一的管理模式。邮电部门既具有邮电行政主管机关的职权,又参与邮电市场经营。经过改革,邮政和电信虽然已经初步分离,一些电信部门逐渐成为企业法人,但是由于电信行业的特殊性,我国电信市场并未全面放开,国有电信企业仍然是有线通讯市场的单一主体,国家对电信方面的行政管理工作,仍然要通过国有电信企业实施。这些国有电信企业沿袭过去的做法行使行政管理职权时,应视为《行政诉讼法》第 25 条第 4 款所指的"由法律、法规授权的组织"。

开办"120"急救中心能给医疗机构带来一定收益,为规范医疗机构的行为,从而更好地发挥其救死扶伤的公益作用,政府对"120"急救事业实施行政管理,规定在一个行政区域只允许一家医疗机构开办"120"急救中心、开通"120"急救电话。"120"急救电话不是只要交纳安装费就能装的普通电话,故省卫生厅、省邮电局联合下发的 15 号文件规定,只有功能较全,医疗急救水平较高,且急诊科已达标的综合医院,在经县卫生局指定并报地、市卫生行政主管部门批准后,才有权开通"120"急救电话。15 号文件还规定,邮电部门对开通"120"急救电话只收电话安装费,免费安装影示系统和电脑自答系统,免收电话费。这些明显不同于企业营利行为的优惠政策,既体现了政府支持举办此项公益事业的行政意志,也表明了政府对此项事业实行统一规范和管理。

15 号文件下发给地、市和县级的卫生行政主管部门以及邮电局,说明政府要通过这些职能部门对"120"急救电话的开通实施行政管理。邮电局执行这个文件时与被审查的医疗机构之间发生的关系,不是平等的民事关系,而是特殊的行政管理关系。它们之间因此发生争议而引起的诉讼,不是民事诉讼,而是行政诉讼。尽管行政诉讼中的被告通常是行政机关,但为了维护行政管理相对人的合法权益,监督由法律、法规授权的组织依法行政,将其列为行政诉讼的被告,适用行政诉讼法解决其与管理相对人之间的行政争议,有利于化解社会矛盾,维护社会稳定。

按照 15 号文件的分工,确定哪一家医疗机构有开办"120"急救中心的资格,由卫生行政主管部门负责;而审查申请开通"120"急救电话的医疗机构是否符合 15 号文件的规定,决定是否给其开通"120"急救电话,则由邮电局负责。

上诉人县中医院是被批准开办“120”急救中心的合格单位。县中医院向被上诉人县邮电局提出开通“120”急救电话的申请后，县邮电局即着手安装。该局后来又以“120”急救电话的开通应由邮电与卫生行政部门共同确定为由，拒绝对县中医院履行开通职责，却私自为另一家未经审批的医院开通“120”急救电话。这一事实说明，所谓“应由邮电与卫生行政部门共同确定”，只是县邮电局为达到与卫生行政部门分享开通确定权的目的而对15号文件的曲解；当其分权目的无法达到时，就不再坚持共同确定的主张，单方行使“120”急救电话的开通权力。

综上所述，被上诉人县邮电局在接到上诉人县中医院的申请后拒不开通“120”急救电话，是不履行职责的错误行政行为，应当纠正。县邮电局为推卸责任而提出的县中医院申办不符合文件规定、自己已经履行了开通“120”急救电话的义务、不具备行政诉讼被告资格等辩解理由，均不能成立。县中医院的主要上诉理由成立，应当采纳。县中医院请求县邮电局赔偿其购置的急救车辆和其他设施不能正常运转的损失问题，鉴于急救车辆和急救设备没有投入急救使用，这项损失不宜按《国家赔偿法》第28条第7项规定的“直接损失”计算，因此依法不予支持。原审法院认定事实清楚，但适用法律错误，应予改判。据此，怀化市中级人民法院依照行政诉讼法第54条第3项的规定，于1998年10月28日判决如下：

一、撤销溆浦县人民法院〔1998〕溆行初字第66号行政判决；

二、限被上诉人溆浦县邮电局从接到本判决书的次日起15日内为上诉人溆浦县中医院履行法定职责。

本案一、二审诉讼费3400元，由被上诉人溆浦县邮电局负担。

【评述】

本案的争点主要在于，被告湖南省溆浦县邮电局是否具有通讯管理的行政职能？而对被告职能性质的不同认识，正是造成一审与二审不同判决的主要原因。

正如二审法院所指出的，“由于电信行业的特殊性，我国电信市场并未全面放开，国有电信企业仍然是有线通讯市场的单一主体，国家对电信方面的行政管理工作，仍然要通过国有电信企业实施”。也就是说，国家依然通过国有电信企业实施对电信方面的行政管理工作，而当这些国有电信企业行使行政管理职权时，应当视为《行政诉讼法》第25条第4款所指的“由法律、法规授权的组织”。

为更好地发挥“120”急救事业的公益作用，政府对其进行一定的行政管理，具体包括:规定开办"120"急救中心、开通"120"急救电话的医疗机构的资质条件,以及在一个行政区域内只允许一家医疗机构开办"120"急救中心、开通"120"急救电话等措施。

在本案中,规定上述行政管理举措的15号文件下发给地、市和县级的卫生行政主管部门以及邮电局,说明政府要通过这些职能部门实施具体的行政管理活动。可见,在开通"120"急救电话的问题上,被告县邮电局具有一定的行政管理职权。

因此,二审法院的判决是正确的。

(本案例的"案情"和"审判"部分选自《最高人民法院公报》2000年第1期;"提领"和"评述"部分由作者根据有关法律与学理进行阐述,不代表司法机关的意见)

(高春燕　撰)

23 田永诉北京科技大学拒绝颁发毕业证、学位证行政诉讼案

【提领】

本案是一起高校认定学生存在考场作弊行为，予以退学处理，但该处理决定并未实际执行，造成学生在毕业前因学校拒不颁发毕业证、学位证时方得知上述处理决定，从而以学校违法拒绝办理毕业证、学位证为由向法院提起诉讼的行政案件。本案经过两审。一审法院判决被告履行颁发毕业证、审核学位证的义务，同时驳回原告要求赔偿等其他诉讼请求。二审法院予以维持。本案终审判决于1999年作出，收录于《最高人民法院公报》，本案的审理反映了行政诉讼法的许多前沿性问题，对我国的司法审判实践具有判例指引的作用。

【案情】

原告：田永，男，北京科技大学应用科学学院物理化学系94级学生。

委托代理人：马怀德，北京市大通—正达律师事务所律师。

委托代理人：孙雅申，北京市通正律师事务所律师。

被告：北京科技大学。

法定代表人：杨天钧，校长。

委托代理人：张锋，中国政法大学副教授。

委托代理人：李明英，北京科技大学校长办公室主任。

1994年9月，原告田永考入被告北京科技大学下属的应用科学学院物理化学系，取得本科生学籍。1996年2月29日，田永在参加电磁学课程补考过程中，随身携带写有电磁学公式的纸条，中途去厕所时，纸条掉出，被监考教师发现。监考教师虽未发现田永有偷看纸条的行为，但还是按照考场纪律，当即停止了田永的考试。北京科技大学于同年3月5日按照该校《关于严格考试管理的紧急通知》第3条第5项关于“夹带者，包括写在手上等作弊行为者”的规定，

认定田永的行为是考试作弊，根据第 1 条“凡考试作弊者，一律按退学处理”的规定，决定对田永按退学处理，4 月 10 日填发了学籍变动通知。但是，北京科技大学没有直接向田永宣布处分决定和送达变更学籍通知，也未给田永办理退学手续。田永继续在该校以在校大学生的身份参加正常学习及学校组织的活动。

1996 年 3 月，原告田永的学生证丢失，未进行 1995 至 1996 学年第二学期的注册。同年 9 月，被告北京科技大学为田永补办了学生证。其后，北京科技大学每学年均收取田永交纳的教育费，并为田永进行注册、发放大学生补助津贴，还安排田永参加了大学生毕业实习设计，并由论文指导教师领取了学校发放的毕业设计结业费。田永还以该校大学生的名义参加考试，先后取得了大学英语四级、计算机应用水平测试 BASIC 语言成绩合格证书。田永在该校学习的 4 年中，成绩全部合格，通过了毕业实习、设计及论文答辩，获得优秀毕业论文及毕业总成绩全班第九名。

1998 年 6 月，被告北京科技大学的有关部门以原告田永不具有学籍为由，拒绝为其颁发毕业证，进而也未向教育行政部门呈报毕业派遣资格表。田永所在的应用科学学院及物理化学系认为，田永符合大学毕业和授予学士学位的条件，由于学院正在与学校交涉田永的学籍问题，故在向学校报送田永所在班级的授予学士学位表时，暂时未给田永签字，准备等田永的学籍问题解决后再签，学校也因此没有将田永列入授予学士学位资格名单内交本校的学位评定委员会审核。原告田永遂向北京市海淀区人民法院提起行政诉讼。

原告诉称：原告一直以在校生身份在被告北京科技大学参加学习和学校组织的一切活动，完成了学校制定的教学计划，并且学习成绩和毕业论文已经达到高等学校毕业生水平。然而在临近毕业时，被告才通知原告所在的系，以原告不具备学籍为由，拒绝给原告颁发毕业证、学位证和办理毕业派遣手续。被告的这种做法违背了法律规定。请求判令被告：(1)为原告颁发毕业证、学位证；(2)及时有效地为原告办理毕业派遣手续；(3)赔偿原告经济损失 3000 元；(4)在校报上公开向原告赔礼道歉，为原告恢复名誉；(5)承担本案诉讼费。

被告辩称：田永违反本校《关于严格考试管理的紧急通知》中的规定，在补考过程中夹带写有电磁学公式的纸条被监考教师发现，本校决定对田永按退学处理，通知校内有关部门给田永办理退学手续。给田永本人的通知，也已经通过校内信箱送达到田永所在的学院。至此，田永的学籍已被取消。由于田永不配合办理有关手续，校内的一些部门工作不到位，再加上部分教职工不了解情况等原因，造成田永在退学后仍能继续留在学校学习的事实。但是，校内某些部门及部分教师默许田永继续留在校内学习的行为，不能代表本校意志，也不证明田永的学籍已经恢复。没有学籍就不具备高等院校大学生的毕业条件，本校不给田永颁发毕业证、学位证和不办理毕业派遣手续，是正确的。

【审判】

北京市海淀区人民法院审理认为：根据《中华人民共和国教育法》第 21 条规定："国家实行学业证书制度。""经国家批准设立或者认可的学校及其他教育机构按照国家规定，颁发学历证书或者其他学业证书。"第 22 条规定："国家实行学位制度。""学位授予单位依法对达到一定学术水平或者专业技术水平的人员授予相应的学位，颁发学位证书。"《中华人民共和国学位条例》第 8 条规定："学士学位，由国务院授权的高等学校授予。"本案被告北京科技大学是从事高等教育事业的法人，原告田永诉请其颁发毕业证、学位证，正是由于其代表国家行使对受教育者颁发学业证书、学位证书的行政权力时引起的行政争议，可以适用行政诉讼法予以解决。

原告田永没有得到被告北京科技大学颁发的毕业证、学位证，起因是北京科技大学认为田永已被按退学处理，没有了学籍。《教育法》第 28 条规定的学校及其他教育机构行使的权力中，第 4 项明文规定："对受教育者进行学籍，实施奖励或者处分。"由此可见学籍管理也是学校依法对受教育者实施的一项特殊的行政管理。因而，审查田永是否具有学籍，是本案的关键。

原告田永经考试合格，由被告北京科技大学录取后，即享有该校的学籍，取得了在该校学习的资格，同时也应当接受该校的管理。教育者在对受教育者实施管理中，虽然有相应的教育自主权，但不能违背国家法律、法规和规章的规定。田永在补考时虽然携带写有与考试有关内容的纸条，但是没有证据证明其偷看过纸条，其行为尚未达到考试作弊的程度，应属于违反考场纪律。北京科技大学可以根据本校的规定对田永违反考场纪律的行为进行处理，但是这种处理应当符合法律、法规、规章规定的精神，至少不得重于法律、法规、规章的规定。国家教育委员会 1990 年 1 月 20 日发布的《普通高等学校学生管理规定》第 12 条规定："凡擅自缺考或考试作弊者，该课程成绩以零分计，不准正常补考，如确实有悔改表现的，经教务部门批准，在毕业前可给一次补考机会。考试作弊的，应予以纪律处分。"第 29 条规定应予退学的 10 种情形中，没有不遵守考场纪律或者考试作弊应予退学的规定。北京科技大学的《关于严格考试管理的紧急通知》，不仅扩大了认定"考试作弊"的范围，而且对"考试作弊"的处理方法明显重于《普通高等学校学生管理规定》第 12 条的规定，也与第 29 条规定的退学条件相抵触，应属无效。另一方面，按退学处理，涉及被处理者的受教育权利，从充分保障当事人权益的原则出发，作出处理决定的单位应当将该处理决定直接向被处理者本人宣布、送达，允许被处理者本人提出申辩意见。北京科技大学没有照此原则办理,忽视当事人的申辩权利,这样的行政管理行为不具有合法性。北京科技大学实际上从未给田永办理过注销学籍,迁移户籍、档案等手续。特别是田永丢失学生证以后,该校又在1996年9月为其补办了学生证并注册,这一事实应视为该校自动撤销了原对田永作出的按退学处理的决定。此后发生的田永在该校修满四年学业,还参加了该校安排的考核、实习、毕业设计,其论文答辩也获得通过等事实,均证明按退学处理的决定在法律上从未发生过应有的效力,田永仍具有北京科技大学的学籍。北京科技大学辩称,田永能够继续在校学习,是校内某些部门及部分教师的行为,不能代表本校意志。鉴于这些部门及部分教师的行为,都是北京科技大学的职务行为,北京科技大学应当对该职务行为产生的后果承担法律责任。

国家实行学业证书制度。原告田永既然具有北京科技大学的学籍,在田永接受正规教育、学习结束并达到一定学历水平和要求时,北京科技大学作为国家批准设立的高等学校,应当依照《教育法》第28条第1款第5项及《普通高等学校学生管理规定》第35条的规定,给田永颁发相应的学业证明,以承认其具有的相应学历。

国家实行学位制度。原告田永是大学本科生,在其毕业后,按照《中华人民共和国学位条例》第4条的规定,可以授予学士学位。被告北京科技大学作为国家授权的学士学位授予机构,应当依照《中华人民共和国学位条例暂行实施办法》第4条、第5条规定的程序,组织有关人员对田永的毕业成绩、毕业鉴定等材料进行审核,以决定是否授予其学士学位。

关于高等院校毕业生派遣问题。《毕业生就业派遣报到证》,是各省、自治区、直辖市主管毕业生调配的教育行政部门下达的就业计划签发的。普通高等学校根据《普通高等学校毕业生就业工作暂行规定》第9条的规定,应当履行将毕业生的有关资料上报所在地的教育行政主管部门的职责,以供当地教育行政部门审查和颁发毕业派遣证。原告田永取得大学毕业资格后,被告北京科技大学理应履行上述职责。

《中华人民共和国国家赔偿法》第3条、第4条规定的行政赔偿范围,只包括违法行政行为对受害人人身权或者财产权造成的实际侵害。目前,国家对大学生毕业分配实行双向选择的就业政策,并非学生毕业后就能找到工作,获得收入。因此,被告北京科技大学拒绝颁发证书的行为,只是使原告田永失去了与同学同期就业的机会,并未对田永的人身权和财产权造成实际损害。故田永以北京科技大学未按时颁发毕业证书致使其既得利益受到损害为由提出的赔偿经济损失主张,不能成立。

原告田永在考试中有违反考场纪律的行为,被告北京科技大学据此事实对田永作出的按退学处理的决定虽然不能成立，但是并未对田永的名誉权造成损害。因此，田永起诉请求法院判令北京科技大学在校报上向其赔礼道歉，为其恢复名誉，不予支持。

综上，北京市海淀区人民法院于1999年2月14日判决：

一、被告北京科技大学在本判决生效之日起30日内向原告田永颁发大学本科毕业证书；

二、被告北京科技大学在本判决生效之日起60日内召集本校的学位评定委员会对原告田永的学士学位资格进行审核；

三、被告北京科技大学于本判决生效之日起30日内履行向当地教育行政部门上报原告田永毕业派遣的有关手续的职责；

四、驳回原告田永的其他诉讼请求。

第一审宣判后，北京科技大学提出上诉。理由是：(1)田永已被取消学籍，原判认定学校改变了对田永的处理决定，恢复了其学籍，是认定事实错误；(2)学校依法制定的校校规、校纪及依据该校规、校纪对所属学生作出处理，属于办学自主权范畴，任何组织和个人不得以任何理由干预；(3)学校向一审提交的从教学档案中提取的证据，不属于违法取证，法院应予采信。请求二审撤销原判，驳回田永的诉讼请求。

北京市第一中级人民法院经审理认为：原判认定事实清楚、证据充分，适用法律正确，审判程序合法，应当维持。

【评述】

本案涉及的主要法律问题有：

一是被告的主体资格问题。

行政诉讼的被告有两类：一是国家行政机关；二是根据《行政诉讼法》第25条规定的法律、法规授权的组织。从高等学校的建构来看，学校虽然不属于行政机关，但是根据法律的规定，高等学校对受教育者进行学位管理等权力是国家法律授予的，属于行使行政权力的范围。因此高等学校对学生实施的管理行为是否属于具体行政行为，关键在于看该项管理行为是否属于法律、法规授权的行为。根据《教育法》、《学位条例》的相关规定，高等学校对学生的学籍管理、学位证书、学历证书的颁发，是一种行使公权力的行为，属于履行法定的行政职责，由此产生的争议应当属于行政诉讼的所辖范围。因此，本案一、二审法院以行政诉讼受理本案，是正确的。

二是高校对学生实施管理的权力边界以及受教育者的权利保障问题。

本案的起因是原告因在考场中夹带纸条而被被告认定为作弊行为，进而作出退学处分。退学意味着学籍的取消及受教育者受教育权的剥夺,因此退学处分是一种非常严厉的处分,学校在对学生进行学籍管理中必须严格依照有关规定行使这一权力。尽管学校对学生的管理具有一定的自主性,但是权力必然存在边界,应当与上位法的规定相一致,至少不能严于上位法的规定,并且应与保护学生受教育权的价值取向相一致。原告田永在考场中夹带纸条属于违反考场纪律的行为,被告可以依据有关校规作出处理。但是其所依据的北京科技大学《关于严格考试管理的紧急通知》"关于夹带即为作弊,按退学处理"的规定,明显与《普通高等学校学生管理规定》以及教育部有关规定不一致,其对田永作退学处理,更是直接与《普通高等学校学生管理规定》所规定的法定退学条件相抵触。况且,被告在对原告作出退学处理后,不但未向本人宣布,听取申辩意见,而且也未实际执行,并允许其继续在校参加正常的学习等活动。这一系列行为不仅违背了上位法的规定,违反了处罚的正当程序原则,而且也造成对原告信赖利益的损害。

综上,一、二审法院对该案作为行政诉讼予以受理,并要求学校履行颁发毕业证、审核学位证的判决认定事实清楚,适用法律正确,对原告的其他几项诉讼请求予以驳回也是与法有据,说理得当。

(本案例的"案情"和"审判"部分选自《最高人民法院公报》1999 年第 4 期;"提领"和"评述"部分由作者根据有关法律与学理进行阐述,不代表司法机关的意见)

(骆梅英　撰)

24 兰州常德物资开发部不服兰州市人民政府收回土地使用权批复案

【提领】

本案是一起行政机关就同一事项作出前后两个不同的行政许可,从而引起法律效力上的争议的行政案件。兰州市人民政府已经作出一个土地使用权的许可,然而在缺乏正当理由和明确依据的情况下,又收回了原先作出的行政许可,并将土地使用权许可给另一法人,从而引发了行政诉讼。有关行政许可的效力问题、程序瑕疵问题、法律适用等问题在本案中都有所体现。

【案情】

原告:甘肃省兰州常德物资开发部。

法定代表人:李天荣,该开发部经理。

委托代理人:魏中扬,甘肃省兰州东方律师事务所律师。

被告:甘肃省兰州市人民政府。

法定代表人:朱作勇,该市市长。

委托代理人:黄汉伟、马英,甘肃省兰州市城市规划土地管理局干部。

1995 年 9 月 11 日,原告兰州常德物资开发部(以下称常德开发部)经过申请立项、提交拆迁安置报告,与兰州市城市规划土地管理局(以下称市规划局)草签《兰州市城镇国有土地使用权出让合同书》,并按照合同的约定交纳了土地使用权出让定金 9 万元、庆阳路改建费 42400 元后,得到被告市政府以兰政地字〔1995〕36 号文作出的《关于向兰州常德物资开发部出让国有土地使用权的批复》。该批复同意将本市城关区小稍门外以东、兰州水烟厂以南,面积为 1130.3 平方米的城镇国有土地的使用权,出让给常德开发部作为综合楼建设用地,出让期限为 50 年。

原告常德开发部得到被告市政府同意出让的 1130.3 平方米国有土地使用

权后,于1996年1月31日、2月1日,同兰州海清房地产开发有限公司(以下称海清公司,与常德开发部为同一法定代表人)一起,与兰州泰生房地产开发有限公司(以下称泰生公司),以及当时是泰生公司的第一开发处、后来成为具有独立法人资格的兰州华欧房地产开发有限公司(以下称华欧公司)签订了《合建楼房合同》及其《补充合同》。合同约定:由常德开发部、海清公司出地,泰生公司及其第一开发处投资,双方联合建楼;常德开发部提供资料、证明、介绍信等有关建设手续,合同生效后提供拨地文(图)、建设计划等报批手续原件,泰生公司协助海清公司办理前期报批手续,第一开发处负责一切开发建设、售房事宜。

1996年5月15日,原告常德开发部和海清公司又与泰生公司签约解除《合建楼房合同》。海清公司为解决与《合建楼房合同》履行过程中产生的经济纠纷,于5月18日向甘肃省高级人民法院(以下称省法院)提起民事诉讼。省法院于5月20日制作了民事调解书,其中第1项确定双方签订的《合建楼房合同》终止履行;第4项确定泰生公司于5月28日前退还海清公司交付的8份文件,6月3日前退还新产生的关于此项工程的其他文件。在调解书履行中,海清公司与泰生公司又于5月27日自行和解,愿意继续履行《合建楼房合同》及其《补充合同》。5月28日,省法院主持双方达成《执行和解协议》,确定《合建楼房合同》继续履行。同日,常德开发部、海清公司还与泰生公司商定,将海清公司在《合建楼房合同》中的权利和义务全部移交给常德开发部。11月19日,泰生公司、华欧公司也与常德开发部商定,将泰生公司在《合建楼房合同》中的权利和义务交由华欧公司享有和负担。至此,合建楼房事宜由常德开发部与华欧公司按合同履行。华欧公司在履行合同约定的建设义务时,违反合同约定,单方决定在8层楼房的基础上违章增建5层楼房。为此引起《合建楼房合同》纠纷,常德开发部于1997年8月15日再次向省法院提起民事诉讼。

在合同履行过程中的1997年1月28日,原告常德开发部以〔1997〕兰常字第6号文向兰州市土地有偿使用办公室报告,要求将小稍门外96号国有土地的使用权出让给华欧公司。同日,华欧公司也以〔1997〕兰华房字第1号文向兰州市土地有偿使用办公室报告称:我公司经常与常德开发部协商,同意将小稍门外96号国有土地的使用权经市政府出让到我公司。6月1日、16日,常德开发部分别向市规划局、兰州市土地有偿使用办公室、市房产局发出《关于撤回〔1997〕兰常字第6号文的报告》,要求停止给华欧公司办理土地出让手续。10月20日,市规划局与华欧公司签订《兰州市城镇国有土地使用权出让合同》,将常德开发部已经获得使用权的1130.3平方米土地又出让给华欧公司。同日,市规划局还以兰规土地字〔1997〕第121号、第122号文,将收回常德开发部土地使用权以及将该土地使用权又出让给华欧公司一事,向市政府请示。市政府于10月23日作出兰政地字〔1997〕第42号《关于收回兰州常德物资开发部土地使用权的批复》，内容为：根据《中华人民共和国土地管理法》、《甘肃省实施土地管理法办法》的有关规定，同意将位于本市城关区小稍门外以东、兰州水烟厂以南，面积为1130.3平方米的城镇国有土地使用权收回，另行安排，原兰政地字〔1995〕第36号文同时废止。同日，市政府还以兰政地字〔1997〕第43号文作出《关于向兰州华欧房地产开发有限公司出让国有土地使用权的批复》。11月24日，在省法院开庭审理常德开发部与华欧公司的《合建楼房合同》纠纷时，华欧公司当庭出示了兰政地字〔1997〕第43号批复。12月1日，市政府才向常德开发部送达了兰地字〔1997〕第42号批复。常德开发部不服市政府的批复，于1997年12月2日向省法院提起本案行政诉讼。

经查明，省法院已于1998年4月9日就原告常德开发部与华欧公司的《合建楼房合同》纠纷案作出一审判决，确认在常德开发部与华欧公司的《合建楼房合同》纠纷案中，市规划局与常德开发部签订的土地使用权出让合同、常德开发部与华欧公司签订的《合建楼房合同》及其《补充合同》、1996年5月28日达成的《执行和解协议》，都是有效的；市规划局与华欧公司后来签订的土地使用权出让合同是无效合同，不予确认。华欧公司不服省法院的这一民事判决，已经上诉于最高人民法院。

原告诉称：被告以兰政地字〔1997〕第42号、第43号批复，将已经出让给原告使用的国有土地收回，却又出让给华欧房地产开发有限公司使用。被告的这两个批复，事实不清，适用法律、法规错误，且超越职权行政。请求判令撤销被告的这两个批复，确认被告同意给原告出让土地的原兰政地字〔1995〕第36号批复继续有效。

被告辩称：原告并未实际取得诉争土地的使用权。1997年的这两个批复，是被告应原告的申请，依照法律在自己的职权范围内行使职权的行政行为。况且原告的起诉也超过了诉讼时效。法院应当驳回原告的诉讼请求。

【审判】

兰州市中级人民法院认为：被告市政府的兰政地字〔1997〕第42号、第43号批复，是根据市规划局的请示作出的。而市规划局的请示，又是根据原告常德开发部的〔1997〕兰常字第6号报告和华欧公司〔1997〕兰华房字第1号报告形成的。市政府出让国有土地，是其职权范围内的行政行为，无可非议。常德开发部是在收到市政府第42号批复的第二天即提起诉讼，并未超过法定期限，因此市政府以超过诉讼时效为由提出的抗辩，不能成立。据此，兰州市中级人民法院于1999年5月12日判决：

维持被告兰州市人民政府兰政地字〔1997〕第42号《关于收回兰州常德物资开发部土地使用权的批复》及兰政地字〔1997〕第43号《关于向兰州华欧房地产开发有限公司出让国有土地使用权的批复》。

原告常德开发部不服一审判决,向甘肃省高级人民法院提起上诉。理由是:原审法院查明的事实,已经说明被上诉人市政府于1995年向上诉人常德开发部合法地出让过国有土地使用权。以上诉人名义作出的〔1997〕兰常字第6号报告,现已查明是华欧公司个别人伪造的,并且上诉人已声明撤回作废,要求暂停将上诉人的国有土地使用权过户给华欧公司。在上诉人没有任何违反土地管理法规行为的情况下,被上诉人收回上诉人的土地使用权,无任何法律依据。况且被上诉人是先将已经出让给上诉人的土地重复出让,后又收回已经出让给上诉人的土地,这是严重的滥用职权的违法行政行为。按照行政诉讼法的规定,对被上诉人滥用职权的具体行政行为应当予以撤销。一审判决维持,是十分错误的。原审法院不审查被上诉人收回土地使用权的批复是否合法,就轻率地判决维持,显然违背了行政诉讼的合法性审查原则。请求二审撤销原判,确认被上诉人所属的土地管理部门与上诉人签订的国有土地使用权出让合同为有效合同,确认被上诉人的兰政地字〔1995〕36号《关于向兰州常德物资开发部出让国有土地使用权的批复》继续有效;确认被上诉人所属的土地管理部门与华欧公司签订的国有土地使用权出让合同为无效合同,判令撤销兰政地字〔1997〕第42号、第43号批复,撤销被上诉人已经为华欧公司办理的兰国用〔1998〕1号临时土地使用权证。

被上诉人市政府未答辩。

甘肃省高级人民法院经审理查明:

1997年6月1日、16日,上诉人常德开发部分别向市规划局、兰州市土地有偿使用办公室、市房产局发出要求停止给华欧公司办理土地出让手续的《关于撤回〔1997〕兰常字第6号文的报告》,其主要内容是:以常德开发部名义作出的〔1997〕兰常字第6号报告,经兰州市公安局鉴定,系华欧公司个别人伪造,华欧公司在履行《合建楼房合同》中有违约行为,因此要求停止给华欧公司办理土地转让手续。

被上诉人市政府以兰政地字〔1997〕第43号文作出的《关于向兰州华欧房地产开发有限公司出让国有土地使用权的批复》中,除批准将争议的土地使用权出让给华欧公司以外,还提到要将上诉人常德开发部原缴付的9万元土地出让定金,抵减华欧公司因本次签约应当缴付的出让金;出让地块界内、外的所有被拆迁居民及单位,均由市拆迁管理部门组织拆迁,由华欧公司负责安置。

被上诉人市政府的兰政地字〔1997〕第42号、第43号批复,在由市规划局负责送达时，市规划局只给华欧公司送达了第43号批复，未给上诉人常德开发部送达。11月24日省法院民事审判庭开庭审理《合建楼房合同》纠纷案，华欧公司当庭出示了第43号批复后，常德开发部才知道市政府有此批复，当即提出争议土地是市政府以兰政地字〔1995〕36号批复出让给他们的，现在又以第43号批复出让给华欧公司，是重复出让。12月1日，市规划局向常德开发部送达了市政府兰政地字〔1997〕第42号批复。

1998年4月6日，被上诉人市政府给华欧公司颁发了兰国用字第1号《临时国有土地使用证》。

除此以外，甘肃省高级人民法院确认了一审查明的其他事实。

甘肃省高级人民法院认为：

1995年9月11日，上诉人常德开发部在经过申请立项、提交拆迁安置报告、与当地政府的土地管理部门签订国有土地使用权出让合同，并按照合同的约定交纳了土地使用权出让定金9万元、庆阳路改建费42400元后，得到被上诉人市政府以兰政地字〔1995〕36号文作出的《关于向兰州常德物资开发部出让国有土地使用权的批复》。至此，常德开发部已经合法取得了争议土地的使用权。常德开发部还在陆续取得《建设用地规划许可证》、《拆迁许可证》等批文后，完成了拆迁任务，与华欧公司合建的楼房也已经竣工。《中华人民共和国城镇国有土地使用权出让和转让暂行条例》第17条规定："土地使用者应当按照土地使用权出让合同和城市规划的要求，开发、利用、经营土地。""未按合同规定的期限和条件开发、利用土地的，市、县人民政府土地管理部门应当予以纠正，并根据情节可以给予警告、罚款直至无偿收回土地使用权的处罚。"常德开发部不具有法律规定的应当给予收回土地使用权处罚的情形。

被上诉人市政府根据其土地管理部门的请示，在上诉人常德开发部已经提出〔1997〕兰常字第6号报告是华欧公司个别人伪造的问题后不进行查证，仍根据该报告作出同意收回常德开发部土地使用权的兰政地字〔1997〕第42号批复，属于事实不清、主要证据不足。

上诉人常德开发部不具有法律规定的应予收回土地使用权的情形。被上诉人市政府的兰政地字〔1997〕第42号批复中，对收回常德开发部土地使用权所适用的法律依据，只笼统提到"根据《中华人民共和国土地管理法》和《甘肃省实施土地管理法办法》的有关规定"，未引出适用的具体条文，违反了法定程序。

在被上诉人市政府收回上诉人常德开发部的土地使用权之前，市政府的土地管理部门事实上已经将同一宗土地使用权又出让给华欧公司。兰政地字〔1997〕第43号批复的内容，涉及华欧公司和常德开发部双方的利益，市政府至今未给常德开发部送达兰政地字〔1997〕第43号批复。这些具体行政行为,都违反了法定程序。

上诉人常德开发部与华欧公司是两个独立法人,法律并未赋予被上诉人市政府有处置行政管理相对人财产的权力。市政府在其兰政地字〔1997〕第43号批复中,决定将常德开发部缴纳的9万元土地出让金定金抵减华欧公司应缴纳的土地出让金,属于超越职权的行政行为。

在省法院主持下,华欧公司和上诉人常德开发部双方于1996年5月28日达成的《执行和解协议书》,其内容是以常德开发部提供土地、华欧公司提供资金为基础的。被上诉人市政府在《执行和解协议书》已经发生法律效力的情况下,收回常德开发部的土地使用权,致使这一法律文书无法履行,属于以行政权干扰审判权。

原审判决认定的事实基本清楚,但适用法律及判决的理由是错误的。鉴于被上诉人市政府的兰政地字〔1997〕第42号、第43号批复存在着事实不清和主要证据不足、违反法定程序以及超越职权等问题,市政府据此批复给华欧公司颁发的《临时国有土地使用证》也属于不当授权。《中华人民共和国行政诉讼法》第54条第2项规定:“具体行政行为有下列情形之一的,判决撤销或者部分撤销,并可以判决被告重新作出具体行政行为:1.主要证据不足的;2.适用法律、法规错误的;3.违反法定程序的;4.超越职权的;5.滥用职权的。”第61条第2项规定,人民法院审理上诉案件,遇到“原判决认定事实清楚,但适用法律、法规错误的,依法改判”。据此,甘肃省高级人民法院于1999年8月9日判决:

一、撤销一审行政判决;

二、撤销被上诉人兰州市人民政府的兰政地字〔1997〕第42号《关于收回兰州常德物资开发部土地使用权的批复》;

三、撤销被上诉人兰州市人民政府的兰政地字〔1997〕第43号《关于向兰州华欧房地产开发有限公司出让国有土地使用权的批复》。

一、二审案件受理费200元,由被上诉人兰州市人民政府负担。

【评述】

本案是一起涉及土地使用权出让争议的行政案件。主要涉及人民法院审查行政许可行为的合法性应当注意哪些问题。

根据我国法律规定,取得土地使用权的方式主要是土地使用权出让和土地使用权划拨。根据我国土地管理法的规定,单位和个人进行建设,需要使用土地的,原则上应当依法申请使用国有土地。使用国有建设用地的建设项目经批准后,建设单位应当持法律、行政法规规定的有关文件,向有批准权的县级以上人民政府土地行政主管部门提出建设用地申请，经土地行政主管部门审查，报本级人民政府批准。批准建设单位使用国有土地的，原则上应当以土地出让等有偿使用方式取得，土地使用权出让可以采取协议、招标或者拍卖的方式进行。因此，得到人民政府的批准，是建设单位依法获得土地使用权的一个重要程序。在土地使用权出让的过程中，政府的批准行为，是一个行政许可行为。而本案争议的焦点正是在于，兰州市人民政府在已经对常德物资开发部作出行政许可的前提下，收回原行政许可，并将同一内容的行政许可授予另一法人，这里的收回和再许可是否合法。尤其是，对原有行政许可的收回是否合法的问题。

从行政法的法理上看，行政行为一旦作出，即具有确定力、公定力和执行力，不仅是行政相对人并且是行政主体自身都不能随意变更、撤回和废止该行政行为，除非有规范依据并基于正当的理由。不然，行政将具有不可预测性，行政主体有可能会滥用权力，公民对公权力的信任和对法律权威的认可也会受到破坏。同时根据行政法上信赖保护和正当期待原则，行政主体也不得随意改变原行政许可权，尤其是那些相对人已经赋予正当期待并开始根据该期待作出行动的许可权。

在行政许可证制度上，一般的原则是被许可人有违法行为、许可证期限届满或者被许可的活动已经完毕的，行政主体可以采取注销、吊销、宣布中止、失效、无效等方式使许可证失去或者暂时失去效力。在特殊情况下，根据被许可人的申请，行政主体也可以作出使许可证失去效力的决定。根据《中华人民共和国城镇国有土地使用权出让和转让暂行条例》第 17 条规定："土地使用者应当按照土地使用合同和城市规划的要求，开发、利用、经营土地。""未按合同规定的期限和条件开发、利用土地的，市、县人民政府土地管理部门应当予以纠正，并根据情节可以给予警告、罚款直至无偿收回土地使用权的处罚。"本案中原告常德开发部在申请立项、提交拆迁安置报告、与当地政府的土地管理部门签订国有土地使用权出让合同，并按照合同的约定缴纳了土地使用权出让定金 9 万元、安阳路改建费 42400 元后，得到市政府以兰政地字〔1995〕36 号文件作出的《关于向兰州常德物资开发部出让国有土地使用权的批复》。至此，常德开发部已经合法取得了争议土地的使用权。常德开发部还在陆续取得《建设用地规划许可证》、《拆迁许可证》等批文后，完成了拆迁任务，与华欧公司合建的楼房也已竣工。可见，常德开发部不具备法定的可以对之收回土地使用权的情形，一系列事实表明，常德开发部已经对原行政许可产生正当期待并付之一系列作为。因此，原告常德开发部不具有法律规定的应当给予收回土地使用权处罚的情形。而且，〔1999〕兰常字第 6 号报告系他人伪造也已被证实。

此外，在行政法上，行政主体在作出具体行政行为时，负有说明理由的义务,它包括事实依据和法律依据。尤其是在作出影响行政管理相对人权利的负担性行政行为时,更应当说明理由。被告市政府在作出兰政地字〔1997〕第 42 号批复,收回了原告已经依法取得的土地使用权,但在该批复中只引用《中华人民共和国土地管理法》和《甘肃省实施土地管理法办法》,却未能引用具体法律条款,作出的具体行政行为具有瑕疵。

当一个行政行为对甲是受益性的,对乙是负担性的时候,行政主体应当向双方送达有关法律文件。被告市政府作出兰政地字〔1997〕第 43 号批复,涉及原告常德开发部和华欧公司的利益,而市政府未向原告常德开发部送达该批复。因此,市政府的具体行政行为违反了法定程序。

综上,一审法院无视市政府在作出具体行政行为过程中的诸多瑕疵,仅仅因为被告市政府具有管理国有土地的行政职权,就判决维持其行政许可行为,明显是错误的。二审法院在全面认清事实、正确适用法律的前提下,依法撤销一审行政判决,撤销被告市政府的有关错误批复,是正确的。

(本案例的"案情"和"审判"部分选自《最高人民法院公报》2000 年第 4 期;"提领"和"评述"部分由作者根据有关法律与学理并参考郑刚主编《最高人民法院公报案例评析——国家赔偿·行政·执行卷》(中国民主与法制出版社 2004 年版)一书进行阐述,不代表司法机关的意见)

(蒋红珍　撰)

25 罗边槽村一社不服重庆市人民政府林权争议复议决定行政纠纷上诉案

【提领】

在重庆市丰都县罗边槽村一社与四社已经达成调解协议,并被人民法院的生效判决认定为具有法律效力的情况下,重庆市丰都县人民政府又作出丰都府发〔1998〕157 号《关于高家镇罗边槽村一、四社林权争议的处理决定》,否定该调解协议具有法律效力。随后,重庆市人民政府渝府复〔1999〕2 号行政复议决定书认定调解协议具有法律效力,撤销《丰都县人民政府关于高家镇罗边槽村一、四社林权争议的处理决定》。罗边槽村一社不服重庆市人民政府渝府复〔1999〕2 号行政复议决定,向重庆市高级人民法院提起行政诉讼。法院作出维持判决之后,罗边槽村一社上诉至最高人民法院。最高人民法院作出"驳回上诉、维持原判"的终审判决。本案收录于《最高人民法院公报》2000 年第 6 期,对类似案件的处理,具有一定的判例指引的作用。

【案情】

上诉人(一审原告):重庆市丰都县罗边槽村一社(现为重庆市丰都县罗边槽村五社)。

法定代表人:陈仕富,该社社长。

委托代理人:向定林,该社会计。

委托代理人:黄平,重庆市丰都县律师事务所律师。

被上诉人(一审被告):重庆市人民政府。住所地:重庆市渝中区人民路 232 号。

法定代表人:包叙定,该市代市长。

委托代理人:傅强,该市人民政府法制办公室干部。

委托代理人:刘炳国,该市人民政府法制办公室干部。

被上诉人(一审第三人):重庆市丰都县罗边槽村四社。

法定代表人:张维贵,该社社长。

1997年2月20日,重庆市丰都县林业局(以下称丰都县林业局)收到丰都县人民政府转来的重庆市丰都县高家镇罗边槽村一、四社(以下分别简称罗边槽村一社、罗边槽村四社)请求确定林地林木所有权的申请书,遂于同年6月29日,在丰都县林业局、高家镇人民政府、高家镇林业站、罗边槽村村民委员会的主持下,罗边槽村一、四社达成了"林地林木权属争议调解协议"。该协议书有一社社长谭洪银、四社社长张维民等人员签字;有丰都县林业局、高家镇人民政府、高家镇林业站、罗边槽村村民委员会等调解人员签字,但没有加盖林权争议处理机构印章。同年7月9日,丰都县林业局以丰都林发〔1997〕46号文向丰都县人民政府呈报《关于高家镇罗边槽村一、四社林地林木权属争议的调解情况的报告》,该报告加盖了丰都县林业局印章,并附有调解协议书。同年12月7日,罗边槽村一、四社再次为山林权属发生纠纷。1998年6月,丰都县人民政府根据罗边槽村一社的申请,责成丰都县林业局、丰都县信访办、高家镇人民政府组成联合调查组,对该林权争议进行调查。此间,罗边槽村4组村民张德富与罗边槽村1组发生民事纠纷,1998年4月15日,丰都县人民法院作出〔1998〕丰民初字第127号民事判决,该判决认定"罗边槽村1组与4组双方在县林业局和高家镇政府主持下达成的界线调解协议有效";同年8月14日,重庆市第三中级人民法院作出〔1998〕渝三中民终字第275号民事判决书,该判决认定"罗边槽村1组与4组在丰都县林业局及有关部门调解下达成的界线协议应为有效"。同年12月3日,丰都县人民政府以丰都府发〔1998〕157号作出《关于高家镇罗边槽村一、四社林权争议的处理决定》。罗边槽村四社不服,向重庆市人民政府申请复议。1999年4月12日,重庆市人民政府作出渝府复〔1999〕2号行政复议决定,该决定认为,高家镇罗边槽村一、四社达成的调解协议具备《林木林地权属争议处理办法》第18条规定的要件,丰都县林业局呈报给丰都县人民政府的《关于高家镇罗边槽村林地林木权属争议的调解情况的报告》和作为附件的调解协议书系主从关系,具有法律效力。为此,根据《行政复议条例》第42条第4项第5目的规定,撤销《丰都县人民政府关于高家镇罗边槽村一、四社林权争议的处理决定》。

罗边槽村一社不服重庆市人民政府渝府复〔1999〕2号行政复议决定,向重庆市高级人民法院提起行政诉讼。

一审法院经审理认为:罗边槽村一、四社为相邻的林木林地发生争议后,丰都县林业局、高家镇人民政府、高家镇林业站、罗边槽村村民委员会在调查了解的基础上,主持双方进行调解,并达成了《林地林木权属争议调解协议》,该协议系双方当事人真实意思的表示，且符合《林木林地权属争议处理办法》第 18 条的规定，具有法律效力。丰都县人民政府明知罗边槽村一、四社双方达成的《林地林木权属争议调解协议书》具有法律效力，其又对同一争议地作出处理决定，系重复处置行为，无法律依据。被告作出的渝府复〔1999〕2 号行政复议决定，认定事实清楚，适用法律正确，程序合法。依照《行政诉讼法》第 54 条第 1 项的规定，判决维持重庆市人民政府 1999 年 4 月 12 日作出的渝府复〔1999〕2 号行政复议决定；一审诉讼费 1000 元，由罗边槽村一社负担。

罗边槽村一社不服重庆市高级人民法院对该社诉重庆市人民政府林权争议复议一案作出的〔1999〕渝高法行初字第 2 号行政判决，向最高人民法院提起上诉。

上诉人罗边槽村一社诉称：罗边槽村一、四社达成的"林地林木权属争议调解协议"既未以林权证、土地证为依据，又未按照《林木林地权属争议处理办法》第 18 条的规定在调解协议书上加盖林权争议处理机构印章，且丰都县林业局丰都林发〔1997〕46 号报告上虽盖有丰都县林业局印章，但并不能以此印章来代替调解协议书上的印章，故该调解协议书不符合《林木林地权属争议处理办法》第 18 条的规定，不具有法律效力；丰都县人民政府根据《中华人民共和国森林法》第 17 条规定依法作出的丰都府发〔1998〕157 号决定，是丰都县人民政府的第一次处理决定，不属于重复处置行为；丰都县林业局主持达成的调解协议，违反《森林法》第 17 条关于处理机构主体资格的规定。一审法院认定该调解协议书具有法律效力，并认定丰都县人民政府作出的〔1998〕157 号决定系重复处置行为均是错误的。请求撤销〔1999〕渝高法行初字第 2 号行政判决。

被上诉人重庆市人民政府辩称：根据国务院《国家行政机关公文处理办法》第 2 条、第 9 条、第 10 条的规定，丰都县林业局丰都林发〔1997〕46 号《关于高家镇罗边槽村一、四社林地林木权属争议的调解情况的报告》是行政机关的正式公文，其与作为附件的罗边槽村一、四社达成的"林地林木权属争议调解协议"是不可分割的整体，且该调解协议书有两社社长，罗边槽村村长、村支书以及调解人员等签名或盖章，并报丰都县人民政府备案，该调解协议书符合《林木林地权属争议处理办法》第 18 条的规定；丰都县林业局主持调解林权纠纷是规章赋予的职权，不需要丰都县人民政府批准，符合《森林法》第 17 条规定的处理机构的主体资格；根据《森林法》第 17 条的规定，重庆市人民政府有权处理罗边槽村一、四社之间的林地林木权属争议。请求维持一审判决。

【审判】

最高人民法院认为：重庆市丰都县高家镇罗边槽村一、四社之间的林地林木权属争议，在丰都县林业局、高家镇人民政府、高家镇林业站、罗边槽村村民委员会调解下，达成了“林木林地权属争议调解协议”。虽然该调解协议书未加盖林权争议处理机构的印章，与林业部《林木林地权属争议处理办法》第18条关于“林权争议经林权争议处理机构调解达成协议的，当事人应当在协议上签名或者盖章，并由调解人员署名，加盖林权争议处理机构印章，报同级人民政府或者林业行政主管部门备案”的规定不尽一致，但丰都县林业局以丰都林发〔1997〕46号文向丰都县人民政府呈报的《关于高家镇罗边槽村一、四社林地林木权属争议的调解情况的报告》中盖有林业局的印章，附有调解协议书，可视为林业局对该调解协议书的认可；而且该调解协议书被重庆市第三中级人民法院〔1998〕渝三中民终字第275号民事判决认定为具有法律效力。依照《森林法》第17条关于“单位之间发生的林木、林地所有权和使用权争议，由县级以上人民政府依法处理”的规定，重庆市丰都县人民政府有权处理丰都县高家镇罗边槽村一、四社之间的林地林木权属争议。但是，在罗边槽村一、四社已经达成调解协议，并被人民法院的生效判决认定为具有法律效力的情况下，重庆市丰都县人民政府又作出丰都府发〔1998〕157号《关于高家镇罗边槽村一、四社林权争议的处理决定》，否定该调解协议具有法律效力，与人民法院的生效判决相抵触，属于超越职权。重庆市人民政府渝府复〔1999〕2号行政复议决定书认定调解协议具有法律效力，撤销《丰都县人民政府关于高家镇罗边槽村一、四社林权争议的处理决定》证据充分，适用法律、法规正确，符合法定程序，依法应予维持。上诉人的上诉理由不能成立，本院不予支持。一审判决认定事实基本清楚，适用法律、法规正确，审理程序合法。本院根据《行政诉讼法》第54条第1项、第61条第1项的规定，判决如下：

驳回上诉，维持原判。

二审诉讼费1000元，由上诉人丰都县罗边槽村一社（现丰都县罗边槽村五社）负担。

本判决为终审判决。

【评述】

本案在提起行政诉讼之前，经历了调解、行政裁决、行政复议等过程，可谓一波三折。而对这些行为的认识也影响到法院对案件的处理。在这里，我们仅简要分析一下本案的级别管辖问题。

级别管辖，是指按照法院的组织系统来划分上下级人民法院之间受理第一审案件的分工和权限。我国《行政诉讼法》第15条规定：“高级人民法院管辖本辖区内重大、复杂的第一审行政案件。”那么，如何认识这里的“重大、复杂”呢？

一般认为，所谓由高级人民法院管辖的重大、复杂的第一审行政案件，是指在某个省、自治区、直辖市范围内所提起的案情重大、涉及面广且具有重大影响的案件。具体说来，通常是指那些人民群众反映强烈、涉及重大公共利益以及以省级人民政府为被告的案件。

在本案中，一审原告罗边槽村一社因不服重庆市人民政府渝府复〔1999〕2号行政复议决定，以该直辖市人民政府为被告而提起行政诉讼。因此，将重庆市高级人民法院作为本案的第一审法院是完全合适的。

（本案例的“案情”和“审判”部分选自《最高人民法院公报》2000年第6期；“提领”和“评述”部分由作者根据有关法律与学理进行阐述，不代表司法机关的意见）

（高春燕　撰）

26 宜昌市妇幼保健院不服宜昌市工商行政管理局行政处罚决定案

【提领】

本案是一起因医院在购销药品中收受医药公司款、物，被工商部门界定为不正当竞争行为，并进行行政处罚，医院不服向法院提起诉讼的行政案件。本案经过两审。一审法院认为行政处罚决定认定事实清楚，适用法律正确，判决维持。二审法院予以维持。本案终审判决于2000年作出，收录于《最高人民法院公报》，对我国的司法审判实践具有判例指引的作用。

【案情】

原告：湖北省宜昌市妇幼保健院。住所地：湖北省宜昌市夷陵路118号。

法定代表人：姚昌本，该院院长。

委托代理人：张培，该院副院长。

委托代理人：姚志成，湖北西陵律师事务所律师。

被告：湖北省宜昌市工商行政管理局。住所地：湖北省宜昌市果园二路。

法定代表人：王勇，该局局长。

委托代理人：孙昌伟、蔡异新，该局干部。

原告湖北省宜昌市妇幼保健院（以下称保健院）为全额拨款的全民所有制卫生事业单位，服务对象面向社会，开设内、外、妇、儿、皮肤、医疗美容、口腔等诊疗科目。自1998年11月至1999年8月期间，保健院在药品采购活动中，先后收受宜昌市医药公司等10家药品经销企业给付的25笔款计54921.58元，收受价值3800元的空调一台，两项合计58721.58元。以上收受的款、物，分别计入了该院财务账的其他收入科目和固定资产科目中。1999年11月，被告工商局在对保健院的药品购销活动进行检查时发现这一问题，通过立案、调查后于2000年2月1日，向保健院送达了工商述字〔2000〕第27号《行政处罚决定告知书》。保健院在法定期间内未行使陈述、申辩权。2月11日，工商局作出宜市工商处字〔2000〕27号行政处罚决定，以保健院收受款、物的行为违反了《中华人民共和国反不正当竞争法》第8条第1款、国家工商行政管理局〔1996〕第60号令《关于禁止商业贿赂行为的暂行规定》第2条第1款、第4条的规定为由，根据《反不正当竞争法》第22条的规定，决定对保健院处罚款1万元。2月13日，行政处罚决定书送达保健院。保健院不服，向宜昌市西陵区人民法院提起诉讼。

原告诉称：一、被告的行政处罚决定存在着认定事实和适用法律的错误。(1)被告认定我院收受26笔款、物计58721.58元中，认定我院收受安琪生物制药公司经营部的那一笔有误。我院于1999年7月9日接受安琪生物制药公司经营部捐赠的15900元后，已于同年12月17日退给该经营部7846.39元，这笔退款应当从总收受款数中扣除。因此我院实际受赠数额应为50875.19元，不是58721.58元。(2)受赠全部款、物已经依法列入我院财务账，这是一种明示的折扣行为，不属于商业贿赂。即使折扣比例不当或者入账科目不对的问题确实存在，也不应由工商行政管理机关查处。(3)我院是全民所有制财政全额拨款的公益事业单位，不是能够作为市场主体的经营者，不属于《反不正当竞争法》调整的范围。二、被告的行政处罚决定存在着程序违法的问题。(1)被告在《检查通知书》中通知的被检单位是“宜昌市妇幼保健医院”，不是我们“宜昌市妇幼保健院”。被告持这样的《检查通知书》对我院进行调查，是调查的对象错误。(2)被告的行政处罚决定书只记载了我院接受捐赠的总数额，未载明据以认定该数额的证据。

被告辩称：一、原告在1998年11月至1999年8月间的药品购销活动中收受的58721.58元款、物，虽然入了本单位财务账，但所入科目不能如实准确地反映购药成本，其行为实质上是账外暗中收受回扣。二、原告作为药品购销活动中的购方单位，本身不是消费者，所购药物转手卖给了患者。原告虽然是全额拨款的医疗卫生事业单位，但是其日常业务活动都是有偿的，其采购药品的行为是一种商品经营行为，属于《反不正当竞争法》调整的对象。根据国家工商总局《关于禁止商业贿赂行为的暂行规定》的第4条和国家工商总局、卫生部、国家医药管理局、国家中医药管理局、国务院纠风办工商公字〔1996〕第127号文件规定的精神，对于医疗卫生机构在药品购销活动中收受回扣及其他商业贿赂行为，工商行政管理机关有权依照反不正当竞争法的规定进行查处。

【审判】

宜昌市西陵区人民法院审理认为：原告保健院称其在收受安琪生物制药公司经营部的15900元后又退回7846.39元，这笔退款应当从总收受款数中扣除。因此收受款、物的总额应为50875.19元，不是58721.58元。保健院的这一主张，不仅与自己的账目记载不符，也不能提供出相关证据，不能成立。被告工商局认定保健院收受了总额为 58721.58 元的款、物，是正确的。

《反不正当竞争法》第 2 条第 3 款规定："本法所称的经营者，是指从事商品经营或者营利性服务（以下所称商品包括服务）的法人、其他经济组织和个人。"此条规定将从事商品经营或者营利性服务的法人、其他经济组织和个人统称为经营者，并未对经营者的经济性质进行区分。原告保健院虽属全额拨款的公益卫生事业单位，但从其业务活动看，所提供的医疗服务和销售的药品都是有偿的，因此其购销药品是商品经营行为。另外，《反不正当竞争法》第 8 条第 1 款规定："经营者不得采用财物或其他手段进行贿赂以销售或购买商品。在账外暗中给予对方单位或个人回扣的，以行贿论；对方单位或个人在账外暗中收受回扣的，以受贿论。"其中的对方单位或个人，更不是专指经营者，包括了所有从事公务采购活动而在账外暗中收受回扣的单位和个人。保健院采购药品，是其从事的公务活动之一。从事此项活动时的保健院，是《反不正当竞争法》所称的经营者。保健院称其不属于《反不正当竞争法》的调整对象，理由不能成立。

《反不正当竞争法》第 8 条第 2 款规定："经营者销售或者购买商品，可以以明示方式给对方折扣，可以给中间人佣金。经营者给对方折扣、给中间人佣金的，必须如实入账。接受折扣、佣金的经营者必须如实入账。"所谓回扣，是指因购销活动而在账外、暗中给予或者接受对方的现金、实物。所谓折扣，是指在购销商品时，以明示并如实入账的方式给予或接受的价格优惠。两者虽然都是在经营活动中给付或者接受对方的一定经济利益，但区别在于回扣是账外、暗中进行的，对回扣与经营活动的联系，当事人在公开场合采取回避态度；而折扣是以明示并如实入账的方式进行，当事人无需回避折扣与经营活动之间的联系。这里所说的账，是指按照财会制度设立的、能够如实反映经营活动的账目，不是指除此以外的其他账目。原告保健院虽然将在药品采购活动中收受药品经销企业给付的款、物入了账，但所入的并非反映药品购销活动的经营账，而是其他账目。这种入账方式，不能如实反映接受款、物与采购药品之间的联系，不能反映所购药品的实际成本，不能如实反映双方之间的经营活动。因此以这种入账方式接受款、物，对于药品经营活动来说，还是账外的、暗中的。被告工商局认定保健院收受款、物的行为属于账外暗中收受回扣，是正确的。保健院诉称这是一种明示的折扣行为，理由不能成立。工商局根据《反不正当竞争法》第 22 条对保健院处以罚款 1 万元，于法有据。

被告工商局出具的《检查通知书》上开列的被检单位是"宜昌市妇幼保健医院"，与原告保健院的单位名称相差一个字。工商局要调查和处罚的事实，确实发生在保健院。对工商局调查并处罚的事实，保健院除在没有证据的情况下主张已经给安琪生物制药公司经营部退还 7864.39 元外，并不否认其他事实与自己有关。因此，不存在调查对象错误的问题。《检查通知书》上开列的被检单位名称，实属笔误。

被告工商局制作的行政处罚决定书，虽然只载明违法事实，没有按照《中华人民共和国行政处罚法》的规定载明认定这些事实的证据，但这些证据在进行处罚时已经存在，并且原告保健院只对事实的定性有异议，并不否认事实本身的存在。这说明，行政处罚决定书存在着制作不规范、内容不完备的问题。

一审法院据此作出判决，认定被告工商局作出的宜市工商处字〔2000〕27 号行政处罚决定书，认定事实清楚，适用法律正确，虽然存在着制作不规范的问题，但不构成违反法定程序，应当维持。

保健院不服一审判决，向湖北省宜昌市中级人民法院提起上诉。理由是：上诉人是全额拨款的卫生事业单位，是为社会提供医疗保健服务而使用药品，并非变相买卖药品。上诉人从事的是非营利性公益事业，所获收益用于弥补财政拨款的不足。上诉人收受的捐赠款、物，按规定不记入药品账，不存在账外暗中收受回扣的问题。原判认定上诉人是《反不正当竞争法》调整的经营者，账外暗中收受了回扣，是错误地适用了法律。另外，被上诉人进行行政处罚，没有进行听证程序，违反了行政处罚法的规定。

宜昌市中级人民法院审理认为：上诉人保健院虽为财政全额拨款的非营利性公益卫生事业单位，但其日常业务活动是营利的，这种活动是与市场竞争有关的经营行为，应当依照《反不正当竞争法》去规范。依法规范保健院的经营行为，不影响保健院将在经营中的获利用于其所称的弥补财政拨款不足。上诉人主张其收受款、物属于捐赠款、物。而捐赠与回扣或者折扣是不同的概念。捐赠可以发生在任何时候，捐赠是无偿的，不能以受捐赠人必须对捐赠人的经营活动作出回报为前提。回扣或者折扣则发生在经营活动中，是经营者为促成经营使用的手段，接受回扣或者折扣的一方必须与经营者做成交易，才能获得回扣或者折扣。虽然保健院对收受的款、物冠以“捐赠”的名义，但不能掩盖保健院是因做成药品交易而收受了这些款、物的真相。由于保健院对收受的款、物虽然入了账，但不是如实入账，不符合折扣“明示并如实入账”的要求，所以保健院上诉主张这些款物是变相折扣或高额折扣，理由也不能成立。

参照国家工商行政管理局制定的《工商行政管理机关行政处罚听证暂行规则》第 6 条第 3 项的规定，工商行政管理机关对法人或者其他组织处以 5 万元以上的罚款，应当告知当事人有要求举行听证的权利。被上诉人工商局对上诉人保健院所处罚款为 1 万元，没有达到行政处罚法中关于“较大数额罚款”的规定，依法可以不适用听证程序。保健院上诉称工商局未适用听证程序违反了行政处罚法的规定,其理由仍然不能成立。

据此,湖北省宜昌市中级人民法院判决驳回上诉,维持原判。

【评述】

本案所涉及的主要法律问题有:

一是原告是否应当受到行政处罚。

关键在于保健院的行为是否受《反不正当竞争法》的调整,该法第 2 条第 3 款所称经营者是指“从事商品经营或营利性服务的法人、其他经济组织或个人”。因此商品经营行为是指经营者所从事的有偿商业行为。保健院虽属于全民所有制财政全额拨款单位,本身不是消费者,但其所购药品转手卖给患者,提供的医疗服务和销售的药品都是有偿的。另外,该条款并未对经营者的经济性质进行区分,因此,该法所调整的不仅包括经核准登记的经营者,也包括其他从事营利性行为等与市场竞争有关的主体。因此,保健院购销药品的行为受《反不正当竞争法》调整。而且,根据国家工商总局《关于禁止商业贿赂行为的暂行规定》的第 4 条和国家工商总局、卫生部、国家医药管理局、国家中医药管理局、国务院纠风办工商公字〔1996〕第 127 号文件规定的精神,对于医疗卫生机构在药品购销活动中收受回扣及其他商业贿赂行为,工商行政管理机关有权依照反不正当竞争法的规定进行查处。因此,本案保健院的行为可以构成行政处罚的对象。

二是原告收受款、物行为的性质。

保健院收受的款、物属于接受捐赠还是回扣、折扣? 所谓捐赠是无偿的,而回扣和折扣则发生在经营活动中,是经营者促成交易的手段。保健院辩解为接受捐赠却掩盖不了因做成药品交易而受收款、物的真相。而回扣和折扣的区别则在于,前者是账外暗中收取,后者则是明示入账。本案中,保健院在药品购销活动中收取的款、物,虽然入了单位财务账的其他收入科目和固定资产科目中,但这种入账方式,不能如实反映接受款、物与所购药品之间的联系,所入科目不能如实反映购药成本,以及双方之间的真实经营活动。因此,其行为实质上是账外暗中收取回扣的行为。

综上,一、二审法院认定处罚合法、予以维持认定事实清楚、适用法律正确,判决得当。

(本案例的“案情”和“审判”部分选自《最高人民法院公报》2001 年第 4 期;“提领”和“评述”部分由作者根据有关法律与学理并参考郑刚主编《最高人民法院公报案例评析——国家赔偿·行政·执行卷》(中国民主与法制出版社 2004 年版)一书进行阐述,不代表司法机关的意见)

(骆梅英　撰)

27 李治芳不服交通事故责任重新认定决定案

【提领】

本案是一起对交通事故责任认定提起行政复议，继而提起行政诉讼的案件。本案的重要意义在于，本案以一个重要的案例的形式，解答了长期存在于理论争议中交通事故责任认定能否单独提起行政复议和行政诉讼的问题。本案被受理的意义已经超过了审理结果本身。可以说，在本案之后，交通事故责任认定被单独提起复议和行政诉讼被正式认可。

【案情】

原告：李治芳，男，30岁，福建省连城县烟草公司驾驶员，住连城县莲峰镇。

委托代理人：吴生发，福建省连城县法律服务中心法律工作者。

被告：福建省龙岩市公安局交通警察支队。

法定代表人：叶鉴金，该支队支队长。

委托代理人：叶圻、陈海岩，龙岩市公安局交通警察支队干警。

第三人：邱家流，男，51岁，工人，住连城县莲峰镇。

第三人：刘莲华，女，42岁，居民，系邱家流妻子，住址同上。

第三人：邱炳钦，男，41岁，农民，住连城县揭乐乡。

第三人：谢小玲，女，40岁，农民，系邱炳钦妻子，住址同上。

第三人：周丽华，女，19岁，居民，住连城县莲峰镇。

第三人：李霞，女，成年，居民，住连城县商业局综合厂宿舍。

2000年7月26日，第三人邱家流、刘莲华之子邱森彬无证驾驶闽FH2042号二轮摩托车，后载第三人邱炳钦、谢小玲之女邱丽君和第三人周丽华、李霞等三人，由文亨方向往连城城区行驶。原告李治芳驾驶闽F60590号金杯牌小客车，由连城城区往文亨方向行驶。双方行至建文线175km＋920m处交会时发生碰撞,造成邱森彬受伤后送医院经抢救无效死亡,邱丽君当场死亡,李霞、周丽华受伤,两车损坏的重大交通事故。同年 8 月 25 日,连城交警队作出的第 20001033 号《道路交通事故责任认定书》认定:邱森彬无证驾车、超载三人、占道行驶,应负事故的主要责任;李治芳车速过快、疏忽大意、临危采取措施不当,应负事故的次要责任。第三人邱家流不服连城交警队的责任认定,向被告龙岩交警队申请复议。同年 10 月 12 日,龙岩交警队以〔2000〕第 343 号《道路交通事故责任重新认定决定书》,撤销了连城交警队第 20001033 号《道路交通事故责任认定书》,重新认定邱森彬无证驾车、违章载人妨碍驾驶、占道行驶,是造成交通事故的原因之一,应负本次事故的同等责任;李治芳驾驶车辆占道行驶,是造成事故的原因之一,应负本次事故的同等责任。李治芳不服该重新认定,提起诉讼。

被告福建省龙岩市公安局交通警察支队(以下称龙岩交警队)于 2000 年 10 月 12 日作出〔2000〕第 343 号《道路交通事故责任重新认定决定书》,认定:(1)邱森彬无证驾车,违章载人妨碍驾驶,占道行驶,是造成交通事故的原因之一,其行为违反了《道路交通管理条例》第 6 条、第 25 条、第 33 条第 1 项、第 49 条第 1 项的规定;(2)李治芳驾车占道行驶,未遵守右侧通行的原则,是造成交通事故的原因之一,其行为违反了《道路交通管理条例》第 6 条、第 49 条第 1 项的规定。决定撤销福建省连城县交通警察大队(以下称连城交警队)第 20001033 号《道路交通事故责任认定书》的责任认定,重新认定邱森彬和李治芳负本事故的同等责任。原告李治芳不服该决定,向福建省连城县人民法院提起行政诉讼。

原告诉称:被告的重新认定决定书,以原告占道行驶为由推翻连城交警队的责任认定,是错误的。认定原告占道行驶,没有事实根据。请求依法撤销被告的责任重新认定决定书,并判决被告重新作出责任认定。

被告辩称:此次重大交通事故的发生有两个原因。原告李治芳的责任是:第一,《道路交通事故现场勘查图》和现场照片反映,李治芳采取紧急制动留在道路上的制动拖印,是从道路中心线左侧 0.5m 呈斜线状往右侧滑行,证明李治芳在发现危险前占据对方道路行驶。由于李治芳未遵守右侧通行的原则驾车占道行驶,才使邱森彬在会车时对李治芳的行车动态判断失误,造成事故的发生。第二,现场勘查图表明,肇事路段宽直,视线良好,很早就可以发现对方来车的动态。从李治芳留下的制动压印长 3.6m、拖印长 15.1m 可以判断,李治芳发现险情时距离对向来车应在 30m 以上。这个距离内,只要驾驶员反映及时、处置有效,是可以避免事故发生的。但由于李治芳车速过快,驾车时疏忽大意,以致发现险情后采取紧急避险的措施不当。当然,对方邱森彬无证驾驶摩托车，后载三人，妨碍操作，交会车时占道行驶，也是造成交通事故的原因。综上所述，被告的责任认定事实清楚，证据确实，适用法律正确，程序合法，人民法院应当维持被告作出的责任重新认定决定书。

【审判】

福建省连城县人民法院认为：

现场勘查简图和道路交通事故照片表明，原告李治芳驾驶的金杯牌小客车的轮胎制动拖印起于连城城区往文亨方向路中线左侧 0.5m，沿斜线向右进入自己一侧的车道内后，又前行约 6.15m，在距离路中线 0.46m 处出现轮胎制动拖印拐点（即两车碰撞点）。这些证据证明，两车碰撞时，李治芳驾驶的金杯牌小客车在自己一侧的车道内，而邱森彬驾驶的二轮摩托车处在占道位置。被告龙岩交警队认定李治芳驾驶的金杯牌小客车占道行驶，无事实根据，认定有误；认定邱森彬无证驾驶，违章载人妨碍驾驶，占道行驶，事实清楚，证据充分，应予确认。据此，该院于 2000 年 12 月 19 日判决：

撤销被告龙岩交警队所作的〔2000〕第 343 号《道路交通事故责任重新认定决定书》中关于责任认定的部分。龙岩交警队应从判决生效之日起 30 日内对本事故重新作出责任认定。

案件受理费 100 元，其他诉讼费 500 元，由被告龙岩交警队负担。

第一审宣判后，龙岩交警队不服提起上诉，理由是：被上诉人李治芳的占道行驶，有现场勘查简图和道路交通事故照片上金杯牌小客车的制动拖印证明，是不容否认的事实。制动拖印起于道路中心线左侧 0.5m，只说明该车是从这里开始留下制动拖印，不能说明该车在留下制动拖印前也一直是仅占据道路左侧 0.5m。在两车相会的情况下，李治芳占道行驶，势必影响对方来车作出正确判断。原审判决否定李治芳占道行驶的事实，是认定事实不清。请求撤销一审判决，改判维持上诉人的〔2000〕第 343 号《道路交通事故责任重新认定决定书》。

福建省龙岩市中级人民法院经二审，查明的事实与一审相同。

龙岩市中级人民法院认为：

1991 年 9 月 22 日国务院以第 89 号令发布的《道理交通事故处理办法》第 17 条第 2 款规定："当事人有违章行为，其违章行为与交通事故有因果关系的，应当负交通事故责任。当事人没有违章行为或者虽有违章行为，但违章行为与交通事故无因果关系的，不负交通事故责任。"第 19 条第 2 款规定："两方当事人的违章行为共同造成交通事故的，违章行为在交通事故中作用大的一方负主要责任，另一方负次要责任；违章行为在交通事故中作用基本相当的，两方负同等责任。”

道路交通事故责任认定,首先要查明道路交通事故发生时,各方当事人的哪些行为与事故的发生有因果关系,然后认定这些行为是否违章,行为人应当承担什么责任。上诉人龙岩交警队提交的现场勘验简图,反映出现场路段有效路宽为15.1m,半幅路宽7.55m,路面视线良好。现场勘验简图和现场照片证实,两车碰撞点位于上诉人李治芳驾驶的金杯牌小客车行驶的车道内距路中心线0.46m处,这是道路交通事故发生时两车所处的位置。金杯牌小客车在开始制动时虽然跨越道路中心线0.5m,但左侧仍留有约6米宽的有效路面。即使李治芳不向本车道驶回,所余有效路面也足可以使对向邱森彬驾驶的二轮摩托车安全通过。另外从金杯牌小客车的制动拖印,证人林钦才、吴镭的证言和讯问李治芳笔录中还可以看出,金杯牌小客车驶回本车道时,距离邱森彬的摩托车尚有30余米;从李治芳发现险情采取制动措施到两车碰撞时,邱森彬的摩托车始终处于占道位置。这些情节都证明,李治芳在发现险情前虽有占道行驶的行为,但该行为不会使对向驾驶摩托车的邱森彬认为前行无路,从而采取进入逆行车道的避险措施。李治芳自发现险情就开始制动同时驶回本车道,此时相距30m以外的邱森彬如也能进入自己一侧的车道行驶,则两车相撞的事故完全可以避免。而邱森彬是无证驾驶,驾驶技术的不熟练影响其作出正确判断;又因摩托车严重超载,邱森彬无法把握车辆行驶的正确方向,才使其不能及时驶回自己一侧的车道,而在李治芳一侧的车道内与李治芳驾驶的金杯牌小客车相撞。在本次事故中,邱森彬的无证驾车、违章载人和占道行驶等违章行为,显然是导致事故发生的主要原因。而李治芳的占道行驶违章行为,却与事故的发生不存在因果关系,不应因此对交通事故的发生承担责任。龙岩交警队以李治芳占道行驶为由,认定李治芳与邱森彬在本次事故中均负同等责任,显然不当。一审判决撤销龙岩交警队作出的《道路交通事故责任重新认定书》,并判决龙岩交警队对此次交通事故的责任重新作出认定,是正确的。龙岩交警队的上诉理由不能成立,应予驳回。据此,龙岩市中级人民法院依照《中华人民共和国行政诉讼法》第61条第1项的规定,于2001年4月4日判决:

驳回上诉,维持原判。

二审案件受理费100元,由上诉人龙岩交警队负担。

【评述】

本案争议的焦点是,龙岩交警队作出的《道路交通事故责任重新认定书》的复议决定是否正确。它涉及最主要的法律问题就是交通事故责任认定的法律性质问题。

一直以来，交通事故责任认定的法律性质在理论上存在争议。就行政法的领域看，主要是，它是否属于具体行政行为？可不可以对交通事故责任认定单独提起行政复议？进而，能否单独就责任认定提起司法审查？意见主要有两种：一种是认为交通事故责任认定是具体行政行为，属于行政确认，因此，它可以被提起行政复议和行政诉讼。这从保护人权角度看也是十分必要的，因为，交通事故责任认定往往是进行赔偿处理的前提和关键，对当事人的影响非常之大。另一种意见认为，交通事故责任认定并不是一种具体行政行为，它在行政诉讼中最多只能起到证据的功能。它只是一种鉴定结论，从而为案件的最终处理提供必要的前期依据，是行政行为作出前尚未完结、尚不成熟的一个过程性行为。因此，它不能单独被提起行政复议和行政诉讼。

1992 年 12 月 1 日最高人民法院与公安部联合发布了《道路交通事故案件有关问题的通知》可以说是基本上为上述争论作了一个解答。该通知第 4 条规定："当事人仅就公安机关作出的道路交通事故责任认定伤残评定不服，向人民法院提起行政诉讼或民事诉讼的，人民法院不予受理。当事人对作出的行政处罚决定不服提起行政诉讼或就损害赔偿问题提起民事诉讼的，以及法院审理交通肇事刑事案件时，人民法院经审查认为公安机关所作出的责任认定、伤残评定确属不妥，则不予采信，以人民法院审理认定的案件事实作为定案的依据。"可见，《道路交通事故案件有关问题的通知》确定的原则是：如果就行政处罚提起行政诉讼或就损害赔偿提起民事诉讼，或者在有关的刑事诉讼中，人民法院是有权审查作为证据使用的"责任认定书"的。

然而，随着行政法理论和实践的发展，《道路交通事故案件有关问题的通知》对有关道路交通事故责任认定的规定却显得力不从心。由于交通事故责任认定对公民权利影响的重要性，单独就责任认定提起行政复议和行政诉讼在实践中屡见不鲜。单独就责任认定提起行政复议和行政诉讼在理论上也逐渐被认可。一方面，由于新司法解释的规定，因而不能将这种行政确认行为排除在行政诉讼的受案范围之外；另一方面，是由于客观上存在着行政机关作出违法认定的可能性。虽然这种审查在程度上受到一定的限制，但按照行政诉讼法及其司法解释的规定，是无法将这种行政确认行为排除在行政诉讼的范围之外的。当然，人民法院对单独就认定提起行政诉讼的案件，与上述行政处罚等案件，在审查的对象上是有区别的。上述案件审查对象是行政处罚行为，而这类案件审查对象是行政确认行为。可以说，最高人民法院在最高法院公报上刊登这起《李治芳不服交通事故责任重新认定决定案》，类似于以判例的形式确认了对交通事故责任认定可以单独提起行政复议和行政诉讼。

因此，面对交通事故责任认定，司法中有两种可能性：一种是单独就此提起行政复议或行政诉讼,审查行政确认行为的合法性;另一种可能是在对其他行政行为提起行政复议或行政诉讼时将交通事故责任认定作为一个错误的事实认定,附带进行审查。

既然交通事故责任认定可以被单独提起行政复议和行政诉讼,那么就意味着法院要对这种行政确认的合法性进行审查。问题是,这种审查往往具有较强的专业性,这一点在本案的审查中也有所体现。例如,它往往需要对现场勘验简图、现场照片和相关的数据进行审查,从而最终确定双方在事故中的责任分担比例。这也体现了现代行政诉讼对法院提出了更高的要求。

(本案例的“案情”和“审判”部分选自《最高人民法院公报》2001 年第 5 期;“提领”和“评述”部分由作者根据有关法律与学理并参考郑刚主编《最高人民法院公报案例评析——国家赔偿·行政·执行卷》(中国民主与法制出版社 2004 年版)一书进行阐述,不代表司法机关的意见)

(蒋红珍　撰)

28 罗伦富诉泸州市公安局交警支队三大队道路交通事故责任认定案

【提领】

本案是一起针对交通事故责任认定提起的行政诉讼案件。经过一审和二审两审程序:一审法院维持了被告的责任认定书,二审法院以“事实不清,证据不足,适用法律错误,该行政行为不具有合法性”为由撤销了被告的责任认定书和一审法院的判决。虽然案件争议的焦点是被告作出的道路交通事故责任认定书是否合法,但案件也涉及道路交通事故责任认定行为是否属于行政诉讼受案范围,对其提起行政诉讼是否必须经过行政复议程序等法律问题。对这两个问题,二审法院在其判决中着重作了分析。通过本案可以对交通事故责任认定性质和行政复议前置制度有所了解,并进而对行政诉讼的受案范围、行政诉讼与行政复议的关系有更具体的认识。

【案情】

原告:罗伦富,女,1955 年 5 月 22 日出生,四川省泸县人。

被告:四川省泸州市公安局交通警察支队三大队。

原告罗伦富因不服被告四川省泸州市公安局交通警察支队三大队(以下称交警队)对其子康忠华(已亡)作出的道路交通事故责任认定,向四川省泸州市龙马潭区人民法院提起行政诉讼。

原告诉称:被告交警队未将事故路面施工单位追加为交通事故的责任人,就以第 2000—279 号《道路交通事故责任认定书》认定驾驶员康忠华负交通事故全部责任。这个责任认定与被告的现场勘查笔录、询问笔录中载明的事故路面施工现场上无任何标志牌、防围设施,值勤人员提前下班等事实相矛盾,该认定书事实不清,证据不足,是违法的具体行政行为。请求撤销被告的交通事故责任认定,判令被告重新认定此次道路交通事故的责任。

被告辩称:原告对道路交通事故责任认定不服,只能在法定的 15 日内向上一级交警部门申请重新认定。原告不申请重新认定,而且还同意被告就该事故的损害赔偿进行调解,并达成了调解协议。原告现在向法院提起行政诉讼,不服的只能是"调解协议"。根据自2000年3月10日起施行的最高人民法院法释〔2000〕8号《关于执行〈中华人民共和国行政诉讼法〉若干问题的解释》(以下称《行政诉讼法解释》)第1条第2款第3项的规定,调解行为不属于行政诉讼受案范围。因此,应当驳回原告的起诉。

泸州市龙马潭区人民法院经判决:维持交警队2000年10月19日在第2000—279号《道路交通事故责任认定书》中对康忠华的责任认定。

原告罗伦富不服一审判决,向四川省泸州市中级人民法院提起上诉。主要理由是:(1)事故路段不属于修路范围,施工单位在桥上堆放大量炭渣的行为违法。被上诉人的第2000—279号《道路交通事故责任认定书》中,对这一情节未作认定。(2)康忠华驾车行驶的前方桥面上堆放的炭渣,占路面宽度一半以上,又无任何防围设施和安全标志,对事故的发生有直接影响。在此情况下,被上诉人认定康忠华负此次事故的全部责任,是错误的。为此导致上诉人承担此次事故的全部赔偿费用,是不公正的。一审判决认定事实不清,证据不足,请求二审改判撤销一审判决,撤销被上诉人作出的第2000—279号《道路交通事故责任认定书》,判令被上诉人对此次事故的责任重新认定。

被上诉人交警队未答辩。

【审判】

泸州市中级人民法院经审理认为:

被上诉人交警队提交的公路情况照片不是事故发生时的现场照片,上诉人罗伦富的质证理由成立。该证据对本案事实不具有证明力,不予确认;其他证据是有效证据,应予确认。

被上诉人交警队提交的法律依据都是有效的,应当适用。上诉人罗伦富根据《道路交通管理条例》第66条的规定,提出交警队没有证明松滩桥上的堆放物是施工单位依法堆放的,符合本案事实,应予采纳。另外,公安部《道路交通事故处理程序规定》第4条规定:"交通警察须有三年以上交通管理实践,经过专业培训考试合格,由省、自治区、直辖市公安管理部门颁发证书,方准处理一般事故以上的交通事故。"处理本案所涉重大交通事故的吕和龙、张铁是否具备这一资格,交警队没有提交证据证明。上诉人罗伦富与被上诉人交警队就《道路交通事故损害赔偿调解书》中赔偿额的确认与承担发生的争议,不是本案审理对象,应当另案解决。对道路交通事故进行责任认定,是公安机关根据行政法规的授权实施的一种行政确认行为。该行为直接关系到发生道路交通事故后,当事人是否构成犯罪以及应否被追究刑事责任、是否违法以及应否被行政处罚、是否承担民事赔偿责任或者能否得到民事赔偿的问题，因此它涉及当事人的权利和义务。《行政诉讼法》第 2 条规定："公民、法人或者其他组织认为行政机关和行政机关工作人员的具体行政行为侵犯其合法权益，有权依照本法向人民法院提起诉讼。"上诉人罗伦富认为被上诉人交警队对交通事故作出的责任认定行为侵犯了其合法权益，向人民法院提起行政诉讼，依法属于人民法院行政诉讼的受案范围。根据罗伦富的诉讼请求，本案的审查对象是交警队作出的道路交通事故责任认定行为，不是交警队的调解行为。而道路交通事故责任认定，既不是调解行为，也不是法律规定的仲裁行为。交警队以《行政诉讼法解释》第 1 条第 2 款第 3 项规定了"调解行为以及法律规定的仲裁行为"不属于人民法院行政诉讼受案范围为由，认为本案不是行政诉讼，这一理由不能成立。

《道路交通事故处理办法》第 22 条规定："当事人对交通事故责任认定不服的，可以在接到交通事故责任认定书后十五日内，向上级公安机关申请重新认定。"这一条规定的向上级公安机关申请重新认定，是"可以"而不是"应当"，因此向上级公安机关申请重新认定不属于行政复议前置程序。况且《中华人民共和国行政复议法》第 9 条规定："公民、法人或者其他组织认为具体行政行为侵犯其合法权益的，可以自知道该具体行政行为之日起六十日内提出行政复议申请；但是法律规定的申请期限超过六十日的除外。"第 42 条规定："本法施行前公布的法律有关行政复议的规定与本法的规定不一致的，以本法的规定为准。"即便将向上级公安机关申请重新认定理解为行政复议前置程序，当事人申请行政复议的期限也应该为 60 日，而不是 15 日。被上诉人交警队在《道路交通事故责任认定书》中告知当事人在 15 日内申请行政复议，是错误的。交警队认为上诉人罗伦富在法定的 15 日期限内没有申请行政复议，故道路交通事故责任认定已经发生法律效力，理由不能成立。

本案所涉重大交通事故发生在松滩桥上，事故发生时桥面堆放着炭渣。该桥面是否属于整修范围，是否准许堆放炭渣，堆放炭渣而不设立安全标志和防围设施是否合法，这种行为与此次重大交通事故的发生是否有直接因果关系，被上诉人交警队既没有认定也没有排除，因此该事故责任认定属事实不清。交警队作出此次道路交通事故责任认定，适用的法律依据是《道路交通事故处理办法》第 19 条。该条规定有三款，分别规定了在有一方、两方、三方或多方当事人的情况下责任如何认定。交警队只笼统适用《道路交通事故处理办法》第 19 条，没有指出具体适用哪一款，属适用法律错误。

道路交通事故发生后，公安交通管理部门应当按照法定程序调查取证，查明事故原因。对涉及事故发生的各种因素，应当予以全面考虑并进行综合分析认定，准确划分事故责任。被上诉人交警队对本案所涉重大交通事故作出的责任认定,事实不清,证据不足,适用法律错误,该行政行为不具有合法性。

综上,泸州市中级人民法院依照《行政诉讼法》第54条第2项第1目、第2目和第61条第3项的规定,于2001年4月24日判决:

一、撤销一审行政判决;

二、撤销被上诉人交警队于2000年10月19日作出的第2000—279号《道路交通事故责任认定书》;

三、判令被上诉人交警队对2000年9月5日发生在泸隆路41km处的重大交通事故的责任重新进行认定。

【评述】

虽然本案争议的焦点是被告四川省泸州市公安局交通警察支队三大队作出的第2000—279号《道路交通事故责任认定书》是否合法,但案件也涉及道路交通事故责任认定行为是否属于行政诉讼受案范围,对其提起行政诉讼是否必须经过行政复议程序等法律问题,对此二审法院在其判决中也着重作了分析。所以,这里主要围绕这两个问题作一评述。

一是道路交通事故责任认定行为是否属于行政诉讼范围。

本案一、二审法院认为,对道路交通事故进行责任认定,是公安机关根据行政法规的授权实施的一种行政确认行为,属于人民法院行政诉讼的受案范围。但是,中国大陆司法实践和行政法学界关于道路交通事故责任认定是否属于行政诉讼范围,一直存争议。

一种意见认为,责任认定不属于行政行为,而是技术鉴定。这种观点认为,第一,道路交通事故责任鉴定是带有一定专业性和技术性的一项工作,而交通事故现场的保留又有时限性,因此这种鉴定属于科学鉴定的性质。第二,道路交通事故责任鉴定对当事人权利义务的影响是一种间接的影响,是一种不完全的不具有独立意义的行为。第三,人民法院在审理道路交通事故民事案件中,责任认定书只是作为一种证据使用,如果有相反证据可以推翻责任认定书的,人民法院可以不予采用。所以人民法院在民事诉讼中进行审查已经足够了,无需通过专门的行政诉讼程序来进行审查。1992年最高人民法院和公安部联合下发了一个通知,明确责任认定不属于行政诉讼受案范围。

另一种意见主张责任认定是一种行政行为。这种观点认为,道路交通事故责任认定是公安交通管理部门在事故原因分析的基础上,依据当事人违反《中华人民共和国道路交通管理条例》的行为与交通事故之间的因果关系及其作用大小而作出的。这一认定是行使国家权力的行政机关对当事人之间某种关系的确认,已经远远超过了鉴定的范围,事实上已经作了定性处理,已经对当事人的权利和义务作出了确定的处分，在性质上很难说是鉴定行为，因此是具体行政行为。如果将责任认定理解为具体行政行为，自然就应当纳入行政诉讼的受案范围。2003 年 3 月 10 日《最高人民法院〈若干解释〉》实施后，随着司法界对《若干解释》关于受案范围规定的不同理解，有些下级法院认为道路责任认定属于行政诉讼范围并受理此类案件。本案可为一例。但这在实践中并不统一，有些下级法院依然没有将其纳入行政诉讼范围，对此类案件不予受理。

值得注意的是，2003 年 10 月 28 日制定了《中华人民共和国道路交通安全法》，并于 2004 年 5 月 1 日起施行。《道路交通安全法》第 73 条明确规定："公安机关交通管理部门应当根据交通事故现场勘验、检查、调查情况和有关的检验、鉴定结论，及时制作交通事故认定书，作为处理交通事故的证据。交通事故认定书应当载明交通事故的基本事实、成因和当事人的责任，并送达当事人。"可见，《道路交通安全法》是将道路责任认定看作技术鉴定，而不是行政确认行为。这样，在《道路交通安全法》实施后，就不能对道路交通责任认定提起行政诉讼了。

二是关于行政复议前置程序。

《行政诉讼法》第 37 条规定："对属于人民法院受案范围的行政案件，公民、法人或者其他组织可以先向上一级行政机关或者法律、法规规定的行政机关申请复议，对复议不服的，再向人民法院提起诉讼；也可以直接向人民法院提起诉讼。法律、法规规定应当先向行政机关申请复议，对复议不服再向人民法院提起诉讼的，依照法律、法规的规定。"根据《行政诉讼法》的这一规定，中国大陆行政复议程序和行政诉讼程序存在两种关系：一种是行政主体的行政决定作出后，行政相对人对该行政决定不服的必须向法定的行政复议机关申请行政复议，只有在行政复议机关作出行政复议决定或者拒绝作出行政复议决定的情况下，行政相对人才可以向行政机关提起行政诉讼，学理上称之为行政复议前置程序；另一种是行政主体作出行政决定后，行政相对人可以选择，或者先向行政复议机关申请行政复议，对行政复议决定不服后再行向法院提起诉讼，或者直接向人民法院提起诉讼。行政复议是否前置，由法律、法规规定。

本案中，《道路交通事故处理办法》第 22 条规定："当事人对交通事故责任认定不服的，可以在接到交通事故责任认定书后十五日内，向上级公安机关申请重新认定。"这一条规定的向上级公安机关申请重新认定，是"可以"而不是"应当"，因此向上级公安机关申请重新认定不属于行政复议前置程序。如果可以对道路交通事故责任提起行政诉讼的话，原告可以直接向法院提起。

（本案例的"案情"和"审判"部分选自《最高人民法院公报》2002 年第 2 期；"提领"和"评述"部分由作者根据有关法律与学理进行阐述，不代表司法机关的意见）

（杨登峰 撰）

29 点头隆胜石才厂不服福鼎市人民政府行政扶优扶强措施案

【提领】

福建省福鼎市人民政府以下发鼎政办〔2001〕14 号文件的方式，规定对该市 31 家企业要用倾斜增加供应荒料的办法扶优扶强，福建省福鼎市点头隆胜石材厂对此不服，依法提起行政诉讼。法院认为，鼎政办〔2001〕14 号文件虽未给原告点头隆胜石材厂确定权利与义务，却直接影响到点头隆胜石材厂的经营权利，是具有强制性的具体行政行为。并且，被告福鼎市人民政府在法定期限内没有提供作出鼎政办〔2001〕14 号文件的事实根据和法律依据，不能证明该文件是合法的，依法应予撤销。考虑到本案审理期间，被告福鼎市人民政府已停止鼎政办〔2001〕14 号文件的执行。因此，法院作出"确认被告福建省福鼎市人民政府鼎政办〔2001〕14 号文件违法"的判决。本案收录于《最高人民法院公报》2001 年第 6 期，对我国行政诉讼实践的开展具有一定的指导意义。

【案情】

原告：福建省福鼎市点头隆胜石材厂。住所地：福鼎市点头镇。

法定代表人：苏佳盛，该厂厂长。

委托代理人：蔡景赛，福鼎市点头镇兽医站职工。

被告：福建省福鼎市人民政府。

法定代表人：陈铭生，该市市长。

委托代理人：曾锋，福鼎市民哲律师事务所律师。

第三人：福建玄武石材有限公司。住所地：福鼎市政协大楼。

法定代表人：朱小同，该公司董事长。

2001 年 3 月 13 日，福鼎市人民政府为了促进福鼎市的玄武岩石材企业上规模、产品上档次，由其下属的办公室作出鼎政办〔2001〕14 号文件，批准下发

《福鼎市工业领导小组办公室关于2001年玄武岩石板材加工企业扶优扶强的意见》。该文件中，确定2001年在全市扶持具有一定生产规模的31家石板材企业。文件规定，福建玄武石材有限公司要为年销售收入1000万元以上的10家企业，每家全年增加供应玄武岩荒料500立方米；要为年销售收入500万元以上的21家企业，每家全年增加供应玄武岩荒料300立方米。该文件以通知的形式下发到福鼎市各乡（镇）人民政府、街道办事处、市直有关单位和龙安开发区管委会。

福建省福鼎市点头隆胜石材厂不服福建省福鼎市人民政府于2001年3月13日以鼎政办〔2001〕14号文件下发的《关于2001年玄武岩石板材加工企业扶优扶强的意见》，向福建省福鼎市人民法院提起行政诉讼。

原告诉称：矿山每年开采的玄武岩荒料仅有9万立方米，都由第三人福建玄武石材有限公司负责供应给本市的920余家石材加工企业，平均每个加工企业只能得到不足98立方米。2000年，被告曾通过下达鼎政办〔2001〕59号和60号文件，从全市玄武岩荒料总量中提留8000立方米，指定供应给22家所谓的扶优企业。2001年3月3日，被告又下达鼎政办〔2001〕14号文件，规定对31家企业要用倾斜增加供应荒料的办法扶优扶强。照这样计算，今年需要从玄武岩荒料总量中提留11300立方米去供应那些所谓的扶优扶强企业。平均到每家企业头上，就要被提留12.28立方米荒料。而且被告确定的这31家所谓的扶优扶强企业，就有26家产值低于500万元，根本达不到被告自己制定的扶优扶强条件。被告这种逐年提高扶优荒料提留量的做法，迫使原告逐年减产。原告认为，强劲、优势的企业只能通过公平竞争显露出来，不能通过行政手段扶持起来。被告的这种做法制造了不平等，破坏了公平竞争的社会经济秩序，使拉关系、走后门的腐败之风盛行，是违法行政。请求撤销被告的鼎政办〔2001〕14号文件。

被告辩称：鼎政办〔2001〕14号文件，只是在取得行政相对方、本案第三人福建玄武石材有限公司同意后，对其业务所作的非强制性、不直接产生法律后果的行政指导性文件。对原告来说，该文件既没有给其设定权利，也没有对其科以义务，与原告利益没有直接的关系，不属于《行政诉讼法》第2条规定的具体行政行为，不是行政诉讼可诉的对象。原告无权就该文件向人民法院提起行政诉讼。

被告没有向法院提交制作鼎政办〔2001〕14号文件的事实根据和法律依据。

开庭前，第三人书面申请不参加庭审活动。

本案审理期间，福鼎市人民政府又于2001年7月13日作出鼎政办〔2001〕74号文件，决定停止鼎政办〔2001〕14号文件的执行。

【审判】

福鼎市人民法院认为:

福鼎市的玄武岩石材企业,其生产用原料都由第三人福建玄武石材有限公司供应,而且供应数量有限。在此情况下,被告福鼎市人民政府以鼎政办〔2001〕14号文件,批准下发了《福鼎市工业领导小组办公室关于2001年玄武岩石板材加工企业扶优扶强的意见》。该文件虽未给原告点头隆胜石材厂确定权利与义务,但却通过强制干预福建玄武石材有限公司的销售办法,直接影响到点头隆胜石材厂的经营权利。因此对点头隆胜石材厂来说,该文件具有《行政诉讼法》第11条第1款第3项规定的"认为行政机关侵犯法律规定的经营自主权的"情形,是《行政诉讼法》第2条规定的具体行政行为,属于人民法院行政诉讼的受案范围,点头隆胜石材厂有权提起行政诉讼。人民法院受理此案,符合《最高人民法院〈若干解释〉》第1条第1款关于"公民、法人或者其他组织对具有国家行政职权的机关和组织及其工作人员的行政行为不服,依法提起诉讼的,属于人民法院行政诉讼的受案范围"的规定。福鼎市人民政府认为鼎政办〔2001〕14号文件是行政指导性文件,没有强制性,不是具体行政行为,不是行政诉讼可诉对象的理由,不能成立。

《行政诉讼法》第32条规定:"被告对作出的具体行政行为负有举证责任,应当提供作出该具体行政行为的证据和所依据的规范性文件。"第43条规定,被告应当在收到起诉状副本之日起10日内,向人民法院提交作出具体行政行为的有关材料,并提出答辩状。《最高人民法院〈若干解释〉》第26条第2款规定:"被告应当在收到起诉状副本之日起10日内提交答辩状,并提供作出具体行政行为时的证据、依据;被告不提供或者无正当理由逾期提供的,应当认定该具体行政行为没有证据、依据。"本案被告福鼎市人民政府收到起诉状副本后,在法定期限内仅提交了答辩状,没有提供作出鼎政办〔2001〕14号文件的事实根据和法律依据,不能证明该文件是合法的,依法应予撤销。本案审理期间,福鼎市人民政府已经停止执行鼎政办〔2001〕14号文件,再判决撤销该文件,已无实际意义。

据此,福鼎市人民法院根据《最高人民法院〈若干解释〉》第50条第3款关于"被告改变原具体行政行为,原告不撤诉,人民法院经审查认为原具体行政行为违法的,应当作出确认其违法的判决"的规定,于2001年7月19日判决:

确认被告福建省福鼎市人民政府2001年3月13日作出的鼎政办〔2001〕14号文件违法。

第一审宣判后,双方当事人均未上诉,该判决已发生法律效力。

【评述】

本案涉及的主要问题是：被告福建省福鼎市人民政府下发鼎政办〔2001〕14号文件的行为是不具有强制力的行政指导，还是具体行政行为？进而，还关涉到行政诉讼的原告资格问题。

一般认为，作为一种较为灵活的行政活动方式，行政指导是行政机关在其职权范围内，对特定的公民或组织，通过发布一定的政策、计划、纲要等规范性文件或采取具体的示范性建议、劝告、鼓励、提倡等方式，从而使得行政相对人自愿作出或不作出某种行为，以实现一定的行政目的。行政指导的本质特征是非强制性，不直接产生法律效果。也正是在这个意义上，我国《最高人民法院〈若干解释〉》将"不具有强制力的行政指导行为"排除在行政诉讼的受案范围之外。不过，在具体的行政实务中，行政指导的表现形式纷繁复杂，其强制性也就各不相同。因此，在认识特定行政指导行为的性质时，应作具体分析，即：看其是否对行政相对人的权利义务产生实际影响？

就本案而言，被告辩称，鼎政办〔2001〕14号文件，只是在取得行政相对人、本案第三人福建玄武石材有限公司同意后，对其业务所作的非强制性、不直接产生法律后果的行政指导性文件，不属于《行政诉讼法》第2条规定的具体行政行为，不是行政诉讼可诉的对象。原告无权就该文件向人民法院提起行政诉讼。但事实上，行政行为往往具有"复效性"，甚至"多效性"。在福鼎市所有玄武岩石材企业的生产用原料都由第三人福建玄武石材有限公司供应且供应数量有限的情况下，被告福鼎市人民政府以下发鼎政办〔2001〕14号文件的方式，要求第三人福建玄武石材有限公司对31家企业倾斜增加供应荒料，这就直接影响到点头隆胜石材厂的经营权利。因此，对点头隆胜石材厂来说，该文件具有《行政诉讼法》第11条第1款第3项规定的"认为行政机关侵犯法律规定的经营自主权的"情形，是《行政诉讼法》第2条规定的具体行政行为，属于人民法院行政诉讼的受案范围。

根据《最高人民法院〈若干解释〉》第12条的规定，认定原告资格的关键在于看其与具体行政行为有否"法律上利害关系"。至于何为"法律上利害关系"，则没有进一步的相关规定。就理论而言，利害关系可以分为切身利害关系和非切身利害关系、现实利害关系和可能利害关系、直接利害关系和间接利害关系。鉴于《行政诉讼法》第2条和第41条第1项"认为……侵犯其合法权益"的规定，宜将"法律上利害关系"理解为切身（起诉人自身）的利害关系而不包括非切身（他人）的利害关系。鉴于《若干解释》第1条第2款第6项将"对公民、法人或者其他组织权利义务不产生实际影响的行为"排除在行政诉讼受案范围之外，所以，应将“法律上利害关系”理解为一种现实的利害关系，即原告资格所要求的“利害关系”须具有一定的现实性，起诉人应证明其在该案件中有客观的诉讼利益存在。从《行政诉讼法》及《最高人民法院〈若干解释〉》的相关规定来看，我国也未将利害关系局限在直接利害关系范围内（相邻权人享有行政诉讼原告资格即为明证），只要起诉人在该案件中具有一定的诉讼利益就应认定为有利害关系，而无论直接与否。

在本案中，被告福鼎市人民政府下发的鼎政办〔2001〕14 号文件虽未直接给原告点头隆胜石材厂确定权利与义务，但原告对被告下发文件的具体行政行为具有切身的、现实的利害关系，故原告能够提起行政诉讼。

（本案例的“案情”和“审判”部分选自《最高人民法院公报》2001 年第 6 期；“提领”和“评述”部分由作者根据有关法律与学理进行阐述，不代表司法机关的意见）

（高春燕　撰）

30 丰祥公司诉上海市盐务局行政强制措施案

【提领】

本案是一起审查行政强制措施是否合法的案件。遵循传统行政行为合法构成要件的审查思路，本案可以从行政主体的权限、事实认定和法律适用是否正确等方面入手。经过认定，二审法院认为本案的被告并非对管辖事项具有法定权限的行政主体，并且事实认定和法律适用均系错误，从而最终判决原告(上诉人)胜诉。本案还涉及有关举证责任、行政法理上的内部主体与外部主体、行政规范的公布生效要件等行政法理问题。

【案情】

原告:上海丰祥贸易有限公司。住所地:上海市奉贤区柘林镇。

法定代表人:金雪才，该公司董事长。

被告:上海市盐务管理局。住所地:上海市石门二路。

法定代表人:唐清华，该局局长。

原告丰祥公司分别从山东省潍坊市寒亭区央子镇第一盐厂、安徽省定远县盐矿调入工业盐共计 302 吨，于 2001 年 5 月 16 日到达上海铁路局金山卫西站。被告盐务局认定丰祥公司在不具备经营工业盐资格的情况下，擅自从外省市调入工业盐至本市，违反了《上海市盐业管理若干规定》的有关规定，遂于 2001 年 5 月 21 日对丰祥公司作出盐业违法物品扣押强制措施，并将(沪)盐政〔2001〕第 9 号《盐业违法物品封存、扣押通知书》送达丰祥公司。丰祥公司对该强制措施不服，向上海市商业委员会提起行政复议，上海市商业委员会于 2001 年 8 月 21 日作出沪商复决字〔2001〕第 1 号行政复议决定，维持了盐务局的扣押行为。丰祥公司不服，向上海市静安区人民法院提起行政诉讼。

原告诉称:原告公司经工商登记，具有工业盐的经营资格，于 2001 年 5 月

11日从山东调入工业盐300吨。因运输在途时间，该批盐于5月16日抵沪。盐务局却以原告公司违反尚未生效的《上海市盐业管理若干规定》为由进行扣押。因该规定没有溯及力，盐务局的行政扣押行为没有法律依据，故要求撤销盐务局作出的暂扣行为。

被告辩称：《上海市盐务管理若干规定》于2001年3月26日发布，5月15日施行。丰祥公司明知该规定的内容，却违反规定，在该规定施行后将工业盐调入上海。况且，丰祥公司已不具有工业盐的经营资格。盐务局对丰祥公司违法调入的工业盐采取扣押措施，有执法依据，请求维持该扣押行政行为。

【审判】

上海市静安区人民法院认为：

盐务局作为政府主管部门，依法具有查处盐业违法案件的职权。盐务局认定丰祥公司从外省市调入工业盐至本市，有货物运单为证，认定事实清楚，证据确凿。丰祥公司认为其调盐行为发生在《上海市盐业管理若干规定》施行之前，不适用该规定的理由不足：因为丰祥公司将盐由外省调入本市，是一种持续行为，该行为应以货物运至本市后为完成。由于该行为完成时，《上海市盐业管理若干规定》已施行，盐务局适用该规定及《盐业行政执法办法》的有关规定，对丰祥公司调入本市的工业盐予以扣押，并将扣押通知书送达丰祥公司，适用法律正确，执法程序亦符合规定，并无不当。

据此，上海市静安区人民法院依照《中华人民共和国行政诉讼法》第54条第1项之规定，于2001年12月29日作出判决：

维持上海市盐务管理局2001年5月21日作出的(沪)盐政〔2001〕第9号盐业违法物品扣押行政强制措施。

宣判后，丰祥公司不服一审判决，向上海市第二中级人民法院提起上诉。

丰祥公司上诉理由是：一审认定事实不清，适用法律不当。《上海市盐业管理若干规定》第14条第1款与国务院《盐业管理条例》第20条的规定相抵触；上诉人不是盐业违法案件当事人，不能适用《盐业行政执法办法》的有关规定；本案不适用《上海市盐业管理若干规定》，本案购盐合同的成立时间在《上海市盐业管理若干规定》实施之前，故该规定，对本案没有溯及力，即便有溯及力，按照该规定，盐务局也不具有查处工业盐违法案件的职权。故请求撤销一审判决，依法改判撤销盐务局的行政扣押行为。

盐务局辩称：一审判决认定事实清楚，适用法律正确。盐务局具有查处工业盐违法案件的职权；丰祥公司将工业盐非法调入本市，是一种持续的行为，该行为的完成发生在《上海市盐业管理若干规定》实施之后，故该规定对上诉人的违法行为具有效力。请求驳回上诉,维持原判。

上海市第二中级人民法院经审理查明:

丰祥公司对一审法院认定其由外省市将工业盐计302吨调入本市的事实无异议。

庭审中,盐务局就其具有扣押违法经营工业盐的职权,向法院提供了以下法律依据:

1.国务院《盐业管理条例》第4条规定:“轻工业部是国务院盐业行政主管部门,主管全国盐业工作。省及省级以下人民政府盐业行政主管部门,由省、自治区、直辖市人民政府确定,主管本行政区域内的盐业工作。”

2.轻工业部《盐业行政执法办法》第7条第1款规定:“各级盐业行政主管部门,应当设立盐政执法机构,负责本辖区内的盐政执法工作。”

3.上海市人民政府《上海市盐业管理若干规定》第4条第2款规定:“上海市盐务局是市人民政府依据《食盐专营办法》授权的盐业主管机构,负责管理本市行政区域内的食盐专营工作,组织本规定的实施,并接受市商委的领导。”

丰祥公司在质证意见中认为:《上海市盐业管理若干规定》第4条第2款规定盐务局只负责“食盐专营工作”,盐务局对工业盐经营没有执法主体资格;轻工业部《盐业行政执法办法》只是部门规章,没有授权执法主体资格的权力。

盐务局则认为:《上海市盐业管理若干规定》中规定了盐务局是市政府授权的盐业主管机构,盐务局对食盐、工业盐的专营工作均有权管理。

上海市第二中级人民法院认为:

根据国务院《盐业管理条例》第4条的规定:“轻工业部是国务院盐业行政主管部门,主管全国盐业工作。省及省级以下人民政府盐业行政主管部门,由省、自治区、直辖市人民政府确定,主管本行政区域内的盐业工作。”轻工业部《盐业行政执法办法》第7条规定:“各级行政主管部门,应当设立盐政执法机构,负责本辖区内的盐政执法工作。”根据以上国务院、轻工业部的法规、规章的规定,上海市人民政府制定了《上海市盐业管理若干规定》,其中第4条规定:“上海市商业委员会是本市盐业行政主管部门。上海市盐务局是市人民政府依据《食盐专营办法》授权的盐业主管机构,负责管理本市行政区域内的食盐专营工作,组织本规定的实施,并接受市商委的领导。”因此,本市盐业行政主管部门是市商委,而非盐务局。盐务局只能负责管理食盐专营工作,并无对本市工业盐的经营、运输进行查处的职权,不具有作出封存、扣押违法经营工业盐行政强制措施的执法主体资格。

庭审中,盐务局就其作出具体行政行为提供以下法律依据:

1.轻工业部《盐业行政执法办法》第24条规定:“在盐业违法案件当事人有

隐匿、销毁证据可能的情况下，对违法物品，盐政执法机构可予以先行封存、扣押，并向当事人出具封存、扣押通知书。”

2.《上海市盐业管理若干规定》第 14 条第 1 款、第 2 款的规定：“食盐和纯碱、烧碱工业用盐以外的其他用盐由市盐业公司统一经营”，“根据方便供应的原则，市盐业公司可以委托取得食盐批发许可证的企业销售食盐和纯碱、烧碱工业用盐以外的其他用盐；未受委托的任何单位和个人不得擅自销售”。

二审庭审中，盐务局未能提供丰祥公司有“隐匿、销毁证据可能的情况”的事实证据。

丰祥公司认为：其有权经营工业盐，并且既非盐业违法案件的当事人，也没有隐匿、销毁证据的情况，《盐业行政执法办法》第 24 条规定的情况不适用于该公司。根据国务院《盐业管理条例》第 20 条的规定，盐的批发业务，由各级盐业公司统一经营。未设盐业公司的地方，由县级以上人民政府授权的单位统一组织经营。《上海市盐业管理若干规定》第 14 条的规定与国务院《盐业管理条例》第 20 条的规定相抵触。

盐务局则认为：《上海市盐业管理若干规定》与《盐业管理条例》的有关规定并不抵触，根据国家轻工业局盐业管理办公室中盐政〔2000〕109 号《关于对上海市盐务管理局〈关于请求解释“盐的批发业务由各级盐业公司统一经营”的请示〉函复函》的答复内容，市盐业公司统一经营包括工业盐在内的盐业产品，其他单位和个人不得从事统一经营盐产品的采购和经销。

上海市第二中级人民法院认为：

盐务局未能提供丰祥公司有“隐匿、销毁证据可能的情况”的事实证据，故盐务局适用轻工业部《盐业行政执法办法》第 24 条对丰祥公司作出扣押工业盐的强制措施，属认定事实不清，适用法律、法规不当。国务院《盐业管理条例》第 19 条规定：“食用盐，国家储备盐和国家指令性计划的纯碱、烧碱用盐，由国家统一分配调拨。”本案涉及的是工业盐，不属上述条文规定的由国家实行统一分配调拨的盐类范畴。《盐业管理条例》第 20 条规定：“盐的批发业务，由各级盐业公司统一经营。未设盐业公司的地方，由县级以上人民政府授权的单位统一组织经营。”根据丰祥公司营业执照的经营范围，丰祥公司具有经营工业盐的经营范围，属可经营工业盐的公司，有权经营工业盐。故盐务局根据《上海市盐业管理若干规定》第 14 条的规定作出具体行政行为，属于适用法律、法规不当。依据《盐业管理条例》第 31 条规定，本条例由轻工业部负责解释，盐务局提供的中盐政〔2000〕109 号《关于对上海市盐务管理局〈关于请求解释“盐的批发业务由各级盐业公司统一经营”的请示〉函复函》，系国家轻工业局内设机构盐业管理办公室的文件，国家轻工业局盐业管理办公室无权对《盐业管理条例》作出解释，且该复函亦未对外公布，故对外不具有法律效力。

综上，上海市第二中级人民法院认为：

本案中盐务局未能提供丰祥公司有违反相关食盐管理的事实证据，且对工业盐不具有封存、扣押的执法主体资格。盐务局作出扣押丰祥公司工业盐的行政强制措施，认定事实不清，适用法律、法规错误，该具体行政行为不合法。原审法院判决维持具体行政行为，属认定事实不清，适用法律、法规错误。丰祥公司的上诉请求，应予支持。据此，上海市第二中级人民法院依照《中华人民共和国行政诉讼法》第 54 条第 2 项第 1 目、第 2 目和第 61 条第 3 项的规定，于 2002 年 5 月 24 日判决：

一、撤销上海市静安区人民法院〔2001〕静行初字第 71 号行政判决；

二、撤销上海市盐务管理局于 2001 年 5 月 21 日作出的(沪)盐政〔2001〕第 9 号盐业违法物品扣押行政强制措施。

一、二审案件受理费共计人民币 200 元，由上海市盐务管理局负担。

【评述】

本案是一起针对行政强制措施提起的行政诉讼。遵循传统的行政行为合法性要件的审查思路，本案涉及的主要法律问题是作出具体行政行为的主体是否是有权的行政主体、事实认定是否正确、适用法律是否正确等。

有效的行政行为必须由合法的主体作出，换言之，行政主体对管辖事项具有管辖权力是行政行为有效的一个必要条件。根据国务院《盐业管理条例》第 4 条的规定：“轻工业部是国务院盐业行政主管部门，主管全国盐业工作。省及省级以下人民政府盐业行政主管部门，由省、自治区、直辖市人民政府确定，主管本行政区域内的盐业工作。”轻工业部《盐业行政执法办法》第 7 条规定：“各级行政主管部门，应当设立盐政执法机构，负责本辖区内的盐政执法工作。”根据以上国务院、轻工业部的法规、规章的规定，上海市人民政府制定了《上海市盐业管理若干规定》，其中第 4 条规定：“上海市商业委员会是本市盐业行政主管部门。上海市盐务局是市人民政府依据《食盐专营办法》授权的盐业主管机构，负责管理本市行政区域内的食盐专营工作，组织本规定的实施，并接受市商委的领导。”因此，本市盐业行政主管部门是市商委，而非盐务局。盐务局只能负责管理食盐专营工作，并无对本市工业盐的经营、运输进行查处的职权，不具有作出封存、扣押违法经营工业盐行政强制措施的执法主体资格。在本案中，上海市盐务局对丰祥公司运输经营的工业盐实施行政强制措施，属于超越职权的行为。

轻工业部《盐业行政执法办法》第 24 条规定：“在盐业违法案件当事人有隐

匿、销毁证据可能的情况下，对违法物品，盐政执法机构可予以先行封存、扣押，并向当事人出具封存、扣押通知书。"因此，即使上海市盐务局是合法的权力机关，它也要符合该条规范才能作出行政强制措施。这里涉及的问题有两个：一是本案原告丰祥公司是否属于盐业违法案件的当事人；其二是是否存在隐匿、销毁证据可能的情况。

首先来看作为本案原告的丰祥公司是否属于盐业违法案件的当事人。要解决这个问题就是要判断丰祥公司是否有权经营工业盐。国务院《盐业管理条例》第 19 条规定："食用盐，国家储备盐和国家指令性计划的纯碱、烧碱用盐，由国家统一分配调拨。"本案涉及的是工业盐，不属上述条文规定的由国家实行统一分配调拨的盐类范畴。《盐业管理条例》第 20 条规定："盐的批发业务，由各级盐业公司统一经营。未设盐业公司的地方，由县级以上人民政府授权的单位统一组织经营。"根据丰祥公司营业执照的经营范围，丰祥公司具有经营工业盐的经营范围，属可经营工业盐的公司，有权经营工业盐。因此，本案中丰祥公司对工业盐进行运输、经营并不违法，因此不属于盐业违法案件的当事人。

其次来看本案是否存在隐匿、销毁证据可能的情况。从二审的情况看，盐务局未能提供丰祥公司有"隐匿、销毁证据可能的情况"的事实证据。因此，根据《盐业行政执法办法》第 24 条规定对丰祥公司实施行政强制措施是属于事实认定不清、适用法律错误的情形。这里还涉及的一个法律问题是有关于行政诉讼中的举证责任问题。根据我国《行政诉讼法》第 32 条的规定，被告对作出的具体行政行为负有举证责任，因此本案中对是否存在"隐匿、销毁证据可能的情况"也需由盐务局提供。

此外，本案还涉及行政法理上一个重要的问题。依据《盐业管理条例》第 31 条规定，本条例由轻工业部负责解释，盐务局提供的中盐政〔2000〕109 号《关于对上海市盐务管理局〈关于请求解释"盐的批发业务由各级盐业公司统一经营"的请示〉函复函》系国家轻工业局内设机构盐业管理办公室的文件，国家轻工业局盐业管理办公室无权对《盐业管理条例》作出解释，且该复函亦未对外公布，故对外不具有法律效力。

（本案例的"案情"和"审判"部分选自《最高人民法院公报》2003 年第 1 期；"提领"和"评述"部分由作者根据有关法律与学理进行阐述，不代表司法机关的意见）

（蒋红珍　撰）

31 尹琛琰诉卢氏县公安局不履行保护财产权法定职责行政赔偿案

【提领】

本案是一起针对公安机关的行政不作为提起的行政赔偿案件。原告所经营的门市部在夜晚被人盗窃时，邻居向公安局“110 指挥中心”报案，但接到报警的民警拒不出警，致使其经济受到损失，原告因此提起行政赔偿诉讼。一审法院判决被告赔偿原告 12500.75 元。通过本案可以对行政不作为的构成要件作一些初步的了解。

【案情】

原告：尹琛琰，女，24 岁，卢氏县百纺公司下岗职工。住河南省卢氏县城关镇。

被告：卢氏县公安局。住所地：河南省卢氏县城新建路。

法定代表人：刘永章，该局局长。

原告尹琛琰开办的“工艺礼花渔具门市部”发生盗窃时，卢氏县公安局“110 指挥中心”接到报警后没有受理。尹琛琰认为，卢氏县公安局的失职造成其财产损失，遂向河南省卢氏县人民法院提起行政诉讼。

原告诉称；2002 年 6 月 26 日夜，原告在卢氏县东门开办的“工艺礼花渔具门市部”被盗。小偷行窃时惊动了门市部对面“劳动就业培训中心招待所”的店主和旅客。他们即向卢氏县公安局“110 指挥中心”报案，但接到报警的值班人员拒不处理。20 多分钟后，小偷将所盗物品装上摩托车拉走。被盗货物价值 24546.5 元，被毁坏物品折价 455 元，共计 25001.5 元。被告卢氏县公安局接到报警后不出警，违反了职责，是行政不作为。事后，原告虽多次交涉，要求被告赔偿损失，但其一直推脱不赔。请求法院根据《国家赔偿法》的规定，责令被告赔偿其全部损失。

原告尹琛琰提供的证据有：

1. 申请材料一份，证明其起诉前曾要求卢氏县公安局予以赔偿，卢氏县公安局一直不予赔偿。

2. 证人吴古栾、程新发、任春风书面证言及卢氏县公安局卢公字〔2002〕68号文件，证明卢氏县公安局接到报警后不出警行为的存在。

3. “工艺礼花渔具门市部”进货数、销货数、存货数、修复门等发票3张，证明自己的损失数额。

被告卢氏县公安局辩称：“110指挥中心”接到报案后未出警是事实，但对原告尹琛琰主张的损失数额有异议。请求法院划清其承担损失的责任。

卢氏县公安局未提供证据。

在法庭调查中，被告卢氏县公安局对原告尹琛琰提供的证据的质证意见为：对证据2无异议，承认接警不出警违法事实的存在；对证据1虽无异议，但认为这属于法律规定的赔偿范围，尹琛琰起诉不符合《国家赔偿法》规定的程序；对证据3证明的数额有异议，认为1辆摩托车无法装运这些东西。卢氏县人民法院认为，原告尹琛琰提供的3份证据符合法律的规定，与本案事实相关联，内容真实，可以作为本案的定案依据。

卢氏县人民法院经审理查明：

2002年6月27日凌晨3时许，原告尹琛琰位于卢氏县县城东门外的“工艺礼花渔具门市部”(以下称门市部)发生盗窃，作案人的撬门声惊动了在街道对面“劳动就业培训中心招待所”住宿的旅客吴古栾、程发新，他们又叫醒了该招待所负责人任春风，当他们确认有人行窃时，即打电话110向警方报案，前后两次打通了被告卢氏县公安局“110指挥中心”并报告了案情，但卢氏县公安局始终没有派人出警。20多分钟后，作案人将盗窃物品装上1辆摩托车后驶离了现场。尹琛琰被盗的物品为渔具、化妆品等货物，价值总计24546.50元人民币。案发后，尹琛琰向卢氏县公安局提交了申诉材料，要求卢氏县公安局惩处有关责任人，尽快破案，并赔偿其损失。卢氏县公安局一直没有作出答复。

【审判】

卢氏县人民法院认为：

《中华人民共和国人民警察法》第2条规定：“人民警察的任务是维护国家安全，维护社会治安秩序，保护公民的人身安全、人身自由和合法财产，保护公共财产，预防、制止和惩治违法犯罪活动。”第21条规定：“人民警察遇到公民人身、财产安全受到侵犯或者处于其他危难情形，应当立即救助；对公民提出解决纠纷的要求，应当给予帮助；对公民的报警案件，应当及时查处。”

《国家赔偿法》第2条规定："国家机关和国家机关工作人员违法行使职权侵犯公民、法人和其他组织的合法权益造成损害的，受害人有依照本法取得国家赔偿的权利。"

依法及时查处危害社会治安的各种违法犯罪活动，保护公民的合法财产，是公安机关的法律职责。被告卢氏县公安局在本案中，两次接到群众报警后，都没有按规定立即派出人员到现场对正在发生的盗窃犯罪进行查处，不履行应该履行的法律职责，其不作为的行为是违法的，该不作为行为相对原告尹琛琰的财产安全来说，是具体的行政行为，且与门市部的货物因盗窃犯罪而损失在法律上存在因果关系。因此，尹琛琰有权向卢氏县公安局主张赔偿。

《国家赔偿法》第13条规定："赔偿义务机关应当自收到申请之日起两个月内依照本法第四章的规定给予赔偿；逾期不予赔偿或者赔偿请求人对赔偿数额有异议的，赔偿请求人可以自期间届满之日起三个月内向人民法院提起诉讼。"

原告尹琛琰在门市部被盗窃案发后，向被告卢氏县公安局提交了书面申诉材料，要求给予赔偿，符合法律规定的申请国家赔偿程序。卢氏县公安局在《国家赔偿法》规定的两个月的期间内没有任何意见答复尹琛琰，尹琛琰以卢氏县公安局逾期不受理为由提起行政诉讼，符合行政诉讼的受理程序。

原告尹琛琰主张的损失数额，有合法的依据，被告卢氏县公安局虽然对具体数额表示怀疑，但由于没有提供相关的具体证据予以否认，因此，对尹琛琰主张的财产损失数额应予以认定。尹琛琰的门市部的财产损失，是有人进行盗窃犯罪活动直接造成的，卢氏县公安局没有及时依法履行查处犯罪活动的职责，使尹琛琰有可能避免的财产损失没能得以避免，故应对盗窃犯罪造成的财产损失承担相应的赔偿责任。尹琛琰的门市部发生盗窃犯罪时，尹琛琰没有派人值班或照看，对财产由于无人照看而被盗所造成的损失，也应承担相应的责任。

综上，卢氏县人民法院根据《行政诉讼法》第67条第1款、第2款，第68条之规定，于2002年12月12日判决如下：

卢氏县公安局赔偿尹琛琰25001.5元损失的50%，即12500.75元，在判决生效后10日内给付。

宣判后，双方当事人均未上诉。

【评述】

怎样的行为才构成行政不作为？这是本案判决中需要解决的核心问题。这里着重就此作一些评述。

行政不作为，是指行政主体(及其工作人员)有积极实施现实的特定行政作为的义务，并且能够履行而不予履行状态。认定行政不作为主要依据以下两个标准：

首先,行政主体依法负有现实的特定行政作为义务。现实的特定行政作为义务是构成行政不作为的前提要件。行政主体所承担的作为义务表现为两个层面:一是法律规范层面上的作为义务,二是现实的特定行政义务。前者主要来源于四个方面:(1)法律直接规定的行政作为义务。这种法律正面规定的行政作为义务只能来自狭义的义务性法律规范,禁止性或授权性法律规范都不能正面规定行政作为义务。(2)法律间接体现的行政作为义务。所有授权性法律规范均隐含相应的行政职责,其中很大一部分是行政作为义务。另外,行政相对人行政法上的权利义务规范也隐含行政主体的行政职责,从而包容着行政作为义务。(3)先行行为引起的行政作为义务。它指由于行政主体先前实施的行为,使相对人某种合法权益处于遭受严重损害的危险状态,行政主体因此必须采取积极措施防止损害发生的作为义务。(4)合同行为引起的作为义务。这些规范层面上的行政作为的义务还必须是现实的特定的,只有现实的特定行政作为义务,才能构成行政不作为的前提要件。现实的特定行政作为义务是相对于法律规范层面上的义务而言,它是行政主体必须立即履行的作为义务。如在本案中,《中华人民共和国人民警察法》第 2 条规定:"人民警察的任务是维护国家安全,维护社会治安秩序,保护公民的人身安全、人身自由和合法财产,保护公共财产,预防、制止和惩治违法犯罪活动。"第 21 条规定:"人民警察遇到公民人身、财产安全受到侵犯或者处于其他危难情形,应当立即救助;对公民提出解决纠纷的要求,应当给予帮助;对公民的报警案件,应当及时查处。"这两条法律规定,构成了被告公安机关法律规范层面上的作为义务。如果在盗窃发生时,原告门市部的邻居没有向被告的"110 指挥中心"报警,被告的巡警也没有发现盗窃行为,被告所承担的也仅仅是法律规范层上的救助义务,它不能成为行政不作为的构成要件,原告不能因此而要求被告承担法律责任。然而,当原告门市部的邻居报警后,被告所承担的法律规范层面的义务就转化成了特定的现实行政作为义务。此时,公安机关所承担的义务,就成为构成行政不作为的前提要件。

其次,行政主体能够履行而不履行其承担该义务。这一要件包含两个层面:第一,行为人必须具备履行该作为义务的能力。这是行政不作为构成的重要要件,如果行为人当时没有履行该作为义务的能力,法律就不能强制其承担一定的法律责任。第二,行为人没有履行该作为义务。这里的"没有履行"不是因客观原因如地震、水灾、火灾等不能履行,而是行政主体有履行能力,但他或故意不履行,或因疏忽不履行,或因认识上的错误而没有履行。总之,没有履行是出于故意或者过失没有履行,而不是不能履行。本案中,作案人的撬门声惊动了原告门市部的邻居后,他们在确认有人行窃时,前后两次打通了被告卢氏县公安局“110 指挥中心”并报告了案情，但卢氏县公安局始终没有派人出警。在庭审中，被告并没有就其不出警，作出合理的说明，说明其值班人员是故意不出警，而不是由于客观原因不能出警。

基于以上分析，本案一审法院判决对于被告行政不作为的认定是正确的。

（本案例的“案情”和“审判”部分选自《最高人民法院公报》2003 年第 2 期；“提领”和“评述”部分由作者根据有关法律与学理进行阐述，不代表司法机关的意见）

（杨登峰　撰）

32 彭学纯诉上海市工商局不履行法定职责纠纷案

【提领】

彭学纯认为某电视台的一档电视节目属于违法医疗广告，向上海市工商行政管理局进行投诉，但上海市工商行政管理局以该节目并非广告为由，口头答复彭学纯不予立案查处。彭学纯不服，提起行政诉讼，要求被告上海市工商行政管理局履行法定职责，查处违法医疗广告。本案经过两审。一审法院支持原告要求被告履行法定职责的诉讼请求，要求被告限期履行法定职责，并将处理结果告知原告。被告不服，提起上诉。二审法院判决驳回上诉，维持原判。本案收录于《最高人民法院公报》2003 年第 5 期。

【案情】

原告：彭学纯，男，56 岁。住上海市沪太路。

被告：上海市工商行政管理局。住所地：上海市肇嘉浜路。

法定代表人：张文蔚，该局局长。

2000 年 8 月 16 日晚 8 点，上海有线电视台戏剧频道《闪亮时分》栏目播放了专题节目《共和国之歌——献给人民功臣》，该节目内容主要是介绍上海 411 医院院长章某等五位上海市新长征突击手的事迹。彭学纯于 2000 年 12 月向上海市工商行政管理局(以下称工商局)投诉称，因为看了该节目，他妻子于 2000 年 8 月 21 日住进了 411 医院进行治疗，29 天后死亡。彭学纯认为该节目系违法医疗广告，故要求工商局进行查处。对此，工商局口头答复该节目不属于广告，不同意立案查处。故彭学纯向上海市徐汇区人民法院提起行政诉讼，要求工商局履行法定职责，查处电视台播出该医院违法广告的行为。

原告诉称：2000 年 8 月 16 日晚，其妻收看了上海有线电视台戏剧频道播放的介绍 411 医院的电视医疗广告后，于 8 月 21 日住进了该医院进行治疗，29 天后竟然无故死亡。被告在接到投诉后，没有对该违法医疗广告进行立案查处，属于不履行法定职责。要求被告履行法定职责，查处上海有线电视台播出的违法医疗广告。

原告提供的主要证据和依据有：

1. 2000 年 8 月 16 日上海有线电视台戏剧频道播出的节目光盘一张，以证明该节目实际上为医疗广告。

2. 411 医院医疗机构执业许可证复印件，以证明该医院被批准的诊疗科目中无骨科一项。

3. 有关"12 家医疗机构受罚"报道复印件，内容有上海市工商行政管理局广告管理处处长介绍医疗类违法违规广告的情况，以证明查处非法医疗广告属于工商局的职责范围。

4. 2001 年 4 月 27 日《购物导报》和 2001 年 4 月 20 日《市民周刊》刊登的 411 医院的广告复印件。

5. 上海市卫生局、上海市工商行政管理局《关于加强医疗广告管理的通知》复印件，以证明被告应适用该通知对各类违法医疗广告予以查处。

被告辩称：原告反映的电视节目是一个专题报道，主要内容介绍了包括 411 医院院长章某在内的五位上海市新长征突击手的事迹。节目虽然有关于骨病治疗的内容，但认定为广告依据不足，故已口头答复原告不对该节目立案查处。现原告要求被告履行法定职责与事实不符，请求驳回原告的诉讼请求。

法庭在审理期间播放了经录制的上海市有线电视台播出的有关 411 医院的节目。在质证中，被告对证据 3、证据 5 没有异议；但认为根据证据 1 的内容，认定其属于广告依据不足；证据 2 是卫生局的职权范围；证据 4 的内容原告曾经反映过，工商局对 411 医院的违法广告也曾处理过。

【审判】

上海市徐汇区人民法院认为：

被告工商局作为上海市的广告监督管理机关，对违反法律规定的广告活动，有权依照法律的规定进行行政处罚。国家工商行政管理局、卫生部于 1993 年 9 月 27 日发布的《医疗广告管理办法》明确规定，医疗广告是指医疗机构通过一定的媒介或者形式，向社会或者公众宣传其运用科学技术诊疗疾病的活动。国家工商行政管理局 2001 年 3 月 1 日在工商广字〔2001〕第 57 号答复中进一步明确，大众传播媒介利用新闻报道形式介绍医疗机构及其服务，如出现医疗机构的地址、电话号码或其他联系方式等内容的，在发表有关医疗机构报道的同时，在同一媒体同一时间（时段）发布该医疗机构广告的，即使发布者声称未收取费用,也应认定为利用新闻报道形式发布医疗广告。从彭学纯提供的电视节目内容可以看出,该专题报道从形式上具备了上述规定认定医疗广告的基本特征,工商局对彭学纯的投诉应予以调查处理,并将处理结果告知其本人。综上所述,彭学纯要求工商局履行法定职责的诉讼请求应予支持。依照《行政诉讼法》第 54 条第 3 项的规定,于 2002 年 12 月 9 日判决如下:

被告上海市工商行政管理局应于本判决生效之日起三个月内,履行对上海有线电视台戏剧频道 2000 年 8 月 16 日 20 时播出的专题报道节目是否构成违法医疗广告进行调查处理的法定职责,并将结果告知原告彭学纯。

案件受理费人民币 100 元,由被告负担。

一审宣判后,上海市工商局向上海市第一中级人民法院提出上诉,认为有关电视专题报道主要是介绍医院院长等医务人员的事迹,虽然其中包括了关于骨病治疗的内容,但认定为广告依据不足;接到彭学纯的投诉后,已积极进行调查,将节目内容录制成了光盘交给其本人,并将处理结果告知了彭学纯,已履行了法定职责,请求驳回彭学纯的诉讼请求。

彭学纯辩称:上海市有线电视台过去从未播放过类似的节目,据了解该节目是 411 医院自行制作后送电视台的;该节目中明确说明了医疗机构的名称、医师的姓名、医疗的内容,故应认定为医疗广告,请求维持原判。

庭审中,法庭再次播放了经录制的上海市有线电视台播出的有关 411 医院的节目,双方当事人对一审法院认定的案件事实无异议。

上海市第一中级人民法院认为:

《中华人民共和国广告法》第 6 条规定,县级以上人民政府工商行政管理部门是广告监督管理机关。根据《广告法》的规定,广告的管理和监督是工商行政管理部门的职责之一,因此,认定有关节目是否构成广告、是否构成违法广告,以及如何依法进行行政处罚,均属于工商行政管理部门的职责范围。彭学纯认为上海市有线电视台播出节目属于违法广告,侵犯其合法权益,并向上海市工商局申请对该广告予以行政查处,符合我国行政诉讼法的有关规定。

国家工商行政管理局、卫生部于 1993 年发布的《医疗广告管理办法》第 2 条第 2 款规定,医疗广告是指医疗机构通过一定媒介或者形式,向社会或者公众宣传其运用科学技术诊疗疾病的活动。公众所理解的广告,就是以一定的方式通过媒体对商品或者服务以及提供商品或者服务单位的宣传和介绍。从庭审播放的上海市有线电视台专题节目《共和国之歌——献给人民功臣》来看,尽管录制的光盘声音不清晰,但画面反映出节目中不仅有对 411 医院院长章某的事迹介绍,还有相当一部分内容是介绍其诊疗方法和疗效,画面上还三次出现 411 医院名称的特写镜头。该节目反映的信息既有医务人员工作事迹的介绍,又有医务人员医术和医疗专长的介绍，其宣传医院和医院服务的用意十分明显，彭学纯有理由得出该节目属于医疗广告的结论。因此，原审认定该专题报道从形式上具备了认定为医疗广告的基本特征，并无不当，符合《医疗广告管理办法》的有关规定，工商局以该节目不构成广告而不予查处的理由不成立。工商局虽然将不予立案查处的理由告诉了彭学纯本人，但由于工商局没有依法履行其法定的行政职责，未能够依法保护申请人的人身权和财产权，故原审判决认定工商局应对该节目进行查处，亦无不当，可予维持。

据此，上海市第一中级人民法院依照《行政诉讼法》第 61 条第 1 款第 1 项之规定，于 2003 年 4 月 21 日判决：

驳回上诉，维持原判。

本判决为终审判决。

【评述】

本案当事人之间的主要争点在于，上海有线电视台戏剧频道《闪亮时分》栏目于 2000 年 8 月 16 日晚 8 点播放的专题节目《共和国之歌——献给人民功臣》，是否属于广告？原告认为，该节目中明确说明了医疗机构的名称、医师的姓名、医疗的内容，故应认定为医疗广告。被告则主张，原告反映的电视节目是一个专题报道，主要内容介绍了包括 411 医院院长章某在内的五位上海市新长征突击手的事迹。节目虽然有关于骨病治疗的内容，但认定为广告依据不足，故已口头答复原告不对该节目立案查处。那么，法院应当如何裁判呢？而这实际上涉及对案件大前提的认定。

我国《行政诉讼法》第 4 条规定："人民法院审理行政案件，以事实为根据，以法律为准绳。"问题在于，法律是什么？除了在规范的意义上探讨，哪些位阶的规范性文件是法院审理行政案件的依据或者参照之外，一个更为具体的问题是，应当如何理解并把握这些规范性文件字里行间的含义？在具体的个案当中，法官难以像自动售货机一般机械地吸进法条与事实，吐出判决，而需要对案件的大前提进行探究与认定，即：相关法律规定的含义是什么？

就本案而言，如果明确了何为（医疗）广告，那么，进一步地，对其是否构成违法医疗广告进行调查处理的履行法定职责的问题，也就迎刃而解了。法院也正是循着这样的思路展开审查工作的。

一审法院认为，被告工商局作为上海市的广告监督管理机关，对违反法律规定的广告活动，有权依照法律的规定进行行政处罚。国家工商行政管理局、卫生部于 1993 年 9 月 27 日发布的《医疗广告管理办法》明确规定，医疗广告是指医疗机构通过一定的媒介或者形式，向社会或者公众宣传其运用科学技术诊疗疾病的活动。国家工商行政管理局 2001 年 3 月 1 日在工商广字〔2001〕第 57 号答复中进一步明确,大众传播媒介利用新闻报道形式介绍医疗机构及其服务,如出现医疗机构的地址、电话号码或其他联系方式等内容的,在发表有关医疗机构报道的同时,在同一媒体同一时间(时段)发布该医疗机构广告的,即使发布者声称未收取费用,也应认定为利用新闻报道形式发布医疗广告。从彭学纯提供的电视节目内容可以看出,该专题报道从形式上具备了上述规定认定医疗广告的基本特征,工商局对彭学纯的投诉应予以调查处理,并将处理结果告知其本人。因此,判决支持彭学纯要求工商局履行法定职责的诉讼请求。二审法院则作出了"驳回上诉,维持原判"的判决。

(本案例的"案情"和"审判"部分选自《最高人民法院公报》2003 年第 5 期;"提领"和"评述"部分由作者根据有关法律与学理进行阐述,不代表司法机关的意见)

(高春燕 撰)

33 吉德仁等诉盐城市人民政府行政决定案

【提领】

本案是一起因农村公交线路延伸进入城市与城市公交产生矛盾，政府作出一份会议纪要予以规范，当事人不服该会议纪要向法院提起诉讼的行政案件。本案经过两审。一审法院确认了原告的主体资格，但认定该行政决定合法，判决驳回原告诉讼请求。二审法院则判决部分撤销该行政决定中的不合法内容，撤销一审判决，同时驳回原告其他诉讼请求。本案终审判决于2003年作出，收录于《最高人民法院公报》，对我国的司法审判实践具有判例指引的作用。

【案情】

原告：吉德仁，男，36岁，个体运输户。住江苏省盐城市南洋镇。

原告：蔡越华，男，24岁，个体运输户。住江苏省盐城市伍佑镇。

原告：蔡和平，男，28岁，个体运输户。住江苏省盐城市南洋镇。

原告：丁书全，男，29岁，个体运输户。住江苏省盐城市南洋镇。

被告：江苏省盐城市人民政府。住所地：江苏省盐城市建军中路。

法定代表人：陶培荣，该市市长。

2002年8月20日，被告盐城市人民政府因农村公交延伸入城与城市公交发生矛盾后，召集相关部门进行协调后作出第13号《专题会议纪要》（以下称《会议纪要》），主要内容包括：城市公交的范围界定在批准的城市规范区内，以城市规划区为界，建设和交通部门各负其责，各司其职；城市公交在规划区内开通的老干线路，要保证正常运营，继续免交有关交通规费；在规划范围内的城市公共客运上发生的矛盾，须经政府协调，不允许贸然行事，否则将追究有关方面的责任。

原告吉德仁等人是经交通部门批准的道路交通运输经营户，经营的客运线路与市政府明确免交交通规费的盐城市公共交通总公司（以下称公交总公司）的5路、15路车在盐城市城区立交桥以东至盐城市城区南洋镇之间地段的运营线路重叠。2002年8月20日、21日，盐城市城区交通局（以下称城区交通局）分别向公交总公司发出通知、函告，要求该公司进入城区公路从事运营的车辆限期办理有关营运手续。公交总公司则于2002年8月20日复函城区交通局，认为根据建设部的文件及市政府《会议纪要》的精神，该公司不需要到交通主管部门办理有关批准手续。2002年9月10日，吉德仁等人向城区交通局暨城区运政稽查大队和南洋中心交管所提出申请，请求依《江苏省道路运输市场管理条例》的规定对公交总公司的未经交通部门批准超出市区延伸到331省道进行运营的行为进行查处。2002年9月11日，城区交通局对吉德仁等人的申请进行答复，对上述通知、函告公交总公司的情况进行了通报，并在答复中说明2002年8月30日市政府下发的《会议纪要》已明确"城市公交在规划区内开通的若干线路，要保证正常营运，继续免交有关交通规费"，因南洋镇域已列入城市建设规划区范围内，故该局无法对城市公交车进入331省道南洋段的行为进行管理。

原告吉德仁等人认为《会议纪要》属于违法行政决定行为，向江苏省盐城市中级人民法院提起诉讼，诉称：公交总公司的5路和15路客运线路未经批准，擅自延伸出盐城市市区，与原告经批准经营的客运线路重叠，属于不正当竞争，损害原告的经营利益。为此原告多次向城区交通局反映，要求其依法对公交总公司及5路和15路参加客运的车辆进行处罚并追缴非法所得。盐城市人民政府的《会议纪要》干预了城区交通局的查处，违反有关法律的规定，直接损害了原告的经济利益。请求确认被告盐城市人民政府强行中止城区交通局查处公交总公司违法行为的行为违法；确认《会议纪要》的相关内容违反了国家道路运输管理的有关规定。

被告辩称：《会议纪要》不属于行政诉讼受案范围。2002年8月20日，在盐城市南洋镇交管所开通农村公交、延伸城市公交，与公交总公司发生大规模冲突的背景下，市政府召集有关部门负责同志进行专题会议办公，并作出了《会议纪要》。该纪要依据有关法规、文件及城市规划规定，对城市公交的范围进行了界定，明确了建设、交通等部门对城市公交和道路运输管理的有关职责，对争议的矛盾提出了处理方案。该行为属于行政机关内部指导行为，且未超越有关法规文件的规定，也未作出具体的行政决定，不具有行政强制力。原告吉德仁等人不具备本案的诉讼主体资格，无权对城区交通局能否查处公交总公司以及是否合法查处提出诉讼请求，认为市政府非法干预交通局对公交总公司的查处亦无任何事实和法律依据。

本案中原、被告的主要争议焦点是:(1)《会议纪要》是否为可诉行政行为。(2)《会议纪要》的相关内容是否合法。(3)盐城市政府是否有违法制止城区交通局查处的行为。

原告吉德仁等人认为:《会议纪要》包括两个具体行政行为及一个已外化的内部行政行为,这些行为对其合法权益造成了实际的影响,是可诉行政行为,并因为同一路段道路运输的公平竞争权被侵犯而具有本案的主体资格;《会议纪要》明确将延伸到公路经营的城市公交继续免交交通规费与现有法律法规及交通部的文件相违背,属于违法行政行为;被告的内部行为已经外化,客观上制止了城区交通局对公交总公司违法行为的查处,侵犯了原告的公平竞争权。

被告盐城市人民政府认为:《会议纪要》是政府的内部指导行为,没有特定的适用对象,是抽象的行政行为,《会议纪要》与原告之间没有直接的影响,不构成行政法上的利害关系,该行为不可诉;《会议纪要》明确的相关内容符合城建方面的法律、法规及文件的规定,不存在违法之处;不存在制止交通部门查处公交总公司行为的事实,是城区交通局自己认识到公交总公司的行为不违法自觉停止了查处行为。

【审判】

盐城市中级人民法院审理认为:

被告盐城市人民政府的《会议纪要》虽然形式上是发给下级政府及所属各部门的会议材料,但从该纪要的内容上看,它对本市城市公交的运营范围进行了界定,并明确在界定范围内继续免交交通规费,而且该行为已实际导致城区交通局对公交总公司的管理行为的中止,所以该《会议纪要》是一种行政决定行为,有具体的执行内容,是可诉行政行为。原告吉德仁等人作为与被告行政行为的受益方公交总公司所属的5路、15路公交车在同一路段进行道路运输的经营户,认为市政府的行为侵犯了他们的公平竞争权提起诉讼,具有行政诉讼的原告主体资格。

被告盐城市人民政府根据《中华人民共和国地方各级人民代表大会和地方各级人民政府组织法》规定,为解决矛盾召集其下属的有关部门进行协调,并作出《会议纪要》,将公交的运营范围界定为城市规划区内,并明确对在上述范围内运营的公交车辆继续免交规费,是对原来就已经客观存在事实的一种明确、重申,是在其法定权限之内作出的行政行为,不违背相关的法律、法规,原告吉德仁等人要求认定该行为违法没有法律依据。

虽然城区交通局客观上中止了对公交总公司超出市区运输行为的查处,但原告吉德仁等人在本案中并未能提交足够的证据证明被告违法干预了交通管理部门的查处工作，所以要求确认市政府强行中止城区交通局的查处行为违法没有事实依据。据此，判决驳回原告吉德仁、蔡越华、蔡和平、丁书全的诉讼请求。

一审宣判后，吉德仁等人向江苏省高级人民法院提出上诉，诉称：一审判决认定盐城市政府的《会议纪要》相关内容不违法，是明显错误的。交通部的一系列规范性文件完全可以说明，城市公交的营运范围应“严格界定在城市市区”而非城市规划区。交通部、财政部等部委的三个规章均要求公交车辆出市区后，跨行公路的必须缴纳养路费、客运附加费和运输管理费。城区交通局是因为《会议纪要》的有关内容被迫停止对违法行为查处的。《会议纪要》中有关免交规费的规定，严重侵犯了原告的公平竞争权。请求确认盐城市政府强行中止城区交通局对公交总公司违法营运进行查处的行为违法；确认盐城市政府《会议纪要》的相关内容违反国家道路运输管理的有关规定。

被上诉人辩称：根据建设部有关规定，城市公交车营运的地域范围为城市规划区，《会议纪要》的相关规定，体现了从实际出发、实事求是、顾全大局的原则，完全符合法律规定。上诉人不具备行政诉讼的主体资格，无权提出诉讼请求。《会议纪要》属行政机关内部指导行为，不具有行政强制力。《会议纪要》中有关建设、交通部门职能划分及继续免交有关交通规费的规定是抽象的，本案不属行政诉讼受案范围。

双方当事人的争议焦点是：(1)《会议纪要》中有关公交车辆在规划区内免交规费的规定是否可诉；(2)吉德仁等四人是否具备原告的主体资格；(3)《会议纪要》中有关公交车辆在规划区内免交规费的规定是否合法。

江苏省高级人民法院审理认为：所谓行政指导行为，是指行政机关在进行行政管理的过程中，所作出的具有咨询、建议、训导等性质的行为，不具有行政强制执行力。而被上诉人盐城市人民政府《会议纪要》中有关公交车辆在规划区免交规费的规定，是明确要求必须执行的。因此，盐城市人民政府认为该行为属行政指导行为没有法律依据。该项免交规费的规定，是针对公交总公司这一特定的主体并就特定的事项即公交总公司在规划区内开通的线路是否要缴纳交通规费所作出的决定，《会议纪要》的上述内容实际上已直接给予了公交总公司在规划区内免交交通规费的利益，不应认定为抽象行政行为。同时，由于该《会议纪要》是赋予一方当事人权利的行为，公交总公司作为受益人也参加了会议，因此《会议纪要》虽未向利益相对方直接送达，但《会议纪要》的相关内容在其后已经得到执行，城区交通局已将无法对公交总公司进行行政管理的原因及《会议纪要》的内容书面告知了吉德仁等人，因此应当认定盐城市政府在《会议纪要》中作出的有关公交车辆在规划区免征规费的行为是一种可诉的具体行政行为。

由于公交总公司的5路、15路客运线路与吉德仁等人经营的客运线路存在重叠,双方在营运上的竞争是客观存在的。公交总公司营运中微利或者亏损也不能否定双方的竞争关系。吉德仁等人认为《会议纪要》规定公交总公司免交有关交通规费,导致不公平竞争,因而提起行政诉讼,符合《最高人民法院关于执行〈中华人民共和国行政诉讼法〉若干问题的解释》第13条第1项的规定,吉德仁等人作为领取了经营许可证的业主,其经济利益与车辆的营运效益密切相关,有权以盐城市人民政府的行政行为侵犯其公平竞争权为由提起行政诉讼。是否存在不公平竞争并不影响其行使诉权。一审判决对此认定合法,盐城市人民政府认为吉德仁等人不具有原告主体资格的理由不能成立。

我国现行的交通管理体制存在的双重管理、两元结构的现象是历史形成的,即建设行政主管部门管理城市公共交通,而交通行政主管部门管理道路运输。目前仍然存在部门之间、城乡之间分割客运市场的问题,此种管理体制虽不符合"统一、精简、效能"的原则,但在未经有权机关统一之前,应当予以认可,建设和交通行政主管部门均应依法履行职责。《中华人民共和国公路法》第8条规定,国务院交通主管部门主管全国公路工作。县级以上地方人民政府交通主管部门主管本行政区域内的公路工作。根据国务院有关交通部职能的规定,交通部是公路交通运输行业的行政主管部门。因此,各级交通行政主管部门作为当地公路交通运输行业的行政主管部门,有权依据国家有关法律、法规、政策,负责公路交通运输业的行业管理;维护公路交通运输行业的公平竞争秩序;负责公路路政管理和交通规费的稽征管理。因此,在交通部门管理的公路上营运的一切车辆均应当接受交通部门依法进行的行政管理。随着城市化进程的加快和公众出行的需要,城市公共交通超出原有的城市市区进行营运已成为一种客观现实。因此,城市公交的营运范围与交通部门管理的范围并不必然不相容,不能认为城市公交营运范围内的道路就必然排除交通部门的行政管理,也不能认为交通部门所管理的道路就必然不能成为城市公交的营运范围。城市公交营运范围的界定,并不影响交通部门对所管辖道路的管理。城市公共汽车驶离《城市道路管理条例》中所确定的由城建部门修建、养护的城市道路,在交通部门修建、养护的道路上营运的,也应当接受交通部门依据公路法及相关道路运输规章所实施的管理,根据规定办理相应的手续。根据交通部、国家计划委员会、财政部、国家物价局联合制定的《公路养路费征收管理规定》第9条、第10条的规定,公共汽车在由城建部门修建和养护管理的市区道路上行驶的,免征养路费,但公共汽车跨行公路在10公里以内的按费额的三分之一计征养路费。而公交总公司的5路、15路公交车离开市区进入交通部门管理的331省道行驶近10公里,应当依法缴纳养路费。根据国家发展计划委员会、财政部、交通部联合制定的《关于规范公路客货运附加费增加公路建设资金的通知》的规定，公共汽车不属于免交公路客货附加费的车辆，应当缴纳公路客货附加费。盐城市政府提供的国家发展计划委员会办公厅计办价格〔1998〕885号《关于公路客运附加费征收范围有关问题的复函》及建设部城建司建城交〔1996〕98号文《建设部城建司答承德市公用局再次重申城市公共交通界定》只能证明在市区运行的车辆，可以不缴纳该项费用，并不涉及出市区营运的公交车辆。同时，根据交通部、财政部联合制定的〔86〕交公路字633号《公路运输管理费征收和使用规定》的相关规定，在公路上营运的车辆还应当缴纳运输管理费。因此，城市公共汽车驶离由建设部门修建或养护的道路，进入交通部门管理的道路时，应当依法缴纳养路费、客货附加费及运输管理费。交通部门拥有征收上述费用和经法定程序免征费用的法定职权，其他任何行政机关均无征收或者免征的职权，无权决定应交纳规费的单位免交规费。

综上，江苏省高级人民法院认为盐城市人民政府《会议纪要》中"城市公交在规划区内开通的若干线路，要保证正常营运，继续免交有关交通规费"的规定作为政府的一项行政决定，具有行政强制力，是可诉的具体行政行为。吉德仁等人作为与公交总公司所属公交车辆营运范围有重叠的经营者，有权以《会议纪要》的规定侵犯其公平竞争权为由提起行政诉讼。盐城市人民政府《会议纪要》中有关在规划区内免征规费的规定，超越了法定职权。该项决定的内容缺乏法律、法规依据，且与前述国家有关部委的多个规定相抵触，依法应予以撤销。一审判决认定吉德仁等人具有原告主体资格及《会议纪要》相关内容为可诉的具体行政行为的认定正确，但对于《会议纪要》中有关在规划区内免征规费的规定的合法性认定不当，依法应予以撤销。吉德仁等人的其他请求，因与其公平竞争权没有法律上的利害关系，故不予支持。据此，判决撤销一审判决，撤销盐城市政府第13号《专题会议纪要》第5条中"城市公交在规划区内开通的若干线路，要保证正常营运，继续免交有关交通规费"的决定，驳回上诉人的其他诉讼请求。

【评述】

本案涉及的主要法律问题有：

一是该会议纪要是否可诉。

主要争点在于该份《会议纪要》的性质，是具体行政行为还是抽象行政行为。这里我们暂且不论具体行政行为与抽象行政行为的划分是否合理，至少目前我国的行政诉讼体制是将行政机关发布具有普遍约束力的规范性文件的行为排除在司法审查范围之外的。区分两种行为应看：该行为是否针对不特定的对象；是否可以反复适用；能否直接进入执行过程。从本案来看，该《会议纪要》

中规定的公交总公司在规划区内开通的线路免交交通规费的规定，是针对公交总公司这一特定的主体并就特定的事项即公交总公司在规划区内开通的线路是否要缴纳交通规费所作出的决定，该内容实际上已直接给予了公交总公司在规划区内免交交通规费的利益，并且根据该条款，直接进入了执行程序，因此不应认定为抽象行政行为。而由于该份《会议纪要》直接被执行，具有强制执行力，因此也区别于不具有强制执行力的行政指导行为。该份《会议纪要》实际上是行政机关针对特定事项所作出的一个赋予一方当事人权利而同时使另一方当事人的法定权益受损的行政决定，具有可诉性。

二是原告是否具有主体资格。

由于原告并非该《会议纪要》所直接针对的对象，这里就需要确认原告与涉案会议纪要是否存在法律上的利害关系问题。《最高人民法院关于执行〈中华人民共和国行政诉讼法〉若干问题解释的规定》第 12 条规定“与具体行政行为有法律上利害关系的公民、法人或其他组织对该行为不服的，可以依法提起行政诉讼”，第 13 条对“与具体行政行为有法律上的利害关系”的几种特殊情形作出了规定，其中第 1 项明确赋予公平竞争权受具体行政行为影响的相对人的原告资格。从本案来看，由于公交总公司的 5 路、15 路客运线路与吉德仁等人经营的客运线路存在重叠，双方在营运上存在客观的竞争关系，盐城市政府在《会议纪要》中作出的有关公交车辆在规划区内免征规费的行为，这种赋权行为，实际上损害了与其竞争的另一方当事人的经济效益。因此，原告以公平竞争权受侵害为由向法院提起诉讼，理应受到法律的保护。

三是该行政决定的内容是否合法。

盐城市政府是否有权作出公交车辆在规划区免征规费的决定？关键在于该决定是否有上位法依据。根据《中华人民共和国公路法》、《公路养路费征收管理规定》、《关于规范公路客货运附加费增加公路建设资金的通知》等法律、规章，均已明确城市公共汽车驶离由建设部门修建或养护的道路，进入交通部门管理的道路时，应当依法缴纳养路费、客货附加费及运输管理费。本案中，公交总公司 5 路、15 路公交车已经出市区营运，进入了依法需要缴纳交通规费的道路，因此盐城市政府的行政决定属于超越职权，违反法律、法规、规章。二审法院予以撤销，认定事实清楚，使用法律正确，判决得当。

（本案例的“案情”和“审判”部分选自《最高人民法院公报》2003 年第 4 期；“提领”和“评述”部分由作者根据有关法律与学理进行阐述，不代表司法机关的意见）

（骆梅英　撰）

34 何文良诉成都市武侯区劳动局行政确认案

【提领】

本案是一起由第三人对一审行政判决不服提起的二审案件。原告何文良之子何龙章 2002 年 9 月 24 日下午上班铃响后，在进入车间工作前，到该厂厂区内的厕所小便，摔伤死亡。被告劳动局作出了原告之子不是因工负伤(死亡)的《企业职工伤亡性质认定书》。一审法院判决撤销该认定书，并判令被告就该死亡是否属于工伤重新认定。判决后，原告和被告均未提出上诉，但第三人不服该判决提出了上诉。由于原告之死发生在一个特殊的时间、地点，是否因工所致，成为本案争议的焦点，一、二审判决就工伤认定发表的意见，很值得我们借鉴。另外，本案第三人不服一审判决提出了上诉，是我们认识第三人在行政诉讼中法律地位的一个典型案例。

【案情】

原告：何文良，男，70 岁，农民。住四川省盐亭县五龙乡。

被告：四川省成都市武侯区劳动和社会保障局。

法定代表人：陈昌华，该局局长。

第三人：成都四通印制电路板厂。住所地：四川省成都市武侯区簇桥乡。

成都市武侯区劳动和社会保障局(以下称武侯区劳动局)于 2002 年 10 月 23 日以成武劳函〔2002〕23 号《企业职工伤亡性质认定书》认定何文良之子何龙章的伤亡性质不是工伤。何文良不服，向成都市劳动局申请复议，成都市劳动局于 2002 年 12 月 11 日作出成劳社行复决〔2002〕12 号《行政复议决定书》，维持武侯区劳动局对何龙章伤亡性质的认定。何文良仍不服武侯区劳动局的行政复议决定，于 2003 年 1 月 9 日向四川省成都市武侯区人民法院提起行政诉讼。

原告诉称：何龙章生前系成都四通印制电路板厂工人。2002年9月24日下午的上班期间，何龙章被发现摔倒在车间旁的厕所内不省人事，经送往医院急救无效死亡。死亡原因为重型颅脑损伤，呼吸循环衰竭。因厂方未及时足额支付治疗费及其他相关费用，也未提起伤亡性质认定，原告于2002年10月8日向武侯区劳动局申请对何龙章伤亡性质认定，武侯区劳动局认定何龙章不是工伤所依据的事实不清，回避了厂方的厕所潮湿、有重大安全隐患的事实。死者明显是被厕所内的积水滑倒而致颅脑损伤，且应与工作有关，请求撤销被告对何龙章作出的伤亡性质认定。

被告辩称：该局受理原告申请后，即派人到成都四通印制电路板厂进行了调查，因为何龙章是上班铃声响后未进车间而先到厕所小便，在厕所里不慎摔伤，经送往医院抢救无效后死亡。故认定何龙章上厕所与从事的本职工作无关，不属于工伤。原告称厕所存在安全隐患，没有证据证实。

成都市武侯区人民法院经审理查明：

何文良系何龙章之父。何龙章生前系第三人成都四通印制电路板厂工人，该厂系个人独资企业，投资人为楼建力。何龙章2000年2月进厂工作时，未与厂方签订书面劳动合同。2002年9月24日下午上班铃过后，何龙章在进入车间工作前，到该厂厂区内的厕所（该厂只有该厕所）小便，几分钟后即被一起上班的工人张策、骆志强等发现仰面倒在厕所的地上不省人事，厂方立即将何龙章送往武侯区人民医院抢救，经救治无效，何龙章于28日死亡。武侯区人民医院出具的《死亡医学证明书》证明何龙章死于“呼吸循环衰竭，重型颅脑损伤”。原、被告双方对以上事实认可无异议。

2002年10月8日，原告何文良向被告成都市武侯区劳动局申请对何龙章给予工伤（亡）认定。武侯区劳动局认为，何龙章在工厂区域内、上班时间“上厕所”摔伤致死，不符合劳动部《企业职工工伤保险试行办法》第8条、四川省劳动厅《关于划分因工与非因工伤亡界限的暂行规定》第1条第1项及四川省劳动和社会保障厅《关于职工伤残性质认定问题的复函》关于工伤必须是“在工作时间、工作区域内（含因公外出），在完成本职工作任务中发生的意外摔伤”等规定，何龙章“上厕所”是与其本职工作无直接关系的私事，因而何龙章受伤死亡不属于应当认定为工伤的情形，并于2002年10月23日在《企业职工伤亡性质认定书》中认定何龙章不是因工负伤（死亡）。何文良申请行政复议后，成都市劳动局于2002年12月11日在《行政复议决定书》中认为：“何龙章在厂区内、上班时间在厕所里摔伤致死，是一次意外事故。申请人提出的请求理由事实证据和依据不足”，维持了武侯区劳动局对何龙章不构成工伤的行政认定。

【审判】

成都市武侯区人民法院认为:

何龙章作为第三人四通印制电路板厂的职工,已与四通印制电路板厂建立了事实上的劳动关系。何文良是何龙章之父,在认为被告的具体行政行为侵犯其子依法获得工伤保险赔偿待遇的合法权益时,有权提起行政诉讼。被告武侯区劳动局是主管劳动与社会保障的行政机关,具有对辖区内的职工伤亡性质认定的行政职权。武侯区劳动局在举证期限内没有提供向何文良送达成劳社行复决〔2002〕12 号《行政复议决定书》的证据,亦未就何文良的起诉期限提出异议,根据行政诉讼举证责任的相关规定,武侯区劳动局对此负有举证义务,应承担举证不能的不利后果,故视为何文良是在收到《行政复议决定书》的 15 日内提起行政诉讼,符合起诉条件。

本案中原、被告双方争议的主要焦点是:武侯区劳动局认定何龙章在"上厕所"中因摔伤致死与其本职工作无关有无法律依据。

《中华人民共和国劳动法》第 3 条规定,劳动者享有"获得劳动安全卫生保护"的权利,"上厕所"是人的自然生理现象,任何用工单位或个人都应当为劳动者提供必要的劳动卫生条件,维护劳动者的基本权利。"上厕所"虽然是个人的生理现象,与劳动者的工作内容无关,但这是人的必要的、合理的生理需要,与劳动者的正常工作密不可分。被告片面地认为"上厕所"是个人生理需要的私事,与劳动者的本职工作无关,故作出认定何龙章不是工伤的具体行政行为,与《劳动法》保护劳动者合法权利的基本原则相悖,也有悖社会常理。根据《企业职工工伤保险试行办法》第 9 条规定,"职工由于下列情形之一造成负伤、致残、死亡的不应认定为工伤:(一)犯罪或违法;(二)自杀或自残;(三)斗殴;(四)酗酒;(五)蓄意违章;(六)法律、法规规定的其他情形。"其中列举的不应当认定为工伤的情形均是职工因自己的过错致伤、致残、死亡的,由于本案中没有证据证明何龙章受伤是因自己的过错所致,因而不属于不应认定为工伤的情形。根据武侯区劳动局提供的四川省劳动厅《关于划分因工与非因工伤亡界限的暂行规定》第 2 条"确定比照因工伤亡的原则为职工发生与生产、工作有一定关系的意外伤亡"的规定,即使是"在上下班时间、在上下班必经路线途中,发生属于非本人主要责任的交通事故或其他无法抗拒的意外事故致残,完全丧失劳动能力或死亡的",都应当确定为比照因工伤亡,而何龙章则是在上班时间在工作区域内发生的非本人过错的伤亡,不认定为工伤与上述法规、规定的本意不符,也没有相应的法律、法规依据。因此,武侯区劳动局根据何文良的申请对何龙章受伤死亡作出不予认定为因工负伤的行政行为没有法律、法规依据。关于原、被告对何龙章是否是因用工单位的厕所存在不安全因素摔伤致死的争议,因对本案不产生实际影响,故对此不作认定。

综上,被告武侯区劳动局在《企业职工伤亡性质认定书》中对何龙章的伤亡性质认定为不是因工负伤不符合法律规定,所适用法规、规章不当,应予撤销。因武侯区劳动局为主管劳动与社会保障的行政机关,负有对其所辖区域内职工伤亡性质予以认定的行政管理职权,故被诉行政行为被撤销以后,应当根据当事人的申请,依法行使职权重新作出行政行为。原告何文良的诉讼请求,符合《行政诉讼法》的规定,应予以支持。

据此,成都市武侯区人民法院依照《中华人民共和国劳动法》第 3 条、《行政诉讼法》第 54 条第 2 项之规定,于 2003 年 5 月 16 日判决:

一、撤销成都市武侯区劳动与社会保障局成武劳函〔2002〕23 号《企业职工伤亡性质认定书》;

二、成都市武侯区劳动和社会保障局根据何龙章近亲属的申请对何龙章死亡是否属于工伤重新认定。

一审宣判后,四通印制电路板厂不服,向四川省成都市中级人民法院提出上诉。

四通印制电路板厂的主要理由是:何龙章上厕所发生意外摔伤致死是与工作无直接关系的私事,事发时何龙章虽然是在工作时间和工作区域内,但并不是在完成本职工作任务中发生的意外摔伤,不应认定为因工负伤。劳动部关于"在上下班的规定时间和必经路线上,发生无本人责任或本人主要责任的道路交通机动车事故的"规定,属法规专项规定的特例,不应任意扩大解释。一审法院据此推论认为"上厕所"摔伤属工伤,没有法律依据。

何文良对原审判决无异议。

武侯区劳动局二审辩称:何龙章在事发地摔伤,并非在厂方安排的本职工作岗位上,也不属于完成本职工作任务中发生的因公所致的伤亡,且事发地并不存在安全隐患,应是偶然发生的意外事故,该情形不符合劳动部和四川省劳动厅关于认定工伤的规定。原审判决中以"上厕所"是个人必要的、合理的生理需要,与劳动者的正常工作密不可分这一自然现象来认定工伤,缺乏法律依据。

成都市中级人民法院经审理,确认一审查明的事实。

成都市中级人民法院认为:

劳动者享有获得劳动安全卫生保护的权利,是劳动法规定的基本原则,任何用工单位或个人都应当为劳动者提供必要的劳动卫生条件,维护劳动者的基本权利。劳动者在日常工作中"上厕所"是其必要的、合理的生理需求,与劳动者的正常工作密不可分,应当受到法律的保护。被告作出的行政认定未体现劳动法中保护劳动者合法权益的基本原则,属适用法律、法规错误。上诉人的上诉理由不能成立,一审判决撤销成武劳函〔2002〕23 号伤亡性质认定,责令成都市武侯区劳动局对何龙章死亡性质重新认定正确。

据此,成都市中级人民法院依照《行政诉讼法》第 61 条第 1 项规定,于 2003 年 9 月 17 日判决:

驳回上诉,维持原判。

【评述】

本案争议的焦点是,原告在上班铃响后,进入车间工作前,到该厂厂区内的厕所小便,摔伤死亡,是否属于工伤死亡。由于事件发生的时间、地点以及原因都具有特殊性,所以认定本身具有一定的困难性。一审法院判决引述了《中华人民共和国劳动法》第 3 条、《企业职工工伤保险试行办法》第 9 条、四川省劳动厅《关于划分因工与非因工伤亡界限的暂行规定》第 2 条等法律规定,并结合案件的实际情况,认为"'上厕所'虽然是个人的生理现象,与劳动者的工作内容无关,但这是人的必要的、合理的生理需要,与劳动者的正常工作密不可分",应当认定为工伤。其判决可谓有理有据,合情合法。

一审判决撤销了被告的认定书,原、被告均未上诉,但饶有趣味的是第三人提出了上诉。那么在行政诉讼中,什么是第三人,第三人在行政诉讼中享有怎样的权利呢?

行政诉讼第三人,是指与提起行政诉讼的具体行政行为有利害关系的其他公民、法人或者其他组织。其特征是:(1)与提起行政诉讼的具体行政行为有利害关系;(2)相对于原告和被告而言,是与被诉具体行政行为有利害关系的其他公民、法人或者其他组织及行政机关;(3)在诉讼期间参加诉讼;(4)申请参加诉讼或者由法院通知参加诉讼。

本案中,何龙章生前系成都四通印制电路板厂工人,虽然没有与厂方签订书面劳动合同,但事实上的劳动合同关系是存在的。被告的工伤认定书,如果认定原告之死属于工伤,则四通印制电路板厂就要承担相应的法律责任;如果认定原告之死不属于工伤,则四通印制电路板厂就不承担相关责任。所以,四通印制电路板厂与该认定书有着直接的利害关系,行政诉讼的结果直接影响其利益。其作为第三人不论是自己申请或者经法院通知参加到诉讼中来,都是合法的。

行政诉讼第三人基于与被诉具体行政行为所具有的直接利害关系,以自己的名义,为维护自身的合法权益而参加诉讼,在诉讼中具有独立的地位。它既不是原告,也不是被告;既不依附于原告,也不依附于被告。从表面上看,第三人站在原告或者被告一边，维护原告或者被告的诉讼主张。但从实质上看，其最终目的是为了维护自己的合法权益。第三人的诉讼地位，决定了其在诉讼中享有提供证据、进行辩论、委托他人代理诉讼、申请回避、提出上诉等诉讼权利。正是由于行政诉讼第三人享有上述独立的诉讼权利，一审判决后，当一审判决不利于自己的利益，在原告和被告均不提出上诉的情况下，本案的第三人四通印制电路板厂独立提起了上诉。

当然，行政诉讼第三人的法律地位也有特殊之处，其无权处分原告与被告之间的实体权利和诉讼权利，不能进行放弃或者变更诉讼请求、撤诉等原告或者被告有权进行的诉讼行为。

（本案例的"案情"和"审判"部分选自《最高人民法院公报》2004 年第 9 期；"提领"和"评述"部分由作者根据有关法律与学理进行阐述，不代表司法机关的意见）

（杨登峰　撰）

35 陈莉诉徐州市泉山区城市管理局行政处罚案

【提领】

江苏省徐州市泉山区城市管理局执法人员以陈莉擅自占用道路经营冷饮并影响市容为由，扣押了陈莉经营用的冰柜等物品。陈莉不服，提起行政诉讼。本案经过两审。在审理过程中，当事人双方对本案的事实问题存在较大争议。一审法院作出撤销判决，并要求被告限期返还所扣押物品且赔偿相关损失。被告不服，提起上诉。但在二审期间，上诉人怠于行使诉讼权利，经合法传唤，无正当理由拒不到庭，二审法院裁定本案按撤诉处理，各方当事人按原审判决执行。本案收录于《最高人民法院公报》2003 年第 6 期。

【案情】

原告：陈莉，女，31 岁，个体工商户。住江苏省徐州市醒华巷。

被告：江苏省徐州市泉山区城市管理局。

法定代表人：徐新勤，该局局长。

被告：江苏省徐州市泉山区人民政府。

法定代表人：董峰，该区区长。

2002 年 8 月 21 日，江苏省徐州市泉山区城市管理局（以下称城市管理局）执法人员以陈莉擅自占用道路经营冷饮并影响市容为由，以城市环境综合整治指挥部（以下称综合整治指挥部）的名义，扣押了陈莉经营用的冰柜等物品。陈莉不服，认为城市管理局和徐州市泉山区人民政府（以下称区政府）扣押财产的行政强制措施违法，于 2003 年 1 月 6 日向江苏省徐州市中级人民法院提起行政诉讼。

原告诉称：2002 年 8 月 21 日晚，原告在徐州市淮海路与立达路交叉处附近经营冷饮时，政府执法人员在未表明身份，未下达处罚决定，未列扣押清单的情况下，即认为原告违法占道经营，并强制扣押了原告经营用的冰柜、推车及食品、饮料。请求撤销被告的违法行政行为，返还扣押物品。

原告提供的证据有：

1. 综合整治指挥部于2002年8月22日补发的8113号物品暂扣清单，以证明被诉行政行为的存在。

2. 证人陈平的证言。主要内容是：执法人员扣押了陈莉海尔冰柜1台（冰柜内有待售食品）及遮阳伞和放置冰柜的手推车。

被告城市管理局和区政府在法律规定的期限内未提交答辩状，也未提供扣押财产强制措施的证据和依据。

案件公开审理时，被告城市管理局出庭辩称，该局系根据市、区领导的统一部署，对占道经营影响交通的情况进行统一整治，没有违法。

被告城市管理局出庭时提供的证据有：

1. 徐州市黄茅岗停车场一份进车单，以证明扣押原告物品品种和数量与扣押清单相符。

2. 证人彭远峰的出庭证言。主要内容是：他在参与2002年8月21日执法时，只扣押了1台空冰柜和1把遮阳伞。

被告泉山区政府出庭辩称，本案被诉行政行为是城市管理局作出的，该局能够依法独立承担行政责任，区政府不应作为本案被告。

法庭认证中，双方当事人对本案的事实存在严重分歧。被告城市管理局认为，对原告陈莉扣押的物品，应该以扣押清单记载的内容为准。工作人员在采取强制措施时，没有扣押当事人冰柜中的食品、饮料及手推车。原告陈莉认为，城市管理局提供的扣押清单不是现场制作的，亦无相对人或其他在场人签字认可，故清单中记载的物品与实际不符，不能证明执法人员没有扣押冰柜中的食品、饮料及手推车。

徐州市中级人民法院确认的案件事实如下：

2002年8月21日晚，被告城市管理局行政执法人员以原告陈莉擅自在徐州市淮海路与立达路交叉处附近占道经营，影响市容为由，将陈莉在经营中使用的海尔314型冰柜1台、手推车1辆及遮阳伞1把予以扣押，并于第二天向陈莉出具了物品暂扣单，暂扣单上盖有综合整治指挥部的印章。陈莉不服，遂以徐州市泉山区人民政府、徐州市泉山区城市管理局为被告提起行政诉讼。

关于被告城市管理局是否扣押了原告陈莉的推车及冰柜内的食品、饮料，双方的陈述不一致。城市管理局虽提供暂扣单和进车单予以佐证，但由于暂扣单不是现场制作的，没有相对人或其他在场人签字认可，故该暂扣单记载的内容不能采信，城市管理局提供的证人关于只扣押1台空冰柜和1把遮阳伞，未扣押手推车和食品的证言因为缺乏依据,亦不予采信。

另查明:综合整治指挥部是被告城市管理局自行设立的内部工作协调机构,与该局合署办公。

原告陈莉及诉讼代理人认为,综合整治指挥部无行政处罚权,有关工作人员在暂扣物品时未现场制作扣押物品清单和笔录,亦未在作出暂扣决定后7日内对暂扣物品进行处理,违反法律规定的行政处罚程序,故暂扣行为应予撤销,同时应返还违法扣押的冰柜、遮阳伞,赔偿手推车损失200元,以及食品、饮料损失1000元。

被告城市管理局认为,城市管理局在统一采取强制措施前已下发了通知,原告陈莉未停止非法经营,对其采取行政强制措施并无不当;扣押陈莉冰柜时已将里面的食品和饮料移交给陈莉本人,暂扣物品后曾通知陈莉领回冰柜和遮阳伞,由于对方拒领,故不存在违法扣押的情况,也不应该承担有关责任。

被告区政府认为,城市管理局能够依法独立承担法律责任,区政府对其行为不应承担责任。

【审判】

徐州市中级人民法院认为:

因综合整治指挥部是城市管理局的内设协调机构,且2002年8月21日晚暂扣原告陈莉物品行为是城市管理局工作人员实施的,该局是依法成立具有行政主体资格的行政组织,故本案中城市管理局应作为适格的被告,暂扣陈莉物品行为的法律后果,应由城市管理局承担。故综合整治指挥部不具行政诉讼的被告资格,区人民政府与本案被诉行政行为无直接的法律关系,也不应承担法律责任。

被告城市管理局在收到原告起诉状副本后的法定期限内,未向法庭提交暂扣原告陈莉物品的证据和依据,依照《最高人民法院〈若干解释〉》第26条的规定,应认定该暂扣行为无证据和依据,属于违法行政行为,应予撤销。城市管理局应返还违法扣押陈莉的海尔314型冰柜1台、遮阳伞1把。违法暂扣的手推车和冰柜内的食品、饮料也应予返还;但鉴于城市管理局现在已无法返还手推车和冰柜内的食品、饮料,故应予折价赔偿。

根据《最高人民法院〈若干解释〉》第27条第1款第3项的规定,原告陈莉要求返还手推车及冰柜内食品和饮料的诉讼主张,应对被扣押的手推车价值及食品、饮料的品种和数量承担举证责任,但考虑到陈莉的手推车是自制的,陈莉的经营属于流动性的零售摊点,没有销售记录,客观无法准确举证,且被告城市管理局的工作人员在执法时未现场制作扣押清单或笔录,亦是造成该事实难以确定的主要原因，故手推车按陈莉主张的价值200元认定比较合理，应予支持；食品、饮料损失根据陈莉冰柜型号和经营品种等情况认定为800元比较合理，对陈莉主张赔偿其食品、饮料损失1000元的主张，不予支持。

依据《行政诉讼法》第54条第2项第1目、第2目，《国家赔偿法》第4条第2项和第28条第2项、第4项之规定，于2003年6月10日判决：

一、撤销被告徐州市泉山区城市管理局2002年8月22日对原告陈莉作出的编号为8113号的暂扣物品决定；

二、被告徐州市泉山区城市管理局于本判决生效之日起3日内返还原告陈莉的海尔314型冰柜1台及遮阳伞1把；

三、被告徐州市泉山区城市管理局赔偿原告陈莉冰柜推车的损失200元和食品饮料损失800元，合计1000元，于本判决生效之日起3日内支付。

案件受理费100元，由被告徐州市泉山区城市管理局负担。

一审宣判后，城市管理局不服，向江苏省高级人民法院提起上诉。主要上诉理由是：城市管理局行政执法中并不违法，扣押陈莉冰箱和遮阳伞是由于其违法经营，应当受到处罚。第二日出具扣押单是由于陈莉当时拒绝接收扣押单，应由其本人负责；没收陈莉违法经营物品时，陈莉当时已将冰柜内未售完的食品、饮料拿出。要求赔偿手推车和食品饮料，没有法律依据。请求二审依法改判。

被上诉人（一审原告）陈莉答辩称：行政执法理应按有关法规的规定进行，暂扣其物品应当即时开具物品暂扣清单，还应制作并向其交付被扣物品的名称、数量清单，同时亦应向其讲明在限定时间内到具体指定地点接受处罚。城市管理局行政执法中没有执行有关规定，是明显违法：暂扣物品是事实，赔偿损失理所应该。城市管理局不承认暂扣了手推车和冰柜里的食品和饮料，不符合事实。请求维持一审判决。

江苏省高级人民法院在审理中，曾书面询问双方当事人是否认为不需要开庭，但双方均未提出不开庭的申请，故决定于2003年8月14日公开开庭审理本案。上诉人城市管理局于同年7月22日签收了开庭传票，但未到庭也未说明任何理由。法庭决定推延至8月26日开庭，并依法再次向城市管理局送达开庭传票，城市管理局虽于8月19日签收，但仍未到庭也未说明不到庭的理由。被上诉人陈莉两次均到庭。

江苏省高级人民法院另查明：

上诉人城市管理局的委托代理人在一审庭审中陈述："当时我们也认为行政行为理由不太充足，就于8月28日决定放行……"此事实有一审庭审笔录在卷证实。

被上诉人陈莉在收到上诉状副本后，委托他人担任其二审期间的委托代理人，并与有关法律服务所签订了委托代理合同，交纳了代理费用人民币 1000 元。陈莉及其委托代理人、证人在二审期间往返徐州和南京的必要的交通费用及必要的市内交通费共计人民币 570 元，陈莉要求城市管理局承担上述所支出的费用。此事实有陈莉提交的委托代理合同、代理费发票及相关车票证实。

江苏省高级人民法院认为：

案件当事人一审判决后在法定期限内提起上诉，是其诉讼权利。但本案中，城市管理局在案件的一审期间未在法定期限内提交答辩状，也未提供行政处罚的证据和依据，依照《最高人民法院〈若干解释〉》第 26 条的规定，应当承担败诉的法律后果，且城市管理局的委托代理人在一审庭审陈述时，已自认其行政行为理由不充足。城市管理局在一审被判决败诉后，虽然提起上诉，却怠于行使自己的诉讼权利，未向法院提交法定代表人身份证明书，也未委托诉讼代理人参加诉讼。在接到第一次开庭传票后，既未申请延期开庭也未提供任何材料且拒不到庭，后也未按要求提供有关不能到庭的正当理由的说明；第二次接到开庭传票后，仍然拒不到庭且不说明任何理由，应视为申请撤诉。由于城市管理局不正当地行使了自己的诉讼权利，实际上加重了被上诉人陈莉的负担，基于公平原则，城市管理局应当负担陈莉因此次诉讼而支付的直接的、合理的费用，即二审期间的委托代理费用及诉讼参与人两次往返必需的交通费用共计人民币 1570 元。

综上，依照《行政诉讼法》第 48 条、最高人民法院《行诉证据规定》第 75 条及《最高人民法院〈若干解释〉》第 49 条第 1 款、第 63 条第 1 款第 10 项之规定，江苏省高级人民法院于 2003 年 9 月 19 日裁定：

一、本案按撤诉处理，各方当事人按原审判决执行。

二、上诉人徐州市泉山区城市管理局在收到本裁定书之日起 3 日内支付被上诉人陈莉在二审期间支出的委托代理费及往返必需的交通费用共计人民币 1570 元。

【评述】

本案主要涉及以下几方面法律问题：

一是关于行政诉讼的适格被告。

我国《最高人民法院〈若干解释〉》第 20 条第 2 款规定：“行政机关的内设机构或者派出机构在没有法律、法规或者规章授权的情况下，以自己的名义作出具体行政行为，当事人不服提起诉讼的，应当以该行政机关为被告。”

就本案而言，虽然城市管理局执法人员以城市环境综合整治指挥部的名义，扣押了陈莉经营用的冰柜等物品，并以该指挥部的名义于次日向陈莉补发物品暂扣清单，但由于城市环境综合整治指挥部是城市管理局的内设协调机构，而该局是依法成立具有行政主体资格的行政组织，故本案中城市管理局应作为适格被告，暂扣陈莉物品行为的法律后果，应由城市管理局承担。

二是关于行政诉讼的举证责任。

通说认为，在我国的行政诉讼活动中，人民法院根据原告的起诉审查具体行政行为的合法性，当被诉具体行政行为的合法性问题处于真伪不明状态时，由负有举证责任的一方承担败诉的法律后果。换言之，举证责任是由法律假定的诉讼上的后果，反映了一种立法政策上的选择。我国《行政诉讼法》第 32 条规定："被告对作出的具体行政行为负有举证责任，应该提供作出该具体行政行为的证据和所依据的规范性文件。"最高人民法院《行诉证据规定》第 1 条第 1 款规定："……被告对作出的具体行政行为负有举证责任，应当在收到起诉状副本之日起十日内，提供据以作出具体行政行为的全部证据和所依据的规范性文件。被告不提供或者无正当理由逾期提供证据的，视为被诉具体行政行为没有相应的证据。"可见，在我国，被告承担对具体行政行为合法性的举证责任。

在本案中，被告城市管理局在收到原告起诉状副本后的法定期限内，未向法庭提交暂扣原告物品的证据和依据，应认定该暂扣行为无证据和依据，属于违法行政行为，应予撤销。

三是关于行政诉讼二审的审理形式。

我国《行政诉讼法》第 59 条规定："人民法院对上诉案件，认为事实清楚的，可以实行书面审理。"《最高人民法院〈若干解释〉》第 67 条第 2 款规定："当事人对原审人民法院认定的事实有争议的，或者第二审人民法院认为原审人民法院认定事实不清楚的，第二审人民法院应当开庭审理。"简言之，二审的审理形式有两种：书面审理与开庭审理。

在本案中，上诉人（一审被告）城市管理局的上诉理由之一是，没收被上诉人（一审原告）陈莉违法经营物品时，被上诉人当时已将冰柜内未售完的食品、饮料拿出，故而原审法院判决赔偿这些食品、饮料的损失是没有法律依据的。也就是说，上诉人对原审法院认定的部分事实存有争议。并且，二审法院曾书面询问双方当事人是否认为不需要开庭，但双方均未提出不开庭的申请。因此，二审法院应当开庭审理。

（本案例的"案情"和"审判"部分选自《最高人民法院公报》2003 年第 6 期；"提领"和"评述"部分由作者根据有关法律与学理进行阐述，不代表司法机关的意见）

（高春燕　撰）

36 中国银行江西分行诉南昌市房管局违法办理抵押登记案

【提领】

本案是一起因抵押人使用假房产证办理房屋抵押登记证从而骗取金融机构贷款,金融机构以房屋管理行政机关违法办理抵押登记造成其财产损失为由,向法院提起行政赔偿诉讼的行政案件。本案经过两审。一审法院认为房管局存在违法办理抵押登记行为,金融机构自身也对此存在过错,判决房管局赔偿金融机构贷款损失的60%。二审法院确认房管局存在违法行为,同时对一审判决确定的赔偿数额予以改判。本案终审判决于2003年作出,收录于《最高人民法院公报》,对我国的司法审判实践具有判例指引的作用。

【案情】

上诉人(一审被告):江西省南昌市房产管理局。住所地:江西省南昌市环湖路86号。

法定代表人:白波,该局局长。

委托代理人:武永平,江西太华律师事务所律师。

委托代理人:刘志丹,江西宏正律师事务所律师。

被上诉人(一审原告):中国银行江西省分行(原中国银行江西省信托咨询公司权利义务承受者)。住所地:江西省南昌市站前西路1号。

法定代表人:方红光,该行行长。

委托代理人:杜红民,江西沃德律师事务所律师。

委托代理人:徐文斌,中国银行江西省分行干部。

1995年4月5日,南昌市天龙实业集团公司(以下称天龙公司)以购买货物需流动资金为由,向原中国银行江西信托咨询公司(以下称信托公司)申请贷款700万元。信托公司同意在天龙公司落实贷款抵押手续,确保贷款无风险前提下办理贷款。同年 4 月 14 日，天龙公司法定代表人颜桂龙向江西省南昌市房产交易管理所(以下称南昌市房交所)提出对该公司在江西省南昌市西湖区船山路 29 号第二层 2482.15 平方米房屋办理贷款抵押登记手续的申请，并提交了天龙公司与中房南昌房地产开发公司第二开发处的购房协议书及 005518 号房屋所有权证。同日，信托公司委托江西省南昌市房产价格评估所(以下称南昌市房产评估所)对天龙公司作为贷款抵押的房产进行价格评估。同年 4 月 17 日，南昌市房产评估所作出(95)洪房估字《估价书》，以市值的 75%评估抵押房产的价值为 6515643 元。同日，信托公司与天龙公司签订了 700 万元的《借款合同》，借款期限自 1995 年 4 月 26 日至 1995 年 9 月 25 日，贷款利率月息为 10.98‰。江西鑫马实业有限公司在借款合同中写明同意承担 50 万元贷款本息的担保责任。同年 4 月 26 日，南昌市房交所作出 No.0005005《房屋抵押贷款通知书》，认定抵押人颜桂龙提交的坐落于南昌市西湖区船山路 29 号 2482.15 平方米房产的产权人为天龙公司，产权证号为 005518，抵押权人为信托公司，抵押贷款金额为 700 万元，抵押期限 1995 年 4 月 26 日至 1995 年 9 月 25 日共五个月，并在备注栏内注明：“银行(信用社)见此通知书可办理贷款手续，并收存此通知书；抵押贷款期满，贷款人凭本通知和银行(信用社)出具的还清贷款证明办理抵押贷款注销手续。”据此，信托公司于同年 4 月 26 日、4 月 30 日和 5 月 3 日先后分三次共支付 700 万元贷款给天龙公司。同年 6 月 13 日，江西省南昌市房产管理局(以下称南昌市房管局)以其下属部门南昌市房产评估所的名义函告信托公司，发现颜桂龙未在市房屋产权监理处办理房屋产权证书，即用假产权证办理了房产抵押贷款手续。信托公司得知情况后，于次日收回天龙公司尚未使用的贷款余额 88.5 万元。同年 6 月 16 日，江西省南昌市公安局对颜桂龙利用假房产证诈骗贷款一案立案侦查，追缴到颜桂龙一部林肯卧车，经江西省价格事务所鉴定，价值 15 万元；另追缴到贷款利差款 96 万元。1996 年 5 月 7 日，信托公司以南昌市房管局为赔偿义务机关向其提出行政赔偿申请。南昌市房管局在法定期限内未作出是否赔偿的决定。同年 8 月 28 日，信托公司向法院提起行政赔偿诉讼。

在审理期间，信托公司于 1998 年 2 月 10 日经江西省工商行政管理局核准，注销企业法人登记，其债权债务由中国银行江西省分行承担。为此，本案原告由信托公司变更为中国银行江西省分行。天龙公司因未参加 1997 年度年检，于 1998 年 8 月被江西省南昌市工商行政管理局吊销了营业执照，且查无开办和主管单位。1999 年 10 月 29 日，颜桂龙被缉拿归案。2000 年 10 月 20 日，江西省南昌市中级人民法院作出〔2000〕洪刑一初字第 89 号刑事判决，认定颜桂龙用假房产证作抵押，诈骗银行贷款 650 万元，案发后公安机关共为中国银行江西省分行挽回经济损失 199.5 万元,造成实际损失 450.5 万元,其行为已构成诈骗罪,依法判处颜桂龙无期徒刑,剥夺政治权利终身,并处没收个人全部财产。该判决已于同年 11 月 5 日发生法律效力。

【审判】

江西省高级人民法院经审理认为:

建设部《城市房屋产权产籍管理暂行办法》第 4 条第 2 款、第 10 条,建设部、中国人民银行建房〔1995〕152 号《关于加强与银行贷款业务相关的房地产抵押和评估管理工作的通知》第 1 条,以及建设部、国家物价局、国家工商行政管理局〔1988〕建房字第 17 号《关于加强房地产交易市场管理的通知》第 3 条均明确规定,县级以上房产行政管理机关是负责本行政区域房屋产权产籍管理工作的主管部门,办理房屋抵押登记是房产行政主管部门履行房屋产权产籍行政管理的一项法定职责。南昌市房管局是南昌市范围内办理房产抵押登记的行政主管部门,南昌市房交所作为其下属单位,行使房产抵押登记的行政管理职权,应视为是受其委托的行为,南昌市房管局应对此承担行政法律责任。南昌市房管局的工作人员在履行房屋抵押贷款登记行政职权过程中,未认真审查颜桂龙提交的作为贷款抵押物的南昌市西湖区船山路 29 号第二层非住宅房屋产权证与该房屋所有权证存根以及档案记录内容是否相符,也未认真查对权证与印章真伪,即错误认定天龙公司对该房屋拥有产权,并作出《房屋抵押贷款通知书》,确认信托公司与天龙公司的房屋抵押法律关系有效。该具体行政行为认定事实错误,其违法性已为南昌市房管局下属单位南昌市房产评估所 1995 年 6 月 13 日给信托公司的函所确认。信托公司于 1996 年 5 月 7 日向南昌市房管局提出赔偿申请,未果,又于同年 8 月 28 日向法院提起行政赔偿诉讼,符合《中华人民共和国国家赔偿法》第 13 条、第 33 条第 1 款有关赔偿程序及请求国家赔偿时效的规定。南昌市中级人民法院对颜桂龙诈骗信托公司 650 万元贷款一案已作出生效判决,确认信托公司因此而遭受的贷款损失为 450.5 万元。虽然信托公司贷款财产权的直接侵权人系颜桂龙,但根据《中华人民共和国担保法》和《中华人民共和国城市房地产管理法》的有关规定,办理房地产抵押登记是抵押合同生效的前提条件,南昌市房管局违法办理抵押贷款登记的行为是信托公司认为无风险放贷的主要原因,因此南昌市房管局的违法抵押登记行为与信托公司的财产损失之间存在着法律上的因果关系。鉴于颜桂龙已无偿还贷款的能力,南昌市房管局应对其因违法办理抵押登记造成原告抵押权不能实现的部分依法承担补充赔偿责任。根据《中国银行信托咨询公司信托贷款办法》及《中国银行信托咨询公司信托贷款审批与管理细则》的有关规定,"信托公司应选择信誉好、利润高的企业发放企业信托贷款”。天龙公司申请贷款时已经处于资不抵债的状况，但信托公司在审批时却将其认定为是“以 1500 万元购得船山路 29 号一至三层房屋所有权，拥有近 2100 万元的固定资产”的企业，显然未按项目调查、项目评估程序规定的要求认真审查天龙公司的资信情况和履约能力，贷前审查工作存在过失；发放贷款时，违反了“一般不超过抵押物市值 60％发放信托贷款”的规定，以抵押物市值 75％发放抵押贷款 650 万元；放贷后又未按规定进行任何监督管理，以致贷款未按约定用途使用，被颜桂龙在短时期内用于偿还所欠债务及支付其他费用。原告对造成贷款损失，自身存在明显过错，依法应相应减轻南昌市房管局的赔偿责任。原告主张的利息损失，因系可得利益，不属于《中华人民共和国国家赔偿法》规定的直接财产损失范围，不予支持。南昌市房管局提出本案不属国家赔偿范围、原告起诉已超过诉讼时效等理由，均不符合法律规定，不予采纳。据此，判决由南昌市房管局赔偿中国银行江西省分行贷款损失 4505000 元的 60％，即 2703000 元；驳回中国银行江西省分行其他诉讼请求。

南昌市房管局不服该判决，向最高人民法院提起上诉称：信托公司在接到南昌市房交所《房屋抵押贷款通知书》的前一天就将 280 万元转入天龙公司账户，该笔款项的损失与南昌市房交所作出的《房屋抵押贷款通知书》没有法律上的因果关系，上诉人不应承担该部分损失；在信托公司已得知天龙公司用假房产证办理抵押登记的情况后，天龙公司法定代表人颜桂龙仍从信托公司取款 36 万元，对该款的损失应由信托公司自行承担；信托公司贷款时未能认真审查天龙公司的资信情况和履约能力，违反“一般不超过抵押物市值 60％发放信托贷款”的规定，贷款后亦未按规定对天龙公司使用资金的情况进行监管。由于信托公司在贷款过程中存在诸多过错，根据《中华人民共和国国家赔偿法》第 5 条第 2 款的规定，损害结果是由公民、法人和其他组织自己的行为造成的，上诉人不应承担赔偿责任。

被上诉人中国银行江西省分行辩称：本案经原一审、二审及重审多次举证质证，足以证明一审认定信托公司于 4 月 26 日、4 月 30 日和 5 月 3 日先后支付贷款 700 万元给天龙公司，上诉人称信托公司在 4 月 25 日已将 280 万元转入天龙公司缺乏证据；《中国银行信托公司贷款办法》和《中国银行信托咨询公司信托贷款审批与管理细则》是被上诉人的内部管理规则，不属法律法规范畴，被上诉人在贷款过程中不存在过错，由于信托公司与天龙公司的贷款系抵押贷款，不是一般信用贷款，因此只要抵押物没有风险，该贷款也就没有风险；被上诉人作为金融机构其贷款本金是有资金成本的，且利息属法定孳息，与本金具有不可分割性，应纳入直接损失的范畴，一审判决认为“利息”系可得利益不属直接财产损失是错误的。

最高人民法院经审理认为:

上诉人提出信托公司在抵押贷款通知书发出前已向天龙公司发放贷款280万元以及信托公司在得知抵押存在问题后没有采取措施防止损失扩大的事实,因未能提供充分的证据证明,主张不能成立。

根据建设部《城市房屋产权产籍管理暂行办法》第4条第2款、第10条,建设部、中国人民银行《关于加强与银行贷款业务相关的房地产抵押和评估管理工作的通知》第1条,以及建设部、国家物价局、国家工商行政管理局《关于加强房地产交易市场管理的通知》第3条的规定,南昌市房管局是南昌市范围内办理房产抵押登记的行政主管部门。南昌市房交所和南昌市房产评估所作为其下属单位,所实施的有关房地产抵押登记的行政行为,应视为是受其委托所实施的行为。

根据《中华人民共和国城市房地产管理法》和《中华人民共和国担保法》的有关规定,办理房地产抵押登记是抵押合同生效的前提条件。南昌市房管局作为负责办理房产抵押登记的行政主管部门,在办理房产抵押登记过程中,对当事人的申请应当以高度负责的态度认真履行必要的注意义务,对于抵押房产及其权属证书的真伪有条件加以核对与识别。然而,南昌市房管局在本案中违反职业规范,未尽必要的注意义务,为持有假房产证实施诈骗的天龙公司办理抵押登记手续,并明示信托公司可以办理贷款。信托公司基于对房产登记机关所办抵押登记行为的信赖,为天龙公司发放贷款,致使信托公司遭受了财产损失。虽然本案贷款人天龙公司是造成信托公司财产损失的直接责任人,但是南昌市房管局的违法行为客观上为天龙公司骗取贷款提供了条件,其违法出具他项权利证明的行为与信托公司财产损失之间存在法律上的利害关系和因果关系。根据《中华人民共和国国家赔偿法》第4条第4项、第7条第4款、第28条第7项和《最高人民法院关于审理行政赔偿案件若干问题的规定》第29条的规定,南昌市房管局对其违法办理抵押登记而酿成信托公司财产损失的后果,在天龙公司无法偿还贷款的情况下,应当承担相应的过失赔偿责任。一审判决认定南昌市房管局应当承担补充赔偿责任不当,应予纠正。南昌市房管局承担行政赔偿责任后,有权就其承担的数额向天龙公司行使追偿权。

信托公司在办理抵押贷款过程中,没有按照项目调查、项目评估程序规定的要求认真审查天龙公司的资信情况和履约能力,所发贷款额度亦不符合与抵押物市值比例的规定,对于造成财产损失负有一定的过错责任,信托公司主张其在贷款过程中没有过错不应承担责任的理由不能成立。信托公司作为金融机构,需要支付储户的存款利息,一审判决认为利息损失不属于直接损失不当,信托公司提出贷款利息损失属于直接损失应予赔偿的主张应予支持，但是信托公司要求按照贷款利息赔偿缺乏法律依据。南昌市房管局提出信托公司在抵押登记通知书发出前已向天龙公司发放贷款 280 万元的事实和得知抵押房产有问题后没有采取措施防止扩大损失的事实，缺乏证据支持，其认为由于信托公司的过错应当完全免除其赔偿责任的理由亦不能成立。中国银行江西省分行仍可就其实际财产损失向天龙公司行使索赔权。

综上，判决维持江西省高级人民法院〔2001〕赣行初字第 1 号行政赔偿判决第 2 项；变更江西省高级人民法院〔2001〕赣行初字第 1 号行政赔偿判决第 1 项为：由南昌市房管局赔偿中国银行江西省分行人民币 2477750 元及利息（按中国人民银行同期活期存款利率计算，自 1995 年 9 月 26 日起至实际付款之日止）。

【评述】

本案是一起行政赔偿案件。主要争议的焦点在于：

一是抵押登记机关在抵押权人自身也存在贷款审查过失的情况下，是否因违法抵押登记而承担赔偿责任。

南昌市房管局是南昌市范围内办理房产抵押登记的行政主管部门。南昌市房交所和南昌市房产评估所作为其下属单位，所实施的有关房地产抵押登记的行政行为，应视为是受其委托所实施的行为。根据《国家赔偿法》第 7 条第 4 项，受委托的组织或个人在行使受委托的行政权力时侵犯相对人合法权益造成损害的，由委托的行政机关承担赔偿责任。

办理房地产抵押登记是抵押合同生效的前提条件。南昌市房管局作为负责办理房产抵押登记的行政主管部门，在办理房产抵押登记过程中，对当事人的申请应当以高度负责的态度认真履行必要的注意义务，对于抵押房产及其权属证书的真伪有条件加以核对与识别。然而，南昌市房管局在本案中违反职业规范，未尽必要的注意义务，为持有假房产证实施诈骗的天龙公司办理抵押登记手续，并明示信托公司可以办理贷款。信托公司基于对房产登记机关所办抵押登记行为的信赖，为天龙公司发放贷款，致使信托公司遭受了财产损失。虽然本案贷款人天龙公司是造成信托公司财产损失的直接责任人，但是南昌市房管局的违法行为客观上为天龙公司骗取贷款提供了条件，其违法出具他项权利证明的行为与信托公司财产损失之间存在法律上的利害关系和因果关系。因此，南昌市房管局对其违法办理抵押登记而酿成信托公司财产损失的后果，在天龙公司无法偿还贷款的情况下，应当承担相应的过失赔偿责任。一审判决认定南昌市房管局应当承担补充赔偿责任不当，应予纠正。南昌市房管局承担行政赔偿责任后,有权就其承担的数额向天龙公司行使追偿权。

信托公司在办理抵押贷款过程中,没有按照项目调查、项目评估程序规定的要求认真审查天龙公司的资信情况和履约能力,所发贷款额度亦不符合与抵押物市值比例的规定,对于造成财产损失负有一定的过错责任。根据过失相抵原则,信托公司本身的过错可以减轻房管局的赔偿责任。

二是抵押权人的利息损失是否属于赔偿范围。

根据《国家赔偿法》第 28 条第 7 项,财产损失的赔偿范围仅限于直接损失,本案中原告是作为金融机构,支付给储户的存款利息是其必要的直接的经常性开支,存款利息损失应当属于其直接损失;而其所主张的贷款利息损失属于其可得利益,因此不属于直接损失的范畴。二审法院据此改判,认定事实清楚,适用法律正确,判决得当。

(本案例的"案情"和"审判"部分选自《最高人民法院公报》2004 年第 2 期;"提领"和"评述"部分由作者根据有关法律与学理进行阐述,不代表司法机关的意见)

(骆梅英 撰)

37 沈希贤等182人诉北京市规划委员会颁发建设工程规划许可证纠纷案

【提领】

本案是一起状告规划委员会颁发建设工程规划许可的行政案件。规划委员会在作出行政许可的过程中，存在的行为瑕疵主要是没有依据法定程序，在适用法律和有关国家标准上存在错误。本案经过两审。一审法院确认被告北京市规划委员会在作出具体行政行为时存在的上述错误，判决原告胜诉。二审由于上诉人(一审被告)的撤诉，法院裁定按一审判决执行。本案终审判决于2003年作出，收录于《最高人民法院公报》，对当下我国日益增多的状告规划许可的行政案件具有判例指引的作用。

【案情】

原告:沈希贤等182人(名单略)。

诉讼代表人:沈希贤，北京市朝阳区潘家园南里4楼居民。

诉讼代表人:王根保，北京市朝阳区潘家园南里6楼居民。

诉讼代表人:孙建荣，北京市朝阳区潘家园南里6楼居民。

被告:北京市规划委员会。住所地:北京市西城区。

法定代表人:陈刚，该委员会主任。

第三人:中国疾病预防控制中心营养与食品安全所。住所地:北京市朝阳区。

法定代表人:王茂起，该所所长。

第三人:中国疾病预防控制环境与健康相关产品安全所。住所地:北京市朝阳区。

法定代表人:金银龙，该所所长。

北京市规划委员会(以下称规划委员会)根据《中华人民共和国城市规划法》(以下称城市规划法)第32条之规定，于2001年12月10日向第三人原卫生部卫生监督检验所(已与其他单位合并为中国疾病预防控制中心营养与食品安全所,以下称食品安全所)、第三人原中国预防医学科学院环境卫生监测所(已与其他单位合并为中国疾病预防控制中心环境与健康相关产品安全所,以下称健康安全所)颁发了〔2001〕规建字 1769 号《建设工程规划许可证》,许可第三人在朝阳区潘家园南里 7 号建设二级动物实验室。建设规模为 2949.18 平方米。许可证的附件中标明该二级动物实验室层数为地上 3 层,地下 1 层,结构类型为框架。原告住宅楼均位于该二级动物实验室的北侧,其中 6 号楼与该规划建筑的间距为 19.06 米。原告不服该《建设工程规划许可证》,向北京市西城区人民法院提起行政诉讼。

原告诉称:原告均系北京市朝阳区潘家园南里 4 号楼和 6 号楼的居民,与第三人的住所地仅隔一条马路。被告规划委员会就动物实验室建设项目向第三人食品安全所和健康安全所核发的《建设工程规划许可证》,违反法定程序,不符合法律规定的精神。建设污染环境的项目,必须遵守国家有关建设项目环境保护管理的规定。建设项目的环境影响报告书,必须对建设项目产生污染和环境作出评价,规定防治措施,经项目主管部门预审并依照规定的程序报环境保护行政主管部门批准。环境影响报告书经批准后,计划部门方可批准建设项目设计任务书。但规划委员会于 2000 年 9 月 11 日就核定了《审定设计方案通知书》,确定了本项目的可行性研究结论。而本案的第三人却在 2000 年 12 月 7 日才就动物实验室建设项目向北京环境保护局(以下称环保局)申请办理环保审批,2002 年 2 月 21 日环保局才给予确定批复。由于该项目在可行性研究阶段并未进行环境影响评估,被告的审批行为显然不符合法律规定。本案中被告核准的动物实验室工程设计方案中,实验室与原告的住宅楼之间的距离为 19.09 米,不符合 GB14925 - 2001 号国家标准中关于实验动物繁育、生产、试验设施应与生活区保持大于 50 米距离的规定。另外,卫生部颁布施行的《卫生系统实验动物管理暂行条例》规定,具有一定规模的实验动物室建筑,周围至少应有 20 米的卫生隔离区,而原告住宅楼与该动物实验室之间是马路,显然不符合卫生隔离区的概念。本案中承担建设项目环境评价任务的中国预防医学科学院环境卫生与卫生工程研究所虽具有一定资质,但因与第三人同属中国预防医学科学院的下属单位,所作的环境影响评价难免有失公正。请求法院撤销被告为第三人颁发的《建设工程规划许可证》。

原告提交的证据有:

1.有关动物实验室照片 15 张。以证明第三人现在已有的动物实验室对周围居民环境有影响,并发生过冲突的事实。

2.调查笔录 2 份:其一为侯树森等 5 人的笔录,其二为贾彦君的笔录。以证明第三人现有的动物实验室对周围环境有影响,以及为建设动物实验室,建设单位与周围居民发生过冲突的事实。

被告辩称：规划委员会核发《建设工程规划许可证》是依法履行法定职责，本案的建设项目建设单位曾组织专家就此进行过论证并报行业主管部门审批。卫生部于2000年1月作出批复，同意第三人在朝阳区潘家园7号院内建设清洁级动物实验室。北京市城乡建设委员会于2001年11月下达了建设项目施工计划通知书。据此，规划委员会于2001年12月给第三人核发了《建设工程规划许可证》。关于本案审批项目的环保问题，除规划委员会核发规划许可证前卫生部已有相关批复外，核发该规划许可证后，环保局亦于2002年2月对该建设项目核发了《关于卫生部食品卫生检验所动物房项目环境影响报告表的批复》，上述情况说明该项目通过了相关专业管理部门的批准。目前的规划审批程序并未将环保部门的意见作为前置条件，原告提出该项目应当先经环保部门同意后方可核发《建设工程规划许可证》的说法无法律依据。另外，规划委员会在审批该建设项目时，有关国家标准尚未正式实施，故不适用本案。

被告提交的证据有：

1. 卫生部卫规财发〔2000〕第24号批复。以证明该项目比较特殊，被告在审批前期做了大量工作，并经卫生部批准的事实。

2. 北京市建设委员会〔2001〕京建计施478号《建设项目施工计划通知书》。以证明经北京市建设委员会审核批准，该项目已被列入2001年度施工计划。

第三人食品安全所和健康安全所均未提交书面陈述意见。食品安全所在法庭审理时提交了有关证据，健康安全所未提交证据。

第三人食品安全所提交的证据有：

1. 北京市环境保护局京环保监督审字〔2002〕41号《关于卫生部食品卫生检验所实验动物房项目环境影响报告表的批复》，以说明该建设项目已经环保部门审批通过的事实。

2. 北京市建设委员会颁发的05(建)2002—2090《建筑工程施工许可证》。以证明本单位的施工是合法的。

原告、被告双方提交的法律依据有：

1.《中华人民共和国城市规划法》第32条规定，在城市规划区内新建、扩建和改建建筑物、构筑物、道路、管线和其他工程设施，必须持有关批准文件向城市规划行政主管部门提出申请，由城市规划行政主管部门根据城市规划提出的规划设计要求，核发建设工程规划许可证。

2.《中华人民共和国环境保护法》第13条的规定："建设污染环境的项目，必须遵守国家有关建设项目环境保护管理的规定。建设项目的环境影响报告书，必须对建设项目产生的污染和对环境作出评价，规定防治措施，经项目主管部门预审并依照规定的程序报环境保护行政主管部门批准。环境影响报告书经批准后,计划部门方可批准建设项目设计任务书。”

3. 卫生部于1983年11月28日颁布施行的《卫生系统实验动物管理暂行条例》第5条第5项规定:“具有一定规模的实验动物室建筑,周围至少应有20米的卫生隔离区。”

4. 中华人民共和国国家标准GB14925-2001号《试验动物环境及设施》(2001年8月29日发布,2002年5月1日实施)41.4规定:“实验动物繁育、生产、试验设施应与生活区保持大于50米的距离。”

在法庭质证中,原告对被告证据1的真实性不持异议,但是认为该证据只能说明卫生部同意拨款让第三人进行建设,不能说明被告在审批该项目时考虑了项目对周围环境的影响。法庭认为,该证据只能证明卫生部同意第三人建设该项目,以及建设地点、总投资额、建设工期等问题。原告对被告证据2之真实性不持异议,但认为与被告的审批行为无必然联系。

被告对原告证据1提出异议,认为无法确定动物尸体是谁扔的,从什么地方扔的,且出现在规划委员会审批之后,不能说明被告的主张。第三人健康安全所对上述照片的真实性未提出异议,只是认为建设该动物实验室是必要的。第三人食品安全所对上述照片的真实性予以认可,但认为该所已经杜绝了乱扔动物尸体的行为,且该证据与规划委员会的审批行为无太大关系。被告对原告证据2的真实性不持异议,但认为建设动物实验室对周边环境虽是有影响,但这个影响与该建设项目能否建设是两回事。第三人均认为证据2不能说明建设项目因对周边有影响就不能建设。

原告认为第三人的证据1应当在被告审批之前作出,审批后作出的批复不能说明被告的审批是合法的。被告认为原告的主张无法律依据。

【审判】

北京市西城区人民法院认为:

根据城市规划法的规定,在城市规划区内新建、扩建和改建建筑物、构筑物、道路、管线和其他工程设施,必须持有关批准文件向城市规划行政主管部门提出申请,由城市规划行政主管部门根据城市规划提出的规划设计要求,核发建设工程规划许可证。被告作为城市规划行政主管部门,有权根据建设单位的申请,对符合城市规划设计要求的建设项目,核发《建设工程规划许可证》。

根据《中华人民共和国环境保护法》第13条的规定,建设污染环境的项目,必须遵守国家有关建设项目环境保护管理的规定。建设项目的环境影响报告书,必须对建设项目产生的污染和对环境作出评价,规定防治措施,经项目主管部门预审并依照规定的程序报环境保护行政主管部门批准。环境影响报告书经批准后，计划部门方可批准建设项目设计任务书。被告规划委员会在审批该项目的《建设工程规划许可证》时，应当审查第三人是否已取得了环境影响报告书，并根据卫生部颁布施行的《卫生系统实验动物管理暂行条例》规定，审查申报建设的实验动物室建筑是否保留至少有 20 米的卫生隔离区。但是，本案中规划委员会核准的动物实验室工程设计方案，实验室与原告的住宅楼之间的距离为 19.06 米，未达到规定的距离要求。规划委员会在诉讼中向法院提交的有关证据，不足以证明其审批行为认定事实清楚，程序正当、合法。

据此，北京市西城区人民法院依照《中华人民共和国行政诉讼法》第 54 条第 2 项第 1 目之规定，于 2003 年 6 月 19 日判决：

撤销被告北京市规划委员会于 2001 年 12 月 10 日向第三人颁发的〔2001〕规建字 1769 号《建设工程规划许可证》。

宣判后，规划委员会不服，向北京市第一中级人民法院提起上诉。

规划委员会上诉的主要理由是：(1)根据城市规划法和环境保护法的规定，市规划委员会的工作职责只审查建设单位是否取得了计划部门批准的文件，只要建设单位持有该项目经计划部门批准的文件，就只能认定计划部门据以作出该批文的前提条件包括“环境影响报告书”等问题均已解决，规划委员会不应当审查应由其他部门审查的事项。(2)关于“20 米卫生隔离区”的问题，鉴于该项目的特殊性，建设单位将该项目提交卫生部作了审查，卫生部同意该项目的设计。该批准文件是建设部门核发规划许可证的前提，规划委员会无需对该事项进行审查。(3)一审判决中认定规划委员会提供证据不足没有法律根据。

案件二审期间，规划委员会经重新考虑后表示服从一审判决，自愿申请撤回上诉。

北京市第一中级人民法院认为：

规划委员会在上诉期间自愿申请撤回上诉，属于依法处分其诉讼权利的行为，该行为未侵犯国家、集体和他人的合法权利，应予准许。

据此，北京市第一中级人民法院根据《中华人民共和国行政诉讼法》第 51 条的规定，于 2003 年 10 月 24 日裁定：

准予上诉人北京市规划委员会撤回上诉，当事人按一审判决执行。

【评述】

本案的核心在于北京市规划委员会颁发的《建设工程规划许可证》是否合法的问题。涉及的问题主要是审查一个污染环境的建设项目的法定主体、法律依据、法定程序和有关标准等问题。

根据城市规划法的规定,在城市规划区内新建、扩建和改建建筑物、构筑物、道路、管线和其他工程设施,必须持有关批准文件向城市规划行政主管部门提出申请,由城市规划行政主管部门根据城市规划提出的规划设计要求,核发建设工程规划许可证。被告作为城市规划行政主管部门,有权根据建设单位的申请,对符合城市规划设计要求的建设项目,核发《建设工程规划许可证》。

然而本案涉及的建设项目并非单纯的建设项目,而是一个会对环境造成污染影响的动物实验室的建设项目,因此在法律适用上,不仅要根据城市规划法的规定,还要遵守环境保护法的有关规定。根据《中华人民共和国环境保护法》第 13 条的规定,建设污染环境的项目,必须遵守国家有关建设项目环境保护管理的规定。建设项目的环境影响报告书,必须对建设项目产生的污染和对环境作出评价,规定防治措施,经项目主管部门预审并依照规定的程序报环境保护行政主管部门批准。环境影响报告书经批准后,计划部门方可批准建设项目设计任务书。因此,从《中华人民共和国环境保护法》的规定看,审查污染环境的建设项目,需要遵守特定的程序要求,即首先必须制作建设项目的环境影响报告书,对建设项目产生的污染和对环境的影响作出评价,并规定防止措施。只有当环境影响报告书被环境保护行政主管部门批准后,计划部门才可以进入到建设项目批准的程序。本案中,被告规划委员会在审批该项目的《建设工程规划许可证》时,应当审查第三人是否已取得了环境影响报告书。但是根据有关证据表明,规划委员会于 2000 年 9 月 11 日就核定了《审定设计方案通知书》,确定了本项目的可行性研究结论。而本案的第三人却在 2000 年 12 月 7 日才就动物实验室建设项目向环保局申请办理环保审批,2002 年 2 月 21 日环保局才给予确定批复。因此,被告在进行建设项目审查过程中存在着适用法律错误、违反法定程序等行为瑕疵。

在审查建设项目是否符合法定要求上,北京市规划委员会作出《建设工程规划许可证》也有问题。根据卫生部颁布施行的《卫生系统实验动物管理暂行条例》规定,审查申报建设的实验动物室建筑是否保留至少有 20 米的卫生隔离区。但是,本案中规划委员会核准的动物实验室工程设计方案,实验室与原告住宅楼之间的距离为 19.06 米,未达到规定的距离要求。因此,存在着适用有关法律和国家标准错误的情况。

综上,北京市规划委员会作出的《建设工程规划许可证》不具有合法性,一审法院的判决和二审法院的裁定是正确的。

(本案例的“案情”和“审判”部分选自《最高人民法院公报》2004 年第 3 期;“提领”和“评述”部分由作者根据有关法律与学理进行阐述,不代表司法机关的意见)

(蒋红珍　撰)

38 中海雅园管委会诉北京市海淀区房管局不履行行政备案法定职责案

【提领】

这是一起物业管理委员会针对房管局不履行行政备案法定职责提起的行政诉讼案。原告中海雅园第一届管委会于2002年6月15日改选换届以后，向被告申请备案。海淀区房管局收到中海雅园管委会寄送的报告后，指出中海雅园管委会报送的材料不符合要求，但未要求中海雅园管委会予以补正，也未明示不予备案。直到2003年8月14日，原告才从被告的证词中得知被告没有对原告备案。原告起诉后，法院根据其诉讼请求，判决被告不予备案的行为违法。本案所诉的是行政不作为，但法院不是判决限期履行，而是采取了确认判决形式。通过此案可以使我们对行政诉讼的判决种类有所了解。

【案情】

原告：中海雅园物业管理委员会。住所地：北京市海淀区北洼西里。

负责人：胡密珍，该委员会主任。

被告：北京市海淀区国土资源和房屋管理局。

法定代表人：张强，该局局长。

原告中海雅园物业管理委员会（以下称中海雅园管委会）认为被告北京市海淀区国土资源和房屋管理局（以下称海淀区房管局）不履行备案法定职责的行为违法，于2003年9月8日向北京市海淀区人民法院提起行政诉讼。

原告诉称：2001年6月15日，原告依法成立。2002年2月，原告通过公开招标，与北京金罗马物业管理有限公司（以下称金罗马公司）订立了物业管理合同，被告对此却不予备案，致使中标公司将原告告上法庭。2002年6月15日，原告任期届满。此前，原告依照法定程序进行了改选，并于2002年6月14日以挂号信的方式，向被告申请备案。被告收到申请后，曾电话通知原告汇报工作,但并未在15日内以书面形式告知原告不予备案。根据有关规定,原告的备案手续合法有效,原告的身份也合法有效,一直以合法身份在民事诉讼中应诉和起诉。直到2003年8月14日,原告才从被告的证词中得知被告没有对原告备案。原告认为,被告的行为损害了原告的合法权益,应当纠正,请求确认被告不履行备案职责的行为违法。

被告辩称:本案的原告不适格。物业管理委员会不是能够独立承担法律责任的组织,不具有诉讼行为能力,不具有原告主体资格。被告对中海雅园管委会与金罗马公司订立的物业管理合同不予备案是合法的行政行为,对中海雅园管委会换届选举不予备案也是合法的。中海雅园管委会在改选过程中,未召开业主大会,以挂号信的方式申请备案且未提交应当提交的备案申请书、管委会章程、管委会委员名单及基本情况、产权人大会或产权人代表大会决议等材料,均不符合《关于物业管理委员会委员补选、改选、换届选举及变更事项的通知》的规定,而且被告也收到了中海雅园小区业主关于管委会不为业主办实事、以公告方式进行管委会换届选举侵害广大业主权益的举报。所以,被告认为中海雅园管委会提交的改选备案申请不符合备案条件,被告工作人员已明确告知中海雅园管委会对其申请不予备案。总之,中海雅园管委会的改选不符合备案条件,被告不予备案行为合法,请求驳回中海雅园管委会的诉讼请求。

北京市海淀区人民法院经审理查明:

2001年6月15日,北京市海淀区居住小区管理办公室批准中海雅园组建物业管理委员会,明确第一届物业管理委员会任期一年;期满后应召开产权人(代表)大会,选举产生第二届物业管理委员会。2002年6月14日,原告中海雅园管委会向被告房管局寄送了《中海雅园第二届业主委员会报告》及《物业管理委员会章程》(经修改的部分条文)。在报告中,中海雅园管委会称,2002年5月8日至6月12日,中海雅园第一届管委会在小区内张贴了改选公告,成立了改选小组,并以公告形式在小区内公布业主委员会章程修改意见稿,征集业主参选第二届业主委员会的报名,公布报名参选第二届业主委员会的业主名单,公布第二届业主委员会委员及候补委员名单;因持反对意见的业主不足50%,通过了修改业主委员会章程,共选出胡密珍等9人为第二届业主委员会委员,另有2人为候补委员;后因,一委员退出,第二届业主委员会第一次全体会议增补一名候补委员为委员。同年6月,海淀区房管局收到了一封署名为"中海雅园小区广大业主"、内容为反对现管委会进行的公告选举、要求按法规规定召开业主大会选举新一届管委会的举报信。海淀区房管局收到中海雅园管委会寄送的报告后,指派工作人员与中海雅园管委会负责人进行了谈话,指出中海雅园管委会报送的材料不符合要求,但未要求中海雅园管委会予以补正,也未明示不予备案。2003年8月，海淀区房管局工作人员在接受法院调查时称：中海雅园管委会于2002年6月到期后未予备案。中海雅园管委会遂提起本诉讼。

【审判】

北京市海淀区人民法院认为：

《行政诉讼法》第2条规定："公民、法人或者其他组织认为行政机关和行政机关工作人员的具体行政行为侵犯其合法权益，有权依照本法向人民法院提起诉讼。"根据本案发生时实施的建设部《城市新建住宅小区管理办法》、北京市人民政府《北京市居住小区物业管理办法》，以及原北京市房屋土地管理局《关于开展居住小区物业管理委员会试点工作的通知》、《关于全面开展组建物业管理委员会工作的通知》、北京市国土资源和房屋管理局《关于物业管理委员会委员补选、改选、换届选举及变更事项的通知》、北京市人民政府办公厅《关于转发规范和加强本市居住区物业管理的若干意见》的规定，居住小区物业管理委员会是由居住小区内全体业主通过业主大会选举产生，代表本物业区域内全体业主的合法权益，负责对区域内物业实施管理的组织。物业管理委员会的成立及换届选举，均须报当地区县国土房管机关登记备案。物业管理委员会的主要职责包括选聘或解聘物业管理企业、与物业管理企业签订物业管理合同，以及审议物业管理企业提出的物业管理服务收费标准、年度计划、财务预算和决算、监督物业管理企业的管理服务活动等，物业管理委员会的办公场所由物业管理企业提供，日常办公经费也暂由物业管理企业从其收入中支付。据此，可以认为，物业管理委员会的产生与改选均须经行政主管机关登记，有自己的组织章程和组织机构，有独立使用的办公场所，办公经费亦有相应保障，因而具有一定的民事行为能力。虽然不具备法人的资格，但如果物业管理委员会认为房管局处理其申请换届登记予以备案的具体行政行为，侵犯了该委员会的合法权益，有权依照行政诉讼法的规定向人民法院提起诉讼。因此，对于被告海淀区房管局提出原告中海雅园管委会不具有诉讼主体资格的主张，不予采纳。

根据上述行政规章的规定，房管行政机关负责指导物业管理委员会的组建和日常工作的监督，有权要求物业管理委员会纠正其作出的违反法规、规章及政策的决定。原告中海雅园管委会在组建时已经在行政管理机关办理了登记手续，任期届满后进行了换届选举。被告海淀区房管局如认为中海雅园管委会采取的换届选举方式不符合法规、规章的规定，可以要求中海雅园管委会予以纠正；在收到中海雅园管委会寄送的换届选举登记备案的书面申请后，如认为其提交的备案材料不符合规定，应当要求其补正；如不予备案，亦应书面通知并说明理由。海淀区房管局在长达一年的时间内，不依照职权对中海雅园管委会提出的换届选举登记备案申请给予任何书面答复，亦未依照规定尽其指导、监督的职责，构成违法。为此，中海雅园管委会请求确认海淀区房管局的上述行为违法，应予支持。

据此，北京市海淀区人民法院依照《行政诉讼法》第 53 条第 1 款、《最高人民法院〈若干解释〉》第 57 条第 2 款第 2 项的规定，参照建设部《城市新建住宅小区管理办法》第 6 条、北京市人民政府《北京市居住小区物业管理办法》第 5 条的规定，于 2003 年 11 月 20 日判决：

确认被告北京市海淀区国土资源和房屋管理局对原告中海雅园物业管理委员会提出的换届选举登记备案申请不履行备案职责的行为违法。

案件受理费 80 元，由被告北京市海淀区国土资源和房屋管理局负担。

宣判后，双方当事人均未上诉，判决已发生法律效力。

【评述】

中国大陆行政诉讼判决的形式有个发展过程。早在 1989 年制定的《行政诉讼法》中，只规定了五种判决形式，分别是：(1)维持判决。此种判决适用于法院经过审理，认定被诉具体行政行为证据确凿，适用法律、法规正确，符合法定程序的，判决维持的情形。(2)撤销判决。这种判决适用于法院经过审查做出否定被诉具体行政行为的情形，主要包括：①主要证据不足的；②适用法律、法规错误的；③违反法定程序的；④超越职权的；⑤滥用职权的。撤销判决，可根据具体情况，判决全部撤销或部分撤销。(3)责令重新作出行政行为判决。这种判决，一般是撤销判决的补充。人民法院在作出撤销判决的同时，可以作出要求被告重新作出行政行为的判决。(4)限期履行判决。即人民法院经过对行政案件的审理，认定被告有不履行或者拖延履行法定职责的情形，判决其在一定期限内履行。(5)变更判决。即认为行政处罚显失公正的，法院作出改变原行政处罚的判决。

但是《行政诉讼法》规定的这几种判决形式，尚不能满足行政诉讼的需要。因此，1999 年最高人民法院制定的《若干解释》增加了两种判决形式：(1)确认判决。这种判决指人民法院通过对行政行为的审查，确认相应行为合法或者违法。一般说来，此种判决适用于不宜判决维持、判决撤销或判决驳回诉讼请求的行政争议案件。具体可包括：①被告不履行法定职责，但判决责令其履行法定职责已无实际意义的；②被诉具体行政行为违法，但不具有可撤销内容的；③被诉具体行政行为依法不成立或者无效的。(2)驳回原告诉讼请求的判决。这种判决是对原告诉讼请求的否定，是对被诉行政行为或不作为的不同程度的间接肯定。一般适用于以下几种情形：①起诉被告不作为理由不能成立的；②被诉具体行政行为合法但存在合理性问题的；③被诉具体行政行为合法，但因法律、政策变化需要变更或者废止的；④其他应当判决驳回诉讼请求的情形。

综合《行政诉讼法》和《若干解释》规定的判决形式，可以看出可以适用于行政不作为的判决有两种：一是限期履行判决，二是确认判决。分别适用于不同的情况。

本案原告中海雅园物业管委会，成立于2001年6月15日。第一届管委会于2002年6月15日改选换届以后，向被告申请备案。被告收到中海雅园管委会寄送的报告后，指出其报送的材料不符合要求，但未要求原告予以补正，也未明示不予备案。直到2003年8月14日，原告才从被告的证词中得知被告没有对原告备案。

原告起诉后，法院作出判决的时间已经是2003年11月20日。此时，第二届物业管委会任期早已届满，第三届管委会以上任近半年。法院判决被告对第二届物业管委会给予行政备案已无实际意义。此时，法院根据原告要求确认被告不履行行政备案法定职责违法的诉讼请求，判决被告不予备案的行为违法，符合《最高人民法院〈若干解释〉》第57条的规定，采取的形式是确认判决。

（本案例的"案情"和"审判"部分选自《最高人民法院公报》2004年第5期；"提领"和"评述"部分由作者根据有关法律与学理进行阐述，不代表司法机关的意见）

（杨登峰　撰）

39 宋莉莉诉宿迁市建设局房屋拆迁补偿安置裁决案

【提领】

宿迁市建设局依据拆迁人单方委托的评估公司的评估报告作出拆迁纠纷裁决，被拆迁人宋莉莉对此不服，依法提起行政诉讼。本案经过两审。一审法院作出重作判决后，被告宿迁市建设局提起上诉。二审法院认为，上诉人宿迁市建设局在行政裁决中以拆迁人单方面委托的评估公司的评估报告为依据，而不是依照规定在符合条件的评估机构中抽签确定评估单位，对拆迁人万兴公司与被拆迁人宋莉莉的房屋拆迁纠纷作出裁决不当，应认定为裁决的主要证据不足，程序违法。因此，判决驳回上诉、维持原判。本案收录于《最高人民法院公报》2004 年第 8 期，对正确处理类似的拆迁行政裁决案件具有较大的指导意义。

【案情】

原告：宋莉莉，女，江苏省宿迁市饮食服务公司经理。住江苏省宿迁市幸福中路。

被告：江苏省宿迁市建设局。

法定代表人：华志明，该局局长。

第三人：江苏省宿迁市万兴房地产开发有限公司。

法定代表人：简新显，该公司董事长。

2002 年 4 月 9 日，拆迁人江苏省宿迁市万兴房地产开发有限公司（以下称万兴公司）的中贸百货商场建设项目由宿迁市发展计划委员会批准立项。2002 年 9 月 28 日，万兴公司取得了建设用地规划许可证，2002 年 10 月 25 日，万兴公司取得了国有土地批准书。2003 年 3 月 24 日，万兴公司取得了房屋拆迁许可证，获得拆迁资格。2003 年 3 月 24 日，宿迁市建设局发布拆迁公告，并在公告中载明了拆迁范围、搬迁期限、拆迁评估机构。宋莉莉的房屋建筑面积为

637.07平方米，位于宿迁市幸福中路，在拆迁范围内。方元房地产评估咨询有限公司（以下称方元公司）根据万兴公司的委托，对宋莉莉的拆迁房屋进行了估价，由于宋莉莉对被拆房屋补偿价有异议，且要求产权调换，双方未能达成协议。2003年5月28日，万兴公司申请宿迁市建设局对拆迁纠纷进行裁决。2003年6月5日，宿迁市建设局依据方元公司的评估价格对万兴公司与宋莉莉的拆迁纠纷作出宿建裁字〔2003〕26号房屋拆迁纠纷裁决，主要内容是：(1)被拆迁人宋莉莉应在裁决书生效之日起15日内拆迁完毕；(2)房屋安置补偿费（包括房屋补偿费、搬家费、附属设施及装饰装潢费、临时安置补助费及停业损失费）共计为685651.88元；(3)万兴公司在中贸百货商城项目完工后提供一处位于该商城项目的房屋（面积与被拆房屋面积相当），拆迁人调换房屋价格以市场评估价为准；(4)万兴公司安排过渡房一套供被拆迁人临时居住。宋莉莉对该裁决不服，于2003年9月4日向江苏省宿迁市宿城区人民法院提起行政诉讼，请求撤销该裁决。

原告诉称：被告以方元公司的估价作为被拆房屋补偿价是错误的，拆迁人委托方元公司评估时违反了公平、公正、公开的原则，被告以此评估报告直接作为裁决的依据，剥夺了被拆迁人选择评估机构的权利，且评估结果未经双方质证，对房屋的估价不准，被告行政裁决中有关被拆迁房屋置换的内容也不明确，缺乏可操作性。此外，被拆迁房屋在拆迁前一直由他人承租，而对承租人的安置至今未达成任何协议。请求法院依法撤销被诉行政裁决。

原告提交的证据有：

1.宋莉莉与高虹、于桂军签订的承包经营合同，用以证明原告房屋已租赁给他人，房屋被拆迁时拆迁人对承租人未作任何安置。

2.宋莉莉名下位于宿迁市幸福中路房产情况的录像带，以证明房屋拆迁前的坐落及出租他人等情况。

被告辩称：方元公司评估原告房产的程序及结果没有不妥之处，该局根据方元公司的评估报告进行裁决是合法的。原告以拆迁人万兴公司未与被拆迁房屋的租赁人签订协议为由，认为有关行政裁决违法，没有法律依据。拆迁人开发的房屋属期房，建设局行政裁决时尚无法确定该项目房屋的具体数量、排列序号、房屋朝向等，裁决没有涉及有关内容并无不当，请求维持该裁决。

被告提交的证据有：

1.宿迁市发展计划委员会（批复）宿计发〔2002〕72号关于宿迁市中贸百货商城有限公司（即万兴公司）中贸百货商城项目立项的批复，用以证明该公司的中贸百货商城项目已经依法得到批准立项。

2.宿迁市规划局宿规用〔2002〕107号建设用地规划许可证以及红线图、宿迁市国土局〔2002〕国土建字第126号建设用地批准书及拆许字〔2003〕第3号房屋拆迁许可证和房屋拆迁公告,用以证明建设局已依法取得了建设用地规划许可证、建设用地批准书、房屋拆迁许可证且原告的房屋在规定的拆迁红线图范围内,并依法发布了拆迁公告。

3.方元公司企业法人营业执照,证明该单位是具备法人资格的房地产评估咨询有限公司。

4.方元公司房地产价格评估机构资格证书,用以证明该单位是具有法定资格的房地产价格评估机构。

5.江苏省建设厅房地产业处的证明,用以证实评估人胡中东、孙权为注册房地产估价师。

6.方元公司的房地产评估报告,用以证明宿迁市建设局是依据法定机构的评估报告作出的裁决。

7.宋莉莉的房屋产权证,用以证明被拆迁房屋属宋莉莉所有。

第三人辩称:该公司作为拆迁人,实施的全部拆迁活动均是依法进行的。宿迁市建设局关于拆迁争议的行政裁决合法,应予维持。

第三人提交的证据有:

1.宿迁市宿城区人民政府关于同意对被拆迁人宋莉莉房屋实施强制拆除的批复,用以证明强制拆迁是经过政府部门批准的。

2.宿迁市宿城区人民政府区长办公会议纪要,用以证明宿迁区政府领导对拆迁房屋形成了决议。

经过庭审质证认为,被告宿迁市建设局提供的证据可以证明拆迁人用地手续合法,评估机构具备评估资质,但拆迁人单方委托评估机构作出的评估结论,违反了《江苏省城市房屋拆迁管理条例》第19条的规定;宿迁市建设局及原告宋莉莉提供的证据,可以证明被拆迁房屋所有人是被拆迁人宋莉莉,该房屋被拆迁时已对外承租;第三人万兴公司提供的证据可以证明其拆迁行为的合法性。

【审判】

宿迁市宿城区人民法院认为:

国务院《城市房屋拆迁管理条例》第16条规定:“拆迁人与被拆迁人或者拆迁人、被拆迁人与房屋承租人达不成拆迁补偿安置协议的,经当事人申请,由房屋拆迁管理部门裁决。房屋拆迁管理部门是被拆迁人的,由同级人民政府裁决。裁决应当自收到申请之日起30日内作出。”第17条第1款规定:“被拆迁人或者房屋承租人在裁决规定的搬迁期限内未搬迁的,由房屋所在地的市、县人民政府责成有关部门强制拆迁，或者由房屋拆迁管理部门依法申请人民法院强制拆迁。”

《江苏省城市房屋拆迁管理条例》第19条第1款规定：“对被拆迁房屋进行房地产市场价评估的机构由拆迁人和被拆迁人共同选定；拆迁人和被拆迁人不能达成一致的，由房屋拆迁管理部门在符合条件的评估机构中抽签确定，房屋拆迁管理部门应当在抽签前三日在拆迁地点公告抽签的时间和地点的规定。”

本案中，被告宿迁市建设局根据第三人万兴公司的申请，有权依照国务院《城市房屋拆迁管理条例》的规定，对原告宋莉莉与万兴公司之间的拆迁纠纷作出行政裁决。尽管国务院《城市房屋拆迁管理条例》和《江苏省城市房屋拆迁管理条例》对行政裁决程序没有明确的规定，但行政机关在裁决时应充分保障当事人的合法权利，允许双方当事人对争议问题进行申辩和陈述。但宿迁市建设局在裁决宋莉莉与万兴公司的拆迁纠纷时，未允许宋莉莉对争议问题予以陈述和申辩，有失公正，仅根据万兴公司的申请及万兴公司单方委托的评估公司的评估结果作为行政裁决的依据，违反了《江苏省城市房屋拆迁管理条例》的规定。此外，该裁决虽然确定了以产权调换的方式对宋莉莉需要拆迁的房产予以补偿，但却未将调换给宋莉莉房屋的具体位置、楼层、房屋价格等内容予以明确表述，致使拆迁补偿的裁决内容无法执行。综上，该行政裁决程序上违反法律规定、内容上不具有执行效力，应重新予以裁决。鉴于宋莉莉的房屋现已被拆迁，故对裁决内容中的第1项予以维持，其余各项予以撤销。

据此，宿迁市宿城区人民法院依照《行政诉讼法》第54条第2项第1、3目的规定，于2003年9月28日作出判决：

一、维持宿迁市建设局宿建裁字〔2003〕26号裁决中的第1项；撤销裁决书中的第2项、第3项、第4项；

二、宿迁市建设局于本判决生效之日起60日内，对宋莉莉与万兴公司房屋拆迁纠纷依法重新裁决。

宣判后，宿迁市建设局不服一审判决，向江苏省宿迁市中级人民法院提起上诉；宋莉莉表示服从一审法院的判决；万兴公司未作书面答辩。

宿迁市建设局上诉称，本案涉及的该局行政裁决程序合法，对需产权调换的房屋，因所建房屋施工图尚未绘制，故无法确定调换后房屋的排列、朝向等具体位置。请求依法改判。

宿迁市中级人民法院经审理，对一审认定的事实予以确认。另查明，宋莉莉明确表示，对宿迁市建设局裁决中认定的搬家费为每平方米6元和安置费为每平方米20元没有异议。

宿迁市中级人民法院认为：

本案争议的焦点是,宿迁市建设局的裁决所依据的评估报告是否合法有效?

万兴公司的中贸百货商场建设项目经行政主管部门依照法定程序审批,并取得了对被告宋莉莉在幸福中路房产的拆迁许可,万兴公司在与被拆迁方无法达成拆迁协议的情况下,依法申请宿迁市建设局对需拆迁房屋强制拆迁,并无不当。宿迁市建设局根据国务院《城市房屋拆迁管理条例》的规定,在本案的行政裁决第1项中决定限期对宋莉莉的房产予以拆迁,符合有关行政法规的规定,依法应予维持。但宿迁市建设局在裁决被拆迁房屋补偿款时,仅以万兴公司单方委托的方元公司的评估结论为依据,违反了《江苏省城市房屋拆迁管理条例》的规定。本案被拆迁房屋的评估,系万兴公司单方面委托方元公司所为,未经被拆迁人宋莉莉的同意。在万兴公司与宋莉莉无法对房屋拆迁事宜达成一致意见时,宿迁市建设局在行政裁决中以拆迁单位单方面委托的评估公司的评估报告为依据,而不是依照规定在符合条件的评估机构中抽签确定评估单位,对万兴公司与宋莉莉的房屋拆迁纠纷作出裁决不当,应认定为裁决的主要证据不足,程序违法。依照最高人民法院《行诉证据规定》第62条第2项的规定,对被告在行政程序中采纳的鉴定结论,原告或者第三人提出证据证明鉴定程序严重违法的,人民法院不予采纳。由于宿迁市建设局没有提供证据证实采纳该评估结论的操作程序合法,故应依法对宿迁市建设局裁决中的第2项予以撤销。基于宋莉莉对宿迁市建设局按照有关规定认定的拆迁搬家、安置补偿标准没有异议,应予以确认。由于宿迁市建设局裁决中的第3项的内容不具有实际可操作性,故一审判决予以撤销并无不当。基于宋莉莉的房屋拆迁时已对外出租,在安排宋莉莉房屋拆迁后的过渡用房时,应尊重宋莉莉及承租人的选择权。宿迁市建设局在裁决中虽然对宋莉莉房屋拆迁后安排了过渡用房,但由于宋莉莉实际上并未使用,故一审判决对此内容予以撤销,亦无不当。

综上,宿迁市中级人民法院依照《行政诉讼法》第61条第1项之规定,于2003年12月9日判决:

驳回上诉,维持原判。

【评述】

本案的引人注目之处主要在于,房屋拆迁管理领域的行政裁决程序问题。

一般认为,行政裁决是行政机关对法定民事争议依法进行裁决的具体行政行为。行政机关享有的行政裁决权都是由法律法规明确授予的,这种授权既表现为裁决权的授予,也表现为被裁决民事争议范围的确定。在我国,大多数行政裁决机关都是主管某一方面行政事务的行政机关,裁决民事争议只是其行政管理活动的一部分。

概括说来，行政裁决具有以下基本特征：(1)单方意志性。尽管特定行政机关开展行政裁决活动通常要以纠纷当事人的申请为前提，但在具体的行政裁决过程中，行政机关以公断人的身份对特定民事纠纷作出裁断，体现了行政管理的意志，而不是纠纷当事人与行政裁决机关之间意志一致的结果。(2)准司法性。在行政裁决中，行政机关应对特定民事争议作出居中裁断，其立场近似于法院的中立地位。也正是在这个意义上，如何经由适当的程序，确保裁决机关的中立性，从而保障纠纷当事人的合法权益，成为真正发挥行政裁决功用的一个关键性问题。

“自由的历史很大程度上是遵守程序保障的历史。”当前，我国关于行政裁决程序方面的立法还很少，行政主体在行政裁决程序方面享有很大的裁量权。这对提起行政裁决的纠纷当事人合法权益的保护是非常不利的。一些行政法学者根据已有的法制规定，将行政裁决程序归纳为以下几个方面，即：申请、受理、答辩、审查和裁决。我们认为，作为一种类似于法院裁判的活动，保障当事人的被告知和陈述、申辩的权利尤为重要。

在本案中，被告宿迁市建设局在行政裁决中以拆迁人单方面委托的评估公司的评估报告为依据，而不是依照规定在符合条件的评估机构中抽签确定评估单位。对此，一审法院认为，尽管国务院《城市房屋拆迁管理条例》和《江苏省城市房屋拆迁管理条例》对行政裁决程序没有明确的规定，但行政机关在裁决时应充分保障当事人的合法权利，允许双方当事人对争议问题进行申辩和陈述。因此，判决被告对该房屋拆迁纠纷依法重新裁决。被告提起上诉后，二审法院也以被告裁决的主要证据不足、程序违法为由，判决“驳回上诉，维持原判”。法院的判决对今后处理类似的拆迁行政裁决案件具有较大的指导意义。

(本案例的“案情”和“审判”部分选自《最高人民法院公报》2004 年第 8 期；“提领”和“评述”部分由作者根据有关法律与学理进行阐述，不代表司法机关的意见)

(高春燕　撰)

40 丰浩江等人诉东莞市城建规划局房屋拆迁行政裁决纠纷案

【提领】

本案是一起因被拆迁人不服规划局拆迁行政裁决，以裁决所依据的评估报告存在程序违法等为由向法院提起诉讼的行政案件。本案经过两审。一审法院确认拆迁裁决合法，驳回原告诉讼请求。二审法院则以所依据的评估报告无效为由认定拆迁裁决违法，作出撤销一审判决，撤销拆迁裁决的判决。本案终审判决于2003年作出，收录于《最高人民法院公报》，对我国的司法审判实践具有判例指引的作用。

【案情】

原告：丰浩江等17人（名单略），均为广东省东莞市东纵大道18号商铺的业主。

诉讼代表人：李伊凡。

被告：广东省东莞市城建规划局。住所地：广东省东莞市东城中路。

法定代表人：朱川，该局局长。

第三人：广东省东莞市城区房地产开发公司。住所地：广东省东莞市东城西路。

法定代表人：袁孔，该公司总经理。

第三人：丰燕芬、周炳坤、张淦林、刘发枝，均为广东省东莞市东纵大道18号商铺的业主。

2001年12月10日，被告广东省东莞市城建规划局（以下称东莞市规划局）颁发给第三人东莞市城区房地产开发公司（以下称开发公司）拆许字〔2001〕第5号房屋拆迁许可证，开发公司获准对本案原告等21人所有的东纵大道18号24间商铺房屋进行拆迁。开发公司提出的拆迁补偿方案为：(1)作价补偿，按拆迁建筑面积一次性现金补偿，补偿金额按评估价计算；(2)产权调换，以拆迁现有商铺的建筑面积与该地新建商铺之比 1∶0.6 的标准进行产权调换，互不补偿差额。但经多次协商，开发公司与本案各原告未能达成拆迁补偿安置协议。2002 年 4 月，开发公司向东莞市规划局申请行政裁决，被申请人为本案各原告及韩柳琼、黄旭超等 23 人。经开发公司委托，华联公司于 2002 年 5 月 20 日对需要拆迁的商铺房屋作了资产评估报告。评估结论是：拟拆迁的物业商铺评估均价每平方米 5194.61 元，仓库评估均价每平方米 3480 元。2002 年 8 月 20 日，东莞市规划局就房屋拆迁补偿纠纷召集拆迁人与被拆迁人公开举行听证会。2002 年 8 月 30 日，东莞市规划局根据开发公司的申请，对位于东纵大道 18 号 24 个商铺私有房产的拆迁安置事宜作出东规行裁〔2002〕1 号《房屋拆迁行政裁决书》(以下称拆迁裁决)。主要内容包括：(1)东纵大道 18 号 24 个铺位的拆迁按如下方式进行补偿安置，若被申请人选择货币补偿的，则由申请人按照申请人提供的拆迁评估报告的评估金额一次性支付给各被申请人。若被申请人选择产权调换的，如按拆迁房屋面积与该地新建商铺以 1∶0.6 的标准进行产权调换，双方不需补偿差价；若按拆迁房屋面积与该地新建商铺以 1∶1 的标准进行产权调换，则双方应计算被拆迁房屋的补偿金额和调换房屋的价格，结清产权调换的差价。(2)申请人一次性支付商铺营业损失费给被申请人，具体标准按房屋拆迁公布前 6 个月由税务部门核发的税后平均利润按月以 80% 计算补偿，期限为半年。(3)申请人一次性支付搬家费 1000 元/铺给被申请人。(4)建筑物内部装修补偿按市有关标准给予经济补偿。(5)本裁决生效之日起 15 日内被申请人必须迁出东纵大道 18 号 24 个铺位，这些房屋应由申请人拆除。丰浩江等 17 位业主不服拆迁裁决，向广东省东莞市中级人民法院提起行政诉讼。

原告诉称：被告上述裁决所依据的《评估报告》在委托主体、使用条件和范围、适用程序等方面适用法律错误，且《评估报告》的相关内容和鉴定人身份等没有经过原告质证，其裁决结果损害了原告的合法权益，请求撤销被告的房屋拆迁行政裁决。

被告辩称：裁决所依据的评估报告是由华联公司作出，该公司是经工商行政部门核准登记成立的独立企业法人，且拥有财政部批准颁发的资产评估资格，其评估资产范围包括房地产、机器设备等各类资产。而且，评估报告书及其评估机构的资质均在举行听证时经各原告质证。因此，该评估报告具有公信力且合法，被告的行政裁决程序合法，适用法律正确，原告的诉讼理由不成立。

第三人开发公司述称：原告主张拆迁人从未与被拆迁人就拆迁补偿安置问题协商过显然与事实不符，开发公司与韩柳琼、苏伟文、张淦林、刘发枝、周炳坤等业主已经达成了房屋拆迁补偿协议，与丰浩江等人就拆迁补偿安置问题也进行过多次协商。原告认为《评估报告》作出的价格评估显失公正的主张并无证据支持，我公司只要证明作出《评估报告》的华联公司是依法成立的合法机构，具有评估资质就可以了，评估报告是否公平，应以法律规定为准。故被告作出的行政裁决认定事实清楚，适用法律准确，裁决适当，请予维持。

【审判】

东莞市中级人民法院认为：

行政诉讼是对被诉的具体行政行为是否合法进行审查，因而本案审查的对象是被告所作的裁决是否合法。《城市房屋拆迁管理条例》第 16 条规定："拆迁人与被拆迁人或者拆迁人、被拆迁人与房屋承租人达不成拆迁补偿安置协议的，经当事人申请，由房屋拆迁管理部门裁决……"第 23 条规定："拆迁补偿的方式可以实行货币补偿，也可以实行房屋产权调换。"第 24 条规定："货币补偿的金额，根据被拆迁房屋的区位、用途、建筑面积等因素，以房地产市场评估价格确定。"因此东莞市规划局有权对开发公司的申请作出裁决。东莞市规划局的裁决经过公开听证，并有《评估报告》等为据，裁决结果有货币补偿和产权调换两种方式供各拆迁户选择，且货币补偿的金额是按房地产市场评估价确定的，符合上述法规的规定，应认定为事实清楚，适用法律、法规正确，是合法的具体行政行为。丰浩江等人诉称东莞市规划局裁决所依据的《评估报告》在委托主体、使用条件和范围、适用程序方面违反《国有资产评估管理办法施行细则》第 18 条的规定，适用法律错误，因涉案的评估房产属私有资产，并非国有资产，不属《国有资产评估管理办法施行细则》调整的范围，同时东莞市规划局裁决作价补偿的金额是以房地产市场评估价格确定，故对丰浩江等人此起诉的理由不予支持。丰浩江等人诉称东莞市规划局裁决所依据的《评估报告》的相关内容和鉴定人身份等没有经过原告质证。经查，东莞市规划局举行的听证程序已对相关的证据进行了听证，且根据华联公司的营业执照，该所具有资产评估资质。丰浩江等人未能提交证据证明该评估报告不具合法性和可信性，东莞市规划局采纳这一评估报告作为裁决依据并无不当。丰浩江等人诉称《评估报告》的评估价格远远低于聚福豪苑、雍华庭、东湖花园等商铺的价格，评估价格显失公平。经查，涉案的商铺除区位外，其他各项指标与聚福豪苑、雍华庭、东湖花园等商铺均不具有可比性。丰浩江等人诉称拆迁裁决的内容超出了开发公司的请求范围，损害了拆迁户的合法权益。经查，开发公司因未能与各拆迁户达成拆迁补偿安置协议而申请被告裁决，而东莞市规划局裁决的 5 项内容均未超出拆迁补偿安置及开发公司的请求范围。据此，判决驳回原告丰浩江等 17 人的诉讼请求。

一审宣判后，丰浩江等人不服，向广东省高级人民法院提出上诉。

丰浩江等人上诉称：原审认定事实不清，原审法院认定被上诉人于2002年8月20日举行了听证会没有任何依据；原审法院认定的证据存在不合法的现象。《评估报告》将上诉人的商铺分为商铺和仓库，且提出"如按拆迁房屋面积与该地新建成商铺以1∶0.6的标准进行产权调换，双方不需要补偿差价"，显然有违公平。故请求撤销原判，撤销规划局的行政裁决。

规划局答辩称：原审认定事实清楚。丰浩江等人上诉称没有举行听证程序与事实不符；规划局只要证明作出《评估报告》的华联公司是依法成立的合法机构，并具有评估资质即可，对于《评估报告书》的具体内容无权评头论足，因此，丰浩江等人上诉认为《评估报告》作出的价格评估显失公正的主张没有证据支持。

广东省高级人民法院经二审查明，东莞市规划局在受理开发公司的申请后，于2002年8月20日主持了公开听证会，并形成了《行政裁决审理笔录》，该笔录上有上诉人的诉讼代表人李伊凡和委托代理人的签名，且在二审庭审中李伊凡对此已予以确认，故丰浩江等人提出的东莞市规划局没有举行听证的异议理由不成立。

广东省高级人民法院认为：

东莞市国家规划局采纳华联公司作出的《评估报告》作为其行政裁决依据时，应当对作出该《评估报告》评估人员的资格、评估程序等事项进行审查。人事部和国有资产管理局联合发布的《注册资产评估师执业则个制度暂行规定》第24条规定："资产评估机构接受委托承接的评估项目，其项目负责人只能由注册资产评估师担任，评估报告至少由两位注册资产评估师签署方为有效。"本案《评估报告》中签署姓名的评估人员为张瑞明和肖晓康，但只有张瑞明具有注册评估师资格，肖晓康不具有注册评估师资格。根据上述规定，该《评估报告》无效。《评估报告》将涉案房屋分为商铺和仓库分别予以评估的理由，是因为委托评估的开发公司所提供的资料将涉案房屋已事先区分为商铺和仓库。作为注册资产评估师的张瑞明，评估时未对委托方开发公司提供的资料进行审核，就直接采纳，违反了财政部发布的《中国注册资产评估师职业道德规范》第18条"注册资产评估师应对客户委托评估的资产进行勘查，并对客户提供的有关资料进行审核"的规定。而且，丰浩江等人持有的《房屋所有权证》对涉案房屋均作了"铺位"字样的记载，华联公司没有提供有关证据和法律依据证明"铺位"可以理解为商铺和仓库，故在《评估报告》中将涉案房屋区分为商铺和仓库两部分，缺乏依据，不能采信。此外，华联公司介绍《评估报告》中采用的租金标准，是通过询问涉案房屋周围有关人员后确定的,但评估人张瑞明却不能提供证据对此予以证明,故华联公司采用该租金标准证据不足。由于作出《评估报告》的两位评估人员中有一位不具备法定评估资格,且评估人员既未对委托方房地产开发公司提供的资料进行审核,亦未能依法取证证明其所采纳的租金标准,在程序上存在严重违法。东莞市规划局在未依法对该《评估报告》的上述事项进行审查的情况下,即采纳其作为行政裁决的依据,应认定为裁决的证据不足,依法应予撤销。《最高人民法院关于行政诉讼证据若干问题的规定》第 62 条规定:“对被告在行政程序中采纳的鉴定结论,原告或者第三人提出证据证明有下列情形之一的,人民法院不予采纳:(一)鉴定人不具备鉴定资格;(二)鉴定程序严重违法……”据此,原审法院采纳该《评估报告》中的评估结论不妥,属适用法律错误;同时,原审法院以该《评估报告》作为认定被诉行政裁决合法的定案根据,属认定事实不清。

据此,判决撤销东莞市中级人民法院的一审行政判决;撤销广东省东莞市规划局东规行裁〔2002〕1 号《房屋拆迁行政裁决书》;广东省东莞市规划局在收到本判决书之日起 60 日内重新作出裁决。

【评述】

本案是一起典型的涉及拆迁争议的行政案件。在拆迁纠纷中,有相当一部分是因对被拆迁房屋的估价争议引起的。而本案的焦点正在于此。根据《城市房屋拆迁管理条例》第 24 条:“货币补偿的金额,根据被拆迁房屋的区位、用途、建筑面积等因素,以房地产市场评估价格为准。”但是该条规定并不意味着只要形式上由独立的评估机构进行评估并作出评估报告,就能作为拆迁裁决的依据,评估报告的作出还必须符合法律和正当程序。本案《评估报告》中签署姓名的评估人员只有一人具有注册评估师资格,违反了《注册资产评估师执业资格制度暂行规定》,属于无效评估行为。且评估报告在作出和规划局作为依据的过程中,评估人员既未对委托方房地产开发公司提供的资料进行审核,亦未能依法取证证明其所采纳的租金标准,在程序上存在严重违法。因此,依据该无效《评估报告》所作出的拆迁裁决属于证据不足,依法应当予以撤销。二审法院认定事实清楚,适用法律正确,判决得当。

(本案例的“案情”和“审判”部分选自《最高人民法院公报》2004 年第 7 期;“提领”和“评述”部分由作者根据有关法律与学理进行阐述,不代表司法机关的意见)

(骆梅英 撰)

41 念泗三村28幢楼居民35人诉扬州市规划局行政许可行为侵权案

【提领】

本案是一起行政相对人以侵犯法定相邻权为由，状告规划部门作出行政许可行为的行政案件。本案的一审和二审都采取了相同的意见，认为被告扬州市规划局在符合法定程序、正确适用法律依据和有关技术标准等情况下作出行政许可，是正确的。原告的诉讼理由不能成立。此外，本案还涉及原告资格认定以及客观诉讼的有关行政法理问题。

【案情】

原告：江苏省扬州市念泗三村28幢楼居民35人（名单略）。

诉讼代表人：曹育新，江苏省扬州市司法局干部。

诉讼代表人：朱玉忠，江苏省扬州市开关厂职工。

被告：江苏省扬州市规划局。住所地：江苏省扬州市文昌中路。

法定代表人：张杰，该局局长。

第三人：江苏省扬州市东方天宇置业有限公司。地址：江苏省扬州市扬子江北路。

法定代表人：禹振飞，该公司董事长。

2000年11月14日，扬州市规划委员会召开了第十四次会议，会议对东方天宇公司在东方百合园北侧，结合已批准的小区规划扩大用地范围，配套建设学校、农贸市场等设施的项目定点进行了审查。原则同意该项目定点，并同意按规划局初审意见，扩大用地范围东至扬子江北路、北至念泗河，统筹规划，分期实施。后扬州市规划局和扬州市城市规划设计院在此基础上编制并审查同意了《念泗二村地段控制性详细规划》。2000年12月25日，扬州市规划局会同扬州市开发办、扬州市政府机关事务管理局、景区办对东方百合园的建筑高度进行了放置气球测试。2001年1月12日,扬州市规划委员会召开第十六次会议,听取了对东方百合园工程项目小高层住宅建筑高度测试情况的汇报,原则同意规划局提出的“按已批准的小区详细规划实施,但小高层单体建筑的屋顶形式应借鉴传统手法适当调整”的审查意见,同时建议小高层单体设计要结合屋顶花园建设减少对景区景观的影响。2001年1月15日,扬州市规划局向第三人下达了扬规用地设字〔2001〕006号《关于扩大东方百合园住宅小区规划范围及下达其建设用地规划设计条件的通知》。2001年2月26日,扬州市规划局召开了关于东方百合园住宅小区规划等项目设计方案的专家评审会,形成了《关于东方百合园住宅小区规划等项目设计方案专家评审会纪要》。2002年10月26日,扬州市规划局会同园林局、文管会对东方百合园建筑高度再次进行了放置气球测试。

2003年5月6日,第三人东方天宇公司向被告扬州市规划局提出《关于申请办理“东方百合园”中心高层规划建设许可证的报告》,同时向扬州市规划局提供了2002年8月30日扬州市国土资源局扬国土资〔2002〕地郊字12号《关于为东方天宇置业有限公司建商品房征地并供地的批复》、2002年10月31日扬州市发展计划委员会扬计〔2002〕字第355号《关于东方百合园三期工程中心广场商品房开发建设计划的通知》和相关建筑设计图纸。2003年7月1日,东方天宇公司办理了东方百合园中心组团11—6号住宅楼的相关交费手续。2003年7月2日,扬州市测绘研究院对该建设工程项目进行了工程定位测量;2003年7月4日,扬州市测绘研究院对东方百合园待建住宅楼与北侧原有住宅楼的高差进行了测量并对瘦西湖局部、平山堂局部与东方百合园局部距离进行了测量计算。另外,扬州市宏厦建筑设计院对11—6号住宅楼的相关数据和该楼与北邻28幢楼之间的日照间距比作出了说明。2003年7月7日,扬州市规划局对11—6号住宅楼建设工程项目进行了定位和验线,并作出了《扬州市规划局建设工程定位通知书》、《扬州市规划局建设工程验线核准单》。同日,扬州市规划局向东方天宇公司核发了2003076号《建设工程规划许可证》。原告28幢楼曹育新等35名居民(以下称28幢楼居民)认为该规划许可行为侵犯了他们的合法权益,遂向江苏省扬州市中级人民法院提起行政诉讼。

原告诉称:被告批准第三人在原告居住的楼前建设的11—6号高层住宅楼,与被告核发的扬规建字2003077号《建设工程规划许可证》许可第三人建设的11—4号、11—5号楼房形成一道屏障,破坏了瘦西湖景区的景观,不符合扬州市的城市规划,严重影响了原告的居住环境,侵犯了原告的合法权益,请求撤销被告颁发的2003076号《建设工程规划许可证》。

被告辩称:2003年5月6日,东方天宇公司持建设项目批准文件、建设用地证件等，申请核发东方百合园第十一组团二期工程的建设工程规划许可证。被告在履行提供规划设计条件、审查设计方案、审查施工图等程序后，于 2003 年 7 月 7 日分别核发了扬规建字 2003076 号、2003077 号《建设工程规划许可证》，许可东方天宇公司建设三幢小高层住宅楼。该许可行为的主要证据和程序完全符合城市规划法和江苏省人大常委会颁布的《江苏省实施〈城市规划法〉办法》（以下称江苏城市规划办法）。被告批准东方天宇公司建筑工程规划的具体行政行为，主要证据充分，符合法定程序，没有侵犯原告的相邻权。被告许可第三人建设的三幢小高层住宅楼与原告楼房的建筑间距，完全符合国家《城市居住区规划设计规范》以及《江苏省城市规划管理技术规定》的要求。其中，6 号楼遮阳点高 26.40 米，减去 1.20 米高差，为 25.20 米。而现状 6 号楼与原告居住的 28 幢之间的距离为 34.40 米，日照间距达到 1∶1.365。4 号楼不直接与 28 幢楼相邻，5 号楼与 28 幢楼间距达 62.7 米。因此，原告认为被告的行政许可行为严重影响其居住环境，侵犯其合法权益，没有任何事实和法律依据。

第三人述称：扬州市规划局许可我公司建设的三幢住宅楼不是一座封闭的整体建筑，而是各自独立的建筑，故“屏障”之说不能成立。这三幢楼与原告住宅楼之间组成的结构布局形式，在城市规划区内比比皆是。只要符合规划管理规范，就不存在影响居住环境，也不存在侵犯权益。“居住环境”、“合法权益”均为普通的概念，原告在诉状中并没有具体指明其“居住环境”、“合法权益”受到什么样的侵犯，要求撤销 2003076 号、2003077 号《建设工程规划许可证》于法无据。

【审判】

扬州市中级人民法院就下列问题进行了审理和确认：

第一，关于被诉具体行政行为是否侵犯原告的相邻权问题。

扬州市规划局在核发 2003076 号《建设工程规划许可证》时，通过审查建筑图纸、测算日照间距比、工程定位、核准验线等工作，较为充分地考虑了本案原告 28 幢楼居民的日照是否受到影响的问题。经测算，11—6 号住宅楼与 28 幢楼的日照间距比为 1∶1.365，符合《江苏省城市规划管理技术规定》第 3.1 条中规定的应当满足 1∶1.2 的最低限制，28 幢楼居民在庭审中对被诉具体行政行为不影响其住宅楼日照一事也没有异议。11—6 号住宅楼与 2003077 号《建设工程规划许可证》所许可建设的 11—4 号、11—5 号住宅楼呈品字形布局，前后左右均有一定的间距，这种建筑方式不为建筑技术规范所禁止。28 幢楼居民认为因 11—4 号、11—5 号、11—6 号三幢住宅楼形成 170 米的屏障而影响其住宅楼通风的观点，没有法律、法规或技术规范的支持。因此，28 幢楼居民所诉通风相邻权受到被诉具体行政行为侵犯的理由不能成立；认为被诉具体行政行为影响了 28 幢楼原规划的实施，也没有事实和法律上的依据。

第二，关于被诉具体行政行为是否合法的问题。

一是被诉具体行政行为的程序是否合法。本案被诉具体行政行为，发生于东方百合园小区整体建设工程项目中的一个阶段。被告扬州市规划局在该小区整体建设项目批准程序中，已经按《城市规划法》第 32 条、《江苏城市规划办法》第 26 条、《扬州市城市规划管理办法》第 40 条规定的程序，履行了提出建设工程规划设计条件和审查建设项目设计方案的程序，其中包括核发 2003076 号《建设工程规划许可证》应当履行的一部分程序，从而出现了提出建设工程规划设计条件和审查建设项目设计方案的时间早于东方天宇公司申请核发《建设工程规划许可证》的时间。这种程序上的时间次序倒置，是由于该建设项目的特殊性造成的，不能因此认为被诉具体行政行为违反了法律、法规和行政规范的规定。

二是《念泗二村地段控制性详细规划》有无得到合法有效的批准。对于城市详细规划的审批，《城市规划法》第 21 条第 8 款和《江苏城市规划办法》第 12 条第 8 款的规定是一致的，即“城市详细规划由城市人民政府审批；编制分区规划的城市的详细规划，除重要的详细规划由城市人民政府审批外，由城市人民政府城市规划行政主管部门审批”。本案中，被告扬州市规划局提供了《念泗二村地段控制性详细规划》和扬州市规划委员会第十四次、第十六次会议纪要，以说明《念泗二村地段控制性详细规划》已经得到了扬州市规划委员会第十六次会议批准，其批准的形式为会议纪要。同时，扬州市规划局还提供了《扬州市城市规划管理办法》以说明扬州市规划委员会的权限和职能。该办法第 3 条规定，扬州市规划委员会受市政府委托，负责对城市规划工作进行研究决策、组织实施和管理，组织相应的规划编制和规划审批工作，并负责协调、督促落实重要的规划事项。由此，扬州市政府在执行城市规划法和江苏省实施办法所规定的详细规划的审批程序时，授权规划委员会负责此项工作，这种做法本身并不为法律、法规所禁止。一个城市详细规划是否得到合法有效的批准，应通过一定的批准形式表现出来。本案中，有关详细规划的批准是以市长签发的市规划委员会会议纪要的形式出现的，尽管市规划委员会第十六次会议纪要中的“按已批准的小区详细规划实施”的表述在本案的当事人之间产生了不同的理解，但综合分析扬州市规划委员会第十四次会议纪要、《念泗二村地段控制性详细规划》、扬州市规划委员会第十六次会议纪要等证据的全部内容，可以得出该详细规划是经过扬州市规划委员会审查同意后，由市长签字批准的结论。至于这种会议纪要是不是一种通常所见的批准形式，由于法律、法规只规定城市详细规划应当由城市人民政府或规划行政主管部门审批，没有规定审批形式，故不能否定扬州市规划委员会会议纪要对批准详细规划发挥的实际作用，应当认定《念泗二村地段控制性详细规划》经过合法有效的批准。因此，28幢楼居民认为《念泗二村地段控制性详细规划》没有得到合法有效批准的诉讼主张，不能成立。

三是关于被诉具体行政行为是否违反了《蜀冈—瘦西湖风景名胜区规划》。在本案的审查中，没有发现被诉具体行政行为有违反《蜀冈—瘦西湖风景名胜区规划》的情形，故原告28幢楼居民认为在风景区可以看到拟建设的住宅楼就应认定其影响风景区规划的理由不能成立。

综上，被诉具体行政行为证据充分、程序合法、适用法律正确，被告扬州市规划局核发的2003076号《建设工程规划许可证》是合法的，所批准第三人东方天宇公司在东方百合园建设的中心组团11—6号住宅楼没有侵犯原告28幢楼居民的通风等相邻权。

据此，扬州市中级人民法院依照最高人民法院《关于执行〈中华人民共和国行政诉讼法〉若干问题的解释》第56条第4项的规定，于2003年12月10日判决：

驳回原告28幢楼居民要求撤销被告扬州市规划局2003年7月7日核发的扬规建字2003076号《建设工程规划许可证》的诉讼请求。

宣判后，28幢楼居民不服，向江苏省高级人民法院提起上诉。

28幢楼居民的上诉理由是：(1)居住环境应包括通风、采光、日照、噪音、滴水等许多因素，但并非所有因素都有明确的可实际操作的技术规范。扬州市规划局许可东方天宇公司规划建设的11—6号楼，虽然满足住宅日照系数技术规范的要求，考虑了建筑间距，但该幢楼与其许可东方天宇公司规划建设的11—4、11—5号楼形成长达170米的建筑屏障，势必导致前后通风不畅，使得28幢楼居民的居住环境质量下降。故原审判决仅以达到日照间距为由，而不考虑其他因素，认定被诉具体行政行为不构成对上诉人居住环境的影响，没有法律依据。(2)本案所涉地段在扬州市没有分区规划，根据法律规定，该地段的详细规划应由扬州市人民政府审批。原审判决认定扬州市规划委员会有权代表扬州市人民政府对《念泗二村地段控制性详细规划》进行审批，无法律依据。同时，扬州市规划委员会第十四次和第十六次会议纪要的内容均不能证明是对详细规划的审批，原审法院以分析的方法推论该详细规划已经批准，证据不足。(3)扬州市规划局行政行为的次序颠倒，程序违法。(4)扬州市规划局的许可行为破坏了风景区的自然人文景观，违反了《蜀岗—瘦西湖风景名胜区规划》。请求撤销一审判决，撤销2003076号《建设工程规划许可证》。

江苏省高级人民法院经审理认为：

本案中的当事人不是具体行政行为的直接相对人，而是因相邻权受到侵害而提起行政诉讼。起诉所基于的相邻权，属于民法范畴。根据《中华人民共和国民法通则》的规定，民事主体因建筑物相邻产生的日照、通风、采光、排水、通行等民事纠纷，应当通过民事诉讼的方式解决。但现实中，如果一方当事人实施的与其他当事人相邻权有关的行为是经行政机关批准、许可的，其他当事人就无法通过民事诉讼获得救济。为此，最高人民法院《关于执行〈中华人民共和国行政诉讼法〉若干问题的解释》第 13 条第 1 款第 2 项规定相邻权人有对行政主体作出的涉及相邻权的具体行政行为提起行政诉讼的原告主体资格，其目的是保护民事主体享有的相邻权不受侵害。本案 28 幢楼居民因认为扬州市规划局核发给东方天宇公司的 2003076 号《建设工程规划许可证》侵犯其日照、通风、采光等相邻权而提起行政诉讼。因此，这类行政诉讼的审查重点，应当是被诉具体行政行为许可建设的建筑项目是否符合有关建筑管理的技术规范，是否侵犯了原告的相邻权。

《江苏省城市规划管理技术规定》根据居住建筑日照标准和当地实际情况，确定南京、镇江、扬州(除宝应、高邮外)等地住宅楼的日照间距系数为 1∶1.2。2003076 号《建设工程规划许可证》涉及的百合园小区 11－6 号住宅楼与 28 幢楼之间的日照间距比，经测算已达 1∶1.365，超过了国家和江苏省有关部门规定的日照间距最低标准，上诉人对此没有异议。因此，虽然扬州市规划局许可东方天宇公司建造的百合园小区 11—6 号住宅楼缩短了 28 幢楼的原日照时间，但不构成对 28 幢楼居民日照权的侵犯。此外，11—6 号住宅楼与扬州市规划局另外许可建设的 11—4、11—5 号住宅楼，在布局上呈由南向北的倒品字形，各楼之间均有一定间距。按照国家标准《城市居住区规划设计规范》的要求和说明，各住宅楼间距的设定，以满足日照要求为基础，并综合考虑采光、通风、消防、防灾、管线埋设、视觉卫生等因素。因此，原审判决认定扬州市规划局的行政许可行为并不影响上诉人享有的法定日照、采光、通风等相邻权，是有事实和法律依据的。28 幢楼居民认为上述三幢楼房形成 170 米的屏障，影响其通风、小区管线埋设等，因无事实和法律依据，故不予采信。原审判决驳回 28 幢楼居民的诉讼请求，并无不当。

本案中，上诉人 28 幢楼居民在一审是以东方天宇公司依被上诉人扬州市规划局批准建设的两幢高层住宅楼侵犯其相邻权为由，提出撤销 2003076 号《建设工程规划许可证》的诉讼请求。故原审法院根据行政诉讼法的规定，对扬州市规划局核发的 2003076 号《建设工程规划许可证》的程序是否合法、所依据的《念泗二村地段详细规划》是否经过合法批准，以及是否违反《蜀岗—瘦西湖风景名胜区总体规划》，是否符合法律规定进行审查。查明东方天宇公司已按有关法律规定向扬州市规划局提交了建设申请、建设项目批准文件、建设用地证件、设计方案、施工图等材料，扬州市规划局在依法对上述材料进行审查的基础上，核发了2003076号《建设工程规划许可证》。由此认定扬州市规划局核发的2003076号《建设工程规划许可证》，符合有关法律规定，并未侵犯28幢楼居民的合法权益，并无不妥。

综上，江苏省高级人民法院依据《中华人民共和国行政诉讼法》第61条第1项的规定，于2004年3月19日判决：

驳回上诉，维持原判。

【评述】

本案是一起状告规划许可的案件。案件争议的焦点集中于规划局作出的行政许可行为是否合法的问题。本案涉及的有关法律问题主要是原告资格的确认、行政许可行为作出的法定程序、法律依据和有关技术标准的适用等问题。

首先看原告资格的认定。本案中的当事人不是具体行政行为的直接对象人，提起诉讼是基于民法中的相邻权。根据《中华人民共和国民法通则》的规定，民事主体因建筑物相邻产生的日照、通风、采光、排水、通行等民事纠纷，应当通过民事诉讼的方式解决。但现实中，如果一方当事人实施的与其他当事人相邻权有关的行为是经行政机关批准、许可的，其他当事人就无法通过民事诉讼获得救济。为此，最高人民法院《关于执行〈中华人民共和国行政诉讼法〉若干问题的解释》第13条第1款第2项规定相邻权人有对行政主体作出的涉及相邻权的具体行政行为提起行政诉讼的原告主体资格，其目的是保护民事主体享有的相邻权不受侵害。本案28幢楼居民因认为扬州市规划局核发给东方天宇公司的2003076号《建设工程规划许可证》侵犯其日照、通风、采光等相邻权而提起行政诉讼是符合法律规定的。

因此，这类行政诉讼的审查重点，应当是被诉具体行政行为许可建设的建筑项目是否符合有关建筑管理的技术规范，是否侵犯了原告的相邻权等问题。

《江苏省城市规划管理技术规定》根据居住建筑日照标准和当地实际情况，确定南京、镇江、扬州（除宝应、高邮外）等地住宅楼的日照间距系数为1∶1.2。2003076号《建设工程规划许可证》涉及的百合园小区11－6号住宅楼与28幢楼之间的日照间距比，经测算已达1∶1.365，超过了国家和江苏省有关部门规定的日照间距最低标准。因此，虽然扬州市规划局许可东方天宇公司建造的百合园小区11—6号住宅楼缩短了28幢楼的原日照时间，但不构成对28幢楼居民日照权的侵犯。此外，11—6号住宅楼与扬州市规划局另外许可建设的11—4、

11—5 号住宅楼,在布局上呈由南向北的倒品字形,各楼之间均有一定间距。按照国家标准《城市居住区规划设计规范》的要求和说明,各住宅楼间距的设定,以满足日照要求为基础,并综合考虑采光、通风、消防、防灾、管线埋设、视觉卫生等因素。因此,扬州市规划局的行政许可行为并不影响上诉人享有的法定日照、采光、通风等相邻权。

除了审查建筑项目是否符合有关建筑管理的技术规范之外,行政机关作出具体行政行为在事实认定、适用法律以及程序方面的合法性也是审查的重要部分。根据本案诉讼当事人提供的证据,本案被诉具体行政行为,发生于东方百合园小区整体建设工程项目中的一个阶段。被告扬州市规划局在该小区整体建设项目批准程序中,已经按《城市规划法》第 32 条、《江苏城市规划办法》第 26 条、《扬州市城市规划管理办法》第 40 条规定的程序,履行了提出建设工程规划设计条件和审查建设项目设计方案的程序,其中包括核发 2003076 号《建设工程规划许可证》应当履行的一部分程序,从而出现了提出建设工程规划设计条件和审查建设项目设计方案的时间早于东方天宇公司申请核发《建设工程规划许可证》的时间。这种程序上的时间次序倒置,是由于该建设项目的特殊性造成的,不能因此认为被诉具体行政行为违反了法律、法规和行政规范的规定。

对有关《念泗二村地段控制性详细规划》有无得到合法有效批准的问题,一审法院已经给出了较好的回答。对于城市详细规划的审批,《城市规划法》第 21 条第 8 款和《江苏城市规划办法》第 12 条第 8 款的规定是一致的,即"城市详细规划由城市人民政府审批;编制分区规划的城市的详细规划,除重要的详细规划由城市人民政府审批外,由城市人民政府城市规划行政主管部门审批"。本案中,被告扬州市规划局提供了《念泗二村地段控制性详细规划》和扬州市规划委员会第十四次、第十六次会议纪要,以说明《念泗二村地段控制性详细规划》已经得到了扬州市规划委员会第十六次会议批准,其批准的形式为会议纪要。同时,扬州市规划局还提供了《扬州市城市规划管理办法》以说明扬州市规划委员会的权限和职能。该办法第 3 条规定,扬州市规划委员会受市政府委托,负责对城市规划工作进行研究决策、组织实施和管理,组织相应的规划编制和规划审批工作,并负责协调、督促落实重要的规划事项。由此,扬州市政府在执行城市规划法和江苏省实施办法所规定的详细规划的审批程序时,授权规划委员会负责此项工作,这种做法本身并不为法律、法规所禁止。一个城市详细规划是否得到合法有效的批准,应通过一定的批准形式表现出来。本案中,有关详细规划的批准是以市长签发的市规划委员会会议纪要的形式出现的,尽管市规划委员会第十六次会议纪要中的"按已批准的小区详细规划实施"的表述在本案的当事人之间产生了不同的理解,但综合分析扬州市规划委员会第十四次会议纪要、《念泗二村地段控制性详细规划》、扬州市规划委员会第十六次会议纪要等证据的全部内容，可以得出该详细规划是经过扬州市规划委员会审查同意后，由市长签字批准的结论。至于这种会议纪要是不是一种通常所见的批准形式，由于法律、法规只规定城市详细规划应当由城市人民政府或规划行政主管部门审批，没有规定审批形式，故不能否定扬州市规划委员会会议纪要对批准详细规划发挥的实际作用，应当认定《念泗二村地段控制性详细规划》经过合法有效的批准。因此，28 幢楼居民认为《念泗二村地段控制性详细规划》没有得到合法有效批准的诉讼主张，不能成立。

此外，对于原告所称被诉具体行政行为违反了《蜀冈—瘦西湖风景名胜区规划》的理由，由于原告难以提供具体证据，只是笼统地称许可行为破坏了风景区的自然人文景观，也很难被法院采纳。值得注意的是，这一诉由其实已经突破了主观诉讼的要求，具有客观诉讼的因素。

据此，本案的一审和二审在对本案的事实和法律问题作了较为全面的审查后，判决原告败诉，维持扬州市规划局的行政许可行为是正确的。

（本案例的“案情”和“审判”部分选自《最高人民法院公报》2004 年第 11 期；“提领”和“评述”部分由作者根据有关法律与学理进行阐述，不代表司法机关的意见）

（蒋红珍　撰）

42 中国光大银行诉武汉市人民政府不履行法定职责案

【提领】

本案原告中国光大银行请求被告武汉市人民政府按照国发〔2000〕15 号文件的精神，落实亚光公司的还款责任。被告以武政函〔2002〕52 号文予以回复。后原告向被告就该事由再次提出同样的请求，被告未予答复。原告遂起诉，请求被告履行法定职责。一审法院收取诉讼费案件受理费 138295 元，驳回了原告的诉讼请求。原告不服提出上诉，除对驳回诉讼请求判决不服外，对一审所收诉讼费用也提出了异议。最高人民法院二审判决时，在维持一审判决的同时，纠正了一审不当收取诉讼费用的行为。从本案的评述中可以对大陆行政诉讼费用制度有所了解。

【案情】

上诉人（一审原告）：中国光大银行。住所地：北京市西城区复兴门外大街 6 号。

法定代表人：王明权，该银行董事长。

被上诉人（一审被告）：武汉市人民政府。住所地：武汉市沿江大道 130 号。

法定代表人：李宪生，该市市长。

一审第三人：武汉市亚光模塑有限公司。住所地：武汉市汉阳区英武小道 9 号。

法定代表人：李汉桥，该公司经理。

一审第三人：武汉市对外贸易经济合作局。住所地：武汉市青年大道 298 号。

法定代表人：杨德桢，该局局长。

一审第三人：武汉市经济委员会。住所地：武汉市山海关路 2 号。

法定代表人:刘龙成,该会主任。

一审法院审理认定:1985 年 7 月 19 日,第三人武汉市亚光模塑有限公司(原武汉塑料十三厂,以下称亚光公司)因引进塑料周转箱项目,与原告中国光大银行(原中国投资银行武汉分行,以下称光大银行)签订贷款合同,约定:原告向亚光公司贷款美元 224.65 万元、人民币 226.98 万元,贷款期限为 1985 年 7 月至 1991 年 3 月。武汉市第二轻工业局、武汉市对外经济贸易管理委员会、武汉市经济贸易管理委员会为上述贷款提供了担保。合同签订后,原告向亚光公司支付美元 187.01 万元、人民币 204 万元的贷款。1986 年 12 月 27 日,原告与亚光公司签订补充贷款合同,约定:双方在原贷款合同基础上增加贷款人民币 100 万元,贷款期限延至 1991 年 12 月。武汉市第二轻工业局、湖北省武汉市塑料工业公司为该笔贷款提供了担保。合同签订后,原告依约向亚光公司支付了上述贷款。1990 年 6 月 8 日,原告与亚光公司签订《调整贷款合同协议书》,将双方签订的上述两份贷款合同中约定的贷款期限调整为自 1985 年 7 月至 1994 年 10 月。截至 1992 年 12 月,亚光公司共计偿还原告贷款本息美元 1272377.61 元、人民币 2189001.31 元。

1998 年 12 月 14 日,原告向武汉市中级人民法院提起民事诉讼,要求亚光公司及武汉塑料工业集团股份有限公司偿还尚欠的贷款。1999 年 10 月 27 日,武汉市中级人民法院分别作出〔1999〕武民初字第 24 号、第 26 号民事判决,以超过诉讼时效为由,驳回了原告的诉讼请求。原告不服,上诉至湖北省高级人民法院。该院分别于 2000 年 5 月 29 日和 10 月 30 日作出〔2000〕鄂民终字第 43 号、第 63 号民事判决,维持武汉市中级人民法院的上述判决。

其间,武汉塑料十三厂于 1987 年 5 月 6 日更名为武汉亚光塑料制品厂。1990 年 6 月 19 日,武汉亚光塑料制品厂变更为武汉塑料工业集团公司亚光制品厂,并注销原法人资格,隶属于武汉塑料工业集团公司。1994 年 2 月 22 日,武汉亚光塑料制品厂更名为武汉塑料工业股份有限公司亚光制品公司并取得法人资格,1998 年 6 月 15 日又更名为武汉市亚光模塑有限公司至今。1999 年 3 月 18 日,原中国投资银行武汉分行被光大银行接管。

2002 年 4 月 17 日,原告向被告武汉市人民政府发出《关于请求落实武汉市亚光模塑有限公司借用世行转贷款的偿还责任的函》,请求按照国发〔2000〕15 号《国务院批转财政部国家计委关于进一步加强外国政府贷款管理若干意见的通知》(以下称国发〔2000〕15 号文)的精神,落实亚光公司的还款责任,确保世行转贷款的偿还。2002 年 9 月 24 日,被告以武政函〔2002〕52 号文回复原告:贵行与亚光公司的债务问题已于 1999 年 10 月和 2000 年 10 月经武汉市中级人民法院和湖北省高级人民法院审结;对于贵行提出的由我市人民政府落实亚光公司还款责任问题，请贵行继续依照国家法律、法规的有关规定予以主张债权，我市将积极配合做好有关工作。2002年12月10日，原告向被告发出《关于再次请求武汉市政府落实武汉市亚光模塑有限公司借用世行转贷款的债务人和担保人的函》，被告未予答复。同年12月24日，原告向湖北省高级人民法院起诉，请求武汉市政府履行法定职责。

一审法院认为原告的起诉有相应的法律依据，但由于人民法院的生效判决已对其与债务人的民事关系进行了确认，其贷款项目涉及的债务人和担保人身份明确，被告不能重新作出确定。因此，原告要求判令被告履行为其重新确定债务人和担保人职责的诉讼请求，无法律依据和相应的事实根据，不予支持。依照《最高人民法院关于执行〈中华人民共和国行政诉讼法〉若干问题的解释》第56条第1项的规定，判决驳回原告光大银行的诉讼请求；案件受理费138295元，由光大银行负担。

光大银行不服湖北省高级人民法院〔2003〕鄂行初字第1号行政判决，向最高人民法院提起上诉称：(1)国发〔2000〕15号文的宗旨就是解决利用外国政府及国际金融组织贷款“借、用、还”的管理机制问题，其中“履行还款责任，确保按时还款”是其核心内容。为此，该文明确要求“利用外国政府贷款的项目单位实行资产重组、企业改制等产权变更或破产时，必须事先征得项目审批部门、财政部和转贷机构的同意，必要时还应征得外方同意”。地方各级人民政府“对此类项目的还款计划做出相应调整和安排，落实新的债务人并与转贷机构签订新的转贷协议，确保对外还款。严禁以各种名目逃废债务，推卸还款责任”，“对已实行重组、改组或破产的项目，必须重新确定债务人和担保人”。本案武汉亚光塑料制品厂改制时未征得上诉人的同意，改制后亦未通知上诉人，显系违规改制并利用改制逃废金融债务。同时，根据国务院《关于在国有中小企业和集体企业改制过程中加强金融债权管理的通知》的有关规定，武汉市政府负有重新确立债务人和担保人的法定职责。(2)国发〔2000〕15号文要求地方各级人民政府履行“重新确定债务人和担保人”义务的前置条件并非是债务人、担保人主体不存在，而是要求地方各级人民政府履行“重新确定”有清偿能力的“债务人和担保人”，以确保债权人债权的实现，从而保证中央财政不受损失。(3)一审法院收取的行政案件受理费无合法依据，应当予以纠正。请求最高人民法院撤销一审判决，判令武汉市人民政府正确履行法定职责，确保世行转贷款债权实现；案件受理费依法收取，并由被上诉人武汉市人民政府承担。

被上诉人武汉市人民政府答辩称：上诉人光大银行上诉理由与事实不符，曲解国发〔2000〕15号文件内容，一审判决应当维持。主要理由有：(1)国发〔2000〕15号文关于“对此类项目的还款计划作出相应的调整和安排，落实新的债务人并与转贷机构签订新的转贷协议，确保对外还款”的责任主体是“项目所属地区的省级财政部门或中央部门”，而不是光大银行上诉状中所称的“地方政府”，光大银行故意将不属于答辩人的职责强加给答辩人。(2)国发〔2000〕15号文之所以要求政府重新确定国外政府贷款项目的债务人和担保人的范围仅限于“已实行重组、改组或破产的项目”，是因为贷款项目的重组、改组或破产，导致原债务人或者担保人的法人资格消亡，无法确定债务人或者担保人。而本案涉及的贷款项目主体武汉市亚光模塑有限公司虽经过多次名称变化，其作为债务人的地位并没有发生变化，且已以〔2000〕鄂民终字第43号民事判决和〔2000〕鄂民终字第63号民事判决所确认。对之无需政府重新确定，政府不应该也不可能凌驾于司法之上，再作出有关确定。(3)根据国发〔2000〕15号文的规定，光大银行作为世界银行贷款的转贷银行，应当积极履行确保还款的监督和管理职责，然而该行在本案涉及的贷款项目上却疏于管理，未积极主张或实现债权，导致其提起的民事诉讼因超过诉讼时效被法院依法驳回，其应对此承担全部的责任。且本案涉及的转贷款项目为第三类项目，若发生项目单位拖欠情况，由转贷银行承担对外垫付还款责任。世界银行转贷款债权未实现，应由光大银行自行承担相应责任和损失。请求最高人民法院驳回光大银行上诉，维持一审判决。

一审第三人武汉市亚光模塑有限公司、武汉市对外贸易经济合作局、武汉市经济委员会未向本院提交答辩状。

【审判】

最高人民法院认为：

根据国发〔2000〕15号文关于“各地人民政府和中央各有关部门负责清理本地区、本部门利用外国政府贷款项目拖欠债务工作；各转贷银行要积极、及时地提供有关数据资料。要进一步明确和落实还款及担保还款的责任，对已实行重组、改组或破产的项目，必须重新确定债务人和担保人”的规定，本案所涉及的世界银行转贷款属于外国政府贷款项目，对此，财政部〔1982〕财外字第685号《关于送请审批世界银行给我国中间金融机构贷款的报告》、财政部财世便字〔1998〕114号《关于确认中国投资银行转贷的世界银行贷款子项目清单的复函》亦可以印证。武汉市经济委员会武经专〔1988〕355号文及武汉市经济体制改革委员会武体改〔1993〕102号文表明，武汉市亚光模塑有限公司属于国发〔2000〕15号文所规定的“已实行重组、改组”的项目。因此，本案被上诉人武汉市人民政府对已实行重组、改组的转贷款项目，负有确定债务人和担保人的法定职责。国发〔2000〕15号文对已实行重组、改组或破产的项目由地方人民政府重新确定债务人和担保人的规定,是为了明确和落实还贷及担保责任,如果债务人和担保人明确,则无须重新确定债务人和担保人。本案债务人原武汉塑料十三厂虽经多次重组、改组,但债务人和担保人的身份和责任是明确的,且已为生效民事判决所确认,故不需要人民政府重新确定债务人和担保人。上诉人光大银行认为国发〔2000〕15 号文要求地方各级人民政府履行“重新确定债务人和担保人”义务的前置条件并非是债务人和担保人主体不存在,而是要求地方人民政府履行“重新确定”有清偿能力的“债务人和担保人”的上诉理由,缺乏法律依据。本案上诉人的债权之所以不能实现,是因为其主张债权已超过诉讼时效。国发〔2000〕15 号文关于外国政府贷款项目分为三类,是对 2000 年以后贷款项目的规定,该文没有对此前的转贷款项目分类作出规定,被上诉人武汉市人民政府认为本案涉及的转贷款项目属于第三类项目,应由项目单位承担还款责任的答辩理由不能成立。

本案争点系武汉市人民政府是否应当履行重新确定转贷款项目债务人和担保人,并不直接涉及财产金额,一审法院收取案件受理费 138295 元不当,应予纠正。

综上,上诉人请求判令武汉市人民政府履行确认本案转贷款债务人和担保人职责的诉讼请求,无相应的法律和事实根据。一审判决认定事实清楚,适用法律、法规正确,根据《中华人民共和国行政诉讼法》第 61 条第 1 项的规定,判决如下:

驳回上诉,维持原判。

【评述】

本案原告上诉时主要提出两个主张:一是被告不予重新确定债务人和担保人的行为违法;二是被告收取的诉讼费用无合法依据,应当予以纠正。就被告不予重新确定债务人和担保人的行为是否违法的问题,本案一、二审判决作了全面的分析,在其他几个案例中就相关理论也已经作了介绍。这里主要评述一审法院不当收取诉讼费用的问题。

行政诉讼费用,是指当事人进行行政诉讼活动,应当向人民法院交纳的费用。我国行政诉讼费用主要包括案件受理费、申请费和其他费用三种。本案涉及的是案件受理费。案件受理费,是指人民法院决定受理行政案件时,诉方当事人按照规定应向人民法院交纳的费用。从性质上看,案件受理费在一定意义上具有税收的性质,它取之于当事人,用之于当事人。因此,有的国家将这种费用称为规费,有的国家称为诉讼税。根据当时施行的《人民法院诉讼收费办法》,行政案件的受理费按下列标准交纳:

1. 治安行政案件，每件交纳 5 元至 30 元。

2. 专利行政案件，每件交纳 50 元至 400 元。

3. 其他行政案件，每件交纳 30 元至 100 元。有争议金额的，按财产案件收费标准交纳。

本案是一起不履行法定职责案，所以属于“其他行政案件”，其一般的收费额最高为 100 元。“其他行政案件”如果有争议金额，可以按财产案件收费标准交纳。但本案审查的是被告未予重新确定债务人和担保人的行为是否违法的问题，没有争议金额，所以只能收取 100 元。一审法院收取 13 万多元案件受理费确属不当，二审法院予以纠正是正确的。

（本案例的“案情”和“审判”部分选自《最高人民法院公报》2004 年第 10 期；“提领”和“评述”部分由作者根据有关法律与学理进行阐述，不代表司法机关的意见）

（杨登峰　撰）

43 再胜源公司诉上海市卫生局行政强制决定案

【提领】

上海市卫生局经调查取证，认定再胜源公司实施了未经许可擅自采集血液的行为，作出卫生行政强制决定。并且，该卫生行政强制决定除“决定取缔”之外，还包括行政处罚的内容。再胜源公司不服，依法提起行政诉讼。本案经过两审。一审法院确认被告的“取缔”行为合法、没收行为无效之后，原告提起上诉。二审法院判决“驳回上诉，维持原判”。本案的主要争议之处在于，脐带血是否属于《献血法》及有关行政规章的调整范围，卫生局依照《献血法》及有关行政规章对再胜源公司采集、储存脐带血的行为是否有管理职权。本案的案情收录于《最高人民法院公报》2005 年第 1 期。

【案情】

原告：上海再胜源干细胞工程有限公司。住所地：上海市张江高科技园区郭守敬路。法定代表人：仇志根，该公司董事长。

被告：上海市卫生局。住所地：上海市黄浦区汉口路。

法定代表人：刘俊，该局局长。

2003 年 8 月，上海市媒体对上海再胜源干细胞工程有限公司（以下称再胜源公司）经营脐带血干细胞库业务的有关情况进行报道后，上海市卫生局（以下称卫生局）经调查取证，认定再胜源公司实施了未经许可擅自采集血液的行为，违反了卫生部《血站管理办法（暂行）》（以下称《管理办法》）第 21 条的规定。根据《管理办法》第 48 条之规定，于 2004 年 1 月 16 日对再胜源公司作出取缔与没收 YSD－35－125 液氮生物容器 3 只、YSD－35－200 液氮生物容器 1 只的第 381 号卫生行政强制决定，并于当日送达给再胜源公司。再胜源公司不服，向上海市黄浦区人民法院提起行政诉讼。

原告诉称：根据医学理论及卫生部文件的有关规定，脐带血不是《管理办法》所规定的全血或者成分血；原告从事的是脐带血造血干细胞储存和相关产品的研究、开发，并非开设血站。卫生局适用《管理办法》作出行政强制决定依据不足，程序违法，适用法律错误，应予撤销。

原告提交以下证据：

1. 上海市工商行政管理部门向再胜源公司核发的营业执照，用以证明再胜源公司系经批准从事脐带血造血干细胞储存业务，其没有非法经营行为。

2. 世界卫生组织文件资料《安全血液和血液制品》，用以证明脐带血不属于临床用全血，并非《管理办法》中所定义的血液。

3. 卫医发〔2000〕448 号《卫生部关于印发〈血站基本标准〉的通知》，以证明脐带血造血干细胞不属于该文件所规定的成分血，因而亦非《管理办法》中所定义的血液。

4.《关于加快健全中国造血干细胞库的建议》，用以证明目前为止我国的行政法规所涉及的仅仅是公共库，为自体进行干细胞储存服务的行为不需要经过卫生行政许可。

被告辩称：原告的目的是为了采集脐带血、提取干细胞，并用于治疗。在医学上，脐带血即是血液，原告采集的脐带血是《管理办法》中的“用于临床的血液”。请求维持该行政强制决定。

被告提交以下证据：

1. 原告制作的宣传资料一份，名称是《宝宝诞生的第一份礼物》，用以证明原告自认脐带血是血液，其目的是为了采集血液，并应用于临床。

2. 2003 年 12 月 18 日原告出具的《整改报告》，用以证明原告未经许可擅自采集血液。

3. 原告与上海市浦东新区公利医院签订的协议，用以证明原告采集血液系委托医院进行。

4.《新闻晨报》、《青年报》的新闻报道两篇，用以证明原告明知采集血液应当得到卫生行政部门的许可，但仍然实施了非法采集血液的行为。

5. 2004 年 1 月 16 日行政执法人员制作的现场检查笔录，用以证明原告经营场所内有非法采集脐带血的仪器和设备。

6. 2003 年 8 月 29 日行政执法人员制作的询问笔录，用以证明原告于 2003 年 3 月取得营业执照，但未获得采集血液的行政许可。原告自 2003 年 7 月起开始采集脐带血，与 20 多家医院存在业务关系，至调查询问时，原告已有 18 份脐带血造血干细胞样本。

7. 2004 年 1 月 16 日行政执法人员对原告法定代表人制作的询问笔录，用以证明原告开展的业务是收集、分离、储存脐带血。

经庭审质证，再胜源公司认为，被告证据1和证据2只能说明再胜源公司从事的是脐带血造血干细胞储存的业务，而不能证明其从事采集血液的业务；证据3未说明该证据是作出具体行政行为之前还是之后取得的，且只能说明为产妇采集脐带血的是医院，并非再胜源公司；证据4是失实报道，不能证明再胜源公司实施了非法采集血液的行为；证据5中有“经现场检查未发现采集血液的行为”的表述，证明再胜源公司没有采集血液的行为；证据6和证据7中表述的收集和采集血液系不同概念，脐带血只能由医院在产房中、在分娩后的两个小时内采集，只能说明再胜源公司是为产妇提供脐带血造血干细胞储存服务的。

卫生局对再胜源公司证据的真实性、合法性没有异议，但认为，原告证据1不能证明上诉人从事脐带血相关业务已经得到卫生行政许可；证据2和证据3无证明力；证据4仅仅是建议，目前在脐带血库的管理上，对公共库和自体库未作区分，而再胜源公司自认系脐带血自体库的主张，承认了其存在采集血液的行为。

【审判】

上海市黄浦区人民法院认为：

根据《中华人民共和国献血法》和《管理办法》的规定，卫生行政管理机关是对采供血进行监督、管理的行政主管机关。再胜源公司委托医院采集脐带血，目的是分离干细胞后进行储存，以备用于储存人临床治疗血液性疾病。《献血法》和《管理办法》虽未对血液中全血的组成、成分血的种类予以详细列明，但从医学及法律规范的角度分析，脐带血应属于血液中全血的范畴，故再胜源公司采集血液的事实成立。同时，上述法律和规章均明确规定，采集血液须以取得卫生行政许可为前提，再胜源公司未得到卫生行政部门批准擅自采集脐带血，卫生局据此适用《献血法》和《管理办法》的规定，对其作出取缔的行政强制决定，适用法律正确。卫生局在作出被诉具体行政行为之前，进行了调查取证，之后亦制作了强制决定书，并送达给再胜源公司，行政程序合法。但卫生局在取缔再胜源公司违法行为的同时，决定对再胜源公司液氮生物容器予以没收，而没收是法律规定的行政处罚措施，卫生局作出没收决定时，必须适用《行政处罚法》规定的处罚程序，卫生局在决定没收再胜源公司液氮生物容器时，没有依法适用处罚程序，虽然该处罚尚未执行，但亦构成程序违法。

据此，上海市黄浦区人民法院依照《献血法》第18条第1项、《行政处罚法》第41条、《最高人民法院〈若干解释〉》第57条第1款、第2款第3项之规定，于

2004 年 7 月 8 日判决：

一、确认上海市卫生局 2004 年 1 月 16 日第 381 号行政强制决定中对再胜源公司非法采集血液行为予以取缔的具体行政行为合法；

二、确认上海市卫生局 2004 年 1 月 16 日第 381 号行政强制决定中没收再胜源公司 YSD－35－125 液氮生物容器 3 只、YSD－35－200 液氮生物容器 1 只的具体行政行为无效。

宣判后，再胜源公司不服，向上海市第二中级人民法院提起上诉。

再胜源公司上诉理由是：原审判决认定事实不清，适用法律不当。脐带血不是《管理办法》所规定的血液（即用于临床的全血或成分血）。上诉人并未采集脐带血，只是依照工商核准从事储存脐带血造血干细胞的业务；未将储存的干细胞用于临床；自体干细胞储存与临床用血安全无关。请求撤销卫生局的第 381 号行政强制决定。

卫生局答辩意见是：《献血法》、《管理办法》不仅适用于对血站的管理，也适用于对血液采、供、用的管理。再胜源公司采集脐带血、提取干细胞并用于临床治疗的行为，属于《献血法》和《管理办法》的调整范围，被诉卫生行政强制决定认定事实清楚，适用法律正确。

上海市第二中级人民法院经审理，确认了一审查明的事实。

本案的主要争议焦点是：脐带血是否属于《献血法》及有关行政规章的调整范围，卫生局依照《献血法》及有关行政规章对再胜源公司采集、储存脐带血的行为是否有管理职权。

上海市第二中级人民法院认为：

血液的采集、分离等环节关系到人的健康与生命。根据《献血法》第 8 条的规定，血站是国家法定的专门从事采集、提供临床用血的机构，设立血站向公民采集血液，必须经国务院卫生行政部门或者省、自治区、直辖市人民政府卫生行政部门批准。《管理办法》第 21 条规定，未取得采供血许可的单位和个人，不得开展采供血业务。根据《献血法》第 8 条及《管理办法》第 21 条的规定，我国目前对血液的采集实行许可证管理制度。《献血法》第 18 条规定，县级以上政府的卫生行政部门，有权处理非法采集血液的行为。这说明，除卫生行政部门依法定职权批准的血站外，任何单位和机构从事采集、提供临床用血的，都是法律所禁止的，卫生行政部门都有权依法予以查处。故本案中卫生局依法具有作出行政强制决定的主体资格。

脐带血的称谓是根据解剖部位而来。脐带血是采自胎盘的血液，其成分与新生儿的血液成分一致。本案中，采集脐带血是为了分离提取造血干细胞，造血干细胞的存储目的是用于临床治疗。所以，脐带血属于《管理办法》中所称的血液范畴,脐带血采集行为属于《管理办法》调整的范围。脐带血造血干细胞库的设置要求,高于一般的血库,需要具备相当的条件,应符合血液管理的技术规范。储存脐带血造血干细胞需要经过脐带血的采集、检测、分离等过程,卫生行政主管部门对有关操作人员、条件、实验室等均有明确的资质要求。所以,采集脐带血需要得到卫生行政许可。

卫生局执法的目的,在于加强对血液的监督管理,防止血液性传染病的发生,保障公民的合法权益,故对被上诉人执法目的的合法性应予以确认。本案中,卫生局提供的证据来源及形式合法,内容真实,符合证据的关联性、合法性、真实性要求。现场检查笔录反映当时在再胜源公司内发现了用于储存脐带血造血干细胞的液氮容器以及"脐血处理室"等。再胜源公司法定代表人及工作人员在卫生局的询问笔录中亦认可该公司通过医院采集脐带血样本。被上诉人提供的证据之间能够相互印证,其认定上诉人有擅自采集血液的行为,事实清楚,证据充分。上诉人提供的证据虽来源合法,具有真实性,但不能证明其不存在擅自采集血液的事实。再胜源公司所取得的企业法人营业执照只能证明其符合开办企业的条件,获得了工商许可,但不能证明其已获得开展脐带血造血干细胞储存等业务的卫生行政许可,故对再胜源公司的上诉理由不予支持。

卫生局经调查取证,发现再胜源公司有擅自采集血液行为,遂作出取缔的行政强制决定,并将行政文书当场送达给上诉人,其行政执法程序合法。但卫生局在作出取缔的同时,对再胜源公司又课以没收液氮容器,具有行政制裁性质,属于我国法律规定的行政处罚种类。而卫生局在作出该没收决定时,未依据《行政处罚法》的规定履行相关处罚程序,故该行政处罚依法不能成立。

综上,卫生局具有作出行政强制决定的执法主体资格。卫生局认定再胜源公司存在未经许可擅自采集血液的行为,事实清楚,证据充分。卫生局据此认定再胜源公司违反《管理办法》第 21 条,并依据第 48 条之规定对其违法行为作出取缔的行政强制决定,适用法律正确,执法目的合法。因卫生局作出没收决定时未履行法律规定的相关处罚程序,违反《行政处罚法》的规定,原审法院判决确认该没收行为无效,符合法律规定。上诉人的上诉请求缺乏事实证据和法律依据,不予支持。

据此,上海市第二中级人民法院依照《行政诉讼法》第 61 条第 1 项的规定,于 2004 年 12 月 6 日判决:

驳回上诉,维持原判。

【评述】

本案涉及行政法学及行政法上的下列基本术语:行政强制措施、行政处罚、行政决定。理清这些基础性概念，有助于我们对本案及其判决的分析、理解与把握。

在我国行政法上，一般认为，行政强制行为简称行政强制，是"行政强制措施"与"行政强制执行"的合称。其中，行政强制措施是指国家行政机关为了维护和实施行政管理秩序，预防与制止社会危害事件与违法行为的发生与存在，依照法律、法规规定，针对特定公民、法人或者其他组织的人身、行为及财产进行临时约束或处置的限权性强制行为。概括说来，行政强制措施具有下列法律特征：强制性、非处分性、临时性、实力性。而根据我国《行政诉讼法》第66条及《最高人民法院〈若干解释〉》第86条的规定，行政强制执行是指行政机关或人民法院，对于拒不履行已经生效的具体行政行为所确定的义务的公民、法人或其他组织，实施强制手段，以达到义务被履行或与该义务被履行相同状态的各种行为。

通说认为，行政处罚是指特定行政主体对违反行政管理秩序而尚未构成犯罪的行政相对人所施以的行政制裁。行政处罚具有以下法律特征：(1)行政性和具体性；(2)处分性和不利性；(3)制裁性；(4)法定性。正确区分行政处罚与行政强制措施，具有理论与实践的双重意义。一般认为，行政处罚与行政强制措施的主要不同之处在于：(1)处分权利与限制权利。行政处罚是对行政相对人权利的最终处分，而行政强制措施则是对行政相对人权利(尤其是财产使用权和处分权)的一种临时限制。(2)最终行为与中间行为。行政处罚是一种最终行为。它的作出，表明该行政违法案件已被处理完毕。而行政强制措施则是一种中间行为，是为保证最终行政行为的作出而采取的一种临时措施，有待后续处理的跟进。

基于行为对行政相对人的作用方式不同，行政行为可以分成实力行政行为与意思行政行为。其中，实力行政行为是指行政主体通过力的动作对行政相对人所作的一种行为。而意思行政行为则是指行政主体仅以意思力对行政相对人所作的一种行为。行政决定是意思行政行为的一种重要表现形式。并且，从这种"实力行为"与"意思行为"的分类角度来看，行政处罚往往首先表现为一种依据法定程序而作出的"行政(处罚)决定"(意思行为)，在此基础上，特定行政主体实施相应的行政处罚行为(如警告、没收等)，或者在当事人逾期不履行行政处罚决定的情形下，由特定有权主体依法实施一定的行政强制行为(实力行为)。

从理论上来看，任何行政强制措施都以行政决定为前提，并实施该决定。但从行政的具体运作来看，又主要分为两种情形：(1)行政决定行为与实施行政强制措施的行为合而为一，两种行为没有时间上的前后之分。(2)行政决定行为与实施行政强制措施的行为分步作出,存在一定的时间间隔。通说认为,在第一种情况下,实施行政强制措施的行为吸收了行政决定行为,宜将整个行为作为"行政强制措施"对待。在第二种情况下,行政强制措施是指实施行政强制措施的行为,而不包括此前作出行政决定的行为。当然在法律救济中,如果前一个行政决定行为得不到独立救济的机会,可采用"后行为吸收前行为"原则处理,即在对行政强制措施行为实行行政审查与司法审查时,可一并审查前面的行政决定。

根据《献血法》及有关行政规章的规定,对"非法采集血液"等行为,县级以上地方人民政府卫生行政部门有权"予以取缔,没收违法所得,可以并处十万元以下的罚款"。换言之,县级以上地方人民政府卫生行政部门有权对相关违法行为依法予以查处,并进行行政处罚(具体包括"没收"和"罚款"两种处罚种类)。就本案而言,根据前面的分析,虽然被告卫生局作出的是"第 381 号卫生行政强制决定"(属于实施行政强制措施行为之前的行政决定行为),但其内容却涉及行政处罚,而行政处罚决定的作出须遵循一定的法定程序。因此,法院判决"确认上海市卫生局 2004 年 1 月 16 日第 381 号行政强制决定中没收再胜源公司 YSD-35-125 液氮生物容器 3 只、YSD-35-200 液氮生物容器 1 只的具体行政行为无效"是正确的。

(本案例的"案情"和"审判"部分选自《最高人民法院公报》2005 年第 1 期;"提领"和"评述"部分由作者根据有关法律与学理进行阐述,不代表司法机关的意见)

(高春燕　撰)

44 广州市海龙王投资发展有限公司诉广州市对外经济贸易委员会行政处理决定纠纷案

【提领】

本案是一起因为被告变更原行政决定，批准涉案中外合作经营企业成立，原告据此认为该行政决定侵犯了其公平竞争权而向法院提起诉讼的行政案件。本案经过两审。一审法院认为原告与被诉具体行政行为之间不具有法律上的利害关系，裁定驳回起诉。二审予以维持。本案终审判决于2002年作出，收录于《最高人民法院公报》，对我国的司法审判实践具有判例指引的作用。

【案情】

原告：广州市海龙王投资发展有限公司。地址：广东省广州市。

法定代表人：梁汉德，该公司董事长。

委托代理人：章震亚、吕辉，广东正平天成律师事务所律师。

被告：广东省广州市对外经济贸易委员会。

法定代表人：蒋厚锡，该委员会主任。

委托代理人：何雁飞，广州金桥律师事务所律师。

委托代理人：侯金炳，广州经纶律师事务所律师。

第三人：广东省广州市人民政府侨务办公室。

法定代表人：许广汉，该办公室主任。

委托代理人：叶东文，广州经纶律师事务所律师。

委托代理人：姚保辉，广东省广州市人民政府侨务办公室干部。

第三人：广州三联华侨房地产有限公司。地址：广东省广州市。

法定代表人：叶建勋，该公司董事长。

委托代理人：梁锦豪，广州三联华侨房地产有限公司职员。

委托代理人：卫燕如，广州经纶律师事务所律师。

第三人:广东珠江投资有限公司。地址:广东省广州市。

法定代表人:何国华,该公司董事长。

委托代理人:江平,中国政法大学教授。

委托代理人:邱海洋,中国政法大学博士生。

第三人:广州珠江侨都房地产有限公司。地址:广东省广州市。

法定代表人:梁锦豪,该公司董事长。

委托代理人:刘恒,广东岭南律师事务所律师。

委托代理人:谭宁,广州珠江侨都房地产有限公司职员。

第三人:英属处女群岛广大投资有限公司。地址:香港特别行政区。

法定代表人:谢世东,该公司董事。

委托代理人:毛和文,英属处女群岛广大投资有限公司职员。

委托代理人:廖雁鸣,广东海印律师事务所律师。

珠江侨都项目是广州市城市开发的一个重点工程项目,广州市人民政府侨务办公室(以下称广州市侨办)是这个项目的行政主管部门,广州市对外经济贸易委员会(以下称广州市外经委)是负责中外合作经营企业的行政审批和主管机关。根据广州市人民代表大会常务委员会的有关决议,珠江侨都工程项目专门成立了筹委会,负责项目工程的有关规划和设计的审定,并对征地和投资等重大问题进行指导和协调。1997 年 10 月 27 日,被告广州市外经委作出穗外经贸业〔1997〕337 号《关于合作经营广州侨丰房地产有限公司补充合同、补充章程的批复》(以下称 337 号批复),批准香港嘉宇公司和英属处女群岛爱光置业有限公司(以下称爱光公司)于同月 17 日签订的《股权转让协议书》和《合作开发经营"珠江侨都"房地产合同之补充合同》及其补充章程,并同意由广州三联华侨房地产有限公司(以下称三联公司)与爱光公司共同开发珠江侨都项目。1998 年 1 月 12 日,被告广州市外经委又作出穗外经贸业〔1998〕6 号《关于提前终止合作经营广州侨丰房地产有限公司合同、章程的批复》(以下称 6 号批复),批准三联公司和爱光公司于同月 8 日签订的《终止合作开发经营珠江侨都房地产合同协议书》,同意提前终止合作经营广州侨丰房地产有限公司(以下称侨丰公司)的合同、章程,解散该合作公司,并缴回该项目的批准证书。同月 15 日,被告广州市外经委再次作出 9 号批复,同意三联公司、广东珠江投资有限公司(以下称珠江公司)、英属处女群岛广大投资有限公司(以下称广大公司)成立中外合作企业广州珠江侨都房地产有限公司(以下称侨都公司),并批准了上述三公司于同月 12 日签订的《合作开发经营珠江侨都房地产合同》及其章程,同意其合作企业侨都公司开发珠江侨都项目,并批准了合作各方的投资比例和分享利润的比例。

1998年12月28日，参与珠江侨都项目投资的三联公司，与广州市海龙王投资发展有限公司(以下称海龙王公司)签订《协议书》约定：海龙王公司作为珠江侨都项目的共同投资者支付6000万元，该款也作为获取整个项目中50%投资开发权益的预付款。三联公司收取该款项后，即按广州市珠江侨都筹建委领导的指示意见，组织各有关方面展开合作谈判，落实海龙王公司在珠江侨都项目中的50%开发权等事宜，保障海龙王公司权益。如合作成立，海龙王公司该预付款可转为对由其参与设立的新项目公司的注册资本；如合作不成立，该款三联公司于一个月内连本带息返还；如三联公司不能如期返还，海龙王公司可要求三联公司以土地使用权按每亩50万元人民币作价偿还，即届时三联公司应以120亩土地使用权抵偿海龙王公司出资的6000万元人民币，并负责将该土地使用权办到海龙王公司名下。该《协议书》签订的第二天，海龙王公司即将人民币6000万元通过银行支付给三联公司。

1998年12月31日，珠江侨都筹委会办公室作出《珠江侨都筹委会会议纪要》，同意海龙王公司与南华西组成一个投资组也参加珠江侨都项目50%的投资，并准备5亿元人民币的资信证明，参加合作谈判。该纪要明确表示：如果珠江公司退出，海龙王公司与南华西组成的投资组合可适当进资，以维持工程的正常进行。三联公司可再寻找另一家合作伙伴，以维持多家合作的局面。希望珠江公司方面继续参加合作，并占有50%的投资权。

1999年7月29日，被告广州市外经委作出穗外经贸业〔1999〕143号《关于撤销我委三个批复文件的通知》(以下称143号通知)致广州市侨办：鉴于我委于1993年12月30日以穗外经贸业〔1993〕904号文批准三联公司与嘉宇公司合作设立侨丰公司，同意侨丰公司在市规划局〔1992〕城地批字第39号、第55号文同意使用的654107平方米地块上开发、建设、销售、出租和管理自建的商品房。鉴于香港法庭于1997年7月16日向嘉宇公司发出清盘令，根据香港法律，嘉宇公司对本公司的产权已无任何处置的权利，所以，由此而延伸的协议、合同均失去了其法律基础。经研究，撤销我委337号、6号和9号批复。接文后，请通知企业缴回珠江侨都公司的批准证书，并到有关部门办理相关的注销手续。珠江侨都项目是我市的重要建设项目，并早已成立筹委会。去年12月29日的珠江侨都筹委会会议又明确了若干事项，望三联公司能按市府要求进一步做好各方面工作，保证工程能依法顺利推进。同年10月25日，被告广州市外经委作出穗外经贸业〔1999〕233号《关于撤销我委穗外经贸业〔1999〕143号文的通知》(以下称233号通知)致广州市侨办，全文是："我委于1999年7月29日发出穗外经贸业〔1999〕143号文《关于撤销我委三个批复文件的通知》，经研究现予以撤销。"

原告不服被告作出的233号通知行政处理决定,向广东省高级人民法院提起诉讼称:被告作出的233号通知,仅凭"经研究"便将原先作出的143号通知撤销,是违法的具体行政行为,应当予以撤销;被告第一次作出的批准侨都公司成立违反有关法律规定,143号通知作出的撤销侨都公司的决定是正确的。原告根据与三联公司的协议参与了广州侨都项目50%的投资,拥有该项目50%的开发权,被告撤销143号通知后,致使原告的实际投资得不到法律的保护,更无法从实际投资中受益。请求撤销被告的233号通知,并承担诉讼费用。

被告辩称:被告依职权于1999年发出的143号通知因适用法律有误,为此,又根据《中外合作经营企业法》第5条及《广州市外商投资企业管理条例》第3条、第5条的规定,以233号通知予以纠正。233号通知是发给广州市侨办的,属内部行政行为,该行政行为未侵犯原告的财产权,原告无权提出诉讼。原告与三联公司的协议属另一法律关系,与233号通知无关。

第三人广州市侨办辩称:广州市侨办是侨都公司中方合作者三联公司的主管部门,侨都公司的设立、变更等文件须由广州市侨办报送被告审批,233号通知是被告针对我办作出的内部行政行为,原告不是该行政行为的相对人。珠江侨都项目的合法投资人和股东分别是三联公司、珠江公司和广大公司,原告并不是投资人,也不享有投资权益。被告作出的233号通知没有侵犯原告财产权。原告因与该行政行为没有法律上的利害关系,不具备诉讼主体资格。请求驳回原告的起诉。

第三人三联公司辩称:被告的233号通知及143号通知均与原告没有行政法律关系,也不存在侵犯原告财产权的问题。原告1998年12月交付三联公司的6000万元,属于三联公司与原告的债权债务关系,与233号通知无关。请求驳回原告的起诉。

第三人珠江公司辩称:143号通知和233号通知均没有指向原告,原告不符合提起行政诉讼的条件。233号通知在纠正143号通知时,虽然没有列明事实和引用的具体法律,但并不等于该具体行政行为本身缺乏依据。请求驳回原告的起诉。

第三人侨都公司辩称:被诉具体行政行为并未侵害原告的合法权益。原告不是侨都公司的股东,原告与三联公司的投资争议属于另一法律关系,应通过民事诉讼程序解决,与被诉行政行为无关。请求驳回原告的请求。

第三人广大公司辩称:原告与被诉具体行政行为无直接的利害关系,不符合提起行政诉讼的条件。被告原先作出的撤销侨都公司的143号通知,直接损害了侨都公司及其股东的合法权益,显然是错误的,予以纠正错误并无不当,原告起诉理由不能成立。请求驳回原告的请求。

【审判】

广东省高级人民法院认为：

广州市外经委是广州市人民政府负责中外合作经营企业的审批和主管机关，其作出的233号通知虽然是以内部发文的形式直接发给广州市侨办，并抄送三联公司、珠江公司等有关单位和企业的，但是，该通知的内容涉及了广州市外经委原先作出的143号通知以及337号、6号和9号批复的法律效力问题，并且还直接涉及有关相对人对珠江侨都项目的经营权问题，显然具有行政法上的权利义务内容，产生了新的行政法律关系。对于行政关系的有关当事人来说，233号通知应属于可诉性的具体行政行为。

233号通知以及与其有关的143号通知和337号、6号和9号批复，都是广州市外经委依照职权对特定的有关中外合作企业的成立、变更或者撤销履行的行政审批行为，由此而产生的行政法律关系，应该只限于特定的范围，即依照法定的程序直接参与广州市珠江侨都工程项目合作开发的中、外企业。珠江侨都工程项目是一个合作开发项目，任何参与对珠江侨都工程项目投资和开发的企业，都要依照法定程序加入具有中外合作经营企业性质的侨都公司，以侨都公司股东的身份参与投资和合作。《中华人民共和国中外合作经营企业法》第5条规定："申请设立合作企业，应当将中外合作者签订的协议、合同、章程等文件报国务院对外经济贸易部门或者国务院授权的部门和地方政府(以下称审查批准机关)审查批准。"第10条规定："中外合作者的一方转让其在合作企业合同中的全部或者部分权利、义务的，必须经他方同意，并报审查批准机关批准。"由于海龙王公司没有与珠江侨都项目的各合作方签订合作合同和章程，更没有按照法定程序经批准加入珠江侨都公司，所以，对珠江侨都工程项目并不享有投资开发权。因此，广州市外经委对珠江侨都项目的合作开发事宜所作出的审批行为，与海龙王公司未形成行政法律关系。

原告海龙王公司与第三人三联公司签订的有关协议，是双方当事人对参与珠江侨都工程项目合作经营的意向，而且双方当事人对最终能否参与珠江侨都工程项目合作经营，分不同情况作了相应的约定。尽管该协议得到了部分履行，原告海龙王公司向三联公司支付了6000万元用于对珠江侨都工程项目的投资，但是，能否享有对珠江侨都工程项目合作开发的投资权，并不仅仅取决于三联公司的意向。海龙王公司付给三联公司的6000万元只能证明海龙王公司与三联公司双方之间形成了民事法律关系，并不能作为已经享有对珠江侨都工程项目合作开发投资权的依据。

珠江侨都筹委会是广州市为加强对珠江侨都合作工程项目的宏观经济管

理而成立的一个临时性组织。该组织不是一级行政机关,更不是法定中外合作企业的主管部门。该组织的性质决定了其作出的任何决定,只能是具有建议性或指导性的意见,而不具有行政法律效力。珠江侨都筹委会办公室根据筹委会1998年12月31日工作会议的内容作出的关于同意海龙王公司参与珠江侨都工程项目的纪要,是该组织对有关工作提出的意向性意见,并不是政府的行政决定,对有关当事人也没有强制力。海龙王公司以该会议纪要作为政府主管部门的行政决定,以此确认其拥有对珠江侨都工程项目50%的开发权,缺乏事实上和法律上的依据。

因此,虽然被诉的233号通知属于具体行政行为,但没有依据认定原告海龙王公司与该具体行政行为存在法律上的利害关系,因此,海龙王公司不具备本案原告的诉讼主体资格。其起诉不符合法定条件,裁定驳回起诉。

原告海龙王公司不服一审判决向最高人民法院提出上诉,诉称:珠江侨都项目筹委会属于政府组建的非常设机构,其行为应产生行政法律后果。广州市外经委的143号通知,依法撤销了侨都公司,使原告获得了在平等竞争的基础上与珠江公司在各拥有50%投资权的前提下进行合作谈判的权利。但广州市外经委的233号通知撤销了143号通知后,客观上剥夺了原告参与竞争的可能,侵犯了原告参与投资的平等竞争权。请求撤销一审裁定。

最高人民法院认为:

上诉人海龙王公司根据其与三联公司签订的协议书,付给三联公司6000万元,作为对珠江侨都项目的投资,使协议得到了部分履行。但三联公司只是侨都公司投资三方中的一方,无权决定海龙王公司参加珠江侨都项目的开发。海龙王公司与三联公司之间形成的只是民事法律关系,不能证明海龙王公司在侨都公司中占有股份。由于海龙王公司没有与珠江侨都项目的各方签订合作合同和章程,也没有按照《中华人民共和国中外合作经营企业法》的有关规定经审查批准加入珠江侨都公司,所以,海龙王公司以在侨都公司占用股权为由,认为被上诉人广州市外经委针对珠江侨都公司作出的233号通知,与其有法律上的利害关系的上诉理由不能成立。

珠江侨都项目筹委会是按照广州市人民代表大会常务委员会《关于审议市人民政府办理市九届人大三次会议第42号议案实施方案的决议》成立的一个指导和协调机构,该决议对筹委会的性质和职责有明确的说明。珠江侨都项目筹委会与被上诉人广州市外经委之间不存在行政隶属关系。筹委会的纪要只具有行政指导性质,不具有强制力,该纪要关于“同意海龙王公司参加珠江侨都项目的投资”的表述.不能改变侨都公司各方的法律地位。上诉人海龙王公司认为筹委会的工作纪要与被上诉人广州市外经委的233号通知与其形成了法律上的利害关系的上诉理由不能成立。

侨都公司是开发建设珠江侨都房地产的项目公司，被上诉人广州市外经委依照职权对涉及侨都公司的有关行政审批，没有在法律上排斥或者限制上诉人海龙王公司获得珠江侨都项目投资的权利。被上诉人广州市外经委作出 143 号通知到 233 号通知期间，侨都公司的股权结构没有发生过变化，海龙王公司因未获得对珠江侨都项目投资的资格，与珠江侨都项目的其他投资者之间法律关系的性质也没有发生变化。法律保护的公平竞争权，是平等主体之间在权利和义务关系相同基础上形成的获得合法利益的权利，法律保护的公平竞争关系，是平等主体之间在相同的权利和义务条件下产生的合法的竞争关系。由于上诉人海龙王公司与珠江侨都项目的其他投资者之间尚不存在对应的权利和义务关系，其主张的竞争权不属于法律上的公平竞争权。上诉人海龙王公司认为被上诉人广州市外经委的 233 号通知侵犯其公平竞争权的上诉理由不能成立。

综上，裁定驳回上诉，维持原裁定。

【评述】

本案案情较为复杂，涉及多方当事人之间的法律关系。集中的法律问题主要有两个：

一是如何理解原告与被诉行政行为有法律上的利害关系。

《最高人民法院关于执行〈中华人民共和国行政诉讼法〉若干问题的解释》第 12 条规定："与具体行政行为有法律上利害关系的公民、法人或者其他组织对该行为不服的，可以依法提起行政诉讼。"该条中"与具体行政行为具有法律上的利害关系"是指行政机关的具体行政行为对公民、法人和其他组织的权利义务已经或将会产生实际的影响。因此，作为原告的相对人不一定是行政机关行政管理的直接对象，关键在于看该行为是否对公民、法人的权利义务产生实际影响。从本案来看，关键在于认定 233 号通知是否使得原告对珠江侨都项目的投资权利产生影响，是否损害其公平竞争权。首先，海龙王公司是通过与三联公司的《协议书》参与到珠江侨都项目中来的，但该协议书并未经过合法的程序，不足以构成其拥有投资开发权的合法性理由。根据《中外合作经营企业法》等规定，海龙王公司只有通过与珠江侨都公司各方谈判，并经过主管机关依照法定程序予以审批，成为珠江侨都公司的股东，方可拥有对珠江侨都项目的投资开发权。海龙王公司并未合法地成为对珠江侨都项目具有权利的主体，也并未参与到对该项目的投资竞争中来，与其他投资者并不具有合法的平等的竞争关系，因此 233 号通知并不能对海龙王公司的权利义务产生实际的影响，233 号通知影响的是对珠江侨都项目具有合法开发权的投资者的权益，而原告并不属于此范围。因此，一、二审法院认定原告主体资格不成立是对我国行政诉讼法规定的原告资格的正确把握。

二是如何理解行政机关临时设立的筹委会的性质。

行政机关设立的临时性的机构，其行为是否属于具体行政行为，关键在于看该行为是否具有法律法规的授权或者受有权机关的委托。结合本案，珠江侨都项目筹委会是按照人大有关决议成立的一个临时指导和协调机构，并未获得法律授权，也未获得有权机关委托行使有关行政权力，其与广州市外经委之间不存在行政隶属关系。因此，有关珠江侨都项目的工作纪要只具有行政指导性质，不具有强制力。该纪要关于"同意海龙王公司参加珠江侨都项目的投资"的表述不能改变侨都公司各方的法律地位，并不能在法律上产生新的权利和义务关系，因此该筹委会作出的纪要并不具有行政法律效力。

（本案例的"案情"和"审判"部分选自《最高人民法院公报》2002年第6期；"提领"和"评述"部分由作者根据有关法律与学理进行阐述，不代表司法机关的意见）

（骆梅英　撰）

45 路世伟不服靖远县人民政府行政决定案

【提领】

本案是一起因企业破产而引起的行政诉讼。在人民法院依法成立清算小组,并依法认可清算小组提出的破产财产处理方案后,本来该方案应当立即执行,履行清算小组与原告之间平等的民事交易关系。然而清算小组却向本来没有管辖权的县人民政府申请破产财产处理方案的批准,县人民政府在超越职权的基础上先作出同意的决定,后又作出撤销原同意决定的决定,从而被原告告上法庭。本案的关键在于厘清企业破产后各方主体之间的法律关系以及行政机关在破产法律关系中的地位。

【案情】

原告:路世伟,男,48岁,甘肃省靖远县新潮服装行负责人。住靖远县乌兰乡河靖村。

委托代理人:张永河、王平,甘肃省地山律师事务所律师。

被告:甘肃省靖远县人民政府。

法定代表人:董继武,该县县长。

委托代理人:李茂荣,甘肃省靖远县法制局局长。

委托代理人:陈全胜,白银铜城律师事务所律师。

靖远县服装刺绣厂(以下称刺绣厂)是集体企业,由于连年亏损,无力偿还到期债务,申请破产。靖远县人民法院于1996年9月28日裁定,宣告刺绣厂破产还债,并组织刺绣厂清算小组(以下称清算组)负责破产财产的清理、估价、处理和分配。清算组委托白银市资产评估事务所对刺绣厂的固定资产进行评估,评估结果为444366元。靖远县人民法院于1997年10月29日裁定,原则认可清算组提出的破产财产处理和分配方案,并决定交由审计部门对破产财产进行审计后立即执行。11 月 6 日,靖远县资产拍卖委员会经研究决定,将西街厂区的拍卖底价定为 40 万元。11 月 18 日,清算组向被告县政府请示,拟将西街厂区(含土地使用权)以 36 万元价协议出售给服装行。县政府据此作出靖政发〔1997〕134 号《关于县服装刺绣厂破产后财产处理的批复》,同意将西街厂区以拍卖价 36 万元出售给服装行。1998 年 3 月 17 日,原告路世伟将 36 万元转入靖远县企业改革办公室。10 月 26 日,清算组向路世伟移交了西街厂区的所有财产。10 月 27 日,县政府以靖土建字〔1998〕112 号文,将西街厂区的国有土地使用权出让给服装行使用 50 年。路世伟以服装行的名义,与靖远县土地管理局签订了《国有土地使用权出让合同》,于 11 月 1 日申领了国有土地使用证。

原告路世伟准备开张营业之际,被告县政府于 1999 年 9 月 6 日作出靖政发〔1999〕172 号《关于撤销对县服装刺绣厂破产后西街厂区财产处理批复的决定》,主要内容是:(1)撤销靖政发〔1997〕134 号文中对"西街厂区以拍卖价 36 万元(包括土地使用权)出售给服装行"的批复;(2)退还服装行用于购买西街厂区的 36 万元,对服装行在购买西街厂区中造成的直接经济损失,按有关规定予以补偿;(3)西街厂区收回后,根据《中华人民共和国拍卖法》和《靖远县国有(集体)资产拍卖办法》等规定向社会公开竞价拍卖。10 月 12 日,县政府又根据 172 号文件的精神,撤销了靖土建字〔1998〕112 号文件,同时撤销靖远县土地管理局与服装行签订的《国有土地使用权出让合同》,发文收回服装行的国有土地使用权。

上述事实,有双方当事人的陈述、靖远县资产拍卖委员会会议记录、县政府文件等证据证实。

原告路世伟因不服甘肃省靖远县人民政府(以下称县政府)1999 年 9 月 6 日作出的靖政发〔1999〕172 号行政决定,向甘肃省白银市中级人民法院提起行政诉讼。

原告诉称:靖远县服装刺绣厂(以下称刺绣厂)破产后,原告以 36 万元的价格,向该厂清算小组购买了西街厂区的财产所有权和土地使用权。此事经清算小组请示被告,被告曾以靖政发〔1997〕134 号文件批复同意。原告付清价款,办理了财产移交手续,申领了土地使用证和个体营业执照,投入资金近 10 万元筹办起靖远县新潮服装行(以下称服装行)。但是,当原告正准备开张营业时,被告又要求原告退回西街厂区。遭原告拒绝后,被告就下发靖政发〔1999〕172 号文件,决定撤销靖政发〔1997〕134 号文件,收回原告的国有土地使用权。被告的这个行政行为侵害了原告的合法权益。请求判令撤销靖政发〔1999〕172 号文件,确保原告能够对西街厂区行使财产所有权、土地使用权和经营权,并判决被告赔偿因其错误行政行为给原告造成的经济损失 12 万元。

被告未答辩。

【审判】

白银市中级人民法院认为：

被告县政府以靖政发〔1999〕172号文件，决定撤销对西街厂区财产处理的批复，认定事实清楚，适用法律正确，符合法定程序，应当维持。原告路世伟请求撤销靖政发〔1999〕172号文件，请求确保其能够对西街厂区行使财产所有权、土地使用权和经营权，这两项请求于法无据，不予支持。路世伟请求判令县政府赔偿的直接经济损失，县政府已经决定按有关规定补偿，本案不再处理；请求判令县政府赔偿的间接经济损失，因与本案没有因果关系，不予支持。据此，白银市中级人民法院依照《中华人民共和国行政诉讼法》第54条第1款的规定判决：

维持被告县政府作出的靖政发〔1999〕172号《关于撤销对县服装刺绣厂破产后西街厂区财产处理批复的决定》。

案件受理费4010元，由原告路世伟负担。

一审宣判后，路世伟不服，向甘肃省高级人民法院提起上诉。理由是：被上诉人作出的靖政发〔1999〕172号决定，既没有事实根据，也没有法律依据，理应撤销。一审判决予以维持，是适用法律错误。请求撤销原判，撤销靖政发〔1999〕172号文件。

被上诉人县政府答辩称：靖政发〔1997〕134号批复是同意将西街厂区出售给服装行，但文件下发时，文件中所指的服装行尚未依法登记注册，事实上并不存在；该批复是同意以拍卖价出售西街厂区，而西街厂区事实上并未公开拍卖；由于清算组工作的粗疏导致靖政发〔1997〕134号批复有误，理应撤销。被上诉人以靖政发〔1999〕172号文件决定撤销靖政发〔1997〕134号批复，是正确的。一审判决认定事实清楚，证据确凿，适用法律正确，符合法定程序，应当维持。

甘肃省高级人民法院经审理，除确认了一审认定的事实以外，还查明：1997年11月18日，清算组向被上诉人县政府所作的请示称：经清算组清算，资产评估事务所评估，刺绣厂资产值为74.85万元（不包括土地）。通过县深化企业改革领导小组协调，县拍卖委员会1997年11月6日会议研究同意采用协议出售的办法，出售价格为116万元（包括土地）。其中，南街市场出售给靖远县国家税务局，价格为80万元（包括土地）；西街厂区出售给服装行，价格为36万元（包括土地）。出售转让资金用于支付破产费用和职工安置费用。

1999年3月1日，靖远县工商行政管理局对服装行进行注册登记，并颁发了靖工商个字5295号营业执照。

甘肃省高级人民法院认为：

各级国家行政机关都必须依法行政。依法行政,既包括具体行政行为内容必须合法,也包括具体行政行为的程序必须合法。行政机关的具体行政行为如果有超越职权、滥用职权等违法现象,法律必将不予维护。

最高人民法院《关于贯彻执行〈中华人民共和国企业破产法(试行)若干问题的意见〉》第74条规定:"非全民所有制企业法人的破产还债程序,适用民事诉讼法的规定。"《中华人民共和国民事诉讼法》第201条第1款规定:"人民法院可以组织有关机关和有关人员成立清算组织。清算组织负责破产财产的保管、清理、估价、处理和分配。清算组织可以依法进行必要的民事活动。"第2款规定:"清算组织对人民法院负责并报告工作。"最高人民法院《关于适用〈中华人民共和国民事诉讼法〉若干问题的意见》第240条规定:"具有法人资格的集体企业、联营企业、私人企业以及设在中国领域内的中外合资经营企业、中外合作经营企业和外资企业等,适用企业法人破产还债程序。"第246条规定:"依照民事诉讼法第201条的规定,人民法院组织成立破产清算组织的,破产财产处理和分配方案由破产清算组织提出,债权人会议讨论通过,报请人民法院裁定后执行。"

根据上述规定,有权负责集体企业破产财产的保管、清理、估价、处理和分配工作的,是人民法院依职权组织的清算组织。本案中,作为集体企业的刺绣厂被宣告破产后,靖远县人民法院已经为该破产企业组成了清算组。该清算组有权提出破产财产以什么价格出售、以什么方式出售以及出售给何人的方案,经债权人会议讨论通过并报请人民法院裁定后就可以执行。另外,清算组还可以作为民事主体,与其他民事主体进行必要的、平等的民事活动。清算组织依法只对人民法院负责并报告工作。其他任何组织都无权对破产财产进行处理,也无权要求清算组织对其负责,向其报告工作。清算组在破产财产处理方案经靖远县人民法院裁定认可后,决定以36万元的协议价格将西街厂区出售给上诉人路世伟,是清算组依法行使自己职权所进行的必要民事活动。在出售西街厂区的过程中,清算组与路世伟形成了平等主体间的买卖民事法律关系。他们达成的买卖西街厂区交易是合法有效的。

本案的破产财产处理方案经靖远县人民法院裁定认可后,清算组不去立即执行,反而再向不负责此项工作的被上诉人县政府请示,不符合法定程序。县政府接到清算组的违法请示后,没有以不属自己职权范围为理由拒绝受理,却以靖政发〔1997〕134号文件批复同意,超越了职权。县政府以靖政发〔1999〕172号决定撤销了自己作出的靖政发〔1997〕134号批复,但撤销的理由不是认为该批复超越职权,而是认为该批复同意将西街厂区出售给了当时还没有注册登记的服装行;还认为清算组在出售西街厂区时,没有按该批复所说的"拍卖价"公开拍卖。这是县政府对靖政发〔1997〕134号批复存在的违法事实认定不清。

基于以上两点错误认识，被上诉人县政府在靖政发〔1999〕172号文件中还进一步决定：退还服装行用于购买西街厂区的36万元，收回已出售的西街厂区，同时收回服装行的国有土地使用权。西街厂区是上诉人路世伟的服装行以平等交易的方式，从有权进行此项交易活动的清算组手中购买的。此项交易，不仅钱货两清，而且还办理了国有土地使用权出让手续。路世伟为了使其准备在西街厂区筹办的服装行开业，已经申领了营业执照。这些事实都证明，西街厂区的财产所有权以及土地使用权已经合法易主，不再是清算组有权保管的破产财产。靖政发〔1999〕172号文件中的这些决定，必将破坏已经成功的平等交易，妨碍路世伟实现自己的合法权益。

退一步说，即便是清算组有权不敢行使，或者认为存在种种客观情况不便独立行使，非要拿自己分内的工作去向被上诉人县政府请示，而且县政府也乐于管这种不属于自己管的事，那也只能形成清算组与县政府二者之间的独特关系。县政府无权用这种于法无据的独特关系去影响他人，去为他人设定新的权利义务，去妨碍他人的合法权益。县政府在靖政发〔1999〕172号文件中实施的这些具体行政行为，不仅超越职权，更是滥用职权。

此外，行政机关的任何具体行政行为，必须以明确的法律规定为依据。被上诉人县政府的靖政发〔1999〕172号文件，没有说明作出该具体行政行为的法律依据，属适用法律不当。

综上所述，被上诉人县政府作出的靖政发〔1999〕172号文件，存在着认定事实不清、主要证据不足以及超越职权、适用法律不当的错误，应当撤销。一审判决维持这一具体行政行为，明显不当，应当改判。上诉人路世伟请求被上诉人县政府赔偿因错误行政行为造成的经济损失，但在一审中没有提出有效的证据，属主要证据不足，不予支持。据此，甘肃省高级人民法院依照《中华人民共和国行政诉讼法》第61条第2项、第54条第2项的规定判决：

一、撤销一审行政判决；

二、撤销被上诉人县政府作出的靖政发〔1999〕172号《关于撤销对县服装刺绣厂破产后西街厂区财产处理批复的决定》。

一、二审案件受理费共8020元，由被上诉人县政府负担。

【评述】

本案主要涉及靖远县人民政府就破产财产处理方案作出的靖政发〔1997〕134号文件批复和撤销原批复的靖政发〔1999〕172号批复是否合法的问题。争议的焦点主要是如何看待企业破产后各方主体之间的法律关系以及行政机关在破产法律关系中的地位问题。

最高人民法院《关于贯彻执行〈中华人民共和国企业破产法(试行)若干问题的意见〉》第74条规定:“非全民所有制企业法人的破产还债程序,适用民事诉讼法的规定。”《中华人民共和国民事诉讼法》第201条第1款规定:“人民法院可以组织有关机关和有关人员成立清算组织。清算组织负责破产财产的保管、清理、估价、处理和分配。清算组织可以依法进行必要的民事活动。”第2款规定:“清算组织对人民法院负责并报告工作。”最高人民法院《关于适用〈中华人民共和国民事诉讼法〉若干问题的意见》第240条规定:“具有法人资格的集体企业、联营企业、私人企业以及设在中国领域内的中外合资经营企业、中外合作经营企业和外资企业等,适用企业法人破产还债程序。”第246条规定:“依照民事诉讼法第201条的规定,人民法院组织成立破产清算组织的,破产财产处理和分配方案由破产清算组织提出,债权人会议讨论通过,报请人民法院裁定后执行。”

因此,企业破产程序中的主体主要有:(1)清算组织。清算组织由人民法院组织有关机关和有关人员组成,负责破产财产的管理、清理、估价、处理和分配,并可就破产财产进行必要的民事活动。(2)人民法院。人民法院不仅要组织人员成立清算组织,并且破产财产处理和分配方案需要经过人民法院裁定后才能执行。此外,由于清算组织为了清理破产财产,还有可能与另一方主体成立平等的民事法律关系,因此破产过程中可能还有第三方主体,它与清算组织的平等民事法律关系需要受到人民法院的认可。本案正是如此。但除此之外,并不存在其他任何法律主体。

本案中,靖远县人民法院已经为破产企业组成了清算小组,该清算组有权提出破产财产以什么价格出售、以什么方式出售以及出售给何人的方案,经债权人会议讨论通过并报请人民法院裁定后就可以执行。另外,清算组还可以作为民事主体,与其他民事主体进行必要的、平等的民事活动。清算组织依法只对人民法院负责并报告工作。其他任何组织都无权对破产财产进行处理,也无权要求清算组织对其负责,向其报告工作。清算组在破产财产处理方案经靖远县人民法院裁定认可后,决定以36万元的协议价格将西街厂区出售给上诉人路世伟,是清算组依法行使自己职权所进行的必要民事活动。在出售西街厂区的过程中,清算组与路世伟形成了平等主体间的买卖民事法律关系。他们达成的买卖西街厂区交易是合法有效的。

县人民政府在破产程序中并非法律关系的主体,对破产财产处理方案也不具有管辖权。即使清算组申请在先,也应当以不属自己职权范围为理由而拒绝受理。但本案的被告却以靖政发〔1997〕134号文件批复同意,明显超越了职权。

县政府以靖政发〔1999〕172号决定撤销了自己作出的靖政发〔1997〕134号批复，但撤销的理由不是认为该批复超越职权，而是认为该批复同意将西街厂区出售给了当时还没有注册登记的服装行；还认为清算组在出售西街厂区时，没有按该批复所说的“拍卖价”公开拍卖。这不仅超越职权，而且还破坏合法的平等交易，妨碍路世伟实现自己的合法权益。

综上，一审法院无视企业破产后各方主体之间的法律关系以及行政机关在破产法律关系中的地位，判决原告方败诉是错误的。二审法院在全面认清事实、正确适用法律的基础上，撤销一审判决，作出了正确的判决。

（本案例的“案情”和“审判”部分选自《最高人民法院公报》2002年第3期；“提领”和“评述”部分由作者根据有关法律与学理进行阐述，不代表司法机关的意见）

（蒋红珍　撰）

46 眉山气雾剂厂诉眉山市人民政府、眉山市国土局土地行政登记案

【提领】

本案主要涉及诉讼期间问题。通常情况下，公民、法人或者其他组织直接向人民法院提起诉讼的，应当在知道作出具体行政行为之日起 3 个月内提出；复议后再起诉的，在收到复议决定书之日起 15 日或复议期满后 15 日内提起。如果行政机关作出具体行政行为时，未告知公民、法人或者其他组织诉权或者起诉期限的，起诉期限从公民、法人或者其他组织知道或者应当知道诉权或者起诉期限之日起计算，但从知道或者应当知道具体行政行为内容之日起最长不得超过 2 年。由于不属于起诉人自身的原因超过起诉期限的，被耽误的时间不计算在起诉期间内。值得注意的是，本案历时已久，涉及《行政诉讼法》、最高人民法院《关于贯彻执行〈中华人民共和国行政诉讼法〉若干问题的意见(试行)》和《关于执行〈中华人民共和国行政诉讼法〉若干问题的解释》三个法律文件关于诉讼时效的规定，一、二审判决关于法律的适用均值得反思。

【案情】

原告：北京天然香妆品研究所眉山气雾剂厂。住所地：四川省眉山市东坡区。

法定代表人：涂文灿，该厂厂长。

被告：四川省眉山市人民政府。

法定代表人：崔保华，该市市长。

被告：眉山市国土资源局。住所地：四川省眉山市东坡镇。

法定代表人：陈大权，该局局长。

第三人：四川省眉山市东坡区永升工贸有限公司(原四川省眉山县永升工贸有限公司)。住所地：眉山市东坡区。

原告北京天然香妆品研究所眉山气雾剂厂(以下称气雾剂厂)因不服原眉山县人民政府颁发的眉国用〔1996〕1842号《国有土地使用证》,向眉山市中级人民法院提起行政诉讼。

原告诉称:2002年10月,原告向眉山市国土资源局(以下称国土局)提出书面申请,请求对位于眉山市中心城区诗书路南段的5.51亩土地进行使用权登记确认。该局于2003年12月8日书面通知不予受理,理由是该申请属于"重复登记",该土地已经由眉国用〔1996〕1842号《国有土地使用证》确认给了永升公司。原告拥有该土地本属自己所有的原始依据,理应取得该土地的使用权证书。为此,请求撤销国土局〔1996〕1842号《国有土地使用证》。

被告眉山市政府辩称:原眉山县人民政府颁发的眉国用〔1996〕1842号《国有土地使用证》事实清楚,证据充分,程序合法。原告1996年已经知道原眉山县人民政府颁发了土地使用权证,现在提起行政诉讼,超过为期两年的起诉期限。

被告眉山市国土局辩称:1992年原告由于资金不足与永升公司签订了争议土地转让协议,且永升公司1996年已经申请土地登记,取得了土地使用权证。1999年原告向原眉山县政府多次反映解决颁证问题,原眉山县国土局专门组织人员进行调查、取证、查阅档案资料,并经局长办公会议研究决定,认为颁发给永升公司的土地使用证书〔1996〕1842号合法,形成了眉国土函〔1999〕7号《关于眉山气雾剂厂控告眉山县永升工贸公司非法取得该厂土地使用权的调查情况汇报》,并送达了原告。故原告现在提起诉讼已超过起诉期限。

第三人永升公司同意被告国土局的意见。

本案诉讼中,眉山市政府为证明气雾剂厂的起诉已超过法定起诉期限提供的证据有:

1. 气雾剂厂的书面报告。该报告载明:"自从我厂于1996年7月得知眉山永升公司将我厂已取得的土地使用权骗走后,不止一次地向眉山县国土局申诉过,国土局一直置之不理。"

2. 气雾剂厂2001年3月16日向眉山市人民政府递交的《行政复议申请书》。该申请书载明:"1996年6月18日,申请人到县国土局办理土地使用权证时,方发现被申请人已将该宗土地使用权证办给了眉山县永升公司。"

3. 眉山县国土局1999年3月24日作出的眉国土函〔1999〕7号《关于眉山气雾剂厂控告眉山县永升工贸公司非法取得该厂土地使用权的调查情况汇报》。

上述证据用以证明原告在1996年就知道了颁证行为的内容。

气雾剂厂为证明其起诉未超过法定起诉期限提供的证据有:

1. 国土资源部2000年5月30日对其作出的信访批复。

2. 眉山市法制局2001年3月23日作出的眉府复受字〔2001〕1号《受理复议申请通知书》和2001年4月18日作出的眉府复终字〔2001〕1号《行政复议终止通知书》。

3. 眉山市国土局2003年12月4日作出的《不予受理土地登记通知书》。

上述证据均用以证明超过法定起诉期限不是因气雾剂厂自身的原因造成的。

眉山市中级人民法院认定的案件事实如下:

1996年,本案第三人四川省眉山市东坡区永升工贸有限公司(以下称永升公司)依照相关手续经申请取得了眉国用〔1996〕1842号国有土地使用权证(以下称1842号土地使用权证)。此后,原告气雾剂厂曾因对该证所载土地使用权持有异议,多次向有关部门反映。1999年,原告再次向当时的眉山县政府反映颁证问题后,当时的眉山县国土局专门组织人员进行了调查、取证,并经局长办公会议研究决定,认为颁发给永升公司的1842号土地使用证的行为合法,并形成了眉国土函〔1999〕7号《关于眉山气雾剂厂控告眉山永升公司非法取得该厂土地使用权的调查汇报》,送达了原告。

本案的争议焦点是:原告的起诉是否超过诉讼时效。

【审判】

眉山市中级人民法院认为:

原告气雾剂厂起诉请求撤销颁证行政行为,系以取得土地使用权为最终目的。气雾剂厂要求颁发的土地使用权证,确权机关即颁证法定职权机关是眉山市政府,故应将颁证机关列为被告。国土局审查颁证条件的行为,应视为受眉山市政府委托的行为。受托机关的行为对申请人的权利和义务也会产生实际影响,故也应当列为本案被告。

被告眉山市政府的颁证行为实施在1996年,而原告气雾剂厂的法定代表人涂文灿在1999年就已知道该证内容,并多次向当时的眉山县政府反映情况,国土局专门进行了调查并写出了书面调查报告。该报告已向气雾剂厂送达,据此,应认定气雾剂厂是知道有关内容的。依照《最高人民法院关于执行〈中华人民共和国行政诉讼法〉若干问题的解释》(以下称《解释》)第41条的规定,行政机关作出具体行政行为时,未告知公民、法人或者其他组织诉权或者起诉期限的,起诉期限从公民、法人或者其他组织知道或者应当知道诉权或者起诉期限之日起计算,但从知道或者应当知道具体行政行为内容之日起最长不得超过2年。根据该规定,气雾剂厂的起诉限期,应从1999年3月收到被告国土局眉国土函〔1999〕7 号《关于眉山气雾剂厂控告眉山永升公司非法取得该厂土地使用权的调查汇报》起计算，至 2001 年 3 月止。而气雾剂厂提起本案诉讼时显然已超过起诉期限，故其诉讼请求依法不予保护。

综上，眉山市中级人民法院于 2004 年 6 月 3 日裁定：

驳回原告眉山气雾剂厂请求撤销眉国用〔1996〕1842 号《国有土地使用证》的起诉。

气雾剂厂不服一审裁定，向四川省高级人民法院提起上诉。

气雾剂厂上诉理由是：1996 年气雾剂厂向眉山市国土局申请领取《土地使用证》时被告知，该土地已经被赋予他人。气雾剂厂当即申明，该颁证行为不合法，并随之向当时的眉山县人民法院提起行政诉讼。眉山县人民法院以该纠纷应先到人民政府裁决为由，没有立案。气雾剂厂向当时的眉山县政府提起行政复议时，又被告知已经超过复议期限。迫于无奈，气雾剂厂只得采取上访、申诉的方式主张权利。眉山县国土局作出眉国土函〔1999〕第 7 号文件后，气雾剂厂又以此为由向法院提起行政诉讼，法院又以该文件是政府内部公文，不是可诉具体行政行为为由拒绝立案。气雾剂厂只好继续上访。2002 年底，气雾剂厂以自己拥有的征地资料原件向眉山市政府提出土地登记申请，眉山市政府直到 2003 年 12 月 7 日才出具了不予受理通知书。气雾剂厂的起诉期限应当从收到眉山市政府的不予受理通知书起计算，没有超过法定起诉期限。请求依法改判。

眉山市政府和眉山市国土局答辩称：1996 年 4 月，永升公司经依法申请，并经眉山县国土局审核和眉山县人民政府批准，取得了位于眉山市诗书路南段的 5.51 亩土地的《国有土地使用证》。气雾剂厂在 1999 年就知道了具体颁证内容，多次要求当时的眉山县人民政府解决颁证问题，眉山县国土局专门组织人员进行调查、取证后，已经以书面形式答复了气雾剂厂。气雾剂厂于 2004 年 3 月才向四川省眉山市中级人民法院提起诉讼，请求撤销 1842 号《国有土地使用证》。根据《解释》第 41 条的规定，已超过了法定的起诉期限。气雾剂厂在认为自己的权益受到侵害后，没有正确运用法律手段来维护自己的权益，而是采取了上访的方式，逾期提起诉讼是由于自身原因造成的，不适用《解释》第 43 条的规定。请求驳回上诉，维持原裁定。

四川省高级人民法院在二审中调取了以下证据：

1. 眉山市东坡区人民法院的审判人员贺永堂、姚良全证明，气雾剂厂于 1999 年 11 月曾向当时的眉山县人民法院提起过行政诉讼，该院未立案，也未制作不予受理行政裁定。

2. 原眉山县人民政府于 2000 年 8 月颁发的眉国用〔2000〕字第 3441 号《中

华人民共和国国有土地使用证》。该证载明土地使用者：眉山永升公司，坐落：眉山县东坡镇新乐路南段130号，使用面积3675.17平方米。

被上诉人、原审第三人对上诉人在二审中提供的证据的真实性没有异议，但认为上诉人在二审中提供的证据已超过了《最高人民法院关于行政诉讼证据若干问题的规定》(以下称《规定》)第7条规定的举证期限，人民法院不应当采信。同时认为，上诉人提供的证据不足以证明其曾在1999年向人民法院提起过行政诉讼，其于2004年3月5日才提起诉讼是因自身原因造成的，已超过了法定的起诉期限。

上诉人、被上诉人及原审第三人对人民法院依职权调取的证据没有异议。

四川省高级人民法院在审查证据时认为，上诉人在二审中提供的证明其起诉没有超过法定起诉期限的证据，是因被上诉人在一审庭审中才主张上诉人的起诉已超过法定起诉期限，没有给上诉人一定的收集证据时间，致使上诉人在二审中提供证据，属于有正当理由，且上诉人在二审中提供的起诉状与法院依职权调取的证据材料能够相互印证，形成证据锁链，应予采信。

四川省高级人民法院认定本案的法律事实如下：

1996年4月，眉山县国土局(现眉山市东坡区国土资源局)根据永升公司的申请，经审核后上报眉山县人民政府(现眉山市东坡区人民政府)审批，以眉山县人民政府的名义为其颁发了位于眉山县东坡镇新乐路南段130号5.51亩土地的《国有土地使用证》，证号为眉国用〔1996〕1842号。同年5月，气雾剂厂向眉山县国土局申请颁发该宗土地使用权证时，被告知该土地的使用证已颁予他人，但未查到相关颁证材料。后气雾剂厂多次向有关部门反映情况，要求解决该土地的使用权问题。1998年9月3日，气雾剂厂通过查阅眉山县国土局颁证档案知道了1842号《国有土地使用证》的颁发情况。1999年3月24日，由于气雾剂厂的多次上访，眉山县国土局专门组织人员进行调查、取证和查阅档案材料，形成了眉国土函〔1999〕7号《眉山县国土局关于眉山气雾剂厂控告眉山县永升公司非法取得该厂土地使用权的调查情况汇报》。该报告载明了眉国用〔1996〕1842号《国有土地使用证》的颁发情况，并认为该颁证行为是合法的。此报告于1999年4月15日送达了气雾剂厂的法定代表人涂文灿。

1999年11月，气雾剂厂向眉山县人民法院(现眉山市东坡区人民法院)提起行政诉讼，请求撤销眉山县国土局受眉山县人民政府委托颁发的眉国用〔1996〕1842号《国有土地使用证》。眉山县人民法院未予立案。此后，气雾剂厂继续申诉和上访。2000年8月，眉山县人民政府因统一换发国有土地使用证，注销了1842号《国有土地使用证》，将其更换为眉国用〔2000〕字第3441号《中华人民共和国国有土地使用证》。该证载明土地使用者：眉山永升公司，坐落：

眉山县东坡镇新乐路南段 130 号，使用面积 3675.17 平方米。同年 12 月，眉山县人民政府更名为眉山市东坡区人民政府。

2001 年，气雾剂厂再次向眉山市东坡区人民法院提起诉讼，请求撤销眉山市东坡区人民政府（原眉山县人民政府）颁发的 1842 号《土地使用证》，因被告知已经超过法定起诉期限而撤回了诉状。

2002 年 10 月，气雾剂厂向眉山市国土资源局提出书面申请，请求对位于眉山市中心城区诗书路南段（原眉山县东坡镇新乐路南段）的 5.51 亩土地进行使用权登记确认。眉山市国土局于 2003 年 12 月 4 日以该申请属“重复登记”为由作出《不予受理土地登记通知书》，同月送达上诉人。2004 年 3 月 5 日，气雾剂厂以原眉山县人民政府颁发的 1842 号《国有土地使用证》侵犯其合法权益为由向眉山市中级人民法院提起行政诉讼，请求撤销该颁证行为。

四川省高级人民法院认为：

《行政诉讼法》第 39 条规定：“公民、法人或者其他组织直接向人民法院提起诉讼的，应当在知道作出具体行政行为之日起三个月内提出。法律另有规定的除外。”《最高人民法院关于贯彻执行〈中华人民共和国行政诉讼法〉若干问题的意见（试行）》（以下称《意见》）第 45 条规定：“行政机关作出具体行政行为未告知当事人的诉权和起诉期限，致使当事人逾期向人民法院起诉的，其起诉期限从当事人实际知道诉权或者起诉期限时计算，但逾期的期间最长不得超过一年。”原眉山县人民政府虽然是于 1996 年 4 月颁发的 1842 号《国有土地使用证》，但气雾剂厂是于 1998 年 9 月 3 日查阅颁证档案时才确切知道该 1842 号《国有土地使用证》内容的，且在知道当时并没有被告知诉权和起诉期限。气雾剂厂于 1999 年 11 月向原眉山县人民法院提起行政诉讼，没有超过逾期一年的规定，其起诉符合《行政诉讼法》第 41 条规定的起诉条件。由于原眉山县人民法院对气雾剂厂于 1999 年 11 月提起的诉讼，既未按规定立案，也未按规定向当事人出具不予立案的书面裁定，致使气雾剂厂不断向其他部门申诉和上访，直到 2003 年 12 月收到眉山市国土局以重复登记为由作出的《不予受理土地登记通知书》后，才再次向眉山市中级人民法院提起行政诉讼。气雾剂厂反复向有关行政机关上访、申诉的时间，非因自身原因造成，根据《解释》第 43 条“由于不属于起诉人自身的原因超过起诉期限的，被耽误的时间不计算在起诉期间内”的规定，气雾剂厂向其他行政部门上访、申诉的时间不应当计算在起诉期间内。气雾剂厂于 1998 年 9 月 3 日知道被诉行政登记行为内容，扣除非因自身原因耽误的时间 1999 年 11 月至 2003 年 12 月，其于 2004 年 3 月 5 日提起的行政诉讼，符合《解释》第 41 条“行政机关作出具体行政行为时，未告知公民、法人或者其他组织诉权或者起诉期限的，起诉期限从公民、法人或者其他组织知道或者应当知道诉权或者起诉期限之日起计算，但从知道或者应当知道具体行政行为内容之日起最长不得超过 2 年”的规定，人民法院应当立案受理。气雾剂厂的上诉理由成立。

被诉行政登记行为是 1996 年原眉山县人民政府作出的，而原眉山县人民政府在 2000 年 12 月已更名为眉山市东坡区人民政府，原眉山县人民政府作出行政行为的法律后果应当由眉山市东坡区人民政府承担。因此，本案的适格被告应为眉山市东坡区人民政府。眉山市中级人民法院以眉山市已在《关于印发〈眉山市土地管理事权划分实施方案〉的通知》中将城市规划区 22 平方公里内的土地上收直管为由，将眉山市人民政府列为本案被告，同时将不具有颁发土地所有（使用）权证法定职责的眉山市国土局也列为本案被告，属错列当事人，依法应予纠正。

综上，四川省高级人民法院于 2004 年 9 月 27 日裁定：

一、撤销眉山市中级人民法院〔2004〕眉行初字第 4 号行政裁定。

二、指令眉山市中级人民法院继续审理。

本裁定为终审裁定。

【评述】

本案争议的焦点是，原告的起诉是否超过诉讼时效。

本案被告（二审被上诉人）于 1996 年 4 月，根据诉讼第三人永升公司的申请，为其颁发了本案所争议土地的《国有土地使用证》。而本案原告（二审上诉人）认为，他对该宗《国有土地使用证》所涉及的土地享有使用权，被告颁发《国有土地使用证》的行为侵犯了其合法权利。《行政诉讼法》第 2 条规定，公民、法人或者其他组织认为行政机关和行政机关工作人员的具体行政行为侵犯其合法权益，有权依法向人民法院提起诉讼。所以，原告有权对被告颁发《国有土地使用证》的行为提起行政诉讼。但是，起诉是有期限限制的，《行政诉讼法》第 38 条和第 39 条规定，公民、法人或者其他组织向行政机关申请复议的，复议机关应当在收到申请书之日起两个月内作出决定。申请人不服复议决定的，可以在收到复议决定书之日起 15 日内向人民法院提起诉讼。复议机关逾期不作决定的，申请人可以在复议期满之日起 15 日内向人民法院提起诉讼。公民、法人或者其他组织直接向人民法院提起诉讼的，应当在知道作出具体行政行为之日起 3 个月内提出。本案原告知道被告的行政行为是在 1998 年 9 月 24 日。按上述规定，原告于 2004 年 3 月 5 日起诉时，早已超过了起诉期限。

不过，关于起诉期限，最高人民法院《关于执行〈中华人民共和国行政诉讼法〉若干问题的解释》第 41 条作了补充规定：“行政机关作出具体行政行为时，未告知公民、法人或者其他组织诉权或者起诉期限的，起诉期限从公民、法人或者其他组织知道或者应当知道诉权或者起诉期限之日起计算，但从知道或者应当知道具体行政行为内容之日起最长不得超过2年。”本案中，被告始终没有告知原告行政决定的内容，更不用说告知其诉权或者起诉期限了。但是，即便如此，至原告于2004年3月5日起诉时也已经超过了2年的起诉期限。本案一审法院判决驳回原告的诉讼请求，正是基于这样的理由。

其实，最高人民法院《关于执行〈中华人民共和国行政诉讼法〉若干问题的解释》第43条对起诉期限还作了规定，即：“由于不属于起诉人自身的原因超过起诉期限的，被耽误的时间不计算在起诉期间内。因人身自由受到限制而不能提起诉讼的，被限制人身自由的时间不计算在起诉期间内。”事实上，原告在得知被告颁发《国有土地使用证》的行政决定后，一直在不停地主张自己的权利，反复在向有关行政机关上访、申诉。因此，二审法院认为，原告为此所花费的时间，属于非因自身原因造成的，应“扣除非因自身原因耽误的时间1999年11月（原告第一次向法院起诉的时间）至2003年12月（眉山市国土局作出《不予受理土地登记通知书》的时间），其于2004年3月5日提起的行政诉讼，符合《解释》第41条的规定”，从而撤销了一审判决。

但是，这里值得注意的是，本案原告知道被告的行政行为是在1998年9月24日，至1999年11月（具体日期案件材料没有反映）第一次向人民法院提起行政诉讼时已经超过了一年。如果原告起诉时，最高人民法院尚未作出《关于执行〈中华人民共和国行政诉讼法〉若干问题的解释》（1999年11月24日），则应当适用当时依然施行的最高人民法院《关于贯彻执行〈中华人民共和国行政诉讼法〉若干问题的意见（试行）》。而最高人民法院《关于贯彻执行〈中华人民共和国行政诉讼法〉若干问题的意见（试行）》第35条规定：“行政机关作出具体行政行为时，未告知当事人的诉权或者起诉期限，致使当事人逾期向人民法院起诉的，其起诉期限从当事人实际知道诉权或者起诉期限时计算，但逾期的期间最长不得超过1年。”如此一来，其实原告确实已经丧失了诉权，无《若干问题的解释》第43条的适用余地，一、二审法院都适用《关于执行〈中华人民共和国行政诉讼法〉若干问题的解释》第41条作为判决依据值得推敲。

（本案例的“案情”和“审判”部分选自《最高人民法院公报》2005年第2期；“提领”和“评述”部分由作者根据有关法律与学理进行阐述，不代表司法机关的意见）

（杨登峰　撰）

47 伊尔库公司诉无锡市工商局工商行政处罚案

【提领】

本案是一起状告工商行政管理局工商行政处罚决定的案件。一个突出争点是,对存放在仓库中的丁苯橡胶,工商行政管理部门有无权力进行查处。本案经过两审。一审法院判决维持被诉行政处罚决定。原告不服,提出上诉。二审法院判决驳回上诉,维持原判。本案终审判决于 2004 年作出,并收录于《最高人民法院公报》。

【案情】

原告:北京伊尔库科贸有限公司。住所地:北京市门头沟区增产路。

法定代表人:王建强,该公司总经理。

被告:江苏省无锡市工商行政管理局。住所地:无锡市健康路。

法定代表人:孙连才,该局局长。

原告北京伊尔库科贸有限公司(以下称伊尔库公司)不服被告江苏省无锡市工商行政管理局(以下称无锡市工商局)对其作出的锡工商案〔2003〕第 97 号行政处罚决定,于 2004 年 6 月 3 日向江苏省无锡市崇安区人民法院提起诉讼。

原告诉称:原告从俄罗斯进口的一批丁苯橡胶,经国家商检部门确认产品质量合格。这批丁苯橡胶存放在无锡储运有限公司铁路运输分公司(以下称无锡储运公司)仓库,并未销售。被告以产品标识不符合要求为由,将这批丁苯橡胶扣留、查封,扣留后还不及时通知原告。2003 年 12 月 29 日,被告又以锡工商案〔2003〕第 97 号处罚决定书,对原告作出罚款 119000 元的行政处罚。《产品标识标注规定》第 26 条明确规定:“本规定由国家技术监督局负责解释。”这就是说,有关产品标识标注方面的问题,是由国家技术监督局主管,不是工商行政管理机关的分内职责。再有,工商行政管理机关只能对进入流通领域的商品进行监督检查，原告的丁苯橡胶在仓库存放，没有进入流通领域，不是被告的执法对象。被告滥用职权、越权办案，违法扣留、查封原告的财产，违法处罚原告，侵犯了原告的合法权益。请求撤销被告作出的锡工商案〔2003〕第97号行政处罚决定。

原告提交以下证据：

1.国家质量技术监督局《关于实施〈中华人民共和国产品质量法〉若干问题的意见》第一点、第四点、第五点，用以证明有关产品标识标注方面的问题由国家技术监督局监督检查。

2.2001年11月16日国务院以第322号令发布的《规章制定程序条例》，用以证明行政规章的制定，体现行政机关的职权与责任相统一；行政规章的解释权属于规章制定机关；其他国家机关认为行政规章同法律、行政法规相抵触，可以向国务院书面提出审查建议，由国务院法制机构研究处理。

3.《中华人民共和国行政处罚法》第10条，用以证明被告扣留货物后不及时通知伊尔库公司是违法行为。

被告辩称：丁苯橡胶是原告进口后用于销售的商品，属于《中华人民共和国产品质量法》（以下称《产品质量法》）调整的范围。这批丁苯橡胶是限期使用商品，其产品标识不符合《产品质量法》第27条的规定。被告依照产品质量法规定处罚原告的违法行为，所依据的事实是清楚的，证据是确实的，适用法律、法规是正确的，且符合法定程序。在对违法行为给予行政处罚的同时，被告尽可能地维护了原告的合法权益，执法目的是端正的。被告依法作出的行政处罚决定，不存在滥用职权和越权行政问题，法院应当维持。

被告提交以下证据：

1.处罚决定书、复议决定书、案件调查终结报告、处罚决定审批表、立案审批表及线索来源记录，用以证明执法程序合法。

2.现场检查记录，用以证明伊尔库公司在无锡储运公司仓库存放丁苯橡胶的型号、数量以及产品标注情况。

3.对伊尔库公司法定代表人王建强的询问笔录，用以证明伊尔库公司的商品来源、型号、价格、数量以及标注情况。

4.对证人贾明文的调查笔录，用以证明伊尔库公司已销售的丁苯橡胶商品标注情况。

5.伊尔库公司给无锡市工商局经济监督检查支队的函，用以证明涉案丁苯橡胶的型号、数量以及伊尔库公司在国内进行销售的情况。

6.增值税专用发票，用以证明伊尔库公司以往购进丁苯橡胶商品的情况。

7.增值税专用发票（存根联）、增值税专用发票（抵扣联），用以证明伊尔库公司与山东青州市宏鑫物资有限公司有经销丁苯橡胶商品的往来。

8. 照片,用以证明涉案丁苯橡胶商品的外包装上无中文标识,俄文标识上未标明完整的生产日期,没有安全使用期或者失效日期。

9. 照片,用以证明伊尔库公司已销售的同类商品外包装上也没有中文标识,俄文标识上未标明完整的生产日期,没有安全使用期或者失效日期。

10. 俄文标识、翻译件和中文标识,用以证明涉案丁苯橡胶商品外包装袋上的俄文标识未标明完整的生产日期,没有安全使用期或者失效日期;伊尔库公司拟使用的中文标识也不符合相应国家标准及行业标准。

11. 丁苯橡胶 SBR－1500 国家标准、丁苯橡胶 SBR－1712 行业标准,用以证明涉案丁苯橡胶商品的质量保证期是自生产日期起二年。

12. 案件核审表、扣留物品清单、财务处理单据、听证告知书、听证笔录、审理报告等,用以证明无锡市工商局采取的强制措施和处罚措施程序合法。

13.《产品质量法》第 27 条第 1 款第 4 项、第 54 条、第 49 条、第 18 条第 1 款第 4 项规定,用以证明无锡市工商局作出扣留、处罚等行政行为的依据。

经质证、认证,无锡市崇安区人民法院查明:

2003 年 3 月,原告伊尔库公司从俄罗斯泰坦集团进口丁苯橡胶 247.68 吨,将其中 246.33 吨、价值人民币 1991505.35 元的丁苯橡胶存放在无锡储运公司仓库,准备销售。4 月 21 日,被告无锡市工商局在检查无锡储运公司仓库时,发现这批丁苯橡胶外包装上无中文标识,俄文标识上也无生产月、日和安全使用期或者失效日期。当天,无锡市工商局向无锡储运公司开具了锡工商经协字〔2003〕第 1003 号协助扣留财物通知书,扣留这批丁苯橡胶。7 月 31 日,无锡市工商局又作出锡工商强字〔2003〕经第 0702 号采取行政强制措施通知书,依据《产品质量法》第 18 条第 1 款第 4 项、第 2 款的规定,将伊尔库公司在无锡储运公司仓库存放的丁苯橡胶 246.33 吨(俄罗斯产,其中 SBR－1500 计 61.89 吨,SBR－1705 计 184.44 吨)封存,并向伊尔库公司告知了复议权利和诉讼权利。8 月 8 日,无锡市工商局以锡工商强字〔2003〕经第 0705 号采取强制措施通知书,扣留伊尔库公司的现金 20 万元,解除对该公司丁苯橡胶的封存,同时向伊尔库公司告知了复议权利和诉讼权利。对无锡市工商局采取的上述强制措施,伊尔库公司均未在法定期限内申请复议或提起诉讼。9 月 27 日,无锡市工商局举行听证会,听取了伊尔库公司的陈述与申辩。12 月 29 日,无锡市工商局以锡工商案〔2003〕第 97 号,对伊尔库公司作出如下处罚决定:一、责令改正;二、罚款 119000 元,上缴国库。伊尔库公司不服,向江苏省工商行政管理局申请复议。该局于 2004 年 3 月 30 日作出苏工商复字〔2004〕第 4 号行政复议决定书,维持了无锡市工商局的锡工商案〔2003〕第 97 号行政处罚决定。

【审判】

无锡市崇安区人民法院认为：

对原告伊尔库公司的财产，被告无锡市工商局先后采取过扣留、查封的强制措施和决定行政处罚。扣留、查封与行政处罚，都是行政机关可能实施的、各自独立的具体行政行为。无锡市工商局采取扣留、查封强制措施时，均向伊尔库公司告知了复议权、诉讼权以及起诉期限。在法定期限内，伊尔库公司未对扣留、查封强制措施行使复议或起诉的权利。在本案中，伊尔库公司虽然指控三个具体行政行为都违法，但只诉请撤销行政处罚决定。根据伊尔库公司的诉请，本案审查对象应当是无锡市工商局的行政处罚行为；至于扣留、查封行为是否违法，不在本案审查范围，故不予审查。

《产品质量法》第 8 条规定："国务院产品质量监督部门主管全国产品质量监督工作。国务院有关部门在各自的职责范围内负责产品质量监督工作。县级以上地方产品质量监督部门主管本行政区域内的产品质量监督工作。县级以上地方人民政府有关部门在各自的职责范围内负责产品质量监督工作。"国务院办公厅以国办发〔2001〕57 号文印发的《国家工商行政管理总局职能配置内设机构和人员编制规定》的第 1 条规定："将原由国家质量技术监督局承担的流通领域商品质量监督管理的职能，划归国家工商行政管理总局。"据此应当认为，对流通领域内的商品质量进行监督管理，是工商行政管理部门的职能。原告伊尔库公司从俄罗斯泰坦集团进口的丁苯橡胶，经过转手已进入流通领域；这批丁苯橡胶虽然存放在无锡储运公司仓库，但不是伊尔库公司自用，而是要销售，仅因被查获才未售出。无锡市工商局对进入流通领域的丁苯橡胶商品质量进行监督管理，没有越权。对伊尔库公司关于无锡市工商局越权行政的辩解理由，不予采纳。

《产品质量法》第 36 条规定："销售者销售的产品的标识应当符合本法第 27 条的规定。"第 27 条第 1 款第 4 项规定："限期使用的产品，应当在显著位置清晰地标明生产日期和安全使用期或者失效日期。"国家技术监督局颁布的《产品标识标注规定》第 15 条也规定："限期使用的产品，应当标明生产日期和安全使用期或者失效日期。日期的表示方法应当符合国家标准规定或者采用'年、月、日'表示。生产日期和安全使用期或者失效日期应当印制在产品或者产品的销售包装上。"丁苯橡胶属于限期使用产品，根据国家标准和行业规范，该产品的质量保证期自生产日期起为 2 年。在原告伊尔库公司从俄罗斯进口的丁苯橡胶产品外包装上，没有中文标识，仅有的俄文标识上的生产日期也只注明 2003 年，未具体到月、日。在接受被告无锡市工商局查处过程中，伊尔库公司提交了该产品的中文标识，但这个中文标识上的生产日期仍然为2003年，没有具体的生产月、日。伊尔库公司丁苯橡胶产品外包装上的标识，违反了产品质量法的规定。无锡市工商局在查处时，经过立案、调查、听证等程序，在违法事实清楚、证据确实的基础上作出行政处罚决定，对伊尔库公司的违法行为进行处罚。无锡市工商局的行政处罚行为符合行政处罚法和《工商行政管理机关行政处罚程序暂行规定》，程序合法。伊尔库公司是丁苯橡胶的销售者，无锡市工商局对伊尔库公司作出的处罚决定，没有适用《产品质量法》第36条规定，而是直接援引第27条对生产者的规定进行处罚，虽然适用法律条款不完整，但该瑕疵不影响对伊尔库公司行政处罚行为的合法性。

综上，无锡市崇安区人民法院依照《中华人民共和国行政诉讼法》第54条第1项的规定，于2004年8月25日判决：

维持被告无锡市工商局2003年12月29日作出的锡工商案〔2003〕第97号处罚决定。

伊尔库公司不服一审判决，向江苏省无锡市中级人民法院提出上诉。理由是：(1)上诉人从俄罗斯进口的货物，还储存在仓库，没有进入销售领域，应当由《中华人民共和国进出口商品检验法》调整，工商行政管理机关无权进行检验。(2)《产品质量法》第54条规定，产品标识不符合第27条第4项规定的，只有"情节严重"才能处以罚款；被上诉人对上诉人处以罚款，没有"情节严重"的事实根据。被上诉人的行政处罚认定事实不清，适用法律错误，一审判决维持是错误的。请求撤销一审判决，撤销被上诉人的行政处罚决定。

无锡市工商局答辩称：从俄罗斯进口丁苯橡胶是用于销售，属进入流通领域的商品，工商行政管理机关具有法定执法权；上诉人经销的丁苯橡胶数量大，已查实其在山东销售的丁苯橡胶产品标识也不合法。被上诉人认定上诉人的违法行为"情节严重"，是有事实根据的。一审判决认定事实清楚，适用法律正确，应当维持。

无锡市中级人民法院经审查，除确认一审认定的事实外，另根据一审质证过的证据补充查明：申请从俄罗斯泰坦集团进口丁苯橡胶并在进口后负责收货的单位，是满洲里伊尔库经贸有限公司。满洲里伊尔库经贸有限公司进口涉案丁苯橡胶后，又转手销售给上诉人伊尔库公司。伊尔库公司非生产性企业，该公司的主要经营范围是销售钢材及化工产品。2003年5月，伊尔库公司将没有中文标识、俄文标识上没有安全使用期或者失效日期、生产日期不完整的丁苯橡胶商品销售给山东省青州市宏鑫物资有限公司。

无锡市中级人民法院认为：

涉案丁苯橡胶从俄罗斯泰坦集团进口后，已经经过一次转手，进入流通领域。作为从事钢材及化工产品销售工作的非生产性企业，上诉人伊尔库公司既非涉案丁苯橡胶的生产者，也不是使用者。伊尔库公司购得涉案丁苯橡胶，目的不是自用，而是用于销售，只是由于在仓库中被查获才未售出。本案事实清楚地反映，涉案丁苯橡胶已经离开了生产领域，尚未进入消费领域。但无论涉案丁苯橡胶是存放在仓库中，还是存放在货架上或者存放在其他什么地点，都不影响其已进入流通领域的事实成立。故一审认定涉案丁苯橡胶进入流通领域，并无不当。被上诉人无锡市工商局对进入流通领域的丁苯橡胶产品质量进行监督管理，是履行产品质量法赋予的法定职责，不存在越权。伊尔库公司以涉案丁苯橡胶存放在仓库中尚未销售为由，认为应当由《中华人民共和国进出口商品检验法》调整，工商机关无权查处，该上诉理由不能成立，不予采纳。

《产品质量法》第 54 条规定："产品标识不符合本法第 27 条规定的，责令改正；有包装的产品标识不符合本法第 27 条第 4 项、第 5 项规定，情节严重的，责令停止生产、销售，并处违法生产、销售产品货值金额百分之三十以下的罚款；有违法所得的，并处没收违法所得。"上诉人伊尔库公司经销价值 190 余万元的 240 余吨丁苯橡胶，经销金额与数量巨大，不按产品质量法要求在产品外包装上正确标识，且已将这种产品标识不合法的丁苯橡胶部分销往山东。被上诉人无锡市工商局据此认定伊尔库公司违法行为"情节严重"，有事实根据。根据伊尔库公司的违法事实，无锡市工商局在立案、调查并履行告知、听证等程序后，对该公司处以占该批产品货值金额 6%的罚款，符合法律规定。伊尔库公司以没有"情节严重"的事实根据为由，认为无锡市工商局的行政处罚决定错误，该上诉理由亦不能成立。

综上，上诉人伊尔库公司的上诉理由均不成立，上诉请求不予支持。一审判决认定的主要事实清楚，适用法律正确，程序合法，应当维持。据此，无锡市中级人民法院依照《中华人民共和国行政诉讼法》第 61 条第 1 项的规定，于 2004 年 11 月 19 日判决：

驳回上诉，维持原判。

【评述】

本案的一个突出争点是，对存放在仓库中的丁苯橡胶，工商行政管理部门有无权力进行查处。

我国《产品质量法》第 8 条规定："国务院产品质量监督部门主管全国产品质量监督工作。国务院有关部门在各自的职责范围内负责产品质量监督工作。县级以上地方产品质量监督部门主管本行政区域内的产品质量监督工作。县级以上地方人民政府有关部门在各自的职责范围内负责产品质量监督工作。"

国务院办公厅以国办发〔2001〕57 号文印发的《国家工商行政管理总局职能配置内设机构和人员编制规定》第 1 条规定："将原由国家质量技术监督局承担的流通领域商品质量监督管理的职能，划归国家工商行政管理总局。"结合案情，对这一争点，要回答的其实就是本案中存放在仓库中的丁苯橡胶是否位于"流通领域"？

本案中，伊尔库公司系从事钢材及化工产品销售工作的非生产性企业，结合案情，其购买涉案丁苯橡胶的目的并非自用，而是用于销售。因此，法院对"是否位于流通领域"的解释与审查，从涉案企业的性质、购买涉案丁苯橡胶的目的等方面入手，具有合理性。

值得关注的是，由于成文法本身的局限性，在特定机关是否具有相应管理职权的问题上，难免出现"权力打架"或"权力过分谦让"情形。在这方面，本案的解释与审查路径，具有示范意义。

（本案例的"案情"和"审判"部分选自《最高人民法院公报》2006 年第 3 期；"提领"和"评述"部分由作者根据有关法律与学理进行阐述，不代表司法机关的意见）

（高春燕　撰）

48 黄金成等25人诉成都市武侯区房管局划分物业管理区域行政纠纷案

【提领】

本案是一起因小区住户不服房管部门划分小区物业管理区域的决定而提起的行政案件。房管部门在划分物业管理区域的过程中，没有考虑法律规定应当考虑的共用设施设备的权属、使用与维护等因素，因而存在适用法律、法规上的错误。一审法院判决驳回原告的诉讼请求，二审法院经审理，确认了被诉具体行政行为存在上述错误，判决撤销一审判决，责令行政行为重作。本案终审判决于2004年作出，收录于《最高人民法院公报》，对当下我国日益增多的物业管理行政案件具有判例指引的作用。

【案情】

原告：黄金成等25人(名单从略)。

诉讼代表人：黄金成、王德源、徐金民、吉元、何顺良。

被告：四川省成都市武侯区房地产管理局。住所地：成都市一环路南四段。

法定代表人：陈增林，该局局长。

自1998年起，金雁房产有限责任公司以“中央花园”项目名称，在成都市武侯区晋阳街道办事处辖区内的草金公路以北、清水河以南，开发建设了“中央花园清水河片区”商品房楼群，现共有楼房207幢5726套(户)。按开发先后顺序和规格，该片区可分为一期、二期、三期，精装版一区、二区，沿河别墅，临河别墅等楼群。其中一期楼群属沙堰社区居委会管辖，其他楼群属金雁社区居委会管辖。不同楼群之间，由围墙、道路等分割为相对独立的院落；院落之间，有一些市政公共通道。该小区由于建设年代较早，公共配套设施有其自身特点。其中，部分供电设备为小区自管，不属市政公共供电配套设施；该小区内其他一些共用设施、设备及物业管理用房，尚未作出权属界定。1999年6月，“中央花园清水河片区”成立了第一届业主委员会。2002 年 7 月，该业主委员会任期届满，未换届选举。2003 年 10 月 28 日，被告武侯区房管局与晋阳街道办事处共同向武侯区政府办公室提交了《关于划分中央花园清水河小区物业管理区域的情况报告》，内容是中央花园清水河小区物业管理区域的现状和存在的问题，拟将该小区划分为 A、B、C、D、E 等 5 个物业管理区域的设想，对划分物业管理区域的利弊权衡。同年 11 月 14 日，武侯区房管局将划分物业管理区域的方案在相关区域公示，征求业主意见。同年 11 月 24 日，武侯区房管局向“中央花园清水河片区”的业主发出通知，内容为：

按照国务院《物业管理条例》第 9 条第 2 款、市房管局《成都市物业管理业主大会规则(试行)》第 3 条第 2 款的规定，根据“中央花园清水河片区”市政设施及公建配套情况的特殊性和跨金雁、沙堰两社区居委会管辖区域的实际情况，加之各小区广大业主要求划小物业管理区域。为切实维护各小区业主的利益，便于各小区业主就各自物业管理区域的重大事宜作出决定，而不影响其他小区业主的权利……本着尽量不影响业主生活、不增加业主负担的原则，在不改变现有房屋及公共设施、设备现状的基础上，对中央花园清水河小区物业管理区域进行划分。划定的物业管理区域为：

沙堰社区居委会管辖的原中央花园一期小区(包括 1 组团：金雁路 228 号；2 组团：暂无街号；3 组团：沙堰西一街 5 号)25 幢楼 905 套住宅，98.8 平方米物业管理用房，划分为中央花园 A 区；

金雁社区居委会管辖的原临河别墅小区(沙堰西一街 79 号)55 幢楼 60 套住宅，100 平方米物业管理用房，划分为中央花园 B 区；

金雁社区居委会管辖的原中央花园二期小区(含沿河别墅、沙堰西二街 20 号)85 幢楼 3180 套住宅，4 幢楼 38 套非住宅，120 平方米物业管理用房，划分为中央花园 C 区；

金雁社区居委会管辖的原中央花园精装版一区(沙堰西二街 663 号)13 幢楼 482 套住宅，20 平方米物业管理用房，划分为中央花园 D 区；

金雁社区居委会管辖的原中央花园三期小区(含精装版二区、晋阳路 442 号)29 幢楼 1100 套住宅，4 幢楼 36 套非住宅，80 平方米物业管理用房，划分为中央花园 E 区。

请上述区域的业主根据《物业管理条例》、建设部《业主大会规程》和《成都市物业管理业主大会规则(试行)》的有关规定，在晋阳街道办事处、武侯区房管局和各自所属社区居委会的指导下，规范成立相应物业管理区域的业主大会，并选举产生业主委员会。

上述通知张贴后，原告黄金成等 25 名“中央花园清水河片区”的业主认为被告武侯区房管局的这一行政行为违法，遂于同年12月29日向成都市武侯区人民政府申请行政复议。成都市武侯区人民政府于2004年2月25日作出成武府复决字〔2004〕第1号《行政复议决定书》，维持了武侯区房管局将“中央花园清水河片区”划分为5个物业管理区域的决定。该复议决定书于同月27日送达黄金成等25人，并在“中央花园清水河片区”内张贴。

原告诉称：2003年11月24日，被告发出通知，将“中央花园清水河片区”划分成5个物业管理区域。原告认为：(1)“中央花园清水河片区”自竣工交付使用后，依法成立了业主委员会，也聘请了一个物业管理公司来管理。这些年来，“中央花园清水河片区”的物业管理正常，没有发生违反国家法律、法规和政策的物业管理问题，被告为什么要将早已配套完整的小区重新划分。(2)国务院《物业管理条例》规定，物业管理区域的划分具体办法“由省、自治区、直辖市制定”，成都市房地产管理局的〔2003〕第3号文件中，没有具体规定划分物业管理区域的办法。所以，被告的行为没有法律、法规及政策依据，是超越职权的乱作为。(3)按开发的先后顺序，“中央花园清水河片区”虽然可分为一、二、三期，精装版一、二区，临河、沿河别墅区，但事实上这并非一个个独立的小区，而是整体以一个小区来建设的。整个“中央花园清水河片区”的公共设施、设备和娱乐活动场所，如配电房、变压器、供水系统及门球场、网球场、活动中心等，是无法分割的。划分物业管理区域后，会使公共设施、设备所在地的业主，要为整个“中央花园清水河片区”去承担公共设施、设备的维修费用；也会使娱乐活动场所所在地以外其他区域的业主，在行使使用娱乐活动场所的权利时受到影响。把“中央花园清水河片区”重新划分为5个物业管理区域，是人为地制造矛盾，是对广大业主利益的侵害。为维护自己的合法权益，原告现依法提起行政诉讼，请求判令撤销被告将“中央花园清水河片区”重新划分为5个物业管理区域的行政行为。

原告向法庭提交以下证据：

1.黄金成等25人的身份证和房屋所有权证，用以证明原告都是“中央花园清水河片区”的业主，与划分物业管理区域的行政行为有利害关系；

2.购房合同，用以证明原告在购房时均支付了公共配套设施的费用；

3.《中央花园业主委员会章程》，用以证明“中央花园清水河片区”作为一个整体物业管理区域已经存在着，并且有自己的业主委员会；

4.对划分物业管理区域公示的回复，用以证明在被告拟划分物业管理区域前，原告已经向其提出过异议；

5.“中央花园清水河片区”平面示意图，用以证明该小区内楼宇和公共设施、设备分布情况，如变更原物业管理区域，将造成对公共设施、设备的人为分割。

被告辩称：(1)根据《城市房地产管理法》、《物业管理条例》和《四川省城市住宅物业管理暂行办法》等法律、法规和规章的规定，被告是成都市武侯区内负责对物业管理活动进行监督、管理的行政机关，有划分物业管理区域的行政职权。在不违背法律规定的前提下，被告对职权内管理的社会公共事务，有自由裁量权。划分物业管理区域，是政府管理职能的体现。(2)《物业管理条例》第9条授权省、自治区、直辖市制定划分物业管理区域的具体办法，而四川省的具体办法尚未制定。为履行自己的管理职能，被告按照《物业管理条例》的原则性规定和与上位法不存在冲突并且未明令废止的成都市的规范性文件，作出划分物业管理区域的行政行为，这个具体行政行为是合法有据的。(3)以"中央花园"为名的小区，建筑规模大，仅本案涉及的"中央花园清水河片区"就有业主5000余人，不便于管理；由于建设时间、建筑物规划等因素，该小区客观上形成了相对独立的院落，或者有道路隔断成相对独立的区域；由于房屋建成的时间、规格、价格不同，该小区内的物业管理收费标准不一致。从市政管理的角度，该小区又分属两个社区居委会管理；在该小区内，大部分业主要求按相对独立的区域划小物业管理区域，以便业主更好地行使自主管理的权利。考虑到以上种种因素，为搞好治安管理和该小区配套设施的合理使用，以便给业主、物业使用人创造和保持一个整洁、文明、安全、舒适的生活和工作环境，被告才作出将该小区划分为5个物业管理区域的决定。被告的这一行政行为，主观上符合立法精神，目的是善意的，客观上也符合该小区现状。况且该行为只是对小区物业管理范围进行分割，不是对小区配套设施、设备的权属进行界定或干预，不影响业主对配套设施、设备主张共有或共同使用的权利。(4)被告先进行了摸底调查，征求了街道办事处和社区的意见，又采用问卷形式，广泛征求了业主意见，获得绝大多数业主的支持，后经集体研究决定，向区政府报告请示，向相关人公示等形式，才作出划分物业管理区域的决定。被告的这一行政行为事实清楚，法律依据充分，程序合法。法院依法应当维持这一行政行为，驳回原告的诉讼请求。

被告向法庭提交以下证据：

1.小区业主要求划分物业管理区域的请示报告，用以证明划分物业管理区域的行为符合大多数业主愿望；

2.关于划分中央花园清水河片区物业管理区域的情况报告，用以证明作出划分物业管理区域行为的程序；

3.武侯区房管局公示，用以证明被诉行政行为作出前曾向当事人征求意见；

4.对"公示"的回复，用以证明绝大多数业主对划分物业管理区域没有异议；

5. 晋阳街道办事处〔2001〕63 号文件，用以证明“中央花园清水河片区”地处两个社区；

6. “中央花园清水河片区”情况简介，用以证明该小区的建筑物规模及配套设施、设备概况；

7. 划分物业管理区域的通知，用以证明被诉具体行政行为的内容，并证明该行为作出后履行了告知当事人的义务；

8. 行政复议决定书及送达回证，用以证明被诉行政行为经过了行政复议；

9.《中华人民共和国房地产管理法》、《物业管理条例》、成都市人民政府以成府发〔1998〕65 号发布的《成都市住宅小区与高层楼宇物业管理暂行规定》、成都市房地产管理局成房物业管理〔2003〕3 号《成都市物业管理业主大会规则（试行）》，用以证明被诉行政行为适用的法律法规及规范性文件。

【审判】

成都市武侯区人民法院认为：

国务院以第 379 号令于 2003 年 6 月 8 日颁布，并于 2003 年 9 月 1 日施行的《物业管理条例》第 5 条第 2 款规定：“县级以上地方人民政府房地产行政主管部门负责本行政区域内物业管理活动的监督管理工作。”被告武侯区房管局是符合上述规定的行政管理部门。武侯区房管局作出的划分物业管理区域的通知，是武侯区房管局对物业管理活动行使行政管理职权的行为，具有可诉性。原告黄金成等 25 人作为武侯区房管局所划分物业管理区域内的业主，受划分物业管理区域行为的拘束、管理，符合行政诉讼法规定的主体资格。黄金成等 25 人因划分物业管理区域而与武侯区房管局发生争议，有权提起行政诉讼。

作为行政机关，应当遵循依法行政的行为准则，依照法律、法规行使维护社会经济文化秩序、管理社会事务、促进社会文明进步的职责和权力。被告武侯区房管局作为物业管理活动的行政管理部门，应当依职权或根据当事人的申请，对所辖区域内包括划分物业管理区域在内的物业管理活动，依法实施管理和监督。

《物业管理条例》第 9 条第 2 款明确了物业管理区域划分的主要原则，同时授权省、自治区、直辖市根据本行政区域的实际情况，制定具体的划分办法。《物业管理条例》颁布施行后，四川省未及出台相关的具体划分办法，但此前有已发布实施并且未被废止的相关规定。根据《中华人民共和国立法法》规定的法律效力及法律适用规则，这些未被废止的相关规定只要不与法律、法规相冲突，应当继续有效。被告武侯区房管局在《物业管理条例》颁布实施后，四川省尚未出台具体办法的情况下，为履行行政管理职责，直接适用上位法《物业管理条例》，并将与上位法不存在冲突的地方规范性文件作为其实施行政行为的依据,并无不当。

被告武侯区房管局实施被诉行政行为时,依据“中央花园清水河片区”建筑物规模较大、分属两个社区、不同时间建设的物业区域相对独立等事实,考虑了业主自主管理的不同愿望、物业区域的配套设施、社区居委会的管理活动等因素。上述事实证明,武侯区房管局实施被诉行政行为的动机,符合法律授予其行政权力的宗旨。被诉行政行为建立在正当考虑的基础上,行为的内容合乎情理,且具有可行性,符合行政行为合理性原则。

被诉行政行为是对物业管理区域的划分,是对公共配套设施、设备所在区域的界定,而不是对公共配套设施、设备权属的认定。“中央花园清水河片区”内如因公共配套设施、设备发生所有权、使用权、相关费用分摊等争议,可以通过市政公共设施的改造、完善,或者业主们相互协商、民事诉讼等途径解决,被告武侯区房管局不能限制。作为物业管理活动的行政管理部门,武侯区房管局应当对所辖区域内的物业活动实施管理和监督,依法维护业主的合法权益。

综上所述,被告武侯区房管局将“中央花园清水河片区”划分为 5 个物业管理区域的行政行为,依据的事实确实存在,内容符合《物业管理条例》的立法精神和原则规定,符合行政行为的合理性原则,该行政行为作出时没有违反法律、法规的程序性规定,应当是合法有效的。原告黄金成等 25 人的诉讼主张和相关证据,不足以证明武侯区房管局的行政行为违法,其要求撤销武侯区房管局行政行为的诉讼请求,不予支持。

据此,成都市武侯区人民法院依照《中华人民共和国行政诉讼法》第 54 条、最高人民法院《关于执行〈中华人民共和国行政诉讼法〉若干问题的解释》第 56 条第 4 项的规定,于 2004 年 8 月 27 日判决:

驳回原告黄金成等 25 人的诉讼请求。

本案受理费 50 元,其他诉讼费 150 元,共 200 元,由原告黄金成等 25 人负担。

一审宣判后,黄金成等 25 人不服,向四川省成都市中级人民法院提出上诉。理由是:(1)被上诉人虽有相关条例、规章赋予的划分物业管理区域行政职权,但“中央花园清水河片区”的划分在此前已经完成,被上诉人此次的再行划分属变更物业管理区域,而被上诉人没有变更物业管理区域的权力。(2)被上诉人对物业管理区域的再次划分,造成对共用设备设施使用的混乱,是对广大业主利益的侵害。(3)一审法院所适用的法律,不适用于物业管理区域的再次划分。(4)被上诉人提交的证据不足以证明其行政行为合法,一审采信被上诉人的证据不符合证据规则。请求撤销原判,撤销被上诉人的被诉具体行政行为。

被上诉人武侯区房管局辩称:被上诉人对物业管理区域进行划分,符合行政法规及规章的规定，也充分考虑了“中央花园清水河片区”的实际情况。原审判决正确，二审应当驳回上诉，维持原判。

成都市中级人民法院经审理查明：

当事人对以下事实无异议：上诉人黄金成等25人系“中央花园清水河片区”内业主。该片区位于成都市草金公路以北、清水河以南，按开发时间顺序和规格分为一期、二期、三期，精装版一区、二区，沿河别墅和临河别墅等楼群，共有207幢5726套。不同楼群之间有围墙、道路分割为相对独立的院落，院落之间有一些市政公共通道，其中一期楼群所处地域属沙堰社区居委会，其他属金雁社区居委会。该小区有部分供电设备为小区自管，共用设施、设备及其他物业管理用房未作法定权属界定。2003年11月24日武侯区房管局发出通知，将“中央花园清水河片区”分为A、B、C、D、E等5个物业管理区域，对各个区域的物业管理用房进行了划分，并请业主成立相应的业主大会及选举产生业主委员会。

以上事实，有武侯区房管局于2003年11月24日发出的通知和双方当事人的一致陈述等证据证实。上述证据具有真实性、合法性和关联性，予以采信。

本案争议焦点是：(1)在“中央花园清水河片区”原有业主委员会和物业管理公司进行管理的情况下，武侯区房管局有无对此地进行物业管理区域划分的行政职权？(2)武侯区房管局提交的证据，能否证明其对“中央花园清水河片区”所作的物业管理区域划分的行政行为合法？

成都市中级人民法院认为：

根据国务院《物业管理条例》、《成都市住宅小区与高层楼宇物业管理暂行规定》的规定，被上诉人武侯区房管局是武侯区内物业管理活动的行政监督管理部门，具有在辖区内进行物业管理区域划分的行政职权。上诉人黄金成等25人认为武侯区房管局对“中央花园清水河片区”作出的此次划分属于变更物业管理区域，而变更行为没有法律依据，该上诉理由不能成立。

《物业管理条例》第9条第2款规定：“物业管理区域的划分应当考虑物业的共用设施设备、建筑物规模、社区建设等因素。具体办法由省、自治区、直辖市制定。”被上诉人武侯区房管局考虑到“中央花园清水河片区”的建筑规模较大，分属两个社区等实际情况，为便于管理，对该片区进行物业管理区域的划分，该行为并无不当。但是根据《物业管理条例》第9条第2款的规定，武侯区房管局在划分物业管理区域时，应当考虑物业的共用设施设备、建筑物规模、社区建设等因素。在本案诉讼中，武侯区房管局没有以证据证明，其在对“中央花园清水河片区”进行物业管理区域的划分时，考虑了除物业管理用房以外的其他共用设施设备等因素。物业管理区域内共用设施的调整和分割，属于重大事项，应由业主大会讨论决定。由于区域的划分不可避免地涉及共用设施的调整和分割，因此物业管理区域的划分必须通过业主大会的讨论才能决定。在划分物业管理区域时如不考虑共用设施设备的权属、使用与维护等因素，就可能会对物业业主的合法权益造成损害。故武侯区房管局作出的划分“中央花园清水河片区”物业管理区域的通知，不符合《物业管理条例》第9条第2款的规定。

综上，一审认定被上诉人武侯区房管局有划分物业管理区域的职权，是正确的；但在行政机关没有提交相应证据的情况下，认定武侯区房管局在划分物业管理区域时，考虑了物业区域的配套设施，是错误的；以被诉行政行为不是对公共配套设施、设备权属的认定，因公共配套设施、设备权属发生争议可以通过其他途径解决为由，判决维持被诉行政行为不当。据此，成都市中级人民法院依照《行政诉讼法》第54条第2项第1目、第61条第2项的规定，于2004年12月3日判决：

一、撤销一审判决；

二、撤销被上诉人武侯区房管局于2003年11月24日对“中央花园清水河片区”业主发出的通知；

三、责令被上诉人武侯区房管局依照法定程序重新划分“中央花园清水河片区”的物业管理区域。

一审案件受理费100元，其他诉讼费50元，二审案件受理费100元，其他诉讼费50元，共计300元，由被上诉人武侯区房管局负担。

本判决为终审判决。

【评述】

本案的本质问题是，被告成都市武侯区房管局对“中央花园清水河片区”的物业管理区域划分决定，是否证据确凿，适用法律、法规正确，符合法定程序？

根据国务院《物业管理条例》第9条第2款规定：“物业管理区域的划分应当考虑物业的共用设施设备、建筑物规模、社区建设等因素。具体办法由省、自治区、直辖市制定。”本案中，这一条作为被诉具体行政行为适用的直接法律依据，主要存在三个争议。

首先，该条规定，物业管理区域的划分，具体办法由省、自治区、直辖市制定。本案中，《物业管理条例》颁布施行后，四川省未及时出台相关的具体划分办法，这在客观上造成了行政机关在履行物业管理区域的划分职能时，没有更为细化的可执行的法律依据。但是，这并不能说明被告因此就失去了执行职能的法律依据，《物业管理条例》作为一个总则性的规定，仍然对行政机关行使物业相关管理职能具有直接的约束作用。而且，此前有已发布实施并且未被废止的相关规定。根据《中华人民共和国立法法》规定的法律效力及法律适用规则，这些未被废止的相关规定只要不与法律、法规相冲突，应当继续有效。被告武侯区房管局在《物业管理条例》颁布实施后，四川省尚未出台具体办法的情况下，为履行行政管理职责，直接适用上位法《物业管理条例》，并将与上位法不存在冲突的地方规范性文件作为其实施行政行为的依据，并无不当。

其次，原告提出，"中央花园清水河片区"已经产生了业主委员会并聘任了物业管理公司，原小区自身的建设布局也已经自然形成了物业管理区域，被告所作出的物业管理区域划分决定，是对已经形成的物业管理区域的变更，而非划分。本案中，法院对《物业管理条例》中该条所规定的"划分"作了一个扩大性的解释。当然，这一解释是基于本案的实际情况。如果划分行为确实如原告所称是没有必要的，不具备合理性基础的，那么行政机关不恰当地干预已经能够充分自治的小区和社区，确实存在浪费行政资源的不合时宜。但是，本案中，行政机关提供了证据证明划分行为是基于小区自身存在的一些管理上的困难。这里不可避免地会涉及行政机关的裁量权，而本案中，被告也对所涉小区存在划分物业管理区域的需要提供了证据予以证明。因此，法院在这一裁量事项上尊重了行政机关的决定。

第三，行政机关的裁量也必须受到法律的约束。尽管只是一条原则性的规定，《物业管理条例》第 9 条第 2 款还是以列举的方式对行政机关作出划分物业管理区域的决定必须考量的因素进行了规定。这些必须考量的因素，正是本案中法院据以认定被诉行政行为存在不合法的依据。该条要求物业管理区域的划分应当考虑物业的共用设施设备、建筑物规模、社区建设等因素。本案纠纷发生的缘起，正是因为房管局划分物业管理区域的决定对小区居民享有、使用和维护小区共用设施、设备的权益受到了人为分割的影响，而同样根据《物业管理条例》第 11 条，小区内共用设施、设备的使用与维护，是关系业主切身利益的重大事项，需要业主或业主委员会共同讨论决定。而在本案中，房管局显然忽略了划分物业管理区域的决定，虽然是一个行政行为，但却会对小区业主对共有设施的民事权利带来影响，这个考量的过程，就必须经过公平的听证或业主大会讨论通过程序。

综上，本案中，被诉具体行政行为所适用的法律尽管只是一个总则性的条款，但是二审法院却通过法律解释并结合了自身对法律精神和正当程序的理解，给出了一个逻辑清晰且有说服力的判决。

（本案例的"案情"和"审判"部分选自《最高人民法院公报》2005 年第 6 期；"提领"和"评述"部分由作者根据有关法律与学理进行阐述，不代表司法机关的意见）

（骆梅英　撰）

49 张成银诉徐州市人民政府房屋登记行政复议决定案

【提领】

本案是一起针对行政复议决定引发的诉讼。这一行政复议，涉及的是徐州市房地产管理局就争议的房屋产权和国有土地使用权所作的确权决定是否合法。审判主要有两个争议点：一是复议申请人申请复议是否超过法定时效；二是原复议决定作出时没有第三人参加是否违背法定程序。一审法院认为，徐州市房产管理机关经公告征询无产权异议后才作出确权决定，据此可推断复议申请人已经知悉该房地产确权决定，因此已经超过复议时效；并且，原复议决定无法证明已采取适当的方式通知有直接利害关系的第三人参加行政复议，严重违反行政程序，宣判撤销原复议决定。二审法院虽然认可复议申请时效未超过，但依据违反行政程序，维持了原判。

【案情】

原告：张成银，女，69 岁。住江苏省徐州市东苑小区。

被告：江苏省徐州市人民政府。

法定代表人：李福全，该市市长。

第三人：曹春芳，女，70 岁，退休职工，住江苏省徐州市福水小区，系原告丈夫之妹。

第三人：曹春义，男，73 岁，退休职工，住江苏省徐州市东苑小区，系原告丈夫。

被告江苏省徐州市人民政府 2003 年 10 月 28 日受理了第三人曹春芳的行政复议申请，于 2004 年 4 月 29 日作出徐政行决〔2004〕24 号行政复议决定，以徐州市民安巷 31 号房屋使用者曹陈氏 1986 年死亡时，张成银不是该房产的合法继承人，原徐州市房地产管理局（以下称房管局）认定张成银对民安巷 31 号房屋产权属原始取得与事实不符，为张成银颁发鼓房字第1741号房屋所有权证违反了《城镇房屋所有权登记暂行办法》第8条的规定，将民安巷31号房屋产权和国有土地使用权确权给张成银不当等为由，依据《中华人民共和国行政复议法》第28条第1款第3项第1目、第5目之规定，确认徐州市房地产管理局将民安巷31号房屋产权及国有土地使用权确权给张成银的具体行政行为违法。张成银不服该复议决定，向江苏省徐州市中级人民法院提起行政诉讼。

原告诉称：原徐州市房地产管理局向其颁发《房屋所有权证》是1988年，曹春芳申请行政复议的时间是2004年，已超过法定的申请行政复议的期限，复议机关受理无据；徐州市人民政府作为行政复议机关，认定曹陈氏死亡时，曹春芳和曹春义依法有权继承诉争房产，其本人不是该房屋的合法继承人，超出了职权范围；复议决定对于曹陈氏死亡时遗留多少房产未有认定，事实不清。请求撤销徐州市人民政府作出的徐政行决〔2004〕24号行政复议决定。

原告提供的证据有：

1.徐州市人民政府2004年4月29日作出的徐政行决〔2004〕24号行政复议决定书，用以证明被诉具体行政行为存在。

2.证人朱德荣、李瑞堂的证词，用以证明诉争的房屋是张成银自建，属原始取得。

3.1988年9月28日徐州市房管部门颁发给张成银鼓房字第1741号房屋所有权证的档案材料，用以证明该颁证行为合法。

4.徐州市房管部门1991年9月5日颁发给张成银的第104027号房屋所有权证的档案材料、1994年6月1日颁发给张成银的第112014号房产证的档案材料、1997年2月19日颁发给张成银的市房字第97300783号房屋所有权证的档案材料和1998年12月8日颁发给张成银的98301991号房屋所有权证，用以证明民安巷31号房地产及权属登记的演变情况，被告复议审查对象错误，曹春芳应当早已知道民安巷31号房地产权属已登记在张成银名下，申请复议超过了法定期限等。

被告辩称：市政府曾多次电话通知张成银参加复议，但均遭拒绝，故应认定其放弃权利；曹春芳过去一直不知道张成银在1988年办理了民安巷31号房屋的《房屋所有权证》，故未超过申请复议期限；徐州市民安巷31号房屋使用者曹陈氏1986年死亡时，曹春芳、曹春义依法有权继承该处房产，张成银不是该房产的合法继承人，不应成为该房产的所有权人。原徐州市房地产管理局却认定张成银对民安巷31号房屋产权属原始取得，错误地将上述房产登记到张成银名下，违反了《城镇房屋所有权登记暂行办法》第8条规定，属确权不当；徐政行决〔2004〕24号行政复议决定认定事实清楚，适用依据正确。

被告提交的证据有:

1. 曹春芳 2003 年 10 月 28 日书写的行政复议申请书及补充说明,徐州市房管局行政复议答复书及 2004 年 2 月 26 日通知张成银参加行政复议通知书,用以证明作出被诉的行政复议决定程序合法。

2. 徐州市房管局提供的 1988 年 9 月 28 日颁发给张成银的鼓房字第 1741 号房产证的档案材料、徐州市人民政府向徐州市公安局和平派出所调取的民安巷 31 号户籍证明和曹陈氏的死亡证明,用以证明原徐州市房地产管理局于 1988 年认定张成银对民安巷 31 号房地产权属原始取得,而颁发的鼓房字第 1741 号房屋所有权证,证据不足。

第三人曹春芳提交的证据有:

证人朱振祥、邱玉兰、司学兰、季昌兰的证言,用以证明原徐州市房地产管理局于 1988 年为张成银颁发的鼓房字第 1741 号房屋所有权证所登记的房屋属曹陈氏遗产。

第三人曹春义未提交证据。

徐州市中级人民法院经审理查明:曹春义、曹春芳系兄妹关系。二人之父早逝,一直随其母曹陈氏居住在徐州市民安巷 31 号,该住处原为 3 间东草房和 1 间南草房。1954 年,张成银与曹春义结婚后迁入民安巷 31 号居住。1961 年左右,曹春芳出嫁,搬出民安巷 31 号。1986 年 1 月 30 日,曹陈氏去世。在曹陈氏与儿媳张成银及其家庭成员共同居住生活期间,民安巷 31 号的原住处经翻建和新建,先后形成了砖木结构、砖混结构的房屋计 7 间。其中砖混结构的 3 间东屋,是 1981 年 12 月以张成银的名字办理了第 2268 号建筑工程施工执照,在原 3 间东草房的基础上翻建而成。1988 年 5 月 31 日,张成银向徐州市房产管理机关提出为其办理民安巷 31 号的上述 7 间房屋产权和土地使用权登记的书面申请。徐州市鼓楼区房地产登记发证办公室根据张成银提交的申请材料,经调查后于 1988 年 9 月 28 日为张成银填发了鼓房字第 1741 号房屋所有权证,并加盖徐州市人民政府的印章,将 199.78 平方米的国有土地使用权登记为张成银使用。

此后,民安巷 31 号的房屋又历经 1991 年的新建、1994 年的扩建、1997 年的赠与和 1998 年的新建,徐州市房产管理机关经公告征询无产权异议后,相应为张成银办理了产权登记,颁发了房屋所有权证。徐州市土地管理局亦于 1996 年 12 月 3 日向张成银颁发了国有土地使用证。2002 年,张成银位于民安巷 31 号的房屋被依法拆迁。2003 年 10 月 28 日,曹春芳向徐州市人民政府申请行政复议,请求撤销 1988 年将民安巷 31 号房屋产权和土地使用权确权登记给张成银的具体行政行为。徐州市人民政府于 2004 年 4 月 29 日作出了徐政行决

〔2004〕24 号行政复议决定：确认徐州市房地产管理局（被申请人徐州市房产管理局前身）将民安巷 31 号房屋产权及国有土地使用权确权给张成银的具体行政行为违法。

【审判】

江苏省徐州市中级人民法院认为：

1988 年 9 月，徐州市人民政府根据原城乡建设环境保护部 1987 年 4 月 21 日颁布的《城镇房屋所有权登记暂行办法》，向原告张成银颁发了鼓房字第 1741 号房屋所有权证，而根据此后的行政规章和法律规定，徐州市颁发房屋所有权证的职权由现徐州市房产管理局行使。徐州市人民政府颁发给张成银的鼓房字第 1741 号房屋所有权证的行政法律后果，应由现徐州市房产管理局承担责任，故徐州市人民政府对曹春芳的复议申请，有复议管辖权。

本案中，曹春芳之母曹陈氏于 1986 年 1 月 30 日去世后，徐州市民安巷 31 号的房产一直由张成银及家人居住使用；张成银及家人于 90 年代在此处又新建了房屋，并对原有房屋进行扩建，原徐州市房地产管理局于 1994 年为张成银颁发该处房屋所有权证前也进行公告，征询有关当事人有无产权异议，曹春芳应当知道徐州市房地产管理机关已将民安巷 31 号的房地产确权登记给张成银。故徐州市人民政府受理曹春芳 2003 年 10 月 28 日提出的复议申请并作出复议决定超过了法定期限；曹春芳诉称其于 2003 年 10 月才得知原徐州市房地产管理机关将民安巷 31 号房地产登记确权归张成银的主张，依法不予以支持。行政机关在进行行政复议时虽可以采取书面审查的办法，但张成银作为原徐州市房地产管理机关 1988 年颁发的鼓房字第 1741 号房屋所有权证的持证人，与徐州市人民政府对该证的复议审查结果有着直接的利害关系，徐州市人民政府应当通知张成银参加行政复议。由于徐州市人民政府无法证明已采取适当的方式通知张成银参加行政复议，应属严重违反行政程序，且作出的徐政行决〔2004〕24 号行政复议决定的结论中也有复议审查对象不具体的瑕疵。

综上，徐州市人民政府受理曹春芳的复议申请而作出的徐政行决〔2004〕24 号行政复议决定，严重违反法定程序，依法应予撤销。依据《中华人民共和国行政复议法》第 9 条第 1 款、第 10 条第 3 款及《中华人民共和国行政诉讼法》第 54 条第 2 项第 3 目的规定，徐州市人民法院于 2004 年 9 月 30 日判决：

撤销徐州市人民政府于 2004 年 4 月 29 日作出的徐政行决〔2004〕24 号行政复议决定。

宣判后，曹春芳不服，向江苏省高级人民法院提起上诉。

曹春芳的主要上诉理由是：一审法院认定其在 1994 年就应当知道民安巷

31 号房屋已确权给张成银与事实不符,认定其于 2003 年 10 月 28 日申请行政复议超过法定期限有误。一审法院认定徐州市人民政府复议违反法定程序错误。徐州市人民政府复议期间多次通知张成银参加,但遭其拒绝,故徐州市人民政府在张成银故意不参加复议的情形下作出的复议决定不属于违反法定程序。请求撤销一审判决,维持徐州市人民政府的复议决定。

张成银辩称:曹春芳早在 1994 年就已知道民安巷 31 号房屋登记在张成银名下,一审法院认定其申请行政复议超过法定期限是正确的。徐州市人民政府没有通过法定的方式通知其参加复议违反法定程序。徐州市民安巷 31 号现在的房屋均为其自己所盖,与上诉人曹春芳无关。请求驳回上诉,维持原判。

曹春义没有提交书面答辩意见,庭审中表示同意张成银的答辩意见。

徐州市人民政府陈述称:行政复议法关于第三人的规定,属于弹性条款,第三人是否参加行政复议由复议机关视情况决定,本案张成银没有参加复议,不能以此认定复议机关违反法定程序,徐州市人民政府作出的徐政行决〔2004〕24 号行政复议决定不违反行政复议法规定的程序。本案所涉及的行政复议受理没有超出法定的期限。请求撤销一审判决,维持徐州市人民政府作出的徐政行决〔2004〕24 号行政复议决定。

江苏省高级人民法院经审理查明:

原审法院根据征询产权异议的公告存根,即认定徐州市房产管理局为张成银颁发房屋所有权证前进行过产权公告,并以此推定上诉人曹春芳 1994 年应当知道徐州市房产管理机关已将民安巷 31 号房屋确权给张成银的事实。该认定理由不充分,故不予确认。对其他各方当事人无异议的事实,依法予以确认。

本案的主要争议焦点为:行政机关在依照行政复议法复议行政决定时,如果可能直接影响到他人的利益,是否必须以适当的方式通知其参加复议并听取意见?

江苏省高级人民法院认为:

本案所涉及的鼓房字第 1741 号房屋所有权证虽然是徐州市人民政府 1988 年 9 月颁发的,但依据此后相关法律和规章的规定,徐州市人民政府不再具有颁发房屋所有权证的职权。曹春芳申请复议时,徐州市颁发房屋所有权证的职权已由徐州市房产管理局行使,故徐州市人民政府以前颁发房屋权证行为的法律后果应由现在的颁证机关徐州市房产管理局承担。曹春芳不服颁发鼓房字第 1741 号房屋所有权证行为,提出的申请复议,徐州市房产管理局应作为被申请人。一审判决认定徐州市人民政府对曹春芳的复议申请有复议管辖权是正确的。

行政复议法虽然没有明确规定行政复议机关必须通知第三人参加复议,但根据正当程序的要求，行政机关在可能作出对他人不利的行政决定时，应当专门听取利害关系人的意见。本案中，复议机关审查的对象是颁发鼓房字第1741号房屋所有权证行为，复议的决定结果与现持证人张成银有着直接的利害关系，故复议机关在行政复议时应正式通知张成银参加复议。本案中，徐州市人民政府虽声明曾采取了电话的方式口头通知张成银参加行政复议，但却无法予以证明，而利害关系人持有异议的，应认定其没有采取适当的方式正式通知当事人参加行政复议，故徐州市人民政府认定张成银自动放弃参加行政复议的理由欠妥。在此情形下，徐州市人民政府未听取利害关系人的意见即作出于其不利的行政复议决定，构成严重违反法定程序。

根据行政复议法和民事诉讼法的有关规定，复议机关在行使行政复议职权时，应针对申请行政复议的具体行政行为的合法性与适当性进行审查，有关民事权益的纠纷应通过民事诉讼程序解决。本案中，徐州市人民政府所作的复议决定中，直接对有关当事人争议的民事权利予以确认的行为，超越了复议机关的职权范围，缺乏法律依据，应予以撤销。

综上，原审判决撤销徐州市人民政府徐政行决〔2004〕24号行政复议决定正确，应予维持，上诉人曹春芳的上诉理由不能成立。

江苏省高级人民法院依照《中华人民共和国行政诉讼法》第61条第1项之规定，于2004年12月10日判决：

驳回上诉，维持原判。

【评述】

本案是一起围绕房地产权纠纷引发的行政诉讼案件。由于这个案件先行进行行政复议，行政复议改变原具体行政行为，因此一审诉讼首先围绕行政复议决定是否合法展开。庭审中主要有两个争议点：一是复议申请人申请复议是否超过法定时效；二是原复议决定作出没有第三人参加是否违背法定程序。在一审法院作出撤销判决后，上诉人提起二审，二审判决也是基于这两个争议点展开。让我们逐一来回顾法院的判决理由。

首先，本案中涉及的行政复议，是否已经超过申请期限。一审原告指出，原徐州市房地产管理局向其颁发《房屋所有权证》是1988年，曹春芳申请行政复议的时间是2004年，已超过法定的申请行政复议的期限，复议机关受理无据；但是曹春芳辩称，过去一直不知道张成银在1988年办理了民安巷31号房屋的《房屋所有权证》，故未超过申请复议期限。这里涉及具体行政行为作出时间与当事人知道具体行政行为作出时间的区分，并且，这两个时间的区分将直接影响到行政复议的申请期限。根据《中华人民共和国行政复议法》第9条的规定：

"公民、法人或者其他组织认为具体行政行为侵犯其合法权益的,可以自知道该具体行政行为之日起60日内提出行政复议申请;但是法律规定的申请期限超过60日的除外。因不可抗力或者其他正当理由耽误法定申请期限的,申请期限自障碍消除之日起继续计算。"本案中的行政复议,既不涉及法律另有规定申请期限的问题,也不存在不可抗力或其他正当理由,因此,申请期限就应当从申请人知道该具体行政行为之日起60日内提出。那么,如何认定申请人知道该具体行政行为的时间呢?

根据《行政复议法》的规定,一审法院当然没有采纳原告诉称,将具体行政行为作出时间作为行政复议申请期限的起算点。但是认为,曹春芳之母曹陈氏于1986年1月30日去世后,徐州市民安巷31号的房产一直由张成银及家人居住使用;张成银及家人于90年代在此处又新建了房屋,并对原有房屋进行扩建。原徐州市房地产管理局于1994年为张成银颁发该处房屋所有权证前也进行公告,征询有关当事人有无产权异议,曹春芳应当知道徐州市房地产管理机关已将民安巷31号的房地产确权登记给张成银。可见一审判决认为,1994年徐州市房产管理机关经公告征询无产权异议后才作出确权决定,已经可据此推断复议申请人知悉该房地产确权决定,知道具体行政行为的存在。从这一起算点看,曹春芳于2003年10月28日提出的复议申请超过了法定期限。行政复议超过申请期限,成为一审法院判决撤销原复议决定的重要理由之一。

不过,一审法院在行政复议申请期限的认定上,并没有获得二审法院的认可。二审法院认为,原审法院根据征询产权异议的公告存根,即认定徐州市房产管理局为张成银颁发房屋所有权证前进行过产权公告,并以此推定上诉人曹春芳1994年就应当知道徐州市房产管理机关已将民安巷31号房屋确权给张成银的事实。该认定理由不充分,故不予确认。可见,在行政复议申请期限问题上,二审法院再次回到"知道该具体行政行为之日"的认定。当然其认定以及基于二审的审判立场,审查原判决事实是否清楚,证据是否充分,适用法律、法规是否正确等问题上,由此,对一审法院认为行政复议超过申请期限不予认定。

第二个影响行政复议决定合法性判断的重要因素是,原复议决定作出时没有通知第三人张成银参加是否违背程序要求。这里既涉及举证问题,也涉及法律判断问题。一审法院认为,行政机关在进行行政复议时虽可以采取书面审查的办法,但张成银作为原徐州市房地产管理机关1988年颁发的鼓房字第1741号房屋所有权证的持证人,与徐州市人民政府对该证的复议审查结果有着直接的利害关系,徐州市人民政府应当通知张成银参加行政复议,由于徐州市人民政府无法证明已采取适当的方式通知张成银参加行政复议,应属严重违反行政程序。

二审法院更是进一步阐发了行政复议第三人参与正当程序的要求。明确指出,《行政复议法》虽然没有明确规定行政复议机关必须通知第三人参加复议,但根据正当程序的要求,行政机关在可能作出对他人不利的行政决定时,应当专门听取利害关系人的意见。本案中,复议机关审查的对象是颁发鼓房字第1741号房屋所有权证行为,复议的决定结果与现持证人张成银有着直接的利害关系,故复议机关在行政复议时应正式通知张成银参加复议。本案中,徐州市人民政府虽声明曾采取了电话的方式口头通知张成银参加行政复议,但却无法予以证明,而利害关系人持有异议的,应认定其没有采取适当的方式正式通知当事人参加行政复议,故徐州市人民政府认定张成银自动放弃参加行政复议的理由欠妥。在此情形下,徐州市人民政府未听取利害关系人的意见即作出于其不利的行政复议决定,构成严重违反法定程序。

此外,二审法院还指出,复议机关在行使行政复议职权时,应针对申请行政复议的具体行政行为的合法性与适当性进行审查,有关民事权益的纠纷应通过民事诉讼程序解决。据此,徐州市人民政府所作的复议决定中,直接对有关当事人争议的民事权利予以确认的行为,超越了复议机关的职权范围,缺乏法律依据,应予以撤销。

(本案例的“案情”和“审判”部分选自《最高人民法院公报》2005年第3期;“提领”和“评述”部分由作者根据有关法律与学理进行阐述,不代表司法机关的意见)

(蒋红珍　撰)

50 松业石料厂诉荥阳市劳保局工伤认定案

【提领】

本案争议的焦点是，行政相对人（松业石料厂）在行政程序中未提交而在诉讼程序中提交的证据，人民法院应否采纳？最高人民法院《关于行政诉讼证据若干问题的规定》第59条规定：“被告在行政程序中依照法定程序要求原告提供证据，原告依法应当提供而拒不提供，在诉讼程序中提供的证据，人民法院一般不予采纳。”在决定取舍这样的证据时，司法解释既然规定“一般不予采纳”而不是“一律不予采纳”，就不能只从形式上看该证据是何时提交的，还应当从内容上看采纳该证据是否有利于人民法院查明案情。二审判决对证据的分析至为精辟，值得学习。

【案情】

原告：河南省荥阳市崔庙镇王泉村松业石料厂。住所地：荥阳市崔庙镇王泉村。

负责人：王松业，该厂厂长。

被告：河南省荥阳市人事劳动和社会保障局。

法定代表人：王海林，该局局长。

第三人：李喜波（又名李波），男，45岁，农民，住荥阳市崔庙镇白赵村。

河南省荥阳市人事劳动和社会保障局（以下称荥阳市劳保局）根据《中华人民共和国工伤保险条例》（以下称《工伤保险条例》）第14条第1项的规定，以豫（劳）工伤认字〔2004〕03号《工伤认定通知书》（以下称《03号工伤认定书》）认定：2003年5月21日，河南省荥阳市崔庙镇王泉村松业石料厂（以下称松业石料厂）职工李喜波上班工作期间，因石片崩着右眼致伤，所受伤害为工伤。松业石料厂不服该工伤认定，向河南省荥阳市人民法院提起行政诉讼。

原告诉称:第三人李喜波称他是2003年5月21日上班工作期间被石片崩着右眼,然而在原告处干活的其他人,谁也没有看到这一情节。第三人在事隔9个月以后才去申请工伤认定,申请时只提供了一个李学亮的证明。从记工本上可以看出,2003年5月21日,李学亮根本没上班,怎么能在当天看到第三人受伤?再说2004年4月1日李学亮也给原告出具了证明,说他根本不知道第三人崩眼一事。崔庙卫生院证实,第三人在所谓的工伤日2003年5月21日之前的5月14日,已经在该院看过眼病。这一切说明,所谓"上班工作期间被石片崩着右眼"是假的。被告根据第三人的这一假话,将第三人的眼病认定为工伤,是事实不清、证据不足。请求判令撤销被告作出的《03号工伤认定书》。

原告提交以下证据:

1.2004年5月13日以崔庙卫生院眼科医师陈玉转名义出具的诊断证明书,主要内容是:患者姓名李喜波,就诊时间2003年5月14日,诊断结果为角膜溃疡,医师处理意见是注意休息、药物治疗。用以证明李喜波早有眼疾。

2.松业石料厂2003年5月份记工表一份,主要内容是:2003年5月15日、16日、17日和24日以后,李喜波未上班,李学亮于5月21日以后未上班。用以证明李学亮关于李喜波在5月21日上班时间受伤的证言不真实。

3.2004年9月3日原告的委托代理人对李学亮的调查笔录一份,主要内容是:平时在松业石料厂有7~8个人干活,相距都不太远,如果有人出事,别人就会看到;2003年5月21日我(李学亮)未上班,不知道李喜波崩着眼的事,也没有听说李喜波去医院看眼睛;是李喜波拿来他事先写好的证明,说只要我证明我俩都在松业石料厂干活,他干活时把眼崩了就行。我不知道李喜波崩着眼这件事,也不识字,光在他写好的证明上签名捺了指印。后来李喜波又让我跟他去荥阳市劳保局作证,也是在人家写好的笔录上签名捺指印。

4.2004年9月3日原告的委托代理人对李海木的调查笔录一份,主要内容是:我(李海木)在石料厂干活,基本没有停过工;我看到李喜波的眼睛红,但从来不知道什么时间、什么原因使他的眼睛红,也不知道他去过医院,听他说是崩着眼了;我们在一起干活时的距离很近,如果有人崩着眼,别人应该知道,就是当场没看见,也会听他说一声。

5.2004年3月24日荥阳市劳保局作出的《03号工伤认定书》。

6.2004年7月21日荥阳市人民政府(以下称市政府)作出的荥政(复决)字〔2004〕17号《行政复议决定书》(以下称《17号复议决定书》),主要内容是:经审理查明,2003年5月21日16时许,松业石料厂职工李喜波在砸石片时,被石片崩伤右眼。被申请人荥阳市劳保局依据《工伤保险条例》第14条第1项的规定,认定李喜波为工伤,事实清楚,证据充分,程序合法。根据《中华人民共和国行政复议法》第二十8条第1款第1项的规定,决定维持该工伤认定通知书。申请人松业石料厂若不服本复议决定,可于接到本决定书之日起15日内向荥阳市人民法院起诉。

经原告申请,法庭允许证人李学亮出庭作证。李学亮出庭作证时证明:2003年5月21日,其本人没有到厂里上班,不知道李喜波右眼受伤的事。

被告辩称:第三人在原告处工作期间受伤害后,由于原告不给出钱医治,故向被告下属的仲裁科申请工伤赔偿争议仲裁。经仲裁科调查,第三人工作期间受伤害,有一起工作的李学亮证明,还有当地诊所、崔庙卫生院以及河南中医学院第一附属医院等单位于2003年5月21日以后出具的诊断证明,均证明第三人的右眼有外伤,事实清楚,证据充分。由于原告不承认第三人所受伤害是工伤,仲裁科无法继续仲裁,第三人才于2004年2月向被告申请工伤认定。被告受理后,于2004年3月4日向原告的厂长王松业进行调查,当天还向其送达了《工伤认定协助调查通知书》,要求其在10天内将掌握的事实真相与证据向被告提供,以便被告作出是否为工伤的认定。3月9日,原告给被告送来一纸答辩书,只是说与第三人一起干活的其他人没有一人知道,因此认为第三人的眼伤不是在干活时被石片崩伤。由于原告没有随答辩书附来任何证据,所述理由也无法否定被告此前已经掌握的证据,故被告以《03号工伤认定书》认定第三人所受伤害为工伤。这个认定事实清楚、证据确凿、程序合法、适用法律正确,应当维持。

被告提交以下证据:

1.李喜波授权李连波代为申请工伤认定的委托书、李喜波的身份证明、松业石料厂的营业执照各一份。

2.2004年2月20日李喜波填写的《工伤认定申请表》一份,其上有2004年2月23日荥阳市劳保局签署的"材料齐全,同意受理"意见。

3.李学亮证明一份,主要内容是:2003年5月21日,李喜波在松业石料厂打石块时,被石块崩伤了眼睛。因我干活时与李喜波只有一米远,故知道此事。

4.2003年7月14日,荥阳市劳保局仲裁科对松业石料厂负责人王松业的调查笔录一份,主要内容是:李喜波从2002年11月就在松业石料厂干破片石的活。李喜波的眼睛大概在5月6日、7日受伤,当时他没说。5月9日,我(王松业)爱人看到他眼很红,就问他是不是害眼了?他说是被石片崩着眼,已经两三天了。我爱人让他去看,他说没事,以后他看没看我不知道。大概5月14日早上,李喜波向我爱人借10元钱,说去看病。因当时没有零钱,说好下午给他,但他下午没有再要,此后也再没有提治眼、借钱的事。

5.2003年7月21日,荥阳市劳保局仲裁科对李学亮的调查笔录一份,主要内容是:2003 年 5 月二十几日,我(李学亮)和李喜波等人在松业石料厂里砸石头,飞起的石碴子碰伤李喜波右眼,当时我给他看了看,眼有些红。李喜波后来又干了一两天。再以后的情况我就不知道了。

6.2003 年 7 月 21 日,荥阳市劳保局仲裁科对李喜波的调查笔录一份,主要内容是:2003 年 5 月 21 日下午 4 点左右,我(李喜波)正在砸石片,飞起的石块碰伤我右眼。当时在场的李学亮为我吹了吹眼,说他不会拨,第二天我就到矿山机械厂的诊所去看。5 月 23 日,老板娘(王松业的爱人)问我眼为什么红,我告诉她是石片碰伤的。后来又到崔庙镇卫生院检查,医生给开了眼药水、眼药膏等三天的药,还到郑州市中医学院医院治疗过,费用都是我借钱支付的。

7.2003 年 5 月 22 日矿山机械厂诊所李芬梅出具的证明一份,证明当日李喜波因眼外伤、角膜溃疡、玻璃体混浊充血、视力模糊在该所进行治疗。

8.矿山机械厂诊所 2003 年 5 月 22 日、23 日、24 日出具的门诊收费票据各一份。

9.2003 年 5 月 26 日崔庙卫生院出具的《诊断证明书》一份,主要内容是:患者李喜波主诉右眼被石子碰伤一天余伴视物不清;检查见右眼睑及球结膜充血明显,右眼角膜有约 2mm×2mm 白色浸润,边界不清,虹膜纹理清晰,眼底不能窥及;诊断为右眼外伤、右眼角膜溃疡;处理意见为注意休息,药物治疗,建议住院。落款为眼科医师陈玉转。

10.2003 年 6 月 18 日河南中医学院第一附属医院出具的《诊断说明书》一份,主要内容是:检查患者李喜波右眼结膜充血,角膜后内皮皱折,角膜有 4mm×4mm圆形白色浸润,中心凹陷,边界不清,虹膜纹理不清,晶体呈楔状混浊,玻璃体积血,眼底不能窥及;诊断为右眼外伤、角膜溃疡、玻璃体积血;处理意见是建议住院治疗;落款为眼科医师邓海先。

11.2004 年 3 月 4 日荥阳市劳保局对松业石料厂负责人王松业进行的《工伤认定调查笔录》一份,主要内容是:我(王松业)是在三天后得知李喜波受伤,受伤后到崔庙镇卫生院治疗过,但对李喜波受伤的经过不清楚。

12.2004 年 3 月 9 日王松业书写的答辩状一份,主要内容是:李喜波说他的眼睛是在打石头时被石碴所伤不是事实。理由是:与他一起干活的人没有一人知道此事;自 2 月份上班到 6 月份放假,李喜波一直没有误工。如果眼睛被石碴所伤,他怎能干活? 李喜波的眼睛究竟是被石渣所伤还是他自己误伤,应当由他举证。

13.2004 年 2 月 23 日荥阳市劳保局出具的豫(劳)工伤受字〔2004〕03 号《工伤认定申请受理通知书》,主要内容是:当日决定受理李喜波提出的工伤认定申请。2004 年 3 月 4 日荥阳市劳保局出具的豫(劳)工伤调字〔2004〕03 号

《工伤认定协助调查通知书》,主要内容是:要求松业石料厂10日内将与李喜波申请认定工伤有关的材料函告,或者派人来当面陈述。该通知书由王松业于2004年3月4日10时签收。

14.《03号工伤认定书》及送达回证,证明该工伤认定通知书于2004年3月30日向李喜波的委托代理人李连波、3月31日向王松业的妻子史爱菊送达。

15.2004年7月21日市政府作出的《17号复议决定书》。

第三人述称:第三人在原告松业石料厂干活时被石子崩伤眼,不仅有一起干活的李学亮看到,还有矿山机械厂诊所、崔庙卫生院以及河南中医学院第一附属医院的医师都看到过,他们都知道第三人的眼是外伤,因外伤才引起角膜溃疡。第三人受伤后,松业石料厂厂长王松业不给第三人治疗,甚至连第三人向他借钱去看病,他都不借。为治疗,第三人通过卖粮和向邻居、亲戚借钱,到现在用去医药费加往返路费、生活费有1500多元,仍然还要继续治疗。为此事,被告的仲裁科做了大量工作,无奈王松业一毛不拔。经第三人多次上访省、市领导,被告开始受理第三人的工伤认定申请,并出具《03号工伤认定书》。王松业不死心,篡改他手中掌握的记工表,威胁李学亮不给第三人作证,还通过他在崔庙卫生院工作的侄子搞出假诊断证明,非要制造一个第三人在5月21日前就到医院看过角膜溃疡的假象来混淆视听。被告不怕王松业的诬告陷害,作出《03号工伤认定书》,是伸张正义、主持公道、为民做主。该认定事实清楚,证据充分,应当维持。

法庭主持了庭审质证。经质证,原告认为:被告的证据1没有委托人签名,证据3、证据6的内容不实,对其他证据没有异议。被告认为:原告的证据1至证据4,都是超过被告向其下达的工伤认定协助调查通知书要求的举证期限后才举的证据,属于无效证据,对其他证据无异议。第三人认为:原告的证据1、证据3与被告的证据9、证据3矛盾,是王松业利用关系和金钱搞出的假证据;证据2是原告自己形成的,不具有真实性,没有效力;证据4是原告代理人对生活在企业主淫威下、不敢说真话的工人所作的调查,内容不真实;除此以外,对原、被告双方的其他证据无异议。

经质证、认证,荥阳市人民法院查明:

第三人李喜波是原告松业石料厂的职工。2003年5月21日16时许,李喜波在该厂砸石头时,被飞起的石片崩伤右眼,经诊断为右眼外伤、角膜溃疡。受伤后,李喜波向被告荥阳市劳保局申请工伤赔偿争议仲裁,荥阳市劳保局仲裁科进行了调查。由于松业石料厂坚持认为李喜波不构成工伤,仲裁无果,李喜波只得于2004年2月20日向荥阳市劳保局申请工伤认定。荥阳市劳保局于2月23日受理,并于3月4日向松业石料厂下达了《工伤认定协助调查通知书》,

要求松业石料厂在10日内将与李喜波申请工伤认定的有关材料函告或当面陈述。在指定期限内，松业石料厂只向荥阳市劳保局提交了一份认为不构成工伤的答辩状，未附任何证据。荥阳市劳保局根据调查结果，依照《工伤保险条例》第14条第1项的规定，于3月24日作出《03号工伤认定书》，认定李喜波所受伤害为工伤。松业石料厂不服，在法定期限内向市政府申请行政复议。7月21日，市政府以《17号复议决定书》，作出维持《03号工伤认定书》的决定。松业石料厂遂提起本案行政诉讼。

【审判】

荥阳市人民法院认为：

最高人民法院《关于行政诉讼证据若干问题的规定》(以下称《行政诉讼证据规定》)第59条规定："被告在行政程序中依照法定程序要求原告提供证据，原告依法应当提供而拒不提供，在诉讼程序中提供的证据，人民法院一般不予采纳。"被告荥阳市劳保局受理第三人李喜波的工伤认定申请后，依照《工伤保险条例》第19条第1款的规定，向原告松业石料厂下达了《工伤认定协助调查通知书》，通知该厂在10日内举证。松业石料厂接到通知书后，在法定期限内除提交一份答辩状外，并未提供任何相关的证据。在质证时，荥阳市劳保局以松业石料厂在行政诉讼程序中提交的证据1至证据4违反了法定程序，李喜波以这些证据内容不真实为由，提出异议。依照上述司法解释的规定，对松业石料厂超过法定举证期限提交的这些证据，不予采纳。对松业石料厂提交的其他证据，荥阳市劳保局和李喜波未提出异议，予以采纳。证人李学亮的当庭证言，因缺乏真实性，不予采纳。荥阳市劳保局提交的证据符合证据的真实性、合法性、关联性要求，属有效证据，应当作为认定本案事实的根据。

《工伤保险条例》第14条规定："职工有下列情形之一的，应当认定为工伤：(一)在工作时间和工作场所内，因工作原因受到事故伤害的……"2003年5月21日16时许，第三人李喜波在原告松业石料厂进行砸石头的工作时，被飞起的石片崩伤右眼。这一基本事实，不仅有在一起劳动的松业石料厂职工李学亮证实，更有5月21日以后李喜波就医期间形成的诊断证明、医疗收费票据等证据证实。各医疗单位出具的诊断证明均证实，李喜波为右眼外伤、角膜溃疡。被告荥阳市劳保局根据查明的这一基本事实，依照《工伤保险条例》第14条第1项的规定，以《03号工伤认定书》认定李喜波所受伤害为工伤。这一认定事实清楚，证据确凿，适用法律法规正确，符合法定程序，应当维持。

据此，荥阳市人民法院依照《中华人民共和国行政诉讼法》第54条第1项的规定，于2004年10月11日判决：

维持被告荥阳市劳保局作出的《03 号工伤认定书》。

案件受理费 100 元,由原告松业石料厂负担。

一审宣判后,松业石料厂不服,向河南省郑州市中级人民法院提出上诉,理由是:(1)在是否工伤这个关键问题上,上诉人持有与被上诉人截然相反的证据。对行政相对人没有在行政程序中提供而在诉讼程序中提供的证据,司法解释的规定是"一般不予采纳",不是一律不予采纳。一审不采纳上诉人提交的证据,不符合实事求是原则,是错误的。(2)第三人不是在上班期间因工作原因受伤,一审引用《工伤保险条例》第 14 条的规定判决维持被上诉人的工伤认定决定,是适用法律错误。请求撤销原判,依法改判。

郑州市中级人民法院经审理,确认一审查明的事实属实。

本案争议焦点是:对松业石料厂在行政程序中未提交而在诉讼程序中提交的证据,人民法院应否采纳?

河南省郑州市中级人民法院认为:

上诉人松业石料厂未在行政程序中提交而在诉讼程序中提交的 4 个证据,被上诉人荥阳市劳保局和第三人李喜波在一审质证时均持异议。在决定取舍这样的证据时,司法解释既然规定"一般不予采纳"而不是"一律不予采纳",就不能只从形式上看该证据是何时提交的,还应当从内容上看采纳该证据是否有利于人民法院查明案情。这 4 个证据是:(1)2004 年 5 月 13 日以崔庙卫生院眼科医师陈玉转名义出具的诊断证明书,所证内容是 2003 年 5 月 14 日一名普通患者在该院的就诊情况。2003 年 5 月 26 日,崔庙卫生院曾以同一个医师的名义,为李喜波出具过一份《诊断证明书》,其上记载的患者主诉是右眼被石子碰伤一天余伴视物不清;医师诊断结果是右眼外伤、右眼角膜溃疡。2004 年 5 月 13 日又出具的这份诊断证明书,把李喜波的就诊时间从 2003 年 5 月 26 日提前到 2003 年 5 月 14 日,把对李喜波的诊断结果从右眼外伤、右眼角膜溃疡改变为角膜溃疡。由于这份诊断证明书上既没有患者主诉也没有医师检查所见,从字面上无法得知患者是哪只眼角膜溃疡,因何溃疡。崔庙卫生院何以在一年后出具这样一份残缺不全的诊断证明书?该诊断证明书既然能对一年前的患者姓名、准确就医时间以及诊断结果记录得如此清晰,却为什么说不出患者是哪只眼有病?如果崔庙卫生院是靠该院病案记载内容出具这份诊断证明书的,为什么不能将病案记载内容直接作为证据提供?如果 2004 年 5 月 13 日的这份诊断证明书反映的是事实真相,那么崔庙卫生院对 2003 年 5 月 26 日出具的那份《诊断证明书》,又该作何解释?这些疑点,出具该证据的崔庙卫生院和提供该证据的松业石料厂有义务说明。(2)松业石料厂 2003 年 5 月份的记工表。该证据出自松业石料厂,是记工员一人在笔记本上书写的,极易伪造,如无其他证据印证，则不具有证明力。(3)2004 年 9 月 3 日原告的委托代理人对李学亮的调查笔录一份。在这份笔录中，李学亮说：他不识字，只是在人家写好的内容上签名捺了指印；2003 年 5 月 21 日他不上班，不知道李喜波崩着眼的事，也没有听说李喜波去医院看眼睛。对与工伤认定有利害关系的李喜波来说，李学亮的这一理由，足以推翻李学亮在先给其出具的证言。然而，荥阳市劳保局工作人员与工伤认定无任何利害关系；在荥阳市劳保局工作人员向李学亮调查时，李学亮所述内容仍与其给李喜波出具证言的内容一致，已经被荥阳市劳保局工作人员记录在案。李学亮翻证后的证言，不足采信。(4)2004 年 9 月 3 日原告的委托代理人对李海木的调查笔录一份。在这份笔录中，李海木说道：他们在一起干活时的距离很近，如果有人崩着眼，别人应该知道，就是当场没看见，也会听他说一声；而李海木说他既看到李喜波眼睛红，也听到李喜波说过是崩着眼了。该证言不能否定李喜波在工作时眼睛受伤的事实。再者，从 4 个证据的内容分析，这 4 个证据完全能在行政机关调查工伤情况时形成，松业石料厂当时如果持有这 4 个证据，完全有条件向行政机关提供。松业石料厂不在《工伤认定协助调查通知书》指定的期间内向行政机关提交这些证据，确实违背了《行政诉讼证据规定》第 59 条的规定。一审在这些证据受到对方当事人质疑的情况下，根据《行政诉讼证据规定》第 59 条的规定，决定不采纳松业石料厂提供的有疑问证据，是正确的。

综上所述，被上诉人荥阳市劳保局在收到第三人李喜波的工伤认定申请后，经调查核实，认定李喜波所受伤害为工伤，认定事实清楚，证据充分，适用法规正确，程序合法。一审判决维持荥阳市劳保局作出的该工伤认定决定，认定事实清楚，适用法律正确，程序合法，应予维持。上诉人松业石料厂的上诉理由不能成立，应当驳回。据此，郑州市中级人民法院依照《中华人民共和国行政诉讼法》第 61 条第 1 项的规定，于 2005 年 1 月 14 日判决：

驳回上诉，维持原判。

诉讼费 100 元，由上诉人松业石料厂负担。

【评述】

本案被告荥阳市劳保局受理第三人李喜波的工伤认定申请后，依照《工伤保险条例》第 19 条第 1 款的规定，向原告松业石料厂下达了《工伤认定协助调查通知书》，通知该厂在 10 日内举证。原告松业石料厂接到通知书后，在法定期限内除提交一份答辩状外，并未提供任何相关的证据。在被告作出《03 号工伤认定书》，认定李喜波所受伤害为工伤后，原告在向人民法院提起诉讼的过程中，才提供了有关的证据。如果采纳这些证据，则被告的认定决定的合法性在一定程度上会受到质疑。所以，本案的争议焦点在于，对松业石料厂在行政程序中未提交而在诉讼程序中提交的证据，人民法院应否采纳？

就这种情形，最高人民法院《关于行政诉讼证据若干问题的规定》第59条已经作出规定："被告在行政程序中依照法定程序要求原告提供证据，原告依法应当提供而拒不提供，在诉讼程序中提供的证据，人民法院一般不予采纳。"但是，这里规定的是"一般不予采纳"，而不是"一律不予采纳"。所以，单纯从时间上并不能充分地排除原告在诉讼过程中提交的证据。要排除这些证据，还需要作进一步说明。

一审法院判决虽然适用了最高人民法院《关于行政诉讼证据若干问题的规定》第59条，但并没有就适用这一规则的理由作充分的说明，难免有推理过于简单、论证不足之嫌。与此不同，二审法院判决对上诉人（一审原告）在诉讼过程中所提供的4个证据作了深入细致的分析，充分地阐明了不足采纳的理由，从而使判决入理服人。

（本案例的"案情"和"审判"部分选自《最高人民法院公报》2005年第8期；"提领"和"评述"部分由作者根据有关法律与学理进行阐述，不代表司法机关的意见）

（杨登峰　撰）

51 益民公司诉周口市人民政府等行政行为违法案

【提领】

本案是一起因天然气管网项目特许经营权引发的纠纷案件。本案经过两审。一审法院确认被诉行政行为违法,并责令被告市政府对原告公司采取相应补救措施。二审判决则进一步明确了采取相应补救措施的期限。本案终审判决于2005年作出,收录于《最高人民法院公报》,对我国的行政审判实践具有判例指引的作用。

【案情】

上诉人(一审原告):周口市益民燃气有限公司。住所地:河南省周口市南山货街1号楼。

法定代表人:马义清,该公司董事长。

被上诉人(一审被告):周口市人民政府。住所地:河南省周口市七一路东段。

法定代表人:高德领,该市市长。

被上诉人(一审被告):周口市发展计划委员会。住所地:河南省周口市七一路东段。

法定代表人:殷建勇,该委员会主任。

原审第三人:河南亿星实业集团有限公司。住所地:河南省郑州市黄河北街9号。

法定代表人:李士强,该公司董事长。

周口市益民燃气有限公司(以下称益民公司)因其诉周口市发展计划委员会(以下称市计委)发布《周口市天然气城市管网项目法人招标方案》、向河南亿星实业集团有限公司(以下称亿星公司)下发《中标通知书》,周口市人民政府(以下称市政府)下发《关于河南亿星实业集团有限公司独家经营周口市规划区域内城市管网燃气工程的通知》一案,不服河南省高级人民法院〔2003〕豫法行初字第1号行政判决,向最高人民法院提出上诉。

一审法院经审理查明:2003年4月26日,市计委向亿星公司、益民公司等13家企业发出邀标函,着手组织周口市天然气城市管网项目法人招标,同年5月2日发出《周口市天然气城市管网项目法人招标方案》(以下称《招标方案》),其中称,“受周口市人民政府委托,周口市发展计划委员会组织人员编制了周口市天然气城市管网项目法人招标方案”。该方案规定,投标人中标后,市政府委托周口市建设投资公司介入项目经营(市政府于2003年8月15日作出周政〔2003〕76号文撤销了该公司,该公司未实际介入项目经营)。该方案及其补充通知中还规定,投标人应“按时将5000万元保证金打入周口指定账户,中标企业的保证金用于周口天然气项目建设”。益民公司在报名后因未能交纳5000万元保证金而没有参加最后的竞标活动。同年5月12日,正式举行招标。在招标时,市计委从河南省方圆招标代理有限责任公司专家库中选取了5名专家,另有周口市委副秘书长和市政府副秘书长共7人组成评标委员会。同年6月19日,市计委依据评标结果和考察情况向亿星公司下发了《中标通知书》,其中称:“河南亿星实业集团有限公司:周口市天然气城市管网项目法人,通过邀请招标,经评标委员会推荐,报请市政府批准,确定由你公司中标。”同年6月20日,市政府作出周政〔2003〕54号《关于河南亿星实业集团有限公司独家经营周口市规划区域内城市管网燃气工程的通知》(以下称54号文),其中称:“为促进我市的经济发展,完善城市基础设施建设,提高居民生活质量,市政府同意周口市燃气城市管网项目评标委员会意见,由河南亿星实业集团公司独家经营周口市规划区域内城市天然气管网工程。”54号文送达后,亿星公司办理了天然气管网的有关项目用地手续,购置了输气管道等管网设施,于2003年11月与中国石油天然气股份有限公司西气东输管道分公司(以下称中石油公司)签订了“照付不议”用气协议,并开始动工开展管网项目建设。益民公司认为,市计委、市政府作出的上述《招标方案》、《中标通知》和54号文违反了法律规定,并侵犯了其依法享有的管道燃气经营权,向河南省高级人民法院提起行政诉讼。

一审法院另查明:益民公司经工商注册成立于1999年4月(未取得燃气经营资格),经营范围为管道燃气、燃气具、高新技术和房地产。2000年7月7日,原周口地区建设局以周地建城〔2000〕10号文对益民公司作出《关于对周口市益民燃气有限责任公司为“周口市管道燃气专营单位”的批复》,该批复主要内容为:“按照建设部第62号令、河南省人民政府第47号令、河南省建设厅豫建城〔1996〕69号文之规定和‘一个城市只允许批准一家管道燃气经营单位’的原则,根据设计方案及专家论证,该项目既能近期满足工业与民用对燃气的需要,又能与天然气西气东输工程接轨。经审查,批准你公司为周口城市管道燃气专营单位。”益民公司取得该文后,又先后取得了燃气站《建设用地规划许可证》,周口市(现周口市川汇区)大庆路、八一路等路段的燃气管网铺设《建设工程规划许可证》和《建设工程施工许可证》等批准文件。到一审判决为止,益民公司已在周口市川汇区建成燃气调压站并在该区的主要街道和部分小区实际铺设了一些燃气管道。2002 年 9 月 20 日,面对当时周口市两个燃气公司即益民公司和周口市燃气有限公司(由周口市政府与北京中燃公司联合组建,后来解散)并存的状况,市政府常务会议作出决议称:“不管什么情况,在没弄清问题之前,益民公司铺设管道工作必须停止,此事由市规划管理局负责落实。”同年 9 月 23 日,周口市规划管理局作出了通知,其中称:“根据《河南省〈城市规划法〉实施办法》第 33 条‘在城市规划区内新建、扩建、改建建筑物、构筑物、道路、管线和其他工程设施,城市规划行政主管部门应提供规划设计条件,建设单位和个人必须取得建设工程规划许可证’的规定和周口市人民政府常务会议纪要〔2002〕5 号要求,不管什么情况,在没有弄清问题之前,益民公司铺设管道工作必须停止。”

2003 年 11 月 9 日,周口市建设委员会作出周建城〔2003〕39 号文,以原周口地区建设局周地建城〔2000〕10 号文授予益民公司管道燃气专营单位资格缺少法律依据,不符合有关规章和规范性文件,属越权审批为由废止了该文。

【审判】

河南省高级人民法院一审认为:

1. 关于招标方案的合法性。益民公司 1999 年已取得经营燃气的工商许可,2000 年原周口地区建设局以周地建城〔2000〕10 号文批准益民公司为管道燃气专营单位。在新的政策要求对公用事业的经营实行开放、通过招标确定经营者的情况下,如果对周口市天然气管网项目法人进行招标,应当首先处理益民公司的管道燃气经营权问题。市计委在益民公司的燃气经营权未被撤销的情况下发布天然气管网项目法人方案属程序违法。

2. 关于中标通知的合法性。根据国务院关于“西气东输”工程的领导体制和主管部门的规定,河南省人民政府办公厅豫政办〔2002〕35 号文《关于加快西气东输利用工作的通知》第 2 条规定,以及市政府关于各职能部门的权限划分情况,可以认定周口市计委有组织招标的职权。

《中华人民共和国招标投标法》(以下称《招标投标法》)没有禁止设置保证金的规定,而且市计委设定 5000 万保证金是为了确保中标人的经营实力,并不违法。

招标方案中规定招标实行公开招标,而在实际招标时未公开公布招标方案,且适用了邀请招标的程序;另一方面,本案中的招标项目是省级重点项目,按照《河南省实施招标投标法办法》第 13 条和建设部 272 号文第 2 条的规定，应当适用公开招标程序。如果适用邀请招标程序，应经过省人民政府或国家计委批准，但本案中适用邀请招标方式未经批准。因而市计委在未经批准的情况下适用邀请招标方式违法。

根据《招标投标法》第 24 条规定，给投标人的准备时间不得少于 20 天。本案中，被告发出邀标函的时间是 4 月 26 日，通知招标方案的时间是 5 月 2 日，开标时间是 5 月 12 日。投票人的准备时间应从取得招标文件之日起算，从被告发出招标方案到开标时间中间是 10 天时间，不符合法律关于准备时间不得少于 20 天的规定，因此，市计委给投标人的准备时间违法。

按照《招标投标法》第 37 条规定，评标委员会成员中专家应占三分之二以上，其他人可以是政府代表。本案中的评标人是七人，其中五人从专家代理机构中抽取，有专家资格，另二人即市委副秘书长和市政府副秘书长虽不是从法定代理机构中抽取的，但是属于政府代表。具有专家资格的评标人已占评标委员会成员三分之二以上，因此，本案中的评标人组成不违法。

《招标投标法》第 7 条规定招标活动应当接受监督，但没有规定必须是事中监督，因此，周口市计委组织招标时未通知行政监察部门参加不违法。

综上，招标通知在适用邀请招标方式、给投标人的准备时间两个方面有违法之处。

3. 关于 54 号文的合法性。益民公司 1999 年取得燃气经营权，2000 年取得燃气专营权，在益民公司的经营权和专营权未经法律程序被撤销的情况下，市政府又授予亿星公司天然气管网项目经营权。由于燃气包含天然气，这种做法造成了益民公司与亿星公司在天然气经营权上的冲突。虽然益民公司的专营权在本案诉讼过程中被废止，但在市计委招标和市政府作出 54 号文时，益民公司的专营权还未被撤销，其营业执照至今未被撤销。

54 号文是依据招标作出的，招标方案和招标通知存在违法之处，54 号文缺乏合法的依据，因此构成违法行政行为。

关于亿星公司的燃气经营资格和燃气经营经验问题，在国务院 2002 年宣布取消的审批事项目录中，取消了燃气经营资格审批制度。因此，在这个问题上，54 号文授予亿星公司天然气经营权不违法。

对益民公司已建的管道等设施，市政府可以采取补救措施进行处理。因此，市政府将天然气管网经营权授予亿星公司不当然意味着导致重复建设。

综合上述对被诉行政行为的合法性审查情况，可以认定被诉的招标方案、招标通知和 54 号文违法，但根据最高人民法院《关于执行〈中华人民共和国行政诉讼法〉若干问题的解释》（以下称《若干解释》）第 58 条之规定，对被诉的三

个行政行为不予撤销,对原告益民公司施工的燃气工程由市政府采取补救措施予以解决,具体理由是:

1.被诉的行政行为虽然存在违法之处,但尚不属于《招标投标法》规定的中标结果当然无效的情形。只有无效的行政行为才有撤销的必要,而违法的行政行为并不当然无效。本案中,被诉行政行为虽然存在一些违法的情况,但是否导致行政行为无效或被撤销,应结合本案其他情况认定。

2.撤销被诉行政行为会对周口市的公共利益产生不利影响。根据《若干解释》第58条之规定,被诉行政行为违法,但撤销行政行为将会给国家利益或公共利益造成重大损失的,人民法院应当作出确认行政行为违法的判决,并责令被诉行政机关采取相应的补救措施。本案中,如果撤销被诉行政行为会产生如下后果:第一,将影响"西气东输"工程在周口市的接口和周口市民使用天然气。根据建设部272号文第2条关于公用行业应当通过招标方式确定经营者的规定,原来由周口市有关行政部门批准的益民公司对管道燃气的经营权应予终止,而通过招标的方式重新确定管道燃气或天然气管网的经营者。本案被诉的行政行为是根据上述建设部272号文的规定进行招标重新确定天然气管网经营者的行为,它存在的最明显的违法之处就是在程序上未对益民公司的燃气经营权进行处理的情况下实施了招标并确定了新的天然气经营者。但问题是,被诉的招标行为已经发生,如果撤销被诉行政行为,按照程序的要求,市政府就需要在首先处理益民公司的燃气经营权的基础上,就天然气管网项目重新组织招标,而对这些问题的处理需要相当长的时间。另一方面,"西气东输"工程在周口市的接口问题已迫在眉睫,如果撤销行政行为,就会耽误周口市对"西气东输"天然气的使用,甚至可能因此而失去"西气东输"工程在周口市接口的机会。第二,亿星公司已于2003年11月与中石油公司签订了"照付不议"用气协议,并将于2004年7月开始供气。如果撤销被诉行政行为,不仅会直接导致用气价款的损失,而且会影响周口市居民及时使用天然气。第三,被诉行政行为作出后,亿星公司已进行了较大资金投入,且已与中石油公司签订了"照付不议"协议,如果撤销被诉行政行为,在招标程序中无过错的亿星公司也会形成较大经济损失。综合以上三点,可以认为,如果撤销被诉行政行为,就会对周口市的公共利益造成较大不利影响。

3.结合本案情况,对益民公司施工的天然气工程应由市政府采取补救措施予以解决。虽然益民公司在没有燃气经营资格的情况下取得了营业执照,即其燃气经营权是违法的,但益民公司的经营权毕竟是经有关行政机关批准的,且益民公司也已根据批准文件进行了一定的资金投入和工程建设。对此,市政府及有关职能部门负有责任。根据建设部272号文关于公用事业应通过招标实行特许经营的规定,益民公司原有的燃气经营权应予废止。同时,在根据公共利益的需要不撤销被诉行政行为,由亿星公司负责周口市天然气管网经营的情况下,益民公司也不能再继续经营管道燃气或天然气管网。在此情况下,益民公司原来基于有关行政机关授予的燃气经营权而进行的工程建设和其他资产投入将形成益民公司的损失。对此,市政府及有关职能部门负有一定的责任。在益民公司的燃气经营权被终止,其资金投入成为损失的情况下,市政府应根据政府诚信原则对益民公司施工的燃气工程采取相应的补救措施予以处理。

作为原告的益民公司提出的赔偿请求是由于被诉行政行为引起的被迫停止燃气管道工程建设造成的职工工资、燃气用户退费、施工协议不能正常进行等直接损失,但益民公司在开庭时没有提供相应证据。根据最高人民法院《行政诉讼证据若干问题的规定》第 7 条关于原告应在开庭审理前提供证据,否则视为放弃举证权利的规定,应认定原告举证超过了举证时效,原告提出的相应损失没有证据证明,法院不予支持。对于原告提出的因不能履行与天津东海燃气投资公司签订的 5 亿元的借款合同而造成的违约损失,因该合同直到现在未到生效时间,应不存在不能履行的损失。对于原告提出的因不能履行与河南三月风公司签订的 5 亿元的投资协议而造成的违约损失,因在法庭质证时原告提供的协议文本相互矛盾,其真实性不能认定,且关于合资成立新公司的协议并未实施,因此,对原告提出的此项损失不予支持。综上,因原告不能举证、无法认定其存在损失,根据《若干解释》第 56 条之规定,应驳回益民公司的赔偿请求。

综上,一审法院判决如下:

一、确认市计委作出的《招标方案》、《中标通知》和市政府作出的周政文〔2003〕54 号文违法。

二、由市政府对益民公司施工的燃气工程采取相应的补救措施。

三、驳回益民公司的赔偿请求。

益民公司不服河南省高级人民法院上述行政判决,向最高人民法院提出上诉,请求二审法院判决撤销一审判决,撤销三个被诉具体行政行为,并判令被上诉人赔偿其除铺设管道等投资以外的其他直接经济损失 3500 万元人民币。

二审法院对一审法院查明的上述事实予以确认,另查明:2003 年 4 月 24 日,市政府办公室将“西气东输”工程周口市区域网部分列入市重点项目。此前,河南省政府办公厅亦将“西气东输”城市管网和各类大中型利用项目纳入省重点工程管理。

二审法院认为,虽然市计委作出《招标方案》、发出《中标通知书》及市政府作出 54 号文的行为存在适用法律错误、违反法定程序之情形,且影响了上诉人益民公司的信赖利益,但如果判决撤销上述行政行为,将使公共利益受到以下损害：一是招标活动须重新开始，如此则周口市“西气东输”利用工作的进程必然受到延误。二是由于具有经营能力的投标人可能不止亿星公司一家，因此重新招标的结果具有不确定性，如果亿星公司不能中标，则其基于对被诉行政行为的信赖而进行的合法投入将转化为损失，该损失虽然可由政府予以弥补，但最终亦必将转化为公共利益的损失。三是亿星公司如果不能中标，其与中石油公司签订的“照付不议”合同亦将随之作废，周口市利用天然气必须由新的中标人重新与中石油公司谈判，而谈判能否成功是不确定的。在此情况下，周口市民及企业不仅无法及时使用天然气，甚至可能失去“西气东输”工程在周口接口的机会，从而对周口市的经济发展和社会生活造成不利影响。根据《若干解释》第58条关于“被诉具体行政行为违法，但撤销该具体行政行为将会给国家利益或者公共利益造成重大损失的，人民法院应当作出确认被诉具体行政行为违法的判决，并责令被诉行政机关采取相应的补救措施”之规定，应当判决确认被诉具体行政行为违法，同时责令被上诉人市政府和市计委采取相应的补救措施。由于周地建城〔2000〕10号文已被周口市建设局予以撤销，该文现在已不构成被诉具体行政行为在法律上的障碍，因此就本案而言，补救措施应当着眼于益民公司利益损失的弥补，以实现公共利益和个体利益的平衡。一审法院判决确认被诉具体行政行为违法并无不当，但其对补救措施的判决存在两点不足：一是根据法律精神，为防止行政机关对于采取补救措施之义务无限期地拖延，在法律未明确规定期限的情况下，法院可以指定合理期限，但一审判决未指定相应的期限。二是一审判决仅责令市政府采取相应的补救措施，而未对市计委科以应负的义务。

关于行政赔偿问题，二审法院认为，益民公司一审期间向法院提交的其与天津东海燃气投资公司签订的建设天然气供气工程合同、与河南三月风公司签订的合资协议等证据，不能证明其所称损失的存在，一审法院根据当时举证情况作出认定并判决驳回益民公司提出的赔偿请求正确。益民公司在二审中向本院提交的2003年6月以后直接经济损失一览表、周口申鑫会计师事务所2004年11月22日出具的审计报告、益民公司与中国水利水电闽江工程局东南分公司建设施工合同及后者的索赔函、益民公司与河南建原燃气工程公司施工合同及后者的工程索赔明细表、益民公司和王学堂租赁场地与厂房合同及后者的催款通知、益民公司与河南协力工程建设集团施工合同书及后者催要工程款的通知、部分已安装供气户和待供气户证明等证据，系于一审判决之后取得，其在一审期间无法向法院提交，故其可以向二审法院提交，但这些证据材料不能用来支持其提出的由市政府和市计委赔偿其除铺设管道等投资以外的其他直接经济损失3500万元的行政赔偿请求。首先，其提供的证据除了租赁场地、厂房协议外,均属铺设管道等投资的范畴,超出了其提出的行政赔偿请求的范围,故这些证据材料与本案不具有关联性。其次,租赁场地、厂房的费用损失系由停工造成,而停工是周口市规划局作出的停工通知导致的后果,与被诉具体行政行为没有因果关系。再次,除审计报告之外的证据材料都是其尚未履行的债务证明,还没有转化为直接损失,不属于国家赔偿法上规定的可赔偿范围。据此,益民公司就铺设管道等投资之外的直接经济损失提出的行政赔偿请求不能成立,根据最高人民法院《关于审理行政赔偿案件若干问题的规定》第 33 条关于"原告的请求没有事实根据或者法律依据的,人民法院应当判决驳回原告的诉讼请求"之规定,应当判决驳回益民公司提出的行政赔偿请求。

综上,二审法院判决:

一、维持一审判决第 1 项、第 3 项;

二、一审判决第 2 项改为"责令周口市人民政府、周口市发展计划委员会于本判决生效之日起六个月内采取相应补救措施,对周口市益民燃气有限公司的合法投入予以合理弥补"。

【评述】

关于确认被诉行政行为违法的判决形式,最高人民法院《关于执行〈中华人民共和国行政诉讼法〉若干问题的解释》专门用单独一个条文规定了一种特殊情形。《若干解释》第 58 条规定:"被诉具体行政行为违法,但撤销该具体行政行为将会给国家利益或者公共利益造成重大损失的,人民法院应当作出确认被诉具体行政行为违法的判决,并责令被诉行政机关采取相应的补救措施;造成损害的,依法判决承担赔偿责任。"这种确认违法判决在理论上可称为情势判决,即在一般情况下,法院应当作出撤销判决,但由于特殊情况与事由的存在,法院只能作出确认判决。结合本案,无论是一审法院,还是二审法院,均认为被诉行政行为存在违法情形,但考虑到"公共利益"的需要,并未将被诉行政行为予以撤销。

然而,如何认定撤销行政行为将会给公共利益造成重大损失,却是一个值得关注的问题。本案中,法院在撤销被诉行政行为与作出确认判决之间进行了利益衡量,论证详尽,说理透彻。但是,作为法院判决疑难案件的常用方法,这种利益衡量本身也存在滥用可能,需要关注利益结构问题,即公共利益的判断本身可能并不是一元的。

(本案例的"案情"和"审判"部分选自《最高人民法院公报》2005 年第 8 期;"提领"和"评述"部分由作者根据有关法律与学理进行阐述,不代表司法机关的意见)

(高春燕　撰)

52 杨宝玺诉天津服装技校不履行法定职责案

【提领】

本案是一起因技工学校未及时向毕业学生发放毕业证书,学生据此以学校不履行法定职责为由,向法院提起诉讼的行政案件。本案一审终审,法院判决被告未向已完成规定学业的学生颁发毕业证的行为,缺乏法律依据,侵犯了受教育者依法享有的受教育权,故应承担相应的法律责任。本案终审判决于2005年作出,收录于《最高人民法院公报》,对于教育行政诉讼司法实践的发展具有判例指引的作用。

【案情】

原告:杨宝玺,男,29岁,无业。住天津市河西区黑牛城道。

被告:天津市服装技术学校。住所地:天津市河东区吉安道。

法定代表人:王世萍,该校校长。

第三人:天津纺织集团(控股)有限公司。住所地:天津市和平区赤峰道。

法定代表人:刘宝根,该公司董事长。

被告天津市服装技术学校(以下称服装技校)系1978年经原天津市劳动局批准成立的技工学校,后变更为现校名。1991年,原告杨宝玺报考服装技校并被录取,1994年全部课程学习成绩合格后毕业,但服装技校未向杨宝玺本人颁发毕业证书。2002年2月,原隶属于中孚国际集团有限公司的服装技校划转回归第三人纺织集团管理。2004年6月2日,杨宝玺向服装技校提出补发毕业证书的要求,服装技校仅向杨宝玺出具了学历证明,未按杨宝玺的要求向其补发毕业证书。

原告诉称:原告于1991年报考服装技校,1994年毕业后服装技校始终未颁发毕业证书。后虽多次催问,但对方一味要求原告等待,以致原告多年来因无学历无数次求职失败,2000 年因经济困难步入歧途。2004 年刑满释放后再次要求服装技校发还毕业证时,对方于同年 6 月 2 日出具一份“毕业证明”。要求判令被告履行发放毕业证义务。

原告提供的证据有:

服装技校 2004 年 6 月 2 日出具的毕业证明,用以证明服装技校未向其发放毕业证的事实。

被告辩称:1994 年原告毕业时被告按学籍管理规定为其办理了毕业证,但因被告为企业办学,毕业生在企业系统内统一分配,故被告已按规定将全部毕业生的人事档案和毕业证一并交到天津市服装联合总公司劳动人事处,待毕业生分配后由所在企业到总公司领取。原告毕业时未到指定企业服装十七厂报到,其后求职不成有多种原因,不应认为是毕业证的原因。2004 年年初突然来校索要毕业证及要求经济补偿,被告明确答复毕业证不在学校并为其开具了学历证明。请求法院驳回原告的诉讼请求。

被告提供的证据有:

1. 天津市劳动局发布的津劳培字〔1978〕第 240 号《关于下达天津市一九七八年技工学校扩大招生计划安排的通知》和《天津市技工学校一九九一年招生计划表》,用以证明被告依法成立及 1991 年招生的合法性。

2. 学校的毕业生分配名册,用以证明原告分配到天津市服装十七厂工作。

3. 被告原校长肖德华的证言,用以证明 94 届毕业生的档案和毕业证书都交到原天津市服装工业公司,学生到企业报到后,由所在企业到公司领取档案和毕业证书。

第三人纺织集团辩称:被告是独立法人单位,具有独立承担民事责任的能力;被告是 2002 年 2 月划归第三人所属,现在隶属于第三人下属针织公司,1994 年发生的毕业证问题因当时学校不属于第三人管理,此事与第三人没有任何关系。根据天津市人民政府的津政函〔2001〕72 号文件的规定,目前第三人不承担政府行政管理职能、行业管理职能、社会管理职能,第三人对学校发证无任何责任,因此与此案不存在任何利害关系。

第三人提供的证据如下:

1. 天津市调整工业办公室颁发的津调办〔1999〕63 号《关于将中孚国际集团有限公司所属天津市服装技术学校整建制划归南开区人民政府管理的批复》,用以证明被告由南开区政府管理。

2. 天津市人民政府颁发的津政函〔2001〕72 号《关于重组天津纺织集团(控股)有限公司实施方案有关问题的批复》,用以证明政府对第三人职能的定位,即不承担政府行政管理职能、行业管理职能、社会管理职能。

3.天津市人民政府办公厅有关领导批准的由天津市经济委员会发布的津经调〔2002〕9号《关于天津市服装技术学校调整隶属关系有关问题的请示》文件，用以证明2002年2月原隶属于中孚国际集团有限公司的天津市服装技术学校划转回归第三人管理的事实。

4.天津市经济委员会发布的津经企〔2004〕4号关于同意修改《天津纺织集团(控股)有限公司章程》的批复，用以证明天津市纺织工业总公司与天津中孚国际集团有限公司合并重组为天津纺织集团(控股)有限公司，天津中孚国际集团有限公司成为第三人的全资子公司，原所属服装企业的产权关系不变，原债权、债务仍由该公司承担。

【审判】

天津市河东区人民法院审理认为：

根据《中华人民共和国教育法》第42条第1款第3项的规定，受教育者享有完成规定的学业后获得相应的学业证书的权利。

被告服装技校作为从事培养技术工人的中等职业教育学校，应根据《中华人民共和国教育法》第42条第1款第3项的规定和1990年5月4日劳动部关于颁发《技工学校学生学籍管理规定》第30条“学生学完教学计划规定的全部课程，毕业考核和操行总评(毕业鉴定)成绩合格者，准予毕业，由学校发给毕业证书”的规定，向在学校接受教育且完成规定学业的学生颁发学业证书。现服装公司以原告杨宝玺的毕业证书已交上级主管单位为由，不向杨宝玺颁发毕业证的行为，缺乏法律依据，侵犯了杨宝玺依法应享有的受教育权，故应承担相应的法律责任。第三人纺织集团在服装技校1994年未向杨宝玺颁发毕业证书时，虽然不是服装技校的主管单位，但在2002年2月原隶属于中孚国际集团有限公司的服装技校划转回归其管理后，作为服装技校主管单位应承担监督管理的职责，及时清查服装技校的遗留问题，督促其纠正违法行为。由于纺织集团疏于管理，导致本案争议纠纷长期未得到解决，最终形成诉讼。为此，纺织集团应负有一定的责任。鉴于本案的实际情况，纺织集团应积极通过有关劳动行政主管部门协助其下属的服装技校办理毕业证书，以切实维护杨宝玺的合法权益不受侵害。

综上，依据《中华人民共和国行政诉讼法》第54条第3项和《中华人民共和国教育法》第21条的规定，天津市河东区人民法院于2005年3月9日判决：

自本判决生效之日起60日内，被告天津市服装技术学校颁发原告杨宝玺的毕业证书，第三人天津纺织集团(控股)有限公司予以协助办理。

案件受理费100元，由被告天津市服装技术学校负担。

判决后，双方当事人在法定期限内均未提出上诉。判决已发生法律效力。

【评述】

本案双方争议的焦点是:学校没有直接向其准予毕业的学生发放毕业证书是否构成违法。对于一个全日制普通高等学校而言,这个答案显然是非常明确的。根据《中华人民共和国教育法》第 42 条第 1 款第 3 项的规定,受教育者享有完成规定的学业后获得相应的学业证书的权利。这是受教育者所享有的受教育权之内容的一部分。任何学校都不能以不合理的理由拒绝或拖延发放其已准予毕业之学生的毕业证书,包括学位证书。

但是,本案的争议之所以出现,正是因为被告的办学性质,在当时是属于企业办学。被告之所以未向原告发放毕业证书,理由是原告未按照分配计划到指定的服装企业报到。显然这里被告是对原告领取毕业证书的行为附加了条件,这一条件便是原告的就业选择权。这种条件的附加除非存在法律或合同上的合法性依据,否则显然就是被告学校单方面的行为,属于对原告所享有的受教育权的不合理的限制。从根本上说,这是混淆了办学出资者、学校、学生三方之间的法律关系,将学生进入学校学习与进入企业就业强制等同和联系起来。因此,无论属于何种性质的办学,出资者、学校以及学生之间的法律关系应当根据法律规范和合同明确各自之间的权利义务关系。这种清晰的厘定,有助于保护不同办学性质的学校中学生的受教育权。

综上,一审法院作出的要求被告向原告颁发毕业证书,第三人予以协助的判决,适用法律、法规正确,判决得当。

(本案例的“案情”和“审判”部分选自《最高人民法院公报》2005 年第 7 期;“提领”和“评述”部分由作者根据有关法律与学理进行阐述,不代表司法机关的意见)

(骆梅英　撰)

53 孙立兴诉天津园区劳动局工伤认定行政纠纷案

【提领】

本案是一起围绕工伤认定争议引发的行政诉讼。一审和二审都采取了相同的意见,认为被告天津园区劳动局所作的《工伤认定决定书》适用法律错误,依法撤销。本案的核心争议在于,如何对《工伤保险条例》中的"工作场所"和"因工作原因"进行解释,以及,基于行政相对人的过失造成伤害,是否会影响工伤的认定。

【案情】

原告:孙立兴,男,58岁,天津市中力防雷技术有限公司职工。住天津市南开区保山道保山北里。

被告:天津新技术产业园区劳动人事局。住所地:天津市南开区华苑产业园区海泰大厦。

法定代表人:王建颖,该局局长。

第三人:天津市中力防雷技术有限公司。住所地:天津市南开区华苑产业园区国际商业中心。

法定代表人:孙巍巍,该公司总经理。

原告孙立兴因不服被告天津新技术产业园区劳动人事局(以下称园区劳动局)所作的工伤认定决定,向天津市第一中级人民法院提起行政诉讼。天津市第一中级人民法院认为原告所在单位天津市中力防雷技术有限公司(以下称中力公司)与所诉具体行政行为有利害关系,因此通知中力公司作为第三人参加诉讼。

原告孙立兴诉称:原告是第三人中力公司的员工。2003年6月10日,中力公司负责人孙磊派原告驾驶公司的红旗轿车于当日上午11点前赶到北京机场接人,顺便先将一批货送至周邓纪念馆附近。原告接受任务后,立即到公司主管部门领取汽车钥匙和汽油票,办理相关手续,然后急忙赶往楼下提车。行至一楼门口台阶时,由于地面滑,行走匆忙,原告从四层台阶上摔倒致伤。事故发生后,中力公司虽然立即派人将原告送往医院治疗,但从 2003 年 9 月起停付医疗费和工资,且不承认原告是因工负伤。经原告两次申请,被告园区劳动局于 2004 年 3 月 5 日作出〔2004〕0001 号《工伤认定决定书》,以没有证据表明摔伤事故系由工作原因造成为由,决定不认定原告的摔伤事故为工伤。原告是在工作时间、工作地点、因工作原因摔倒致伤,符合《工伤保险条例》第 14 条第 1 项规定的情形。被告根据《工伤保险条例》第 14 条第 5 项所作的决定,认定事实错误,适用法律不当。请求依法撤销被告所作的〔2004〕0001 号《工伤认定决定书》,并判令被告重新确认。

原告提交以下证据:

1. 被告园区劳动局所作的〔2004〕0001 号《工伤认定决定书》,内容是:2004 年 6 月 10 日上午 10 点 20 分左右,中力公司业务员孙立兴在华苑产业区国际商业中心(以下称商业中心)一楼门口台阶处因脚底一滑,从四层台阶上摔倒正面着地,造成孙立兴颈髓过伸位损伤合并颈部神经根牵拉伤、上唇挫裂伤、左手臂擦伤、左腿皮擦伤。根据受伤职工本人的工伤申请和医疗诊断证明书,结合我局收集的有关调查材料,依据以国务院令 375 号颁布的《工伤保险条例》第三章第 14 条第 5 项的认定标准,我们认为没有证据表明孙立兴的摔伤事故系由工作原因造成,故决定不认定孙立兴摔伤事故为工伤事故。

2. 照片两张,用以证明原告摔倒受伤的事故现场。

3. 红旗轿车保养单据,用以证明原告在 2003 年 4 月还为中力公司的红旗轿车进行保养。

4. 2003 年 5 月原告在中力公司的工作证,用以证明原告确系中力公司员工。

被告园区劳动局辩称:经调查,中力公司业务员孙立兴在因工外出期间受伤,但受伤不是由于工作原因,而是由于本人注意力不集中,脚底踩空,才在下台阶时摔伤。其受伤结果与其所接受的工作任务没有明显的因果关系,故不属于《工伤保险条例》第 14 条第 5 项规定应当认定工伤的情形。被告根据《工伤保险条例》第 14 条第 5 项作出的不认定工伤决定,认定事实清楚,证据充分,程序合法,法院应当维持。

被告提供以下证据:

1.《工伤保险条例》,用以证明被告具有作出工伤认定的主体资格和职权,所作工伤认定决定内容以及程序均合法。

2.孙立兴工伤认定申请表,用以证明该工伤认定决定是应孙立兴本人申请作出的。

3.身份证复印件、名片、劳动合同书、工资存折,用以证明孙立兴与中力公司之间存在劳动关系。

4.孙立兴病历记录、诊断证明书,用以证明孙立兴受伤的事实。

5.对孙磊、吴世伦、刘伟、刘春胜、庞丽爽、杨学长、孙巍巍等人的询问笔录,主要内容是证明孙立兴是市场部职工,与第三人存在劳动关系,发生伤害前曾在中力公司领取汽油票准备因工外出,等等。

第三人中力公司述称:因本公司实行末位淘汰制,原告孙立兴于事发前已经被淘汰。但因其原从事本公司销售工作,还有收回剩余货款的义务,所以才偶尔回公司打电话。事发时,孙立兴已不属于本公司职工,也不是在本公司工作场所范围内摔伤,不符合认定工伤的条件。

第三人未提供证据。

庭审质证中,原告孙立兴对被告园区劳动局提交的证据2至证据5没有异议,但认为其是在正常工作时间内接受领导指派,为完成工作任务而受伤,符合《工伤保险条例》第14条第1项的规定,不应适用《工伤保险条例》第14条第5项规定,被告提交的证据1不能证明工伤认定的内容合法。园区劳动局对孙立兴提交的证据无异议。第三人中力公司对孙立兴和园区劳动局提交的证据均未提出异议。

经质证,天津市第一中级人民法院对证据作出确认:原告孙立兴提交的证据合法、真实,且与本案有关,应当确认。被告园区劳动局提交的证据2至证据5系园区劳动局作出具体行政行为的事实根据,证据取得形式合法,内容客观真实,应予采信;证据1是法律规定,本案应当适用。

天津市第一中级人民法院经审理查明:

原告孙立兴是第三人中力公司的员工。2003年6月10日上午,中力公司负责人指派孙立兴驾驶汽车去北京机场接人,孙立兴即从中力公司所在商业中心的八楼下楼,准备到商业中心院内停放本单位红旗轿车处去开车。当行至一楼门口台阶处时,孙立兴脚下一滑,从四层台阶处摔倒在地面上,造成四肢不能活动。中力公司立即派人将孙立兴送至天津中医学院第一附属医院救治,经医院诊断为颈髓过伸位损伤合并颈部神经根牵拉伤、上唇挫裂伤、左手臂擦伤、左腿皮擦伤。孙立兴向被告园区劳动局提出工伤认定申请,园区劳动局经调查核实后以没有证据表明孙立兴的摔伤事故系由工作原因造成为由,于2004年3月5日作出〔2004〕0001号《工伤认定决定书》,决定不认定孙立兴摔伤事故为工伤事故。孙立兴不服,提起本案行政诉讼。

【审判】

天津市第一中级人民法院认为：

根据现有证据，案发时原告孙立兴是第三人中力公司的员工。中力公司称案发时孙立兴已不是该公司员工，但未提交相应证据，不予认定。根据《工伤保险条例》、劳动和社会保障部以第 17 号令发布的《工伤认定办法》，被告园区劳动局具有负责本行政区域内工伤保险工作的主体资格，受理工伤认定申请并作出工伤认定决定属于其职权范围。园区劳动局应孙立兴申请，对孙立兴摔伤事故作出工伤认定决定的程序，符合《工伤保险条例》、《工伤认定办法》中的相关规定。

《工伤保险条例》第 14 条第 1 项规定，职工在工作时间和工作场所内，因工作原因受到事故伤害的，应当认定为工伤。该条第 5 项规定，因工外出期间，由于工作原因受到伤害或者发生事故下落不明的，应当认定为工伤。原告孙立兴接受本单位领导指派的开车接人任务后，从公司所在的八楼下到一楼，在前往院内停放汽车处的途中摔倒。孙立兴当时并未驾车离开公司所在的院内，不属于因工外出期间摔伤，而是属于在工作时间和工作场所内，为了完成工作任务，由于工作原因摔伤，因此符合《工伤保险条例》第 14 条第 1 项认定工伤的法定条件。故被告园区劳动局根据《工伤保险条例》第 14 条第 5 项规定所作的〔2004〕0001 号《工伤认定决定书》，适用法律错误，应予撤销。

据此，天津市第一中级人民法院依照《中华人民共和国行政诉讼法》（以下称行政诉讼法）第 54 条第 2 项、《最高人民法院关于执行〈中华人民共和国行政诉讼法〉若干问题的解释》第 59 条第 1 项的规定，于 2005 年 3 月 23 日判决：

一、撤销被告园区劳动局 2004 年 3 月 5 日所作的〔2004〕0001 号《工伤认定决定书》；

二、被告园区劳动局在本判决生效后 60 日内重新作出具体行政行为。

园区劳动局不服一审判决，向天津市高级人民法院提起上诉。理由是：该局认定被上诉人孙立兴属于“因工外出”，事实清楚。原审第三人中力公司的经营场所为商业中心八楼，被上诉人接受的任务是开车接人。按照通常理解，只有中力公司在商业中心八楼的营业场所和被上诉人所开的汽车内，才是被上诉人的工作场所。而被上诉人是在商业中心一楼门口台阶处摔伤，受伤地点不属于被上诉人的工作场所范围。被上诉人不是因完成工作任务即开车摔伤，也不是因雨、雪天气导致台阶地滑等客观原因摔伤，完全是因为本人精力不集中所致，故不属于“因工作原因”致伤。原判认定被上诉人摔伤事故发生在“工作场所”，被上诉人“是为了完成工作任务”摔伤，属于事实认定有误，适用法律错误。

请求撤销一审判决，依法改判维持上诉人所作的〔2004〕0001号《工伤认定决定书》。

被上诉人孙立兴辩称：被上诉人所在的中力公司，位于商业中心八楼，该公司的车辆停放在商业中心的院内，故商业中心一楼门口的台阶，是被上诉人完成开车接人工作任务的必经之路。被上诉人接受任务时间紧迫，为了完成工作匆忙行走才导致滑倒，属于法律规定的“因工作原因受到事故伤害”。一审认定被上诉人是在工作时间、工作地点因工作原因受伤正确，应当维持。

原审第三人中力公司认为：(1)被上诉人当天的工作任务是开车接人，其工作场所应当是在汽车内。(2)工作时间是否紧迫，和被上诉人摔伤没有直接关系。对于“因工作原因”的理解，不能过于宽泛。(3)在法律无明确规定的情况下，对于法律的理解适用，应当尊重作为行政机关的上诉人的理解和认定。被上诉人属于外出期间受伤，且不属于《工伤保险条例》规定的应当认定工伤的情形。上诉人所作〔2004〕0001号《工伤认定决定书》适用法律正确。

天津市高级人民法院经审理，确认了一审查明的事实。

天津市高级人民法院认为：

各方当事人对一审判决认定上诉人园区劳动局具有行政主体资格和法定职权，其作出的工伤认定决定符合法定程序，以及认定被上诉人孙立兴是在工作时间内摔伤，均无异议。故本案争议焦点是：(1)孙立兴摔伤的地点是否在“工作场所”范围内；(2)孙立兴是否“因工作原因”摔伤；(3)孙立兴本人行走当中不够谨慎的过失是否影响工伤认定？

关于被上诉人孙立兴摔伤的地点是否在“工作场所”范围内的问题。《工伤保险条例》第14条第1项规定的工作场所，是指职工从事职业活动的场所，在有多个工作场所的情形下，还包括职工来往于多个工作场所之间的必经区域。本案中，位于商业中心八楼的中力公司办公室，是孙立兴的工作场所，而其完成任务需驾驶的汽车，是孙立兴的另一处工作场所。汽车停放在商业中心一楼门外，孙立兴要完成开车任务，必须从商业中心八楼到一楼门外停车处，故从商业中心八楼到停车处是孙立兴来往于两个工作场所之间的必经区域，也应当认定为孙立兴的工作场所。上诉人园区劳动局认为摔伤地点不属于孙立兴的工作场所，是将完成工作任务的必经之路排除在工作场所外，既不符合立法本意，也有悖于生活常识。一审认定孙立兴在工作场所内受到伤害，是正确的。

关于被上诉人孙立兴是否“因工作原因”摔伤的问题。《工伤保险条例》第14条规定的“因工作原因”，是指职工受伤与从事本职工作之间存在因果关系，即职工因从事本职工作而受伤。孙立兴是为完成开车接人的工作任务，才从位于商业中心八楼的中力公司办公室下到一楼，并在一楼门口台阶处摔伤。孙立兴在下楼过程中摔伤,系为完成工作任务所致。上诉人园区劳动局以孙立兴不是开车时受伤为由,认为孙立兴不属于"因工作原因"摔伤,理由不能成立。

关于被上诉人孙立兴本人行走当中不够谨慎的过失是否影响工伤认定的问题。《工伤保险条例》第16条规定了不认定工伤的三种情形,即因犯罪或者违反治安管理伤亡的、醉酒导致伤亡的、自残或者自杀的。职工从事工作中存在过失不属于不认定工伤的法定情形,不影响职工受伤与从事本职工作之间因果关系的成立。工伤事故中,受伤职工一般均具有疏忽大意、精力不集中等过失。如果将职工主观上的过失作为工伤认定的排除条件,既不符合《工伤保险条例》保障劳动者合法权益的本意,也有悖于日常生活经验。即使孙立兴在行走之中确实有失谨慎,亦不影响本次工伤的认定。上诉人园区劳动局以导致孙立兴摔伤的原因不是雨、雪天气使台阶地滑,而是因其本人精力不集中导致为由,主张孙立兴不属"因工作原因"致伤,理由不能成立。

《工伤保险条例》第1条规定:"为了保障因工作遭受事故伤害或者患职业病的职工获得医疗救治和经济补偿,促进工伤预防和职业康复,分散用人单位的工伤风险,制定本条例。"《工伤认定办法》第1条也规定:"为规范工伤认定程序,依法进行工伤认定,维护当事人的合法权益,根据《工伤保险条例》的有关规定,制定本办法。"这是《工伤保险条例》、《工伤认定办法》的立法目的。劳动和社会保障行政机关在适用《工伤保险条例》、《工伤认定办法》时,应当根据立法目的去理解其中的具体规定。本案中上诉人园区劳动局对《工伤保险条例》第14条第1项规定的"工作场所"、"因工作原因"的理解,不符合《工伤保险条例》保障职工合法权益的立法目的。《行政诉讼法》第1条规定:"为保证人民法院正确、及时审理行政案件,保护公民、法人和其他组织的合法权益,维护和监督行政机关依法行使行政职权,根据宪法制定本法。"该规定体现了国家设置行政诉讼制度的目的。行政机关对法律的理解违背立法本意,人民法院在审理相关行政诉讼案件中,应当依法作出正确的解释,这也是对行政机关行使职权的监督。原审第三人中力公司关于"在法律无明确规定的情况下,对于法律的理解适用应当尊重作为行政机关的上诉人的理解和认定"的意见,没有法律依据,故不予采纳。

综上,一审认定上诉人园区劳动局适用法律错误,判决撤销园区劳动局所作的〔2004〕0001号《工伤认定决定书》,认定事实清楚,适用法律正确,审判程序合法,应当维持。据此,天津市高级人民法院依照《行政诉讼法》第61条第1项规定,于2005年7月11日判决:

驳回上诉,维持原判。

【评述】

本案是一起涉及工伤认定引发的纠纷。一审原告接到单位负责人指派其前往机场接人的工作指令后，在从单位所在的八楼行至一楼取车过程中摔伤，因而向园区劳动局申请工伤认定。在得到"不予认定为工伤"的决定书后，提起诉讼。

对于伤害是否系工伤，《工伤保险条例》第 14 条第 1 项规定，职工在工作时间和工作场合内，因工作原因受到事故伤害的，应当认定为工伤。这就明确了工伤认定的三个构成要件，即工作时间、工作场合，以及因工作原因受到事故伤害。园区劳动局对工伤的认定也就围绕这三个要件进行核实。其中，认定孙立兴是在工作时间内摔伤，没有异议。但是在工作场合认定上，园区劳动局认为孙立兴在因工外出期间受伤。根据《工伤保险条例》第 14 条第 5 项的规定，因工外出期间，由于工作原因受到伤害或者发生事故下落不明的，应当认定为工伤。但是由于孙立兴受伤不是由于工作原因，而是由于本人注意力不集中，脚底踩空，才在下台阶时摔伤。其受伤结果与其所接受的工作任务没有明显的因果关系，故不属于《工伤保险条例》第 14 条第 5 项规定应当认定工伤的情形。

在案件受理后，本案的事实认定相对清楚，各方当事人对园区劳动局具有行政主体资格和法定职权，其作出的工伤认定决定符合法定程序，以及认定被上诉人孙立兴是在工作时间内摔伤，均无异议。因此案件争议的焦点就集中在三个问题上:一是孙立兴摔伤的地点是否在"工作场所"范围内？二是孙立兴是否"因工作原因"摔伤？三是孙立兴本人行走当中不够谨慎的过失是否影响工伤认定？

1. 孙立兴摔伤的地点是否在"工作场所"的范围内？本案中，工作场所的认定，直接涉及孙立兴究竟在工作场合内，还是因公外出期间受到伤害的认定，换言之，涉及《工伤保险条例》第 14 条第 1 项还是第 5 项的法律适用问题。被告辩称，第三人中力公司的经营场所为商业中心八楼，孙立兴接受的任务是开车接人。因此，只有中力公司在商业中心八楼的营业场所和所开的汽车内，才是孙立兴的工作场所。而孙立兴是在商业中心一楼门口台阶处摔伤，受伤地点不属于工作场所范围。对此，一审法院和二审法院都没有接受这一主张。一审法院认为，原告孙立兴接受本单位领导指派的开车接人任务后，从公司所在的八楼下到一楼，在前往院内停放汽车处的途中摔倒。孙立兴当时并未驾车离开公司所在的院内，不属于因工外出期间摔伤，而是属于在工作时间和工作场所内。二审法院认为，《工伤保险条例》第 14 条第 1 项规定的工作场所，是指职工从事职业活动的场所，在有多个工作场所的情形下，还包括职工来往于多个工作场所之间的必经区域。本案中，位于商业中心八楼的中力公司办公室，是孙立兴的工作场所，而其完成任务需驾驶的汽车，是孙立兴的另一处工作场所。汽车停放在商业中心一楼门外，孙立兴要完成开车任务，必须从商业中心八楼到一楼门外停车处，故从商业中心八楼到停车处是孙立兴来往于两个工作场所之间的必经区域，也应当认定为孙立兴的工作场所。

2. 孙立兴是否"因工作原因"摔伤？园区劳动局认为，孙立兴不是因完成工作任务即开车摔伤，也不是因雨、雪天气导致台阶地滑等客观原因摔伤，完全是因为本人精力不集中所致，因此不属于"因工作原因"致伤。这一理由也未被法院采纳。一审法院认定孙立兴是为了完成工作任务，由于工作原因而摔伤。二审法院给予更为充分的理由说明，指出，《工伤保险条例》第 14 条规定的"因工作原因"，是指职工受伤与从事本职工作之间存在因果关系，即职工因从事本职工作而受伤。孙立兴是为完成开车接人的工作任务，才从位于商业中心八楼的中力公司办公室下到一楼，并在一楼门口台阶处摔伤。孙立兴在下楼过程中摔伤，系为完成工作任务所致。

3. 孙立兴本人行走当中不够谨慎的过失是否影响工伤认定？这个问题，二审法院作了较为充分的解释。首先，从体系解释的角度，法院援引《工伤保险条例》第 16 条规定不认定工伤的三种情形，即因犯罪或者违反治安管理伤亡的、醉酒导致伤亡的、自残或者自杀的，指出职工从事工作中存在过失不属于不认定工伤的法定情形，不影响职工受伤与从事本职工作之间因果关系的成立。接着，法院采取目的解释的方法，援引《工伤保险条例》第 1 条和《工伤认定办法》第 1 条的规定，明确立法对于保障劳动者合法权益的本意。并强调，工伤事故中，受伤职工一般均具有疏忽大意、精力不集中等过失。如果将职工主观上的过失作为工伤认定的排除条件，既不符合《工伤保险条例》保障劳动者合法权益的本意，也有悖于日常生活经验。为了驳斥原审第三人中力公司关于"在法律无明确规定的情况下，对于法律的理解适用应当尊重作为行政机关的上诉人的理解和认定"的意见，二审法院援引《行政诉讼法》第 1 条规定，指出国家设置行政诉讼制度的目的，认为当行政机关对法律的理解违背立法本意时，人民法院在审理相关行政诉讼案件中，应当依法作出正确的解释，这也是对行政机关行使职权的监督。

本案刊登于《最高人民法院公报》，对"工作场所"和"工作原因"作了明确的个案解释，尤其指出，职工的一般过失不会影响工伤认定。相信这个案例会对类似工伤认定有一定的指导意义。

（本案例的"案情"和"审判"部分选自《最高人民法院公报》2006 年第 5 期；"提领"和"评述"部分由作者根据有关法律与学理进行阐述，不代表司法机关的意见）

（蒋红珍　撰）

54 焦志刚诉天津市和平公安分局治安管理处罚决定行政纠纷案

【提领】

本案主要涉及行政法上的两个基本原理:行政决定的公定力和申辩不加罚原则。被告对原告作出 200 元罚款的处罚决定之后,在上级机关的要求下,被告自行撤销了原决定,代之以拘留 10 天的行政处罚。在原告申请复议、复议机关撤销该行政处罚后,被告又依据原事实作出拘留 15 天的行政处罚决定,再次加重了对原告的处罚程度。原告不服起诉后,一、二审法院均以被告的行为违反行政法上行政决定的公定力原理和申辩不加罚原则为由,判决撤销变更后的行政处罚决定。

【案情】

原告:焦志刚,男,38 岁,南开大学新部落餐厅员工。住天津市河西区湘江道。

被告:天津市公安局和平分局。住所地:天津市和平区山西路。

负责人:穆建国,该分局局长。

原告焦志刚因不服天津市公安局和平分局(以下称和平公安分局)作出的公(和)决字〔2004〕第 870 号行政处罚决定书(以下称 870 号处罚决定书),向天津市和平区人民法院提起行政诉讼。

原告焦志刚诉称:因原告错误举报查扣车辆的执勤交通民警酒后执法,被告和平公安分局已经给予原告治安罚款 200 元的行政处罚。该行政处罚决定生效后,被告又说要重新查处,重新裁决。被告的重新裁决是给予原告治安拘留 10 日的行政处罚,原告不服申请复议,天津市公安局也以事实不清为由撤销了该处罚决定,要求被告再重裁。然而被告在相同的事实基础上,以 870 号处罚决定书再次裁决,竟然把对原告治安拘留 10 日改成了治安拘留 15 日。被告完全不顾《中华人民共和国行政处罚法》(以下称《行政处罚法》)关于“行政机关不得因当事人申辩而加重处罚”的规定,对不服处罚决定而申辩的原告加重处罚,是滥用职权违法行政。请求判决撤销被告作出的 870 号处罚决定书。

被告辩称:被告虽然对原告作出过治安罚款 200 元的行政处罚,但因为天津市公安局公安交通管理局向天津市公安局纪检组反映该治安处罚过轻,市公安局纪检组根据公安部监督条例的相关规定要求被告重新裁决,故被告在撤销了原治安罚款 200 元的行政处罚决定后,依法作出 870 号处罚决定书。该处罚决定事实清楚、证据确凿、适用法律正确、程序合法,法院应当维持。

天津市和平区人民法院经审理查明:

2004 年 3 月 30 日 23 时许,原告焦志刚驾驶一辆报废的夏利牌汽车途经天津市卫津路与鞍山道交叉路口时,被正在这里执行查车任务的交通民警王心魁、方成瑞、王学静等人查获。交通民警决定暂扣焦志刚驾驶的汽车,但焦志刚拒绝交出汽车钥匙,交通民警遂调来拖车将暂扣汽车拖走。汽车被拖走后,焦志刚向交通民警索要被滞留的驾驶证,未果,便拨打 110 报警,称交通民警王心魁酒后执法。接报警后,天津市公安局督察处立即赶到现场询问了情况,并带王心魁、焦志刚一起到天津市公安局刑事科学技术鉴定部门,当场委托该部门化验王心魁的尿液。经化验鉴定,结论为:在王心魁的尿液中未检查出酒精成分。据此,天津市公安局督察处向交通民警王心魁本人及其所在单位发出《公安警务督察正名通知书》,确认焦志刚举报交通民警王心魁酒后执法一事不实,并按管辖分工,将不实举报人焦志刚移交给被告和平公安分局处理。和平公安分局认为,焦志刚的不实举报阻碍了国家工作人员依法执行职务,属于《中华人民共和国治安管理处罚条例》(以下称治安管理处罚条例)第 19 条第 7 项规定的扰乱公共秩序行为,遂根据该条规定,于同年 3 月 31 日作出公(和)决字〔2004〕第 056 号行政处罚决定书(以下称 056 号处罚决定书),决定给予焦志刚治安罚款 200 元的行政处罚。在 056 号处罚决定书已经发生法律效力后,同年 7 月 4 日,和平公安分局告知焦志刚,由于天津市公安局公安交通管理局反映处罚过轻,所以要撤销 056 号处罚决定书,重新查处,重新裁决。同年 7 月 13 日,和平公安分局作出公(和)决字〔2004〕第 047 号行政处罚决定书(以下称 047 号处罚决定书),决定给予焦志刚治安拘留 10 日的行政处罚。焦志刚不服申请复议,天津市公安局以事实不清为由撤销了 047 号处罚决定书,要求和平公安分局重新作出具体行政行为。同年 11 月 19 日,和平公安分局作出 870 号处罚决定书,决定给予焦志刚治安拘留 15 日的行政处罚。焦志刚再次申请复议,天津市公安局维持了 870 号处罚决定书,焦志刚为此提起行政诉讼。

认定上述事实的证据有:

1. 2004年3月31日对焦志刚的讯问笔录两份；
2. 2004年7月4日对焦志刚的讯问笔录一份；
3. 2004年3月31日对王心魁的询问笔录两份；
4. 2004年3月31日对方成瑞的询问笔录一份；
5. 2004年3月31日对王学静的询问笔录一份；
6. 方成瑞、王学静、刘胜宇、张宽、欧阳东军出具的《情况说明》；
7. 天津市公安局刑事科学技术鉴定书；
8. 报废车辆证明；
9. 公安警务督察正名通知书两份；
10. 传唤证三份；
11. 天津市公安局公安行政处罚告知笔录；
12. 056号、047号、870号处罚决定书；
13.《治安管理处罚条例》第19条第7项、第33条、第34条；
14.《行政处罚法》第31条。

【审判】

天津市和平区人民法院认为：

《治安管理处罚条例》第33条第1款规定："对违反治安管理行为的处罚，由县、市公安局、公安分局或者相当于县一级的公安机关裁决。"被告和平公安分局是有权作出行政处罚决定的公安机关，行政主体适格。原告焦志刚在交通民警王心魁执行公务时，不仅不配合，反而拨打110无中生有地举报王心魁酒后执法。和平公安分局据此认定焦志刚阻碍王心魁执行职务，根据《治安管理处罚条例》第19条第7项规定，决定给予焦志刚罚款200元的行政处罚，事实清楚，证据确凿，处罚在法律规定的幅度内，且执法程序合法。天津市公安局公安交通管理局认为和平公安分局对焦志刚所作的处罚过轻，应当在复议期限内依法定程序解决。非经复议机关复议和人民法院审判，任何机关和个人都不得改变已经发生法律效力的处罚决定。和平公安分局在056号处罚决定书已经生效的情况下，仅因天津市公安局公安交通管理局认为处罚过轻，即随意地自行变更处罚决定，程序明显违法。特别是焦志刚对和平公安分局的第二次处罚决定不服申请复议后，不但未能得到应有的行政救助，反而受到加重处罚。和平公安分局的做法明显与《行政处罚法》第32条第2款"行政机关不得因当事人申辩而加重处罚"的规定不符。

据此，天津市和平区人民法院依照《中华人民共和国行政诉讼法》第54条第2项第3目规定，于2005年3月30日判决：

撤销被告和平公安分局所作的 870 号处罚决定书。

诉讼受理费 50 元,其他费用 150 元,均由被告和平公安分局负担。

一审宣判后,和平公安分局不服,向天津市第一中级人民法院提起上诉称:(1)公安部《公安机关内部执法监督工作规定》第 13 条规定:“在执法监督过程中,发现本级或者下级公安机关已经办结的案件或者执法活动确有错误、不适当的,主管部门报经主管领导批准后,直接作出纠正的决定,或者责成有关部门或者下级公安机关在规定的时限内依法予以纠正。”第 19 条第 1 项规定,对错误的处理或者决定予以撤销或者变更。依照上述规定,上诉人在接到上级机关要求重新裁决的指令后,撤销了对被上诉人焦志刚罚款 200 元的 056 号处罚决定书,责令办案单位重新查处,才又作出给予被上诉人治安拘留的行政处罚决定。这个行政处罚决定的作出符合法律规定,程序不违法。(2)行政处罚法第 32 条第 2 款的规定,是指行政机关在行政处罚决定作出前,要允许当事人申辩,不得因当事人申辩而加重处罚,这个规定不适用于行政处罚决定作出后的行政复议程序。(3)《中华人民共和国行政复议法》(以下称行政复议法)没有规定行政处罚决定被复议机关撤销后,行政机关重新作出的裁决不得加重处罚。上诉人在决定对被上诉人治安拘留 10 日的 047 号处罚决定书被复议机关撤销后,重新作出给予被上诉人治安拘留 15 日的 870 号处罚决定书,符合法律规定。一审认定 870 号处罚决定书违反法定程序、违反法律规定,是不当的。请求撤销一审判决,依法判决维持被诉具体行政行为。

被上诉人焦志刚答辩称:一审认定事实清楚,适用法律正确,程序合法,所作判决并无不当。上诉人的上诉理由不能成立,二审应当维持一审判决,驳回上诉人的上诉请求。

天津市第一中级人民法院经审理,确认了一审查明的事实。

本案争议焦点是:(1)056 号处罚决定书生效后,能否被撤销;(2)上诉人根据《公安机关内部执法监督工作规定》,以 047 号处罚决定书取代 056 号处罚决定书,其行为是否合法;(3)行政处罚决定书被复议机关撤销后,行政机关能否在重新作出的处罚决定中加重对当事人的行政处罚。

天津市第一中级人民法院认为:

《治安管理处罚条例》第 19 条第 7 项规定,对未使用暴力、威胁方法的拒绝、阻碍国家工作人员依法执行职务行为,尚不够刑事处罚的,处 15 日以下拘留、200 元以下罚款或者警告。被上诉人焦志刚驾驶报废汽车,被执行查车任务的交通民警查获。交通民警暂扣焦志刚驾驶的汽车和滞留其驾驶证,是依法执行职务。对交通民警依法执行职务的行为,公民有义务配合。而焦志刚不仅不配合,还拨打 110 报警,无中生有地举报交通民警王心魁酒后执法,使交通民警正在依法执行的公务不得不中断。经天津市公安局督察处查证，确认焦志刚的举报不实。上诉人和平公安分局据此认定焦志刚的行为触犯了《治安管理处罚条例》第19条第7项规定，并根据该条规定作出056号处罚决定书，给予焦志刚治安罚款200元的处罚。这个处罚决定事实清楚、证据确凿，处罚在法律规定的幅度内，且执法程序合法，是合法的行政处罚决定，并已发生法律效力。依法作出的行政处罚决定一旦生效，其法律效力不仅及于行政相对人，也及于行政机关，不能随意被撤销。已经生效的行政处罚决定如果随意被撤销，也就意味着行政处罚行为本身带有随意性，不利于社会秩序的恢复和稳定。

上诉人和平公安分局称，由于天津市公安局公安交通管理局认为056号处罚决定书处罚过轻提出申诉，天津市公安局纪检组指令其重新裁决，这样做的执法根据是《公安机关内部执法监督工作规定》第13条、第19条第1项规定，因此重新裁决符合法律规定，程序并不违法。

错误的行政处罚决定，只能依照法定程序纠正。《治安管理处罚条例》第39条规定："被裁决受治安管理处罚的人或者被侵害人不服公安机关或者乡（镇）人民政府裁决的，在接到通知后5日内，可以向上一级公安机关提出申诉，由上一级公安机关在接到申诉后5日内作出裁决；不服上一级公安机关裁决的，可以在接到通知后5日内向当地人民法院提起诉讼。"根据此条规定，有权对治安管理处罚决定提出申诉的，只能是被处罚人和因民间纠纷引起的打架斗殴等违反治安管理事件中的被侵害人。交通民警是国家工作人员，交通民警是根据法律的授权才能在路上执行查车任务。交通民警依法执行职务期间，是国家公权力的化身，其一举一动都象征着国家公权力的行使，不是其个人行为的表现。交通民警依法执行职务期间产生的责任，依法由国家承担，与交通民警个人无关。交通民警依法执行职务的行为受法律特别保护，行政相对人如果对依法执行职务的交通民警实施人身攻击，应当依法予以处罚。被上诉人焦志刚因实施了阻碍国家工作人员依法执行职务的行为被处罚。虽然焦志刚的不实举报直接指向了交通民警王心魁，但王心魁与焦志刚之间事先不存在民事纠纷，焦志刚实施违反治安管理行为所侵害的直接客体，不是王心魁的民事权益，而是公共秩序和执法秩序。因此，无论是交通民警王心魁还是王心魁所供职的天津市公安局公安交通管理局，都与焦志刚不存在个人恩怨，都不是治安管理处罚条例所指的被侵害人，都无权以被侵害人身份对上诉人和平公安分局所作的056号处罚决定书提出申诉。

《公安机关内部执法监督工作规定》第13条、第19条第1项，要求公安机关纠正在执法活动过程中形成的错误的处理或者决定。纠正的目的，该规定第1条已经明示，是为保障公安机关及其人民警察依法正确履行职责，防止和纠正违法和不当的执法行为,保护公民、法人和其他组织的合法权益。这样做的结果,必然有利于树立人民警察公正执法的良好形象。前已述及,056号处罚决定书依照法定程序作出,事实清楚、证据确凿,处罚在法律规定的幅度内,是合法且已经发生法律效力的处罚决定,不在《公安机关内部执法监督工作规定》所指的“错误的处理或者决定”之列,不能仅因交警部门认为处罚过轻即随意撤销。这样做,只能是与《公安机关内部执法监督工作规定》的制定目的背道而驰。再者,《公安机关内部执法监督工作规定》是公安部为保障公安机关及其人民警察依法正确履行职责,防止和纠正违法和不当的执法行为,保护公民、法人和其他组织的合法权益而制定的内部规章,只在公安机关内部发挥作用,不能成为制作治安管理行政处罚决定的法律依据。

上诉人和平公安分局认为,《行政处罚法》第32条第2款的规定是指在行政处罚决定作出前,行政机关要允许当事人申辩,不得因当事人申辩而加重处罚,这个规定不适用于行政处罚决定作出后的行政复议程序;行政复议法没有规定行政处罚决定被复议机关撤销后,行政机关重新作出的裁决不得加重处罚。因此,047号处罚决定书被复议机关撤销后,其在870号处罚决定书中决定给予被上诉人焦志刚治安拘留15日的行政处罚,符合法律规定。

行政复议法确实没有“行政处罚决定被复议机关撤销后,行政机关重新作出的裁决不得加重处罚”的规定。之所以不作这样的规定,是因为实践中存在着因原裁决处罚过轻被复议机关撤销的实际情况,重新作出的裁决当然有必要加重处罚。

《行政处罚法》第32条第1款的规定是:“当事人有权进行陈述和申辩。行政机关必须充分听取当事人的意见,对当事人提出的事实、理由和证据,应当进行复核;当事人提出的事实、理由或者证据成立的,行政机关应当采纳。”第2款的规定是:“行政机关不得因当事人申辩而加重处罚。”行政处罚决定权掌握在行政机关手中。在行政处罚程序中始终贯彻允许当事人陈述和申辩的原则,只能有利于事实的查明和法律的正确适用,不会混淆是非,更不会因此而使违法行为人逃脱应有的惩罚。法律规定不得因当事人申辩而加重处罚,就是对当事人申辩进行鼓励的手段。无论是行政处罚程序还是行政复议程序,都不得因当事人进行申辩而加重对其处罚。认为“不得因当事人申辩而加重处罚”不适用于行政复议程序,是对法律的误解。

上诉人和平公安分局作出给予被上诉人焦志刚治安拘留10日的047号处罚决定书后,焦志刚以处罚明显过重为由申请复议,这是一种申辩行为。复议机关以事实不清为由撤销了047号处罚决定书后,和平公安分局在没有调查取得任何新证据的情况下,在870号处罚决定书中决定给予焦志刚治安拘留15

日的处罚。这个加重了的行政处罚明显违反《行政处罚法》第 32 条第 2 款规定，也背离了行政复议法的立法本意。

综上所述，上诉人和平公安分局的上诉理由不能成立，不予支持。一审判决撤销 870 号处罚决定书，并无不当。据此，天津市第一中级人民法院依照《中华人民共和国行政诉讼法》第 61 条第 1 项规定，于 2005 年 9 月 6 日判决：

驳回上诉，维持原判。

上诉案件受理费 100 元，由上诉人和平公安分局负担。

【评述】

本案被告对原告作出 200 元罚款的处罚决定之后，在上级机关的要求下，被告自行撤销了原决定，代之以拘留 10 天的行政处罚。在原告申请复议、复议机关撤销该行政处罚后，被告又依据原事实作出拘留 15 天的行政处罚决定，再次加重了对原告的处罚程度。这些行为严重地违反了行政法上的两个基本原理：行政行为的公定力和申辩不加罚原则。

行政行为的公定力，也称确定力，国内学者一般认为，它包含四层意思：(1)行政行为一经作出，就有相对的稳定性，不经过法律程序不能改变或撤销；(2)行政行为一经作出，其效力不受原作出主体变动的影响；(3)行政行为一经作出，同样不受原行政人变动的影响；(4)原行政主体及行政人需要改变或撤回已作出的行政行为，必须经过与作出相同的法律程序。有些国家对行政行为的公定力有更严格的要求，比如日本，他们认为“行政处分，即使违法，除了其违法重大且明显，被认为属于使该处分当然无效的情况以外，只要没有被合法地撤销，就应该解释为完全具有其效力的行为”。笔者认为，行政行为一旦作出之后，坚持行政行为的公定力原理，应该注意三个方面：第一，非具备法定事由不得撤销；第二，非经法定程序不得撤销；第三，非经其他法定机关不得撤销。换句话说，行政行为一旦做出之后，只能由其他有权机关按照法定程序依据法律规定的条件予以撤销。因此，一审法院认为：“天津市公安局公安交通管理局认为和平公安分局对焦志刚所作的处罚过轻，应当在复议期限内依法定程序解决。非经复议机关复议和人民法院审判，任何机关和个人都不得改变已经发生法律效力的处罚决定。”这种意见是应当支持的。

申辩不加重处罚，是行政程序应遵循的一项原则，其功能和原理与诉讼法上的“上诉不加罚”原则基本相同，其主旨在于切实维护我国公民所享有的宪法上的申诉和控告权。对此，我国《行政处罚法》第 32 条明确作了规定：“当事人有权进行陈述和申辩。行政机关必须充分听取当事人的意见，对当事人提出的事实、理由和证据，应当进行复核；当事人提出的事实、理由或者证据成立的，行政机关应当采纳。行政机关不得因当事人申辩而加重处罚。”尽管本案是在复议机关撤销了原行政行为的情况下作出的,《行政复议法》也确实没有规定“行政处罚决定被复议机关撤销后,行政机关重新作出的裁决不得加重处罚”,但这是考虑到第三人申请复议且原行政处罚过轻被复议机关撤销的实际情况,不宜作上述规定。在本案中,被告所为与“申辩不加重处罚”实际上相违背。

因此,一、二审法院以被告的行为违反行政法上行政决定的公定力原理和申辩不加罚原则为由判决撤销变更后的行政处罚决定是妥当的。

(本案例的“案情”和“审判”部分选自《最高人民法院公报》2006 年第 10 期;“提领”和“评述”部分由作者根据有关法律与学理进行阐述,不代表司法机关的意见)

(杨登峰　撰)

55 建明食品公司诉泗洪县人民政府检疫行政命令纠纷案

【提领】

本案是一起状告县政府检疫行政命令的案件。本案因分管副县长的一个指示电话而引发，焦点是副县长的电话指示是否属于人民法院行政诉讼受案范围？本案经过两审。一审法院认为，副县长的电话指示是行政机关内部的行政指导行为，不具有强制力，不属于人民法院行政诉讼受案范围，故裁定驳回原告起诉。二审法院认为，审查行政机关内部上级对下级作出的指示是否属于人民法院受案范围内的可诉行政行为，应从指示内容是否对公民、法人或其他组织权利义务产生了实际影响着手，并认为副县长的电话指示已产生了影响法人合法权益的实际后果，故裁定撤销一审行政裁定，由一审法院继续审理。本案对于规范行政机关内部指示、命令等行为，具有启示意义。

【案情】

原告：江苏省泗洪县建明食品有限责任公司。住所地：江苏省泗洪县青阳镇。

法定代表人：王迪建，该公司总经理。

被告：江苏省泗洪县人民政府。住所地：江苏省泗洪县城。

法定代表人：徐德，该县副县长。

第三人：江苏省泗洪县兽医卫生监督检验所，住所地：江苏省泗洪县城。

法定代表人：赵德，该所所长。

原告江苏省泗洪县建明食品有限责任公司（以下称建明食品公司）认为被告江苏省泗洪县人民政府（以下称泗洪县政府）分管副县长的电话指示侵犯其合法权益，于 2005 年 4 月 21 日提起行政诉讼。江苏省宿迁市中级人民法院认为，江苏省泗洪县兽医卫生监督检验所（以下称县兽检所）同提起的行政诉讼有利害关系，依照《中华人民共和国行政诉讼法》(以下称《行政诉讼法》)第 27 条规定，通知其作为第三人参加诉讼。

原告诉称：原告是经被告批准设立的生猪定点屠宰单位。原告的生猪被屠宰前后，依法应由第三人进行检疫、检验。2003 年 5 月 22 日，被告的分管副县长电话指示第三人停止对原告的生猪进行检疫，致使原告的生猪无法屠宰和上市销售，被迫停业。请求确认被告的分管副县长的电话指示违法。

原告提交以下证据：

1. 企业法人营业执照、卫生许可证、动物防疫合格证、税务登记证及中华人民共和国组织机构代码证，用以证明建明食品公司是依法经批准设立的生猪定点屠宰单位，经营手续完备。

2.《关于加强县城生猪屠宰管理的通知》(以下称《屠宰管理通知》)、宿迁市中级人民法院〔2004〕宿中行初字第 06 号行政判决书，用以证明由于泗洪县政府下设的泗洪县生猪管理办公室(以下称县生猪办)在 2003 年 5 月 18 日发布的《屠宰管理通知》中，仅将该县生猪定点屠宰单位标注为泗洪县食品公司肉联厂(以下称县肉联厂)，被建明食品公司诉至法院后，该具体行政行为已被生效判决确认为违法。

3. 县兽检所和泗洪县青阳镇畜牧兽医站出具的证据，用以证明泗洪县分管副县长 2003 年 5 月 22 日的电话指示事实客观存在。

被告辩称：被告的分管副县长是根据 2003 年 5 月 18 日的《屠宰管理通知》，才作出内容为“停止对县肉联厂以外的单位进行生猪检疫”的电话指示。这个电话指示是分管副县长对下属单位县兽检所作出的，是行政机关内部的行政指导行为；指示内容中没有提到原告，不会直接对原告的权利义务产生影响。因此，这个电话指示不是人民法院行政诉讼管辖的具体行政行为，不在人民法院行政诉讼受案范围内，原告无权对这个电话指示提起行政诉讼。

第三人述称：国务院颁布的《生猪屠宰管理条例》规定，被告有权设定和取消生猪定点屠宰单位。在被告下设的县生猪办发布的《屠宰管理通知》里，生猪定点屠宰单位中没有原告，说明原告的生猪定点屠宰资格已经被取消。非定点屠宰单位的生猪，依法不能上市销售，故第三人拒绝对原告的生猪进行检疫，是正确的。

被告及第三人未提交证据。

经质证、认证，宿迁市中级人民法院查明：

2001 年 4 月，经被告泗洪县政府批准，原告建明食品公司成为泗洪县的生猪定点屠宰单位之一。在分别领取了相关部门颁发的企业法人营业执照、动物防疫合格证、税务登记证等证件后，建明食品公司开始经营生猪养殖、收购、屠宰、销售和深加工等业务。2003 年 5 月 18 日，泗洪县政府下设的临时办事机构县生猪办向本县各宾馆、饭店、学校食堂、集体伙食单位、肉食品经营单位以及个体经营户发出《屠宰管理通知》。该通知第 1 项称："县城所有经营肉食品的单位及个体户，从 5 月 20 日起到县指定的生猪定点屠宰厂采购生猪产品，个体猪肉经销户一律到定点屠宰厂屠宰生猪(县肉联厂)……"2003 年 5 月 22 日，泗洪县政府分管兽医卫生监督检验工作的副县长电话指示县兽检所，停止对县肉联厂以外的单位进行生猪检疫。建明食品公司报请县兽检所对其生猪进行检疫时，该所即以分管副县长有指示为由拒绝。建明食品公司认为，分管副县长的电话指示侵犯其合法权益，遂提起本案行政诉讼。

另查明，原告建明食品公司因对县生猪办在《屠宰管理通知》中仅标注县肉联厂为生猪定点屠宰厂不服，曾于 2004 年 8 月 4 日以泗洪县政府为被告，另案提起过行政诉讼。宿迁市中级人民法院〔2004〕宿中行初字第 06 号行政判决书确认，泗洪县政府下设的县生猪办在《屠宰管理通知》中仅将县肉联厂标注为生猪定点屠宰厂，侵犯了建明食品公司的公平竞争权，这一行政行为违法。该行政判决已发生法律效力。

【审判】

宿迁市中级人民法院认为：

《中华人民共和国动物防疫法》第 6 条第 2 款规定："县级以上地方人民政府畜牧兽医行政管理部门主管本行政区域内的动物防疫工作。"第 3 款规定："县级以上人民政府所属的动物防疫监督机构实施动物防疫和动物防疫监督。"第 30 条规定："动物防疫监督机构按照国家标准和国务院畜牧兽医行政管理部门规定的行业标准、检疫管理办法和检疫对象，依法对动物、动物产品实施检疫。"动物防疫是第三人县兽检所的法定职责，县兽检所应当按照国家、行业的标准和管理办法确定检疫范围、对象，依法对动物、动物产品实施检疫，而不是根据分管副县长的电话指示实施检疫。被告泗洪县政府的分管副县长为进一步贯彻落实县生猪办发布的《屠宰管理通知》，才给县兽检所发出电话指示，指示内容与《屠宰管理通知》一致。这个电话指示对县兽检所的检疫职责不具有强制力，是行政机关内部的行政指导行为；电话指示内容未提及原告建明食品公司，不会对建明食品公司的权利义务产生直接影响。最高人民法院《关于执行〈中华人民共和国行政诉讼法〉若干问题的解释》(以下称《行诉法解释》)第 1 条第 2 款第 4、第 6 项规定，不具有强制力的行政指导行为和对公民、法人或者其他组织权利义务不产生实际影响的行为，不属于人民法院行政诉讼受案范围。《行政诉讼法》第 41 条第 4 项规定，提起诉讼应当符合属于人民法院受案范围和受诉人民法院管辖的条件。泗洪县政府分管副县长的电话指示不具有提起行政诉讼的条件,不是可诉的行政行为。

据此,宿迁市中级人民法院依照《行诉法解释》第44条第1款第1项关于“请求事项不属于行政审判权限范围的,应当裁定不予受理;已经受理的,裁定驳回起诉”的规定,于2005年6月22日裁定:

驳回原告建明食品公司的起诉。

一审宣判后,建明食品公司不服,提起上诉称:上诉人是经被上诉人依法批准设立的生猪定点屠宰单位之一,经营手续完备,享有与同类企业同等的权利和义务,任何单位和个人不得阻碍上诉人自主经营。上诉人报请检疫时,县兽检所不是以定点屠宰资格已在《屠宰管理通知》中被取消为由拒绝检疫,而是声称分管副县长电话指示停止对上诉人的生猪进行检疫。如果县兽检所当时是以定点屠宰资格已被取消为由拒绝检疫,则上诉人完全可以起诉县兽检所不作为。在《屠宰管理通知》中,县生猪办只是将泗洪县的定点屠宰场所仅标注为县肉联厂,并没有取消上诉人的定点屠宰资格,况且县生猪办的这个行政行为已被生效判决确认为违法。而分管副县长的电话指示,其内容则完全剥夺了上诉人作为定点屠宰单位享有的报请检疫权利。电话指示内容与《屠宰管理通知》不同,不是落实《屠宰管理通知》,不能与《屠宰管理通知》混为一谈。事实证明,由于有分管副县长这个电话指示,县兽检所才拒绝履行对上诉人的生猪进行检疫的职责。电话指示是对内对外均具有约束力的行政强制命令,其目的是要限制上诉人的正常经营,故属于可诉的行政行为。一审以电话指示属内部行政指导行为为由,裁定驳回上诉人的起诉,是错误的。请求撤销一审裁定,依法改判或发回重审。

被上诉人泗洪县政府答辩称:《屠宰管理通知》要求,所有猪肉经销户一律到定点屠宰厂(县肉联厂)屠宰生猪。分管副县长电话指示停止对县肉联厂以外单位的生猪进行检疫,正是为贯彻落实通知,这是行政机关内部的行政指导行为。电话指示没有说不对上诉人的生猪进行检疫,没有直接指向上诉人,不会对上诉人的权利义务直接产生影响,故不属于人民法院行政诉讼受案范围。在分管副县长作出电话指示后,上诉人并未向县兽检所报请检疫。一审将此认定为本案事实,缺乏证据证实。除此以外,一审裁定认定事实清楚,适用法律正确,审判程序合法。上诉人的上诉理由不能成立,应当依法驳回上诉,维持原裁定。

原审第三人县兽检所述称:作为县政府的下级单位,第三人不可能不服从县领导的指示。第三人接到分管副县长电话指示后,不对上诉人的生猪进行检疫,是正确的。分管副县长的电话指示,是对县生猪办《屠宰管理通知》内容的进一步强调及延续。至于该指示正确与否，不便发表意见。

江苏省高级人民法院经审理查明：

被上诉人泗洪县政府曾先后批准4个定点生猪屠宰单位，但2003年5月期间，只有县肉联厂和上诉人建明食品公司在从事正常的经营活动，其余两个单位因种种原因已歇业停产。分管副县长的电话指示作出后，建明食品公司向原审第三人县兽检所报请检疫时遭拒绝，县兽检所在诉讼中对这一事实明确表示认可。根据最高人民法院《关于行政诉讼证据若干问题的规定》第65条关于“在庭审中一方当事人或者其代理人在代理权限范围内对另一方当事人陈述的案件事实明确表示认可的，人民法院可以对该事实予以认定”的规定，一审将此认定为案件事实，并无不妥。除此以外，由于各方当事人对一审认定的其他事实均无异议，二审予以确认。

二审争议焦点是：如何评价分管副县长的电话指示行为。

江苏省高级人民法院认为：

被上诉人泗洪县政府的分管副县长2003年5月22日的电话指示，是对其下级单位原审第三人县兽检所作出的。审查行政机关内部上级对下级作出的指示是否属于人民法院行政诉讼受案范围内的可诉行政行为，应当从指示内容是否对公民、法人或者其他组织权利义务产生实际影响着手。

《生猪屠宰管理条例》第5条、第18条规定，生猪定点屠宰厂（场）的设立，应由市、县人民政府按照法定条件和程序批准；定点屠宰厂（场）有对生猪、生猪产品注水或者注入其他物质等违反条例规定的行为，情节严重的，经市、县人民政府批准，取消定点屠宰厂（场）资格。上诉人建明食品公司是依法经批准设立的定点生猪屠宰单位，至本案纠纷发生时，建明食品公司的定点屠宰厂（场）资格并没有依照法规规定的程序被取消。在《屠宰管理通知》里，县生猪办仅是将该县生猪定点屠宰点标注为县肉联厂，没有否定建明食品公司的定点屠宰厂（场）资格。由于《屠宰管理通知》里没有将建明食品公司标注为该县生猪定点屠宰点，在建明食品公司起诉后，县生猪办的这个行政行为已经被人民法院的生效行政判决确认为违法。

农业部发布的《动物检疫管理办法》第5条规定：“国家对动物检疫实行报检制度。”“动物、动物产品在出售或者调出离开产地前，货主必须向所在地动物防疫监督机构提前报检。”第18条规定：“动物防疫监督机构对依法设立的定点屠宰场（厂、点）派驻或派出动物检疫员，实施屠宰前和屠宰后检疫。”参照这一规章的规定，作为依法设立的生猪定点屠宰点，上诉人建明食品公司有向该县动物防疫监督机构——原审第三人县兽检所报检的权利和义务；县兽检所接到报检后，对建明食品公司的生猪进行检疫，是其应当履行的法定职责。县兽检所当时以分管副县长有电话指示为由拒绝检疫，可见该电话指示是县兽检所拒绝履行法定职责的唯一依据。生猪定点屠宰场所的生猪未经当地动物防疫监督机构进行屠宰前、后的检疫和检验，不得屠宰，屠宰后的生猪及其产品也无法上市销售。尽管分管副县长对县兽检所的电话指示是行政机关内部的行政行为，但通过县兽检所拒绝对建明食品公司的生猪进行检疫来看，电话指示已经对建明食品公司的合法权益产生实际影响，成为具有强制力的行政行为。再有，分管副县长在该县仅有两家定点屠宰场所还在从事正常经营活动的情况下，电话指示停止对县肉联厂以外单位的生猪进行检疫，指示中虽未提及建明食品公司的名称，但实质是指向该公司。分管副县长就特定事项针对特定对象所作的电话指示，对内、对外均发生了效力，并已产生了影响法人合法权益的实际后果，故属于人民法院行政诉讼受案范围内的可诉行政行为。

行政指导行为，是指行政机关在行政管理过程中作出的具有示范、倡导、咨询、建议等性质的行为。分析被上诉人泗洪县政府分管副县长作出的关于"停止……检疫"电话指示，既不是行政示范和倡导，也不具有咨询、建议等作用，实质是带有强制性的行政命令。泗洪县政府关于该指示属于行政机关内部行政指导行为的答辩理由，不能成立。

综上所述，被上诉人泗洪县政府分管副县长的电话指示，属于人民法院行政诉讼受案范围。该指示是分管副县长在履行公务活动中行使职权的行为，其后果应由泗洪县政府承担。上诉人建明食品公司不服该指示，以泗洪县政府为被告提起行政诉讼，该起诉符合法定条件，人民法院应当依法受理。一审以该指示属于内部行政指导行为为由，裁定驳回建明食品公司的起诉，是错误的。依照《行诉法解释》第 68 条关于"第二审人民法院经审理认为原审人民法院不予受理或者驳回起诉的裁定确有错误，且起诉符合法定条件的，应当裁定撤销原审人民法院的裁定，指令原审人民法院依法立案受理或者继续审理"的规定，江苏省高级人民法院于 2005 年 9 月 19 日裁定：

一、撤销一审行政裁定；

二、本案由一审法院继续审理。

【评述】

本案因县政府分管副县长对其下级单位县兽检所的电话指示而引发，焦点是副县长的电话指示是否属于人民法院行政诉讼受案范围？

《生猪屠宰管理条例》第 5 条、第 18 条规定，生猪定点屠宰厂(场)的设立，应由市、县人民政府按照法定条件和程序批准；定点屠宰厂(场)有对生猪、生猪产品注水或者注入其他物质等违反条例规定的行为，情节严重的，经市、县人民政府批准，取消定点屠宰厂(场)资格。建明食品公司是依法设立的定点生猪屠宰单位，至本案纠纷发生时，其定点屠宰厂(场)资格未被依法取消。

农业部发布的《动物检疫管理办法》第5条规定："国家对动物检疫实行报检制度。""动物、动物产品在出售或者调出离开产地前，货主必须向所在地动物防疫监督机构提前报检。"第18条规定："动物防疫监督机构对依法设立的定点屠宰场(厂、点)派驻或派出动物检疫员，实施屠宰前和屠宰后检疫。"据此，作为依法设立的生猪定点屠宰点，建明食品公司有向县兽检所报检的权利和义务。

尽管分管副县长对县兽检所关于"停止对县肉联厂以外单位的生猪进行检疫"的电话指示是行政机关内部行为，但通过县兽检所拒绝对建明食品公司的生猪进行检疫来看，电话指示已经对建明食品公司的合法权益产生实际影响。并且，分管副县长在该县仅有两家定点屠宰场所从事正常经营活动的情况下，电话指示停止对县肉联厂以外单位的生猪进行检疫，指示中虽未提及建明食品公司的名称，但实质是指向该公司。分管副县长就特定事项、针对特定对象所作的电话指示，已产生了影响建明食品公司合法权益的实际后果，属于人民法院行政诉讼受案范围内的可诉行政行为。换言之，审查行政机关内部上级对下级作出的指示是否属于人民法院行政诉讼受案范围，应当从指示内容是否对公民、法人或者其他组织的权利义务产生实际影响进行分析与判断。因此，二审法院的裁定是正确的。

值得探讨的是，县兽检所接到报检后，对建明食品公司的生猪进行检疫，是其应当履行的法定职责。但本案中，县兽检所以分管副县长的电话指示为由拒绝履行法定职责。这种理由是否具有正当性、合法性，能否对抗行政相对人？如果县兽检所符合行政诉讼被告的技术性条件，那么，建明食品公司以县兽检所为被告提起行政诉讼，是否更有利于问题的解决？

（本案例的"案情"和"审判"部分选自《最高人民法院公报》2006年第1期；"提领"和"评述"部分由作者根据有关法律与学理进行阐述，不代表司法机关的意见）

（高春燕　撰）

56 博坦公司诉厦门海关行政处罚决定纠纷案

【提领】

本案是一起因仓储未在中国境内办理报关纳税手续的油品，海关据此作出没收违法所得并处罚款的处罚决定，而相对人不服该处罚决定向人民法院提起诉讼的行政案件。本案两审终审。一审法院判决被诉具体行政行为证据确凿、适用法律正确、符合法定程序，予以维持；二审法院维持了一审判决。本案终审判决于 2005 年作出，收录于《最高人民法院公报》，对我国海关行政领域的司法审判实践具有判例指引的作用。

【案情】

原告：福建省厦门博坦仓储有限公司。住所地：厦门市海沧嵩屿。

法定代表人：陈和华，该公司董事长。

被告：中华人民共和国厦门海关。住所地：厦门市海后路。

法定代表人：周卓为，该海关关长。

1997 年 3 月至 1998 年 6 月，赫斯特拉号轮等 64 艘次船舶将未在中国境内办理报关纳税手续的柴油 1150156.9 吨、毛豆油 256569.64 吨、毛菜籽油 15568.344 吨、棕油 7171.22 吨、精豆油 30008.01 吨、精棕油 5633.231 吨、大豆油 15945.921 吨走私入境后，在原告厦门博坦仓储有限公司（以下称博坦公司）所属的油库卸载、仓储，博坦公司因此收入 5797142.97 美元，折合人民币 47985271 元，期间向国家缴纳税款 3006505 元。据此，被告中华人民共和国厦门海关（以下称厦门海关）于 2004 年 10 月 27 日作出 028 号行政处罚决定，决定没收博坦公司的违法所得 44978766 元，并处罚款 1000 万元。2005 年 2 月 4 日，中华人民共和国海关总署（以下称海关总署）作出〔2004〕0037 号行政复议决定书，决定驳回博坦公司的复议申请，维持厦门海关作出的 028 号行政处罚决定。

1997 年 3 月，原告博坦公司曾致函厦门石油总公司，提出厦门石油总公司在博坦公司卸储的油料手续不全，不予装船，要求厦门石油总公司提供海关文件。3 月 25 日，厦门海关工作人员吴宇波在协调此事时，口头表示货可以先放，但要求厦门石油总公司补办海关手续，且下不为例，以后的货要海关同意才可以卸储。4 月 1 日，厦门石油总公司给博坦公司回函，称海关手续由其办理，责任由其承担，要求博坦公司以后按照现行方式进行作业。

原告诉称：2004 年 10 月 27 日，被告厦门海关以明知货物走私进口仍提供卸储服务为由，根据《中华人民共和国海关法行政处罚实施细则》（以下称《海关行政处罚细则》）第 6 条第 2 款规定，对原告作出〔2002〕厦关查罚字第 05－028 号行政处罚决定（以下称 028 号行政处罚决定），决定没收违法所得人民币 44978766 元（以下未特殊注明的金额均为人民币），并处罚款 1000 万元。(1)因为这些油料的进口手续不全，原告曾致函厦门石油总公司，也向被告反映过，被告的工作人员曾为此进行过协调，同意放行这些油料，厦门石油总公司也表示由他们负责补办海关手续，责任由他们承担。(2)《海关行政处罚细则》是为 1987 年颁布施行的《中华人民共和国海关法》（以下称《海关法》）而制定实施的。被告处理本案时，新海关法已经颁布实施，旧海关法及相关细则不再适用。被告适用旧的细则作出行政处罚决定，适用法律明显错误。(3)原告从这些业务中共获取营业收入 5797142.97 美元，折合人民币 47985271 元；扣除劳动者工资、仓储设备折旧提成以及其他必要支出 26809123 元，扣除给国家上缴的税款 3006505 元，原告的所得仅为 18169643 元。被告仅从营业收入中扣除税款，却把其他支出的经营费用都计算为违法所得，对“违法所得”的构成与数额认定错误。(4)被告既把扣除税款后的营业收入都作为违法所得没收，同时又处以 1000 万元的罚款，处罚显失公正。请求：第一，撤销被告作出的 028 号行政处罚决定，限期被告重新作出具体行政行为，或者判决变更被告作出的行政处罚决定；第二，判令被告负担本案诉讼费用。

原告向法院提交的证据有：

1. 028 号行政处罚决定、海关总署的〔2004〕0037 号行政复议决定书以及收件单，用以证明被诉的具体行政行为存在，以及博坦公司在法定期限内提起行政诉讼。

2. 提交博坦公司 1997 年度和 1998 年度审计报告、1997 年度和 1998 年度纳税申报表、卸储 64 艘次货物支出费用一览表、收入计算说明，用以证明博坦公司营业收入总额中包括了经营费用支出及缴纳的税款。

被告辩称：(1)关于厦门石油总公司进口油料不办理报关手续的问题，在开始时原告虽然向被告的工作人员反映过，被告的工作人员也曾口头答复可以先放行后补办手续,但也明确表示下不为例,以后的货要经海关同意才可以卸储。(2)原告是专门从事油料仓储的大型企业,有义务审查进口油料的合法来源。原告明知其卸载和仓储的油料均未在中国境内办理报关纳税手续,是走私进口货物,仍进行卸载和仓储,从中谋取利益。被告根据《海关行政处罚细则》第6条第2款的规定,决定对原告进行行政处罚,适用法律正确,处罚适当。(3)2000年7月8日,第九届全国人大常委会第十六次会议通过的《关于修改〈中华人民共和国海关法〉的决定》,仅是对1987年海关法进行修改,并未废除该法。《海关行政处罚细则》虽然是根据1987年海关法制定的,但至被告处理本案时,尚未被制定机关宣布废止;只要其不与2000年海关法相抵触,就应当继续有效。(4)知情不报并为走私人提供方便的行为是违法行为,违法行为不应受到法律保护。原告为实施违法行为,当然得投入一定成本,即原告所称的经营费用,但这种成本不应得到法律保护,只能根据咎由自取的原则令违法人自行负担。如果对行为人投入的违法成本也给予保护,无异于纵容行为人实施违法行为。因此,被告在扣除了原告上缴给国家的税款后,将原告的其他收入计算为违法所得予以没收,是正确的。原告要求从中扣除其投入的违法成本,没有法律依据,不应支持。被告作出的行政处罚决定是正确的,法院应当维持。

被告向法院提交的证据有:

1.企业法人营业执照;

2.博坦公司与厦门石油总公司的来往函电;

3.博坦公司与厦门石油总公司、厦门象屿新大地进出口公司签署的柴油仓储协议;

4.进口成品油卸储情况统计表;

5.海关核查进口油料的证明材料;

6.对陈燕新、林奇志、曾鸣、吴宇波等人的询问笔录;

7.福建省高级人民法院〔2000〕闽刑终字第604号、613号刑事裁定书;

8.博坦公司与厦门石油总公司的来往账单、相关收入计算证明;

9.税收缴款书及清单;

10.028号行政处罚决定书及送达笔录、海关总署〔2004〕0037号行政复议决定书、听证通知、听证会记录、行政处罚告知单。

【审判】

厦门市中级人民法院审理认为:

《海关法》是法律,《海关行政处罚细则》是行政法规。行政法规当然要服从法律,但不等于说法律修改了,根据修改前法律制定的行政法规就自然失效。

法律无论是否修改，根据法律制定的行政法规中，凡是与修改前或者修改后法律相抵触的条文都是无效的，其他条文必须由法律、行政法规或者国务院的命令废止才会失去法律效力。2000 年 7 月 8 日，第九届全国人民代表大会常务委员会第十六次会议修改了海关法。2004 年 9 月 19 日，国务院公布《中华人民共和国海关行政处罚实施条例》，其中第 68 条规定："本实施条例自 2004 年 11 月 1 日起施行。1993 年 2 月 17 日国务院批准修订、1993 年 4 月 1 日海关总署发布的《中华人民共和国海关法行政处罚实施细则》同时废止。"028 号行政处罚决定于《海关行政处罚细则》未被废止之前作出，以《海关行政处罚细则》第 6 条第 2 款作为法律依据，适用法律并无不当。

作为专门从事油料仓储的大型企业，对受海关监管的仓储油料进口来源是否合法，原告博坦公司负有审查的法定义务。事实上，博坦公司起初拒绝出货，说明其清楚自己的此项义务。但在此之后，博坦公司却长期卸载、仓储及放行没有合法来源的油料，也是本案事实。博坦公司的行为符合《海关行政处罚细则》第 6 条第 2 款规定的"知情不报并为走私人提供方便的"情形，被告厦门海关据此对该公司作出处罚决定，是正确的。海关个别工作人员对本案进行的协调，以及厦门石油总公司出具责任由其承担的回函，均不能免除博坦公司的法定义务，对其行为的违法性质没有影响。

原告博坦公司违法经营油料的总收入为 47985271 元，双方当事人对此均无异议。上述款项是博坦公司从事违法行为获取的，与违法行为有直接联系，是违法所得，被告厦门海关在扣除 3006505 元税款后，将余额以违法所得没收，并无不当。博坦公司主张从中扣除经营费用，没有法律依据。

据此，厦门市中级人民法院依照《中华人民共和国行政诉讼法》第 54 条第 1 项规定，于 2005 年 6 月 10 日判决：

一、维持被告厦门海关于 2004 年 10 月 27 日作出的 028 号行政处罚决定。

二、案件受理费 284903 元，由原告博坦公司负担。

第一审宣判后，博坦公司不服，向福建省高级人民法院提出上诉。理由是：(1)上诉人在得知油料没有报关纳税手续后，曾拒绝放行，并且向作为监管部门的被上诉人报告过。其后由于被上诉人的工作人员进行协调，提出对厦门石油总公司进口的油料适用"简易程序"，上诉人才将这些货物放行。事实证明，对他人的走私情况，上诉人并不知情，更不是知情不报，而是每次放行货物都有被上诉人同意放行的明确指示，因此不具有《海关行政处罚细则》第 6 条第 2 款规定的情形。(2)只有"与走私人通谋为走私人提供运输、保管、邮寄或者其他方便"的，才是修改后《海关法》第 84 条规定应当处罚的情形；而《海关行政处罚细则》第 6 条第 2 款规定，"知情不报并为走私人提供方便"的行为就要处罚。对比两个条文可以看出,《海关行政处罚细则》比修改后的《海关法》还严厉,与修改后的《海关法》相冲突,不能在本案适用。(3)最高人民法院《关于审理非法出版物刑事案件具体应用法律若干问题的解释》第 17 条第 2 款规定:“本解释所称‘违法所得数额’,是指获利数额。”国家工商行政管理局《关于投机倒把违法违章案件非法所得计算方法问题的通知》第 1 条规定:“在生产经营中,违反国家法律、法规、规章,构成投机倒把违法违章行为的,其非法所得的计算方法是:凡有进销价(包括批发价、零售价)的,以销价与进价之差作为非法所得;属于生产加工的,以生产加工的产品销价与成本价之差作为非法所得。”从上述司法解释与行政规章中可以看出,经营成本应当从违法所得中扣除。在海关总署政法司的一份复函中,也有同样意见。(4)被上诉人认为上诉人负有审查货物合法来源的法定义务,认为经营成本不应从违法所得中扣除,但对这两个主张都没有提供相应法律依据,属于没有依法履行举证责任。请求撤销一审判决,撤销被上诉人作出的 028 号行政处罚决定。

被上诉人厦门海关辩称:(1)本案事实证明,对海关监管规定,上诉人是清楚的;在此情况下,上诉人仍为无合法手续的进口油料提供仓储方便且未向海关报告,确实符合《海关行政处罚细则》第 6 条第 2 款的规定。(2)修改后的《海关法》尽管没有提“知情不报并为走私人提供方便的”应当处罚,但规定进口货物自进境起到办结海关手续止,应当接受海关监管;经营海关监管货物仓储业务的企业,应当按照海关规定办理收存、交付手续;与走私人通谋为走私人提供运输、保管、邮寄或者其他方便,构成犯罪的,依法追究刑事责任;尚不构成犯罪的,由海关没收违法所得,并处罚款。这一切说明,无论按《海关行政处罚细则》还是按修改后的《海关法》,上诉人的行为都是违法的。另外,《海关行政处罚细则》第 6 条第 2 款对知情不报并为走私人提供方便的人只规定了行政处罚,将其当作一般违法行为处理;而修改后的《海关法》使用“通谋”一词,把为走私人提供运输、保管、邮寄或者其他方便的行为当作走私共犯行为,对实施这些行为的人首先要考虑追究刑事责任,其次才考虑行政处罚。两者相比,当然是修改后的《海关法》规定更严厉。《海关行政处罚细则》既不与修改后的《海关法》抵触,在被诉行政处罚决定作出时也未废止,当然可以适用。(3)《海关行政处罚细则》规定的违法所得,是指违法行为人因实施违法行为获得的全部收入,对此不应按合法经营计算利润的方法来确定,也不能用其他规定来解释《海关行政处罚细则》规定的违法所得。(4)对上诉人审查货物合法来源的法定义务,以及对没收违法所得,被上诉人都向法庭提交了法律依据,已经履行了举证责任。二审应当驳回上诉,维持原判。

福建省高级人民法院经二审查明:1997 年 3 月 4 日,被上诉人厦门海关的工作人员吴宇波曾就上诉人博坦公司所报厦门石油总公司进口油料没有报关纳税手续一事进行协调，形成一份“会议纪要”。该“会议纪要”由厦门海关作为证据向一审法院提交，但一审判决书漏列，并且将此次会议时间错认定为 1997 年 3 月 25 日，应当更正。对 1997 年 3 月至 1998 年 6 月期间，博坦公司所属油库属非保税油库，不能仓储保税油品；对厦门海关作出本案被诉行政处罚决定前履行了告知、听证义务，处罚程序合法等事实，双方当事人均无异议，应予确认。二审期间，博坦公司申请调取海关总署政策法规司的政法函〔2003〕58 号函件。二审应此申请，向海关总署政策法规司进行查询。经查，海关总署政策法规司确实制作过政法函〔2003〕58 号函，这是对国务院法制办工交商事司征询“违法所得”含义时制作的函复意见，从未作为海关总署的正式文件下发各地海关执行。除此以外，确认一审认定的其他事实属实。

福建省高级人民法院认为：

看上诉人博坦公司的行为是否属于《海关行政处罚细则》第 6 条第 2 款规定的情形，应当看其行为是否同时具备知情不报、为走私人提供方便这两个客观要件。

关于知情不报，包括知道后不报，也包括应当知道而以不知道为推托不报。判断是否构成应当知道，要根据行为人的知识程度、智力状况、工作能力和业务水平等因素，对行为人主观上是否认知某一事实进行推断。从一般意义上说，了解相关行业的法律规定，是每一个参与经济活动的市场主体开展经营活动时应有的能力和基本要求。1996 年，博坦公司工作人员廖明德在回复香港 PAK-TANK 亚太公司拿斯·博纶的法律咨询时，在传真件中明确表述了进口油料在非保税油库卸储前应依法履行报关纳税手续的法律规定，说明作为一家专门从事油料仓储业务的大型企业，博坦公司十分清楚我国海关的法律规定。在具体业务过程中，博坦公司也是按照这些法律规定进行操作。如对在“赫斯特拉”号油轮之前“佩拉”号油轮卸储的进口油料，博坦公司就曾因厦门石油总公司没有提供相应海关文件拒绝放行。其后对“赫斯特拉”号油轮卸储的进口油料，被上诉人厦门海关的工作人员在协调中，虽然提出适用“简易程序”先放行后补办手续的意见，但同时也要求厦门石油总公司在补办海关手续后，应当将申请书和海关批准文件的副本送达给博坦公司，作为博坦公司提供卸储服务的根据。对“赫斯特拉”号油轮随后进境卸储的油料，博坦公司又因海关手续问题再次拒绝放行，并在发往厦门石油总公司的传真件中重申厦门海关的上述协调意见，多次明确卸入其油库的进口油料应该是已交纳关税的物品，指出“从国外进来的油品将只有在厦门海关的书面批准获得之后才能放行装油”。这些事实证明，博坦公司有能力认识到厦门石油总公司不能出示海关批准手续，多次将进口油料卸储在其经营的油库中的行为是违法行为,厦门海关的协调意见没有对博坦公司产生误导或欺骗作用。然而,博坦公司只限于一再表示拒绝提供仓储服务,却又一直实际地为厦门石油总公司的走私进口油料提供仓储服务,并不向作为监管部门的厦门海关报告。博坦公司无视我国法律规定,长期为没有合法手续的进口油料提供仓储方便,放任他人违法行为的发生和发展,主观上存在过错,行为上同时具备了知情不报、为走私人提供方便的两个客观要件,触犯了《海关行政处罚实施细则》第 6 条第 2 款的规定。博坦公司上述主张,其已将所知道的情况向监管部门作了通报,对涉案油料的每次卸储及放行都有厦门海关同意的明确指示,缺乏相应的证据,不予支持。

1987 年颁布实施的原海关法,对走私犯罪行为的表现形式规定得不够仔细,特别是对走私共犯之间的责任如何承担未作规定,以至实际操作中产生不少问题。为了执行原海关法中关于法律责任的规定,根据该法第 60 条的授权,国务院批准制定和修订了《海关行政处罚细则》,其中第 6 条第 1 款规定:"对两人或者两人以上共同所为的走私行为,应当区别情节及责任,分别给予处罚。"第 2 款规定:"知情不报并为走私人提供方便的,没收违法所得,可以并处违法所得两倍以下的罚款。"这一条不仅第一次提到共同走私,也是第一次将"知情不报并为走私人提供方便"的行为列为共同走私。1999 年 12 月 25 日修正的《中华人民共和国刑法》(以下称《刑法》)第 156 条规定:"与走私罪犯通谋,为其提供贷款、资金、账号、发票、证明,或者为其提供运输、保管、邮寄或者其他方便的,以走私罪的共犯论处。"为了与修正 后的刑法一致,修改后的《海关法》第 84 条规定:"伪造、变造、买卖海关单证,与走私人通谋为走私人提供贷款、资金、账号、发票、证明、海关单证,与走私人通谋为走私人提供运输、保管、邮寄或者其他方便,构成犯罪的,依法追究刑事责任;尚不构成犯罪的,由海关没收违法所得,并处罚款。""通谋"一词,常见于刑事立法中对共犯关系的描述。既是"通谋",前提必须是明知,而明知包括行为人知道或者应当知道。依照修改后的《海关法》第 84 条规定,如果行为人知道或者应当知道走私人正在从事走私活动,仍然为走私人提供运输、保管、邮寄或者其他方便,就构成"与走私人通谋",此时首先考虑追究行为人的刑事责任,其次才考虑对不构成犯罪的给予行政处罚。两相比较,《海关行政处罚细则》第 6 条第 2 款的规定与修改后的《海关法》第 84 条规定不冲突,只是处罚程度没有修改后的《海关法》第 84 条严厉,可以对本案适用。

我国是社会主义法治国家,什么样的行为违法,对违法行为人给予何种处罚,都应当由相关法律、法规来规定,各法律、法规的具体规定之间不必然具有参照适用的效力。最高人民法院《关于审理非法出版物刑事案件具体应用法律若干问题的解释》,是对人民法院审理非法出版物刑事案件中存在的法律适用问题进行解释,仅限于人民法院审理此类刑事案件时适用。国家工商行政管理局《关于投机倒把违法违章案件非法所得计算方法问题的通知》,亦仅限于工商行政管理机关处理投机倒把违法违章案件时适用。上述两个文件均与认定走私案件的违法所得无关。海关总署政法司的复函,既不是法律、法规和规章,也不是海关总署为具体应用法律、法规和规章作出的解释,仅是海关总署内设机构对相关法律问题表达的一种观点,依法不能作为行政案件的审判依据。况且对违法行为人投入的经营费用应否从违法所得中扣除,这三份文件也没有明确、统一的标准,不具有参考价值。《海关行政处罚细则》第 6 条第 2 款只规定对知情不报并为走私人提供方便的人要没收违法所得,没有规定还要将违法行为人投入的经营费用从违法所得中扣除。上诉人博坦公司认为审理本案应当参照前述三份文件,主张其投入的经营费用应当从违法所得中扣除,没有法律依据,理由不能成立。

综上,被上诉人厦门海关作出的 028 号行政处罚决定,符合法律规定,是正确的。一审认定事实清楚,适用法律正确,审判程序合法,判决维持 028 号行政处罚决定,并无不当。上诉人博坦公司的上诉理由缺乏相应的事实根据和法律依据,不能成立。据此,福建省高级人民法院依照《行政诉讼法》第 61 条第 1 项规定,于 2005 年 10 月 14 日判决:

驳回上诉,维持原判。

【评述】

本案第一个焦点问题是:被告依据《海关行政处罚细则》作出,是否存在适用法律不当。本案中,被告作出行政处罚决定的依据是《海关行政处罚细则》第 6 条第 2 款规定的“知情不报并为走私人提供方便的”情形,原告认为,该处罚细则是依据 1987 年的海关法制定的,而 2000 年,全国人大常委会讨论通过了《关于修改〈中华人民共和国海关法〉的决定》,对 1987 年海关法进行了修改,不能再根据该细则进行处罚。根据 2004 年国务院公布的《中华人民共和国海关行政处罚实施条例》第 68 条:“本实施条例自 2004 年 11 月 1 日起施行。1993 年 2 月 17 日国务院批准修订、1993 年 4 月 1 日海关总署发布的《中华人民共和国海关法行政处罚实施细则》同时废止。”在本案中作出行政处罚的当时,《海关行政处罚实施细则》的效力并没有被废止,这一点是明确的。根据《中华人民共和国立法法》规定的法律效力及法律适用规则,这些未被废止的相关规定只要不与法律、法规相冲突,应当继续有效。因此这里的问题便是,《海关行政处罚实施细则》是否与修改后的《海关法》存在冲突之处,原告和被告在这一事项上存在争议。但是可惜的是,我们没有看到法院在这一争议性事项上作更进一步的说理。2000 年修改后的《海关法》没有提到“知情不报并为走私人提供方便的”情形,而是规定进口货物自进境起到办结海关手续止,应当接受海关监管;经营海关监管货物仓储业务的企业,应当按照海关规定办理收存、交付手续;与走私人通谋为走私人提供运输、保管、邮寄或者其他方便,构成犯罪的,依法追究刑事责任;尚不构成犯罪的,由海关没收违法所得,并处罚款。知情不报并为走私人提供方便,是否可以看作是违反海关监管行为的一种呢?对于两者的不同,我们需要从立法目的、案件情节上进行考量。首先从立法目的上来说,两个条款都是为了禁止仓储企业在经营的过程中客观上为走私人提供便利的情形的发生。尽管通谋是否可以解释为包含了知情不报,这一点没有法律规范上的依据。其次,从本案的情节来看,博坦公司在整个为油品办理仓储业务的过程中,确实存在无视海关监管,未按规定手续办理收存、交付手续的行为,这一点和“知情不报,为走私人提供便利”的界定并无二致。因此,本案争议的 028 号行政处罚决定以《海关行政处罚实施细则》第 6 条第 2 款作为法律依据,适用法律并无不当。

本案第二个焦点问题是:违法所得是否应当包含成本。在这一问题上,我国目前各个部门行政领域,确实存在不一致和混乱之处,也没有权威的法律文本对这一问题作出清晰的界定。实践中,既有将违法所得等同于利润的做法,也有将违法所得明确为既包含利润也包含成本的批复文件。法院对法律概念的解释,应当结合立法目的、立法精神以及立法文本。从立法目的来看,对便利走私、违反海关监管的行为应给予严惩,这是《海关法》和《海关行政处罚实施细则》共同体现的精神。尤其是,本案所涉金额十分巨大,从情节上看,原告也是在明知这批油品未办理合法手续的前提下,实际中仍然给予其仓储便利。原告对海关监管行为的轻视也是十分明显的。因此,如果将成本从违法所得中予以剔除,那么就等于纵容为违法行为付出的成本是合法的,这显然有悖于立法精神。从文义解释来看,违法所得就应当包含因违法行为而所得的全部收入,而非仅仅指利润。两者皆说明,本案法院对违法所得的认定是符合立法的精神和文本的本原含义的。

综上,厦门市海关作出的 028 号行政处罚决定书具有合法性基础,一审和二审法院的判决并无不当。

(本案例的“案情”和“审判”部分选自《最高人民法院公报》2006 年第 6 期;“提领”和“评述”部分由作者根据有关法律与学理进行阐述,不代表司法机关的意见)

(骆梅英　撰)

57 白光华不服天津市劳动教养管理委员会劳动教养决定案

【提领】

本案的核心争议是,原告不服被告天津市劳动教养管理委员会作出的劳动教养决定,未经行政复议程序即直接向人民法院提起行政诉讼,人民法院应否受理?本案的一审和二审采取了同样的意见。一审法院以未在法定期限内申请行政复议就直接提起行政诉讼不符合规定为由,裁定驳回起诉。二审法院则认为,《劳动教养试行办法》第12条第2款规定的"由审批机关组织复查"并非指行政复议程序。对劳动教养决定不服,不需要遵循复议前置程序。这一案例,为劳动教养争议的法律救济程序提供了明确的案例指引。

【案情】

原告:白光华,男,44岁,回族,无职业,住天津市红桥区西北角新春花苑。

被告:天津市劳动教养管理委员会。住所地:天津市和平区唐山道。

法定代表人:宋平顺,该委员会主任。

原告白光华因不服被告天津市劳动教养管理委员会(以下称劳教管委会)作出的劳动教养决定,向天津市第一中级人民法院提起诉讼。

原告白光华诉称:2004年12月30日,被告劳教管委会以原告扰乱社会秩序为由,作出了津劳教审〔2005〕第42号《劳动教养决定书》,决定对原告劳动教养一年六个月。被告所作劳教决定缺乏事实依据,不符合劳动教养法律、法规所规定的范围和条件,适用法律明显错误,程序亦不合法,请求法院依法撤销被告作出的具体行政行为。

被告劳教管委会辩称:《劳动教养试行办法》第12条第2款规定:"被决定劳动教养的人,对主要事实不服的,由审批机关组织复查。"《中华人民共和国行政诉讼法》第37条第2款规定:"法律、法规规定应当先向行政机关申请复议,对复议不服再向人民法院提起诉讼的，依照法律、法规的规定。"根据上述规定，原告白光华不服被告作出的劳动教养决定，应当在规定的期限内向被告审批机构申请复议，如对复议不服再向人民法院提起行政诉讼。现原告未经行政复议即直接向人民法院提起行政诉讼，人民法院不应受理。请求法院裁定驳回原告的起诉。

天津市第一中级人民法院经审理查明：2004 年 12 月 30 日，劳教管委会根据《国务院关于将强制劳动和收容审查两项措施统一于劳动教养的通知》第 1 条的有关规定，以原告白光华扰乱社会秩序为由，作出了津劳教审〔2005〕第 42 号《劳动教养决定书》，决定对白光华劳动教养一年六个月。白光华不服该决定，向天津市第一中级人民法院提起行政诉讼。在此之前，白光华未就该决定申请行政复议。

本案的争议焦点是：原告白光华不服被告劳教管委会作出的劳动教养决定，未经行政复议程序即直接向人民法院提起行政诉讼，人民法院应否受理。

【审判】

天津市第一中级人民法院一审认为：

原告白光华不服被告劳教管委会作出的《劳动教养决定书》，应当根据《中华人民共和国行政复议法》第 9 条的规定，在知道该具体行政行为之日起 60 日内，先向审批机关提出行政复议申请。对复议不服再向人民法院提起行政诉讼。但原告在收到劳动教养决定书后未申请行政复议，却于 2005 年 5 月 30 日直接向法院提起行政诉讼，不符合国发〔1982〕17 号《劳动教养试行办法》第 12 条第 2 款的规定，故不应予以受理。

据此，天津市第一中级人民法院依照《中华人民共和国行政诉讼法》第 37 条第 2 款、最高人民法院《关于执行〈中华人民共和国行政诉讼法〉若干问题的解释》第 44 条第 11 项的规定，裁定驳回原告白光华的起诉。

白光华不服一审裁定，向天津市高级人民法院提起上诉，请求撤销原审裁定，并撤销被上诉人劳教管委会所作的津劳教审〔2005〕第 42 号《劳动教养决定书》，诉讼费用由被上诉人承担。其主要理由是：(1)《劳动教养试行办法》第 12 条第 2 款规定的"复查"不是"行政复议"。《中华人民共和国行政复议法》第 9 条规定，公民、法人或者其他组织认为具体行政行为侵犯其合法权益的，可以提出行政复议申请。但原审裁定却认定上诉人"应当"先向审批机关申请行政复议，而不能直接向法院提起行政诉讼，属适用法律错误。(2)《中华人民共和国行政诉讼法》第 37 条规定："对属于人民法院受案范围的行政案件，公民、法人或者其他组织可以先向上一级行政机关或者法律、法规规定的行政机关申请行政复议，对复议不服的，再向人民法院提起诉讼；也可以直接向人民法院提起诉讼。法律、法规规定应当先向行政机关申请复议，对复议不服再向人民法院提起诉讼的，依照法律、法规的规定。”我国现行法律、法规没有关于不服劳动教养决定必须先经过行政复议程序才能提起行政诉讼的规定，故上诉人直接向人民法院起诉完全符合法律规定，人民法院应当受理。

被上诉人劳教管委会答辩称：根据《劳动教养试行办法》第 12 条第 2 款关于“被决定劳动教养的人，对主要事实不服的，由审批机关组织复查”的规定，以及《中华人民共和国行政诉讼法》第 37 条第 2 款关于“法律、法规规定应当先向行政机关申请复议，对复议不服再向人民法院提起诉讼的，依照法律、法规的规定”的规定，上诉人白光华不服被上诉人作出的劳动教养决定，应当在规定的期限内向审批机构申请复议。白光华未经行政复议即直接向人民法院提起行政诉讼，人民法院不应受理。原审裁定认定事实清楚，适用法律、法规正确，请求二审法院驳回上诉，维持原裁定。

天津市高级人民法院经审理，确认了一审查明的事实。

二审的争议焦点是：(1)《劳动教养试行办法》第 12 条第 2 款规定的“由审批机关组织复查”，是否是指行政复议程序；(2)上诉人白光华不服被上诉人劳教管委会作出的劳动教养决定，未经行政复议程序即直接向人民法院提起行政诉讼，人民法院应否受理。

天津市高级人民法院认为：

《劳动教养试行办法》第 12 条第 2 款规定的“由审批机关组织复查”不是指行政复议程序。根据《中华人民共和国行政复议法》第 2 条的规定，公民、法人或者其他组织认为具体行政行为侵犯其合法权益，可以向行政机关提出行政复议申请。所谓行政复议，是指公民、法人或其他组织认为具体行政行为侵犯其合法权益，按照法定的程序和条件，向作出该具体行政行为的上一级行政机关或法定机关提出申请，并由该机关对具体行政行为的合法性和适当性进行审查并作出复议决定的活动。根据《中华人民共和国行政复议法》第 1 条的规定，设置行政复议程序的目的，是为了防止和纠正违法的或者不当的具体行政行为，保护公民、法人和其他组织的合法权益，保障和监督行政机关依法行使职权。由此可见，履行行政复议职责的机关，应当是作出具体行政行为的上一级行政机关或其他法定机关，而不能由作出具体行政行为的机关自行复议。《劳动教养试行办法》第 12 条第 2 款规定：“被决定劳动教养的人，对主要事实不服的，由审批机关组织复查。”这里规定的“审批机关”，即是作出劳动教养决定的机关；这里规定的“复查”亦不同于“复议”，而是指原审批机关进行重新审查。因此，该规定是指由作出劳动教养决定的机关自行复查，而不是由作出劳动教养决定这一具体行政行为的上一级行政机关或其他法定机关进行行政复议。

《中华人民共和国行政诉讼法》第 37 条规定："对属于人民法院受案范围的行政案件，公民、法人或者其他组织可以先向上一级行政机关或者法律、法规规定的行政机关申请复议，对复议不服的，再向人民法院提起诉讼；也可以直接向人民法院提起诉讼。法律、法规规定应当先向行政机关申请复议，对复议不服再向人民法院提起诉讼的，依照法律、法规的规定。"据此，公民、法人或者其他组织认为具体行政行为侵犯其合法权益的，除法律、法规明确规定应当先向行政机关申请复议，对复议不服再向人民法院提起诉讼的以外，可以自由选择申请行政复议或者直接向人民法院提起行政诉讼。对于被决定劳动教养的人对劳动教养决定不服的，我国现行法律、法规并没有明确规定必须先向作出劳动教养决定的上一级行政机关或者其他法定机关申请复议，对复议不服才能向人民法院提起诉讼，即没有就此规定行政复议前置程序。因此，被决定劳动教养的人对劳动教养决定不服的，可以向作出劳动教养决定的上一级行政机关或者法律、法规规定的行政机关申请复议，也可以直接向人民法院提起诉讼；直接向人民法院提起行政诉讼的，人民法院应当受理。原审裁定认定上诉人白光华未经行政复议程序直接向法院提起行政诉讼不当，裁定驳回起诉，属于适用法律错误，应当纠正。

据此，天津市高级人民法院根据最高人民法院《关于执行〈中华人民共和国行政诉讼法〉若干问题的解释》第 68 条之规定，于 2005 年 10 月 31 日裁定如下：

一、撤销天津市第一中级人民法院〔2005〕一中行初字第 106 号行政裁定；

二、本案由天津市第一中级人民法院继续审理。

【评述】

本案是一起围绕劳动教养决定引发的诉讼。争议核心在于，一审原告白光华不服被告劳教管委会作出的劳动教养决定，未经行政复议程序即直接向人民法院提起行政诉讼，人民法院应否受理？这就涉及对《劳动教养试行办法》第 12 条第 2 款的解读。该条款规定："被决定劳动教养的人，对主要事实不服的，由审批机关组织复查。"

被告劳教管委会认为，既然《劳动教养试行办法》规定了第 12 条第 2 款复议先行，那么根据《中华人民共和国行政诉讼法》第 37 条第 2 款规定："法律、法规规定应当先向行政机关申请复议，对复议不服再向人民法院提起诉讼的，依照法律、法规的规定。"那么，原告白光华不服被告作出的劳动教养决定，应当在规定的期限内向被告审批机构申请复议，如对复议不服再向人民法院提起行政诉讼。现原告未经行政复议即直接向人民法院提起行政诉讼，人民法院不应受理。

一审法院采纳了被告抗辩理由，以白光华未在法定期限内申请行政复议就直接提起诉讼不符合《劳动教养试行办法》第 12 条第 2 款的规定为由，裁定驳回原告白光华的起诉。

二审法院将争议焦点聚集在两点：一是，《劳动教养试行办法》第 12 条第 2 款规定的“由审批机关组织复查”，是否指行政复议程序？二是，白光华不服劳教管委会作出的劳动教养决定，未经行政复议程序即直接向人民法院提起行政诉讼，人民法院应否受理？

关于第一个问题，二审法院认为，《劳动教养试行办法》第 12 条第 2 款规定的“由审批机关组织复查”并非指行政复议程序。因为按照行政复议的有关规定，履行行政复议职责的机关，应当是作出具体行政行为的上一级行政机关或其他法定机关，而不能由作出具体行政行为的机关自行复议。《劳动教养试行办法》第 12 条第 2 款规定：“被决定劳动教养的人，对主要事实不服的，由审批机关组织复查。”这里规定的“审批机关”，即是作出劳动教养决定的机关；这里规定的“复查”亦不同于“复议”，而是指原审批机关进行重新审查。因此，该规定是指由作出劳动教养决定的机关自行复查，而不是由作出劳动教养决定这一具体行政行为的上一级行政机关或其他法定机关进行行政复议。

关于第二个问题，对于劳动教养决定不服，是否需要遵循复议前置程序？二审法院也否认了这一观点。它指出，公民、法人或者其他组织认为具体行政行为侵犯其合法权益的，除法律、法规明确规定应当先向行政机关申请复议，对复议不服再向人民法院提起诉讼的以外，可以自由选择申请行政复议或者直接向人民法院提起行政诉讼。对于被决定劳动教养的人对劳动教养决定不服的，我国现行法律、法规并没有明确规定必须先向作出劳动教养决定的上一级行政机关或者其他法定机关申请复议，对复议不服才能向人民法院提起诉讼，即没有就此规定行政复议前置程序。

据此，二审裁定撤销原行政裁定，并由原审法院继续审理本案。

在我国，劳动教养制度一直是行政法领域疑难杂症纠结的领域。《劳动教养试行办法》颁布于 1982 年，在 2002 年公安部颁布的《公安机关办理劳动教养案件规定》第 72 条规定：“被劳动教养人员对劳动教养决定不服的，可以依照行政诉讼法的规定向人民法院提起行政诉讼。”在《最高人民法院公报》上刊登这一案例，为以后对劳动教养决定不服直接提起行政诉讼，厘清了法律适用上的障碍。

（本案例的“案情”和“审判”部分选自《最高人民法院公报》2007 年第 3 期；“提领”和“评述”部分由作者根据有关法律与学理进行阐述，不代表司法机关的意见）

（蒋红珍　撰）

58 上海金港经贸总公司诉新疆维吾尔自治区工商行政管理局行政处罚案

【提领】

本案是一起因行政行为程序违法而被撤销的案件。再审被申请人即行政程序中的行政主体仅以一纸罚款证明作为没收的行政处罚决定,既没有说明处罚的事实、理由和依据,也没有向相对人告知依法享有的申请行政复议或者提起行政诉讼的途径和期限。在一、二审法院裁定驳回起诉的情况下,再审申请人向最高人民法院申请再审,最高人民法院裁定撤销了一、二审法院的裁定。另外值得关注的是本案的法律适用问题。

【案情】

申请再审人(一审原告,二审上诉人):上海金港经贸总公司。住所地:上海市翔殷路 920 号 3 楼。

法定代表人:张永明,该公司总经理。

委托代理人:易廷斌,北京市东元律师事务所律师。

再审被申请人(一审被告,二审被上诉人):新疆维吾尔自治区工商行政管理局。住所地:新疆维吾尔自治区乌鲁木齐市人民路 56 号。

法定代表人:吐尔逊·阿不都热衣木,该局局长。

委托代理人:尚相勇,该局助理巡视员。

委托代理人:丁宣,该局法规处副处长。

上海金港经贸总公司(以下称金港公司)因诉新疆维吾尔自治区工商行政管理局(以下称新疆工商局)行政处罚一案,不服新疆维吾尔自治区高级人民法院〔1998〕新行终字第 9 号行政裁定,向最高人民法院申请再审。最高人民法院依法组成由周红耕担任审判长、代理审判员孟凡平、王振宇参加的合议庭审理了本案,现已审理终结。

金港公司于1998年4月18日向乌鲁木齐市中级人民法院起诉称：1995年金港公司在新疆为江苏省张家港市棉麻公司联系购销计划外棉花，受到新疆工商局查处，被罚款100万元。1997年6月20日，新疆工商局公平交易局又向其出具证明："我局于1996年2月17日收到自治区棉麻公司转来棉花款190万元整。后区棉麻公司于1996年4月2日提走暂存的40万元，我局实际收到处罚款150万元整（附相关凭证复印件二张）。特此证明。"新疆工商局以罚款证明的方式没收其150万元违法，请求法院判决撤销该证明，判令新疆工商局归还其150万元棉花款，并赔偿经济损失20万元。

新疆工商局辩称：依据《投机倒把行政处罚条例》第11条和《中华人民共和国行政诉讼法》第38条规定，金港公司在法定期限内未申请复议和提起行政诉讼，属自动放弃其复议权和起诉权，请求法院驳回其诉讼请求。

新疆维吾尔自治区乌鲁木齐市中级人民法院一审认为：被告新疆工商局对金港公司违法经营棉花是依据《投机倒把行政处罚暂行条例》之规定进行的处罚。根据该《条例》第11条规定，原告金港公司不服行政处罚可先向上一级工商机关申请复议，对复议仍不服的，才可在法定期限内向人民法院起诉。原告的起诉不符合起诉条件，裁定驳回原告金港公司的起诉。

金港公司不服，提起上诉。

新疆维吾尔自治区高级人民法院二审认为其上诉理由不能成立，裁定驳回上诉，维持原裁定。

金港公司不服二审裁定，向最高人民法院申请再审称：新疆工商局直接扣押其150万元款项，却没有制作处罚决定书，只是在事后由新疆工商局公平交易局出具了一纸罚款证明，该证明没有载明处罚的事实根据和法律依据，也没有告知诉权和诉讼期限。请求撤销原审裁定，撤销新疆工商局作出的罚款证明，返还棉花款150万元，并赔偿其经济损失100万元。

新疆工商局答辩称：金港公司曾于1997年6月17日承认其行为违法。依据《投机倒把行政处罚暂行条例》第11条和《中华人民共和国行政诉讼法》第38条规定，金港公司未在法定期限内申请复议，也未提起行政诉讼，原审裁定合情、合理、合法，请求予以维持。

【审判】

最高人民法院认为：

根据《中华人民共和国行政处罚法》第31条、第39条之规定，行政机关在作出行政处罚决定前，应当告知当事人作出行政处罚决定的事实、理由及依据，并告知当事人依法享有的权利；行政机关在其作出行政处罚决定书上亦应当载明当事人"违反法律、法规或者规章的事实和证据"、"行政处罚的种类和依据"以及"当事人不服行政处罚决定,申请行政复议或者提起行政诉讼的途径和期限"等必要内容。新疆工商局出具的罚款证明,既未告知金港公司的违法事实,亦未告知适用的法律依据,在此情况下,金港公司无从判断其行为性质及相应的法律规范。原一、二审法院以金港公司未经复议直接向人民法院起诉,不符合《投机倒把行政处罚暂行条例》第 11 条关于复议前置之规定为由裁定不予受理,于法无据。依照《中华人民共和国行政诉讼法》第 22 条第 1 款、最高人民法院《关于执行〈中华人民共和国行政诉讼法〉若干问题的解释》第 79 条第 3 项之规定,裁定如下:

一、撤销新疆维吾尔自治区高级人民法院作出的〔1998〕新行终字第 9 号行政裁定;

二、撤销新疆维吾尔自治区乌鲁木齐市中级人民法院作出的〔1998〕乌中行初字第 4 号行政裁定;

三、指令新疆维吾尔自治区乌鲁木齐市中级人民法院按照第一审程序对本案进行审理。

【评述】

《行政处罚法》第 31 条规定:"行政机关在作出行政处罚决定之前,应当告知当事人作出行政处罚决定的事实、理由及依据,并告知当事人依法享有的权利。"第 39 条规定:"行政机关依照本法第 38 条的规定给予行政处罚,应当制作行政处罚决定书。行政处罚决定书应当载明下列事项:(一)当事人的姓名或者名称、地址;(二)违反法律、法规或者规章的事实和证据;(三)行政处罚的种类和依据;(四)行政处罚的履行方式和期限;(五)不服行政处罚决定,申请行政复议或者提起行政诉讼的途径和期限;(六)作出行政处罚决定的行政机关名称和作出决定的日期。"本案再审被申请人新疆工商局仅以一纸罚款证明作为没收的行政处罚决定,既没有说明处罚的事实、理由和依据,也没有向相对人告知依法享有的申请行政复议或者提起行政诉讼的途径和期限。按照《行政处罚法》第 31 条和第 39 条的规定,被申请人的行政行为违反了法定程序,应当撤销。最高人民法院的裁定正是依据《行政处罚法》的上述规定作出的。

值得注意的是,本案涉及的没收行为发生在 1996 年 2 月 17 日或 1996 年 4 月 2 日(1996 年 2 月 17 日,被申请人收到自治区棉麻公司转来棉花款 190 万元整,区棉麻公司于 1996 年 4 月 2 日提走暂存的 40 万元),而给相对人出具罚没证明的时间发生在 1997 年 6 月 20 日。《行政处罚法》自 1996 年 10 月 1 日起施行,如果以 1996 年 2 月 17 日或 1996 年 4 月 2 日为行政行为发生的时间,则《行政处罚法》就不可适用；如果以 1997 年 6 月 20 日为行政行为发生的时间，则《行政处罚法》就可以适用，最高人民法院裁定适用的法律也就没有问题。笔者以为，行政行为发生的时间应当以告知相对人为准。因此，本案所涉及的行政行为发生的时间应当为 1997 年 6 月 20 日，适用《行政处罚法》作为评价依据是正确的。

最高人民法院的裁定回避了一、二审法院裁定中涉及的《投机倒把行政处罚暂行条例》第 11 条之适用问题。该条规定："被处罚人对工商行政管理机关的处罚决定不服的，可以在收到处罚通知之日起十五日内向上一级工商行政管理机关申请复议。上一级工商行政管理机关应当在收到复议申请之日起三十日内作出复议决定。被处罚人对复议决定不服的，可以在收到复议通知之日起十五日内向人民法院起诉。"将此规定解释为复议前置不是没有道理的。《行政诉讼法》第 37 条规定："法律、法规规定应当先向行政机关申请复议，对复议不复再向人民法院提起诉讼的，依照法律、法规的规定。"按此，如果行政相对人确实构成所谓的投机倒把行为，则一、二审法院依据《投机倒把行政处罚暂行条例》第 11 条和《行政诉讼法》第 38 条裁定驳回起诉也不是没有道理的。《投机倒把行政处罚暂行条例》已经"暂行"了 20 多年，国内学者多认为其与中国市场经济体制有诸多不符之处。然而，它毕竟是行政法规，至今没有废止。最高人民法院裁定中仅以一个"于法无据"了之，不知如何解释？

（本案例的"案情"和"审判"部分选自《最高人民法院公报》2006 年第 4 期；"提领"和"评述"部分由作者根据有关法律与学理进行阐述，不代表司法机关的意见）

（杨登峰　撰）

59 肇庆外贸公司诉肇庆海关海关估价行政纠纷案

【提领】

本案是我国加入世界贸易组织后的第一例因海关估价行为而引发的行政案件，被称为“海关估价行政行为第一案”。本案历经一审、二审。法院认为，海关在有理由认为进口货物的买卖双方之间存在特殊关系且该特殊关系影响进口货物成交价格时，可不接受进口货物申报价格，并依法重新估定完税价格。本案终审判决于2005年作出，收录于《最高人民法院公报》，对我国的司法审判实践具有判例指引的作用。

【案情】

原告：广东省肇庆市外贸开发公司。住所地：肇庆市江滨西路。

法定代表人：徐伟标，该公司总经理。

被告：中华人民共和国肇庆海关。住所地：肇庆市端州七路。

法定代表人：黄健玲，该海关关长。

第三人：广东省肇庆市翱思科技有限责任公司。住所地：肇庆市工农新村。

法定代表人：冯炜恒，该公司经理。

原告广东省肇庆市外贸开发公司（以下称肇庆外贸公司）不服被告中华人民共和国肇庆海关（以下称肇庆海关）2003年5月20日作出的517720021772499587/L04号、517720021772499588/L03号、5177 20021772499589/L03号《海关代征增值税专用缴款书》（以下称三份《代征缴款书》）和同年5月28日作出的5177200217 72499587－1号、517720021772499587－2号、517720021772499588－1号、517720021 772499589－1号《海关估价告知书》（以下称四份《估价告知书》），向广东省肇庆市中级人民法院提起行政诉讼。因肇庆市翱思科技有限责任公司（以下称翱思科技公司）与本案被诉具体行政行为有法律上的利害关系，肇庆市中级人民法院依法追加其为第三人参加诉讼。

原告肇庆外贸公司诉称：被告肇庆海关向原告发出三份《代征缴款书》，却不说明其征税的价格基础是怎样形成，剥夺了原告的知情权。经原告申请，被告才制作四份《估价告知书》，说明由于原告申报的货物价格低于"价格风险参数"、境内实际买方与境外卖方存在特殊关系，因此怀疑原告的申报价格不真实、不合理，就按照《中华人民共和国海关审定进出口货物完税价格办法》(以下称《海关审价办法》)的规定估算出价格来。"价格风险参数"只是同类产品的平均价格，申报价格低于这个参数，不能说明不真实、不合理；就算买方与卖方存在特殊关系，但如果特殊关系未对成交价格产生影响，凭什么怀疑原告申报的价格？为说明申报价格是真实、合理的，原告已经向被告提供过大量价格资料。被告不能指出这些价格资料有哪些问题，却拒不采纳，仍坚持估价，且还不按《海关审价办法》第 7 条第 1 款规定的顺序执行几种估定完税价格方法，而是直接适用所谓的"合理方法"，是错误的，所估出的价格是武断、虚构的。在错误估价的基础上制作的三份《代征缴款书》，当然也错误。请求判令：(1)撤销被告的三份《代征缴款书》和四份《估价告知书》；(2)责令被告依法重新定价和作出《代征缴款书》，并返还多收的税款；(3)被告负担本案全部诉讼费用。

原告提交了第三人翱思科技公司与境内其他数家公司签订的合同书、订货单、进口货物报关单、增值税专用发票、海关专用缴款书等证据。

被告肇庆海关辩称：作为国家的进出口监督管理机关，海关掌握着大量基于国际贸易实际产生的同类进口货物价格资料。通过收集商品价格权威网站的资料，被告发现原告肇庆外贸公司的申报价格明显低于海关设定的价格风险参数，于是在 2002 年 11 月 27 日、2003 年 4 月 28 日，两次向原告发出《价格质疑通知书》，要求其作出书面说明，并提供相关资料。原告与本案第三人、境内实际买方翱思科技公司虽然提供了说明及相关资料，但经审核，被告发现这些资料存在多处矛盾和瑕疵，主要表现在：(1)部分增值税发票存在买价高于卖价的价格倒挂现象，有违常理；(2)部分订单上载明的含税价格，与增值税发票上的不含税价格相同，不符合逻辑；(3)有的资料是由曾因走私、价格瞒骗等行为受过海关查处，存在企业诚信问题，并且是与第三人有过交易关系的一些公司提供，不足为据。在价格质疑过程中，原告和第三人曾经多次承认，第三人与香港翱思公司存在特殊关系。而对这个特殊关系是否影响了双方之间的成交价格，原告和第三人却未说明。至于能直接反映国际贸易价格的对外付汇情况，或者集成电路行业的国际贸易价格等资料，原告和第三人始终未提供。据此被告认为，原告和第三人提供的资料，不足以证明申报价格是真实、准确的，遂依照《海关审价办法》第 7 条和第 11 条的规定，在无法适用其他价格方法的情况下,根据海关的价格资料,使用合理方法估定了完税价格,并制发三份《代征缴款书》。鉴于作为证据的价格资料是海关的保密资料,不能直接向原告和第三人提供,故在原告的要求下,向其发出四份《估价告知书》。《估价告知书》虽然在《代征缴款书》之后发出,但整个估价过程,被告已经在此前通过质疑、磋商程序通知了原告,依法履行了告知义务。原告诉称被告估出的价格武断、虚构,其被剥夺了知情权,与事实不符。被告制发的三份《代征缴款书》和四份《估价告知书》,事实清楚,证据确凿,适用法律正确,程序合法,法院应当维持这一具体行政行为。

被告提交据以作出被诉具体行政行为的采购订单、询价单、合同书、报关单、附随发票、装箱单、成交确认书、技术说明、增值税发票、调查笔录、价格质疑通知书、价格磋商记录表、审价信息收集表、进口货物价格情况说明和保密的海关内部函件等证据,以及《中华人民共和国海关法》(以下称《海关法》)、《海关审价办法》等执法依据。

第三人翱思科技公司述称:自2002年11月25日至2003年6月,第三人向被告肇庆海关提供过长达153页的详细价格资料,用以证明原告肇庆外贸公司代第三人申报的进口货物价格是真实的。但对这些资料,被告不积极主动去调查真伪,仅以"采信度不高,不足以证明申报价格真实性、准确性"为由,一律不予采纳,漠视行政相对人的权利。验资报告证明,香港翱思公司不是第三人的股东;被告认定第三人与香港翱思公司存在特殊关系,并且影响成交价格,不符合客观事实。被告的审价行为偏离了《海关审价办法》确定的原则,违反了《海关审价办法》确定的审价程序,所估定的完税价格没有事实根据,是武断的、虚构的价格。被告以涉及国家秘密和商业秘密为由,拒绝提交其估价依据,剥夺了第三人的知情权。请求判令撤销被告的估价行政行为。

第三人提交肇庆天元信展会计师事务所出具的验资报告、翱思科技公司销售情况对照表等证据。

经质证、认证,肇庆市中级人民法院查明:

2002年11月27日,原告肇庆外贸公司以一般贸易方式,向被告肇庆海关申报3票进口货物,其中有墨西哥产RC4558DR型集成电路10万个、RC4558P型集成电路9.5万个、泰国产SN74HCU04DR型集成电路2.75万个、马来西亚产SN74HCU04DR型集成电路1.25万个,申报的货物单价均为每个0.05美元。

经审核报关单及附随单证,被告肇庆海关认为,原告肇庆外贸公司申报的价格明显低于海关设定的价格风险参数,遂于2002年11月27日向肇庆外贸公司发出《价格质疑通知书》,要求其作出书面说明,并提供证明申报价格真实、准确的相关资料。11月28日和29日，肇庆外贸公司向肇庆海关提交了境外供货商香港翱思公司与境内实际收货单位、本案第三人翱思科技公司之间业务往来的说明、肇庆外贸公司代理进口电子元件协议、肇庆外贸公司代理进口的说明、肇庆外贸公司与香港翱思公司签订的成交确认书、《中华人民共和国海关进口货物价格申报单》、进口货物装箱单、发票、提单、肇庆外贸公司开给翱思科技公司同型号集成电路销售增值税发票、国内数家公司开给翱思科技公司或跃马（翱思）的采购订单、翱思科技公司开给国内数家公司同型号集成电路的销售增值税发票、有关集成电路代理商的集成电路价格行情信息等资料。同年12月至2003年4月，肇庆海关通过询问、磋商、谈话等方式，向肇庆外贸公司进一步了解进口货物申报价格信息，并向海关总署广州商品价格信息办公室（以下称海关价格办公室）了解了同型号集成电路价格行情和信息。据此肇庆海关认为，进口货物的买卖双方（境内实际收货人与境外供货人）之间存在特殊关系，且该特殊关系可能影响成交价格，遂根据《海关审价办法》第34条的规定，决定不接受进口货物申报价格。

为确定完税价格，2003年3月3日，被告肇庆海关与原告肇庆外贸公司进行价格磋商。3月17日，肇庆海关主持了与肇庆外贸公司和第三人翱思科技公司的审价谈话。4月28日，肇庆海关再次向肇庆外贸公司发出《价格质疑通知书》，对买卖双方存在特殊关系，且可能影响成交价格提出质疑。5月12日，肇庆外贸公司向肇庆海关提交了《关于肇庆市翱思科技有限责任公司申报价格的补充说明》等11份资料。肇庆海关在审核这些资料后认为，这些资料的采信度不高，仍然不能有效证明进口申报价格真实、合理并可以作为确定完税价格的基础。5月15日，肇庆海关又与肇庆外贸公司进行价格磋商，肇庆外贸公司始终不同意对进口货物重新估价。由于肇庆外贸公司没有提供使用相同货物成交价格方法、类似货物成交价格方法、倒扣价格方法和计算价格方法确定完税价格所需的资料，同时肇庆海关也没有掌握上述价格资料，5月20日，肇庆海关经询价后，使用合理方法进行估价，作出三份《代征缴款书》，决定对肇庆外贸公司申报的三批集成电路征收增值税13172.08元。应肇庆外贸公司申请，肇庆海关又于5月28日发出四份《估价告知书》，向肇庆外贸公司告知：对RC4558DR型、RC4558P型集成电路，肇庆海关决定按每个0.0898美元估价；对SN74HCU04DR型集成电路，肇庆海关决定按每个0.09美元估价。四份《估价告知书》上，均说明肇庆海关是按《海关审价办法》第34条、第7条第1款第5项的规定估价，并告知于不服估价行为的权利救济途径。肇庆外贸公司不服三份《代征缴款书》和四份《估价告知书》的决定，向广州海关申请复议。11月25日，广州海关复议后，决定维持肇庆海关的三份《代征缴款书》和四份《估价告知书》。

又查明,原告肇庆外贸公司申报进口的集成电路,境外销售人是香港翱思公司,境内实际收货人是第三人翱思科技公司。肇庆外贸公司与翱思科技公司之间存在委托代理进口货物关系,代理翱思科技公司进口有关电子元件,负责对外签约、报关等工作。翱思科技公司由香港翱思公司的注册人李兆汉和翱思科技公司的法定代表人冯炜恒共同经营,该公司的部分流动资金由香港翱思公司提供,与香港翱思公司保持着分公司与总公司的关系。双方口头约定,对翱思科技公司的销售利润,由翱思科技公司分三成,香港翱思公司分七成。

【审判】

肇庆市中级人民法院认为:

《海关审价办法》第 42 条第 1 款第 3 项规定,当一方直接或间接地受另一方控制时,应当认定买卖双方有特殊关系。2002 年 11 月 28 日,第三人翱思科技公司在其出具的《关于翱思科技公司与香港翱思公司的业务说明》中,承认其与卖方香港翱思公司是分公司与总公司的关系;同年 12 月 3 日、12 月 10 日,在被告肇庆海关制作的询问笔录和翱思科技公司出具的《关于翱思科技公司购销集成电路的说明》中,翱思科技公司还承认,其与香港翱思公司存在着共同经营、利润分成的事实。根据这些证据,肇庆海关认定买方翱思科技公司与卖方香港翱思公司存在特殊关系,是正确的。

2003 年 3 月 17 日,在被告肇庆海关主持的海关审价谈话会上,原告肇庆外贸公司和第三人翱思科技公司承认,涉案货物的申报价格实际是由香港翱思公司确定的。肇庆外贸公司和翱思科技公司虽然想用销售合同、订单、询价单、增值税发票等资料来证明这个申报价格是真实、合理的,但这些资料不同程度地存在矛盾和瑕疵,无法说明其自身真实、合理,因此也就不具有证明申报价格真实、合理的作用。海关价格办公室出具的意见称:涉案货物申报价格低于海关掌握的同型号集成电路实际成交可比价格,低于国际集成电路权威网站的报价,低于集成电路生产成本价格。作为海关进口货物商品价格信息的专业管理部门,海关价格办公室掌握了大量的价格信息资料。与肇庆外贸公司、翱思科技公司提供的资料相比,海关价格办公室出具的价格意见更具可信性,应当采纳。肇庆海关据此认定涉案货物买方与卖方之间的特殊关系影响了成交价格,是正确的。

《海关法》第 55 条第 1 款规定:"进出口货物的完税价格,由海关以该货物的成交价格为基础审查确定。成交价格不能确定时,完税价格由海关依法估定。"《海关审价办法》第 34 条规定:"海关有理由认为买卖双方之间的特殊关系影响成交价格时，应当书面将理由告知进口货物的收货人，要求其以书面形式作进一步说明，提供相关资料或其他证据，证明双方之间的关系未影响成交价格。自海关书面通知发出之日起 15 日内，进口货物的收货人未能提供进一步说明，或海关审核所提供的资料或证据后仍有理由认为买卖双方之间的关系影响成交价格时，海关可以不接受其申报价格，并按照本办法第 7 条至第 11 条的规定估定完税价格。"依照上述规定，被告肇庆海关有审查、确定进口货物完税价格和估定完税价格的职权。肇庆海关在认为进口货物买卖双方之间的特殊关系影响成交价格后，已将这一理由书面告知进口货物的收货人、原告肇庆外贸公司。在法定期限内，肇庆外贸公司提供的证据不能证明买卖双方之间特殊关系未影响成交价格。肇庆海关据此不接受进口货物的申报价格，并依法估定完税价格，执法有据。

在海关审价过程中，原告肇庆外贸公司和第三人翱思科技公司虽然提供了包括国内销售合同、订单、询价单、增值税发票在内的各种资料，但这些资料存在着矛盾与瑕疵，采信度不高。对能直接反映国际贸易价格的对外付汇情况或者集成电路行业的国际贸易价格资料，肇庆外贸公司和翱思科技公司始终不向被告肇庆海关提供。同时由于肇庆外贸公司和翱思科技公司提供的证据，不能证明其主张的价格是在境内销售合计总量最大、是向境内无特殊关系方进行销售的价格，其中也没有应扣减费用的客观可量化资料，因此无法作为适用类似货物成交价格方法、倒扣价格方法和计算价格方法固定完税价格的基础。在此情形下，肇庆海关在依次排除了《海关审价办法》第 7 条规定的各种估价方法后，参考其他口岸同型号集成电路的进口价格，从充分考虑肇庆外贸公司利益出发，以相同规格型号产品的实际成交价格资料作为基础，采用合理方法估定完税价格，其估价的程序合法，且并未超出行政机关的自由裁量权范围。

第三人翱思科技公司认为，在被告肇庆海关审价过程中，其已通过原告肇庆外贸公司向肇庆海关提供了大量资料，这些资料都是真实的，但肇庆海关既不积极主动去调查这些资料的真伪，又对这些资料不予采纳，是漠视行政相对人的权利。前已述及，在买卖双方存在特殊关系且这种特殊关系影响成交价格的情形下，海关对进口货物申报价格予以调整，是《海关法》第 55 条、《海关审价办法》第 7 条、第 34 条赋予海关的职权。肇庆外贸公司和翱思科技公司提供的资料无论是否真实，只要不能证明成交价格未受买卖双方之间特殊关系的影响，肇庆海关即可依法对进口货物的申报价格进行调整。在此前提下，海关还有无必要核查这些资料的真伪，则属于行政机关具体行政行为的合理性问题，不属行政诉讼审查范围。

综上所述，被告肇庆海关所作的三份《代征缴款书》和四份《估价告知书》，适用法律、法规正确,符合法定程序,应当维持。据此,肇庆市中级人民法院依照《中华人民共和国行政诉讼法》第 54 条第 1 项的规定,于 2005 年 6 月 22 日判决:

一、维持被告肇庆海关于 2003 年 5 月 20 日作出的三份《代征缴款书》和同年 5 月 28 日作出的四份《估价告知书》;

二、驳回原告肇庆外贸公司的其他诉讼请求。

一审宣判后,肇庆外贸公司、翱思科技公司不服,向广东省高级人民法院提出上诉。理由是:(1)翱思科技公司提交的验资报告证明,香港翱思公司不是翱思科技公司的股东,他们之间不存在控制关系。被上诉人肇庆海关认定申报价格低于相同或类似货物成交价格或者国际市场价格行情,以及认定买卖双方存在特殊关系且影响了成交价格,都没有证据证明。也就是说,被上诉人虽然质疑上诉人的申报价格,但没有证据证明其质疑的理由。在这种情况下,一审判决也认定翱思科技公司与香港翱思公司存在特殊关系且影响成交价格,是认定事实错误。(2)《海关审价办法》第 6 条规定,买卖双方虽有特殊关系,但只要收货人能够证明申报价格与同时或大约同时发生的卖方向境内无特殊关系的买方出售相同或类似货物的成交价格相近,海关应当接受申报价格。上诉人在收到被上诉人发来的《价格质疑通知书》当天,就向被上诉人提供了相关证据,然而被上诉人没有审查这些证据和接受成交价格,违反了这一条规定。(3)本案买卖双方是翱思科技公司与香港翱思公司,肇庆外贸公司只是翱思科技公司的进口货物代理人。在海关审价过程中,被上诉人没有将与具体行政行为有直接利害关系的翱思科技公司列为行政相对人,没有向翱思科技公司发出《价格质疑通知书》,而是把该通知书发给肇庆外贸公司,是错误的。(4)被上诉人发出《价格质疑通知书》后,没有按照《海关审价办法》第 34 条的规定给予 15 天时间,以至肇庆外贸公司与翱思科技公司未能提供充分的证据。(5)《海关审价办法》第 7 条规定了四种估定完税价格方法,而且规定必须依次使用这四种方法。在审定完税价格过程中,被上诉人没有依照法定次序,而是直接采用合理方法估价,严重违反法律。在这种情况下估出来的完税价格,依据不足,实是主观臆断。(6)被上诉人宣称其是根据海关掌握的价格资料,使用合理方法估定完税价格。但是被上诉人却以价格资料是海关秘密为由,不向上诉人出示其估价依靠的证据。一审也以这部分证据涉及商业秘密为由,不公开质证,违反了法定程序。请求撤销一审判决,将案件发回重审,或在查清事实后判决撤销被上诉人制作的四份《估价告知书》及相应的三份《代征缴款书》。

被上诉人肇庆海关答辩称:被上诉人对上诉人制发的三份《代征缴款书》和四份《估价告知书》,事实清楚,证据确凿,适用法律正确,程序合法。上诉人的上诉没有事实根据与法律依据,应当驳回上诉,维持原判。

广东省高级人民法院经审理，确认了一审查明的事实。

二审应解决的争议焦点是：(1)能否认定香港翱思公司与翱思科技公司之间存在特殊关系且特殊关系影响成交价格？(2)肇庆海关在收到肇庆外贸公司、翱思科技公司提供的相关证据后，应否接受其申报的价格？(3)肇庆海关不向翱思科技公司发出《价格质疑通知书》，是否错误？(4)肇庆海关发出《价格质疑通知书》后，是否未给当事人留出15天提供证据与说明的时间？(5)肇庆海关使用合理方法估价，是否违反《海关审价办法》第7条的规定？(6)一审以海关的价格资料涉密为由不公开质证，是否违反法定程序？

广东省高级人民法院认为：

关于上诉人翱思科技公司与香港翱思公司之间存在特殊关系一事，一审已经列明作出这个认定所依靠的证据。《海关审价办法》第42条第1款规定了应当认定买卖双方有特殊关系的八种情形，“一方直接或间接地拥有、控制或持有对方5%或以上公开发行的有表决权的股票或股份”，只是其中一种。验资报告虽然证明香港翱思公司不是翱思科技公司的股东，但这只反映了翱思科技公司的注册资本情况，不代表实际经营过程中两个公司之间不存在任何关系。上诉人肇庆外贸公司、翱思科技公司以不是股东为由，否认香港翱思公司与翱思科技公司之间存在特殊关系，该理由不能成立。

《海关审价办法》第6条第1款规定：“买卖双方之间有特殊关系的，经海关审定其特殊关系未对成交价格产生影响，或进口货物的收货人能证明其成交价格与同时或大约同时产生的下列任一价格相近，该成交价格海关应当接受：(一)向境内无特殊关系的买方出售的相同或类似货物的成交价格；(二)按照本办法第9条的规定所确定的相同或类似货物的完税价格；(三)按照本办法第十条的规定所确定的相同或类似货物的完税价格。”在上诉人翱思科技公司与香港翱思公司之间的特殊关系被认定后，上诉人肇庆外贸公司和翱思科技公司只有证明成交价格符合《海关审价办法》第6条第1款规定的条件，成交价格才应当被海关接受。肇庆外贸公司和翱思科技公司虽然提供了大量价格资料，但这些资料存在着不同程度的矛盾和瑕疵，无法证明成交价格符合《海关审价办法》第6条第1款规定的条件。因此，肇庆海关不接受肇庆外贸公司、翱思科技公司主张的成交价格，于法有据。

《海关法》第54条规定：“进口货物的收货人、出口货物的发货人、进出境物品的所有人，是关税的纳税义务人。”《海关审价办法》第31条规定：“进出口货物的收发货人应当向海关如实申报进出口货物的成交价格，提供包括发票、合同、装箱清单及其他证明申报价格真实、完整的单证、书面资料和电子数据。海关认为必要时，进出口货物的收发货人还应当向海关补充申报反映买卖双方关系和成交活动的情况,以及其他与成交价格有关的资料。"上诉人肇庆外贸公司是本案所涉进口货物报关单上明确记载的收货人,被上诉人肇庆海关据此只将肇庆外贸公司作为行政管理相对人,向该公司发出《价格质疑通知书》,符合法律规定,不存在程序错误。

被上诉人肇庆海关两次向上诉人肇庆外贸公司发出《价格质疑通知书》,第一次是在 2002 年 11 月 27 日,第二次是在 2003 年 4 月 28 日。而三份《代征缴款书》是于 2003 年 5 月 20 日作出,四份《估价告知书》是于同年 5 月 28 日作出。仅以第二次《价格质疑通知书》的发出时间计算,至具体行政行为作出时,均超出 15 天的期限。肇庆外贸公司、翱思科技公司上诉认为,肇庆海关发出《价格质疑通知书》后没有给予 15 天的时间,违反了《海关审价办法》第 34 条规定的期限,没有事实根据。

《海关审价办法》第 7 条第 1 款规定:"海关应当依次使用下列方法估定完税价格:(一)相同货物成交价格方法;(二)类似货物成交价格方法;(三)倒扣价格方法;(四)计算价格方法;(五)合理方法。"《海关审价办法》第 8 条至第 11 条,分别规定了各种价格方法的适用条件。相同或类似货物成交价格方法,应当"以与被估的进口货物同时或大约同时进口的相同或类似货物的成交价格为基础","应当首先使用同一生产商生产的相同或类似货物的成交价格,只有在没有同一生产商生产的相同或类似货物的成交价格的情况下,才可以使用同一生产国或地区生产的相同或类似货物的成交价格"。而在上诉人肇庆外贸公司、翱思科技公司提供的价格资料中,没有同一生产商生产的相同或类似货物的成交价格,同时,被上诉人肇庆海关虽然掌握同型号集成电路的价格资料,但与被估货物不是同时或大约同时,也不是同一生产国,不能满足这两种价格方法的适用条件。倒扣价格方法,"应当以被估的进口货物、相同或类似进口货物在境内销售的价格为基础"估价,应当同时符合"在被估货物进口时或大约同时销售"、"按照进口时的状态销售"、"在境内第一环节销售"、"合计的货物销售总量最大"、"向境内无特殊关系方销售"等条件,还应当扣除"该货物的同等级或同种类货物在境内销售时的利润和一般费用及通常支付的佣金"、"货物运抵境内输入地点之后的运费、保险费、装卸费及其他相关费用"、"进口关税、进口环节税和其他与进口或销售上述货物有关的国内税"。肇庆外贸公司、翱思科技公司虽然提供了同型号集成电路的增值税发票,但这些发票经审核,存在多处矛盾。肇庆海关认为,这些发票难以反映贸易实际,且不能证明其主张的价格是在境内销售合计总量最大的、是向境内无特殊关系方销售的,也没有提供应扣减费用的客观可量化资料。肇庆海关虽然掌握同型号进口集成电路的销售价格,但这个价格不是在境内第一环节按照进口时状态销售的、合计货物销售总量最大的、在被估货物进口时或大约同时销售的价格，因而无法适用倒扣价格方法。计算价格方法，是以"生产该货物所使用的原材料价值和进行装配或其他加工的费用"、"与向境内出口销售同等级或同种类货物的利润和一般费用相符的利润和一般费用"、"货物运抵境内输入地点起卸前的运输及相关费用、保险费"的总和估定进口货物完税价格。适用这种价格方法，同样需要掌握境外生产商成本、利润、费用等方面的客观可量化资料。由于肇庆外贸公司、翱思科技公司提供的资料难以反映贸易实际，同时由于海关也不掌握这方面资料，缺乏适用计算价格方法的条件。《海关审价办法》第 11 条规定，海关在使用合理方法时，应当根据本办法的估价原则，以在境内获得的数据资料为基础估定进口货物的完税价格，但不得使用"境内生产的货物在境内的销售价格"、"可供选择的价格中较高的价格"、"货物在出口地市场的销售价格"、"以本办法第十条第 1 款规定之外的价值或费用计算的价格"、"出口到第三国或地区的货物的销售价格"以及"最低限价或武断、虚构的价格"。在依次排除了前四种估价方法后，肇庆海关以海关掌握的国内其他口岸相同型号规格产品的实际进口成交价格资料为基础，采用合理方法进行估价，符合《海关审价办法》第 7 条第 1 款规定的程序，也符合《海关审价办法》第 11 条规定的估价原则，且未超出行政机关自由裁量权的行使范围。

被上诉人肇庆海关据以提出价格质疑和确定估价所引用的相同型号规格集成电路的价格资料，来源于其他企业的进口价格，事涉其他企业商业秘密。《海关审价办法》第 38 条规定："海关对于买方、卖方或贸易相关方提供的属于商业秘密的资料予以保密。"最高人民法院《关于行政诉讼证据若干问题的规定》第 37 条规定："涉及国家秘密、商业秘密和个人隐秘或者法律规定的其他应当保密的证据，不得在开庭时公开质证。"一审对肇庆海关提交的这部分海关负有保密义务的证据不公开质证，处理正确。上诉人肇庆外贸公司、翱思科技公司认为此举违反法定程序，理由不能成立。

综上所述，一审判决认定事实清楚，证据充分，判处适当。上诉人肇庆外贸公司、翱思科技公司的上诉理由不能成立，依法应当驳回。广东省高级人民法院依照《中华人民共和国行政诉讼法》第 61 条第 1 项规定，于 2005 年 11 月 24 日判决：驳回上诉，维持原判。

【评述】

本案中，香港翱思公司与翱思科技公司即涉案进口货物买卖双方之间是否存在特殊关系，以及这种特殊关系是否影响货物成交价格，是争议的焦点之一。

《海关审价办法》第 42 条第 1 款第 3 项规定，当一方直接或间接地受另一方控制时,应当认定买卖双方有特殊关系。2002 年 11 月 28 日,第三人翱思科技公司在其出具的《关于翱思科技公司与香港翱思公司的业务说明》中,承认其与卖方香港翱思公司是分公司与总公司的关系;同年 12 月 3 日、12 月 10 日,在被告肇庆海关制作的询问笔录和翱思科技公司出具的《关于翱思科技公司购销集成电路的说明》中,翱思科技公司还承认,其与香港翱思公司存在着共同经营、利润分成的事实。据此,可以认定买方翱思科技公司与卖方香港翱思公司存在特殊关系。需要说明的是,海关总署已于 2006 年 3 月制定新的《海关审价办法》,并于当年 5 月 1 日起施行。本案评析中涉及的《海关审价办法》仍系海关总署于 2001 年 12 月 31 日发布的"旧法"。

《海关审价办法》第 6 条第 1 款规定:"买卖双方之间有特殊关系的,经海关审定其特殊关系未对成交价格产生影响,或进口货物的收货人能证明其成交价格与同时或大约同时产生的下列任一价格相近,该成交价格海关应当接受:(一)向境内无特殊关系的买方出售的相同或类似货物的成交价格;(二)按照本办法第 9 条的规定所确定的相同或类似货物的完税价格;(三)按照本办法第十条的规定所确定的相同或类似货物的完税价格。"本案中,在翱思科技公司与香港翱思公司之间的特殊关系被认定后,肇庆外贸公司和翱思科技公司需要证明成交价格符合该第 6 条第 1 款规定的条件,成交价格才应当被海关接受。肇庆外贸公司和翱思科技公司虽然提供了大量价格资料,但这些资料存在着不同程度的矛盾和瑕疵,无法证明成交价格符合《海关审价办法》第 6 条第 1 款规定的条件,故肇庆海关不接受肇庆外贸公司、翱思科技公司主张的成交价格,于法有据。

据海关总署统计,自 2002 年正式加入世界贸易组织以来,我国对外贸易发展迅速,增长速度连续 6 年保持在 20%以上。到 2008 年,尽管受美国次贷危机及成本上升等因素的影响,对外贸易进出口总值仍达 25616.3 亿美元,同比增长 17.8%,各地海关全年监管进出口货物 24.25 亿吨。随着进出口贸易的增长,海关纳税争议不断增多,在一定意义上,本案判决重申了《海关审价办法》第 6 条关于进口货物收货人需对货物价格合理性举证的规定,对类似案件的处理具有一定的指引作用。不过,作为世界贸易组织的成员国,我国需要遵守一揽子协定之一《海关估价守则》的规定,但《海关审价办法》这种关于由相对人承担"证明双方之间的特殊关系未影响成交价格"的义务之规定,与《海关估价守则》并不完全一致,值得思考。

(本案例的"案情"和"审判"部分选自《最高人民法院公报》2006 年第 5 期;"提领"和"评述"部分由作者根据有关法律与学理进行阐述,不代表司法机关的意见)

(高春燕　撰)

60 铃王公司诉无锡市劳动局工伤认定决定行政纠纷案

【提领】

本案是一起因原告不服劳动行政部门的工伤认定决定而提起的行政诉讼案件。对于本案所涉的事故,被告曾两次作出不构成工伤的认定决定,但均被法院以事实不清、证据不足、适用法律错误为由撤销,判决被告重新作出工伤认定。在此后的认定过程中,新的《工伤保险条例》颁布并实施,被告适用新条例所确立的工伤认定标准、认定程序,并以新的举证规则要求原告,原告因超越举证期限提交证据,需承担举证不能的后果,最终被告作出工伤认定决定,认为本案所涉事故构成工伤。本案经过两审。一审法院判决被告作出的工伤认定书,事实清楚,程序合法,予以维持。二审法院经审理,确认了一审判决的合法性。本案终审判决于2006年作出,收录于《最高人民法院公报》,具有判例指引的作用。

【案情】

原告:铃王(无锡)电器有限公司。住所地:江苏省无锡国家高新技术产业开发区灵江路。

法定代表人:铃木信雄,该公司董事长。

被告:无锡市劳动和社会保障局。住所地:江苏省无锡市南苑新村。

法定代表人:钱宗建,该局局长。

第三人:郭维军,男,36岁,吉林省吉林市人,住江苏省无锡市风雷新村。

本案第三人郭维军原系原告铃王(无锡)电器有限公司(以下称铃王公司)的技术科副科长。2000年2月14日(春节休假后的第一个工作日)上午,郭维军于工作时间内在厂区跌倒致伤,经医院诊断为急性闭合性颅脑外伤。2000年6月7日,铃王公司工会主席吴宏去无锡市总工会法律援助中心咨询时,曾陈述:“上午上班后,他(郭维军)帮助维修班的员工排线时,不慎把左手手指划了一道口子,他见伤口流血就到办公室向别人要了创口贴,走出办公室不多远,在无任何人碰撞他的情况下,不知什么原因,突然自己跌倒。”2001 年 10 月 30 日,郭维军向无锡市新区劳动争议仲裁委员会(以下称新区仲裁委)提出劳动争议仲裁申请。同年 11 月 9 日,新区仲裁委以锡新劳仲勘鉴字〔2001〕第 1 号文,委托被告无锡市劳动和社会保障局(以下称无锡市劳动局)认定郭维军的伤情是否构成工伤。2002 年 4 月 5 日,无锡市劳动局以锡劳社医〔2002〕17 号《关于郭维军工伤认定的复函》(以下称〔2002〕17 号工伤认定复函)答复新区仲裁委,认为郭维军所受伤害不能认定为工伤。郭维军不服〔2002〕17 号工伤认定复函,向无锡市人民政府申请复议。同年 9 月 17 日,无锡市人民政府以锡府复决字〔2002〕27 号《行政复议决定书》,决定维持〔2002〕17 号工伤认定复函。郭维军仍不服,于同年 10 月 14 日提起行政诉讼。同年 11 月 13 日,无锡市南长区人民法院作出〔2002〕南行初字第 13 号行政判决,以〔2002〕17 号工伤认定复函事实不清、证据不足、适用法律错误为由,撤销了该复函,并判决无锡市劳动局重新作出工伤认定。2003 年 1 月 22 日,无锡市劳动局在重新调查后,根据《江苏省城镇企业职工工伤保险规定》(以下称《省工伤保险规定》)第 7 条、第 8 条作出锡劳社医〔2003〕1 号《企业职工工伤认定书》(以下称〔2003〕1 号工伤认定书),决定不认定郭维军所受伤害为工伤。郭维军对〔2003〕1 号工伤认定书仍不服,再次提起行政诉讼。2004 年 12 月 2 日,无锡市南长区人民法院作出〔2003〕南行初字第 8 号行政判决,以事实不清、主要证据不足为由,判决撤销了〔2003〕1 号工伤认定书,并判决无锡市劳动局在判决生效后 60 日内重新作出工伤认定。无锡市劳动局不服该一审判决,提起上诉。2005 年 2 月 22 日,无锡市中级人民法院经审理后,作出〔2005〕锡行终字第 2 号行政判决书(以下称 2 号终审判决书),驳回上诉,维持原判。新的工伤认定程序开始后,无锡市劳动局于 2005 年 3 月 8 日通过邮局向铃王公司发出 No. 289《工伤认定举证通知书》,主要内容为:“根据无锡市中级人民法院 2 号终审判决书和《工伤保险条例》第 19 条的规定,你单位需对郭维军的工伤申请承担举证责任。请你单位在收到本通知书之日起 15 日内将不认为是工伤的理由及证据材料递交我局医疗保险处(书面材料需加盖单位公章)。逾期,我局将依据有关规定,依法作出工伤认定结论。”铃王公司收到举证通知书后,于 4 月 11 日向无锡市劳动局递交了不认为郭维军是工伤的陈述及一些证据。2005 年 4 月 30 日,无锡市劳动局作出锡劳工伤认〔2005〕第 0491 号《工伤认定决定书》(以下称 0491 号工伤认定书),认定郭维军受伤为工伤。铃王公司不服,申请行政复议。2005 年 8 月 3 日,无锡市人民政府复议维持了 0491 号工伤认定书。铃王公司仍不服,遂提起本案行政诉讼。

原告铃王公司诉称：2000 年 2 月 14 日上午，本公司原职工郭维军在上班期间，一个人擅自走到公司大门口内公告栏前，突然体力不支，后退几步摔倒在地，造成脑部损伤。对郭维军所受伤害，被告曾两次认定不构成工伤，无锡市人民政府经复议也维持不认定工伤的决定。但是这两次不认定工伤的决定，均被无锡市南长区人民法院以事实不清、证据不足、适用法律错误为由撤销，判决被告重新作出工伤认定。无锡市中级人民法院还以 2 号终审判决书维持了南长区人民法院的一审判决。2005 年 4 月 30 日，被告作出 0491 号工伤认定书。该认定书引 2 号终审判决书中"没有证据证明在单位日常的工作时间和工作的区域内，郭维军因从事与日常生产、工作无关的事务而跌倒致伤"一语作为依据，认定郭维军受到的伤害为工伤。本公司申请行政复议后，无锡市人民政府也复议维持了 0491 号工伤认定书。郭维军是在没有任何人指派其离开工作岗位从事其他事情时，擅自走到公司公告栏前突然摔倒致伤，其受伤不存在任何外力或者不安全因素的影响。根据《省工伤保险规定》第 7 条第 1 项，郭维军的受伤根本不构成工伤。在前两次工伤认定程序中，被告能依法调查取证，所取证据也都证明了郭维军的受伤与其工作无关，因此作出不认定工伤的决定。郭维军受伤一事发生在《工伤保险条例》施行前，本次工伤认定程序只是前两次认定程序的延续，《工伤保险条例》不能对本案适用。在本次工伤认定程序中，被告不进行调查，只是依据法院判决就作出认定工伤的决定，是适用法律错误。作为复议机关，无锡市人民政府先是复议维持一个不认定工伤的决定，后又复议维持一个认定工伤的决定，而前后两个决定指向的都是同一个法律事实。这样出尔反尔的行政复议，根本不能发挥纠正不正确行政行为的作用。被告作出的 0491 号工伤认定书明显错误，请求判令撤销。

原告提交以下证据：

1. 0491 号工伤认定书、行政复议决定书，用以证明被诉具体行政行为客观存在。

2. 铃王公司整理的无锡市劳动局医保处处长王进与铃王公司管理部负责人朱洁的电话录音，2002 年 12 月 25 日至 2003 年 1 月 22 日期间无锡市劳动局调查吴宏、朱小洁、沈振字、姚志刚、陆毅、魏伯伦、戴英、韦菁等人后所作的调查笔录，以及吴宏书写的《事故发生经过》，用以证明郭维军是在没有任何人指派其离开工作岗位从事其他事情的情况下，擅自走到公司公告栏前，在无任何外力影响和不安全因素的情况下突然摔倒致伤。

3. 铃王公司寄往《中国社会保障》杂志的咨询稿、该杂志主持人的两份答复及 2001 年第 3 期该杂志刊登的《他的摔伤不能算因工》一文，用以证明不认定工伤的观点受到舆论界支持。

被告辩称:(1)第三人郭维军受伤一事发生于2000年2月14日。其后在郭维军与原告铃王公司发生的劳动争议中,被告受新区仲裁委的委托,对郭维军受伤一事进行工伤认定。当时的《省工伤保险规定》第7条第1项规定,职工只有从事本单位日常生产、工作或者本单位负责人临时指定的工作,在紧急情况下,虽未经本单位负责人指定但从事直接关系本单位重大利益的工作负伤、致残或者死亡的,才能认定工伤。经调查,无法认定郭维军是在从事本单位日常生产、工作时受伤,因此被告先后于2002年4月5日和2003年1月22日,两次作出不认定工伤的决定,但是这两次决定均已被法院判决撤销。(2)在此期间,《工伤保险条例》施行。与以往的工伤保险文件比,该条例在工伤认定方面有很大变动。其中第19条第2款规定:"职工或者其直系亲属认为是工伤,用人单位不认为是工伤的,由用人单位承担举证责任。"为落实《工伤保险条例》,江苏省劳动和社会保障厅于2005年3月10日发出《关于实施〈工伤保险条例〉若干问题的处理意见》,其中第19条规定:"《条例》实施前已受到事故伤害或者患职业病的职工,自2005年4月1日起申请工伤认定的,适用法律时坚持实体从旧、程序从新的原则。"(3)被告2005年4月30日作出0491号工伤认定书时,本着实体从旧、程序从新的原则,重新对过去两次调查形成的材料进行审查后发现,尽管不改变工伤认定的实体标准,但过去的调查材料只反映了郭维军是在日常工作时间、工作区域内受伤,不能证明郭维军是因何事受伤。如果按照《工伤保险条例》第19条第2款规定的程序,作为用人单位的原告就有责任举证证明郭维军所受伤害不是工伤。但原告所举的一切证据,只能证明郭维军不知何故跌倒致伤,不能证明其是因从事了与日常生产、工作无关的事务而受伤。据此,根据《中华人民共和国行政诉讼法》(以下称《行政诉讼法》)第55条关于"人民法院判决被告重新作出具体行政行为的,被告不得以同一的事实和理由作出与原具体行政行为基本相同的具体行政行为"的规定,被告作出0491号工伤认定书,认定郭维军所受伤害是工伤。(4)被告接到2号终审判决书,在重新开始认定工伤的程序后,按照《工伤保险条例》的规定,曾向原告发出过举证通知。原告接到举证通知,只在举证期限过后向被告递交了其对郭维军受伤原因提出的异议,以及一些与过去证明材料内容基本相同的材料。据此,被告根据以往的调查材料,依法作出0491号工伤认定书。0491号工伤认定书是事实清楚、证据确凿、适用法律正确、程序合法的具体行政行为,法院应当维持。

被告无锡市劳动局提交以下证据:

1. 2002年12月23日至2003年1月22日期间,无锡市劳动局对郭维军、吴宏、朱小洁、沈振宇、姚志刚、陆毅、魏伯伦、戴英、韦菁、李兵、唐荣湖、孙刚、陈康群、李瑞春、查贰国等人进行调查形成的调查笔录,事故现场照片,铃王公司对吴宏的授权委托书，吴宏书写的《事故发生经过》，用以证明在以往的调查中，已经查明郭维军是在日常工作时间、工作区域内受伤，但不知何故受伤。

2. 以往涉及复议、诉讼的相关材料，2003 年 1 月 19 日无锡市劳动局制作的《关于郭维军负伤情况的调查报告》及同年 1 月 21 日的《会议纪要》、2 号终审判决书和 0491 号工伤认定书，用以证明无锡市劳动局重新作出具体行政行为的事实根据。

3. No. 289《工伤认定举证通知书》及《送达回执》，用以证明无锡市劳动局作出 0491 号工伤认定书前，履行了让当事人举证的程序。

4. 铃王公司接到举证通知后于 2005 年 4 月 11 日递交的材料（包括铃王公司自行对姚志刚、沈振宇、徐讯、徐锋等人调查形成的笔录，李瑞春书写的《护送经过》，郭维军于 1999 年 10 月 28 日、11 月 8 日递交给铃王公司的《请假申请单》），用以证明铃王公司在举证期限过后所举的证据，仍然不能证明郭维军是因从事了与日常生产、工作无关的事务而受伤。

5.《工伤保险条例》、《工伤认定办法》、《江苏省实施〈工伤保险条例〉办法》、《省工伤保险规定》、江苏省劳动厅《关于印发〈江苏省城镇企业职工工伤保险规定实施办法〉的通知》，用以证明作出被诉具体行政行为的法律依据。

6.《中国劳动保障》2001 年第 3 期中关于郭维军是否属因工负伤的评析文章，用以证明舆论界对郭维军受伤一事的观点。

第三人郭维军述称：现有证据证明，本人是在工作场所和工作时间内受伤，受伤致残的原因是为公司装门铃线，确实是在为公司工作时受伤，依法应认定为工伤。原告铃王公司虽然否认本人是为公司的工作而受伤，但从未提供过本人是从事了与工作无关的事务而受伤的证据。根据《工伤保险条例》第 19 条第 2 款规定，被告作出的 0491 号工伤认定书合法，法院应当维持。

第三人郭维军未提交证据。

【审判】

无锡市南长区人民法院认为：

2003 年 4 月 27 日，国务院以第 375 号令公布了《工伤保险条例》，其中第 64 条规定："本条例自 2004 年 1 月 1 日起施行。本条例施行前已受到事故伤害或者患职业病的职工尚未完成工伤认定的，按照本条例的规定执行。"第三人郭维军虽于 2000 年 2 月 14 日受伤，受伤后虽经被告无锡市劳动局的两次工伤认定，但至《工伤保险条例》施行之日，没有取得过发生法律效力的工伤认定决定，因此对郭维军所受事故伤害的工伤认定尚未完成。依照《工伤保险条例》第 64 条规定，在对郭维军所受事故伤害重新启动的工伤认定程序中，应当按照《工伤保险条例》的规定执行。原告铃王公司关于本次工伤认定程序是前两次工伤认定程序的延续,《工伤保险条例》对本案不能适用的意见,与法相悖,不予采纳。

为规范工伤认定程序,依法进行工伤认定,维护当事人的合法权益,2003 年 9 月 23 日,劳动和社会保障部颁布了《工伤认定办法》。该办法系根据《工伤保险条例》的有关规定制定,亦于 2004 年 1 月 1 日起施行。该办法第 5 条规定,进行工伤认定所需的劳动关系、诊断证明等材料,由申请人提交。第 8 条规定:"劳动保障行政部门受理工伤认定申请后,根据需要可以对提供的证据进行调查核实,有关单位和个人应当予以协助。用人单位、医疗机构、有关部门及工会组织应当负责安排相关人员配合工作,据实提供情况和证明材料。"第 14 条规定:"职工或者其直系亲属认为是工伤,用人单位不认为是工伤的,由该用人单位承担举证责任。用人单位拒不举证的,劳动保障行政部门可以根据受伤害职工提供的证据依法作出工伤认定结论。"

《工伤保险条例》第 14 条第 1 项规定,职工在工作时间和工作场所内,因工作原因受到事故伤害的,应当认定为工伤。2 号终审判决书在阐述维持一审判决的理由时,其中"没有证据证明在单位日常的工作时间和工作的区域内,郭维军因从事与日常生产、工作无关的事务而跌倒致伤"一语,完全符合《工伤保险条例》的规定。

被告无锡市劳动局接到 2 号终审判决书后,依法重新启动了工伤认定程序。由于在以前的工伤认定程序中,对第三人郭维军所受事故伤害的经过,无锡市劳动局通过调查已经取得大量证据,故在重新启动的工伤认定程序中,该局未再进行调查。鉴于原告铃王公司一直不认为郭维军所受事故伤害是工伤,依照《工伤保险条例》第 19 条和《工伤认定办法》第 14 条的规定,铃王公司应当承担不是工伤的举证责任,于是无锡市劳动局向铃王公司发出《工伤认定举证通知书》,通知其举证,并且明确告知了不承担举证责任的法律后果。铃王公司接到举证通知书后,未在通知书指定的期限内举证,延期 10 多天后提交的证据,仍没有证明郭维军因从事与日常生产、工作无关的事务而跌倒致伤。无锡市劳动局在对铃王公司延期提交的证据进行审查后,以 0491 号工伤认定书作出认定工伤的决定。

根据《工伤认定办法》第 5 条、第 8 条,劳动保障行政部门受理工伤认定申请后,只是对申请人提交的材料进行审查,然后根据需要对提供的证据进行调查核实,所以调查核实不是每个工伤认定程序中必经的程序。由于对第三人郭维军所受事故伤害的经过已经掌握了大量证据,被告无锡市劳动局在重新启动的工伤认定程序中,根据需要未再进行调查,而是径行通知原告铃王公司举证的做法,不违背法律规定。0491 号工伤认定书将 2 号终审判决书根据《工伤保险条例》规定阐述的裁判理由写入其中，只是要交代其重新认定的理由，并非以法院判决为依据。铃王公司关于无锡市劳动局不进行调查，将法院判决作为依据，是适用法律错误的起诉理由，不能成立。

综上，被告无锡市劳动局作出的0491号工伤认定书，事实清楚，程序合法。据此，无锡市南长区人民法院依照《行政诉讼法》第54条第1项规定，于2005年10月30日判决：

维持被告无锡市劳动局2005年4月30日作出的0491号工伤认定决定书。

本案诉讼费100元，由原告铃王公司负担。

一审宣判后，铃王公司不服，向无锡市中级人民法院提出上诉，理由是：吴宏虽然是上诉人的工会主席，但其是受第三人郭维军的妹妹郭维新委托，并且根据郭维新的猜测，才到无锡市总工会咨询处理意见的。吴宏并非以工会主席身份或者个人名义到无锡市总工会咨询，无锡市总工会对此次咨询的记录是虚假的，记录内容不符合当时咨询的实际情况。郭维军在上班期间，擅自走到公告栏前，在无任何外力影响和不安全因素，也不存在可能工作紧张的情况下突然摔倒，其所受损伤不构成工伤。上诉人已经提供了郭维军受伤不是工伤的证据，被上诉人无锡市劳动局仍然给郭维军认定工伤，是适用法律错误。对郭维军受伤一事，一审法院前后审理过三次，事实都是郭维军突然摔倒受伤这同一个事实，证据也都是同样一些证人出具的同样证据，但本次审理却作出了与以前完全不同的判决，属于判决错误。请求二审撤销一审判决，撤销被上诉人作出的0491号工伤认定书。

被上诉人无锡市劳动局答辩称：被上诉人对第三人郭维军所受伤害作出的0491号工伤认定书，事实清楚，证据确凿，适用法律正确，程序合法，一审判决予以维持是正确的。上诉人的上诉理由不能成立，二审应当驳回上诉，维持原判。

原审第三人郭维军未作陈述。

无锡市中级人民法院经全面审查各方当事人提交的证据以及历次诉讼材料，确认了一审查明的案件事实。

二审应解决的问题有：(1)无锡市总工会对吴宏咨询的记录能否作为本案的证据使用？(2)一审是否存在根据同样事实、同样证据作出前后不一致判决的问题？

无锡市中级人民法院认为：

2000年6月7日，吴宏到无锡市总工会陈述了第三人郭维军所受伤害的事实，咨询对此事的处理意见，无锡市总工会留下记录。无锡市总工会记录吴宏陈述的事实内容，与郭维军在被上诉人无锡市劳动局向其调查时陈述的事实基本一致。无锡市劳动局对郭维军提供的主要证人都进行过调查，各证人对郭维军受伤害经过所作证言虽然存在着矛盾，但仍有部分证人的证言与吴宏、郭维军陈述的事实相符。吴宏是上诉人铃王公司的工会主席，没有证据证明吴宏是代表郭维新前往无锡市总工会陈述事实、咨询意见，也没有证据证明吴宏在无锡市总工会陈述的事实受到了郭维军或者郭维新事前陈述的影响。综合考虑吴宏的工会主席身份、受咨询机关的性质和吴宏的陈述内容，应当认定：吴宏是为维护职工利益，才以铃王公司工会主席身份，前往无锡市总工会咨询对郭维军所受伤害的处理意见。故无锡市总工会对吴宏陈述事实所作的咨询记录具有真实性，应当确认为证据。

第三人郭维军受伤后，对郭维军的伤情是否构成工伤，被上诉人无锡市劳动局曾先后作出过三个工伤认定。这三个工伤认定，都经过一审法院的行政诉讼程序。人民法院在行政诉讼中的任务，是审查被诉具体行政行为的合法性。在本案中，即是审查 0491 号工伤认定书的合法性。一审法院只有通过了解郭维军受伤的事实以及确认此事实的证据，才能对 0491 号工伤认定书是否合法作出评价。郭维军受伤的事实以及确认此事实的证据虽然在前后三个行政诉讼中没有变化，但是最后一个被诉具体行政行为（即工伤认定行为）的内容发生了变化，因此，一审相应地对被诉具体行政行为的合法性作出不同评价。上诉人铃王公司以一审对同样事实、同样证据作出不同判决为由，认为一审判决错误，该上诉理由不能成立。

综上所述，鉴于上诉人铃王公司没有证据证明在工作时间、工作场所内，第三人郭维军因从事了与日常生产、工作无关的事务而受到伤害，被上诉人无锡市劳动局以 0491 号工伤认定书作出认定工伤的决定。0491 号工伤认定书认定事实清楚，证据确凿，适用法律、法规正确，符合法定程序，是合法的具体行政行为。一审判决维持 0491 号工伤认定书，是正确的。铃王公司的上诉理由不能成立，应当驳回。据此，无锡市中级人民法院依照《行政诉讼法》第 61 条第 1 项规定，于 2006 年 2 月 20 日判决：

驳回上诉，维持原判。

二审案件受理费 100 元，由上诉人铃王公司负担。

【评述】

本案的焦点：新的《工伤保险条例》的适用效力问题。

本案所涉的是一个工伤事故的认定问题。自第三人受伤（2000 年 2 月 14 日）至提起工伤认定申请（2001 年 11 月 9 日）到最后定案（2006 年 2 月 20 日），历时长达六年，维权机制的复杂和冗长，似乎应当用法律名言“迟到的正义为非正义"来敲响警钟。影响本案的较为重要的一个因素是,2003 年 4 月 27 日,即在工伤认定过程中,国务院以第 375 号令公布了《工伤保险条例》,并于 2004 年 1 月 1 日起施行。与以往的工伤保险文件相比,该条例在工伤认定方面出现了有利于劳动者的规定,对工伤的认定标准、程序和责任等也更为明确和规范。其中条例第 19 条第 2 款规定:"职工或者其直系亲属认为是工伤,用人单位不认为是工伤的,由用人单位承担举证责任。"而被告正是根据该条新的举证规则的要求,向原告发出举证通知书,而原告又因为超过举证期限提交证据,因而在法律上需要承担举证不能的后果。被告由此以原告不能提供充分的证据证明第三人所受的伤害不是工伤,并综合依据第三人所提交的证据以及以往调查形成的证据,作出第三人所受伤害属于工伤的认定决定。

因此,新的《工伤保险条例》是否适用于本案便成为认定被告作出的具体行政行为是否合法的一个关键。尽管依据江苏省《关于实施〈工伤保险条例〉若干问题的处理意见》第 19 条规定:"《条例》实施前已受到事故伤害或者患职业病的职工,自 2005 年 4 月 1 日起申请工伤认定的,适用法律时坚持实体从旧、程序从新的原则。"被告提出答辩称应当适用《条例》,但是事实上,本案的工伤认定申请,是第三人在 2001 年 11 月 9 日提出的,此后虽然有启动新的认定程序,原因皆在于法院撤销了原工伤认定决定,判决被告重新作出工伤认定,因此,新的《工伤保险条例》能否适用与这条规定没有关系。

法院则严格依据新的《工伤保险条例》第 64 条的规定,确定了新条例对本案的适用效力问题。条例第 64 条规定:"本条例自 2004 年 1 月 1 日起施行。本条例施行前已受到事故伤害或者患职业病的职工尚未完成工伤认定的,按照本条例的规定执行。"在本案中,第三人郭维军虽于 2000 年 2 月 14 日受伤,受伤后虽经被告无锡市劳动局的两次工伤认定,但至《工伤保险条例》施行之日,没有取得过发生法律效力的工伤认定决定,因此对郭维军所受事故伤害的工伤认定尚未完成。依照《工伤保险条例》第 64 条规定,在对郭维军所受事故伤害重新启动的工伤认定程序中,应当按照《工伤保险条例》的规定执行。

据此,解决了适用效力问题之后,法院开始援引新条例的规定,作为审查被诉具体行政行为合法性的依据。根据《工伤保险条例》第 14 条第 1 项规定,职工在工作时间和工作场所内,因工作原因受到事故伤害的,应当认定为工伤。同时根据《工伤认定办法》第 5 条规定,进行工伤认定所需的劳动关系、诊断证明等材料,由申请人提交。第 8 条规定:"劳动保障行政部门受理工伤认定申请后,根据需要可以对提供的证据进行调查核实,有关单位和个人应当予以协助。用人单位、医疗机构、有关部门及工会组织应当负责安排相关人员配合工作,据实提供情况和证明材料。"第 14 条规定:"职工或者其直系亲属认为是工伤,用人单位不认为是工伤的,由该用人单位承担举证责任。用人单位拒不举证的,劳动保障行政部门可以根据受伤害职工提供的证据依法作出工伤认定结论。”从而,认为被告作出的0491号工伤认定书,符合法律规定,认定事实清楚,从而判决维持。

从本案我们可以看出,法的适用,尤其是新的程序性标准,对于案件的实体结果可能产生决定性的影响。

(本案例的“案情”和“审判”部分选自《最高人民法院公报》2007年第1期;“提领”和“评述”部分由作者根据有关法律与学理进行阐述,不代表司法机关的意见)

(骆梅英　撰)

61 陆廷佐诉上海市闸北区房屋土地管理局房屋拆迁行政裁决纠纷案

【提领】

本案是针对一份关于房屋拆迁的行政裁决决定进行的合法性审查。由于行政部门在作出行政裁决决定时,没有足够证据证明已经向相关权利主体送达涉案被拆房屋的评估报告,二审法院撤销了一审法院作出的维持判决,并且鲜明地引用正当程序原理,认为一审判决不当,予以纠正。这是《最高人民法院公报》公布的又一例以正当程序原理作为审判理由的典型案例。

【案情】

原告:陆廷佐,男,69 岁。住上海市南林路 658 弄。

被告:上海市闸北区房屋土地管理局。住所地:上海市天日中路 168 号。

法定代表人:李雅平,该局局长。

第三人:上海圣和圣置业有限公司。住所地:上海市天日中路 380 号。

法定代表人:江杰,该公司董事长。

原告陆廷佐因不服被告上海市闸北区房屋土地管理局(以下称闸北房地局)作出的闸房地拆裁字〔2005〕第 169 号房屋拆迁裁决,向上海市闸北区人民法院提起行政诉讼。

原告陆廷佐诉称:原告之父在上海市海宁路 691 弄等地块有一批房地产,因产权的归属与被告闸北房地局存在矛盾,导致房屋拆迁补偿达不成协议,故被告应当回避,不应由其对原告与第三人上海圣和圣置业有限公司(以下称圣和圣公司)之间的拆迁补偿安置争议进行裁决;《上海市城市房屋拆迁管理实施细则》未经上海市人大立法,不能作为房屋拆迁裁决的法律依据;拆迁人,亦即本案第三人圣和圣公司未向原告送达过被拆房屋的评估报告,该评估报告不能作为房屋拆迁裁决的事实证据。要求撤销被告作出的闸房地拆裁字〔2005〕第

169号房屋拆迁裁决。

被告闸北房地局辩称:被告与原告陆廷佐的房屋无法律上的利害关系,故被告有权对第三人圣和圣公司与原告之间的拆迁补偿安置争议作出裁决;被告根据被拆房屋产权证认定涉案被拆房屋的面积,证据充分;涉案被拆房屋的评估报告已经向原告送达,该评估报告可以作为裁决的事实依据。请求维持被诉具体行政行为。

第三人圣和圣公司述称:2003年12月25日,第三人向原告陆廷佐家送达了包括涉案被拆房屋评估报告在内的拆迁资料,原告之子陆达在送达回证上签字时擅自将该评估报告从送达资料中划掉。送达时的见证人、上海市闸北区北站街道长春居民委员会工作人员沈美贞、卢莉华出具的情况说明可以证明该评估报告已经向原告送达;同幢二层其他居民的三间房屋结构、层次均优于涉案被拆房屋,但是其评估单价亦均低于同区域已购公房上市交易平均市场单价,故涉案被拆房屋评估报告所确认的评估单价符合事实。被诉房屋拆迁裁决正确,请求维持该房屋拆迁裁决。

上海市闸北区人民法院经审理查明:

2003年10月30日,第三人圣和圣公司取得拆许字〔2003〕第18号房屋拆迁许可证,对上海市海宁路691弄所在地块实施拆迁。原告陆廷佐系上海市海宁路691弄22号一层①室的产权人,该房建筑面积12.48平方米,另有一阁楼18.37平方米,合计面积30.85平方米。经上海房地产估价师事务所有限公司评估,评估单价为每平方米人民币3510元。因就拆迁补偿安置问题无法达成协议,2005年5月24日,圣和圣公司向被告闸北房地局提出房屋拆迁裁决申请。闸北房地局于同日受理后,分别于2005年5月26日、6月15日两次主持调解,均因陆廷佐未参加导致无法调解。闸北房地局遂于2005年6月16日作出闸房地拆裁字〔2005〕第169号房屋拆迁裁决,裁决内容为:(1)陆廷佐户(含房屋使用人)自收到裁决书之日起15日内迁出上海市海宁路691弄22号[部位:一层①室(另有一阁楼)],迁至上海市月罗路307弄30号202室;(2)陆廷佐应在圣和圣公司交付房屋时一次性支付给圣和圣公司面积标准房屋调换差价款人民币130 059.57元;(3)圣和圣公司应根据沪价商〔2002〕010号文有关规定向陆廷佐支付有关家用设施移装费等费用。

另查明,原告陆廷佐的父辈曾将其在上海市海宁路691弄等地的房屋用于出租,1958年该出租的房屋以国家经租形式进行了社会主义改造。

认定上述事实的证据有:

1. 拆许字〔2003〕第18号房屋拆迁许可证、拆许延字〔2004〕第16号、第36号房屋拆迁期延长许可证通知;

2. 原告陆廷佐的户籍及上海市海宁路691弄22号的上海市房地产权证；

3. 上海房地产估价师事务所有限公司于2003年12月11日出具的对上海市海宁路691弄22号一层房屋所作的拆迁补偿估价分户报告单（即被拆房屋评估报告）及12月25日的送达回证；

4. 2004年9月18日、10月13日、10月30日、11月8日、11月26日、12月3日第三人圣和圣公司与原告及其家人的谈话记录；

5. 第三人开具的介绍原告户试看房屋回单；

6. 上海市月罗路307弄30号202室房屋的房地产权证；

7. 上海房地产估价师事务所有限公司于2004年3月14日出具的对上海市月罗路307弄30号202室房屋房地产估价分户报告（即裁决安置房屋评估报告）；

8. 第三人于2005年5月24日向被告闸北房地局提出的房屋拆迁裁决申请书、被告出具的受理通知书、同年5月24日发出的会议通知及送达回证、5月26日的笔录、6月8日第二次会议通知、三份送达回证及张贴的通知照片、6月15日的笔录；

9. 闸房地拆裁字〔2005〕第169号房屋拆迁裁决书、两份送达回证及张贴的裁决书照片；

10. 上海市闸北区北站街道长春居民委员会工作人员沈美贞、卢莉华出具的、由该居民委员会盖章的情况说明；

11. 上海市海宁路691弄22号二层其他居民三间房屋的《上海市城市房屋拆迁估价分户报告单》及送达回证。

上述证据中，证据1～10由被告闸北房地局提供，证据11由第三人圣和圣公司提供。

鉴于原告陆廷佐对被拆房屋评估报告的送达问题、评估报告对于被拆房屋的部位、单价的认定均提出异议，一审期间，上海市闸北区人民法院向原告释明：如果对评估结果有异议，在诉讼中有权向房屋拆迁估价专家委员会申请鉴定。原告明确表示不申请鉴定。

【审判】

上海市闸北区人民法院认为：

《上海市城市房屋拆迁管理实施细则》是上海市人民政府公布的规章，与上位法并不相悖，具有法律效力。被告闸北房地局作为房屋拆迁工作的管理部门，具有作出本行政区域内房屋拆迁裁决的法定职权。拆迁过程中，拆迁人应向被拆房屋所有人送达评估报告，以保障被拆房屋所有人对评估报告申请复估的权利。本案中,原告陆廷佐诉称未收到涉案被拆房屋评估报告,法院依法给予陆廷佐向房屋拆迁估价专家委员会申请鉴定的权利,但陆廷佐表示不申请鉴定,属自行放弃该项权利。涉案被拆房屋评估报告系由有资质的上海房地产估价师事务所有限公司作出,该报告确定的涉案被拆房屋评估单价与同幢房屋中层次、部位较好的其他房屋的评估单价,均低于同区域已购公房上市交易平均市场单价,被告闸北房地局以同区域已购公房上市交易平均市场单价为基础,按有利于陆廷佐的面积标准房屋调换方式作出裁决,未侵犯陆廷佐的合法权益。第三人圣和圣公司因在涉案房屋拆迁过程中与陆廷佐协商不成,向闸北房地局申请裁决,闸北房地局在受理圣和圣公司的申请后,组织陆廷佐与圣和圣公司进行调解,因陆廷佐两次无故缺席导致无法调解,故闸北房地局在受理圣和圣公司申请后 30 日内,依据陆廷佐所有的上海市海宁路 691 弄 22 号房屋的基本情况、涉案被拆房屋补偿单价、安置房源的市场价等因素,根据《上海市城市房屋拆迁管理实施细则》的规定,作出闸房地拆裁字〔2005〕第 169 号房屋拆迁裁决。该裁决认定事实清楚,适用法律正确,执法程序合法,应予维持。

据此,上海市闸北区人民法院根据《中华人民共和国行政诉讼法》第 54 条第 1 项之规定,于 2005 年 11 月 24 日判决:

维持被告闸北房地局 2005 年 6 月 16 日作出的闸房地拆裁字〔2005〕第 169 号房屋拆迁裁决。

案件受理费人民币 100 元,由原告陆廷佐负担。

陆廷佐不服一审判决,向上海市第二中级人民法院提起上诉称:被上诉人闸北房地局 2005 年 6 月 16 日作出的闸房地拆裁字〔2005〕第 169 号房屋拆迁裁决,对上诉人被拆房屋的部位和面积的认定错误。根据上诉人一审时提交的 1958 年 8 月 14 日《产权证件移交清单》的记载,该被拆迁房屋不仅包括被上诉人所作裁决中认定的上海市海宁路 691 弄 22 号一层①室(另有一阁楼),还应包括上海市海宁路 691 弄 10 号、18 号等房产;一审第三人圣和圣公司从未向上诉人送达被拆迁房屋评估报告,被上诉人在作出被诉房屋拆迁裁决时未查明该节事实。请求撤销原判,撤销闸北房地局 2005 年 6 月 16 日作出的闸房地拆裁字〔2005〕第 169 号房屋拆迁裁决。

被上诉人闸北房地局辩称:一审第三人圣和圣公司仅对上海市海宁路 691 弄 22 号一层①室(另有一阁楼)的拆迁补偿安置问题申请裁决,被上诉人根据该被拆房屋的房地产权证,认定该被拆房屋建筑面积为 30.85 平方米,据此作出闸房地拆裁字〔2005〕第 169 号房屋拆迁裁决并无不当。根据圣和圣公司一审时提供的、上海市闸北区北站街道长春里居民委员会于 2003 年 12 月 25 日出具的情况说明等证据,可以证明涉案被拆房屋的评估报告已经送达给上诉人。故请求驳回上诉，维持原判。

一审第三人圣和圣公司同意被上诉人闸北房地局的上述抗辩意见。

二审期间，被上诉人闸北房地局再次提供了一审期间已经提交的2003年12月25日由上诉人陆廷佐之子陆达签收的送达回证一份，用以证明被上诉人已经将涉案被拆房屋的评估报告送达给上诉人。对此，上诉人认为，该送达回证上"房屋评估报告"一项已经从送达材料目录中划掉，故该证据不能证明涉案被拆房屋的评估报告已经向上诉人送达。

二审期间，一审第三人圣和圣公司再次提供了一审期间已经提交的上海市闸北区北站街道长春里居民委员会工作人员沈美贞、卢莉华出具的，由该居民委员会盖章的情况说明一份，用以证明涉案被拆房屋的评估报告已经送达给上诉人。该情况说明的主要内容为：上诉人陆廷佐户的评估报告、动迁宣传资料等材料系由居委会干部陪同送达，材料全部由陆廷佐的儿子陆达收下，其中包括涉案被拆房屋评估报告。收到材料时陆达曾表示对涉案被拆房屋评估报告不满。对该份证据，上诉人认为，在其子陆达签收的送达回证上，"见证人"一栏为空白，表明在送达材料时没有见证人在场，这与沈美贞、卢莉华出具的情况说明相矛盾，故不认可该情况说明的证据效力。

上海市第二中级人民法院二审查明：

被上诉人闸北房地局提供的由上诉人陆廷佐之子陆达签收的送达回证上，"房屋评估报告"一项已经从送达材料目录中划掉，该送达回证上亦未另外注明房屋评估报告的送达情况。在该送达回证上，"见证人"一栏为空白，亦无关于上海市闸北区北站街道长春里居民委员会工作人员沈美贞、卢莉华陪同送达的记载。在闸北房地局作出闸房地拆裁字〔2005〕第169号房屋拆迁裁决的过程中，圣和圣公司未将上述送达回证提交给闸北房地局。

上述事实有拆许字〔2003〕第18号房屋拆迁许可证、沪房地闸字〔2001〕第029102号房地产权证、房屋拆迁裁决申请、受理通知书、会议通知、调查笔录、一审庭审笔录、二审庭审笔录等证据证实，足以认定。

上海市第二中级人民法院确认了一审判决对本案其他事实的认定。

本案二审应当解决的争议焦点是：(1)一审第三人圣和圣公司申请被上诉人闸北房地局就涉案被拆房屋作出裁决前，涉案被拆房屋的评估报告是否已向上诉人陆廷佐送达；(2)如果涉案被拆房屋的评估报告未向陆廷佐送达，是否影响闸北房地局所作闸房地拆裁字〔2005〕第169号房屋拆迁裁决的合法性。

上海市第二中级人民法院二审认为：

被上诉人闸北房地局提供的、由上诉人陆廷佐之子陆达签收的送达回证上，"房屋评估报告"一项已经从送达材料目录中划掉，该送达回证上亦未另外注明房屋评估报告的送达情况。故根据该送达回证,不能证明房屋评估报告已经向上诉人送达;在该送达回证上,"见证人"一栏为空白,亦无关于上海市闸北区北站街道长春里居民委员会工作人员沈美贞、卢莉华陪同送达的记载,不能据此认定沈美贞、卢莉华系送达材料时的在场见证人。因此,虽然沈美贞、卢莉华出具了由上海市闸北区北站街道长春里居民委员会盖章的情况说明,被上诉人和一审第三人圣和圣公司据此主张已经在沈美贞、卢莉华陪同下向上诉人送达了房屋评估报告,但该情况说明与送达回证的记载存在矛盾,亦不能证明房屋评估报告已经向上诉人送达。综上,根据本案现有证据,不能认定一审第三人申请被上诉人就涉案被拆房屋作出裁决前,已经向上诉人送达了涉案被拆房屋的评估报告。

拆迁过程中,基于正当程序原理,为保护被拆迁人、房屋承租人的合法权益,被拆房屋的评估报告应当送达被拆迁人、房屋承租人,以保障被拆迁人、房屋承租人及时了解被拆房屋的评估结果,对于评估结果有异议的及时提出意见、申请复估。拆迁裁决机关在裁决过程中,应当就被拆房屋评估报告是否送达被拆迁人、房屋承租人的问题进行审查。如前所述,根据本案现有证据,不能认定一审第三人圣和圣公司申请被上诉人闸北房地局就涉案被拆房屋作出裁决前,已经向上诉人陆廷佐送达了涉案被拆房屋的评估报告,且送达回证在裁决过程中亦未提交给闸北房地局,闸北房地局对涉案被拆房屋评估报告是否送达上诉人的事实根本未予查明,即根据评估报告作出闸房地拆裁字〔2005〕第169号房屋拆迁裁决,该裁决主要证据不足,且违反法定程序,依法应予撤销。一审判决维持该裁决不当,应予纠正。

综上,上海市第二中级人民法院根据《中华人民共和国行政诉讼法》第54条第2项、第61条第3项之规定,于2006年2月27日判决:

一、撤销上海市闸北区人民法院就本案作出的一审行政判决;

二、撤销被上诉人闸北房地局2005年6月16日作出的闸房地拆裁字〔2005〕第169号房屋拆迁裁决;

三、责令被上诉人闸北房地局对涉案被拆房屋重新作出房屋拆迁裁决。

一、二审案件受理费各人民币100元,由被上诉人闸北房地局负担。

本判决为终审判决。

【评述】

本案是针对一份关于房屋拆迁的行政裁决决定进行的合法性审查。核心争议在于两点:(1)关于事实认定:即本案中的一审被告闸北房地局,就涉案被拆房屋作出裁决前,是否已经就涉案被拆房屋的评估报告向相对人送达;(2)如果涉案被拆房屋的评估报告未向相对人送达，是否影响闸北房地局所作闸房地拆裁字〔2005〕第169号房屋拆迁裁决的合法性。

在分析上述两个核心争议之前，一审原告还提出两个主张，让我们作简短评论。一是，本案中被告闸北房地局是否能够依据《上海市城市房屋拆迁管理实施细则》，就涉案被拆房屋作裁决决定？行政裁决是行政法上一类典型的具体行政行为，指的是依法由行政机关依照法律授权，对当事人之间发生的与行政管理活动密切相关的、与合同无关的民事纠纷进行审查，并作出裁决的行政行为。究竟应当由怎样位阶的法律规范对行政裁决进行授权，没有明文的法律规定，理论上和实践上，法律、法规或规章都可以就此作出授权。那么本案中，作为行政裁决依据的《上海市城市房屋拆迁管理实施细则》是否有效呢？根据一审法院的认定，虽然该规范是一个地方政府规章，但是由于没有同上位法相冲突，因此被告闸北房地局作为房屋拆迁工作的管理部门，具有作出本行政区域内房屋拆迁裁决的法定职权。二是，原告认为对涉案被拆房屋作出裁决，被告需要回避。回避制度是为了确保裁决的中立和防止偏私，也是正当程序理念的一个制度体现。当然，个案中回避制度的启动，需要有足够的理由。原告诉称其父因产权归属与被告闸北房地局存在矛盾这一回避理由，是否充分有待商榷。这个诉讼主张，一审法院和二审法院都没有涉及。

回到本案的两个关键争议问题，第一，本案一审被告闸北房地局，就涉案被拆房屋作出裁决前，是否已经将涉案被拆房屋的评估报告向相对人送达？这事实认定问题，一审和二审法院的认定结果是不一样的。

一审法院并未就被告是否就涉案被拆房屋的评估报告向相对人送达作出明确的认定，只是从权利保障的角度，承认拆迁人向被拆房屋所与人送达评估报告，是为了确保被拆房屋所有人对评估报告申请复估的权利。进而认为，由于法院依法给予原告向房屋拆迁估价专家委员会申请鉴定的权利，但原告表示不申请鉴定，属自行放弃该项权利。就实体部分，法院又认为，涉案被拆房屋评估报告系由有资质的上海房地产估价师事务所有限公司作出，该报告确定的涉案被拆房屋评估单价与同幢房屋中层次、部位较好的其他房屋的评估单价，均低于同区域已购公房上市交易平均市场单价，被告闸北房地局以同区域已购公房上市交易平均市场单价为基础，按有利于陆廷佐的面积标准房屋调换方式作出裁决，未侵犯陆廷佐的合法权益。并且，行政裁决是圣和圣公司与陆廷佐协商不成，向闸北房地局提出申请的，闸北房地局在受理申请后，组织陆廷佐与圣和圣公司进行调解，因陆廷佐两次无故缺席导致无法调解，所以才作出行政裁决，因此认为该裁决认定事实清楚，适用法律正确，执法程序合法，应予维持。

二审法院对事实问题的认定有更多涉及。首先，闸北房地局提供的、由陆廷佐之子陆达签收的送达回证上，“房屋评估报告”一项已经从送达材料目录中划掉，该送达回证上亦未另外注明房屋评估报告的送达情况。因此，根据该送达回证，不能证明房屋评估报告已经向上诉人送达。其次，在该送达回证上，“见证人”一栏为空白，亦无关于上海市闸北区北站街道长春里居民委员会工作人员沈美贞、卢莉华陪同送达的记载，不能据此认定沈美贞、卢莉华系送达材料时的在场见证人，也不能证明房屋评估报告已经向上诉人送达。据此，不能认定就涉案被拆房屋作出裁决前，闸北房地局已经向陆廷佐送达了涉案被拆房屋的评估报告。

那么，缺少向行政相对人送达涉案被拆房屋的评估报告，是否会影响到行政裁决行为的合法性呢？二审法院依据正当程序原理，认可其关联性。判决指出，拆迁过程中，基于正当程序原理，为保护被拆迁人、房屋承租人的合法权益，被拆房屋的评估报告应当送达被拆迁人、房屋承租人，以保障被拆迁人、房屋承租人及时了解被拆房屋的评估结果，对于评估结果有异议的及时提出意见、申请复估。拆迁裁决机关在裁决过程中，应当就被拆房屋评估报告是否送达被拆迁人、房屋承租人的问题进行审查。由于本案证据不能认定行政裁决前，已经向陆廷佐送达了涉案被拆房屋的评估报告，且送达回证在裁决过程中亦未提交给闸北房地局，闸北房地局对涉案被拆房屋评估报告是否送达陆廷佐的事实根本未予查明。因此，所作的房屋拆迁裁决，证据不足，且违反法定程序，依法应予撤销。

由此，因为行政部门在作出行政裁决决定时，没有足够证据证明已经向相关权利主体送达涉案被拆房屋的评估报告，二审法院撤销了一审法院作出的维持判决，并且鲜明地引用正当程序原理，认为一审判决不当，予以纠正。这是《最高人民法院公报》公布的又一例以正当程序原理作为审判理由的典型案例。

（本案例的“案情”和“审判”部分选自《最高人民法院公报》2007 年第 8 期；“提领”和“评述”部分由作者根据有关法律与学理进行阐述，不代表司法机关的意见）

（蒋红珍　撰）

62 夏善荣诉徐州市建设局行政证明纠纷案

【提领】

本案是针对被告江苏省徐州市建设局颁发的《住宅竣工验收合格证书》展开的诉讼，历经一审、二审和再审程序，最后以撤销该《住宅竣工验收合格证书》告终。按照我国行政诉讼法的规定，如果行政行为主要证据不足的，可以判决撤销或者部分撤销。本案具体行政行为所涉及的主要证据108号规划许可证是伪造的，这成为再审程序最终撤销该合格证书的主要理由。再审法院为妥善化解行政争议，促进依法行政，向有关行政机关通报了案情，并发出了建议依法追究相关人员伪造国家公文的责任的司法建议书。

【案情】

原告：夏善荣，女，55岁，江苏省徐州市奎山乡关庄村农民，暂住徐州市湖北路西段菜地。

被告：江苏省徐州市建设局。住所地：徐州市解放路。

法定代表人：郭宗明，该局局长。

第三人：江苏省徐州市恒信房地产开发有限公司。住所地：徐州市中山南路。

法定代表人：闻远，该公司总经理。

2001年6月18日，被告徐州市建设局给第三人徐州市恒信房地产开发有限公司（以下称恒信房产公司）颁发徐建验证（15）号《住宅竣工验收合格证书》（以下称15号验收合格证），认定：恒信房产公司建设的世纪花园1—6号、11号住宅楼经专家组验收，验评得分80.5分，符合验收标准，具备入住条件。原告夏善荣认为该证书侵犯其合法权益，向江苏省徐州市云龙区人民法院提起行政诉讼，云龙区人民法院将此案移送徐州市泉山区人民法院，泉山区人民法院追加恒信房产公司为第三人公开审理了此案。

原告夏善荣诉称：世纪花园小区内有第三人恒信房产公司给原告提供的拆迁安置房。由于该房质量不合格，且第三人还拖欠着过渡房费，原告提起民事诉讼，在诉讼中得知，世纪花园是经被告徐州市建设局验收的合格工程。原告认为，在被告验收时，世纪花园住宅小区尚未安装电表，明显不具备竣工合格条件，被告却为第三人颁发验收合格证，严重损害原告利益。请求判令撤销被告颁发的15号验收合格证。

原告夏善荣提交以下证据：

1.《拆迁协议书》，用以证明夏善荣是世纪花园合法住户，对房屋质量有权主张权利。

2.照片7张，用以证明世纪花园内的房屋存在质量问题。

3.通知1份，用以证明世纪花园住宅小区竣工时未安装电表，直至2002年3月25日第三人恒信房产公司才开始校验电表及内线。

除此以外，原告夏善荣还申请证人许吉良出庭作证。许吉良的证言内容是：夏善荣提交的反映房屋质量问题的照片为其所摄，世纪花园住宅小区内垃圾未清理、绿化未搞好、道路不通，电表直至2001年9月才安装，根本不具备交房条件，被拆迁户为此曾多次到市政府反映问题。

被告徐州市建设局辩称：为履行法定职责，依照法定程序，被告在组织专家组对世纪花园住宅小区进行综合验收后，根据建设单位整改情况才颁发验收合格证。被告向第三人恒信房产公司颁证的行为，与原告夏善荣主张的"房屋质量不合格以及拖欠过渡房费"等事实无关，应当驳回原告的诉讼请求。

被告徐州市建设局提交以下证据：

1.徐州市计划委员会制作的《关于奎山乡刘场东村改造项目建议书的批复》，徐州市规划局制作的《建设用地规划许可证》、《建设工程规划许可证》，徐州市国土管理局制作的《征用土地批准通知书》，徐州市土木建筑工程质量监督站制作的《建筑安装工程质量初验等级证书》，徐州市公安消防支队制作的《消防验收意见书》，以及《物业托管合同书》等，用以证明综合验收需审查的各单项手续齐全、合法。

2.住宅竣工验收申报表、《徐州市住宅小区竣工验收评分标准》、15号验收合格证，用以证明综合验收符合程序、符合要求。

3.国务院发布的《城市房地产开发经营管理条例》，建设部发布的《城市住宅小区竣工综合验收管理办法》，徐州市建设委员会发布的《关于修改住宅小区竣工验收标准的通知》，用以证明实施综合验收具体行政行为的法律依据。

第三人恒信房产公司述称：被告徐州市建设局向第三人颁发验收合格证，

是依照法定程序履行法定职责。颁证行为与原告夏善荣主张的“房屋质量不合格以及拖欠过渡房费”等事实无关，应当驳回原告的诉讼请求。

经质证、认证，徐州市泉山区人民法院查明：

徐州市计划委员会批准在刘场村建设世纪花园小区住宅楼，用于安置在徐州市奎山乡关庄村实施旧城改造中私房被拆除的村民，该项目工程交第三人恒信房产公司开发。原告夏善荣是私房被拆除的村民，1999 年 7 月，奎山乡关庄村委会与其签订《拆迁协议书》，约定在世纪花园住宅小区为夏善荣安置住房，18 个月内交房。2001 年 5 月 8 日，恒信房产公司向被告徐州市建设局报告，世纪花园住宅小区的住宅楼已经建成，申请竣工综合验收，同时提供了竣工综合验收所需的各种验收资料。徐州市建设局组织专家到现场验收后，世纪花园住宅小区总得分为 80.5 分，无不合格项目。据此，徐州市建设局于 2001 年 6 月 18 日为恒信房产公司颁发了 15 号验收合格证。

另查，世纪花园住宅小区自通知交房后，能够保证居民通电，但电表是 2001 年 9 月才安装到位。

【审判】

徐州市泉山区人民法院认为：

被告徐州市建设局是徐州市的建设行政主管部门，具备组织实施城市住宅小区竣工综合验收的法定职责；验收合格证是建设行政主管部门履行综合验收职责、确认住宅符合验收标准的载体，徐州市建设局具有颁发验收合格证的主体资格。

被告徐州市建设局举证证明，该局在接受了第三人恒信房产公司的申报材料后，于 2001 年 5 月 8 日组织综合验收小组到现场检查。经综合验收小组的现场检查、鉴定和评价，世纪花园住宅小区在规划设计、建筑设计、工程质量、公建配套设施、市政基础设施以及物业管理等方面均合格，总评分 80.5 分，符合国务院《城市房地产开发经营管理条例》、建设部《城市住宅小区竣工综合验收管理办法》和徐州市建设委员会《关于修改住宅小区竣工验收标准的通知》规定的程序与实体要求。对上述法规和规范性文件的效力，原告夏善荣认可。徐州市建设局根据这些文件的规定和综合验收结果，向恒信房产公司颁发 15 号验收合格证，事实清楚，证据确凿，适用法律正确，程序合法。

被告徐州市建设局的职责，是对世纪花园住宅小区进行综合验收，不是对该小区的单项工程质量进行鉴定。徐州市土木建筑工程质量监督站出具的《建筑安装工程质量初验等级证书》证明，世纪花园住宅小区的工程质量符合《徐州市住宅小区竣工验收评分标准》的要求。世纪花园住宅小区内的电表未及时安装，综合验收时已经被专家注意到，并在评分时相应扣除。该小区虽然存在局部瑕疵，但总评分仍旧合格，局部瑕疵没有影响整个小区的工程质量，况且法律也没有规定安装电表是住宅小区综合验收的必要条件。原告夏善荣如果对该小区的单项工程质量存在异议，可依建设工程保修制度或投诉制度保护自身合法权益。夏善荣以单项工程质量存在的问题否定徐州市建设局对世纪花园住宅小区的竣工综合验收工作，理由不能成立。

综上，徐州市泉山区人民法院依照《中华人民共和国行政诉讼法》第 54 条第 1 项的规定，于 2002 年 11 月 26 日判决：

维持被告徐州市建设局于 2001 年 6 月 18 日颁发的 15 号验收合格证。

一审宣判后，夏善荣不服，向江苏省徐州市中级人民法院提出上诉。理由是：世纪花园 1—6 号楼、11 号楼未执行现行的建筑设计国家标准，还存在擅自改动图纸及房屋结构，以至外观整体造型不美观等问题，属建筑设计、规划设计验收标准中的应保证项目不合格；厨房、卫生间及墙体多处漏水，无地漏，水电未安装到位，地基深度不够，说明工程质量不合格；供电、供水设施不齐全，不能正常运转，说明公建配套设施和市政基础设施不合格；建筑垃圾在验收时未全部清运，说明物业管理不合格。存在这么多问题的住宅楼，根本不具备验收条件。在此情况下，被上诉人徐州市建设局仍向第三人恒信房产公司颁发 15 号验收合格证，违反相关规定，应当撤销。一审认定事实不清，适用法律错误，请求二审改判。

被上诉人徐州市建设局答辩称：根据建设单位申请，被上诉人在查验了其提供的相关资料后，于 2001 年 5 月 8 日组织专家组现场综合验收，然后根据建设单位整改情况给世纪花园 1—6 号、11 号楼颁发了验收合格证。一审对被上诉人的颁证行为认定事实清楚，适用法律正确，二审应当驳回上诉，维持原判。

原审第三人恒信房产公司称：第三人是严格按照标准和图纸施工，世纪花园住宅小区不存在任何工程质量问题。被上诉人严格按照法定程序给第三人颁发 15 号验收合格证，是合法的行政行为，二审应当维持一审判决。

徐州市中级人民法院经审理，认定的案件事实与一审无异。

徐州市中级人民法院认为：

作为徐州市的建设行政主管部门，被上诉人徐州市建设局在其组织实施的竣工综合验收工作中的法定职责，是检查小区的土地使用情况是否符合要求，小区建设是否符合建设工程规划、是否具备各单项工程的检验合格证明、是否有消防验收合格证明等。而出具《建设工程规划许可证》、各单项工程的检验合格证明、消防验收合格证明等，则是相应职能部门的法定职责，不在建设行政主管部门的职权范围内；各项证明的内容是否正确、综合验收小组的打分是否恰当，也不属建设行政主管部门的审查范围。上诉人夏善荣上诉所称的房屋工程质量不合格，与徐州市土木建筑工程质量监督站出具的《建筑安装工程质量初验等级证书》相矛盾。如果夏善荣认为徐州市土木建筑工程质量监督站出具的证明错误，或其他单项工程质量有问题，可通过其他途径解决，以维护自身合法权益，但不属本案审查范围。至于夏善荣所提1、2号楼地基深度不够、小区垃圾未清运、电表未及时安装等问题，综合验收小组在评分时均已适当扣除，且局部瑕疵不影响整个小区的综合验收工作，因此不予支持。

综上，原判认定事实清楚，证据充分，审判程序合法，适用法律正确。徐州市中级人民法院依照《行政诉讼法》第61条第1项的规定，于2003年4月14日判决：

驳回上诉，维持原判。

二审宣判后，夏善荣仍不服，向江苏省高级人民法院申请再审。主要理由是：《建设工程规划许可证》是原审被上诉人徐州市建设局在竣工综合验收中必须审查的一项证明。原审第三人恒信房产公司申请住宅小区竣工综合验收时，只向徐州市建设局提交过徐市规建20010108号《建设工程规划许可证》（以下称108号规划许可证）的复印件。经了解，108号规划许可证复印件与徐州市规划局留存的同一编号规划许可证存根内容不一致；徐州市规划局证明，恒信房产公司承建世纪花园从未办理过建设工程规划许可证，该局拟对恒信房产公司进行处罚；充分证明恒信房产公司提交的108号规划许可证复印件是伪造的证据。徐州市建设局依据伪造的规划许可证给恒信房产公司颁发15号验收合格证，颁证的主要证据不足。原判称徐州市建设局的颁证行为合法，属认定事实不清，适用法律错误。请求再审撤销原一、二审行政判决，依法改判撤销15号验收合格证；原一、二审诉讼费由徐州市建设局负担。

为证明再审理由成立，再审申请人夏善荣提交了徐州市规划局于2004年7月29日作出的《关于对许吉良人民来信的答复》（以下称《答复》）。该《答复》的主要内容为：徐州市规划局接到许吉良举报后，查明恒信房产公司承建的世纪花园未办理《建设工程规划许可证》，依法对其进行了查处，并拟在组织听证后，按照法定程序作出行政处罚。夏善荣同时申请法院调取徐州市规划局对恒信房产公司进行行政处罚作出的〔2004〕徐规行罚字第90号《行政处罚决定书》（以下称90号处罚决定书）。

原审被上诉人徐州市建设局答辩称：作为徐州市的建设行政主管部门，徐州市建设局只是本行政区域内城市住宅小区竣工综合验收工作的组织者。世纪花园使用的是集体土地，对在集体土地上建设的住宅小区，法律没有规定必须由建设行政主管部门进行竣工综合验收。为了保护旧村改造过程中拆迁安置户的利益,避免出现不同的交付标准,根据广大拆迁安置户的要求,并应原审第三人恒信房产公司申请,徐州市建设局才对世纪花园进行了竣工综合验收。在竣工综合验收中,徐州市建设局仅对《建设工程规划许可证》进行形式审查,不负责验证真伪,因此不知道恒信房产公司未办理《建设工程规划许可证》;况且在综合验收时,对世纪花园落实规划设计方面的情况,是由综合验收小组中的徐州市规划局工作人员负责检查的。徐州市规划局的工作人员从未在综合验收时提出规划许可证存在问题,事后该局虽然发现了规划许可证存在问题,并据此对恒信房产公司进行了行政处罚,也未将有关情况向徐州市建设局通报。因此,徐州市建设局虽然是依据恒信房产公司提交的复印件进行综合验收,但只要该复印件得到规划部门的认可,徐州市建设局就可以认定世纪花园住宅小区落实了规划设计。该复印件如果被证明是假的,责任也只能由认可该复印件的徐州市规划局承担。徐州市建设局根据综合验收小组提交的竣工综合验收报告颁发 15 号验收合格证,并无不当。

原审被上诉人徐州市建设局提交徐州市人民政府办公室于 1999 年 5 月 21 日作出的第 20 号《市政府办公室关于晓庄部分居民拆迁问题会议纪要》(以下称《会议纪要》),用以证明在奎山乡关庄村实施旧村改造中建造农民住宅安置房所用的土地是集体土地。再审申请人夏善荣认为,该《会议纪要》未加盖公章,也不是新的证据,不能作为定案依据。

原审第三人恒信房产公司称:108 号规划许可证的原件由于被盗而丢失,恒信房产公司才在世纪花园竣工综合验收中,向原审被上诉人徐州市建设局提交了该证复印件;在一、二审中,再审申请人夏善荣从未对 108 号规划许可证的真实性提出过异议,108 号规划许可证的效力经过法律程序得到确认;徐州市建设局依据有法律效力的 108 号规划许可证颁发 15 号验收合格证,是合法的。108 号规划许可证复印件如果与徐州市规划局留存的该许可证存根内容不一致,只能证明徐州市规划局内部管理极其混乱。徐州市规划局对恒信房产公司所作的 90 号处罚决定书,仅涉及世纪花园项目中部分建筑的违规超建,且未明确超建范围,与本案诉争的颁证行为无关。夏善荣的房屋建造在集体土地上,对集体土地上建造的房屋,徐州市建设局没有组织竣工综合验收的法定职责。徐州市建设局为保护拆迁安置户的利益才组织世纪花园的竣工综合验收,这不是依法行使职权的具体行政行为,不属于人民法院行政诉讼受案范围。

原审第三人恒信房产公司提交徐州市公安局彭城派出所 2003 年 7 月 14 日填写的《接处警登记表》,用以证明 108 号规划许可证的原件因被盗丢失。

江苏省高级人民法院审查认为:

最高人民法院《关于行政诉讼证据若干问题的规定》(以下称《行政诉讼证

据规定》)第52条第3项规定，当事人在举证期限届满后发现的证据，是新的证据。再审申请人夏善荣申请再审时，以《答复》作为证据。《答复》于原审判决生效后作出，夏善荣不可能在举证期限内发现，因此属于新的证据。夏善荣持新的证据申请再审，符合再审条件，对本案应当立案再审。

再审期间，江苏省高级人民法院依照《行政诉讼证据规定》第22条、第23条第3项规定，根据再审申请人夏善荣的申请，向徐州市规划局调取了90号处罚决定书和108号规划许可证的存根、建设工程规划定点批办单、批准定点通知书存根和发放登记等证据。90号处罚决定书载明：恒信房产公司在世纪花园建12栋楼合计49139.9m^2，其中超规划定点建5049.4m^2的行为，违反了《徐州市城市规划管理办法》第19条的规定，根据该办法第37条、第38条规定，决定对恒信房产公司罚款49527元，缴清罚款后按规定补办规划审批手续。108号规划许可证的存根、建设工程规划定点批办单、批准定点通知书存根和发放登记等证据证明，108号规划许可证的建设单位为徐州市奎山农房综合开发公司，建设项目名称为营业、住宅楼(1—8＃)，建设位置为泰山路南侧，建设规模为40930平方米。而原审第三人恒信房产公司提交给原审被上诉人徐州市建设局的108号规划许可证复印件，载明的建设单位为恒信房产公司，建设项目名称为住宅楼(1—11＃)，建设位置为湖北路北侧刘场东村，建设规模为66800平方米。两份规划许可证的编号虽然一致，所载内容却完全不同。

再审庭审中经质证、辩论，各方当事人对案件事实部分存在以下两个争议：

第一，世纪花园住宅小区所在土地是集体所有还是国有？再审申请人夏善荣认为，世纪花园住宅小区所在土地的性质已由集体土地变更为国有土地，因此对世纪花园住宅小区，原审被上诉人徐州市建设局有责任组织竣工综合验收。徐州市建设局认为，世纪花园住宅小区所在土地仍然是集体土地，其为保护旧村改造过程中拆迁安置户的利益，根据广大拆迁安置户的要求，并应原审第三人恒信房产公司申请，才对世纪花园组织竣工综合验收，进行此项工作不属于其履行法定职责。恒信房产公司认为，世纪花园住宅小区所在土地是集体土地，对在集体土地上建造的住宅小区组织竣工综合验收，不是徐州市建设局的法定职责，由此引起的纠纷也不属于人民法院行政诉讼受案范围。法庭认为，一审时，徐州市建设局提交了徐州市计划委员会徐计投〔1996〕第184号《关于奎山乡刘场东村改造项目建议书的批复》、徐州市规划局徐市规地(99)95号《建设用地规划许可证》，这些证据足以证明世纪花园住宅小区所处土地为集体土地，各方当事人在一、二审时对此本无争议。再审期间，夏善荣虽然主张世纪花园住宅小区所在土地已由集体变更为国有土地，但未提供新的证据支持这一主张，故该主张不能成立。

第二,108号规划许可证复印件是否真实?再审申请人夏善荣以《答复》为证,指控原审第三人恒信房产公司伪造了108号规划许可证。恒信房产公司则以《接处警登记表》为证,辩称108号规划许可证的原件丢失,所以才向原审被上诉人徐州市建设局提交了复印件;对复印件与108号规划许可证存根的内容不一致,恒信房产公司以"徐州市规划局管理极其混乱"作解释。法庭认为,《接处警登记表》上仅记录了报警内容、损失情况,没有记录失窃文件名称,不能证明恒信房产公司曾持有108号规划许可证原件。徐州市规划局保留的108号规划许可证存根,其内容有同时存档的建设工程规划定点批办单、批准定点通知书存根、发放登记等证据印证,是真实的。而恒信房产公司提交的108号规划许可证复印件,所载内容不仅与108号规划许可证的存根内容不一致,且没有其他证据可以印证。据此认定,恒信房产公司提交的108号规划许可证复印件,是虚假的、伪造的证据。

除上述两点以外,各方当事人对原审认定的其他事实无异议,再审予以确认。

再审应解决的争议焦点是:(1)对在集体土地上建设的世纪花园住宅小区,徐州市建设局在组织竣工综合验收后颁发验收合格证,是否属于可诉的行政行为?(2)108号规划许可证复印件被查出是伪造的证据后,责任应当由谁承担?

江苏省高级人民法院经审理认为:

国务院《城市房地产开发经营管理条例》第17条规定:"房地产开发项目竣工,经验收合格后,方可交付使用;未经验收或者验收不合格的,不得交付使用。""房地产开发项目竣工后,房地产开发企业应当向项目所在地的县级以上地方人民政府房地产开发主管部门提出竣工验收申请。房地产开发主管部门应当自收到竣工验收申请之日起30日内,对涉及公共安全的内容,组织工程质量监督、规划、消防、人防等有关部门或者单位进行验收。"建设部《城市住宅小区竣工综合验收管理办法》第3条第3款规定:"城市人民政府建设行政主管部门负责组织实施本行政区域内城市住宅小区竣工综合验收工作。"现行法律、法规和规章虽然规定建设行政主管部门负责本行政区域内城市住宅小区的组织竣工综合验收工作,但建设行政主管部门对建设在集体土地上的住宅小区组织竣工综合验收,也不违背"房地产开发项目竣工,经验收合格后,方可交付使用"的立法原意。无论世纪花园住宅小区所在的土地是国有还是集体所有,原审被上诉人徐州市建设局都必须依其享有的行政职权,才能对该住宅小区组织竣工综合验收。其在竣工综合验收后颁发15号验收合格证,直接影响到世纪花园住宅小区居民的利益,属可诉的行政行为。原审第三人恒信房产公司认为徐州市建设局对世纪花园颁发验收合格证的行为不属于行政诉讼受案范围,理由不能成立。

《城市房地产开发经营管理条例》第18条第1款规定:"住宅小区等群体房地产开发项目竣工,应当依照本条例第十七条的规定和下列要求进行综合验收:(一)城市规划设计条件的落实情况;(二)城市规划要求配套的基础设施和公共设施的建设情况;(三)单项工程的工程质量验收情况;(四)拆迁安置方案的落实情况;(五)物业管理的落实情况。"《城市住宅小区竣工综合验收管理办法》第8条第1款规定:"住宅小区竣工综合验收应当按照以下程序进行:(一)住宅小区建设项目全部竣工后,开发建设单位应当向城市人民政府建设行政主管部门提出住宅小区综合竣工验收申请报告并附本办法第6条规定的文件资料;(二)城市人民政府建设行政主管部门在接到住宅小区竣工综合验收申请报告和有关资料1个月内,应当组成由城建(包括市政工程、公用事业、园林绿化、环境卫生)、规划、房地产、工程质量监督等有关部门及住宅小区经营管理单位参加的综合验收小组;(三)综合验收小组应当审阅有关验收资料,听取开发建设单位汇报情况,进行现场检查,对住宅小区建设、管理的情况进行全面鉴定和评价,提出验收意见并向城市人民政府建设行政主管部门提交住宅小区竣工综合验收报告;(四)城市人民政府建设行政主管部门对综合验收报告进行审查。综合验收报告审查合格后,开发建设单位方可将房屋和有关设施办理交付使用手续。"

依照上述规定,作为徐州市人民政府的建设行政主管部门,原审被上诉人徐州市建设局是依法代表国家对世纪花园住宅小区行使竣工综合验收权力。在竣工综合验收合格后,徐州市建设局向原审第三人恒信房产公司颁发《住宅竣工验收合格证书》,是凭借由国家公权力形成的政府机关公信力,来担保该住宅小区的建筑质量达到了可以交付使用的水平。徐州市建设局在颁发该证书前,必须保证该证书所依据的每个事实都真实,以免因此而破坏政府机关的公信力。在竣工综合验收中,徐州市建设局虽然不直接审阅有关验收资料,但却是综合验收小组的组织者,对综合验收小组提交的住宅小区竣工综合验收报告负有审查职责。《建设工程规划许可证》是住宅小区竣工综合验收报告所附的验收资料之一,对该证件的真实性,当然由参加综合验收小组的徐州市规划局工作人员先行审查,但徐州市建设局不能因此而推脱自己最终审核的责任。特别是在恒信房产公司只提交了108号规划许可证复印件的情况下,徐州市建设局更应当谨慎审查。徐州市建设局没有审查出108号规划许可证复印件是伪造的证据,并据此伪造证据颁发了15号验收合格证,应当承担审查失职的法律责任。15号验收合格证是徐州市建设局对世纪花园住宅小区进行竣工综合验收后所作的结论,这个结论建立在虚假证据的基础上,因此不具备证明世纪花园住宅小区经验收合格可以交付使用的作用。徐州市建设局向恒信房产公司颁发15号验收合格证,主要证据不足,适用法律法规错误,应当撤销。

鉴于在原一、二审中,再审申请人夏善荣不是以世纪花园规划设计条件未落实为由提起诉讼,在诉讼中各方当事人也均未对108号规划许可证的真实性提出过异议,故一、二审法院根据当时已知的证据认定事实,并作出维持被诉具体行政行为的判决,不违反法律规定。再审查明原一、二审据以定案的证据发生了改变,原一、二审判决的事实根据已不存在,因此再审依法应当予以改判。据此,江苏省高级人民法院依照《行政诉讼法》第54条第2项第1目、第2目,第61条第2项,最高人民法院《关于执行〈中华人民共和国行政诉讼法〉若干问题的解释》第76条第1款、第78条的规定,于2006年3月6日判决:

一、撤销二审行政判决;撤销一审行政判决;

二、撤销原审被上诉人徐州市建设局于2001年6月18日颁发的15号验收合格证。

本判决为终审判决。

再审改判后,江苏省高级人民法院为妥善化解行政争议,促进依法行政,于2006年3月13日以司法建议向徐州市人民政府通报了本案案情,指出:某些行政机关及其工作人员伪造国家公文,已严重影响到国家正常的行政管理秩序,损害了政府的诚信,极易引发行政争议、激化官民矛盾,不利于建设法治江苏、构建和谐社会。建议徐州市人民政府依法追究相关人员伪造国家公文的责任。

【评述】

我国《行政诉讼法》第54条规定,具体行政行为证据确凿,适用法律、法规正确,符合法定程序的,判决维持;否则,可判决撤销或者部分撤销,并可以判决被告重新作出具体行政行为。就特定具体行政行为的证据是否确凿而言,主要取决于行政行为所依据的事实属性及相关法律、法规的规定。

本案所诉的具体行政行为是被告徐州市建设局给第三人徐州市恒信房地产开发有限公司颁发的徐建验证(15)号《住宅竣工验收合格证书》。《城市房地产开发经营管理条例》第18条第1款规定:“住宅小区等群体房地产开发项目竣工,应当依照本条例第十七条的规定和下列要求进行综合验收:(一)城市规划设计条件的落实情况;(二)城市规划要求配套的基础设施和公共设施的建设情况;(三)单项工程的工程质量验收情况;(四)拆迁安置方案的落实情况:(五)物业管理的落实情况。”《城市住宅小区竣工综合验收管理办法》第8条第1款规定:“住宅小区竣工综合验收应当按照以下程序进行:(一)住宅小区建设项目全部竣工后,开发建设单位应当向城市人民政府建设行政主管部门提出住宅小区综合竣工验收申请报告并附本办法第 6 条规定的文件资料;(二)城市人民政府建设行政主管部门在接到住宅小区竣工综合验收申请报告和有关资料 1 个月内,应当组成由城建(包括市政工程、公用事业、园林绿化、环境卫生)、规划、房地产、工程质量监督等有关部门及住宅小区经营管理单位参加的综合验收小组;(三)综合验收小组应当审阅有关验收资料,听取开发建设单位汇报情况,进行现场检查,对住宅小区建设、管理的情况进行全面鉴定和评价,提出验收意见并向城市人民政府建设行政主管部门提交住宅小区竣工综合验收报告;(四)城市人民政府建设行政主管部门对综合验收报告进行审查。综合验收报告审查合格后,开发建设单位方可将房屋和有关设施办理交付使用手续。"从这些法律规定可以看出,《住宅竣工验收合格证书》是对建设项目涉及的方方面面的综合考察和评定,包括对规划许可及其实施状况的验收,对建设项目的规划许可证的审查应当属于工程验收的主要内容之一。由此可见,108 号规划许可证属于认定本案具体行政行为合法与否的主要证据。当查明这一主要证据是伪造的时候,所诉具体行政行为自然应以欠缺合法性予以撤销。

司法建议书是我国人民法院对行政诉讼中涉及的行政机关工作人员违法、违纪行为进行监督的另外一种程序。这些违法、违纪行为与所审理的案件有关但又超出行政诉讼受案范围,人民法院在行政诉讼中不宜直接处理,从而以司法建议书的方式向有关机关提出处理建议。《行政诉讼法》第 56 条规定:"人民法院在审理行政案件中,认为行政机关的主管人员、直接责任人员违反政纪的,应当将有关材料移送该行政机关或者其上一级行政机关或者监察、人事机关;认为有犯罪行行为的,应当将有关材料移送公安、检察机关。"正是依据这一规定,本案再审法院——江苏省高级人民法院于 2006 年 3 月 13 日以司法建议向徐州市人民政府通报了本案案情,并建议徐州市人民政府依法追究相关人员伪造国家公文的责任。

(本案例的"案情"和"审判"部分选自《最高人民法院公报》2006 年第 9 期;"提领"和"评述"部分由作者根据有关法律与学理进行阐述,不代表司法机关的意见)

(杨登峰　撰)

63 邵仲国诉上海市黄浦区安监局安全生产行政处罚决定案

【提领】

本案是一起因安全生产行政处罚决定引发的纠纷案件。法院认为,《安全生产法》第 81 条第 2 款所称“前款违法行为”,是指该条第 1 款“未履行本法规定的安全生产管理职责”的行为。这种违法行为无论是否被安全生产监管部门发现并责令限期改正,只要导致发生了生产安全事故,安全生产监管部门都有权依照《安全生产法》第 81 条第 2 款规定,直接对生产经营单位的主要负责人给予行政处罚。法院判决维持被告对原告所作的行政处罚决定。一审宣判后,双方当事人均未提出上诉。本案收录于《最高人民法院公报》,对我国的司法审判实践具有判例指引的作用。

【案情】

原告:邵仲国,男,56 岁。住上海市法华镇路。

被告:上海市黄浦区安全生产监督管理局。住所地:上海市江西中路。

法定代表人:郑福民,该局局长。

原告邵仲国不服被告上海市黄浦区安全生产监督管理局(以下称黄浦区安监局)对其作出的安全生产行政处罚决定,向上海市黄浦区人民法院提起行政诉讼。

原告邵仲国诉称:2005 年 11 月 7 日,被告黄浦区安监局作出第 2120050024 号行政处罚决定,以原告是上海麦克西饼有限公司(以下称麦克公司)一次工伤事故的主要责任人为由,根据《中华人民共和国安全生产法》(以下称《安全生产法》)的相关规定,决定罚款 2 万元。麦克公司有安全生产制度、相关生产设备也经过质量检验。作为麦克公司的主要负责人,原告只负责经营,生产安全另有他人负责。再有,按照法律规定,只有发生重伤事故才追究主要责任人的法律责任，而是否为重伤事故，应当根据《人体重伤鉴定标准》进行认定。被告按照《上海市劳动局关于贯彻〈企业职工伤亡事故报告和处理规定〉的意见》（以下称《市劳动局意见》），把不属于重伤的此次工伤事故认定为重伤事故，并对不是主要责任人的原告进行处罚。该行政处罚决定认定事实不清，适用法律不当，请求判令撤销被告的这一具体行政行为。

原告邵仲国提交以下证据：

1. 第 2120050024 号行政处罚决定书、特快专递邮件详情单，用以证明被诉具体行政行为客观存在，作为该具体行政行为的相对人，邵仲国的起诉未超过起诉期限；

2. 麦克公司营业执照，该公司于 2002 年 5 月制订的安全制度、2005 年 8 月制订的粉糠机操作规程、2005 年 9 月制订的治安安全管理制度、济南市产品质量监督检验所于 2005 年 7 月对济南大亿机械有限公司送检的膨化食品机械的检验报告，用以证明麦克公司是合法经营者，事故发生前有安全生产制度，相关生产设备也进行过质量检查，事故发生后又完善了相关制度；

3. 上海市黄浦区劳动能力鉴定委员会劳鉴（黄）字 0512－0010 号《鉴定结论书》，本次工伤事故的受伤职工姜继忠致有关部门的信函及其身份证复印件，上海黄浦粮油食品发展有限公司（以下称黄浦粮油公司）《关于请求对麦克公司免予行政处罚的报告》，用以证明姜继忠因工伤致残的程度为七级，受伤后恢复良好，姜继忠和麦克公司的上级公司均要求免除对麦克公司所作的行政处罚；

4. 黄浦粮油公司向上海市黄浦区人民政府递交的申诉材料，用以证明麦克公司是受到误导，才在调查报告中承认该公司安全生产管理制度不健全。

被告黄浦区安监局辩称：作为法定的安全生产监督管理部门，被告经过调查查明：在麦克公司此次发生的工伤事故中，员工姜继忠的右手尺、桡骨骨折，第 2、4 掌骨粉碎性骨折。根据市劳动局意见的规定，被告认定此次工伤事故为重伤事故，并依照《安全生产法》的规定，决定对作为麦克公司主要负责人的原告邵仲国处以 2 万元罚款。被告的上述具体行政行为，认定事实清楚，适用法律正确，法院应当维持。

被告黄浦区安监局提交以下证据：

1. 麦克公司制作的《事故情况经过》、《陈述笔录》、事故现场照片，用以证明事故发生经过以及事故的起因是麦克公司违反了安全生产管理制度；

2. 工伤事故《紧急通报》、《姜继忠重伤事故调查报告》，用以证明麦克公司的上级公司黄浦粮油公司经调查认为，麦克公司发生的工伤事故为重伤事故，原告邵仲国对事故负有主要责任；

3.《工伤认定书》，用以证明上海市黄浦区劳动和社会保障局认定此次事故为工伤事故；

4.医院接诊病史、出院记录、出院小结、医疗费现金收据、医疗保险费结算单，用以证明姜继忠的伤情，以及姜继忠是按照工伤进行费用结算；

5.《关于发生姜继忠工伤事故的思想认识》，用以证明原告邵仲国承认其对麦克公司的安全生产管理不够重视，对此次发生的工伤事故负有责任；

6.《立案审批表》、《案件处理报批表》、《行政处罚事先告知书》、送达回执和《行政处罚决定书》，用以证明被告黄浦区安监局作出行政处罚决定经过的程序；

7.《企业职工伤亡事故报告和处理规定》第9条、第14条，《市劳动局意见》第5条，用以证明认定此次工伤为重伤的依据；

8.《安全生产法》第17条第1、2、4项，第81条第1、2款，《安全生产违法行为行政处罚办法》第38条第1款第1、2、4项及该条第2款第1项，用以证明作出行政处罚决定的法律依据；

9.《安全生产违法行为行政处罚办法》第13条、第14条、第21条第1款、第22条，用以证明行政处罚的程序依据；

10.《安全生产法》第9条第1款、《安全生产违法行为行政处罚办法》第34条，用以证明作出行政处罚决定的权力依据。

法庭主持了庭审质证。对被告黄浦区安监局提交的证据，原告邵仲国有以下异议：证据2中《姜继忠重伤事故调查报告》称“粉糠机无铭牌标记、无产品合格证、无生产厂家”与事实不符。证据5《关于发生姜继忠工伤事故的思想认识》，是原告在受到误导的情况下所写，其中关于麦克公司无安全生产制度以及原告对麦克公司的安全生产负有责任等内容不真实。证据7中的《市劳动局意见》效力层次较低，且这个意见应当由劳动行政管理部门执行，不能作为被告的执法依据。依照劳动部办公厅劳办发〔1993〕140号《企业职工伤亡事故报告统计问题解答》中对重伤的解答，姜继忠的伤势不属重伤范畴，是否构成重伤应当按照司法部、最高人民法院、最高人民检察院、公安部联合发布的《人体重伤鉴定标准》认定。即使适用市劳动局意见，也应适用该意见中有关四肢伤害部分的标准，认定姜继忠的伤势为非重伤，不应适用骨折部分的标准认定为重伤。证据8虽然将《安全生产法》第81条第1款列为执法依据，但被告从未责令原告对麦克公司的安全生产管理限期整改，而是直接进行处罚。对黄浦区安监局提交的其他证据，邵仲国无异议。

针对原告邵仲国的质证意见，被告黄浦区安监局又提交了国家安全生产监督管理总局办公厅安监总厅函字〔2005〕108号《关于〈安全生产法〉第80条和第81条法律适用问题的复函》作为补充证据。该复函明确：《安全生产法》第81条第2款规定的"前款违法行为",既包括生产经营单位的主要负责人未履行《安全生产法》规定的安全生产管理职责的行为,也包括经安全生产监管部门责令其限期改正后,逾期仍未改正的行为。黄浦区安监局还提供了上海市人民政府的有关文件,用以证明安全生产监管部门原隶属于劳动行政管理部门,后在机构改革中成立了安全生产监督管理局,劳动行政管理部门中原涉及安全生产监管的职能改由独立的安全生产监督管理局行使。

对原告邵仲国提交的证据,被告黄浦区安监局的质证意见为:证据2中麦克公司2002年5月制订的安全制度、2005年7月济南市产品质量监督检验所的检验报告,以及粉糠机的生产厂家和合格证,在被告对麦克公司的工伤事故进行调查时,原告从未向被告提交过;事故发生后,麦克公司制订的治安安全管理制度和粉糠机操作规程,只能表明该公司在事故发生后完善了安全制度和操作规程,不能证明原告在事故发生前就已经履行了安全生产监督管理职责。证据3中黄浦区劳动能力鉴定委员会对姜继忠作伤残等级鉴定,是要解决劳动者的劳动能力问题,刑事司法部门根据《人体重伤鉴定标准》对受害人作伤情鉴定,是要解决定罪量刑问题,而安全生产监管部门对工伤事故受伤者作伤情鉴定,是要落实《安全生产法》的相关规定,三个鉴定的目的不同,依据和标准不同,之间没有必然联系,不具有比照作用。证据3中姜继忠的信函,其真实性无法确认,只要被告是依法作出行政处罚决定,其他人(包括麦克公司的上级公司)就无权请求免予处罚。证据4中的申诉材料,被告从未收到过,无法确认其真实性。

经质证、认证,上海市黄浦区人民法院查明:

原告邵仲国是麦克公司的经理。

2005年8月10日上午,麦克公司员工姜继忠在操作粉糠机时,右手被卷入粉糠机内,经诊断:姜继忠的右手尺、桡骨骨折,右手第2、4掌骨粉碎性骨折。事故发生后,麦克公司及其上级部门黄浦粮油公司组成调查小组,对事故进行了调查,制作了调查笔录,并于2005年9月20日作出《姜继忠重伤事故调查报告》。报告说,姜继忠是同年7月6日到面包糠车间从事烘箱和包装工作。8月10日,因该车间一职工缺勤,姜继忠被安排暂时顶替操作粉糠机。姜继忠上机操作时,右手被卷入滚筒内造成事故。报告认定的事故原因有:粉糠机结构不合安全要求,开关设置不合理,留有安全隐患;麦克公司安全管理制度留有漏洞,盲目安排新手上重点岗位操作;重点岗位无安全操作规程,等等。报告认为,麦克公司主要负责人邵仲国对此次事故应负主要责任。10月17日,邵仲国在其撰写的《关于发生姜继忠工伤事故的思想认识》中也承认,事故发生的主要原因是麦克公司安全管理工作松懈,安全生产责任制不完善,安全生产规章制度和安全生产操作规程不健全,作为公司主要负责人,其负有不可推卸的责任。被告黄浦区安监局接到麦克公司的事故报告后,向调查小组调取了相关材料,派员到现场进行了调查,拍摄了现场照片,并于2005年10月8日对该起事故立案处理。经审查,黄浦区安监局于10月26日向邵仲国发出《行政处罚事先告知书》,告知拟对邵仲国进行行政处罚的内容和依据,并告知其在7日内有陈述和申辩的权利。因邵仲国未在期限内提出陈述和申辩,黄浦区安监局于11月7日作出第2120050024号行政处罚决定,认定该起事故为重伤事故,邵仲国违反了《安全生产法》第17条第1、2、3项的规定,依照《安全生产法》第81条第2款规定,决定对邵仲国处以罚款2万元。邵仲国不服该处罚决定,提起本案行政诉讼。

诉讼中,双方当事人对安全生产事故造成姜继忠右手尺、桡骨骨折,右手第2、4掌骨粉碎性骨折这一事实无异议。争议焦点在于:(1)姜继忠所受伤害是否属于《安全生产违法行为行政处罚办法》第36条第2款第1项所指的重伤?(2)邵仲国是否为麦克公司此次工伤事故的主要负责人,能否成为行政处罚的对象?

【审判】

上海市黄浦区人民法院认为:

《安全生产违法行为行政处罚办法》第36条第2款第1项规定,生产经营单位主要负责人有未建立、健全本单位安全生产责任制,未组织制定本单位安全生产规章制度和操作规程,未督促、检查本单位安全生产工作,及时消除生产安全事故隐患等违法行为,导致发生重伤事故的,对主要负责人处2万元以上5万元以下罚款。

原告邵仲国认为,被告黄浦区安监局按照《市劳动局意见》第5条,将此次工伤事故认定为重伤事故,不符合劳动部办公厅在《企业职工伤亡事故报告统计问题解答》中对重伤问题的界定。《市劳动局意见》的效力层次较低,且执法部门是劳动行政管理部门。黄浦区安监局应当按照《人体重伤鉴定标准》,或者参照上海市黄浦区劳动能力鉴定委员会的《鉴定结论书》,认定姜继忠的伤情是否属于重伤,不应适用市劳动局意见;即使适用这个意见,也应当适用该意见中对四肢伤害部分的认定标准,认定姜继忠的伤势为非重伤,不应适用骨折部分的标准认定为重伤。

原告邵仲国在诉讼中提交的劳动部办公厅《企业职工伤亡事故报告统计问题解答》,其内容仅是对重伤作原则性界定,并没有提出重伤认定的具体标准,对本案要解决的伤情认定问题没有实际意义。《人体重伤鉴定标准》第95条规定:“本标准仅适用于《中华人民共和国刑法》规定的重伤的法医学鉴定。”本案是对安全生产事故中的伤情进行鉴定,与《人体重伤鉴定标准》分属不同范畴。上海市黄浦区劳动能力鉴定委员会的《鉴定结论书》,只是从劳动能力方面鉴定姜继忠的致残程度,也与本案需要的伤情认定不属同一法律关系。市劳动局意见是为落实国务院制定的《企业职工伤亡事故报告和处理规定》,根据劳动部对该规定所作的解释提出的,具有上位法依据,是合法有效的规范性文件。该意见第 5 条规定:“除头颅骨、胸骨、脊椎骨、股骨、骨盆骨折外,人体的其余部位骨头(其中手指骨、脚趾骨除外)同时造成两根(块)骨折的,属严重骨折,均作重伤事故统计、报告和处理。”根据这一规定,姜继忠的伤情无疑应当被认定为重伤。该意见作出时,上海市安全生产监管部门还由劳动行政管理部门主管,尚未独立建制执法。自安全生产监管部门从劳动行政管理部门分离出来独立建制后,劳动行政管理部门的原工伤事故处理职权,已经依法由安全生产监管部门行使。据此,被告黄浦区安监局按照《市劳动局意见》第 5 条规定,认定本起事故为重伤事故,符合国家机关职能依法调整的实际。姜继忠的伤情虽然发生在四肢上,但不是四肢软组织损伤,而是骨折。在《市劳动局意见》对骨折认定标准有专门规定的情况下,对发生在四肢上的骨折,不应适用该意见中关于“四肢伤害”的认定标准。邵仲国关于姜继忠所受伤害不属于重伤的上述理由,均不能成立。

《企业职工伤亡事故报告和处理规定》第 9 条规定:“轻伤、重伤事故,由企业负责人或其指定人员组织生产、技术、安全等有关人员以及工会成员参加的事故调查组,进行调查。”第 12 条规定:“事故调查组的职责:(一)查明事故发生原因、过程和人员伤亡、经济损失情况;(二)确定事故责任者;(三)提出事故处理意见和防范措施的建议;(四)写出事故调查报告。”第 14 条规定:“事故调查组在查明事故情况以后,如果对事故的分析和事故责任者的处理不能取得一致意见,劳动部门有权提出结论性意见;如果仍有不同意见,应当报上级劳动部门商有关部门处理;仍不能达成一致意见的,报同级人民政府裁决。但不得超过事故处理工作的时限。”此次工伤事故发生后,在麦克公司及其上级公司组成的事故调查小组所作的《姜继忠重伤事故调查报告》中,不但肯定了姜继忠所受伤情为重伤,而且还指出,麦克公司存在安全生产管理缺陷,安全管理工作松懈,安全生产责任制不完善,安全生产制度和安全生产操作规程不健全,粉糠机操作这一重点岗位缺少安全规程,姜继忠在操作粉糠机之前未经岗位培训等问题。该调查报告认为,事故的发生与管理者安全意识淡薄,工作责任心不强有着必然联系,因此确定原告邵仲国对此次事故负主要责任。邵仲国在其撰写的《关于发生姜继忠工伤事故的思想认识》中,也认同调查报告对事故主要原因的分析，承认其作为公司主要负责人，负有不可推卸的责任。被告黄浦区安监局审查上述材料后，根据这些材料，认定邵仲国在事故发生前未依法履行安全生产监督管理职责，依法应承担责任，并无不当。邵仲国称前述思想认识材料是在受误导的情形下所写，内容不实，作为麦克公司的主要负责人，其只负责经营，生产安全另有他人负责，不应将其作为被处罚人。对这些诉讼主张，邵仲国均未提供相应证据，故难以支持。在诉讼中，邵仲国虽然提供了制定日期为2002年5月的麦克公司安全制度及有关生产设备的质检报告，用以证明麦克公司在事故发生前有安全制度，粉糠机作为设备的一部分，产品质检合格。即使这两份证据确实存在于事故发生前，但由于邵仲国无正当理由不向事故调查组和黄浦区安监局提供，依法应自行承担由此引起的不利法律后果。至于邵仲国提供的麦克公司粉糠机操作规程、治安安全管理制度等证据，均于事故发生后制作，只能证明麦克公司在事故发生后完善了安全生产制度，不能证明邵仲国在事故发生前已经履行了安全生产监督管理职责。故邵仲国认为其已履行安全生产管理职责的理由不能成立，不予支持。

《安全生产法》第81条第2款规定："生产经营单位的主要负责人有前款违法行为，导致发生生产安全事故，构成犯罪的，依照刑法有关规定追究刑事责任；尚不够刑事处罚的，给予撤职处分或者处二万元以上二十万元以下的罚款。"而第1款的规定是："生产经营单位的主要负责人未履行本法规定的安全生产管理职责的，责令限期改正；逾期未改正的，责令生产经营单位停产停业整顿。"显然，第2款所说的"违法行为"，是指第1款中"未履行本法规定的安全生产管理职责"行为。按照第1款规定，对"未履行本法规定的安全生产管理职责"的违法行为，安全生产监管部门发现后，应当责令生产经营单位的主要负责人限期改正，对逾期未改正的，责令停产停业整顿。然而在安全生产监管部门发现前，或者在安全生产监管部门发现并责令改正后，"未履行本法规定的安全生产管理职责"的违法行为导致发生生产安全事故的，则与第1款无关，是第2款规定所指的情形，应当按照第2款规定处理。安全生产监管部门的职责，只是对辖区内各生产经营单位的安全生产工作进行监督管理，以落实《安全生产法》的规定。《安全生产法》颁布施行后，每一个生产经营单位都有自觉遵守执行的义务，并非只有在安全生产监管部门的监督管理下，生产经营单位才有执行《安全生产法》的义务；安全生产监管部门的监督管理不及时或者不到位，也不能因此免除生产经营单位的这种义务。邵仲国认为，对其"未履行本法规定的安全生产管理职责"的违法行为，黄浦区安监局只有先行责令限期改正后才能再对其实施处罚，是对《安全生产法》第81条的误解。

综上，依照《安全生产法》第9条第1款、《安全生产违法行为行政处罚办法》第 34 条第 1 款规定，被告黄浦区安监局对黄浦区内的安全生产工作实施监督管理，对辖区内的安全生产违法行为有实施行政处罚的法定职权。黄浦区安监局在接到事故报告后，派员进行了事故现场调查；在查明麦克公司责任人员的违法行为后，填写了《立案审批表》立案审查；在作出行政处罚前，向原告邵仲国送达了《行政处罚事先告知书》，告知邵仲国可以在 7 日内陈述和申辩；在陈述和申辩期限届满后，作出《行政处罚决定书》，并给邵仲国送达。黄浦区安监局的执法经过，符合《安全生产违法行为行政处罚办法》第 13 条、第 14 条、第 21 条、第 22 条、第 24 条规定的程序。黄浦区安监局对邵仲国作出的行政处罚决定，有利于从根本上促进企业落实安全生产岗位责任，健全安全生产制度，防止和减少安全生产事故，保护劳动者合法权益，执法目的是正当的，且罚款数额符合法律规定的处罚幅度。邵仲国提供黄浦粮油公司报告和姜继忠的信函，以姜继忠伤情恢复良好等为由，请求免予对麦克公司和邵仲国本人的处罚。这些材料所提出的理由，不符合法律规定免予行政处罚的条件。至于邵仲国提出其经济困难，无履行处罚能力的诉讼意见，则非本案对被诉行政处罚行为合法性审查的范围，不能作为黄浦区安监局行政处罚行为违法的理由，故不能支持。据此，上海市黄浦区人民法院依照《中华人民共和国行政诉讼法》第 54 条第 1 项之规定，于 2006 年 4 月 10 日判决：

维持被告黄浦区安监局于 2005 年 11 月 7 日对原告邵仲国所作的第 2120050024 号行政处罚决定。

宣判后，双方当事人在上诉期内均未提出上诉，一审判决发生法律效力。

【评述】

本案庭审质证中，原告对被告提出的证据提出异议，其中一项是：被告虽然将《安全生产法》第 81 条第 1 款列为执法依据，但被告从未责令原告对麦克公司的安全生产管理限期整改，而是直接进行处罚。对此，法院审查认为，《安全生产法》第 81 条第 2 款所称“前款违法行为”，是指该条第 1 款“未履行本法规定的安全生产管理职责”的行为。这种违法行为无论是否被安全生产监管部门发现并责令限期改正，只要导致发生了生产安全事故，安全生产监管部门都有权依照《安全生产法》第 81 条第 2 款的规定，直接对生产经营单位的主要负责人给予行政处罚。结合本案案情，法院认定，被告作出的行政处罚决定，“有利于从根本上促进企业落实安全生产岗位责任，健全安全生产制度，防止和减少安全生产事故，保护劳动者合法权益”。其实，考虑到生产安全事故频发的客观现实，本案判决在一定意义上或许也有助于更好地保护劳动者合法权益。

不过，值得关注的是，在法律上，如何判断“重伤”是一个不能忽视的问题。

本案中,双方当事人对生产安全事故造成麦克公司员工姜继忠右手尺、桡骨骨折,右手第 2、4 掌骨粉碎性骨折这一事实无争议,但对这种"伤情"是否构成"重伤"则是各持己见。本案中,法院采纳了被告的意见,在一定程度上体现了对行政机关合理解释的尊重。

需要说明的是,2007 年 11 月新修订的《安全生产违法行为行政处罚办法》回避了"重伤"的措辞,该办法第 42 条规定:"生产经营单位主要负责人、个人经营的投资人有前款违法行为,导致发生生产安全事故的,依照《生产安全事故报告和调查处理条例》的规定给予处罚。"不过,由于 2007 年 6 月 1 日起施行的《生产安全事故报告和调查处理条例》仍然采用"重伤"用语,因此,"重伤"究竟有多重,可能依然是需要法院在个案中直面和解释的问题。

(本案例的"案情"和"审判"部分选自《最高人民法院公报》2006 年第 8 期;"提领"和"评述"部分由作者根据有关法律与学理进行阐述,不代表司法机关的意见)

(高春燕　撰)

64 廖宗荣诉重庆市公安局交通管理局第二支队道路交通管理行政处罚决定案

【提领】

本案是一起原告因不服被告所作出的道路交通管理行政处罚决定而提起的行政案件，主要针对近年来交通执法领域争议已久的一人执法和简易程序与《中华人民共和国行政处罚法》的若干规定存在不符之处这一问题。本案一审终审，法院认为道路交通领域的执法行为应当优先适用《中华人民共和国道路交通法》等该领域专门的法律规范，因此判决维持交通行政管理部门的行政处罚决定。本案终审判决于2006年作出，收录于《最高人民法院公报》，对我国交通行政领域的司法审判实践具有判例指引的作用。

【案情】

原告：廖宗荣，男，36岁，无业。住重庆市渝中区峨岭正街。

被告：重庆市公安局交通管理局第二支队。住所地：重庆市渝中区体育路。

负责人：蒋清国，该支队队长。

2005年7月26日8时30分，原告廖宗荣驾驶车牌号为渝AA4760的小轿车，沿滨江路向上清寺方向行驶。在大溪沟滨江路口，被告交警二支队的执勤交通警察陶祖坤示意原告靠边停车。陶祖坤向廖宗荣敬礼后，请廖宗荣出示驾驶执照，指出廖宗荣在大溪沟嘉陵江滨江路加油（气）站的道路隔离带缺口处，无视禁止左转弯交通标志违规左转弯。廖宗荣申辩自己未左转弯，警察未看清楚。陶祖坤认为廖宗荣违反禁令标志行车的事实是清楚的，其行为已违反《中华人民共和国道路交通安全法》（以下称《道路交通安全法》）的规定，依法应受处罚，遂向廖宗荣出具编号为10001750516号的《重庆市公安局交通管理局公安交通管理简易程序处罚决定书》（以下称516号处罚决定书）。廖宗荣拒不承认违法事实，拒绝在处罚决定书上签字，陶祖坤均在516号处罚决定书上注明，并将该处罚决定书的当事人联交给廖宗荣。廖宗荣不服516号处罚决定书，向重庆市公安局申请行政复议。2005年9月13日，重庆市公安局作出行政复议决定，维持了516号处罚决定书。廖宗荣仍不服，遂提起本案行政诉讼。

原告廖宗荣诉称：被告交警二支队的一名交通警察拦住正常行车的原告，说原告驾车违章掉头。原告当即申辩"没有违章掉头，你一个人躲在树林后面看不清楚"，但该警察不听申辩，当场制作并出具516号处罚决定书，决定对原告处以罚款200元。原告不服，向重庆市公安局申请行政复议，重庆市公安局维持了516号处罚决定书。《中华人民共和国行政处罚法》(以下称《行政处罚法》)第30条规定："公民、法人或者其他组织违反行政管理秩序的行为，依法应当给予行政处罚的，行政机关必须查明事实；违法事实不清的，不得给予行政处罚。"第32条第1款规定："当事人有权进行陈述和申辩。行政机关必须充分听取当事人的意见，对当事人提出的事实、理由和证据，应当进行复核；当事人提出的事实、理由或者证据成立的，行政机关应当采纳。"第33条规定："违法事实确凿并有法定依据，对公民处以五十元以下、对法人或者其他组织处以一千元以下罚款或者警告的行政处罚的，可以当场作出行政处罚决定。"第36条规定："除本法第33条规定的可以当场作出的行政处罚外，行政机关发现公民、法人或者其他组织有依法应当给予行政处罚的行为的，必须全面、客观、公正地调查，收集有关证据；必要时，依照法律、法规的规定，可以进行检查。"第37条第1款规定："行政机关在调查或者进行检查时，执法人员不得少于两人，并应当向当事人或者有关人员出示证件。当事人或者有关人员应当如实回答询问，并协助调查或者检查，不得阻挠。询问或者检查应当制作笔录。"第42条规定："行政机关作出责令停产停业、吊销许可证或者执照、较大数额罚款等行政处罚决定之前，应当告知当事人有要求举行听证的权利；当事人要求听证的，行政机关应当组织听证。"516号处罚决定书是一名交通警察在不听当事人申辩，仅凭个人主观臆断的情况下作出的，事实不清且没有证据。该处罚决定书的内容是当场决定对原告罚款200元，突破了当场只能处50元以下罚款的法律规定，因而是错误的行政处罚决定。为了弄清事实真相，维护原告合法权益，同时为了纠正交通警察的违法行政行为和促进被告严格依法行政，特提起行政诉讼，请求判令撤销516号处罚决定书。

原告廖宗荣提交以下证据：

1.交通违章缴款单，用以证明原告虽不服516号处罚决定，但仍依法缴纳了200元罚款；

2.行政复议决定书，用以证明原告在法定时间内提起行政诉讼。

被告交警二支队辩称：交警支队交通警察陶祖坤着制服执勤过程中，发现原告廖宗荣违反《道路交通安全法》第 38 条规定，在明确标志禁止左转弯的路口驾车左转弯，即将其拦停，礼貌地请其出示驾驶执照，并指出其违法事实，告知将对其处以罚款 200 元，以及处罚的依据和其依法应享有的权利，然后才填写 516 号处罚决定书。原告拒不承认违法事实，拒绝在处罚决定书上签字。陶祖坤亦将此情形注明在处罚决定书上，然后将处罚决定书的当事人联交给原告。陶祖坤的执法行为符合《道路交通安全违法行为处罚程序规定》第 7 条、第 8 条规定，向原告出具的 516 号处罚决定书认定事实清楚、适用法律正确、程序合法，应当维持。

被告交警二支队提交以下证据：

1. 516 号处罚决定书一份，用以证明原告廖宗荣存在交通违法行为；

2. 陶祖坤的书面陈述一份，用以证明原告违法行车及交通警察纠正违法的经过；

3.《道路交通安全法》、《中华人民共和国道路交通安全法实施条例》、《道路交通安全违法行为处罚程序规定》，用以证明被告实施处罚的法律依据。

【审判】

重庆市渝中区人民法院审理认为：

《道路交通安全法》第 5 条规定："县级以上地方各级人民政府公安机关交通管理部门负责本行政区域内的道路交通安全管理工作。"第 87 条规定："公安机关交通管理部门及其交通警察对道路交通安全违法行为，应当及时纠正。"根据上述规定，对辖区内的道路交通安全进行管理，是被告交警二支队的法定职责。陶祖坤作为交警二支队派遣执行勤务的交通警察，对在辖区内发生的道路安全违法行为，有权力及时纠正。根据陶祖坤陈述，2005 年 7 月 26 日 8 时 30 分，原告廖宗荣驾驶车牌号为渝 AA4760 的小轿车，在大溪沟嘉陵江滨江路加油（气）站的道路隔离带缺口处，无视禁止左转弯交通标志违规驾车左转弯。经查，大溪沟嘉陵江滨江路加油（气）站道路隔离带确实有一缺口，此处确实树立着禁止左转弯的交通标志，而且 2005 年 7 月 26 日 8 时许廖宗荣确实驾车途经此处。对廖宗荣是否在此处违反禁令左转弯，虽然只有陶祖坤一人的陈述证实，但只要陶祖坤是依法执行公务的人员，其陈述的客观真实性得到证实，且没有证据证明陶祖坤与廖宗荣之间存在利害关系，陶祖坤一人的陈述就是证明廖宗荣有违反禁令左转弯行为的优势证据，应当作为认定事实的根据。

《行政处罚法》确实有当场对公民作出的罚款只能在 50 元以下，行政机关调查或者检查时执法人员不得少于两人的规定。但《行政处罚法》制定于 1996 年，此后的 2003 年 10 月 28 日，第十届全国人民代表大会常务委员会第五次会议通过了《道路交通安全法》。《道路交通安全法》第 1 条规定："为了维护道路交通秩序，预防和减少交通事故，保护人身安全，保护公民、法人和其他组织的财产安全及其他合法权益，提高通行效率，制定本法。"说明该法是处理道路交通安全问题的专门法律。为了落实《道路交通安全法》，国务院于 2004 年 4 月 28 日颁布了《中华人民共和国道路交通安全法实施条例》，公安部也于 2004 年 4 月 30 日发布了《道路交通安全违法行为处理程序规定》。一切因道路交通安全管理产生的社会关系，应当纳入上述法律、行政法规和规章的调整范畴。

道路交通安全管理具有其特殊性。道路上的交通违法行为一般都是瞬间发生，对这些突发的交通违法行为如果不及时纠正，就会埋下交通安全隐患，甚至当即引发交通安全事故，破坏道路交通安全秩序。但要及时纠正这些突发的交通违法行为，则会面临取证难题。交通警察发现交通违法行为后应当及时纠正，如果必须先取证再纠正违法，则可能既无法取得足够的证据，也无法及时纠正违法行为，甚至还可能在现场影响车辆、行人的通行。考虑到上述因素，为了遵循《道路交通安全法》第 3 条确立的依法管理，方便群众，保障道路交通有序、安全、畅通的原则，《道路交通安全法》第 79 条规定："公安机关交通管理部门及其交通警察实施道路交通安全管理，应当依据法定的职权和程序，简化办事手续，做到公正、严格、文明、高效。"第 107 条规定："对道路交通违法行为人予以警告、二百元以下的罚款，交通警察可以当场作出行政处罚决定，并出具行政处罚决定书。"《道路交通安全违法行为处理程序规定》第 8 条规定："公安机关交通管理部门按照简易程序作出处罚决定的，可以由一名交通警察实施。"因此，交通警察一人执法时，当场给予行政管理相对人罚款 200 元的行政处罚，是合法的具体行政行为。

综上所述，原告廖宗荣违反禁令行车的事实可以认定。被告交警二支队的执勤交通警察当场作出 516 号处罚决定书，决定对廖宗荣的违法行为给予罚款 200 元的行政处罚，适用法律正确，符合法定程序，依法应予维持。廖宗荣的诉讼请求不能成立，不予支持。据此，重庆市渝中区人民法院依照《中华人民共和国行政诉讼法》第 54 条第 1 项规定，于 2006 年 8 月 22 日判决：

维持被告交警二支队作出的 516 号处罚决定书。

一审宣判后，双方当事人在法定期限内均未提出上诉，一审判决发生法律效力。

【评述】

本案争议焦点是：交通警察一人执法时的证据效力如何认定？交通警察一人执法时当场给予行政管理相对人罚款 200 元的行政处罚，是否违反了行政处罚法？

一、占优势的盖然性标准

本案实际上涉及了较为复杂的举证责任和证明标准问题。当交通警察一人执法时，面对相对人是否存在违法行为这一争议性事实，出现了两个完全对立的证据：一是执法警察的书面陈述；二是当事人陈述。两者谁的证据更具有证明力？本案中法院采取了占优势的盖然性标准，从而认定交通警察的陈述相对于当事人的陈述更具有优势。所谓占优势的盖然性标准，即是指当事实处于真伪不明的状态时，一方当事人的证据的证明力及其证明的案件事实比另一方当事人提供的证据证明的事实更具有可能性，相应的诉讼主张成立的理由也更为充分。通俗而言，就是"许多可能之中最大的可能"，"最接近真实的可能"。对法官来说，虽然尚未形成事实必定如此的确信，但内心形成了事实极有可能如此或非常可能如此的判断。本案中，审理法院正是基于相信大多数警察基于其公职人员的公信力、所接受的执法培训等对执法行为的认定都是真实的，相较而言，当事人因为与自己的切身利益相关，更有可能作出有利于自己的证言这一盖然性方面的比较，而认定了被告所提供的证据更具有优势，从而认定原告存在违法行为这一事实成立，反过来说明被诉具体行政行为在认定事实上的合法性。

二、特别法优于普通法

行政处罚法规定，当场对公民作出的罚款只能在 50 元以下，行政机关调查或者检查时执法人员不得少于两人。作为行政处罚的总则性法律，这些总则性的规定确实应当贯穿于部门行政执法领域。但是，行政处罚法本身并不排除特别法对专门执法领域作出例外性规定。本案中，交通行政执法领域便是一例。《中华人民共和国道路交通法》、《中华人民共和国道路交通安全法实施条例》，《道路交通安全违法行为处理程序规定》等的颁布正是针对交通执法的专门性法律，其从交通执法的瞬时发生性、纠正行为应当及时作出等特点出发，规定了一人执法和 200 元以下可当场处罚的简易程序。因此，从特别法优于普通法的法律效力规则出发，认定被告适用简易程序对原告作出的处罚具备了合法性基础。

三、本案的背后是社会价值的考量

任何个案的分析都离不开整个社会的价值体系的衡量。本案不仅涉及涉案当事人的个人权利和利益问题，而且还涉及与公共利益、公共秩序之间的比较。判决所认定的事实并不一定就是客观事实，对占优势的盖然性标准的界定本身也可能存在模糊之处，但必须注意法院否定交警判断所可能带来的后果。在所有这类案件中，如果单个警察看到了违反交通规则的行为不"具有发言权”，那么，单个警察即使发现有违法行为，也不能进行处理——因为“证据不足”，一旦当事人起诉，处理决定就可能被推翻。可以预料，警察可能束手无策，或者干脆撒手不管，结果将造成大量的交通违法行为逃逸法网。这对于交通秩序将带来重大损害。而且，交通违法行为又具有转瞬即逝的特点，如果完全要求警察在掌握了“确凿的证据”之后进行处罚，那么执法的成本将会是无穷大。因此，本案的判决结果，我们也可以认识，是法官在公共交通秩序与个人利益之间所作出的权衡。

（本案例的“案情”和“审判”部分选自《最高人民法院公报》2007 年第 1 期；“提领”和“评述”部分由作者根据有关法律与学理进行阐述，不代表司法机关的意见）

（骆梅英　撰）

65 杨一民诉成都市人民政府其他行政纠纷案

【提领】

本案是一起围绕信访决定是否纳入行政复议范围，并最终提起行政诉讼的案件。在时隔 13 年之后，被告以所在单位的除名处理为由，向成都市教育局申诉；后就信访答复，提起行政复议；在复议机关作出不予受理决定后，提起行政诉讼。一审法院和二审法院都支持了该不予受理的行政复议决定。本案刊登于《最高人民法院公报》，对行政复议的受案范围，尤其是针对重复处理行为的认定，作了较为深入的分析。

【案情】

原告：杨一民，男，52 岁。住四川省成都市罗家碾街。

被告：四川省成都市人民政府。住所地：四川省成都市人民西路。

法定代表人：葛红林，该市市长。

原告杨一民因与被告四川省成都市人民政府（以下称成都市政府）发生其他行政纠纷，向四川省成都市中级人民法院提起行政诉讼。

原告杨一民诉称：原告系原成都市第五中学（现为成都列五中学）职工。该校以 1992 年就已对原告作“除名处理”为由，拒绝给原告安排工作、发放工资，还强行收缴原告住房，但长期不向原告送达相关处理文书，其行为严重侵犯原告的人身权、财产权。为此，原告于 2005 年向成都市教育局申诉。成都市教育局于 2005 年 5 月 20 日以其办公室的名义向原告作出信访回复，称原成都市教育委员会（即成都市教育局的前身）已于 1992 年作出《对成都市第五中学〈关于对我校职工杨一民作除名处理的报告〉的批复》，并认为该批复符合法律规定。原告不服，向四川省教育厅申诉，四川省教育厅责令成都市教育局复查。成都市教育局又于 2005 年 8 月 18 日再次给予原告信访答复，答复内容与前次信访回复一致。原告仍不服该信访答复,于 2005 年 9 月 9 日向被告成都市政府提出行政复议申请,请求成都市政府就该信访答复所涉及的事项作出行政复议。成都市政府收到复议申请后,认为原告的复议申请不符合行政复议的受理条件,于 2005 年 9 月 13 日作出成府复不字〔2005〕第 6 号不予受理决定。原告认为,成都市教育局对原告作出的信访答复是具有行政确认和行政处理性质的申诉处理决定,对原告的人身权、财产权有严重影响,而不是一种单纯的"解释、说明",故原告依法向成都市政府提起的行政复议申请,完全符合《中华人民共和国行政复议法》(以下称《行政复议法》)第 6 条第 9、11 项关于行政复议受案范围的规定。成都市政府在没有向原告正确说明理由和依据的情况下,对这种明显属于依法可申请行政复议的案件作出不予受理决定,忽视了宪法赋予公民的救济权,剥夺了可供原告选择的法定救济机会。该不予受理决定与有关法律、法规的规定明显不符,适用法律、法规明显错误。故请求法院判决撤销成都市政府作出的成府复不字〔2005〕第 6 号不予受理决定。

被告成都市政府辩称:根据行政复议法的相关规定,行政复议是一项旨在对具体行政行为进行监督的制度。由于原告杨一民申请行政复议针对的事项是成都市教育局作出的信访答复,该信访答复不是成都市教育局作出的具体行政行为,因此杨一民的申请依法不属于行政复议的受理范围。请求法院依法驳回杨一民的诉讼请求,维持成都市政府对杨一民的行政复议申请作出的不予受理决定。

被告成都市政府在法定举证期限内向法院提交了作出被诉不予受理决定的相关证据材料和法律依据:

1. 原告杨一民提出的行政复议申请书,用以证明杨一民于 2005 年 9 月 9 日向成都市政府申请行政复议针对的事项是成都市教育局办公室于 2005 年 8 月 18 日就杨一民的申诉作出的信访答复。

2. 成都市教育局于 2005 年 5 月 20 日对杨一民作出的信访回复、四川省教育厅于 2005 年 6 月 28 日给杨一民的复函、杨一民于 2005 年 6 月 30 日向成都市教育局提交的《请求市教育局重新正确对本人申诉进行处理的几点意见》以及成都市教育局办公室于 2005 年 8 月 18 日对杨一民作出的信访答复,用以证明杨一民的复议申请不符合行政复议法规定的受理行政复议的条件。

3. 成都市政府于 2005 年 9 月 9 日作出的成府复不字〔2005〕第 6 号不予受理决定书及送达回证,用以证明成都市政府作出的不予受理决定程序合法,并已于 2005 年 9 月 13 日送达杨一民。

4. 国务院《信访条例》第 34 条、第 35 条的规定,用以证明杨一民对信访答复不服,不能申请行政复议,其提出的行政复议申请依法不属于行政复议的范围。

5.《行政复议法》第 1 条、第 6 条、第 11 条和第 17 条的规定，用以证明成都市教育局针对杨一民的申诉作出的信访答复不属于行政复议法所规定的可以申请行政复议的具体行政行为，成都市政府作出的不予受理决定书认定事实清楚，适用法律正确。

成都市中级人民法院依职权调取了以下证据：

1. 于 1992 年 10 月 3 日向原成都市教育委员会报送的《关于对我校职工杨一民作除名处理的报告》。该报告的内容为：原成都市第五中学根据川人发〔1984〕4 号文规定，决定将原告杨一民作除名处理。

2. 原成都市教育委员会于 1992 年 12 月 23 日作出的成教发人〔1992〕78 号《对成都市第五中学〈关于对我校职工杨一民作除名处理的报告〉的批复》。该批复同意将杨一民作除名处理。

【审判】

成都市中级人民法院一审查明：

1992 年，原成都市第五中学（现成都列五中学）向原成都市教育委员会（现为成都市教育局）报送了《关于对我校职工杨一民作除名处理的报告》，原成都市教育委员会于 1992 年 12 月 23 日作出成教发人〔1992〕78 号批复，同意将原告杨一民作除名处理。2005 年，杨一民因上述纠纷到成都市教育局进行信访申诉，该局于 2005 年 5 月 20 日以其办公室的名义向杨一民作出信访回复，认为原成都市教育委员会于 1992 年作出的《对成都市第五中学〈关于对我校职工杨一民作除名处理的报告〉的批复》是符合法律规定的。收到该信访回复后，杨一民向四川省教育厅上访，四川省教育厅责成成都市教育局重新答复杨一民。成都市教育局于 2005 年 8 月 18 日再次给予杨一民信访答复，其内容与前次信访回复一致。2005 年 9 月 9 日，杨一民就成都市教育局于 2005 年 8 月 18 日作出的信访答复向被告成都市政府提出行政复议申请，成都市政府于 2005 年 9 月 9 日作出成府复不字〔2005〕第 6 号不予受理决定，并已送达杨一民。

本案的争议焦点是：原告杨一民因不服成都市教育局作出的信访答复，向被告成都市政府提出的行政复议申请，是否属于行政复议受理范围。

成都市中级人民法院一审认为：

原成都市教育委员会（现成都市教育局）于 1992 年批复同意原成都市第五中学对原告杨一民作除名处理，时隔 13 年之后，原告杨一民就自己被除名一事先后到成都市教育局、四川省教育厅信访申诉，成都市教育局针对杨一民的申诉最终作出信访答复，认为当年原成都市教育委员会作出的批复符合相关规定。杨一民对该信访答复不服,向被告成都市政府提出的行政复议申请,不属于行政复议受理范围。

首先,《行政复议法》第 6 条规定:"有下列情形之一的,公民、法人或者其他组织可以依照本法申请行政复议:(一)对行政机关作出的警告、罚款、没收违法所得、没收非法财物、责令停产停业、暂扣或者吊销许可证、暂扣或者吊销执照、行政拘留等行政处罚决定不服的;(二)对行政机关作出的限制人身自由或者查封、扣押、冻结财产等行政强制措施决定不服的;(三)对行政机关作出的有关许可证、执照、资质证、资格证等证书变更、中止、撤销的决定不服的;(四)对行政机关作出的关于确认土地、矿藏、水流、森林、山岭、草原、荒地、滩涂、海域等自然资源的所有权或者使用权的决定不服的;(五)认为行政机关侵犯合法的经营自主权的;(六)认为行政机关变更或者废止农业承包合同,侵犯其合法权益的;(七)认为行政机关违法集资、征收财物、摊派费用或者违法要求履行其他义务的;(八)认为符合法定条件,申请行政机关颁发许可证、执照、资质证、资格证等证书,或者申请行政机关审批、登记有关事项,行政机关没有依法办理的;(九)申请行政机关履行保护人身权利、财产权利、受教育权利的法定职责,行政机关没有依法履行的;(十)申请行政机关依法发放抚恤金、社会保险金或者最低生活保障费,行政机关没有依法发放的;(十一)认为行政机关的其他具体行政行为侵犯其合法权益的。"上述规定并未明确将行政机关驳回当事人对行政行为提起申诉的重复处理行为列入行政复议的受理范围。

其次,行政复议的受理范围,应当是行政机关作出的影响公民、法人及其他组织的权利义务关系的具体行政行为。本案中,成都市教育局作出的信访答复,对原告杨一民的现实权利义务状态并未产生新的影响,亦未改变原有的行政法律关系,属于行政机关驳回当事人对具体行政行为提起申诉的重复处理行为。行政机关驳回当事人就具体行政行为提出的申诉请求,实际上仅是告知当事人该具体行政行为正确,并说明当事人就该具体行政行为提出的申诉请求依法不应支持。驳回当事人申诉的信访答复既没有改变原有行政法律关系,也没有形成新的行政法律关系,对当事人的权利义务没有产生新的影响,故不属于行政复议的受理范围。

综上,被告成都市政府作出的成府复不字〔2005〕第 6 号行政复议不予受理决定认定事实清楚,证据充分,适用法律正确,程序合法,应予维持。

据此,成都市中级人民法院依照《中华人民共和国行政诉讼法》第 54 条第 1 项的规定,于 2006 年 7 月 21 日判决:

维持被告成都市政府作出的成复不字〔2005〕第 6 号行政复议不予受理的决定。

一审案件受理费100元、其他诉讼费用30元，共计130元，由原告杨一民负担。

杨一民不服一审判决，向四川省高级人民法院提起上诉。主要理由是：(1)成都市教育局以其办公室名义作出的信访答复中涉及的原成都市第五中学《关于对我校职工杨一民作除名处理的报告》和原成都市教育委员会《对成都市第五中学〈关于对我校职工杨一民作除名处理的报告〉的批复》，仅仅是单方面陈述的内部文件，从未送达上诉人。因此，成都市教育局作出的确认上述内部文件符合有关规定的信访答复，不属于驳回当事人对行政行为提起申诉的重复处理行为，且成都市教育局以其办公室的名义作出信访答复主体不符，是越权行为。一审法院认为成都市教育局作出的信访答复属于驳回当事人对行政行为提起申诉的重复处理行为，对上诉人现存权利义务状态并未产生新的影响，亦未改变原有的行政法律关系，是对行政机关重复处理行为的错误理解。上诉人提出的行政复议申请，依法属于行政复议受理范围，上诉人的诉讼请求依法应当得到支持。(2)一审法院依职权调取的证据未经庭审质证，一审判决依据上述证据认定本案事实，违反了证据规则和审判原则。综上，请求二审法院依法改判，判令被上诉人成都市政府依法受理上诉人的行政复议申请。

上诉人杨一民没有提交新的证据。

被上诉人成都市政府答辩称：上诉人杨一民因不服原成都市第五中学作出的除名处理决定，到成都市教育局、四川省教育厅信访申诉。成都市教育局办公室最终于2005年8月18日对上诉人作出驳回其申诉的信访答复，该行为属于行政机关对同一事项的重复处理行为，不属于可以申请行政复议的具体行政行为，当事人应当依照国务院《信访条例》的明确规定寻求救济途径。一审判决维持被上诉人作出的不予受理决定是正确的，请求二审法院依法维持并由上诉人承担诉讼费用。

被上诉人成都市政府没有提交新的证据。

四川省高级人民法院经二审质证认为：最高人民法院《关于行政诉讼证据若干问题的规定》第22条规定："根据行政诉讼法第34条第2款的规定，有下列情形之一的，人民法院有权向有关行政机关以及其他组织、公民调取证据：(一)涉及国家利益、公共利益或者他人合法权益的事实认定的；(二)涉及依职权追加当事人、中止诉讼、终结诉讼、回避等程序性事项的。"一审法院依职权调取的证据1、证据2不符合上述规定，且上述证据被上诉人成都市政府在行政程序中没有收集和使用，没有将其作为作出不予受理决定的事实依据。上述证据亦未在一审庭审中予以出示和质证。因此，上诉人杨一民就此提出的上诉理由成立，上述证据不能作为本案的定案依据。

四川省高级人民法院二审查明：

2005年，上诉人杨一民以成都列五中学借口已对其作“除名处理”，不给其安排工作、发放工资，还强行收缴其住房，但长期不送达相关处理文书，侵犯其人身权、财产权为由，向成都市教育局申诉。2005年5月20日，成都市教育局办公室对杨一民作出信访回复，该回复认为原成都市教育委员会于1992年作出的《对成都市第五中学〈关于对我校职工杨一民作除名处理的报告〉的批复》符合法律规定。杨一民不服，向四川省教育厅申诉。四川省教育厅于2005年6月28日答复杨一民：“已将上访材料转送成都市教育局，责成其按照当时的有关法律法规、政策规定和事实依据重新答复你本人。”2005年8月18日，成都市教育局办公室再次对杨一民作出信访答复，该答复载明：“我们再一次对事实进行了调查核实。查明，1992年原成都市第五中学根据你的旷工事实向原成都市教育委员会报送的《关于对我校职工杨一民作除名处理的报告》和原成都市教育委员会于当年作出的《对成都市第五中学〈关于对我校职工杨一民作除名处理的报告〉的批复》符合川人发〔1984〕4号文件规定。”该信访答复已送达杨一民。

2005年9月9日，上诉人杨一民就成都市教育局于2005年8月18日作出的信访答复向被上诉人成都市政府申请行政复议，请求撤销或者确认该信访答复违法，并责令成都市教育局在一定期限内重新作出具体行政行为。同日，成都市政府以杨一民提出的行政复议申请不符合行政复议受理条件为由，根据行政复议法的相关规定，作出成府复不字〔2005〕第6号不予受理决定书，并于同月13日送达杨一民。杨一民不服，向成都市中级人民法院提起行政诉讼，请求撤销成都市政府作出的不予受理决定。

本案二审的争议焦点仍然是上诉人杨一民因不服成都市教育局作出的信访答复，向被上诉人成都市政府提出的行政复议申请，是否属于行政复议受理范围。

四川省高级人民法院二审认为：

《行政复议法》第12条规定：“对县级以上地方各级人民政府工作部门的具体行政行为不服的，由申请人选择，可以向该部门的本级人民政府申请行政复议，也可以向上一级主管部门申请行政复议。对海关、金融、国税、外汇管理等实行垂直领导的行政机关和国家安全机关的具体行政行为不服的，向上一级主管部门申请行政复议。”第17条规定：“行政复议机关收到行政复议申请后，应当在五日内进行审查，对不符合本法规定的行政复议申请，决定不予受理，并书面告知申请人；对符合本法规定，但是不属于本机关受理的行政复议申请，应当告知申请人向有关行政复议机关提出。”根据上述规定，被上诉人成都市政府有权管辖当事人对其下属职能部门作出的具体行政行为不服申请行政复议的案件，对当事人提出的行政复议申请，经审查认为不符合行政复议法规定的受理范围的，有权作出不予受理决定。成都市政府于 2005 年 9 月 9 日收到上诉人杨一民递交的行政复议申请，经审查后以该申请不符合行政复议受理条件为由，作出了不予受理决定书，并于同月 13 日送达杨一民。成都市政府作出该不予受理决定的程序合法。

《行政复议法》第 1 条规定："为了防止和纠正违法的或者不当的具体行政行为，保护公民、法人和其他组织的合法权益，保障和监督行政机关依法行使职权，根据宪法，制定本法。"第 2 条规定："公民、法人或者其他组织认为具体行政行为侵犯其合法权益，向行政机关提出行政复议申请，行政机关受理行政复议申请、作出行政复议决定，适用本法。"第 6 条规定："有下列情形之一的，公民、法人或者其他组织可以依照本法申请行政复议：(一)对行政机关作出的警告、罚款、没收违法所得、没收非法财物、责令停产停业、暂扣或者吊销许可证、暂扣或者吊销执照、行政拘留等行政处罚决定不服的；(二)对行政机关作出的限制人身自由或者查封、扣押、冻结财产等行政强制措施决定不服的；(三)对行政机关作出的有关许可证、执照、资质证、资格证等证书变更、中止、撤销的决定不服的；(四)对行政机关作出的关于确认土地、矿藏、水流、森林、山岭、草原、荒地、滩涂、海域等自然资源的所有权或者使用权的决定不服的；(五)认为行政机关侵犯合法的经营自主权的；(六)认为行政机关变更或者废止农业承包合同，侵犯其合法权益的；(七)认为行政机关违法集资、征收财物、摊派费用或者违法要求履行其他义务的；(八)认为符合法定条件，申请行政机关颁发许可证、执照、资质证、资格证等证书，或者申请行政机关审批、登记有关事项，行政机关没有依法办理的；(九)申请行政机关履行保护人身权利、财产权利、受教育权利的法定职责，行政机关没有依法履行的；(十)申请行政机关依法发放抚恤金、社会保险金或者最低生活保障费，行政机关没有依法发放的；(十一)认为行政机关的其他具体行政行为侵犯其合法权益的。"根据上述法律，可以申请行政复议的具体行政行为，是指行政主体在行使行政职权过程中，针对特定的行政相对人就特定的事项作出的、能够对行政相对人的权利义务产生法律效果的行为。本案中，上诉人杨一民申请行政复议的事项，是成都市教育局办公室针对杨一民的申诉作出的信访答复，该信访答复的内容仅是重申 1992 年原成都市第五中学报送的《关于对我校职工杨一民作除名处理的报告》和原成都市教育委员会于当年作出的《对成都市第五中学〈关于对我校职工杨一民作除名处理的报告〉的批复》均符合川人发〔1984〕4 号文件规定，并没有对杨一民的权利义务产生新的法律效果，属于行政机关对当事人不服具体行政行为提出申诉的重复处理行为,因而不是行政复议法所规定的可以申请行政复议的具体行政行为。

行政复议法规定了申请行政复议的期限,而当事人向有关行政机关申诉并没有相应的时效限制。如果将行政机关驳回当事人对具体行政行为提起的申诉的重复处理行为视为新的具体行政行为,则无论是否在法律规定的期间内,当事人都可以通过申诉启动行政复议程序,即"申诉—驳回申诉的重复处理行为—对该重复处理行为申请行政复议—行政复议或者再申诉"的重复循环,这样必将导致行政复议申请期限失去意义,影响行政行为的稳定性,影响行政机关依法行政。

综上,成都市教育局针对上诉人杨一民的申诉作出的信访答复,属于对行政机关对当事人不服行政行为提出的申诉的重复处理行为,不属于行政复议的受理范围。被上诉人成都市政府针对杨一民提出的行政复议申请作出的不予受理决定正确,杨一民关于其申请行政复议的事项符合行政复议受理条件的上诉理由不能成立。一审判决认定事实清楚,适用法律正确,审判程序合法,应予维持。

据此,四川省高级人民法院依照《中华人民共和国行政诉讼法》第 61 条第 1 项之规定,于 2006 年 11 月 21 日判决:

驳回上诉,维持原判。

二审案件受理费 100 元,由杨一民负担。

本判决为终审判决。

【评述】

本案的核心争议在于,原告杨一民因不服成都市教育局作出的信访答复,向被告成都市政府提出的行政复议申请,是否属于行政复议受理范围?一审法院和二审法院都支持了成都市政府作出的不予受理的复议决定,理由在于,本案的信访答复属于重复处理行为。

重复处理行为,是行政实践中经常发生的行政作用方式,也是行政法上的一个重要概念,指的是行政主体对先前行政行为已经确定的行政法律关系状态予以确定,没有对当事人的权利义务产生新的影响的行为。根据《最高人民法院关于执行〈中华人民共和国行政诉讼法〉若干问题的解释》第 1 条的规定,对于"驳回当事人对行政行为提起申诉的重复处理行为",不属于行政诉讼的受案范围。

那么,重复处理行为,是否属于行政复议的受理范围呢?对此,《中华人民共和国行政复议法》和《中华人民共和国行政复议法实施条例》均未给出明确答复。然而,从行政复议与行政诉讼的制度衔接角度看,如果重复处理行为可以构成行政复议的审查对象，那么，无论复议决定是维持还是改变，都具有行政诉讼的可诉性，也就与《最高人民法院关于执行〈中华人民共和国行政诉讼法〉若干问题的解释》第1条相违背。因此，学界认为，重复处理行为是排除出行政复议和行政诉讼双重受理范围之外的，理由主要有三点：一是重复处理行为没有对当事人的权利义务产生影响，没有形成新的行政法律关系，没有起诉的必要；二是若对重复处理行为提起行政诉讼，那么将导致事实上取消提起复议或诉讼的期限，让当事人通过申诉，随时将行政行为拖入行政复议或者行政诉讼之中；三是除无效行政行为外，行政行为均具有公定力、确定力和执行力，如果允许重复处理行为纳入行政诉讼的受案范围，就会增加行政法律关系的不稳定性，降低当事人对行政行为的信任度，从而使规制行为永远处于不稳定状态。

本案中，成都市教育委员会就其在1992年作出的《对成都市第五中学〈关于对我校职工杨一民作除名处理的报告〉的批复》作出信访答复，是否属于重复处理行为呢？如果我们将成都市教育委员会1992年作出的《对成都市第五中学〈关于对我校职工杨一民作除名处理的报告〉的批复》视为原初的行政行为，那么一审原告针对该批复向成都市教育委员会和四川省教育厅的申诉与上访，所获得的信访答复，属于重复处理行为，理由正如一审法院和二审法院所强调那样，成都市教育局作出的信访答复，对原告杨一民的现实权利义务状态并未产生新的影响，亦未改变原有的行政法律关系。

值得一提的是，二审法院在判决中，除了阐述信访答复的个案式定性，还对重复处理行为作了阐述。它强调，行政复议法规定了申请行政复议的期限，而当事人向有关行政机关申诉并没有相应的时效限制。如果将行政机关驳回当事人对具体行政行为提起的申诉的重复处理行为视为新的具体行政行为，则无论是否在法律规定的期间内，当事人都可以通过申诉启动行政复议程序，即“申诉—驳回申诉的重复处理行为—对该重复处理行为申请行政复议—行政复议或者再申诉”的重复循环，这样必将导致行政复议申请期限失去意义，影响行政行为的稳定性，影响行政机关依法行政。

（本案例的“案情”和“审判”部分选自《最高人民法院公报》2007年第10期；“提领”和“评述”部分由作者根据有关法律与学理进行阐述，不代表司法机关的意见）

（蒋红珍 撰）

66 辽宁省海城市甘泉镇光华制兜厂申请国家赔偿确认案

【提领】

本案是一起申请国家赔偿确认的案件。申请人认为被申请人吉林省高级人民法院在审理其民事案件的过程中，由于一、二审错判导致再审胜诉后判决难以执行，由此造成的损失应当得到国家赔偿。最高人民法院裁定，民事判决因债务人没有履行能力不能得到执行，由此给债权人造成的损失不属于国家赔偿的范围，从而驳回了申请人的国家赔偿确认申请。

【案情】

确认申诉人：辽宁省海城市甘泉镇光华制兜厂。住所地：辽宁省海城市甘泉镇。

法定代表人：周常斌，厂长。

确认申诉人辽宁省海城市甘泉镇光华制兜厂（以下称制兜厂）以吉林省高级人民法院在审理其与吉林省洮南市百货大楼、李卓硕债务纠纷一案中，虽然最终再审纠正了该院原审判决的错误，但执行时机已丧失，判决难以执行，造成其损失为由，申请国家赔偿违法确认。吉林省高级人民法院于 2005 年 5 月 6 日作出〔2005〕吉确申字第 7 号裁定，对该院审判行为不予确认违法。制兜厂不服，以该院对其申请确认违法的司法行为不予确认违法错误为由，向最高人民法院提出申诉。

【审判】

最高人民法院审查认为：

对于民事诉讼中可能出现的错误裁判，民事诉讼法规定了救济程序予以纠正。本案当事人制兜厂依法主张自己的合法权益，并得到法院支持。胜诉后，其仍可依法就胜诉时被执行人的财产状况穷尽各种强制手段，被执行人是否有能力履行债务，均不应由国家承担赔偿责任。根据《中华人民共和国国家赔偿法》第 31 条以及最高人民法院《关于审理人民法院国家赔偿确认案件若干问题的规定（试行）》第 4 条的规定，人民法院在民事诉讼、行政诉讼过程中，违法采取强制措施、保全措施或者对判决、裁定及其他生效法律文书执行错误，并且造成损害的，才由国家承担赔偿责任。在此范围内的确认申请，才属于国家赔偿违法确认案件的受理范围。本案制兜厂提出的确认申请，不在上述法律规定的受理范围之内。故吉林省高级人民法院认定本案确认申请不属于法律规定的受理范围正确，但未依法作出不予受理决定不当，受理后，对本应不予受理的确认申请未予驳回亦不当。本院根据《中华人民共和国国家赔偿法》第 31 条、最高人民法院《关于审理人民法院国家赔偿确认案件若干问题的规定（试行）》第 4 条第 5 项之规定，裁定如下：

一、撤销吉林省高级人民法院〔2005〕吉确申字第 7 号裁定；

二、驳回辽宁省海城市甘泉镇光华制兜厂的国家赔偿确认申请。

本裁定送达后即发生法律效力。

【评述】

一般认为，所谓国家赔偿，系指国家依照国家赔偿法的规定，通过法定赔偿义务机关对国家机关和国家机关工作人员违法行使职权侵犯公民、法人和其他组织的合法权益造成的损害所给予的赔偿。我国国家赔偿的概念与外国国家赔偿的概念相比，有以下几点特色：第一，国家赔偿以国家机关及其工作人员行使职权时的行为违法为前提，严格区别国家赔偿与国家补偿这两个概念。第二，国家赔偿包括行政赔偿、司法赔偿，而不仅指行政赔偿。第三，我国引起国家赔偿的原因必须是国家机关及其工作人员行使职权时的行为违法，强调的是行为，因而对国有公共设施造成的损害不予赔偿。第四，我国国家赔偿不包括公立公益单位的侵权活动引起的损害赔偿。

本案涉及的是司法赔偿中的民事审判赔偿问题。司法赔偿包括刑事赔偿和民事、行政审判赔偿两个部分。从我国赔偿法的规定看，司法赔偿主要是针对刑事赔偿的，民事、行政审判赔偿不是主要的规范对象。《国家赔偿法》仅在第 31 条规定："人民法院在民事诉讼、行政诉讼过程中，违法采取对妨害诉讼的强制措施、保全措施或者对判决、裁定及其他生效法律文书执行错误，造成损害的，赔偿请求人要求赔偿的程序，适用本法刑事赔偿程序的规定。"

本案的基本事实是，申请人辽宁省海城市甘泉镇光华制兜厂在与吉林省洮南市百货大楼、李卓硕债务纠纷一案的诉讼中，吉林省高级人民法院曾作出了错误的判决，虽然最终再审纠正了该院原审判决的错误，但丧失了执行时机，判决难以执行，造成了经济损失，申请人为此申请国家赔偿。根据上述国家赔偿理论及我国《国家赔偿法》关于民事审判赔偿的规定来看，民事判决错误不属于国家赔偿法上行为违法的范围，债务人没有履行能力致使民事判决不能履行造成损失，属于民事法律关系人当事人而非国家的责任，申请人的主张难以成立。

（本案例的"案情"和"审判"部分选自《最高人民法院公报》2007 年第 7 期；"提领"和"评述"部分由作者根据有关法律与学理进行阐述，不代表司法机关的意见）

（杨登峰　撰）

67 重庆正通药业有限公司、国家工商行政管理总局商标评审委员会与四川华蜀动物药业有限公司商标行政纠纷案

【提领】

本案被认为是“中国第一例商标行政纠纷案件”，历经一审、二审与再审。在再审判决中，最高人民法院通过考察立法过程、立法意图以及参照相关国际条约的规定等方式来解释并确定《中华人民共和国商标法》第15条规定的“代理人”之范围问题，在一定意义上，实现了我国知识产权司法保护标准与相关国际条约的一致性。

【案情】

再审申请人(一审第三人、二审被上诉人)：重庆正通药业有限公司。住所地：重庆市荣昌县宝城路77号。

法定代表人：胡怀亮，董事长。

再审申请人(一审被告、二审被上诉人)：国家工商行政管理总局商标评审委员会。住所地：北京市西城区三里河东路8号。

法定代表人：侯林，该委员会主任。

再审被申请人(一审原告、二审上诉人)：四川华蜀动物药业有限公司。住所地：四川省隆昌县圣灯镇大桥村四组。

法定代表人：肖体忠，该公司董事长。

再审申请人重庆正通药业有限公司(以下称正通公司)、国家工商行政管理总局商标评审委员会(以下称商标评审委员会)因与四川华蜀动物药业有限公司(以下称华蜀公司)商标行政纠纷一案，不服北京市高级人民法院2006年4月3日作出的〔2006〕高行终字第93号行政判决书，向最高人民法院申请再审。经审查，最高人民法院于2007年3月19日以〔2006〕行监字第104-1号行政裁定书，决定对本案提审。

北京市第一中级人民法院、北京市高级人民法院经审理查明：

2002年9月12日，华蜀公司向国家工商行政管理总局商标局（以下称商标局）提出争议商标“头包西灵 Toubaoxilin”的注册申请，该商标于2004年2月7日被核准注册，商标专用权人为华蜀公司，商标注册号为3304260，核定使用商品为第5类的兽医用制剂、兽医用药、兽医用生物制剂等，专用期限为2004年2月7日至2014年2月6日。2004年3月31日，正通公司（当时的重庆正通动物药业有限公司）以争议商标的注册违反了《中华人民共和国商标法》（以下称《商标法》）第10条、第11条第1款第1项，第15条及第31条为由，向商标评审委员会提起撤销争议商标的申请。2005年3月4日，商标评审委员会针对正通公司提出的商标争议，依据《商标法》第15条、第41条第2款和第43条的规定，作出商评字〔2005〕第289号裁定，将华蜀公司在第5类兽医用药等项目上注册的争议商标予以撤销。

2002年4月30日，正通公司向重庆市农业局提出“注射用复方青霉素钾（I型）”的兽药产品申请，申请表中显示的商品名称为“头孢西林粉针”，制造商为正通公司，准产证号为渝兽药生证字第041号。在申请表所附的标签式样中，商品名称“头孢西林”使用了特殊字体和字号并处于标签中的显著位置。

2002年5月28日，重庆市农业局以重兽药审批字〔2002〕第533号审批证书批准正通公司生产销售通用名称为“注射用复方青霉素钾（I型）”、商品名称为“头孢西林粉针”的兽药产品，兽药产品批准文号为渝兽药字〔2002〕X041008，批准文号有效期至2005年5月28日。

2002年7月27日，正通公司作为甲方与作为乙方的华蜀公司签订了《关于专销“头孢西林”产品的协议书》（以下称《专销协议书》），该协议书主要内容有：(1)正通公司将“头孢西林”粉针产品授权华蜀公司在全国区域内专销，正通公司不得销售该产品，华蜀公司不得生产该产品，否则视为违约；(2)包装由华蜀公司设计，正通公司印制，包装上使用华蜀公司的“华蜀”商标，以华蜀公司合作开发、正通公司生产的形式印制，由正通公司组织生产产品；(3)华蜀公司负责专销片区宣传策划，产品定价，承担销售费、宣传费、运输费等全部费用；(4)华蜀公司预付正通公司包装费3万元；(5)正通公司向华蜀公司提供产品的规格及价格：3克/支×120支/件，价格108元/件，华蜀公司销售累计3000～5000件，价格106.80元/件；(6)……(7)出现产品质量问题由正通公司负责退货和承担损失，华蜀公司对外包装说明负责；(8)华蜀公司要货须提前通知正通公司，一律先付款在正通公司提货；(9)……(10)协议期满或提前结束协议，正通公司继续生产销售该产品，取消华蜀公司的专销权，但不得继续使用“华蜀”商标；(11)正通公司在生产过程中和华蜀公司在专销过程中发生的税收及债权债务均由各自解决;(12)……(13)若出现“头孢西林”被注册或其他知识产权问题,由华蜀公司负责,由正通公司负责重新申请更换商品名称。该协议签订后除对第5条中约定的价格进行了变动并实际履行外,双方均按约履行了该协议。

在双方合作期间生产的产品包装上,“头孢西林”四字被以特殊字体使用在显著位置,且字号明显大于其他文字。在该产品包装上标明:四川省隆昌华蜀动物药业有限公司开发,重庆正通动物药业有限公司制造。产品包装上使用了注册商标“华蜀”。产品介绍的首句为“本品是华蜀公司2002倾力奉献,……”该兽药外包装上还有“华蜀精心奉献兽医首选”、“您放心的选择华蜀兽药”等宣传词。

2004年1月7日,正通公司作为甲方,华蜀公司作为乙方签订了关于终止“头孢西林”等三个品种九个规格产品合作的《终止协议》,约定正通公司自2004年1月7日起不得再生产印有“华蜀”标识的原图案的以上品种,华蜀公司也不得生产加工印有正通公司生产及其批文标示等的以上产品。

在双方解除合作关系后,正通公司继续生产头孢西林粉针产品,在产品包装上“头孢西林”仍然被以特殊字体和字号使用在显著位置,产品上使用的注册商标为“安逸”。

【审判】

北京市第一中级人民法院认为:

争议商标是否系正通公司的未注册商标,华蜀公司与正通公司是否构成委托代理关系及是否未经授权擅自注册了正通公司的商标是本案争议焦点。

“头孢西林”作为商品名称是由正通公司单独于2002年4月20日向有关主管机关提出申请并在2002年5月28日获得审批,应认定“头孢西林”为正通公司单方在先取得的商品名称。正通公司在申请该商品名称的过程中,将“头孢西林”使用在标签式样中的显著位置,并使用了特殊的字体与字号。在该商品名称获得审批后、正通公司与华蜀公司合作的过程中及双方解除合作关系后,“头孢西林”的字样均被突出使用在实际产品的包装上,其字体、字形和字号与产品包装中的其他文字存在明显的差别,具有较强的识别性。作为由正通公司自行确定的商品名称,鉴于“头孢西林”始终被以突出的字形和字体使用在产品标签或包装的显著位置,客观上起到了商标所具有的昭示商品来源的引导作用,且该商品名称又系正通公司首先取得,故“头孢西林”应当被视为正通公司实际使用的未注册商标。争议商标“头包西灵 Toubaoxilin”中的显著部分为文字“头包西灵”,其与正通公司的商品名称“头孢西林”的文字组成和读音近似,且均为无含义词。鉴于华蜀公司对争议商标与“头孢西林”的近似性亦无异议,故对商标评审委员会作出的两组文字已构成近似的认定予以支持。

根据华蜀公司与正通公司签订的《专销协议书》和此后双方为终止合作关系签订的《终止协议》，正通公司是“头孢西林”产品的生产商，组织生产产品，提供产品的规格及价格，如产品出现质量问题负责退货和承担损失。华蜀公司通过正通公司的授权在全国区域内专销“头孢西林”粉针产品，负责专销区内的宣传策划、产品定价、负担销售费、宣传费及运输费等。双方签订《终止协议》后，华蜀公司不得生产加工印有“重庆正通公司生产及其批文标示”的“头孢西林”等产品。正通公司与华蜀公司之间形成了销售代理的法律关系，在该法律关系中，作为生产商和被代理人的正通公司通过授权使作为销售商的华蜀公司取得了代理人的地位。

关于《商标法》第 15 条中“代理”的法律含义，包括《中华人民共和国合同法》在内的我国现行法律对代理概念的理解已经不再拘泥于《中华人民共和国民法通则》第 63 条的规定。而销售代理作为一种由代理人占有生产商的产品，以自己的名义或者生产商的名义将生产商所有的产品销售给第三人的法律活动，其出现是市场经济发展的必然结果。对《商标法》第 15 条中的代理作出包含销售代理的广义理解既符合商业活动的管理，也符合商标法维护诚实信用的市场秩序的立法本义。华蜀公司擅自将与正通公司未注册商标相近似的争议商标进行注册的行为违反了诚实信用的原则，亦应当为法律所禁止。

北京市第一中级人民法院依照《中华人民共和国行政诉讼法》第 54 条第 1 项之规定，判决维持商标评审委员会商评字〔2005〕第 289 号《关于第 3304260 号“头包西灵 Toubaoxilin”商标争议裁定书》。

华蜀公司不服一审判决，向北京市高级人民法院提起上诉。

北京市高级人民法院认为：

“头孢西林”商品名称是否经使用而具有商标标识的功能；正通公司与华蜀公司在合作期间是否形成代理人与被代理人的法律关系是本案的争议焦点。

商品名称与通用名称的功能不同，它是与某种具体产品联系在一起并以特定产品为指向对象。正通公司向国家有关主管机关提交的兽药产品申请表中将“头孢西林”作为商品名称，并在申报材料“产品标签式样”中用特殊字体与字号将“头孢西林”使用在了显著位置。因此，一审法院关于在实践中商品名称能够起到商标所具有的标识商品来源的作用，并认定“头孢西林”为正通公司单方在先取得的商品名称正确。鉴于“头孢西林”始终以突出的字形和字体使用在产品标签或包装的显著位置，客观上起到了商标所具有的昭示商品来源的引导作用，故“头孢西林”应当被视为实际使用的未注册商标。

根据《专销协议书》的约定及实际履行的情况，在对外销售的兽药外包装上除明显地标注有商品名称“头孢西林”外，同时还标注有“华蜀”商标、“华蜀公司开发、正通公司制造”，以及“华蜀精心奉献兽医首选”、“华蜀公司倾力奉献”等宣传词。此外，结合销售市场全部由华蜀公司负责宣传策划，自行确定兽药销售价格及承担销售、宣传费用的情况，以及正通公司在取得该兽药生产许可证后至与华蜀公司合作之前并无自己以“头孢西林”商品名称销售兽药的证据，应认定“头孢西林”商品名称在客观上起到的商标所具有的昭示商品来源的功能系华蜀公司的突出宣传、销售等使用行为的结果。由于该商品名称的实际使用者为华蜀公司，故“头孢西林”应当被视为华蜀公司的未注册商标。一审法院关于“头孢西林”商品名称为正通公司首先取得，正通公司与华蜀公司合作过程中及双方解除合作关系后“头孢西林”字样均被突出使用在包装上，故“头孢西林”应当被视为正通公司实际使用的未注册商标的认定与事实不符，予以纠正。

正通公司虽然在先取得“头孢西林”商品名称，但因其取得后至华蜀公司申请商标前并未在对外销售中使用，故其仅在申请兽药生产许可证时取得的名称不属于知名商品所特有的名称。虽然争议商标“头包西灵 Toubaoxilin”中的显著部分为文字“头包西灵”，与正通公司的商品名称“头孢西林”的文字组成和读音近似，且均为无含义词，两组文字近似。但华蜀公司通过自己使用“头孢西林”商品名称，使该商品名称商标化，其申请“头包西灵 Toubaoxilin”商标的行为不违反法律法规的规定。

《商标法》第 15 条规定：“未经授权，代理人或者代表人以自己的名义将被代理人或者被代表人的商标进行注册，被代理人或者被代表人提出异议的不予注册并禁止使用。”该条款中的代理人即为商标代理人，即指接受商标注册申请人或者商标注册人的委托，在委托权限范围内，代理其委托人办理商标注册申请、请求查处侵权案件或者办理其他商标事宜的人。代表人即为商标代表人，即指代表本企业办理商标注册和从事其他商标事宜的人。本案华蜀公司与正通公司基于《专销协议书》而形成的是生产销售合作关系，一审认定二者形成代理人与被代理人的关系显系错误。华蜀公司通过自己使用“头孢西林”商品名称，并使该商品名称商标化，其申请“头包西灵 Toubaoxilin”商标的行为不属于《商标法》第 15 条规定的情形。因此，商标评审委员会及一审判决关于华蜀公司申请“头包西灵 Toubaoxilin”商标的行为违反《商标法》第 15 条规定的认定错误，应予以纠正。

北京市高级人民法院依照《中华人民共和国行政诉讼法》第 61 条第 3 项之规定，判决：

一、撤销北京市第一中级人民法院〔2005〕一中行初字第 437 号行政判决；

二、撤销国家工商行政管理总局商标评审委员会商评字〔2005〕第 289 号

《关于第 3304260 号“头包西灵 Toubaoxilin”商标争议裁定书》。

正通公司和商标评审委员会均不服二审判决，向最高人民法院提出再审申请。

正通公司再审申请称：(1)二审判决对于《商标法》第 15 条所规定的“代理人”的理解错误。无论根据《商标法》第 15 条的法律渊源、立法本义，还是参照国内外执法惯例，该条所述的代理人，均不限于商标注册代理关系中的代理人，同时还包括基于商事业务往来而可以知悉被代理人商标的经销商，二审判决将其限定为“商标注册代理人”显属错误。(2)基于对《商标法》第 15 条所规定的“代理人”的正确理解，结合本案证据，应当认定正通公司与华蜀公司之间存在代理关系，二审判决对此问题的认定错误。(3)“头孢西林”作为正通公司单方在先取得的专用商品名，并经正通公司在生产的兽药产品上进行突出使用，已构成正通公司实际使用的未注册商标。二审判决认定“头孢西林”为华蜀公司的未注册商标不符合事实。请求撤销二审判决，维持一审判决和商标评审委员会的裁定。

商标评审委员会再审申请称：(1)二审判决对《商标法》第 15 条中“代理人或者代表人”的理解违背了立法宗旨，不符合国际惯例。《商标法》第 15 条源于巴黎公约，其规定的“代理人或者代表人”不限于商标代理人和商标代表人，应当包括销售代理关系和代表关系中的代理人和代表人以及商标所有人商品的销售商。(2)认定事实错误。错误界定“销售”行为，混淆了兽药商品名称、知名兽药商品特有名称与商标的关系，将履行商品《专销协议书》的行为作为确定商标权益归属的依据。(3)不仅没有正确解决商标注册争议，而且形成商标与商品名称之间新的冲突。请求撤销二审判决，维持一审判决和商标评审委员会的裁定。

华蜀公司答辩称，二审判决正确，请求驳回再审申请人的申请。理由是：(1)华蜀公司与正通公司之间不存在代理人与被代理人关系，《专销协议书》约定的权利义务不具有任何代理特征，双方履行合同所实际使用的产品包装也证明华蜀公司不是正通公司的经销商，更不是代理人。(2)“头孢西林”不是正通公司的未注册商标，是华蜀公司的未注册商标；华蜀公司注册“头包西灵 Toubaoxilin”商标符合双方订立合同的目的，不违反诚实信用原则。(3)商标评审委员会对《商标法》第 15 条的理解和适用错误。

最高人民法院经审理查明，原审法院查明的事实基本属实。

最高人民法院另查明，重庆正通动物药业有限公司于 2006 年 11 月 15 日变更为重庆正通药业有限公司。

最高人民法院审理中，再审被申请人华蜀公司向法庭提交了四川省畜牧食品局川畜食函〔2004〕204 号文件《四川省畜牧食品局关于对四川省隆昌华蜀动物药业有限公司核发产品批准文号的通知》、华蜀公司的铝制瓶盖，以证明“头孢西林”的药物配方属公知公用，并非正通公司研制；铝制瓶盖上标有华蜀商标，是由华蜀公司设计，华蜀公司与正通公司是销售合作关系而非代理关系。经庭审质证，华蜀公司提交的铝制瓶盖仅是对原审认定事实的补充证明，是履行专销协议的内容，对本案事实的认定没有影响。四川省畜牧食品局川畜食函〔2004〕204号文件所表明的“头孢西林”药物配方是否公知公用与认定本案事实无关。

最高人民法院认为：本案的争议焦点是《商标法》第15条规定的“代理人”的范围问题；正通公司与华蜀公司是否存在代理关系问题；“头孢西林”商品名称的归属问题。

第一，关于《商标法》第15条规定的“代理人”的范围问题。《商标法》第15条规定：“未经授权，代理人或者代表人以自己的名义将被代理人或者被代表人的商标进行注册，被代理人或者被代表人提出异议的，不予注册并禁止使用。”由于在本案中当事人及一审、二审判决对“代理人”的含义具有不同的理解和认定，为消除分歧，正确适用法律，可以通过该条规定的立法过程、立法意图以及参照相关国际条约的规定等确定其含义。该条规定系2001年10月27日修改的商标法增加的内容。原国家工商行政管理局局长王众孚受国务院委托于2000年12月22日在第九届全国人民代表大会常务委员会第十九次会议上所作的《关于〈中华人民共和国商标法修正案（草案）〉的说明》指出，“巴黎公约第六条之七要求禁止商标所有人的代理人或者代表人未经商标所有人授权，以自己的名义注册该商标，并禁止使用。据此，并考虑到我国恶意注册他人商标现象日益增多的实际情况，草案增加规定：‘未经授权，代理人或者代表人以自己的名义将被代理人或者被代表人的商标进行注册，被代理人或者被代表人提出异议的，不予注册并禁止使用’”。据此，《商标法》第15条的规定既是为了履行《巴黎公约》第6条之七规定的条约义务，又是为了禁止代理人或者代表人恶意注册他人商标的行为。《巴黎公约》第6条之七第1项规定，“如果本联盟一个国家的商标所有人的代理人或者代表人，未经该所有人授权而以自己的名义向本联盟一个或一个以上的国家申请该商标的注册，该所有人有权反对所申请的注册或要求取消注册”。据该条约的权威性注释、有关成员国的通常做法和我国相关行政执法的一贯态度，《巴黎公约》第6条之七的“代理人”和“代表人”应当作广义的解释，包括总经销、总代理等特殊销售关系意义上的代理人或者代表人。参照《最高人民法院关于审理国际贸易行政案件若干问题的规定》第9条关于“人民法院审理国际贸易行政案件所适用的法律、行政法规的具体条文存在两种以上的合理解释，其中有一种解释与中华人民共和国缔结或者参加的国际条约的有关规定相一致的，应当选择与国际条约的有关规定相一致的解释，但中华人民共和国声明保留的条款除外”的规定，《巴黎公约》第6条之七规定的“代理人”的含义，可以作为解释我国《商标法》第15条规定的重要参考依据。

根据上述立法过程、立法意图、《巴黎公约》的规定以及参照上述司法解释精神，为制止因特殊经销关系而知悉或使用他人商标的销售代理人或代表人违背诚实信用原则、抢注他人注册商标的行为，《商标法》第15条规定的代理人应当作广义的理解，不只限于接受商标注册申请人或者商标注册人委托、在委托权限范围内代理商标注册等事宜的商标代理人、代表人，而且还包括总经销（独家经销）、总代理（独家代理）等特殊销售代理关系意义上的代理人、代表人。二审判决关于《商标法》第15条规定的代理人仅为商标代理人的理解不当，应予纠正。

第二，关于正通公司与华蜀公司是否存在代理关系问题。正通公司与华蜀公司的市场交易关系是由双方订立的《专销协议书》确立的。确定双方当事人之间是否存在《商标法》第15条规定的代理关系，不仅要根据该协议的名称，更要根据其内容的法律属性。该协议是关于"头孢西林"粉针产品的生产销售，但以销售为主要内容的协议。该协议第1条关于"正通公司将'头孢西林'粉针产品授权华蜀公司在全国区域内专销，正通公司不得销售该产品，华蜀公司不得生产该产品，否则视为违约"的约定表明，双方之间形成的是一种相当于独家销售性质的专销关系，华蜀公司据此获得了独家销售资格，可以认定属于《商标法》第15条规定意义上的销售代理人。正通公司关于其与华蜀公司之间存在代理关系的请求应予支持。华蜀公司关于其与正通公司之间是销售合作关系而非代理关系的答辩不能成立。

第三，关于"头孢西林"商品名称的归属问题。本案当事人争议的焦点及一审、二审判决的重要分歧，是如何确定"头孢西林"商品名称在法律上的归属问题。确定该商品名称的归属，关键是确定谁先取得该名称，以及取得之后的使用行为是否改变了该名称的归属。在一方当事人原始取得特定商品名称之后，其权属的变动必须由特定的法律事实而引起，倘若此后并无改变其归属状态的法律事实，其归属状态即不发生变化。

本案争议的"头孢西林"商品名称是正通公司通过行政审批而原始取得的特有药品名称。对于该原始取得的特有药品名称，除非此后有改变其权利归属的法律事实，否则其权属是不变的。在本案中，正通公司与华蜀公司签订的《专销协议书》只是约定了华蜀公司可共同使用"头孢西林"商品名称，华蜀公司宣传、使用该商品名称的行为只是履行协议约定的行为。华蜀公司的使用、宣传促销等行为虽然曾在客观上强化了"头孢西林"商品名称的标识作用，或者如二审判决所认定的"'头孢西林'商品名称在客观上起到的商标所具有的昭示商品来源的功能系华蜀公司的突出宣传、销售等使用行为的结果"，但华蜀公司也因此获得了合同上的对价。这种按照约定的使用行为本质上可以视为正通公司的特殊使用行为，由此形成的事实状态并不当然改变该争议商品名称的权利归属，也即华蜀公司按照约定实际使用该商标的行为，不属于改变其权属的法律事实。相反，《专销协议书》恰恰以约定的方式明确了“头孢西林”商品名称的归属。而且，《专销协议书》关于“协议期满或提前结束协议，正通公司继续生产销售该产品，取消华蜀公司的专销权，但不得继续使用‘华蜀’商标”的约定，以及双方终止“头孢西林”等三个品种九个规格产品合作的《终止协议》关于“正通公司自 2004 年 1 月 7 日起不得再生产印有‘华蜀’标识的原图案的以上品种、华蜀公司也不得生产加工印有正通公司生产及其批文标示等的以上产品”的约定表明，双方终止合作关系后，包括“头孢西林”商品名称在内的批文标志仍归正通公司享有。因此，本案争议的“头孢西林”商品名称不因华蜀公司在双方合作关系存续期间的宣传、使用等行为而改变归属，在双方合作关系终止后仍归属于正通公司。据此，二审判决关于“‘头孢西林’商品名称在客观上起到的商标所具有的昭示商品来源的功能系华蜀公司的突出宣传、销售等使用行为的结果；由于该商品名称的实际使用者为华蜀公司，故‘头孢西林’应当被视为华蜀公司的未注册商标”，以及“华蜀公司通过自己使用‘头孢西林’商品名称，并使该商品名称商标化，其申请‘头包西灵 Toubaoxilin’商标的行为不属于《商标法》第 15 条规定的情形”的认定不当，应予纠正。

综上所述，华蜀公司因专销关系而使用正通公司构成未注册商标的“头孢西林”商品名称，在专销关系终止以后自行注册了与该商品名称近似的“头包西灵 Toubaoxilin”商标，违反了《商标法》第 15 条的规定。商标评审委员会据此裁定撤销注册商标、一审判决维持该撤销裁定并无不当，二审判决适用法律错误，应予纠正。根据《中华人民共和国行政诉讼法》第 61 条第 2 项、《最高人民法院关于执行〈中华人民共和国行政诉讼法〉若干问题的解释》第 76 条第 1 款、第 78 条之规定，判决：

一、撤销北京市高级人民法院〔2006〕高行终字第 93 号行政判决；

二、维持北京市第一中级人民法院〔2005〕一中行初字第 437 号行政判决。

【评述】

本案的焦点之一是正通公司与华蜀公司之间是否构成委托代理关系，而要回答这一问题，结合案情，《中华人民共和国商标法》第 15 条规定的“代理人”之范围必须首先厘清。

《商标法》第 15 条规定：“未经授权，代理人或者代表人以自己的名义将被代理人或者被代表人的商标进行注册，被代理人或者被代表人提出异议的，不予注册并禁止使用。”在本案中，当事人及一审、二审判决对“代理人”的含义具有不同的理解和认定，分歧较大。在再审判决中，最高人民法院通过考察立法过程、立法意图以及参照相关国际条约的规定等方式来解释并确定“代理人”之范围问题，在一定意义上，实现了我国知识产权司法保护标准与相关国际条约的一致性。

第15条规定系2001年修改《商标法》增加的内容。原国家工商行政管理局局长王众孚受国务院委托于2000年12月在第九届全国人民代表大会常务委员会第十九次会议上所作的《关于〈中华人民共和国商标法修正案（草案）〉的说明》指出，“巴黎公约第六条之七要求禁止商标所有人的代理人或者代表人未经商标所有人授权，以自己的名义注册该商标，并禁止使用。据此，并考虑到我国恶意注册他人商标现象日益增多的实际情况，草案增加规定：‘未经授权，代理人或者代表人以自己的名义将被代理人或者被代表人的商标进行注册，被代理人或者被代表人提出异议的，不予注册并禁止使用’”。可见，该条规定有两个目的：一是履行《巴黎公约》第6条之七规定的条约义务；二是禁止代理人或代表人恶意注册他人商标的行为。《巴黎公约》第6条之七第1项规定，“如果本联盟一个国家的商标所有人的代理人或者代表人，未经该所有人授权而以自己的名义向本联盟一个或一个以上的国家申请该商标的注册，该所有人有权反对所申请的注册或要求取消注册”。有关成员国的普遍共识是，《巴黎公约》第6条之七的“代理人”和“代表人”应当作广义解释，包括总经销、总代理等特殊销售关系意义上的代理人或代表人。参照《最高人民法院关于审理国际贸易行政案件若干问题的规定》第9条关于“人民法院审理国际贸易行政案件所适用的法律、行政法规的具体条文存在两种以上的合理解释，其中有一种解释与中华人民共和国缔结或者参加的国际条约的有关规定相一致的，应当选择与国际条约的有关规定相一致的解释，但中华人民共和国声明保留的条款除外”之规定，《巴黎公约》第6条之七规定的“代理人”的含义，可以作为解释我国《商标法》第15条规定的重要参考依据。综上，结合本案案情，《商标法》第15条规定的“代理人”应作广义理解，不只限于接受商标注册申请人或者商标注册人委托、在委托权限范围内代理商标注册等事宜的商标代理人、代表人，还包括总经销（独家经销）、总代理（独家代理）等特殊销售代理关系意义上的代理人、代表人。

从本案来看，尽管恶意抢注行为最终经由司法程序得到遏止，但“胜诉”企业也付出了时间、精力等多方面的成本。或许，事先制定完善的知识产权保护策略并予落实，是更好的出路。

（本案例的“案情”和“审判”部分选自《最高人民法院公报》2007年第11期；“提领”和“评述”部分由作者根据有关法律与学理进行阐述，不代表司法机关的意见）

（高春燕　撰）

后　记

本书系属“中国大陆、台港、香港、澳门行政诉讼:制度、立法与案例”丛书之一。它的写作力求反映中国大陆当今行政诉讼制度的全貌。

本书的写作分工如下:

第一编:第一章,蒋红珍(上海交通大学国际与公共事务学院讲师,法学博士);第二章,蔡小雪(最高人民法院行政审判庭审判长,高级法官);第三章,梁凤云(最高人民法院行政审判庭法官,博士);第四章,王振宇(最高人民法院行政审判庭审判长,高级法官);第五章,杨临萍(最高人民法院行政审判庭副庭长,高级法官,博士);第六章,甘雯(最高人民法院立案一庭审判长,高级法官,博士);第七章,杨登峰(南京师范大学法学院教授,法学博士)。

第二编:赵大光、胡建淼整理。

第三编:蒋红珍撰写案例4、8、13、16、20、24、37、41、45、49、53、57、61、65;杨登峰撰写案例1、5、9、12、17、21、31、46、50、54、58、62、66;高春燕(浙江省杭州市江干区人民法院审判员,法学博士)撰写案例2、6、10、14、18、22、29、32、35、39、43、47、51、55、59、63、67;骆梅英(浙江工商大学法学院副教授,法学博士)撰写案例3、7、11、15、19、23、26、33、36、40、44、48、52、56、60、64。

全书由胡建淼、赵大光统稿。

胡建淼　赵大光

2010年6月

图书在版编目（CIP）数据

中国大陆行政诉讼：制度、立法与案例／胡建淼，赵大光等著．—杭州：浙江大学出版社，2011.5

（中国大陆、台湾、香港、澳门行政诉讼：制度、立法与案例丛书／应松年主编）

ISBN 978-7-308-08036-1

Ⅰ.①中… Ⅱ.①胡… ②赵… Ⅲ.①行政诉讼—研究—中国 Ⅳ.①D925.304

中国版本图书馆 CIP 数据核字（2010）第 199510 号

中国大陆行政诉讼：制度、立法与案例

胡建淼　赵大光　等　著

策　　划　袁亚春
责任编辑　田　华
封面设计　雷建军
出版发行　浙江大学出版社
（杭州天目山路 148 号　邮政编码 310007）
（网址：http://www.zjupress.com）
排　　版　杭州中大图文设计有限公司
印　　刷　杭州日报报业集团盛元印务有限公司
开　　本　710mm×1000mm　1/16
印　　张　40.5
字　　数　748 千
版 印 次　2011 年 5 月第 1 版　2011 年 5 月第 1 次印刷
书　　号　ISBN 978-7-308-08036-1
定　　价　98.00 元

浙江大学出版社发行部邮购电话　（0571）88925591